中华泰山文库·古籍书系

泰山风景名胜区管理委员会　编

〔明〕查志隆 编著
孟昭水 点校

岱史

山东人民出版社·济南

图书在版编目（CIP）数据

岱史/(明)查志隆编著；孟昭水点校.--济南：山东人民出版社，2019.5
(中华泰山文库·古籍书系)
ISBN 978-7-209-11478-3

Ⅰ．①岱…　Ⅱ．①查…　②孟…　Ⅲ．①泰山－文化史　Ⅳ．①K928.3

中国版本图书馆CIP数据核字(2019)第033284号

项目统筹　胡长青
责任编辑　刘娇娇　李　涛
助理编辑　吕士远
装帧设计　武　斌　王园园
项目完成　文化艺术编辑室

岱　史
DAISHI
〔明〕查志隆　编著　孟昭水　点校

主管单位　山东出版传媒股份有限公司
出版发行　山东人民出版社
出 版 人　胡长青
社　　址　济南市英雄山路165号
邮　　编　250002
电　　话　总编室（0531）　82098914
　　　　　市场部（0531）　82098027
网　　址　http://www.sd-book.com.cn
印　　装　山东新华印务有限责任公司
经　　销　新华书店

规　　格　16开（210mm×285mm）
印　　张　47
字　　数　600千字
版　　次　2019年5月第1版
印　　次　2019年5月第1次
印　　数　1-1000
ISBN 978-7-209-11478-3
定　　价　520.00元

立岱宗之弘毅

——序《中华泰山文库》

一生中能与泰山结缘，是我的幸福。

泰山在中国人民生活中有着广泛而深远的影响，人们常说“重于泰山”“泰山北斗”“有眼不识泰山”……在中国人心目中，泰山几乎是“伟大”“崇高”的同义语。秉持泰山文化，传承泰山文化，简而言之，主要就是学做人，以德树人，以仁化人，归于“天人合德”的崇高境界。

自1979年到现在，我先后登临岱顶46次，涵盖自己中年到老年的生命进程。在这漫长岁月里，纵情山水之间，求索天人之际，以泰山为师，仰之弥高，探之弥深。从泰山文化的博大精深中，感悟到“生有涯，学泰山无涯”。

我学习泰山文化，经历了一个由美学考察到哲学探索的过程。美学考察是其开端。记得在20世纪80年代，为给泰山申报世界文化与自然遗产做准备，许多专家学者对泰山的文化与自然价值进行了考察评价。当时，北京大学有部分专家教授包括我在内参加了这一工作。按分工，我研究泰山的美学价值，撰写了《泰山美学考察》一文，对泰山的壮美——阳刚之美的自然特征、精神内涵以及对审美主体的重要作用，有了较深的体悟。除了理论上的探索，我还创作了三十多首有关泰山的诗作，如《泰山颂》：

高而可登，雄而可亲。
松石为骨，清泉为心。
呼吸宇宙，吐纳风云。
海天之怀，华夏之魂。

这是我对泰山的基本感受和认识。这首诗先后刻在了泰山的朝阳洞与天外村。

我认为泰山的最大魅力在于激发人的生命活力。我对泰山文化的学习，开端于美学，深化在哲学。两者往往交融在一起。在攀登泰山时，既有审美的享受，又有哲学的启迪（泰山自然景观和人文景观的结合，体现了一种天人合一的艺术境界）。对泰山的审美离不开形象、直觉，哲学的探索则比较抽象。哲学关乎世界观，在文化体系中处于核心地位，对人的精神影响更为深沉而持久。有朋友问我：能否用一个词来概括泰山对自己的最深刻的影响？我回答：这个词应该是生命的“生”。可以说，泰山文化是以生命为中心的天人之学，其内涵非常丰富，可谓中国文化史的一个缩影。泰山文化包容儒释道，但起主导作用的是儒家文化，与孔子思想有千丝万缕的联系。《周易·系辞下》中讲“天地之大德曰生”，天地生育万物，既不图回报，也不居功，广大无私，包容万物，这是一种大德。天生人，人就应当秉承这种德行，对于人的生命来说，德是其灵魂。品德体现了如何做人。品德可以决定一个人的人生方向、道路乃至生命质量。人的价值和意义离开德便无从谈起。蔡元培先生讲：“德育实为完全人格之本，若无德，则虽体魄智力发达，适足助其为恶，无益也。”

“天行健，君子以自强不息；地势坤，君子以厚德载物。”这两句话深刻地体现了“天人合德”的思想。学习泰山文化要与时代精神相结合。泰山文化中“生”的精神对我影响很大，近四十年，我好像上了一次人生大学，感到生生不已，日新又新，这种精神感召自己奋斗、攀登，为人民事业做奉献。虽然我已经97岁，但生活仍然过得充实愉快，是泰山给了我新的生命。

泰山文化是中华民族优秀传统文化的主要象征之一，是我们民族文化的瑰宝。在这方面，历史为我们留下了浩瀚的资料，亟待整理。挖掘、整理泰山文化，是推动中华优秀文化遗产的创造性转化、创新性发展的迫切需要。

日前，泰山风景名胜区管理委员会的同志来舍下，告知他们正在编纂《中华泰山文库》。丛书分为古籍、著述、外文及口述影像四大书系，拟定120卷本，洋洋五千万言，计划三到五年完成。我听了非常振奋！这是关乎泰山文化的一件大事，惠及当今，功在后世，是一项了不起的文化工程。我对泰山风景名胜区管理委员会领导同志的文化眼光、文化自觉、文化胆识和文化担当，表示由衷钦佩；对丛书的编纂，表示赞成。我认为，编纂《中华泰山文库》丛书，将其作为一个新的文化平台，重要意义在于：

首先，对于泰山文化的集成，善莫大焉。关于泰山的文献，正所谓“经典沉深，载籍浩瀚”（刘勰《文心雕龙》）。从大汶口文化时期的象形符号，到文字记载的《诗经》，再到二十五史，直至今天，在各个历史阶段都不曾缺项。一座山留下如此完整、系统、海量的资料，这是任何山岳都无法与其比肩的，在世界范围内也具有唯一性。《中华泰山文库》的编纂，进一步开拓了泰山文化的深度和广度，对于古今中外泰山文化资料及研究成果的发掘、整理、集成、保存，都具有无与伦比的综合性、优越性和权威性，可谓集之大成；同时，作为文化平台，其建设有利于文化资源和遗产共享。

其次，对于泰山文化的研究，善莫大焉。文献资料是知识的积累，是前人智慧的结晶，是文化、文明的成果。任何研究离开资料，都是无米之炊。任何研究成果都是建立在资料的基础上。同时，每当新的资料出现，都会给研究带来质的变化。《中华泰山文库》囊括了典籍志书、学术著述、外文译著、口述影像多个门类，一方面为学术研究提供了所必需的文献资料，大大方便了研究者的工作；另一方面，宏富的文献资料便于研究者海选、检索、取舍、勘校，将其应用于研究，以利于更好地去伪存真、去粗取精，提高研究效率和研究质量。

再次，对于泰山文化的创新，善莫大焉。文化唯有创新，才会具有更强大的生命力。所以说，文化创新工作永远在路上。新时代泰山文化的创新，质言之，泰山文化如何引领新时代的精神文明，服务于新时代的精神文明建设，是一个重大课题。就其创新而言，《中华泰山文库》丛书的编纂本身就是一种立意高远的文化创新。它有目的、有计划、有系统地广泛征集、融汇泰山文献资料，集腋成裘，聚沙成塔，夯实了泰山文化的基础，成为泰山文化创新的里程碑。另外，外文书籍的编纂，开阔了泰山走向世界、世界了解泰山的窗口，对于泰山更好地走向世界、融入世界，具有重要的现实意义。而口述泰山的编纂，则是首开先河，把音频、影像等鲜活的泰山文化资料呈现给世人。《中华泰山文库》的富藏，为深入研究泰山的文化自然遗产，提供了坚实的物质保障。

最后，对于泰山文化的传承，善莫大焉。从文化的视角着眼，随着经济社会的发展变革，亟须深化对优秀传统文化重要性的认识，以进一步增强文化自觉和文化自信；通过深入挖掘优秀传统文化价值内涵，进一步激发其生机与活力；着力构建优秀传统文化传承发展体系，使人民群众得到深厚的文化滋养，不断提高文化素养，以增强文化软实力。毋庸讳言，《中华泰山文库》负载的正是这样一个优秀传统文化传承发展体系。如上所述，集成、研究、创新的最终目的，就是为了增强泰山文化的生命力，祖祖辈辈传承下去，延续、共享这一人类文明的文化成果。这是一个民族兴旺发达的源泉所在。《中华泰山文库》定会秉承本初，薪火相传，继往开来。

更为可喜的是，泰山自然学科资料的整理和研究，也是《中华泰山文库》的重要组成部分，无论是地质的还是动植物的，同样是珍贵的世界遗产。

中国共产党第十九次全国代表大会报告中指出：“文化自信是一个国家、一个民族发展中更基本、更深沉、更持久的力量。必须坚持马克思主义，牢固树立共产主义远大理想和中国特色社会主义共同理想，培育和践行社会主义核心价值观，不断增强意识形态领域主导权和话语权，推动中华优秀传统文化创造性转化、创新性发展，继承革命文化，发展社会主义先进文化，不忘本来、吸收外来、面向未来，更好构筑中国精神、中国价值、中国力量，为人民提供精神指引。”这是我们编纂《中华泰山文库》丛书工作的指南。

编纂《中华泰山文库》丛书是一项浩繁的文化系统工程，要充分考虑到它的难度、强度和长度。既要有气魄，又要有毅力；既要正视困难，又要增强信心。行百里者半于九十，知难而进，迎难而上，才能善始善终地完成这项工作。这也是我的一点要求和希望。

值此《中华泰山文库》即将付梓之际，泰山风景名胜区管理委员会的同志嘱我为之作序，却之不恭，写下了以上文字。我晚年的座右铭是：“品日月之光辉，悟天地之美德，立岱宗之弘毅，得荷花之尚洁。”所谓“弘毅”，曾子有曰：“士不可以不弘毅，任重而道远。仁以为己任，不亦重乎？死而后已，不亦远乎？”故而，名序为：立岱宗之弘毅。

杨辛

2018年7月

目　录

岱史第四卷

岱史第五卷

岱史第六卷

岱史第七卷

岱史第八卷

岱史第九卷

岱史第十卷

岱史第十一卷

岱史第十二卷

岱史第十三卷

岱史第十四卷

岱史第十五卷

岱史第十六卷

岱史第十七卷

岱史第十八卷

附录一

附录二

附录三

附录四

附录五

附录六

附录七

附录八

附录九

附录十

岱史序

环区中而山者，万不啻也，岳为最；环区中而岳者，五不啻也，岱为最，故曰岱宗。盖自黄虞氏而下，靡异号云。以故自昔受命而兴者，靡不有事于岱。然而秦汉之事，君子讳之，惟我明一切屏绝封禅矫诬之说置弗道，而诸所行望祀之礼，珪币登祝之数，名爵之称，又皆一洗近代讹谬而还古初。是自古有事于岱者，七十二君不啻也，我明为最。乃岱于前世，率不过吐奇孕异，致灵怪以阐世符，惟我明建枢北极，而兹山屹立国门之东，汶、济之水会焉。下国筐篚，舳舻相衔，际天地而来者以万数，而兹山诸泉实委输之，俨若岳伯元僚，总率九牧之赋以归天府，是岱之祚国佑民，即亿万年不啻也，亦我明为最。夫岱既已最五岳而雄区中，而我明所以有事于岱，与其所以有功我明者，又为百代之最。如此，则其他瑰奇特绝之观，与夫登临啸咏之迹，见于仙经地志、残碑断碣之所记载者，在他名山往往籍之为重，而要皆篾焉，无当于岱。惟是岱之所以最他名山，与我明所以最百代者，盖在彼而不在此，此载笔者之所宜详也。

予往奉玺书，按鹾政于济上，间以职事，一登兹山，四顾徘徊，求古皇王灵圣之遗趾，而世代绵邈，莫可寻诘，则慨焉有感于前志之浸废，乃属同转运使查君辑而新之。查君则裁取旧编，断以己意，拟例三史，取材百家，凡为考若表、若纪、若志，得若干卷，其于所称瑰奇特绝之观，登临啸咏之迹，见于仙经地志、残碑废碣之所记载者，固已掇拾其概，靡所漏捐。而自黄虞以下，所以有事兹山，与夫我明之典礼名数，所以陋秦汉而还古初者，特加辑录而例别之，以自附于大书特书之义，于是遂更其名曰《岱史》，厥义尟矣。

兹史甫就刻，而皇上方以轸灾祈年之故，特下德音，分遣大臣祠祷五岳，以徼福元元。展礼告虔，惟岱为首，宜有祯祥符应以答上旨，俾后世征奇考异之士，见谓圣神之代，百灵受职，惟我皇上最焉，则岂惟兹史之光，将是山实籍重焉，敬为书其首简以俟。若其他义例，查君自有述，予可略也。

万历丁亥岁元旦之吉岭南东官谭耀书。

岱史公移

山东都转运盐使司滨乐分司同知查志隆为补续志书事：万历十四年六月十八日，蒙钦差巡按直隶等处监察御史谭宪牌前事内开称：泰山一志，专记天下名贤登览题咏，乃往过来续，日盛月新。今查自甲寅以后俱未收入，又杀青已久[①]，摹印者多鲁鱼亥豕，不堪寓目，本院心窃慨之。为此牌仰本官，候新抄发到日，一并纂辑，恪秉三长，用垂永典等因。续蒙本院宪票前事内开称：本官即将发去前录四册，校删停妥，纂辑完备，务求刊刻精楷，用垂永久，合用工匠等项银两，该司另行申动等[②]。职蒙此遵依外，为照。

泰山维五岳之长，屹天柱而奠地维，图籍永万世之传，翊王章而垂文献，故岱宗首望于帝典，鲁詹推重于葩经，兖镇表见于职方，东岳著名于《尔雅》，诸皆典坟籍籍，罔不诵术岩岩，凡以昭寰宇之巨灵，岂惟侈游观之胜览。矧于昭代，密迩皇都，润流百道之济汶，挽输漕运；统领三齐之冈阜，屏障畿封。维兹化功[③]，孰侔大造？然不有专录，何以总揽神奇？而不赖当途，孰为咨诹图籍？惟本院观风东夏，览胜介丘于焉，据籍而按图，特尔命官而属笔。盖旧志取裁于前院，已经三纪有余，而残编伫待于后来，殆非一日之故。顾维庸陋如职，曷效付托于兹？虽蚤岁箕裘，稍知横卷。迨半生丘壑，岂望问奇？偶弋百氏以娱闲，敢擅三长如明谕。幸属清时，吏隐徒然愒日，宦游觍而素餐。念升斗皆君贶，藉兹青简，倘涓埃可自将。是用竭目殚神，既博观于子史，频仍陟巅涉阻，又遍历其崇深，对景挥毫，风飧雾沐，据梧屈首，宵烛晨窗。时逢万历熙辰，岁在丙戌，泰运始事于仲夏，讫

① 青：原作“青”，据康熙三十八年《岱史》补刻本（以下简称“清刻本”）改。

② 等：清刻本作“等因”。

③ 化功：原作“花功”，据清刻本改。

功乎孟冬。猥效丹铅，粗成卷帙，称名则曰《岱史》，义例则本前闻，为考者三，为表者二，为纪者四，为志者五，卷凡一十有八，字凡念万有奇。敢云副在名山，妄希不朽之盛事？或者比诸覆瓮，可偿散局之微劳。庶幽不负山灵，而明不负付托。曾籍斯语，告成岳祠。

第编摩三四月之间，乃上下千百年之事，寒暑固未尝间隔，风尘犹未免驱驰。坐是作辍靡常，且于精神有限，虽效勤悃，宁免疏虞？其间鲁鱼亥豕之赝讹，自矢终其雠校，犹俟雕龙吐凤之鸿匠，蚤当为之折衷。

为此具呈本院，裁照施行。

万历十四年十一月初一日。

岱史凡例

一 《岱史》云者，岱宗之称，经见于《虞典》，实肇自黄帝，故从其古名曰岱。兹所撰录，稍袭史家义例，故曰史。盖前哲曾有以《路史》名其记籍者。

一 泰山旧图甚略，余躬自涉历，指点形胜，命工图之，广衍四倍于旧图，并旧图并存焉。盖旧图括其概，今图分布其形胜也，其余诸图新创者居多。

一 为考者三：曰《图考》，曰《星野考》，曰《形胜考》。夫考者，校也，谓参校于子史百家也。诸皆旧志所略，兹仿《通考》义例创著焉。

一 为表者二：曰《山水表》，曰《疆域表》。夫表者，标也，谓标而明之也。山水之胜境延袤，疆域之沿革屡变，不为之标揭，其曷以显示？故仿史家年表义例创著焉。

一 为纪者四：曰《狩典纪》，曰《望典纪》，曰《遗迹纪》，曰《灵宇纪》。夫纪者，记也，史家有帝纪，盖所谓大书特书也。兹所纪皆神圣之精灵，帝王之制作，而国朝御制、御祝，尤炳炳焉，故别于凡志云。

一 为志者五：曰《宫室志》，曰《物产志》，曰《香税志》，曰《灾祥志》，曰《登览志》。夫志者，识也，识臆其烦赜，勿俾遗忘也。兹所志皆人文物理之散殊，虽取材于旧志，而时移事改，故正其讹，补其未备者居多。若香税，则旧志不及，特草创于今兹。

一 每卷冠以小序，盖撮其大旨，发明著作之意也。而见闻所及，于当时利病偶有一得，稍赘数语，正不自知其足采不。

一 余本固陋寡闻，且奔走泥涂中，无暇日。稍暇，即从缙绅家假古今名编搜讨焉，顾名编不多得也，山水形胜、古初遗迹，虽躬自历涉，然宁能遍观。至于国朝诸名公及文人骚士题咏诸篇什，或仍旧志，或采碑匾，或采诸家集，然于见闻所不及者，宁免遗失，非敢有所删削也，广收博采尚有俟焉。

西浙海昌查志隆鸣治甫识于历下吏隐斋。

岱史总目

① 禅：原作“禪”，据清刻本改。

② 附历代诸臣祀祝：原作“仲历代诸臣僚文”，据清刻本改。

鬼字号第三册

神字号第四册

而字号第五册

无字号第六册

卷之十七

登览志 国朝嘉靖甲寅以后诗章

疑字号第七册

卷之十八

登览志 历代赋、记、杂著

右《岱史》为义，凡十有四；别而为卷，凡十有八，中间丰省不齐，缉而为册凡七，取《中庸》"质诸鬼神而无疑"句以命册焉。夫"质诸鬼神而无疑"，知天也。岱宗山灵，盖鬼神之大者。是役也，澡思搦管，对越俨然，登谒搜奇，骏奔匪懈，讵非鬼神与质乎？顾凡陋胸襟，安知天道？又安能以无疑？余于兹有深愧矣。然孟子论尽心知性，而归之于知天，则知天之学，要在尽心中得之。余诵法往古，从事笔砚，以供明神之役，敢不尽厥心以昭假，而求底于无疑之境哉！兹所为命名，岂漫然无所取义云。查志隆谨识。

岱史第一册质字号目录

岱史第一卷

图考

叙曰：曷云乎图考也？考泰山之形胜，而绘之为图也。夫鸿蒙始判，为物者万，而惟流峙最大；为峙者万，而惟岳最大；为岳者五，均之巍巍峻极，而惟岱最大。近则横亘齐鲁，跨引江淮；远则雄峙九纮，霖雨四海，岂非华夷之巨观，古今之崇镇乎？顾欲以方寸赫蹄，总揽全胜，抑何难也？然自古考方辨域，必取诸图，不然则周览不能穷其胜，载籍不能纪其详，即有高雅之士兴起卧游之想，曷从而观焉？是用据古证今，图诸简端。图泰山，握坤轴也，而先之以星野，系乾象也。图岳庙，以神所栖也；图碧霞宫，以世所崇奉也；图周明堂，以帝王致治之迹也。而附之以五岳真形，则以泰山五岳之宗，宜统会其胜也。维岳降神，实生孔子，万世宗之如泰山乔岳，图其庙而崇祀之，以表圣迹，重山灵也。夫天开图画，地涌丹青，岂人力哉？维兹绘事，肖厥化工，俾世之观览者一披卷而对越介丘，恍乎明神陟降，勿勿乎欲其享之，则又非特豁目惠心，供胜游之适云尔[①]。

① 胜游：清刻本作“卧游”。

岱史第二卷

星野考

叙曰：曷考乎星野也？考泰山之分野，而系之于分星也，谓其上应天象也。夫阴阳之精，其本在地，而上发于天。在天二十八舍，在地十二州，各有所主，即一丘一阜，悬象列宿。矧夫“崧高维岳，峻极于天”。而泰山尤群岳之宗，其昭回法象，岂不巨丽？自保章氏失职，久远郡国[①]，废置代迁。千百年来，谭星野者，或以泰山主心、房、氐，或主娄、胃，或主虚、危，其言纚纚洋洋，靡所适从。然载籍虽博，犹考信于往古。古天文角、亢之分野，主兖。而《禹贡》徐兖之域，泰山固隶兖也，主角何疑焉？旨哉，僧一行其言之也，曰：天下山河之象存乎两戒。观两河之象，与云汉之终始，则分野可知。而《通志》云：山东当山河之会，得升降之中，泰山介乎其间，此千载通论也。兹备籍诸史，以俟闳览博物之君子折衷焉。

《史记·天文书[②]》曰：角、亢、氐，兖州。房、心、豫州。……虚、危，青州。……

燕齐之疆，候在辰星，占于虚、危；宋郑之疆，候在岁星，占于房、心。

《正义》曰：东方角、亢、氐、房、心、尾、箕。……角、亢，郑之分野，兖州。氐、房、心，宋之分野，豫州。箕、尾[③]，燕之分野，幽州。……北方斗、牛、女、虚、危、室、壁。……斗、女[④]，吴、越之分野，

① 郡：原作“郡”，据清刻本改。

② 天文书：《史记》（中华书局1982年版）作“天官书”。

③ 箕尾：《史记正义》作“尾箕”

④ 斗、女：《史记正义》作“南斗牵牛”。

扬州。女[①]、虚，齐之分野，青州。危、室、壁，卫之分野，并州。

《前汉·天文书[②]》曰：角、亢、氐，沇州[③]。房、心，豫州。尾、箕，幽州。……虚、危，青州。……丙丁，江、淮、海、岱。……一曰甲齐……申齐，西鲁。

前汉《地理志》曰：齐地，虚、危之分野也，东有甾川、东莱、琅邪、高密、胶东，南有泰山、城阳，北有千乘，清河以南、勃海之高乐[④]、高城、重合、阳信。西有济南、平原，皆齐分也。

魏太史令陈卓曰：泰山，角六度。

晋《天文志》曰：泰山，入角十二度。

唐《天文志》曰：降娄、玄枵，其神主于岱宗[⑤]，岁星位焉。女、虚、危，在子，齐分野。女、虚、危，玄枵也，循岱岳众山之阴，其地得陬訾之下流，其象著为天津，绝云汉之阳，凡司人之星与群臣之录，皆主虚危。奎、娄在戌，鲁分野。奎娄，降娄也，循岱岳众山之阳，在陬訾下流，娄、胃之墟。

宋《天文志》曰：东方苍龙七宿，角、亢、氐、房、心、尾、箕。其神为青帝，司春、司木、司泰山。

宋《中兴天文志》王奕曰：泰山，入角十二度。马端临《象纬》，州郡、躔次并同。

《天原发微》曰：天下山分为四条，上应二十八宿，负海货殖所阜之国。自北河下流，南距岱山，为三齐；自南河下流，北距岱山，为邹鲁：此负海之国也。

---

① 女：《史记正义》作“须女”。

② 天文书：《汉书》作“天文志”。

③ 沇州：《汉书·天文志》作“兖州”。

④ 高乐：原脱，据《汉书·地理志》补。

⑤ 其神：《新唐书·天文志》作“春神”。

《通志》曰：山东自南正达于西正，得云汉升气；自北正达于东正，得云汉降气，则山东其当山河之会，而得升降之中乎。

汪子卿曰：按《山东通志》引《晋书》，言循岱岳众山之阴，主虚、危；循岱岳众山之阳，主娄、胃。引《唐书》言：济阴齐鲁，主心、房、氐。盖我朝清类分野，据二书之说以定星野之次，而《通志》因之。夫以心、房、氐言岱，犹为近之。乃若虚、危，北宿也；娄、胃，西宿也；而可以东方言耶？……又按古天文图书：降娄，鲁分也，玄枵则吴[①]、越、扬州之次也。岁星十二岁周天，非有定位，而《唐志》云云，图复云云，要亦所谓其神主岱，而非躔次之谓邪。夫王者齐政，本于璇玑，不可不知，而亦不易知也。故今志以王奕、马端临为正，而余则传疑，以俟夫明于占步者究焉[②]。

① 玄枵：原作“玄野”，据汪子卿《泰山志》（嘉靖刻本，下同）改。

② 俟：明汪子卿《泰山志》作“候”。究焉：原脱，据汪子卿《泰山志》补。

岱史第三卷

形胜考[①]

叙曰：曷考乎形胜也？考古今之诵说乎泰山者也。夫自有天地以来，形胜无如泰山，故自有书契以来，诵说形胜者亦无如泰山，乃其始经见，则《虞典》岱、宗两言耳[②]。夫《虞典》，凡岳皆以方位言，惟泰山不言方位而言岱，不言岳而言宗，固谓夫出震配乾，万物始代，储坤蟠亘，五岳推宗，其形胜甲于普天之下无两也。嗣是而《诗》称鲁詹，《礼》称兖镇，《尔雅》称东岳，则概其一方所推重而极言耳。他若子、史、百家、佛经、道箓，奕奕相属，炫句玄词，所谓天孙神房、洞天福地，与夫金床玉几之说，最不可穷诘。然古人于搜神纪异、稗官野史，亦所不废也。世即有善言形胜者，或未能越此，故举凡见闻所及，并编录之，以备参考。乃其寒暑之候，迥异于下方；里至之遥，艰难于跻陟，俱世所欲闻者，宜不厌于琐赘云[③]。

《舜典》曰岱宗。按《五经通义》云：岱宗，言王者易姓受命、报功告成，必于岱宗也。东方，万物始交代之处；宗，长也，言为群岳之长。

《禹贡》曰：海、岱维青州[④]。又曰：海岱及淮惟徐州。按《书》注云：青州之域，东北至海，西南距岱。又云：岱之阳，济东为徐；岱之北，济东为青。

《鲁颂》曰："泰山岩岩，鲁邦所詹。"按《说苑》云：山者，宣也，言宣气生万物也，泰言高大之至也。《尔雅》云：右陵泰丘。或云，泰者太也，

---

① 考：原作"老"，据清刻本改。

② 耳：原作"有"，据清刻本改。

③ 琐赘：原作"锁赘"，据上下文义改。

④ 维：《尚书正义·禹贡》作"惟"。

谓天地太和之气发舒于东方也。

《周礼·职方》曰：河东曰兖州，其镇曰岱山。按：镇言其重也。

《尔雅》曰：河东[①]，岱。又曰：泰山为东岳。又曰：中有岱岳，与其五谷、鱼盐生焉。按《诗》注云：岳言山之尊也。东方主天地生气，以方位别五岳，是为天之东柱。

《公羊传》曰：触石而出，肤寸而合，不崇朝而雨天下者[②]，惟泰山耳。

《汉官仪》曰：盘道屈曲而上，凡五十余盘，经小天门、大天门。仰视天门，如从穴中视天窗矣。自下至古封禅处，凡四十里。山顶西岩为仙人石闾[③]，东岩为介丘，东南岩名日观。日观者，鸡一鸣时，见日始欲出，长三丈所。又东南名秦观，秦观者，望见长安；吴观者，望见会稽；周观者，望见齐。黄河去泰山二百余里，于祠所瞻，黄河如带，若在山址。山南有庙，悉种柏千株，大者十五六围，相传云汉武所种。小天门有秦时五大夫松，见在。

《后汉书》曰：光武封泰山，云气成宫阙。

《道藏》书曰：泰山周回一百六十里畸五十步，方面各四十里。郭璞书曰：泰山在奉高县西北，从山下至顶，四十八里一百步[④]。

《山海经》曰：泰山环水出焉，东流注于海。

《法苑珠林》曰：泰山之东有醴泉焉，其形如井，本体皆石，欲取饮者，皆洗心跪而挹之，则泉出如流；若或污慢，则泉缩焉，盖有神明以宰之也。

曾巩《二堂记》曰：泰山之北水，与齐之东南诸水，西北汇于黑水之湾，又西北汇于柏崖。

苏东坡《送杨杰诗序》曰：无为子尝奉使登泰山绝顶，鸡一鸣见日出。

① 东：原作“東”，据清刻本改。

② 雨：《春秋公羊传注疏》作“遍雨乎”。

③ 石闾：原作“石问”，据清刻本改。

④ 一：清刻本作“三”。

魏庄渠《书》曰：泰山之上有日观峰者，夜半可以眺而见浴日，弥望如铺金者，海也。绿色微茫中有若掣电者，海岛溪山相间也。金色渐淡，日轮浮动，水中如大玉盘，适海滨望而见海日是矣。登天台之巅曰华顶者，乃知此特小海耳，诸山环列外乃为大海。泰山有日观者，观日于未出也；有月观者，观月于已没也；长安观者，西望秦间诸山也；越观也者，南望会稽诸山也。衡山有七十二峰，亦有日观、月观，不及泰山者，当卯位也。

《岱宗记》曰：梁父，长白二山，为泰山辅岳。

《通志》曰：济南诸山，其北麓也；兖州诸山，其南麓也；青齐海上诸山，其左翼也；河东诸山，其右翼也。斯其为泰山矣乎。乃若山南则有汉武遗柏，天门则有五大夫松，绝顶则有秦无字碑，悬崖则有唐开元铭，斯则泰山古迹之最优者。

《茅君传》曰：仙家凡三十六洞天，泰山周回三十余里，名三宫空洞之天。

《博闻录》曰：泰山名蓬玄太空洞天，岳帝所居，其高四千丈，环一千里。

《五岳记》曰：东岳泰山，岳神天齐王，领仙官仙女九万人。山周回二千里，在兖州奉符县。

《福地记》曰：泰山洞天，周回三千里，鬼神之府。

《列仙传》曰：岱宗石室中，上下悬绝，其中金床玉几。尸子曰：泰山之中有神房阿阁。

《博物志》曰：泰山一曰天孙，言为天帝之孙也。主召人魂魄。东方万物始成，知人生命之长短。

《道经》曰：五岳之神，分掌世界人物，各有攸属。岱，泰山，乃天帝之孙，群灵之府，主世界人民官职、生死、贵贱等事。

堪舆家曰：泰山之麓水交流，孔林独茂，盖指泮、溹、梳洗、汶渐而言。吾夫子之生也，岂偶然哉？是故其终也，曳杖之歌泰山。自任公姓振振，世禄罔替，则岳灵之笃于孔氏者，其有穷乎？

《胜览》曰：尝腊月冲雪登岳，至御帐，云烟模糊。至十八盘，天宇开霁，俯瞩山腰，犹有云霭。及下山，大雪如故。冬春之交，诸崖谷出烟雾，寒甚。初尚可指数，顷则叆叇蒙覆，尽失山形。少霁，溪壑林木及楼阁檐牙凝结冰花，珠联粉缀如画。尝于春时，晨观山半，云布平密，绚烂一色，宛然倒看天宇。四月以后，山多蒸湿，不可居。五六月亦寒，衣必绵，卧必炕。早暮如深秋。遇夏时暴雨，山半风激云涌，雷声电光，皆出其下；隐约见麓地，白波沆漭如海，顷忽云升岳巅，则上下皆雨。人饮诸崖水多泻，惟瑶池、白鹤、水帘、五花、玉女数泉甘美。元君祠东崖一窍，泉滴如珠，昼夜出一斛许，其味尤佳。

岱史第四卷

山水表

叙曰：曷表乎山水也？表山水之附丽于岱岳者也。夫岱岳，山也，而兼以水言者何？山下出泉，谓夫水之源也，故言山必言水也。今其山之得名曰峰、曰岩、曰洞、曰岭、曰崖、曰台、曰门、曰峪、曰寨、曰园，而莫非山也。水之得名曰泉、曰池、曰井、曰溪、曰河、曰湾，而莫非水也。其他曰桥、曰坊、曰题勒，凡以表胜于山水也。总之，则皆岱岳之胜也。夫天下佳山水，古今人类能言之，仁智所乐，岂虚语哉！维兹山水，非可以例言也。上应天齐，宗长群岳，日月之所避隐，云雨之所官府，帝王之所肇祀，亿兆之所奔走，品汇万有之所蕃滋，即一拳之石，钟灵秀而毓化机；一掬之泉，润济汶而衍洙泗，其为功化岂不弘多？弗啻云峦风壑，绝壁重标，峻阁千寻，峭门万仞，飞湍泻溜，漾碧流虹，五色交辉，四时俱备，令人目不周玩，情不给赏，惟斯之为胜而已尔。余尝为之评曰：岱岳山水，特以雄伟胜，匪以奇巧胜，故称绝胜云。

山、峰、石[①]

凤凰山 在岳顶西南，白云洞之上[②]。

天柱峰 在岳顶西南，仰止亭之后。

岳巅石 在玉帝观前[③]。侍郎万恭刻石曰：表泰山之巅。

象山 在凤凰山之下。

---

① 山：原脱，据清刻本补。

② 上：原作“主”，据清刻本改。

③ 玉帝观：原作“王帝观”，据清刻本改。

日观峰 在岳顶东。五鼓可见海上日出[①]。今有观海亭[②]。

望海石 在日观峰东北。五鼓，日初出而可见，是见海也。

石闾山 在州南。汉武帝禅于此。

大悬石堆[③] 在岳顶西[④]。

介石山 在州南五十里。宋真宗禅于此[⑤]。

月观峰 在岳顶西。对日观而言。义取月朏庚方耳。此曰越观。

小悬石 亦顶西，与大悬石对。

仙桥石 在舍身崖西。悬崖相对，相去五尺许，三石撑拄如梁。

亭亭山 在州南五十里。黄帝禅于此。

秦观峰 在岳顶西。

试心石 在仙桥石西。二石钩连，悬崖万仞。人登践之，即摇动恐怖。愚民云：惟心诚则无动。

梁父山 在州南一百里。秦始皇禅于此。

周观峰 旧志云：失所在[⑥]。意者观周当在岳顶西。今都御史胡缵宗刻石于碧霞坊之左。

云云山 在梁父山之东。古称七十二君，多禅于此。

剑匣石 在大峪西。有方石如匣，相传匣有宝剑，仙人取去。

傲来山 在岳顶西南竹林寺。其石巑岏矗矗，至御帐，俯视之更奇。

吴观峰 亦失所在。意者观吴当在岳顶东。

试剑石 在大峪口。相传仙人取石匣宝剑，断劈此石，半仆于地。今观二石，文理若中分然。

丈人峰 在岳顶西南。特立如苍颜丈人。

---

① 海上日出：原作“海百出”，据清刻本改。
② 今：原作“令”，据清刻本改。
③ 大悬石堆：清刻本作“大悬石”。
④ 在：原脱，据清刻本补。
⑤ 宗：原脱，据清刻本补。
⑥ 失：原作“夫”，据清刻本改。

青山 在岳东南麓，汉明堂东北。

仙影石 在试剑石旁。其影有巾有剑，伸一足而坐，石平如磨崖。影处如剥如勒，而实非人为。相传取剑劈石者，即此仙也。

黄山 在岳顶西四十里。以土色名[1]，与青山皆岳之翼山也。

鸡龙峰[2] 在傲来峰前。以贾飞似文名[3]。

东神霄山 在岳顶东十里。

悬石峰 在岳顶西南。

西神霄山 在岳顶西十里。

回雁峰 在岳顶西[4]。

龙文石 在岳阳。其文如龙。

石后山 在岳顶西十里。前多巨石，故名。

独秀峰 在岳阳。屹然挺秀。古人题刻峰名于石。

虎阜石 亦在岳阳。其状似虎。

龙口石 两石相附，中喷清泉。

孤山 在岳顶北十里。峥嵘特起。

狮子峰 在岳阳。以形似名。

牛心石 以形似名[5]。

玉女山 在岳顶东北十里许。有玉女修真石屋在其下。

羊阑坡石[6] 相传仙人牧地。

莲花峰 在独秀峰之东。其奇簇如莲花。

方正石 其形方正，故名。

---

① 色：原脱，据清刻本补。

② 鸡龙峰：清刻本作“鸡笼峰”。

③ 以贾飞似文名：清刻本作“以其形似取名”。

④ 在岳顶西：清刻本作“在岳顶西南”。

⑤ “以”前，原衍“有”字，据清刻本删。

⑥ 羊阑坡石：原作“羊阑皮石”，据清刻本改。

石马山 在岩顶西北十五里。

胭脂石 在岳之阴。色如涂丹。

雕窝山 在岳顶西十五里。崖多雕巢，故名。

悬刀峰 在岳西南西溪上。

红门石 石色红，望之如红朱门。

五女圈石 在岳西北。相传夜有呼号相力之声，诘朝见石累成圈，盖五仙女为之。

褓山 在岳北十里。如驼负子状。

芙蓉峰 亦在西溪上。

鹤山 在岳顶北十里。林木葱郁，野鹤巢此，故名。

飞鸦峰 亦在西溪上。

老鸦峰 在岳顶北。木多鸦巢。

亭禅山 一名高里，又名蒿里，联属社首，在岳南三里。

龙泉峰 在斗母观东北。峰石峭拔可爱[①]。

三尖山 在岳顶西十里。

凌汉山 在普照寺后。

君子峰 在岳顶。

徂徕山 在岳南三十里。岳之案山也。上有紫源池，有玲珑山、独秀峰、天平东西二寨[②]。其下曰白河湾，曰竹溪。唐李白、孔巢父、韩准、裴政、陶沔、张叔明隐此，号曰竹溪六逸。宋石介因故址筑室著书[③]，学者称徂徕先生。

八宝山 在岳顶东百里。属莱芜，一名黄山。

蜡烛山 在玉女山北。其石独立如烛。

石屋 一在玉女山，一在山趾。相传玉女修真处，景最奇胜。

懒张石屋 在岳顶北麓。相传有懒张道人修炼于此。

---

① 石：原作“右”，据清刻本改。

② 平：原作“乎”，据清刻本改。

③ 宋：原作“唐”，非也，当作“宋”。理校。

石舟 一在白龙池，一在岳东南麓傅家庄。宛然如舟。

洞

白云洞 在凤凰山下，由蓬玄坊南行数武，石磴陡绝而下，洞中时出白云。今都御史李戴题曰“雨天下”，盖取《公羊传》“不崇朝而雨天下”之意。御史谭耀勒石，见今创建枋亭轩，最据形胜。

水帘洞 在高老桥上。

迎阳洞 一曰云阳洞，可容二十余人。尚书朱衡勒字于石崖[①]，曰“朝阳洞”。

黄华洞 在岳北玉女修真处。

吕公洞 一曰金母洞，在岳之南麓玉女池侧。

遥观洞 在岳南，一穴高深，游者憩此，可览群山。

鬼仙洞 在蒿里之阴[②]，窈然幽暗，人不敢入。

白鹤洞 在岳西四十里，可容三十余人。

黄伯阳洞 在岳顶西十五里。战国时，黄伯阳修隐于此。

金丝洞 在岳北九十里，可容百余人，丘长春炼丹处。

桃花洞 在岳顶唐磨碑石壁下，有泉。

朗然子洞 在岳半，御帐东里许，可容三十人[③]。

观音洞 在竹林寺山后。

娄敬洞 在岳顶西百里，汉娄敬隐地，旁一洞出硝石。

岭嶂

青岚岭 在岳顶西南。

回马岭 石磴渐峻，乘马至此不能上。

---

① 于：原作“千”，据清刻本改。
② 在：原作“仙”，据清刻本改。
③ 十人：原作“下”，据清刻本改。

黄岘岭 土多黄色，势甚险峻。过此，一径平易，名曰“快活三”。

雁飞岭 即回雁峰，在岳顶西南。鸿雁南翔，多止于此。

西横岭 在岳顶西，削壁横亘数十丈许。

思乡岭[①] 在岳顶西，俗传人死，魂归于此而思乡。

十峰岭 在玉皇庙右。

分水岭 在岳顶东，汉明堂后，杨老园西。

升仙岭 在岳顶东南[②]，汉明堂之东北隅。

长城岭 在岳之西北，古长城巨防之地[③]。

思谷岭 在谷山寺南。

仙台岭 在岳北六十里。

明月嶂 在岳北，群峰秀列，若屏障然。

招军岭 在岳顶西南，傲来山前。

峪

小龙峪 古名小龙口，石峡为众水所归，飞泉若龙喷然。

大龙峪 古云大龙口。

桃花峪 在岳顶西南二十里，桃花洞南。今多植桃花。

仙趾峪 一名马蹄峪，在竹林寺山后里许。有仙人草履迹，长尺余。马蹤长五寸许。

石经峪 在岳之阳，坦石半亩许，古刻《金刚经》，楷书，有近八分书者，大尺许[④]。人传王右军书。

石壁峪 在岳之阳，竦削如壁。

大峪 在傲来山竹林寺下，即中溪之路。内有白龙池、百丈崖、天绅泉诸奇景。石上

---

① 思：原为空格，据清刻本补。

② 东南：原作“东东”，据清刻本改。

③ 地：原作“化”，据清刻本改。

④ 大：原作“人”，据清刻本改。

有宋元诗刻。

酆都峪 在岳之阳。俗传为冥司。今峪南有酆都庙。

鬼儿峪 在岳之阳。俗传人死，魂归于此。本张华《博物志》之说。

佛寺峪 在岳东北四十里，即谷山寺，有石佛。

椒子峪 在岳之阳，昔有异人种椒于此，故名。

溪里峪 在岳之阴，岩穴深邃，上有涌泉，四时不竭。

崖

孔子崖 在岳顶西南。

舍身崖 其北联属日观峰下，余三面崖壁陡削数百丈。中有石凸起丈许，愚民往往舍身投崖，徼轮回之福。尚书何起鸣设垣墙示禁[①]，因勒石曰“爱身台”。

东百丈崖 在岳顶西南[②]，其瀑布下汇为天绅泉。

西百丈崖 与东崖相去三百步，其高十倍东崖。而东崖南向，西崖则东向。

仙影崖 在岳顶西南傲来峰。其山皆苍石，惟仙影如白纸。

五花崖 在岳顶南，城郭仰视岳顶不能见，崖蔽之也。

鹁鸽崖 在岳北。峭壁巢野鸽。

马棚崖 在岳阳，以形似言也。一曰三字崖，以其崖上有墨书三画，风雨不磨，世传吕洞宾书。

御帐崖 在御坪[③]。

岩

两峰岩 在岳顶西，两峰对峙，下有一穴如室。

---

① 垣：原作“坦”，据清刻本改。

② 在：原作“合”，据清刻本改。

③ 坪：原脱，据清刻本补。

仙闾岩《汉书·武帝纪》曰：岳顶西岩为仙闾岩[1]。

蜕仙岩[2] 在岳阳，相传翰林王从之跏趺化此[3]，元好问《送张天倪诗》云“蜕仙岩上愿迟留”[4]，是也。

古云岩 在回马岭。

弄月岩 以下四岩，今失所在。

看月岩

弥高岩

锁云岩

台

凤凰台 在岳之阳。

登仙台 在岳顶之阳，相传吕纯阳曾登此。

南拱台 在岳之阴。巉岩拱峙，上复平坦，故以台名。

北拱台 亦在岳之阴。

尧观台 在岳顶东北十里玉女山顶。有石平坦如台，相传尧封禅登此。

读书台 在普照寺西北后山。过投书涧，山麓有石，方四五丈许，宋孙泰山、石徂徕、胡安定读书之所，姑苏李果八分书刻石。

瞻鲁台 在舍身崖上。

门

一天门 有坊，在岳阳，岱宗坊内里许。

---

① 闾岩：原为空格，据清刻本补。

② 蜕：原作“蛟”，据清刻本改。

③ 跏趺：原作“跏趹”，据清刻本改。

④ 蜕仙岩上愿迟留：袁爱国《全泰山诗》（泰山出版社2011年版）第一册作“蜕仙岩下幸迟留”。

红门 在岳阳，扁曰“飞云阁”，又曰“梯云”。

二天门 有坊，在岳阳，一名小天门，即御帐，盖宋真宗曾此驻跸也。

诚意门 在御帐上半里许。

三天门 石门，一曰南天门，即十八盘尽处。

东天门 在岳顶东。

西天门 在岳顶西。

玄武门 在岳北趾。

园

杨老园 在岳之阳，石崖险阻，世传杨老避兵于此。

药园 在岳东南，世传有修真之士种药于此。

寨

水仙寨 在岳顶西，可容千人。

仙人寨 在岳顶北，亦容千人[①]。

九女寨 在岳顶西三尖山下，一峰高处。相传九女避兵于此。

凌汉寨 在岳阳，可容数百人。

天胜寨 在傲来山前，可容万人。刘盆子、赤眉等曾此聚兵[②]，上有招军岭[③]、张旗石、碓硙之类。

泉

碧天泉 在岳顶广生殿东。

① 亦：原作“赤”，据清刻本改。
② 眉：原作“负”，据清刻本改。
③ 岭：原作“领”，据清刻本改。

碾驼泉 在丈人峰下[①]，岳顶居人皆取给于此。

天绅泉 在傲来山百丈崖下[②]，巅崖十丈许，悬流下泻如垂绅。

白鹤泉 在岳南麓，冽而甘美[③]，以城中井泉称较之，轻重亦异。

护驾泉 在黄岘岭御帐之下。

圣水泉 在回马岭。

水帘泉 一在西百丈崖，一在岩岩亭右[④]。

涤尘泉 在岳南麓后土庙内，游人多掬水涤目[⑤]，又名眼光泉[⑥]。

飞鸾泉 在王母池右，水甚清冽，流注池中。

醴泉 一在天书观，即宋王钦若所奏于真宗者。今虽不竭，无异凡水。《法苑》所称醴泉，今失所在。

池

王母池 一名瑶池。在岳之南麓。池水之源，乃岱岳山涧之水也。自黄现岭会石经峪、水帘洞诸源，汇而为斯池焉[⑦]。昔黄帝建观岱岳，遣女七人，云冠羽衣，修奉香火，以迎西王母，故名。

玉女池[⑧] 在岳顶元君祠右，甘冽，四时不涸。一名圣母水池[⑨]。豫章谢廷杰勒石。

白龙池 在傲来山址，广数寻，深不可测。池上有龙神祠，岁旱，祷辄应[⑩]。按察黄鳌刻石曰“霖原”。

---

① 丈：原作“过”，据清刻本改。

② 来：原作“耒”，据清刻本改。丈：原作“又”，据清刻本改。

③ 冽：原作“列”，据清刻本改。

④ 一在岩岩亭右：原为空格，据清刻本补。

⑤ 目：原作“自”，因形似而误，据清刻本改。

⑥ 泉：原脱，据清刻本补。

⑦ “也自”至“汇而”共16字，原为空格，据清刻本补。斯：原作“其”，据清刻本改。

⑧ 玉女池：原作“王女池”，据清刻本改。

⑨ 水池：原作“小池”，据清刻本改。

⑩ 应：原作“厓”，据清刻本改。

封家池 在岳南麓封家墅中，通白鹤泉之下流，涓涓汇焉。

河

涂河[①] 源出岳顶西南诸谷，汇为西溪，由白龙池出大峪口，南流入泮河，会汶水，以达于漕水。

梳洗河 源出黄岘岭，诸谷之水汇为中溪，过王母池。池上有王母梳妆楼，故名[②]。其水，由州东南会泮河[③]，入汶水[④]。

泮河 源出岳西桃花峪诸水，转州治东南二十里入文。

汶河 其源有三，一出岳之东麓莱芜县原山；一出莱芜寨子村，皆经徂徕山之阳；一出岳北仙台诸谷之水，西流经徂徕山阴会泮水[⑤]，南流三十里曰大汶口，又西南经汶上县北，以达漕河。

溪涧

东溪 其源出岳阳登仙台下及青山诸水，经汉明堂。

西溪 其源出岳顶以西，诸水会百丈崖、白龙池、大峪。

中溪 其源出黄岘岭下[⑥]，会诸谷之水[⑦]。

鹰愁涧 在十八盘下[⑧]。

投书涧 在凌汉峰下，以胡安定投家书于此，故名。何东鲁刻李果八分书涧名三大字于石[⑨]。

---

① 涂：清刻本作“涂”。
② 池池上有王母梳妆楼故：原为空格，据清刻本补。
③ 会：原作“曾”，据清刻本改。
④ 入：原作“大”，据清刻本改。
⑤ “阳一”至“会泮”共20字，原为空格，据清刻本补。
⑥ 出：原作“岳”，据清刻本改。
⑦ 水：原脱，据清刻本补。
⑧ 八：原脱，据清刻本补。
⑨ 何：原作“旧”，据清刻本改。石：原脱，据清刻本补。

井

香井 在岳南古岳庙前。伍缉之《从征记》曰：泰山庙前有大井，水极香冷[①]，异于凡水。朱曰藩诗曰“庙前香井识投钱”，盖谓此也。

天井 在岳之东北十里许[②]，广数亩，汇诸峪之水，由东转南，入于汶河[③]，又名天井湾。

湾

龟儿湾 在岳之阳[④]。

黑水湾 在岳之西。

忽雷湾 在西溪。天将雨时，每闻雷声迅发于此。

饮马湾 在西溪。

天井湾 一在岳北，一在西南。

虬在湾 在王母池上，奇石可爱。吕纯阳诗曰“无赖蛟虬知我字”，是也。

锣鼓湾 在大峪西溪，俗传“七月中元日，有声如锣鼓”。

坊[⑤]

岱宗坊 登岳自此始[⑥]。都御史姜廷颐[⑦]、翁大立，御史罗凤翔等同建[⑧]。

一天门坊 参政龙光题，通判王之纲建。

---

① “前伍”至“井水”共16字，原为空格，据清刻本补。

② 北：原作“井”，据清刻本改。

③ 之水由东转南入于：原为空格，据清刻本补。

④ 之：原为空格，据清刻本补。

⑤ 坊：原脱，据清刻本补。

⑥ 自此始：原作“自此自殆”，据清刻本改。

⑦ “史”后，原衍“都”字，据清刻本删。

⑧ 姜廷颐、翁大立，御史：原脱，据清刻本补。

孔子登临处坊 豫章状元罗洪光题，尚书朱衡建。

天阶坊[1] 御史高应芳建。

高老桥坊 知府李伯春等重修，前同知翟涛建。

水帘洞坊

回马岭坊

黄岘岭坊

二天门坊 诸坊修建官衔，俱与高老桥坊同[2]。

迎天坊 崇府修建。

小龙峪坊 修建同高老桥。

大龙峪坊[3] 修建同高老桥。

十八盘坊 修建同高老桥。

白云洞坊 都御史李戴建。

蓬玄坊 修建同高老桥。

济世坊

安民坊

敕建碧霞坊 都御史李辅、御史吴定、韩应庚等修建。

升中坊

题 有立碑者，有勒崖者

正大光明 戴玺立石。

五岳之宗 戴玺立石，二碑俱在岱宗坊下[4]。

---

① 天：原作“大”，据清刻本改。

② 官衔俱与高：原为空格，据清刻本补。

③ 峪：原作“公”，据清刻本改。

④ 二：原作“一”，据清刻本改。

天下奇观 员外杨可大立石于一天门北[①]。

第一山 御史李复初立石于天阶坊下。

中流砥柱 进士陈甘雨勒字石崖。

至此始奇 检讨马一龙勒字石崖。

大夫松[②] 范宗吴立石[③]。

处士松 刘宗岱立石[④]。

至此又奇 马一龙勒字石崖[⑤]。

飞泉瀑布 同知翟涛勒字石崖。

至此愈奇 马一龙勒字石崖。

风涛云壑 勒字石崖。

雄峙两间 立石三天门外。

俯窥六合 立石同前。

山河一览 勒字蓬玄坊下。

海日奇观 郎中吴同春书，在日观峰东南绝壁。

岱北奥区 前人书在黄华洞石壁。

桥

高老桥 在红门上五里许，相传有学黄老者姓高，始开此道。

住水流桥 在水帘洞之下。

圣仙桥 在马棚崖下。

龙桥[⑥] 在小龙峪。

① 立：原作“言”，据清刻本改。天：原作“下”，据清刻本改。

② 大夫松：原作“天大松”，据清刻本改。

③ 石：原作“右”，据清刻本改。

④ 处士松刘宗岱立石：原为空格，据清刻本补。

⑤ 一：原作“下”，据清刻本改。

⑥ 龙：原脱，据清刻本补。

步天桥 在二天门。

漱玉桥[1] 在石经峪道中，勒名于石。

王母桥 在王母池上。桥之东，则吕公洞；桥之西，则岳庙旧址。此第一胜境也。

涂河桥 在涂河上，州城西南河津。

金银桥 即涂河桥之西南隅[2]。

① 玉：原作“王”，据清刻本改。

② 即涂河桥之西南隅：原为空格，据清刻本补。

岱史第五卷

疆域表

叙曰：表疆域者何？表岱宗所隶疆域也。隶于州邑而郡而部也。夫岱宗秀挺一合[①]，灵应八埏，涵育万形，储峙千古，岂一疆一域所得而囿乎？然自古锡土姓以立国，制地域以抚封，必恃名山大川为之界焉。是故《禹贡》九州之域，海岱维青。《周礼》山镇之崇，兖州曰岱，此疆域所由始矣。秦汉而降，建牧分州，割裂土境，废置凡几，汉之奉高，唐之乾封，宋之奉符，皆以邑名于岱址者也。

皇明定鼎燕冀，惟岱宗较诸岳独迩，雄据东夏，屏障皇畿，若拱辰然，而漕源国计，亦维兹攸赖，所谓奠安磐石之宗，其在斯与！岱址不以邑而以州，俾奉岁祀，而州以泰安名，有以也夫！兹备录古今沿革，并其年数而为之表，如左方：

朝代	总部	郡	州县
唐虞夏商	青《禹贡》曰：海岱惟青州。		
周	兖《周礼》：兖州，其镇曰岱。	鲁《鲁颂》曰：泰山岩岩。	
战国	齐		博邑
秦		齐郡	博邑
西汉	兖州部	泰山郡 汉初属济北国。武帝元狩元年，济北王奏献。	奉高县 武帝元封元年至奉高。
东汉	兖州部	泰山郡	奉高县 光武二十二年至奉高，章帝元和二年幸奉高。
晋	兖州部	泰山郡	奉高县

① 一合：清刻本作“六合”。

（续表）

朝代	总部	郡	州县
南宋	兖州部	泰山郡	奉高县
北魏	兖州部	泰山郡	奉高县
隋	兖州部	鲁郡 大业初，改属鲁郡。	岱山县 开皇六年，改奉高曰岱山。
唐	河南道	兖州鲁郡 武德、贞观制祭东岳于兖州[①]。玄宗封泰山神为天齐王。	乾封县 高宗改岱山县为乾封县。
宋	京东西路	兖州袭庆府 初祭东岳于兖州，真宗加号“泰山天齐仁圣王”[②]。又上号“仁圣帝”。	奉符县 真宗祥符元年，改乾封县为奉符县。
金	山东西路	泰安州 大定二十三年，升泰安军为州。	奉符县
元	山东东西路	泰安州 加上“泰山天齐大生仁圣帝”。	奉符县
皇明	山东布政使司	济南府 洪武制，不加泰山封号[③]，正名称“东岳之神”。	泰安州 省奉符县并入州。

① 祭：原作“發”，据清刻本改。

② 天：原作“大”，据清刻本改。

③ 不：原作“和”，据清刻本改。

岱史第二册诸字号目录

① 司马彪：原作“司马虎”，据《晋书·司马彪传》改。

鉴　傅希挚　陆树德　李辅　李戴　查志隆

以上序世次而不序爵，皆书姓名，仍前志，垂久远也。

岱史第六卷

狩典纪[1] 附封禅

叙曰：曷纪乎狩典也？纪帝王时巡之大典也，而并及夫封禅者何？纪其变也，亦纪夫当时君之侈、臣之谀，以示儆也。夫五载一狩，昉于《虞书》；十二年一巡，见诸周制。时维仲春，则生长之月；岳维泰岱，则生长之方，于时坐明堂[2]，朝群后，考核其政令，凡以为民也，岂似后世人主琢石铭山以夸大其业，泥金检玉以徼福于神。盘乐戕民，千乘万骑，而猥云七十二君之故事，秦汉以来即所称英君亦不免焉。卓哉我成祖文皇帝灼见，而却绝之以垂宪昭代，岂非超越千古者哉！余兹附录前代封禅文一二，而终之以先贤记论[3]，俾观者得以考鉴焉。

唐虞

岁二月，东巡守[4]，至于岱宗。柴，望秩于山川，肆觐东后。协时月，正日，同律度量衡。修五礼，如五器。五载一巡守，群后四朝。见《舜典》。

夏后氏

因之。

---

① 狩：原作“神”，据清刻本改。

② 堂：原作“当”，据清刻本改。

③ 记论：清刻本作“正论”。

④ 守：《尚书正义·虞书·舜典》作“狩”。

周

十二年一巡狩。岁二月，东巡狩，至于岱宗，觐诸侯于明堂。见《周礼》。明堂说，见《遗迹纪》。

秦

始皇二十八年，东行郡县，上邹峄山，立石。与鲁诸儒生议刻石颂秦德，议封禅望祭山川之事，乃遂上泰山，立石，封祠祀。下，风雨暴至，休于树下，因封其树为五大夫。禅梁甫，刻所立石。见《史记》。王仲淹谓封禅非古，启于秦汉，故志封禅以秦为首。

李斯篆刻石文 今存二十九字，详见《遗迹纪》

事天以礼，立身以义，事父以孝，成人以仁。四海之内，莫不郡县。四夷八蛮[①]，咸来贡职。人庶蕃息，天禄永得。[②]今皇帝临位[③]，作制明法，臣下修饬。二十有六年，初并天下，罔不宾服[④]。亲巡远方黎民，登兹泰山，周览东极。从臣思迹，本原事业，祗诵功德。治道运行，诸产得宜，皆有法式。大义休明，垂于后世，顺承勿革。皇帝躬圣，既平天下，不懈于治。夙兴夜寐，建设长利，专隆教诲。训经宣达，远近毕理，咸承圣志。贵贱分明，男女礼顺，慎遵职事。昭隔内外[⑤]，靡不清净，施于后嗣。化及无穷，遵奉遗诏，永承重戒。

---

① 八：原作“人”，据清刻本改。

② “事天以礼”至“天禄永得”，此为汉武帝立石的文字，误录于此，当删之。详见《汉书·武帝纪》应劭注。

③ 今：《史记·秦始皇本纪》无此字。

④ 不：原作“一”，据《史记·秦始皇本纪》及清刻本改。

⑤ 隔：原作“格”，据《史记·秦始皇本纪》改。

汉

武帝元封元年，东巡海上。夏四月，登封泰山，降坐明堂。诏曰：朕以眇身承至尊，兢兢焉，惟德菲薄，不明于礼乐，故用事八礼[①]。遭天地况施，著见景象，屑然如有闻。震于怪物，欲止不敢，遂登封泰山，至于梁父，然后升禅肃然。自新，嘉与士大夫更始，其以十月为元封元年。行所巡至，博、奉高、蛇丘、历城、梁父，民田租逋赋、贷，已除。加年七十以上孤寡帛，人二匹。四县无出今年算。赐天下民爵一级，女子百户牛酒。又下诏曰：古者天子五载一巡狩，用事太山。诸侯有朝宿地，其令诸侯各治邸太山下。

二年秋，作明堂于泰山。

太初元年冬十月，行幸泰山。

太始四年春三月，行幸泰山。壬午，祀高祖于明堂[②]，以配上帝，因受计。癸未，祀孝景皇帝于明堂。甲申，修封。丙戌，禅石闾。

征和四年春三月[③]，上耕于巨定，还幸泰山。

司马迁《封禅书》略

自古受命帝王，曷尝不封禅？盖有无其应而用事者矣，未有睹符瑞见而不臻乎泰山者也。齐桓公既霸，会诸侯于葵丘[④]，而欲封禅。管仲曰：古者封泰山、禅梁父者七十二家，而夷吾所记者十有二焉。昔无怀氏封泰山，禅云云；伏羲封泰山，禅云云；神农封泰山，禅云云；炎帝封泰山，禅云云；黄帝封泰山，禅亭亭；颛顼封泰山，禅云云；帝喾封泰山，禅云云；

① 礼：《汉书·武帝纪》作“神”。

② 祖：原作“祁”，据清刻本改。

③ 月：原作“目”，据清刻本改。

④ 侯：原作“候”，据清刻本改。

尧封泰山，禅云云；舜封泰山，禅云云；禹封泰山，禅会稽；汤封泰山，禅云云；周成王封泰山，禅社首，皆受命然后得封禅。桓公曰：寡人北伐山戎，过孤竹；西伐大夏，涉流沙，束马悬车，上卑耳之山；南伐至召陵，登熊耳山，以望江汉。兵车之会二[①]，而乘车之会六,九合诸侯，一匡天下，诸侯莫违我。昔三代受命，亦何以异乎？于是管仲睹桓公不可穷以辞，因设之以事，曰：古之封禅，鄗上之黍，北里之禾，所以为盛；江淮之间，一茅三脊，所以为藉也。东海致比目之鱼，西海致比翼之鸟，然后物有不召而自至者十有五焉[②]。今凤凰麒麟不来，寿谷不生[③]，而蓬蒿藜莠茂，鸱枭数至而欲封禅，毋乃不可乎？于是桓公乃止。……

其后百有余年，而孔子论述六艺，传略言易姓而王，封泰山，禅乎梁父者七十余王矣，其俎豆之礼不章，盖难言之。……

秦始皇即帝位三年[④]，东巡郡县，祠邹峄山[⑤]，颂秦功业。于是征从齐鲁之儒生博士七十人，至于泰山下[⑥]。诸儒生或议曰：古者封禅为蒲车，恶伤山之土石草木；扫地而祭，席用葅秸，言其易遵也。始皇闻此议各乖异，难施用，由此绌儒生。而遂除车道，上自泰山阳至巅，立石颂秦始皇帝德，明其得封也。从阴道下，禅于梁父。其礼颇采太祝之祀雍上帝所用，而封藏皆秘之，世不得而记也。

始皇之上泰山，中阪遇暴风雨，休于大树下。诸儒生既不得与用于封事之礼[⑦]，闻始皇遇风雨，则讥之。……

始皇封禅之后十二岁，秦亡。诸儒生疾秦焚诗书，诛僇文学，百姓怨

---

① 二:清刻本作“三”。

② 者:原脱，据《史记·封禅书》补。

③ 寿谷:《史记·封禅书》、清刻本作“嘉谷”。

④ 秦始皇:《史记·封禅书》无此三字。

⑤ 邹:《史记·封禅书》作“驺”。

⑥ 于:《史记·封禅书》作“乎”。

⑦ “既”后,《史记·封禅书》有“绌”字。

其法，天下叛之，皆伪曰：始皇上泰山，为暴风雨所击，不得封禅。此岂所谓无其德而用事者邪！……

今上自得宝鼎[①]，与公卿诸侯议封禅[②]。封禅用希旷绝，莫知其仪礼，而群儒采封禅《尚书》《周官》《王制》之望祀射牛事。齐人丁公，年九十余，曰：封禅者，合不死之名也[③]。……上于是乃令诸儒习射牛，草封禅仪。数年，至且行。天子既闻公孙卿及方士之言，黄帝以上封禅，皆致怪物与神通，欲放黄帝以上接神仙蓬莱[④]，高世比德于九皇，而颇采儒术以文之。群儒既不能辩明封禅事[⑤]，又牵拘于《诗》《书》古文而不能骋。上为封禅祠器示群儒……尽罢诸儒不用。三月……东上泰山，泰山之草木叶未生，乃令人上石立之泰山巅。……

上念诸儒及方士言封禅人人殊，不经，难施行[⑥]。天子至梁父，礼祠地主。乙卯，令侍中儒者皮弁荐绅，射牛行事。封泰山下东方，如郊祀太乙之礼[⑦]。封广丈二尺，高九尺，其下则有玉牒书，书秘。礼毕，天子独与侍中奉车子侯上泰山，亦有封。其事皆禁。明日，下阴道。丙辰，禅泰山下趾东北肃然山[⑧]，祭后土[⑨]。……封禅祠，其夜若有光，昼有白云起封中[⑩]。天子从禅还，坐明堂，群臣更上寿。……明年……夏，旱，公孙卿曰：黄帝时封则天旱，乾封三年。上乃下诏曰：天旱，意乾封乎？……修五年之礼

---

① 今上：《史记·封禅书》无此二字。
② “与”前，《史记·封禅书》有“上”字。诸侯：《史记·封禅书》作“诸生”。
③ 合：原作“古”，据《史记·封禅书》改。
④ “神仙”后，《史记·封禅书》有“人”字。“蓬莱”后，《史记·封禅书》有“士”字。
⑤ “既”后，《史记·封禅书》有“已”字。辩：《史记·封禅书》作“辨”。
⑥ 行：原脱，据《史记·封禅书》补。
⑦ 祀：《史记·封禅书》作“祠”。太乙：《史记·封禅书》作“太一”。
⑧ 山：原脱，据《史记·封禅书》补。
⑨ 祭后土：《史记·封禅书》作“如祭后土礼”。
⑩ 白：原作“旬”，据《史记·封禅书》及清刻本改。

如前，而加以禅祠石闾。石闾者，在泰山下址南方[①]，方士多言此仙闾也[②]，故上亲禅焉。……

太史公曰：余从巡祭天地诸神名山川而封禅焉。入寿宫侍祠神语，究观方士祠官之意，于是退而论次自古以来用事于鬼神者，具见其表里。后有君子，得以览焉。若俎豆珪币之详[③]，献酬之礼，则有司存。

班固《白虎通》略

王者易姓，受命而起[④]，必升封泰山，何？教告之义也[⑤]。始受命之时，改制应天，天下太平；功成封禅，以告太平也。所以必于泰山，何？万物所交代之处[⑥]。必于其上，何？因高告高，顺其类也。故升封者，增高也。下禅梁甫之山基，广厚也。刻石纪号者，著己之功绩以自效也[⑦]。天以高为尊，地以厚为德，故增泰山之高以报天[⑧]，附梁甫之址以报地，明天地之所命。功成事遂，有益于天地，若高者加高，厚者加厚矣。或曰封者金泥银绳，或曰石泥金绳，封以印玺。故孔子曰：升泰山，观易姓之王，可得而数者七十有余。封者，广也。言禅者，明以成功相传也。于梁甫何[⑨]？以三皇禅绎绎之山[⑩]，明已成功而告[⑪]，有德者居之。绎绎者，无穷之意也。五帝禅于亭亭者，量度审谛[⑫]，德著明也。三王禅于梁甫之山者，梁，信也；

---

① 下：原脱，据《史记·封禅书》补。
② 仙闾：《史记·封禅书》作“仙人之闾”。
③ 若：《史记·封禅书》作“若至”。
④ 受命：《白虎通义》无此二字。
⑤ 教：《白虎通义》作“致”。
⑥ “处”后，《白虎通义》有“也”字。
⑦ 功绩：《白虎通义》作“功迹也”。效：《白虎通义》作“效仿”。
⑧ 报：《白虎通义》作“放”。
⑨ “于”前，《白虎通义》有“梁甫者泰山旁山名正”九字。
⑩ “绎绎”前，《白虎通义》有“于”字。
⑪ 告：《白虎通义》作“去”。
⑫ 量：《白虎通义》作“制”。

甫，辅也。辅天地之道而行之也。太平乃封告于天[①]，必也于岱宗，何？明告易姓[②]。刻石纪号，告自纪于百王也[③]。燎，祭天，报之义也。《诗》云[④]："於皇时周，陟其高山。"言周太平封泰山也。

光武皇帝建武二十年十月，东巡狩，至于岱宗。三十年，群臣上书，请封禅。诏曰：即位三十年，百姓怨气满腹，吾谁欺？欺天乎？曾谓泰山不如林放，何事污七十二代之编录！桓公欲封禅[⑤]，管仲非之。若郡县远遣吏上寿，盛称虚美，必髡，兼令屯田。从此，群臣不敢复言。

三十二年，帝夜读《河图会昌符》，曰："赤刘之九，会命岱宗。"感此，父乃诏梁松按索图谶文言九世封事。梁等列奏，乃许焉。求元封故事，议封禅所施用。有司奏当用方石累坛，玉牒、玉检、金泥及石检度数。帝以用石功难，又欲及二月封禅，故诏梁松因故封石空，更加封而已。松疏争，不可。正月至奉高[⑥]，遣侍御史与兰台令，将工先上山刻石。辛卯，封泰山。甲午，禅于梁父。四月己卯，肆赦，以建武三十二年为建武中元元年。

光武刻石文略

维建武三十有二年二月，皇帝东巡狩，至于岱宗，柴，望秩于山川，遍于群神[⑦]，遂觐东后。从臣太尉憙、行司徒事特进高密侯禹等，汉宾二王之后在位。孔子之后褒成侯，序在东后，蕃王十二，咸来助祭。《河图赤岱

① "告"前，《白虎通义》有"知"字。
② 告易姓：《白虎通义》作"知易姓也"。
③ 告：《白虎通义》作"知"。
④ "诗"前，《白虎通义》有"望祭山川祀群神也"八字。
⑤ 禅：《后汉书·祭祀志》无此字。
⑥ 正月：清刻本作"二月"。
⑦ 遍：《后汉书·祭祀志》作"班"。

符》曰[①]："刘秀发兵捕不道，四夷云集龙斗野，四七之际火为主。"《河图会昌符》曰："赤帝九世，巡省得中。……帝刘之九，会命岱宗。诚善用之，奸伪不萌。赤汉德兴，九世会昌，巡岱皆当。天地扶九，崇经之常。汉大兴之，道在九世之王。封于泰山，刻石著纪，禅于梁父，退省考五。"《河图合古篇》……《洛书甄曜度》……《孝经钩命》[②]……经谶所传。昔在帝尧，聪明密微，让与舜庶，后裔握玑[③]。王莽以舅后之家，三司鼎足冢宰之权势，依托周公、霍光辅幼归政之义，遂以篡叛，僭号自立。宗庙隳坏，社稷丧亡，不得血食，十有八年。扬[④]、徐、青三州首乱，兵革横行，延及荆州，豪杰并兼，百里屯聚，往往僭号。北夷作寇，千里无烟，无鸡鸣犬吠之声[⑤]。皇天眷顾皇帝，以匹庶受命中兴，年二十八载，兴兵起是，以中次诛讨，十有余年，罪人斯得。黎庶得居尔田，安尔宅。书同文，车同轨，人同伦。舟舆所通，人迹所至，靡不贡职。建明堂，立辟雍[⑥]，起灵台，设庠序。同律、度、量、衡。修五礼，五玉，三帛，二牲，一死，贽。吏各修职，复于旧典。在位三十有三[⑦]，年六十有一[⑧]。乾乾日昃，不敢荒宁，涉危历险，亲巡黎元，恭肃神祇[⑨]，惠恤耆老，理庶遵古，聪允明恕。皇帝唯慎《河图》《洛书》正文，是月辛卯，柴，登泰山[⑩]。甲午，禅于梁阴。以承灵瑞，以为兆民，永兹一宇，垂于后昆。百僚从臣，郡守师尹，咸蒙祉

---

① 河图赤岱符:《后汉书·祭祀志》作"河图赤伏符"。

② 孝经钩命:《后汉书·祭祀志》作"孝经钩命决"。

③ 玑:《后汉书·祭祀志》作"机"。

④ 扬:《后汉书·祭祀志》作"杨"。

⑤ 犬:《后汉书·祭祀志》作"狗"。

⑥ 辟: 原作"群"，据《后汉书·祭祀志》及清刻本改。

⑦ 三:《后汉书·祭祀志》作"二年"。

⑧ 有一:《后汉书·祭祀志》作"二"。

⑨ 祇: 原作"祗"，据《后汉书·祭祀志》改。

⑩ "登"后,《后汉书·祭祀志》有"封"字。

佑[1]，永永无极。

章帝元和二年正月，东巡狩，柴告岱宗。幸奉高，祀五帝于汶上明堂。

安帝延光三年二月丙子，东巡狩。辛卯，柴告岱宗。

魏

明帝东巡狩，凡三至岱宗，所过存问高年，恤疾苦，或赐谷帛。

隋

文帝开皇九年，朝野皆请封禅。诏略曰：以薄德而封名山，用虚言而干上帝，非朕攸闻[2]。今后言封禅宜即禁绝。十四年，百官抗表，固请封禅，帝令牛弘等创仪注。既成，帝视之曰：兹事体大，朕何德以堪之。但当东巡，因祭奉山耳。

唐

太宗贞观初，群臣并请封禅，唯魏征以为不可。

六年，文武官以初平突厥，盛德被于海内，又年谷屡登，表封泰山。太宗谓侍臣曰：朕每见众议，以封禅为盛事，颇奏劝朕行之。如朕本心，但使天下太平，家给人足，虽阙封禅之礼，亦可比德于尧舜。若百姓不足，夷狄内侵。纵修封禅之仪，亦何异桀纣？昔秦始皇为暴虐之主，汉文为有德之君，以此而言，无假封禅。且《礼》云：扫地而祭，以表至诚。何必远登高山，封三尺土也！太宗虽纳征言，而藩臣犹抗表劝请。

---

① 佑：《后汉书·祭祀志》作“福”。

② 攸：原作“你”，据清刻本改。

十五年，东幸至洛阳，而彗星见，乃止。

高宗麟德二年，幸东岳。乾封元年正月，封泰山，禅于社首，以皇后武氏为亚献，越国太妃燕氏为终献。其帷帟锦绣，群臣瞻望，多窃笑之。

玉牒祀文[①]

有唐嗣天子臣某，敢昭告于昊天上帝：有隋运属颠危，数穷否塞，生灵涂炭，鼎祚沦亡。高祖伏黄钺而赦黎元[②]，赐玄圭而拯沉溺。太宗功宏炼石，定区宇于再麾；业壮断鳌，饮沧海而一息。臣忝奉余绪，恭承积庆，遂得昆山寝燎，炎海澄波。虽乃业茂宗祧，斯实降灵穹昊。今谨告成东岳，归功上玄，大宝克隆，鸿基永固，凝熏万姓，陶化八纮。

骆宾王为齐州父老请陪封禅文

圆天列象，紫宫通北极之尊；大帝凝图，玄猷畅东巡之礼。是知道隆光泽，既辑玉于云台；业绍禋宗，必涂金于日观。伏惟皇上乘乾握纪，纂三统之重光；御极登枢，应千灵之累圣。故得河浮五老，启赤文于帝期；海荐四神，奉丹书于王会。瑞开三脊，祥洽五云。既而缉总章之旧文，绍辟雍之故事。非烟翼戟，移玉辇于梁阴；若月承轮，秘金绳于岱巘。臣等质均刍狗，阴谢桑榆。幸属尧镜多辉，昭余光于连石；轩图广运，追盛礼于纵金。然而邹鲁旧邦，临淄遗俗，俱沐二周之化，咸称一变之封。境接青畴，俯瞰获麟之野；山开翠屺，斜连辨马之峰。岂可使稷下遗甿，顿隔陪封之礼；淹中故老，独奏告成之仪。是用就日披丹，仰璧轮而三舍；望云纾素，叫天阍于九重。倘允微诚，许陪大礼，则梦琼余息，玩仙闾以相欢；就木

① 祀：清刻本作“祝”。

② 伏：清刻本作“伏”。

残魂，游岱宗而载跃。

玄宗开元十二年，群臣多言封禅，中书令张说又固请，乃下制以十三年有事于泰山。御制御书《纪泰山铭》。

玉牒祝文

有唐嗣天子臣某，敢昭告于昊天上帝：天启李氏，运兴土德。高宗、太宗，受命立极。高宗升中，六合殷盛；中宗绍复，继体不定。上帝眷佑，锡臣忠武。底绥内艰，推戴圣父。恭承大宝，十有三年。敬若天意，四海晏然。封祀岱岳，谢成于天。子孙百禄，苍生受福。

玄宗纪泰山序铭 勒石岳顶，磨崖碑详见《遗迹纪》

朕宅帝位，十有四载，顾惟不德，懵于至道，任夫难任，安夫难安。兹朕未知，获戾于上下；心之浩荡，若涉于大川。赖上帝垂休，先后储庆，宰衡庶尹，交修皇极，四海会同，五典敷畅，岁云嘉熟[①]，人用大和。百辟佥谋，倡余封禅[②]，谓孝莫大于严父，谓礼莫尊于告天。天符既至，人望既积[③]，固请不已，固辞不获。肆余与夫二三臣[④]，稽虞典，绎汉制，张皇六师，震叠九宇，旌旗有列[⑤]，士马无哗，肃肃邕邕，翼翼溶溶，以至于岱宗顺也[⑥]。《尔雅》曰[⑦]：泰山为东岳。《周官》曰：兖州之镇山，实惟天帝之

---

① 嘉：原作“再”，据《历代帝王泰山刻石·纪泰山铭》（中国档案出版社2006年版，下同）拓片改。

② 余：原作“予”，据《历代帝王泰山刻石·纪泰山铭》拓片改。

③ 既：原作“其”，据《历代帝王泰山刻石·纪泰山铭》拓片改。

④ 肆余：原作“予”，据《历代帝王泰山刻石·纪泰山铭》拓片改。

⑤ 旗：原作“旅”，据《历代帝王泰山刻石·纪泰山铭》拓片改。

⑥ 顺：原作“顶”，据《历代帝王泰山刻石·纪泰山铭》拓片改。

⑦ 曰：原作“云”，据《历代帝王泰山刻石·纪泰山铭》拓片改。

孙，群灵之府，其方处万物之始，故称岱焉。其位居五岳之伯，故称宗焉。自昔王者受命易姓[①]，于是乎启天地，荐成功，序图录，纪氏号。朕统承先王[②]，兹率厥典，实欲报玄天之眷命，为苍生之祈福，岂敢高视千古[③]，自比九皇哉！故设坛场于山下，受群方之助祭，躬封燎于山上，冀一献之通神。斯亦因高崇天，就广增地之义也。

乃仲冬庚寅，有事东岳，类于上帝[④]，配我高祖；在天之神，罔不毕降。粤翌日，禅于社首，侑我圣考[⑤]，祀于皇祇[⑥]，在地之神，罔不咸举。

暨壬辰，觐群后。上公进曰：天子膺天符，纳介福，群臣拜稽首[⑦]，千万岁[⑧]，庆答欢同，陈诚以德。大浑叶度，彝伦攸叙，三事百揆，时乃之功。万物由庚，兆人允植[⑨]，列牧众宰，时乃之功。一二兄弟，笃行孝友[⑩]，锡类万国，时惟休哉。我儒制礼，我史作乐，天地扰顺，时惟休哉。蛮夷戎狄，重译来贡，累圣之化，朕何慕焉！五灵百宝，日来月集，会昌之运，朕何感焉！凡今而后，儆乃在位，一王度，齐象法[⑪]，摧旧章，补缺政，存简易，去烦苛，思立人极，乃见天则。

於戏！天生蒸人，惟后时乂，能以美利利天下，事天明矣；地德载物[⑫]，惟后时相，能以厚生生万人，事地察矣。天地明察，鬼神著矣。惟我

---

① 自：原作“曰”，据《历代帝王泰山刻石·纪泰山铭》拓片改。王：原脱，据《历代帝王泰山刻石·纪泰山铭》拓片补。

② 统：原脱，据《历代帝王泰山刻石·纪泰山铭》拓片补。

③ 千：原作“万”，据《历代帝王泰山刻石·纪泰山铭》拓片改。

④ “上帝”前，原衍“昊天”，据《历代帝王泰山刻石·纪泰山铭》拓片删。

⑤ 圣考：原作“圣者”，据《历代帝王泰山刻石·纪泰山铭》拓片改。

⑥ 祇：原作“祗”，据《历代帝王泰山刻石·纪泰山铭》拓片改。

⑦ “拜”后，原衍“手”字，据《历代帝王泰山刻石·纪泰山铭》拓片删。

⑧ “千”前，原衍“称”字，据《历代帝王泰山刻石·纪泰山铭》拓片删。

⑨ 植：原作“殖”，据《历代帝王泰山刻石·纪泰山铭》拓片改。

⑩ 行：原作“以”，据《历代帝王泰山刻石·纪泰山铭》拓片改。

⑪ 象：原作“众”，据《历代帝王泰山刻石·纪泰山铭》拓片改。

⑫ 地德：原作“坤厚”，据《历代帝王泰山刻石·纪泰山铭》拓片改。

艺祖文考，精爽在天，其曰懿余幼孙[①]，克享上帝，惟帝时若[②]，馨香其下[③]。丕乃曰：有唐氏文武之子孙隆基[④]，诞锡新命，缵戎旧业[⑤]，永保王禄，子孙其承之。余小子敢对扬上帝之休命[⑥]，则亦与百执事尚绥兆人，将多于前功，而毖彼后患。一夫不获，万方其罪予；一心有终，上天其知我。朕维宝行三德[⑦]，曰慈、俭、谦。慈者，覆无疆之言[⑧]；俭者，崇将来之训。自满者人损，自谦者天益。苟如是，则轨迹易循，基构易守，磨石壁，刻金记，后之人听词而见心，观末而知本。

铭曰：惟天生人，立君以理。惟君受命，奉天为子[⑨]。代去不留，人来无已。德凉者灭，道高斯起。赫赫高祖，明明太宗。爰革隋政，奄有万邦。罄天张宇，尽地开封。武称有截，文表时邕。高宗稽古，德施周溥。茫茫九夷，削平一鼓。礼备封禅，功齐舜禹。岩岩岱宗，衍我神主[⑩]。中宗绍运，旧邦维新。睿宗继明，天下归仁。恭己南面，氤氲化醇[⑪]。告成之礼，留诸后人。缅余小子[⑫]，重基五圣。匪功伐高，匪德矜盛。钦若祀典，丕承永命。至诚动天，福我万姓。古封泰山，七十二君。或禅弈弈[⑬]，或禅云云。其迹

---

① 余：原作“予”，据《历代帝王泰山刻石·纪泰山铭》拓片改。

② 惟帝：原脱，据《历代帝王泰山刻石·纪泰山铭》拓片补。

③ 下：原脱，据《历代帝王泰山刻石·纪泰山铭》拓片补。

④ 有唐氏文武之子孙隆基：原作“会我之文武曾孙其”，据《历代帝王泰山刻石·纪泰山铭》拓片改。

⑤ 戎：原作“我”，据《历代帝王泰山刻石·纪泰山铭》拓片改。

⑥ 余：原作“予”，据《历代帝王泰山刻石·纪泰山铭》拓片改。休：原作“体”，据《历代帝王泰山刻石·纪泰山铭》拓片改。

⑦ 维：原作“惟”，据《历代帝王泰山刻石·纪泰山铭》拓片改。

⑧ 覆：原作“履”，据《历代帝王泰山刻石·纪泰山铭》拓片改。言：原作“吉”，据《历代帝王泰山刻石·纪泰山铭》拓片改。

⑨ 天为：原作“为天”，据《历代帝王泰山刻石·纪泰山铭》拓片乙正。

⑩ 衍我神主：原作“衍我玄神”，据《历代帝王泰山刻石·纪泰山铭》拓片改。

⑪ 氤氲：原作“细缊”，据《历代帝王泰山刻石·纪泰山铭》拓片改。

⑫ 余：原作“予”，据《历代帝王泰山刻石·纪泰山铭》拓片改。

⑬ 弈弈：原作“社首”，据《历代帝王泰山刻石·纪泰山铭》拓片改。

不见，其名可闻。祇遹文祖，光昭旧勋。方士虚诞，儒书龌龊[①]。佚后求仙，诬神检玉。秦灾风雨，汉污编录。德未合天，或承之辱。道在观政，名非从欲。铭心绝岩，播告群岳。

宋

太宗皇帝太平兴国八年，泰山父老千余人诣阙请东封。上谦让不允，中外群臣献歌、颂称功德，请封禅者不可胜计。雍熙元年，群臣三上表陈请，诏以今年十一月有事于泰山。寻以乾元、文明二殿灾，诏罢封禅。

真宗大中祥符元年，兖州父老吕良等千二百七十八人诣阙，请封禅。上曰：此大事，不可轻议。知州邵晔又率属官及兖州进士孔谓等伏阙陈请，宰相王旦率文武百官、诸军将校、州县官吏、蕃夷、僧道、耆寿二万四千七十人，诣东上閤门，请封泰山。诏不允。又四表恳请，乃诏以今年十月有事于泰山。先是殿中侍御史赵湘请封禅，上拱揖不答。王旦等曰：封禅之礼，旷废已久，若非圣世承平，岂能振举？初，王钦若既以城下之盟毁寇准，上自是常怏怏[②]。他日问钦若曰：今将奈何？钦若度上厌兵，即谬曰：陛下以兵取幽蓟，乃可刷此耻也。上令思其次，钦若因请封禅，以镇服四海，夸示夷狄。上曰：王旦得无不可？钦若以上意谕旦，旦黾勉而从。十月辛卯，发京师。丁未，次奉高。庚戌，步辇登山。辛亥，祀昊天上帝于图台，中书侍郎读玉牒文。即日，还奉高宫。日轮五色云见。先朝以来，四方所献珍禽奇兽[③]，悉纵于山下。癸丑，御朝觐坛，大赦天下。改乾封县曰奉符，改泰山顶曰太平顶。

---

① 龌龊：原作“龊龊”，据《历代帝王泰山刻石·纪泰山铭》拓片改。

② 怏怏：清刻本作“快快”，语义不通。疑当作“怏怏”，因形似而误。

③ 奇：原作“产”，据清刻本改。

玉牒祝文

有宋嗣天子臣讳[①]，敢昭告于昊天上帝：运启大同[②]，惟宋受命，太祖开阶[③]，功成治定；太宗膺图，重熙累盛。粤惟冲人[④]，丕承列圣[⑤]。一纪于兹，四隩来暨。玄贶殊尤[⑥]，六府章示[⑦]。时和年丰，群生咸遂[⑧]。佥议大封，聿申昭事。躬陟乔岳，对越上玄[⑨]。祈福逮下，侑神奉先[⑩]。天禄无疆[⑪]，灵休允迪。万叶其昌[⑫]，永保纯锡。

真宗御制序铭

朕闻一区宇而恢德教，安品物而致升平，此邦家之大业也。考茂典而荐至诚，登乔岳而答纯锡，此王者之昭事也。结绳已往，茫茫而莫知；方册所存，章章而可辨[⑬]，罔不开先流福，累洽储休，长发其祥，永锡尔类，故能禋祀上帝，肆觐群后。追八九之遐躅，徇亿兆之欢心。是以武王剿独夫[⑭]，集

① 讳：《宋史·礼志七》作“某”。

② 运启：《宋史·礼志七》作“启运”。

③ 开阶：《宋史·礼志七》作“肇基”。

④ 冲：原作“中”，据《宋史·礼志七》及清刻本改。

⑤ “列圣”后，《宋史·礼志七》有“寅恭奉天忧勤听政”八字。

⑥ 玄：《宋史·礼志七》作“丕”。

⑦ 六府：《宋史·礼志七》作“元符”。“章示”后，《宋史·礼志七》有“储庆发祥清净可致”八字。

⑧ “咸遂”后，《宋史·礼志七》有“仰荷顾怀敢忘继志”八字。

⑨ 上玄：《宋史·礼志七》作“上天”。“上天”后，《宋史·礼志七》有“率礼祗肃备物吉蠲以仁守位以孝奉先”十六字。

⑩ 奉先：《宋史·礼志七》作“昭德惠绥黎元懋建皇极”。

⑪ 疆：原作“畺”，据《宋史·礼志七》清刻本改。

⑫ 叶：原作“乘”，据清刻本改。

⑬ 辨：原作“办”，据《历代帝王泰山刻石·登泰山谢天书述二圣功德铭》碑拓改。

⑭ 王：原作“上”，据《历代帝王泰山刻石·登泰山谢天书述二圣功德铭》碑拓及清刻本改。

大统，而成王以之东巡。高帝平三猾[①]，启天禄，而武帝以之上封。曩以五代陵夷，四方分裂，嗷嗷九域，顾影而求存；颙颙万民，吁天而仰诉。不有神武，多难何以戡？不有文明，至治何以复？恭惟太祖，启运立极，英武圣文，神德玄功。大孝皇帝，积庆自始[②]，受命无疆。历试于艰难，终陟于元后。威灵震叠，玄泽汪翔，无往不宾，有来斯应。济民于涂炭，登物于春台。俾乂万邦，成汤之甚盛；咸宣九德，文王之有声。启运于前，垂裕于后。太宗至仁应道，神功圣德，文武大明。广孝皇帝洪基载绍，景贶诞膺，如日之升，烛于率土；如天之广，覆于群生。人文化成，神道设教，尊贤尚德，下武后刑。金石之音，明灵是格；玉帛之礼，蛮貊来同。书轨毕臻，典仪无阙。上玄降鉴，虞舜之温恭；庶民不知，唐尧之于变。重熙之盛，冠绝于古。先增高之文，已颁乎成命。逡巡其事，谦莫大焉。肆予冲人，获守丕构。其德不类，其志不明，弗克嗣兴，罔识攸济。属以阳春届节，灵文锡庆；由是济河耆老，邹鲁诸生。启予以神休，邀予以封祀，不远千里，来至阙庭。朕惕然而莫当，彼确乎而莫止[③]。俄而王公、藩牧、卿士、列校，献封者五上，伏阁者万余，以为景命维新，珍符纷委，不可辞者天意，不可拒者群心。天意苟违，何以谓之顺道；群心苟郁，何以谓之从人？是以登介丘[④]，成大礼。敦谕虽至，勤请弥固。切念乾坤垂佑，宗祏储祉；导扬嘉气[⑤]，仅洽小康。唯夫疆场以宁[⑥]，干戈以息，风雨以顺，稼穑以登，无震无惊，既庶既富，皆天之赐也，岂朕之功欤？虽则告成功，纪徽号，非凉德之克堪也。然而序图录，答殊祯，非眇躬之敢让也。天孙

① 猾：原作“猾”，据《历代帝王泰山刻石·登泰山谢天书述二圣功德铭》碑拓及清刻本改。

② 庆：原作“善”，据《历代帝王泰山刻石·登泰山谢天书述二圣功德铭》碑拓改。

③ 确：原作“確”，据《历代帝王泰山刻石·登泰山谢天书述二圣功德铭》碑拓改。

④ 以：原作“宜”，据《历代帝王泰山刻石·登泰山谢天书述二圣功德铭》碑拓改。

⑤ 扬：原作“场”，据《历代帝王泰山刻石·登泰山谢天书述二圣功德铭》碑拓改。

⑥ 唯：原作“俾”，据《历代帝王泰山刻石·登泰山谢天书述二圣功德铭》碑拓改。

日观，梁甫仙闾，五岳之宗，万物之始，升中燔柴[①]，旧章斯在。继绳先志懿范，遵已定之规；祗事圜邱[②]，严配肃因心之孝。于是诏辅臣以经置，命群儒而讲习。给祠祀者，罔有不至；供朕身者，无必求豊。故玉币牺牲，朕之所勤也；羽仪服御，朕之所简也。精意笃志，夙兴夕惕；诚明洞达，显应遝彰。自天垂恩，正真亲临于云驭；奉符行事，子育敢怠于政经。粤以暮秋之初，恭享清庙，告以陟配。孟冬之吉，虔登岱宗，伸乎对越，奉宝录于座左，升祖宗以并侑，礼之正也，孝之始也。乃禅社首，厥制咸若。于时，天神毕降，地祇毕登，肸蠁可期，奠献如睹。其荐也，虽惭乎明德；其感也，实在乎至诚。亦复酌酆宫之前闻，遵甘泉之受计，百辟委珮，五等奉璋，肆眚施仁[③]，举善劝治。稽考制度，采摭风谣。文物声明，所以扬二圣之洪烈；欢娱庆赐，所以慰百姓之来思。盖又两仪之纯嘏，七庙之余庆，邦家之盛美，蒸黎之介福，岂予寡昧所可致焉？唯当寤寐寅威，夙夜惕厉，不自满假，不自逸豫。宠绥庶国，茂育群伦，以答穹昊之眷命焉。勒铭山阿，用垂永世。铭曰：

节彼岱岳，岿然东方。庶物伊始，玄感其章。自昔受命[④]，反始穹苍。燔柴于此，七十六王。顾惟寡薄，恭嗣洪猷。乾乾慄慄，虽休勿休。元符昭锡，余庆遐流。群情所迫，盛则爰修[⑤]。前王丕显，是月告成。伊予冲眇，无德而名。永怀眷佑，祇答景灵。聿崇严祀，用达精诚。殊祥叠委，宇县奔驰。礼无违者，神实格思。藏封石累，刻字山嵋。蒸民永泰，繁祉常垂。

---

① 柴：原作"燎"，据《历代帝王泰山刻石·登泰山谢天书述二圣功德铭》碑拓改。
② 圜邱：原作"园坛"，据《历代帝王泰山刻石·登泰山谢天书述二圣功德铭》碑拓改。
③ 眚：原作"青"，据《历代帝王泰山刻石·登泰山谢天书述二圣功德铭》碑拓改。
④ 昔：原作"音"，据《历代帝王泰山刻石·登泰山谢天书述二圣功德铭》碑拓改。
⑤ 爰：原作"妥"，据《历代帝王泰山刻石·登泰山谢天书述二圣功德铭》碑拓改。

孙奭谏疏

陛下才毕东封，又议西幸，非先王卜征五年重谨之意。今国家土木之功累年不息，水旱作沴，饥馑居多，乃欲劳民事祀，神其享之乎？又曰：今之奸臣以先帝尝封禅，故赞陛下以继承先志。先帝欲北平幽朔，西取继迁，则未尝献公谋画一策，乃卑辞厚币，求和于契丹；蹙国縻爵，姑息于保吉，谓主辱臣死为空言，以诬下罔上为己任。是陛下以祖宗艰难之业，为奸臣侥幸之资，此臣所以长叹痛惜也。

徽宗政和四年，兖、郓、濮、开德、兴仁、颍昌府，郑州、广济、永兴军等上言：父老欲诣阙，请皇帝登封，诏却之。时蔡京当国，将讲封禅以文太平，预具金绳玉检，及凡仪物甚备，造舟四千艘，虽雨具亦以十万计。他皆称是，然不果行。

皇明

永乐间，太常官献颂，请封泰山，成祖文皇帝却绝之。

王直题却封禅颂稿

右《却封禅颂稿》，前翰林学士赠礼部尚书文穆公胡广谥作也。

昔太宗文皇帝在位时，太常臣有言曰：古者圣人治天下，功德盛隆，则必兴封禅之礼，以告于神明，垂美于万世。今陛下继统，天清地宁，民物咸遂，圣德神功，古无与让。而乃封禅未讲①，何以继前代帝王之盛？请命礼部行之。上曰：封禅非古也，帝王之有闻于后者，在德不在封禅。不许。公闻之曰：此盛德事也，而大臣有与之比者阴助之。公虑为所惑，乃本“封禅非古“之说，与后世贤君良臣所以辟而不行之美，作此诗以献。

① 未：原作“那”，据清刻本改。

皇上圣性高明，真知灼见，足以破千古之谬，为百王之明监。览之，喜曰：是朕心也。于是言者沮而封禅卒不行。君子之尊君，务引其君以当道，若公是也。彼秦皇、汉武，肆其侈心，以渎扰上下，天地厌之。顾乃以是为说，此为邦者所以远佞人，而公之所深虑也。

历代儒臣封禅论

汉

司马彪曰[①]：自上皇以来，封泰山者，至周七十二代。……易姓则改封者，著一代之始，明不相袭也。继世之王巡狩，则有修封以祭而已[②]。自秦始皇、孝武帝封泰山，本因好仙[③]，信方士之言，及造石检印封之事也[④]。……天道质诚，约而不费[⑤]，故牲用犊，器用陶匏，殆将无事于检封之间，而乐难攻之石也。……夏少康、周宣王由废复兴[⑥]，不闻改封。光武欲因孝武故封[⑦]……而梁松固争，以为必改，乃当天意[⑧]。既封之后，未有能福[⑨]，而松卒被诛死。虽罪由身作[⑩]，盖亦诬神之咎也。且帝王所以能大著于后者[⑪]，实在其德加于人[⑫]，不闻其在封矣。

---

① 司马彪：原作“司马虎”，据《晋书·司马彪传》改。按，司马彪，晋人，著有《续汉书》。其“八志”收入范晔《后汉书》，称为《后汉书志》，成为《后汉书》的重要组成部分。

② 有：司马彪《后汉书志》无此字。

③ 因：司马彪《后汉书志》作“由”。

④ 及造：司马彪《后汉书志》作“造为”。印：原作“即”，据司马彪《后汉书志》改。

⑤ “费”后，司马彪《后汉书志》有“者也”二字。

⑥ 夏少康周宣王：司马彪《后汉书志》作“夏康周宣”。

⑦ 光武：司马彪《后汉书志》作“世祖”。

⑧ 天意：司马彪《后汉书志》作“夫”。

⑨ 能：司马彪《后汉书志》无此字。

⑩ 作：司马彪《后汉书志》无此字。

⑪ 著：司马彪《后汉书志》作“显”。

⑫ 人：司马彪《后汉书志》作“民”。

崔灵恩曰：自周以前，封者皆封土为坛，至秦皇、汉武，始用石检。

袁宏曰：夫揖让受终，必有至德于天下；征伐受命，必有大功于万物。是故王者初基，则有封禅之事，盖以其成功告于神明者也。夫东方者，万物之所始；山岳者，灵气之所宅。故求之物本，必于其始；取其所通，必于所宅。崇其坛场，则谓之封；明其代兴，则谓之禅。然则封禅者，王者开务之大礼也。德不周洽，不得辄议斯事；功不弘济，不得仿佛斯礼。旷代一有，其道至高，自黄帝、尧、舜至于三代，各一得封禅，未有中修其礼者也。虽继体之君，时有功德，此盖率复旧业，增修其前政，不得仰齐造国，同符改物者也。夫神道真一，其用不烦；天地易简，其礼尚质。故籍用白茅，贵其诚素；器用陶匏，取其易从。然则封禅之礼，简易可也。若夫石函玉牒，非天地之性也。

梁

许懋曰：舜柴岱宗，是为巡狩[①]。而郑玄引《孝经钩命决》云：封于泰山，考绩燔燎，禅于梁甫，刻石纪号。此纬书之曲说。七十二君，燧人之前，世质民淳[②]，安得泥金检玉？结绳而治，安得镌文告成？妄亦甚矣！若圣主，不须封禅；若凡主，不应封禅。秦始皇尝封泰山，孙皓尝封国山，皆由主好名于上，而臣阿旨于下，非盛德之事，不可为法也。

宋

胡致堂曰：纬书本原于五经而失之者也，而尤紊于鬼神之理、幽明之故。夫鬼神无灾，吉曜临轩，锡五福以曰福曰兓，稽首皈依至真妙道。德光常曜天尊法众等，志心皈命灵济宫。九天金阙，明道达德。大仙显灵，普济清微。同玄冲虚，妙感慈惠。护国庇民，崇福洪恩。真君九天玉阙，

① 狩：原作“狩”，据清刻本改。

② 淳：原作“享”，据清刻本改。

宣化扶教，上仙昭灵，博济高明，弘静冲湛，妙应仁惠。辅国佑民，隆福洪恩。真君宫中，神仙诸灵官谨燃玑衡七政神灯，上布日曜太阳之象。恭闻道在太极之始，莫见乎隐，莫显乎微。日者众阳所宗，无愿不成，无幽不察，莫测其妙，所存者神。赫赫厥灵，人可畏之如赵盾；明明在上，民皆仰之若周公。辉光其德，盛矣乎！洁白其节，皎如也。乌轮肃备，朝觐郁仪之宫；羲驾庄严，燕享洞阳之殿。放在毫光万丈，普照世界三千。入吾门也，无蔀屋之疑；遵吾道也，灭索涂之病。伏念一切众生，尘埃汩没，徒穷逐影之劳；雹露虚华，惟有过隙之叹。自今反照，与道常明。伏愿中为市者，获行商坐贾之财[①]；出而作之，安耕田凿井之业。艺之巧者，以圭测影；工之勤者，继晷焚膏。为儒者，赋夸五色；文章入仕者[②]，武远矣。使其举措每如此，则金瓯之业，何缺坏之有？

章俊卿曰：以封禅为非古者，王仲淹也；以封禅为不经者，李泰伯也；以封禅为不足信者，苏子由也。夫六经无封禅之文，帝王无封禅之事。著是文者，管仲疏其源，史迁浚其流，季仲推其波，张说助其澜。侈是事者，祖龙嘘其烟，孝元封其烬，隋帝炽其膏，玄宗烈其焰。是封禅之典，惟以

---

① 商：原作“商”，据上下文义改。

② “无灾“至“仕者”，清刻本作“幽明之故，非知道者不能识。断国论者，诚能一决以圣人之经。经所以载道，虽有纬书谶记，屏而不用，则庶乎其不谬于理矣。登封之事，原于柴燔而失之者也。《诗》《书》纪巡狩，而柴者记所谓祭天也。至岱宗陟其高山云者，记所谓因名山也。有山则因以为高，无则于郊而坛，其义类一也。又有大事而告于上帝者，武王克商，始有天下，故柴望而告也。舍此则渎矣！《记》以飨帝于郊与升中于天为二事，则传者之失也。然则七十二君之编录，《诗》《书》《礼》《典》略不经见，审有是事，乃天下国家之盛举，尧、舜、禹、汤、文、武、成、康、昭、宣皆身致太平，安得阙而弗讲？故前贤论登封者，莫善于许懋。惜乎世祖之臣，智不及此，陷其君于过，举而不得闻也。封禅之事，汉唐之君往往行之，曾无一人建议明白如许懋者。贤哉懋乎！其学可谓正矣。汉唐以来，纬书行而经学弛。重以郑玄博闻寡要，不知折衷于圣人，而惟纬书之信。世无稽古之言以祛群惑，遂使有天下者于无事时肆其侈心，千乘万骑，巡狩侈费，登山琢石，夸大功德。或有秘祝以祈不死，取笑当代，贻讥后来。彼梁武之资，未必如汉光武之英也。一闻懋言，遂遏欲行之意。推广其义以答请者，则贤于光”。

肆情示夸也。证之以六经之明文，质之以帝王之实迹，则后世之惑滋甚。且云云一山也，或以为在东山，或以为在蒙阴；亭亭一名也，或以为在牟阴，或以为在巨平；社首一地也，或以为在巨平，或以为在博县。则服虔、晋灼、应劭之论不同，既曰伏羲、神农禅云云，又曰三皇禅绎绎；既曰帝喾、尧、舜禅云云，又曰五帝禅亭亭；既曰禹禅会稽、汤禅云云，又曰三王禅梁甫[①]，则管仲、孔颖达之说为不一，纷纷异议，迄无订证，唐虞三代果有是乎？七十二君果足信乎？设有是事，六经遗文岂应不载？吁！安得仲淹、泰伯、子由与之议封禅之非哉？

马端临曰：按文中子曰封禅非古也，其秦汉之侈心乎？而太史公作《封禅书》，则以为古受命帝王未尝不封禅，且引管仲答齐桓公之语，以为古封禅七十二家，自无怀氏至三代俱有之，盖出于齐鲁陋儒之说，《诗》《书》所不载，非事实也[②]。当以文中子之言为正。

《野翁诗话》：唐窦庠《冬夜寓怀寄王翰林》诗云：满地霜芜叶下枝，几回吟断四愁诗。汉家若欲论封禅，须及相如未病时。按《史记》，天子曰：相如病甚，可往悉取其书。使所忠往，相如已死。妻曰：长卿未死时，为书一卷，曰有使来，求奏之，言封禅事。所忠以奏，天子异之。夫封禅，秦汉侈心，既非古礼，而相如至死不忘献谀。夫岂忠臣而庠以自比？或以比人，此唐儒之陋也。韩退之亦上表劝封禅，又数自谓希相如。退之儒宗犹尔，如庠何议焉！

明

丘浚曰：封禅之说，《诗[③]》《书》《礼》《典》略不经见，审有是事，乃天下国家之盛举。尧、舜、禹、汤，文、武、成、康，皆身致太平，安得

① 甫：原作“有”，据清刻本改。
② 实：原作“买”，据清刻本改。
③ 诗：原作“说”，据清刻本改。

阙而弗讲？所谓七十二君者，果何代何人哉？先儒有言，养生至于长生不死，为国至于祈天永命，皆有是理。然人未有能为之者，纵为之，然亦不出乎身心日用之间，非必由乎服食药物、微求鬼神而后致之也。是故明君永年莫若寡欲，延国祚莫若爱民。寡欲而至于全其天，爱民而至于过其历，诚有是理，亦诚有是事。呜呼！世主所以甘心于不赀之费而行封禅之礼者，以有秘祝之求也。诚知此理，反之于心，知其必无；验之于古，知其无效，则自不为矣。

岱史第七卷

望典纪

叙曰：曷云乎望也？帝王祀事之称也。纪之者何？秩祀以崇礼也。夫国之大事，惟祀；祀之大事，惟天地与五岳。而岱惟岳首，帝王狩望必先焉。于礼岂弗崇重哉？然《虞书》望祀而曰秩，《周礼》四望而曰秩视三公，盖别于天地也，无用越礼以为媚也。降及后世，饰缛矫诬，唐则称王，宋则称帝，献符奏策，瑶牍云台，辄冀幸飨神而徼之福，顾不思夫神聪明正直而一者也，以此媚之，克享否乎？我高皇帝稽古制祀典[①]，先正其名，号曰“东岳泰山之神”。而郊坛，而遣告，而祷赛，一切秩之以礼，与帝典王章同符，列圣承之，昭然成宪，可为万世法。若夫公卿百执事有事于祀者，凡以为国为民也，例得附录焉。

唐虞

岁二月，东巡守，至于岱宗。柴，望秩于山川。见《舜典》。

周

大宗伯以血祭，祭五岳，小宗伯四望五岳[②]。五岳视三公。见《周礼》。

周公，封于曲阜，伯禽为鲁侯，遂得主泰山之祀。见《鲁世纪》。

鲁僖公三十一年，“夏四月，四卜郊，不从，乃免牲，犹三望”。见《春

① 我：清刻本作“明”。

② 小：原作“山”，据清刻本改。

秋》。《公羊传》曰："三望者何？望，祭也[①]。祭泰山、河、海也[②]。"

鲁宣公"三年，春，王正月，郊牛之口伤，改卜牛，牛死。乃不郊。犹三望"。同上。

季氏旅于泰山，子谓冉有曰：汝弗能救与？对曰：不能。子曰：呜呼！曾谓泰山不如林放乎？

秦

始皇即帝位三年，东游海上，祠名山大川及八神。八神之次，二曰地主，祠泰山、梁父。八神之祀，莫知所起，盖周之先已有之，始皇因之。及举封禅，亦祠泰山。

汉

高祖至武帝时，泰山属济北王境，内自奉祠。元狩元年，王以天子且封禅，上书献泰山，然后天子官领祠。元封五年，帝至奉高，修封，祠泰山。其后五年一修封，凡五祠焉。

宣帝神爵元年，诏太常制五岳常祀礼，皆使者持节，唯泰山与河岁五祠，余皆三祠。

光武中元元年[③]，定北郊祀五岳。建武三十年三月，帝却封禅之议，幸鲁，退祭泰山。三十二年二月，帝举封禅，祭天于泰山下南方。又以一特牲于常祠泰山处，告祠泰山。

章帝元和二年二月，幸祀泰山。《风俗通》曰：岱宗庙十月日合冻，腊月日涸冻，正月日解冻，皆太守侍祠。

---

① "祭也"后，《十三经注疏·春秋公羊传》有"然则曷祭"四字。

② 也：《十三经注疏·春秋公羊传》无此字。

③ 中：原作"申"，据清刻本改。

魏

文帝黄初三年，祀五岳。

晋

成帝咸和八年，立北郊，五岳从祀。

梁

令郡国有五岳者，置宰祀三人，以孟春、仲冬祠之。

后魏

景穆帝立五岳庙于桑乾之阴，每岁遣祠官诣诸岳镇祷焉。

孝文帝《祭岱岳文》曰：造化氤氲，是生二仪。玄黄既辟，山川以离。四流含灵，五岳苞祇[①]。并兼方象，出纳望羲。岱宗穹崇，梁甫盘崛。青丘碕巇，春趾郁律。肇生庶类，启光品物。上敷神工，下融灵秩。载协化文，四气以溢。百王镌成，莫不兹室。

唐

武德、贞观制以五郊迎气之日祭五岳。又祭东岳于兖州。

玄宗开元初，五郊迎气之祭，如旧制祝文见后。开元十三年，封泰山神为天齐王，礼秩加三公一等。是时，天台道士司马承祯言：今五岳神祠，是山林之神也。五岳皆有洞府，有上清真人降任其职，山川风雨、阴阳气序，是所理焉。冠冕章服，佐从神仙，皆有名数，请别立斋祠。玄宗奇其

① 祇：原作“祗”，据上下文义改。后“祗”据文义径改为“祇”，不再出校记。

说，勅五岳各置真君祠。故今道书称东岳太灵苍光司命真君云[①]。

开元初，定《常祭仪祝》曰：嗣天子某，谨遣某官某，敢昭告于东岳岱宗：惟神赞养万品，作镇一方，式因春始，谨以玉币牺斋、粢盛庶品[②]，朝荐于东岳岱宗。尚飨。

天宝元年、七年、八年，皆以岁丰遣官祭五岳。

德宗贞元二年，诏太常卿裴郁等十人，各就方镇祭岳渎。

宋

初祭东岳泰山于兖州。

真宗大中祥符元年，封禅礼毕，诏加号泰山天齐王为“天齐仁圣王”。五年，加上曰“天齐仁圣帝”。命学士晁迥撰《天齐仁圣帝碑铭》，今存岳庙。

晁迥碑铭

臣闻结萃为山，丽无疆之厚载；升名曰岳，表奠服之崇丘。至若根一气以混成，媲四时而首出，作镇东夏，实惟岱宗。辨乎五方，设位冠配天之大；画为八卦，建标当出震之区。邃深连空洞之宫，翕习号神灵之府。夫其魁甲艮象，握制坤轴[③]，巉嶙碕礒，穹崇岧峣。天门路界于郁苍，日观势临于杲曜。列仙遁迹，存栖真之石间；永命储休，闷与龄之金箧。滋殖百卉，函育庶类，畜泄雷雨，吐纳风云。封之所以合元符，登之所以小天下。近缀梁社，远瞩秦吴；控压海沂，襟带洙泗；邹人所仰，鲁邦是詹。肇生物之化权，盖颐贞之寿域也。古先哲后，诞膺骏命，披皇图，稽帝文，告成功，申大报，昭姓考瑞，刻石纪号。自无怀氏迄唐明皇，登封展采，布

① 光：原作“元”，据清刻本改。
② 粢：原作“粢”，据清刻本改。
③ 握：原碑作“柅”。

在方册者[①]，罔不于兹矣。开元十三年，始封神曰“天齐王”，礼秩加三公一等。绵历五代，寂寥无闻，爰暨皇朝，勃兴嘉运，叶百姓与能之望，应真人革命之秋，太祖皇帝，总揽英雄，鞭挞宇宙，勤劳四征，削平多垒，方混一于寰中。太宗皇帝纂隆洪绪，懋建皇极，斟酌道德，统和天人，乃绥怀于海外。然而艰难创业，缊畜贻谋[②]。勒崇奋炎，将底绩而未暇；开先遗大，知弃世而有归。粤惟崇文广武，感天尊道，应真佑德，钦明上圣，仁孝皇帝陛下，承鼎定之基，格盂安之世。显仁以育物，广孝以奉先。宣洽重熙，财成庶政；弭息戎旅，抚柔要荒。乘国步之密清，宅天衷于醇粹。因之以丰懋，加之以阜康。席庆宗庙之重，游心帝王之术。长辔远御，大道坦夷。天衢于是乎嘉亨，德教于是乎渐被。戴日戴斗，聿遵朝聘之期；太平太蒙，尽入车书之域。垂衣在上，击壤在下，得以畴咨俊茂，博访幽隐，讲求典礼，包举艺文。接千岁之统，可炳仪于封祀；当万物之盛，宜昭告于神明。然犹务谦尊而益光，体健行而不息。冲晦藏用，渊默思道。俄而天休震动，上帝顾怀，真箓洊臻，灵心有怿。总集峻命，觉悟烝黎。踰金简玉字之文，等《河图》《洛书》之宝。承是秘检，发为蕃釐。霈泽开荣，普天受赐。新建元之号，易通邑之名，茂昭降祥，耸动群听。是时东土耆老，凑阙廷以上书[③]；南司宰辅，率官师以抗表。愿循考古之道，焕发升中之仪。弗获固辞，乃徇勤请。且以增覆载之高厚，扬祖宗之纯懿也。储峙供亿，悉出于县官；经启营缮，不烦于民力。大中祥符元年冬十月[④]，具仪制，严仗卫；陈属御，脐介丘。斋心服形，奉符行事，群司奔走，百礼修明，集巉岩之巅，凌颢英之气。坛壝清肃，牲器纯备，玉币式叙，樽彝在列。奠献克谨，噭绎用张。晏娱交三神之欢，陟配崇二圣之位。举爟

① 册：原碑作“策”。

② 缊畜：原碑作“蕴蓄”。贻：原碑作“诒”。

③ 凑：原碑作“奏”。

④ 祥：原作“泽”，据原碑及清刻本改。

火[①]，升高烟，示瑶牍以环观，建云台而特起。社首之礼，抑又次焉。咸秩无文，奉行故事，朝会赦宥，涵濡荡涤。采舆诵，求民瘼；旌前列，衍徽章。参用王制，著明皇绩；大猷克集，神实幽赞。故自始及末，见象日昭；史氏之笔，殆不停辍。则有非烟纷郁，太阳晏温。仙芝无根，菌蠢以含秀；醴泉无源，嶜涌而善利。灵辉休气，嘉谷奇木。鳞介之宗长，翔游之品类。表异骈出，旷代绝伦，岂非受职修贡，发祥介福之征乎？人谓是山也[②]，崇冠群岳，功侔造化[③]，斯不诬矣！国家稽《虞书》四巡之首，原汉氏五祠之重，述宣邦典，申严祭法。奉正直聪明之德，罄精虔嘉栗之诚。为民祈福，与国均庆。封峦之后，复增懿号曰“仁圣天齐王”，盖以形容灵造，举褒崇之礼也。名称之义大矣哉！化工生物之谓仁，至神妙用之谓圣，登隆显赫，亦云至矣。复思严饬庙貌，彰灼威灵。责大匠之职，议惟新之制。于是命使属役，协辰僝功。庀卒徒，给材用，兴云锸，运风斤。程土物以致期，分国工而骋艺。规画尽妙，乐劝忘劳，逾年而成，不愆于素。栋宇加宏丽之状，像设贲端庄之容。凡所对越，肃恭逾至。四年春，举汾阴后土之祀，成天地合答之礼。宪章明备，上下交感。纯嘏既锡，大赉施及。圆首方足，式歌且舞；猗欤！间岁顺动，焜煌景铄。而皆拟圣明之述作，从英茂以飞腾。灼叙庆灵，奉扬殊贶；纪诸盛节，悉以命篇。布日星之华，配云雨之润。并刊凤藻，散跱龟趺，播洋溢之颂声，垂极蟠之能事。而志求象罔，顺拜崆峒，辟众妙之门，广列真之宇，非止卜永年于郏鄏，是将纳雅俗于华胥者也。又以太一五佐本乎天，太宁五镇本乎地[④]，其位参两，鸿名可齐。特尊列岳，咸加帝号，由是奉升泰山之神曰“天齐仁圣帝”。乃命案驰道之东偏，直宸居之巽位。辟地经始，别建五岳帝宫，以申崇尚之礼焉。御

① 爟：原作“权”，据原碑改。
② 也：原脱，据原碑补。
③ 侔：原作“件”，据原碑及清刻本改。
④ 太：原作“大”，据原碑及清刻本改。

制奉神，述诏中书，召侍从之臣，谕以制作之本意。观夫圣文之梗概，以为岱镇之大，辅于柔祇，动植之所蕃息，原源之所滋液。至灵允宅，阴骘攸司。钟戬谷而有征，繄黎元之是赖。旧史具载[①]，前王式瞻。著册封之典，严祀祠之礼[②]，增奉邑之数，申樵苏之禁，皆以仰不测之明威，显无方之妙迹也。方今兵革偃戢，华夷会同，岁获顺成，物无疵疠。率由丕应，冥助永图。固当稽彼前闻，进其尊称：谓乎唐虞曰帝，商周曰王[③]。夫商周之王，爵人臣而有素；唐虞之帝，奉神道而何疑？况其容卫等威，冠裳制度，极徽数以宿备，宜明艳以相符[④]，因而成之，礼无违者。愿延景祐，普及含生。至乎哉！声动睿辞[⑤]，无私广大，坦然明白之理，沛然利泽之德，曲成司牧，俾臻富寿，有以见圣人之情矣。遂志勒石，遍立于五岳庙庭，从近臣之议也。是岁冬，并命使介，分诣诸岳，定吉日，饬有司，皇帝被法服，御朝元殿，礼行乐作，而临遣之。持节受册，衮冕相继；次叙而出，观者如堵，且叹文物声名之盛未尝有也。使者奉诏讫事，率叶素期，於穆宏观，敻超千古矣。越明年，诏五臣撰辞，各建碑于岳庙。而臣浸渍皇泽，涵泳清徽，偶集鸬雁之行，遂尘龙凤之署。预承纶旨，强叩芜音，曷胜眷奖！上以庆幸，宣明盛礼，叨奉册于秦城；润色贞珉，玷弥文于鲁岳。荷辉荣之稠叠，愧才学之空虚，燥吻濡毫，谨为铭曰：

节彼泰山，蟠亘大东。一气凝神，五岳推雄。势并凫绎，秀出龟蒙。崛起海表，目为天中。高摩霄极，俯瞰旸谷。神策斯秘，昌图可卜。物性钟仁，民居获福。鲁邦是常，盛德在木。百灵渊府，三宫洞天。稷丘真隐，芝童列仙。白鹿方驾，飞龙命篇。宅其胜境，几乎大年。岳长曰宗，岁交

① 史：原作“中”，据原碑及清刻本改。

② 祀祠：原碑作“祠祀”。

③ 商：原本多刻为“啇”，据清刻本改，后面径改，不再出校记。

④ 明艳：原碑作“明体”。

⑤ 声：原碑作“鼓”。

曰岱。仰止巉岩，奠兹持载。寿域既优，神聪有赉。祷祀诞隆，寅威如在。千载兴运，八纮开基。武功荡定，文教缉熙。封禅缛典，祖宗制宜。逮夫圣嗣，方毕宏规。惟帝奉符，惟神佑德。茂绩其凝，皇猷允塞。嘉应沓臻，鸿祯靡测。芃芃丰衍，元元滋息。於赫灵庙，控带名区。有诏改作，俾受全模。协心董役，丰资庀徒。技殚功倍[①]，雷动星敷。大厦咸新，群黎改观。窈窕靓深，峥嵘轮奂。肃穆威容，洁清几案。钦修允宜，肸蠁攸赞。功懋天作，泽从云游。式谐民望，昭报神休。殊号斯荐，前古匪俦。庶安亿兆，岂止怀柔。天帝之孙，复升以帝。出乎震宫，临乎日际。事固莫京，理亦潜契。树此翠碑，腾芳百世。

金

每岁御署祝板，命守臣侍祠。

元

至元二十八年，加上泰山“天齐大生仁圣帝”。岁一遣官祭岳祠。

皇明

洪武三年六月二十日，皇帝制曰：磅礴东海之西[②]，中国之东，参穹灵秀，生同天地，形势巍然。古昔帝王登之，观苍海[③]，察地利，以安民主[④]，祝曰泰山，于敬则致，于礼则宜。自唐始加神之封号，历代相因至今。曩者，元君失驭，海内鼎沸，生民涂炭。予起布衣，承上天后土之命，百神阴佑，削平暴乱，正位称职。当奉天地，享鬼神，以依时统一人民，法当式古。今

① 殚功：原作“婵勿”，据清刻本改。
② 礴：原作“薄”，据岱庙《明洪武去东岳封号碑》碑文改。
③ 苍：岱庙《明洪武去东岳封号碑》碑文作“沧”。
④ 主：岱庙《明洪武去东岳封号碑》碑文作“生”。

寰宇既清，特修祀仪[①]，因神有历代之封号，予起寒微，详之再三，畏不敢效。盖神与穹同始，灵镇一方，其来不知岁月几何？神之所以灵，人莫能测，其职受命于上天后土。为人君者，何敢预焉！惧不敢加号，特以东岳之神名其山[②]，依时祭神，惟神鉴之。岁春秋二仲月，泰安州祀礼[③]，先丁祭一日。

御制岱山高

文曰：岱山高兮，不知其几千万仞；根盘齐鲁兮，亦不知其几千百里；影照东海兮，巍然而柱天；益于民庶兮，兴云吐雾，神龙出乎其间。降祥则甘露垂于松柏，佳岁则滂沱遍于厚坤。冬则寒风时出岩壑，杂然而有声；百川林薮，森然而如雷。坤之所载，世之山首，岱山北至如旸谷之东方[④]，或登峰顶，时闻天声万籁。岱山之高也哉，柱天之势其可云乎！俄而风生万壑，云起诸峦，隐隐雷动百川，倏忽电掣，万里长虹，此岱山之神至也。至则威灵百备，神之造化如此。少时，风静云收，电敛雷息，又百川之清泰，其岱山尤其高哉！其苍松也，始天地而生，倚丹崖而长。松之所以长寻不比，丹崖所以高万仞何量？盖由太古之岁月，以至于今，苍松扫丹崖而莓苔不秀，丹崖映苍松而五色交辉。猿啼云树之杪，鹤并日观之东。雕鹗盘旋乎深谷，虽扶摇不可得而升峰。於戏！登泰山而小天下，越大海而眇江湖，信哉！

洪武十年，岁次丁巳，八月丁未朔，皇帝谨遣曹国公李文忠、道士吴永舆、邓子方致祭于东岳泰山之神曰：朕荷上天后土之眷命，蒙神之效灵，

---

① 特：原作“持”，据岱庙《明洪武去东岳封号碑》碑文改。

② 东岳之神：岱庙《明洪武去东岳封号碑》碑文作“东岳泰山”。山：岱庙《明洪武去东岳封号碑》碑文作“名”。

③ 祀：原作“记”，据清刻本改。

④ 北：清刻本作“也”。

以致平群雄，息祸乱。君主黔黎于华夏，统控蛮夷，于今十年，中国康宁。然于神之祀，若以上古之君言之，则君为民而祷，岁有春祈秋报之礼。于斯之际，有望于神而祭者，有巡狩于所在而燎瘞者。今予自建国以来，十年于兹，国为新造，民为初安，是不得亲临所在而祀神也。特遣开国忠臣李文忠、道士吴永舆、邓子方以代予行，奉牺牲祝帛于祠下，以报效灵。自今以后，岁以仲秋诣祠致祭，惟神鉴之。尚飨。

洪武十一年，遣道士吴永舆、官行甫告曰：惟神灵峙方岳，钟秀后祇，主司生民，厥功允大。时维仲秋，礼当报祀。特命使者奉牺牲祝帛诣致祭，伏惟鉴之。尚飨。

洪武二十八年，遣神乐观道士乐本然、国子监生王济祭曰：昔者元运将终，英雄并起，民患兵殃。时予亦与群雄并驱，辑兵保民，上帝默相，山川受命效灵，所在必克。转战五年余，方乃兵偃民息，众乐生生之计，天下太平二十八年矣。今洪武乙亥四月间，广西布政司报：蛮夷酋长龙州赵宗寿、奉议州黄世铁，不循治化，负国殃民。兵兴之事本重，既行，不敢不告。所以告者，兵行十万，各离父母妻子，途间饥饱劳逸，山岚瘴气，患者有之，此兵行之难。兵入其境，良民受害，且大军所过，荆棘不生，民惊且疑，未有不伤者也，此其所以告也。但欲瘴疠之方，化烟岚为清凉之气，俾殄渠魁，良民安业，军士速回，各得完聚，以养父母，是其祷也。然予未敢轻告上帝，惟神鉴之，为予转达。谨告。

洪武三十年，遣神乐观道士朱铎如、监生高翥祭曰：昔元末兵争，伤生者众。予荷皇天眷命，岳镇海渎，山川效灵，诸将用命，偃兵息民，今三十年矣。兵燹之余，民方安定。迩来西南戍守诸将，不能昭布仁威，但知肥己虐人，致令诸夷苗民困窘而奋，怒攻屯戍，致伤戍守善民者。予非敢用兵，由是不得已，指挥诸将，帅兵进讨。然山川险远，彼方草木茂盛，烟岚云雾，蓊郁之气，吞吐呼吸，则人多疾疫。此行人众，各辞祖父母、父母、妻子，涉险远以靖边夷，以安中夏。万冀神灵转达上帝，赐清凉之气，以消烟岚，早定诸夷，速归营垒，得奉祖父母、父母，眷属团圆，是其祷也。今年九月二十六日兵行，特遣人专香帛牲醴，先诣神所，谨告。尚飨。

永乐五年，遣道士复生、监生张礼祭曰：比者，安南逆贼黎季犛及子孙黎苍逞凶肆暴，屡坏边疆，侵夺思明府、禄州等处地方。予加宽贷，不肯兴师问罪，但遣使谕使还地。黎贼巧词支吾，所还地多非其旧。还地之后，复据西平州，又侵宁远州，逼胁命吏，占管人民，劫掠资财，杀虏男女。边境之民，受其残酷；安南之人，并被其害。诛求百端，老幼不宁，占城之地，累年遭其劫掠。予数遣人告谕，冀其改过，而贼稔恶日甚，罔有悛心。予为天下主，视民涂炭，安忍不救？乃命将出师，声罪致讨，志在吊民，岂敢用兵！实出于不得已，赖皇天后土眷佑[①]，岳镇海渎效灵，将士奋志贾勇，悉扫荡其孽党[②]，抚安其良善。尚念将士暴露于外，离其父母妻子，山川险阻，道里迢递。今天气炎热，恐岚瘴郁蒸，起居失调，易于感疾。予夙夜念此，寝食不宁，万冀神灵鉴予诚悃，闻于上帝，赐以鸿庥，潜消瘴疠，俾降清凉，使将士安宁，百疾不作。特遣人致香帛牲醴，先诣神所祭告。尚飨。

宣德十年，岁次乙卯，五月壬申朔，十五日丙戌，皇帝谨遣泰安州知州胡宗敏祭告于东岳泰山之神曰：予嗣祖宗大位，统理下民，夙夜惓惓，养民为务。上祈神灵阴隆助相，俾雨旸时顺，灾沴不生，百谷用成，民用康济，国家清泰，永赖神庥。谨以香帛达予至诚，惟神鉴格。尚飨。

正统元年，岁次丙辰，五月丁卯朔，十五日辛巳，皇帝谨遣吏科给事中车逊致祭于东岳泰山之神曰：越此东土，泰岳惟崇，民物奠安，厥功允茂。予嗣承大统，谨用祭告，惟神歆格，永祐家邦。尚飨。

正统三年，遣泰安州知州胡宗敏告曰：朕祗御下民，永怀保恤，百谷

① 佑：原作“二”，据清刻本改。

② 孽：原作“孳”，据清刻本改。

长育，兹惟厥时。颛冀明灵，特隆敷祐，无灾无沴，时雨时旸，作岁丰穰，以谷黎庶。尚飨。

正统九年，遣翰林院侍续习嘉言告曰：予奉天育民[①]，愧凉于德，致兹久旱，灾及群生。夙夜省躬，中心惓切。神司方岳，忧悯谅同，雨农以时，冥任其责。特兹致祷，尚冀感通，弘布甘霖，用臻丰稔。匪予之惠，时乃神庥。尚飨。

景泰三年，遣太子太保兼都察院都御史王文奉香帛太牢祭曰：兹者河流泛溢，自济宁州以南，至于淮北，民居农亩皆被垫溺，所在救死不赡，朕实伤切于怀。夫朕敷政以惠民，神出泉以泽物，皆上帝所命。今泉流溢于淮泗，灾害及于公私，伊谁之责？固朕不德所致，神亦岂能独辞？必使泉出得宜，民以为利而不以为患，然后各得其职，仰无所负而俯无所愧，专候感通[②]，以慰悬切。谨告。

景泰六年，遣刑部尚书薛希琏奉香帛牲醴告曰：恭承天命，重付眇躬，民社所依，灾祥攸系。志恒内省，政每外乖[③]，或寒燠愆期，或雨旸逾度，田畴失利，谷麦不登。忧切民心，妨及国计。究推所自[④]，良由在兹。然因咎致灾，固朕躬罔避，而转殃为福，实神职当专。夫有咎无功，过将惟一；转殃为福，功孰与均？特致恳祈，幸副悬望。谨告。

成化六年，遣掌太常寺事礼部尚书李希安告曰：迩者，山东地方爰自去秋，讫于今夏，天时久旱，泉流干涸；夏麦无成，秋田未种；运河浅涩，船运艰难。中心皇皇，深切朕念。惟神奠镇一方[⑤]，人所恃赖，睹兹旱暵，宁不恻然？兹特遣官赍香帛以告于神，冀体上帝好生之德，默运化机，

① 予：原作“子”，据清刻本改。
② 候：原作“庚”，据清刻本改。
③ 政：原作“玫”，据清刻本改。
④ 自：原作“目”，据清刻本改。
⑤ 方：原作“万”，据清刻本改。

弘施雨泽，使田野沾足，河道通行，用纾朕虑，大慰民望，庶几神之休闻，永永无穷。神其鉴之。尚飨。

成化十三年，遣山东布政使司左布政使陈俨告曰：国家敬奉神明，聿严祠祀，所期默运化机，庇佑民庶。乃近岁以来，或天时不顺，地道欠宁；或雷电失常，雨旸爽候；或妖孽间作，疫疠交行。远近人民，频遭饥馑，流离困苦，痛何可言？恻然于衷，罔知攸措。惟神奠镇一方，民所恃赖，睹此灾沴，能不究心？是用特具香帛，遣官祭告[①]。尚冀体上帝好生之德，鉴予忧悯元元之意[②]，斡旋造化[③]，弘阐威灵，捍患御灾，变祸为福，庶几民生获遂，享报无穷，惟神鉴之。尚飨。

成化二十一年，遣巡抚山东都察院左副都御史盛颙告曰：惟神自开辟来，作镇东土[④]，兴致雨云，茂育万物，灵明克昭，蒸民攸赖。是以历代报祀之典，有隆无替。乃今岁二三月间，震动数次，意者人事不修不齐，渎神弗安弗宁？守臣疏达，朕心忧惶，祗备香帛，命官往祭，望乔岳以虔祈，冀鉴临而奠位。助司元化，诞福斯人。夫古今瞻仰者在兹，国家钦崇者在兹。谨告。

弘治四年，遣通政司左通政元守直祭曰：伏自去岁一冬无雪，今春天时亢旱，雨泽愆期，田苗枯稿，黎庶忧惶，予甚兢惕。用是侧身修省，虔致祷祈。维神矜悯下民，斡旋大造，早霈甘泽，润滋禾稼，弘济民艰。庶民有丰稔之休，则神亦享无穷之报。谨告。

弘治六年，遣巡抚山东地方都察院左佥都御史王霁祭曰：伏自去冬无雪，今春少雨，田禾未能播种，黎庶实切忧惶。予甚兢惕，用是侧身修省，虔致祷祈。惟神矜悯下民，斡旋大造，早霈甘泽，以滋禾稼，以济民艰。

① 告：原作“未”，据清刻本改。
② 予：原作“子”，据清刻本改。
③ 斡：原作“幹”，据清刻本改。后据文义径改“幹”为“斡”，不再出校记。
④ 土：原作“王”，据清刻本改。

庶民有丰稔之休，则神亦享无穷之报。谨告。

弘治七年，遣内官监太监李兴、太子太保平江伯陈锐、右副都御史刘大夏、右佥都御史熊翀以香帛告曰：比者，黄河不循故道，泱于张秋，东注于海，既坏民田，又妨运道，特遣内外文武大臣，循行溃决之处，督工修筑。神其默相，用成厥功。使农不失业①，国计不亏，不胜惓惓愿望之至。谨告。

弘治己未年，御制《重修东岳庙碑》：朕闻自古天子报祀鬼神之礼，载在典册，自郊祀天地而下，复有所谓名山大川之祭。盖名山大川，两间物形之最巨者，形巨则气之所钟亦巨，而神必依之。于是有雨泽之润，有财货之生，有年谷水旱之祈祷焉，以利生人，此报祝之所由起也。惟泰山在古兖州，于方为东，故称东岳；于时为春，春主生，万物之始，群岳之长，又称岱宗。古者天子巡狩秩祭之所先，而东方诸侯在其封内，亦得以祭，然其礼视三公，盖以别于天地也。降及后世，乃崇以美号。至于帝王，则与天地无别矣。我圣祖高皇帝有天下之初，诏定祀典，始复其号曰“东岳泰山之神”。礼严报祀，著令至今。大圣人超卓之见，盖出寻常万万，岂特朕所当恪守，虽万世子孙莫之能易也。东岳之庙，今遍于天下，其在泰山者为专祀，历代所重，故庙之规制甲于他方，香火特盛。我祖宗列圣，自国初以来，报祀惟谨，庙宇亦屡加修葺。然历岁既久，风侵雨剥，栋宇榱桷，盖瓦级砖与夫丹雘藻绘之饰，未免倾圮漫漶。

弘治己未冬，朕承祖宗礼神之意，遣御马监太监苗逵往修祀事，具以为言，即发内帑银八千余两，并在庙积贮香钱，命逵会山东镇巡等官葺之。未几，西陲告警，逵有督军之行，工不时就。壬戌冬，再以祀事往，乃与巡抚右副都御史徐源等议，委右布政使俞俊专董其役，而分巡副使王宗锡往来协同。吏勤工善，越明年夏，乃就讫。自三殿而下②，若廊庑，若门垣

① 失：原作“夫”，据清刻本改。
② 自：原作“白”，据清刻本改。

等，凡倾者以易，圮者以完，漫漶者以鲜以洁，金碧辉映，庙貌深严。泰岳明灵，既尊且安。自是而往，阴佑显相，我国家之胤祚，一方之生灵，益有赖于无穷矣。逵暨镇巡等官，咸奏是举之盛，宜有述以示后。爰识巅末，并系之诗曰：

鸿蒙未判，一气浑然。清升浊降，始肇乾坤。赋形之大，惟山与川。气随形钟，神乃在焉。巍巍泰山，高入云烟。群岳宗之，靡或与肩。自古天子，秩祭孔虔。礼视三公，祀典攸传。降及唐宋，缛礼相沿。殊名美号，益谨益专。于惟我祖，志复古先。秩祀有诏，功迈前编。朕承先烈，精诚弥坚。祀事载修，庙貌增妍。神心鉴悦，降福绵延。寿我胤祚，光我化甄。荡荡平平，亿万斯年。

正德五年，遣户部左侍郎乔宇告曰：比者，暵厉逾时，雨泽少降，水泉枯涸，运道良艰。意者政有乖违，上干叶气，予心警惕，内自省循。爰饬有司，各修乃事。粤惟齐鲁之地，泉源是钟；名山大川，神所居守。敬将香帛，特遣廷臣，仰冀明灵，斡旋大化，沛施甘泽，浚发河流。庶使国饷疏通，田禾畅茂，民生有赖，邦本无疆。谨告。

正德六年，遣山东等处承宣布政使司右参议徐永告曰：去岁以来，宁夏作孽，命官致讨，逆党就擒。内变肃清，中外底定，非承洪佑，曷克臻兹！因循至今，未申告谢。属者四方多事，水旱相仍，饿莩载途，人民困苦，盗贼啸聚，剿捕未平。循省咎由，实深兢惕。伏望神慈昭鉴，幽赞化机，灾沴潜消，休祥叶应，佑我国家，永庇生民。谨告。

嘉靖十一年，遣泰安州知州李旼祭曰：惟神钟灵孕秀，镇奠一方，阴翊国家，其来尚矣。朕以寡昧，恭承天命，十有一年于兹，敬事神祇，罔敢少懈。顾储宫未立，恒切于怀。兹者，特具牲帛醴斋[①]，遣官虔祷。伏望茂著神功，锡予元嗣，则我国家绵庆，祀于无穷，而神亦享福于有永矣。伏惟尚飨。

---

① 斋：原本多刻成“齐”，据清刻本改。后据清刻本径改“齐”为“斋”，不再出校记。

嘉靖十七年，遣泰安州知州丁方祭曰：比岁尝命官祷祠于神[①]。昨丙申孟冬之吉，仰荷天赐元储，亦神所赞佑者。兹用致谢，神其鉴歆，而永惟默佑焉。尚飨。

嘉靖三十二年[②]，岁次癸丑，闰三月丁未朔，越三十八日甲戌，皇帝遣巡抚山东地方都察院右副都御史沈应龙致祭于东岳泰山之神曰[③]：朕祗奉天命，主宰万民，夙夜兢惕，靡敢怠遑。兹者，淮徐守臣奏称：去夏以来，黄河涨溢，水患异常，堤岸冲决，民舍渰没，运道淤塞，百姓阻饥，不能聊生。朕闻之恻然。惟神雄镇一方，永飨秩祀。兹宜体上帝好生之德，捍患御灾，俾浚筑工成，水循故道，民安常业，漕运疏通。惟神之显庥，币帛将诚，神其鉴之。谨告。

嘉靖三十三年，岁次甲寅，二月壬申朔，十八日己丑，皇帝遣巡抚山东地方都察院右副都御史沈应龙祭告于东岳泰山之神曰：比因河水涨溢，粮道梗阻，已经遣官祭告。兹者，明神显应，修浚工成，河通运达，国计有裨。特兹致谢，惟神歆鉴。谨告。

嘉靖三十三年，岁次甲寅，四月辛未朔，十二日壬午，皇帝遣巡抚山东地方都察院右副都御史沈应龙祭告于东岳泰山之神曰：朕奉天命，子育万民，所冀岁稔时和，灾害不作。尔者，各处地方，水旱兵荒，人民遭厄，危亡载路，灾变异常，朕心忧惕。惟神上奉帝命，奠济一方，谅垂矜悯。爰命洁士，赍捧香帛，特遣抚臣备仪，竭虔诣祠致祭。所冀明神，大彰灵应，潜斡化机，俾气序顺调，雨旸时若，弭解灾劫，溥资丰泰。庶同朕奉天子民之意，而神亦享惠于无穷矣。谨告。

隆庆三年，皇帝遣巡抚山东都察院右副都御史姜廷颐告岳，文曰：迩者水灾异常，殃及黎庶，良轸朕怀。兹特遣官祭告，惟神鉴祐，永福邦民。

---

① 祠：原作“嗣”，据清刻本改。

② 三：原作“二”，据清刻本改。

③ 巡抚山东：清刻本作“山东巡抚”。

谨告。

万历元年，皇帝遣祭于东岳泰山之神曰：惟神毓秀钟灵，永表东土，奠安民物，万世允赖。兹予嗣承大统，谨用祭告，神其歆鉴，佑我国家。尚飨。

历代群臣祀祝

魏

高允《祭岱岳文》：正址坤元，作镇东夏，齐二仪以永固，崇至德以配天，故能资元气以造物，协阴阳而变化。若其岩岭峭峙，川谷幽深，神怪谲诡，倏忽百灵，吐纳风云，育成万品，摄生之所归焉，祯祥之所萃焉。是以历代帝王之崇封禅，铭功以告其成，七十二君，咸在兹焉。自非功侔造化，应同自然，孰能若此者哉？自我国家肃恭禋祀，怀柔百神，邦域之内，罔不咸秩。往以天路未夷，虽望祭有在，今大化既同，奄有淮岱，谨荐于岳宗之灵。尚飨[①]。皇兴二年。

宋

欧阳修《祭东岳文》：修，比者获解郡章，许还里闬。方巾车而即路[②]，属暑雨之时行。辄以愚诚，仰干大造。蒙神之惠，赐以不违。吹清飙而散阴，泰秋阳以涸辙。遂无道路之阻，得返草茅之居。荷德之深，不知为报。一觞之洁，谨用荐衷。

济南守曾巩《告岱岳文》：去岁之旱[③]，有请于神。蒙畀嘉泽，田则大稔。今春河役，发民二万。更迭赍送，众又倍之。盖此齐人，出者几半。迨其反室，维夏之初。劳费既深，又违穑事。夫民数岁，乃遇一稔，敝之

① 尚：原作“民”，据清刻本改。
② 巾：原作“中”，据清刻本改。
③ 去：原作“云”，据清刻本改。

如此[①]。今二麦方苞，而亢阳为虐。吏任其咎，所不敢逃。惟民何辜，赖神终惠。能致云雨，则实在神。尚其念之，敢告。

惟神含德体仁，镇兹东夏。兴云致雨，泽施八纮。今此齐邦，近在山趾。方夏久旱，麦苗将萎。吏思其由，奔走群望。而人微言贱，不能上动。频阴复散，忽已兼旬。念此疲民，弊于征敛。方岁之富，食常不足。一遇灾害，必捐沟壑。惟神威烈，覆被群生。顾此比州[②]，宜先蒙赐。岂伊灵眷，独忍遗之。是用饬遣士民，布诚祠下[③]。情穷词急，冀获哀矜。使一雨霈然，则倒悬可解。尚其降鉴，无作神羞。

维泰山历古至今，有天下者巡狩封禅，勒成告代，莫不之焉。或企足动容，卒莫能至，实卓伟殊尤，神明之地，故天下宗焉。二典所记，其光灵威烈，焯示万世，夫岂他山可得而视[④]？维齐鲁获仰而事，粒食缕衣，莫匪阴施。今邦不雨，自四月以迄于兹。积水之泽，尘起冥冥；粟将槁死，蝗亦滋生。虽政或不良，足以致此；而百姓何罪？宜蒙哀矜。彼撮土之山，勺水之川，尚能与民为福，锡之有年；岂如泰山，朝出一云，暮泽天下，其势之易，易于转圜。而比近记丽[⑤]，顾不能怜。殆莫之或告，告或不虔。夫民之生，盖亦艰矣。无储与藏，重敛烦使，岁一不登，多滨于死。奸强无知，或起乘时，聚为盗攘，以取诛夷。循理安业，田间之民，亦与俱亡，奚可不伤？巩受命天子，守藩于东，敢斋以严[⑥]，告于灵宫。惟神闵人之病，助岁之功，霈然下雨，变沴为丰。尚俾斯民以牛羊黍稷，得承事于无穷。右三首，俱祈雨。

臣愚，行为时之所背，言为时之所轻，寡俦少和，眇眇茕茕，奇于人而

---

① “如此”后，《曾巩集》（中华书局1984年版，下同）有“其几尚完”四字。

② 比：原作“此”，据清刻本改。

③ 祠：原作“福”，据清刻本改。

④ 夫：原作“失”，据清刻本改。

⑤ 记：清刻本作“托”。

⑥ 斋：原作“齐”，据清刻本改。

如此，敢望信于冥冥！属东辕而进谒，托斯文而荐诚。眷齐鲁之旧邦，依大镇之峥嵘。若旱魃之方骄，忧岁事之不登。民且瘠于沟壑，或椎埋而死兵。冀聪明之飨答，霈膏雨之霄零。言丁宁以上诉，心憋恍而潜惊。顾不能以谐世，将何以动夫威灵？乃不知夫神与道而为徒，虽窅默而难明[①]。其虚心也，物有来而必应；其公听也，无憎爱之常情。彼大虽自大，小虽谓小，吾与善而已矣，常一视而持平。故微衷得以上彻，利泽为之旁行。或噫为风，或震为霆[②]，隐然雷出，霭然云蒸。洒甘霪以兼夕，灭灾气于无形。盖西极于甸服，东属乎沧溟。人盈其望，物遂其生，黍芃芃而擢秀，粟薿薿而敷荣。使时沴遂熄，年功可成，人食丰乎钟鬴，神祀衍乎粢盛。民相安于田里，吏无用于威刑。信大恩之莫报，而至德之难名。愚所以意激而感深者，方涉世之零丁。荷降鉴之不昧，知忠信之可凭，敢因辞以进谢，愧抽思之匪精。右谢雨。

国朝

都御史陈凤梧《告岳文》：海内名山，惟五岳为尊。而神奠位东方，生长万物，于五岳之中，又特尊焉。自唐以至于圣朝，历代崇祀，威灵烜赫，盖以一方之安危休戚，神有以主之也。

辛巳之秋，凤梧备员东藩，尝谒告祠下，预祈有年。既而叨蒙圣恩，简任巡抚，夙夜弗遑，惟绥怀是事。壬午之春，以徂于秋，雨旸时若，感神之惠，于是乎有孚矣。是秋暨冬[③]，矿寇突起于龟蒙之间，荼毒赤子，追捕出境，余丑渡河而南，益肆跳梁。顷者，赖神之佑，会兵剿平，中原之地，获宁谧焉。惟是齐鲁之域，宩谷茂林[④]，奸慝潜伏，其患靡常。伏仗神威，锄凶化暴，使济、河、海、岱，寇盗不兴，水旱不作，熙熙然物阜民

① 窅默：原作“窅默”，据上下文义改。

② 霆：原作“需”，据清刻本改。

③ 暨：原作“查”，据清刻本改。

④ 宩：清刻本作“深”。

康，斯凤梧之责可少逭焉。而崇报之典，其曷敢有忘？谨以牲醴，特伸祭告，惟神其鉴之。谨告。嘉靖二年。

泰安守许应元《告岳文》：元闻之，含泽布气，肤寸而合，不崇朝而雨天下，惟泰山之神为然。元以迂菲，出守兹土。始入境，问民之所欲，曰：“岁荐旱，氓莩而逋且半。诚得雨，殆其有苏！”惟时，元神志不一，衣裳不洁，不敢以徼于明神，屏息而待命者旬再矣。嘉谷未播，麦苗且稿，而沛泽靳于先施，是神之虐罚兹土者无已也。罢惫之民，不任敬毒[1]，即守土者无状，宜降厥殃咎，彼蠢蠢者，诚可哀怜。敢率僚吏，竭诚以祷于明神。惟明神卒降之惠，俾无稿于道路。报神之德，曷其有极！尚飨。嘉靖十二年。

左布政使杨维聪《告岳文》：夫天下之山，莫尊于岳，然五岳之中，独岱以宗称，其名最著；滃然出云，肤寸而合，不崇朝而雨天下，其功最大；居于东方，实维生物之府，其德最盛；寰海之内，无有远近冲僻，罔不乡往，其神最灵。是故自古圣帝明王，必加敬焉，而况为有司者乎！维聪受天子命，长兹东土，典领方岳。莅任之初，得以职事过于祠下，牲醴之荐，敢有弗虔！重念维聪之不德，受兹重任，凡政之未平，民之未乂，风雨之未时，蝗厉之或作，皆有司之罪也。维聪不敢辞其罪，然于神有深望焉，默而相之，神之惠也，民之福也，非维聪之所敢私也。谨告。嘉靖十五年。

分巡济南道佥事卢问之《祭岳文》：夫惟神有奠镇区域之功，惟问之有抚治地方之责，事存分际，理通感孚。顷以按部之余，遂兴悯农之念，意以旱旱之灾，吾亵天慢民者之过也。用是省躬布戒，率守吏大小虔告，重荷洪庥，遄赐昭格。而山上之云，触石而起，肤寸而合，不崇朝而雨，待哺之民有望，而催租之吏不忧矣。其功之速之大，实显佑于东土，问之临风兴怀，殊切瞻望。谨命有司崇修樽豆，仰答神功。尚飨。嘉靖十六年。

都御史端廷赦《告岳文》：茫茫后土，五岳盘薄；神为之宗，威灵铄

① 敬：清刻本作“亟”。

铄。上扶乾纲，风雨时若；下握坤轴，是耕是获。恢我皇度，灵长有托；庇我蒸人，湛渊寥廓。凡此神功，振古如昨。廷赦奉命抚兹，礼当谒神。谒神之初，敢于神政[①]；匪诞匪私，为民请命。夏涝为灾，冬旱复甚；阳侵阴伏，实行春令。二麦若稿，斯民之病。惟神依民，惟民依食。胡忍视民，以至此极！将神之怒，抚臣之失，罪在抚臣，民则何慝？伏望阴翊化工，昭锡灵贶，兴云降雪，慰兹渴望。如有佚罚，抚臣甘之，毋使斯民[②]，横适罹之。式号以呼，神其听之。尚飨。嘉靖二十三年二月。

《谢岳文》：廷赦抚按无状，获戾神明，致兹冬旱，用是皇皇靡宁，匍匐祠下，为民请命。蒙神降鉴，旋收杲日，大布重云，霰雪先集，霡霂继益，沾足优渥，其应如响。吏民罔知，咸归于廷赦。自分罪愆，顾有何德可以动神？何诚可以感神？实神正直仁慈，不忍以廷赦之故，累及元元。显贶休烈，礼当报谢。廷赦既荷神宥，自今伊始，益当磨光刮垢，力询民瘼，以求不为神羞，惟神佑之鉴之。尚飨。嘉靖二十三年十二月。

巡按山东监察御史郑芸《告岳文》：惟神萃造化之灵秀[③]，显仁威以配天。峻德独宗于诸岳，巍功茂对于八埏。崇古今之封秩，为齐鲁之具瞻。五徵时应，六府奠安。芸钦承上命，揽辔兹方。风裁是秉，惟神之纲。春生秋杀[④]，慝激淑扬。爰及藩臬，降鉴有光。精神默契，敢不肃将！祗陈牢醴[⑤]，维修典常。明禋载献，维神是匡。利奏肤功，宪度孔昌。下土永赖，赫奕用章。尚飨。嘉靖二十三年。

巡抚都御史王忬《告岳文》：盖闻懿垂编录，休翊明时，以雄长乎五岳者，神之大造也。触石而出，肤寸而合，不崇朝而雨天下者，神之能事

① 于：清刻本作“干”。

② 斯：原作“澌”，据清刻本改。

③ 萃：原作“苹”，据清刻本改。

④ 秋：原作“秩”，据清刻本改。

⑤ 祗：原作“祇”，据清刻本改。

也。至于奔走天下[1]，积致赒施，以利赖此一省者，又神之颛惠也。则夫雨旸时若，固神之当先及，而亦一方之所私望者矣。乃不雨自春，迨将中夏，达乎四境，且害三时。麦已罔秋，禾岂望岁？夜倬云汉，昼苦风霾，下民其咨，上天有憾，神之所以急此一方者，不其爽欤？且忬受命抚兹，图惟保釐，弹厥心力而已。云行雨施，实仰明神焉，势分固尔也。抑忬及庶司，或阴蓄愆罪，有乖感假，则神宜罚及厥身，顾斯民何辜？代服政者，罹此荼毒耶[2]！谨斋明思省，遣教授胡大庆告此雩事，神其歘崇朝之灵，渥千里之利，则岂惟忬与一方之人慰答其望？虽神之取信天下，辉英今古，或亦攸系矣。惟神其听之哉。尚飨。嘉靖三十一年五月。

巡抚都御史沈应龙《告岳文》：夫岳之灵，岂直以崖奔岭蹙、谷抱溪回，崛起重险为一方镇哉？盖将赖以橐钥玄机，鼓荡元精，御灾捍患，流福生民，保卫邦家也。矧夫岱灵，甲群峰而特峙，尸摄生之神工，肸蠁芬芳，独盛千古，奔走万方，为天下诸岳之长者欤！乃者，春则恒阳，二麦罔秋；夏则恒雨，民鲜粒食。所谓国泰呈瑞，时讹反珍者，胡罔时锡。岂天灾流行，虽圣世有所不免耶？应龙承乏抚绥，保釐东土，山川之神，实叨主之。乃历巉岩，排蒙茸，升青丘，陟春址，以修祀事，以祝景贶，以佑斯民，以祈不负于圣天子怀柔百神，肃恭明禋之典，匪徒以好古饕奇，俯瞰虚廓，仰眺寥泬为游观乐也。维岳配天，尚弼予志，遹彰休佑，大康是邦，奠圣祚于苞桑，巩皇图于永固[3]，则庶乎岱宗之标奇于齐鲁者为益信，而崇祀于列圣者斯不诬也。惟神其念之哉。嘉靖三十一年十月[4]。

《再祈雨文》：天地生万物，所以奉而行之者，神之职也；圣天子养万民，所以奉而行之者，应龙等之职也。今山东诸郡，旱已大甚，麦苗就稿，

---

① 至：原作“王”，据清刻本改。
② 荼：原作“茶”，据上下文义改。
③ 永：原作“木”，据清刻本改。
④ 月：原作“用”，据清刻本改。

万姓皇皇，饿莩之形渐多，潢池之警日报，此应龙等日夜忧惶[①]，计不知其所出也。应龙等寡昧，保釐失职，贻民荼毒，罪固难辞。惟神聪明正直，能兴云雨，亦可失职而甘受天地之罚乎？应龙钦承上命，敬共明祀，特申祗告，敢为万民乞命。伏愿鉴此精诚，斡旋造化，甘霖沛澍，四野沾足，枯稿复苏，三农慰望。尚期消患于将萌，转祸而为福。应龙等仰荷明神无穷之锡，而神亦有无穷之休，神其听之。尚飨。嘉靖三十二年闰三月。

巡按山东监察御史冯荐《告岳文》：东土硗埆地方，远不逮古，赋役繁重，即有年，民亦流移。往遭水害，穷困不能自存，老稚在途，强壮啸聚，疾苦之状，不忍闻见。圣天子痛悯时艰，简重臣，出廪赈饥，而垂绝之生意复苏，然犹望今岁有秋也。尔麦亢旱，农事尽废，公私既竭，将曷以支？惟神震方名岳，能兴云雨，以生万物，古今祀典攸崇也。夫民有疾苦，官兹土者分宜罢斥[②]。窃恐神兹土者，心亦弗能自安。神宜仰体圣君之仁，俯从荐等之愿，诞敷灵液，以纾吾民之疾苦。神之德惠，将流被无穷矣。谨告。嘉靖三十二年闰三月。

巡按山东监察御史雍焯《告岳文》：谨以牲醴，敢昭告于东岳泰山之神曰：於赫岱宗，秩祀有恒。神功丕施，毓物效灵。奠此震极，翊此坤宁。历代禋荐，酬德报成。迄我皇朝，典祀维明。焯等叨事兹土，肃将明馨。仰藉神贶，昭格用征。巩我鸿图，永跻丰升[③]。尚飨。嘉靖三十三年十月三十日。

巡按山东监察御史段顾言行偕布政司左参议徐文通、按察司副使王世贞、李嵩、佥事王遴、张师价暨都司署都指挥佥事李春华《告岳文》：窃闻天地之大德曰生，而生生不息之元气盛德，钟焉凝焉，是曰泰山。夫泰，太和也。谓天地太和之气，尽此焉在也[④]。衍之而时则惟春，而神实尸之；

---

① 日：原作“白”，据清刻本改。

② 土：清刻本作“上”。

③ 升：清刻本作“享”。

④ 此：原作“比”，据清刻本改。

布之而方则惟东，而神实专之。大哉乾元！至哉坤元！胥兹乎生成而终始之，是所谓天地好生之府，而特为四岳之宗。乃若壁峙之峻极，盘薄之闳远，又非所论也。以故粤自有虞氏以迄昭代，咸秩祀而崇报之也固宜。予小子言，按部齐鲁，责在肃清，而激慝锄凶，若与大神之生道不相似者[①]。然我心我精，我仪我诚，神将吐之乎！嗟乎！吾知其必弗尔矣。吾闻春生秋杀，玄化之流也；福善祸淫，明神之灵也。遏恶著良，大君宪天之政也。矧以生道杀之，而生生者斯无穷；以福机祸之，而福福者斯无穷乎？繄乃知大君显宪，幽赞以成化。而予小子观风揽辔，又将以奉君之命而致之元元者也，果终异乎？於戏！神不享非礼之祀，君子不冥祀于不享之神。大神，其以予之言为不戾耶？尚祈鉴我精诚，我假我歆，而毋予谴也。谨告。嘉靖戊午夏五月二十七日。

巡抚都御史张鉴《祭岳文》曰：粤稽山东之地，青兖肇域，齐鲁旧疆。圣贤王霸之化，礼义富强之方。逮皇明之御宇，为畿腋之左壤。东表溟海，西略河防。赫赫明神，实主震方。鉴奉明命，来抚是邦。则巡抚之与威灵，乃均夫秉幽明之章。念言东土，忧心伈伈。荐臻饥馑，官方不良。烦苛盗疾，昏垫流亡。户籍耗减，阡陌芜荒。以今日之所目击，较之古昔之盛，惄焉其如伤。履任以来，夙夜惕惶。仰承神祐，时雨时旸。百谷用登，盈亩穰穰。匪直彼不敛穧而此遗穗，实贫有余而富露藏。是神锡吾民之福，即所以贶有位之康。彼存者既享有年之乐，而去者岂无故土之望？桑梓在念，逋负难偿。思者不来，来者不臧。招抚垦开，孰敢怠遑？因则户而平其税，分地而清其粮。上则请命于天子，天子即赐俞允；下则责成于有司，有司有欺心玩法、削民自殖者。典刑有赫，实足自戕。苟非明神屡锡以丰年，煦育以和气，则民将迫于贫困疾疫，何能永乐利于故乡？经纶润泽，既明且详。阴隲默祐，惟神煌煌。鉴盖求上不负圣天子牧养小民之意，

---

① 不：原脱，据清刻本补。

下不负生平奉公忧国之志，使闾阎郊野尽复古昔之盛[1]，亦为东方明神之光。用是敬陈牲品，侑以玄黄。既斋既洁，肃恭对扬，为已往有年之谢，致将来时若之禳。报恳之忱，非言所将。福善祐正，惟神之祥。鉴微衷之恳恳，知来格之洋洋。尚飨。嘉靖四十年。

巡抚都御史傅希挚《祭岳文》曰：兹者漕河横溢，运道阻艰，特命大臣总司开浚。惟神雄镇一方，捍除百患。凡川流之壑注，或山下之出源，式用遣官备申祭告，颛望鉴兹重计，舒予至怀，急靖洪澜，佑成群役。俾运储以通济，永康阜于无疆。谨告。隆庆六年。

巡抚都御史陆树德《告岳文》曰：惟神宗统群岳，体元发生。普天率土，孰不景承？况此幅员之内，即所敷气而布精。一作一息，是怙是凭。乃者，恒旸不雨，嗷嗷群情，抚臣忧之，亟祷于庭。亦尝檄下诸司，共敦祈请。雨迟迟而不至，天杳杳而难明。岂政之多舛，抑祷之鲜诚？方拟遣官，敷告祠下。草既就而云合，使未发而雨零。惟神惠民，如响应声。抚臣何幸，窃有余荣。谨洁牲醴，遣官陈词，仰答宠灵，尤冀德施不匮，湛泽时行。自河之壖，迄于东溟，靡陬弗遍，靡沾弗盈。用俾苞者毕达，亢者胥耕。消其咨于不作[2]，调岁事于丰登[3]。尚飨。万历十一年。

巡抚都御史李辅《告岳文》曰：维神作镇东方，覆冒下土，凡国赋之登耗，实纪纲其司；生灵之休戚，实宰制其柄。威灵焜耀古今，福泽奠安境宇，久矣。山东顷岁以来，阴阳舛缪，灾歉频仍。乃者冬不雪寒，春鲜雨泽，时既入夏，竟日长风。致令麦方苞而就枯，谷及时而不播。农民仓皇于四野，吏士惊怖于庶司。虽祈祷连旬，而密云不雨。切念山东之民，困于涸辙矣，而岁再不稔，将何聊生？山东之赋，繁于秋荼矣。而室如悬罄，将何输纳？即职守官之无状，嗟此下民其何辜？仰惟尊神，灵爽咫尺，鉴察丝毫。若罪

① 使：原作“候”，据清刻本改。
② 咨：清刻本作“咎”。
③ 岁：原作“戚”，据清刻本改。

有所归，则职受幽冥之谴。如适遭时厄，敢祈矜悯之恩，尚纵阴而闭阳，随兴云而布雨。庶生我百谷，污畲穰穰满车；惠此群黎，妇女嘻嘻卒岁。不然，感而不应，则神何以称威灵？求而不获，则民何以诵福泽哉？职不任谒诚祈恳之至。谨告。万历十三年，知府李伯春代告，告毕而雨至。

巡抚都御史李辅《祭岳文》曰：今岁自春徂夏，四月不雨，内自皇畿，达于淮甸，焦枯奚啻千里？眷兹东土，实惟左辅，民生益否。前虽沾此霡霂，曾入土之无几。乃今苗不秀，而秀不实，旋复槁矣！下民汹汹，哀吁上帝，无间远迩。天子忧劳，减膳彻乐，下诏罪己。驰道不除，朝步自宫迄于郊畤。桑林露祷，为民请命，罔恤劳只。辅兹东土，奉职无状，罪何容诿？念此无知，颠阶沟壑，实怆恻而不能已！矧主忧臣辱，即匍匐席藁，曷敢一息而自宁止？惟神奠位维泰，职司生物，胡忍坐视斯人之日就填委？辅谨率属吏，布其款悃，以告于神。愿神明罚予吏之无良[①]，而无遗祸于岁。出其肤寸，不崇朝而雨天下，以畀我稷黍，而慰我天子夙夜忧劳之意。则此孑遗犹能供粢盛而备肥腯，以奉神之祀于不匮。惟神鉴予之丹诚，而示予以肸蠁，辅不胜悚息听命之至。尚飨。万历乙酉年四月二十五日。

巡抚都御史李辅《告岳文》曰：自春徂夏，长风为虐，旱气如焚，夏麦垂枯，秋禾未播。辅受明命，抚辑东方，俯念民艰，忧心孔疚。先曾斋心备物，赴诉于神。伏蒙明神鉴其悃诚，惠以灵泽。致祷者再，获雨者三，枯麦半收，新谷渐达。念念应如桴鼓，益瞻灵爽之不违；点点润若膏酥，共戴慈恩之无量。但雨泽应时，虽慰三农之望，而沾足未遍，尚悬再旱之忧。且内自京畿，外达诸省，犹闻历三时不沾点雨，数千里并无粒食。以致主上焦劳，群工警惕。上关宗社，下系生灵，奚独鄙念之所悚惶，抑亦神衷之所悯恻。是用不厌烦渎，再行顶礼，赛隆施于既往，徼明贶于将来。伏望大展神功，溥垂阴隲，甘霖不限于疆域，在在滂沱；洪仁普被于寰区，

① 良：原作“民”，据清刻本改。

人人欢洽。荡除旱魃之薰灼，挽回乐岁之讴歌。辅不胜感激祈恳叩心待命之至。尚飨。万历丙戌年，同知赵承芳代告，告毕而雨至。

巡抚都御史李戴《告岳文》曰：惟神海内名山，五岳称雄；五岳之尊，独归岱宗。正趾坤元，奠位维东。显配天之灵应，茂长育之洪功。矧兹齐鲁，宜荷帡幪。戴钦承上命，来抚东方。初入其境，旱魃为伤。目兹憔悴，心甚忧惶。躬诣神祠，为民祈祥。幸赐昭鉴，示我洋洋。告词甫毕，灵雨即零。翼日旋车，雨降云蒸。大霈甘霖，弘阐神灵。三农慰望，万物遂生。神功莫报，峻德难名。遣官代祀，敬洁牺牲。修兹报赛，用展微诚。伏愿风雨时若，灾沴不形，永祐民庶，庆歌丰亨。戴不胜忻跃恳祈之至。谨告。万历十四年五月五日。

巡抚都御史李戴《告岳文》曰：惟神化驰九域，位冠百灵。裕民足国，有赫帝庭。矧兹东土，香火维馨。家尸户祝，是依是屏。胡天不吊，降此大戾？三春不雨，麦乃尽悴；九夏不雨，禾且无穗。国用民生，于焉胥匮！圣主求瘼，有位忘飧。道路流离，黎庶彫残。英爽有知，而宁忍看？慈悲普济，具仰彤坛。戴救荒无奇，怀忧如捣。夙夜斋沐，为民祈祷。神之听之，庶几怀保。蚤霈甘霖，回此枯槁。谨告。万历十四年六月二十日。

山东运司同知查志隆撰《岱史告文》曰：志隆蚤岁，家塾诵法孔孟，则闻“登泰山而小天下”云，盖未尝不奋心翘首，冀幸一践迹之为快也。往在壬申，假道登览，时忤权贵，图且谒归，谓与山灵永别已矣！安得如程伯子请注鄠簿撰录名胜哉？不自意间隔一纪，复出而典职，则在山灵咫尺之地。会部使者岭南谭侍史观风陟岳，询访图经，属志隆以笔札之役。所幸时清吏隐，竟日一无事事，得以游思于艺林，岂山灵有意乎假此闲旷、俾偿始愿耶！窃谓藉手于此，少效涓埃，即叨升斗，倘逭尸素。是用屈首编摩，罔间寒暑，晓窗夜烛，集古核今，殆四阅月，业已属草。为考者三：曰《图考》、曰《星野考》、曰《形胜考》。为表者二：曰《山水表》、曰《疆域表》。为纪者四：曰《狩典纪》、曰《望典纪》、曰《遗迹纪》、曰

《灵宇纪》。为志者五：曰《宫室志》、曰《物产志》、曰《香税志》、曰《灾祥志》、曰《登览志》。而总揭之以名曰《岱史》。谓夫岱宗之称，昉自黄帝，今宜从其古初。而撰著之法，独擅史家，兹稍袭其义例也。第念管窥蠡测，则心思未融；径邃崖幽，则涉历未遍；碑残简脱，则目力未周，于兹有深惧焉。吉蠲祠下，敬藉所草，质诸神明，行且涉阻跻巅，遍观周览，岂敢妄希先贤之胜事、开衡岭之烟云？尚冀神明降鉴而默佑之。云披日霁，毕露奇观，对景挥毫，恍然天启。庶几幽不负山灵，明不负付托，而于己亦不负据梧横卷之辛勤，则惟神明阴相是赖也。敢告。万历十四年十月十四日，告毕，登览岱巅，晴霁凡三日，遂得以遍历诸形胜，果符所祝云。

岱史第三册鬼字号目录

① 王：原作“五”，据清刻本改。

② 堂：原脱，据清刻本补。

③ 刘跂：原作“刘跋”，非也。按，《秦篆谱序》的作者是宋人刘跂，刘挚之子。刘跂，字斯立，东光（今属河北）人。著有《学易集》《秦篆谱序》等。后径改“刘跋”为“刘跂”，不再出校记。

东岳庙 宋 宇文粹中《重修记》 明 李贤《重修记》 薛瑄《重修记》 李钦《重修记》 许天赠《重修记》 李钦《修古井记》

东岳上庙 陈儒《记》 东岳中庙 元至元榜文

玉帝观 万恭《表岱巅碑》 玉皇庙 陈察《记》 沈王《记》

会真宫 任式《记》 后土殿

青帝观 宋《加号赞》《御赞》《御祝文》 明弘治《御祝文》

碧霞宫 明弘治《御祝文》 高诲《玉女考》(略) 嘉靖《御祝文》 刘定之《记》(略) 尹龙《记》(略) 徐溥《记》(略) 崔文奎《记》(略) 郭诏[①]《铜鼓记》(略) 方远宜《祝文》 王之纲《玉女传》 何起鸣《宣谕》 李辅《祈雨告文》

天仙行宫 升元观 宋勅碑徐世隆《记》

天书观 长春观 元和《记》(略)

龙泉观 风伯雨师庙

高真院 三官庙

酆都庙 李钦《记》

森罗殿 徐世隆《记》(略)

赵相公庙 三灵侯庙

灵派侯庙 王真《记》(略) 关王庙

渊济公庙 赵合《记》 王天挺《记》 李简《谢雨文》 路希尹《感泽记》 夏靖《记》

---

① 诏：原作“记”，据清刻本改。

岱史第八卷

遗迹纪

叙曰：纪遗迹者何？志往古之胜迹，昭垂迄今犹未泯者也。夫代与时更，物随世变，居今考右，匪迹曷因？维兹泰山，帝王制作之隆、圣哲人文之盛，种种胜迹，何可缕指？其大者，如览明堂则思虞周之盛治[①]；蹑登封台则慨世主之侈心；读秦篆碑、磨崖碑，则睹大手笔之书法；攀孔子登临处，则挹小天下之气象；陟谢过城，履汶阳田，则钦文事武备之圣谟；稽颜渊之望系练、曾子之歌梁山，则溯圣门英贤之济济；考孙明复之讲学、石守道之捧杖履，则忆当时师弟子之雅操。诸皆遗址依然，文献具在，流风余韵，与泰岱为终始。所谓旷千百载而相感者，其在斯与！若仙家者流，游方之外，亦洞天福地所时有也，故并及之。

帝王遗迹

玉简

《风俗通》曰：岱宗上有金箧玉策，能知人年寿修短。汉武帝探策得“十八”，因倒读曰“八十”，其后果寿八十。国朝洪武初，居民于山中得玉匣，内有玉简十六。有司献于朝，验其刻，乃宋真宗《祀泰山后土文》。又成化壬寅秋，日观峰下，雨水冲出玉简，会中使有事东藩，复驰以献，乃命仍瘞旧所。今建日照观。

① 览：原作“暨”，据清刻本改。

石闾

《汉书》曰：武帝封泰山，禅石闾。应劭曰：石闾在泰山下南，方士言仙人闾。《泰山记》曰：山顶西岩为仙人石闾。今莫详故址。

登封台

有二：其一在岳顶，相传为古帝王登封所筑，今为玉帝观。台下小碣题曰“古封禅坛”。其一在日观峰，相传为宋筑，石函方丈许，亦题刻曰“古封禅坛”。盖古封禅，而并以禅言误矣。俗曰“宝藏库”，以所瘗金书玉简云。管子曰：无怀氏封泰山，刻石纪功。国俭《角赋》曰：黄帝会群臣于泰山，作青角之音。《史记》曰：古者封泰山、禅梁父者七十二家，而夷吾所记者十有二焉。昔无怀氏在伏羲之前封泰山，禅梁父。李奇曰：无怀氏为封禅之始。《淮南子》曰：上古之王，封泰山、禅梁父七十余圣。古刻《泰山图》诗曰：三千余里鬼神府，七十二君封禅坛。宋景文公《笔记》曰：仲尼登泰山，见七十二家字各不同。由诸家之说，则封禅肇自古帝王，非始于秦也。而文中子乃云封禅非古，诸儒皆韪之。则彼诸家之说，岂当时附会以中世主之侈心乎？今并存之，以表古迹。

周明堂

在岳之东北，山谷联属四十里，遗址今尚存。旁有谷山寺，其形胜具党学士《寺记》。

汉明堂

在岳趾东南，去州治十里。武帝元封间，用齐人公王带所献图创焉。其上有元人题刻“明堂故基”四字。其地舒衍，突起一石冈，巅平而高四丈许，周三亩许。后枕岳麓，支山如扆障，而左右如卫从然。涧水萦回，南会于汶。遥望徂徕诸山，如列屏案。当时朝会规模，宛然在目。

章俊卿《明堂论》

明堂，乃黄帝之旧。汉武帝时，济南人公王带所上。杨氏《祭礼·明堂篇》，以其不经见而削之。然其所言“茅盖、通水”，与《大戴礼》所记略同。又，《考工记》所言夏后世室，殷人重屋，周人明堂，其制大概由质而趋于文，由狭而趋于广也。由是推之，黄帝时无明堂则已；苟有之，则一殿无壁，盖之以茅，正太古俭朴之制。又按，武帝欲求仙延年，方士之谬诞者多假设黄帝之事以售其说。如所谓修五城十二楼，封名山栖万灵于明廷，采首山铜铸鼎之类，皆矫诬过甚，张大其词，以迎合时主之侈心。独公王带所上明堂之制，乃简朴如此，虽不经见，然亦可以稽千门万户之失，固未可以其言之并出于封禅求仙之时，而例黜之也。

长城巨防

在泰山西，缘河，千余里至琅邪台，入海。苏代《说燕》曰：齐有长城巨防。《韩非子》曰：长城巨防，足以为基。《齐记》云：齐宣王乘山岭之上筑长城，东至海，西至济州，千余里，以备楚。《括地志》云：长城西北起济州平阴县，缘河历泰山北冈上，经济州、淄川，即西南兖州博城县北，东至密州琅邪台入海。《竹书纪年》云：梁惠王二十年，齐闵王筑防以为长城。今泰山西、北有岭、铺，俱名长城，遗址尚存。

无字碑

在岳顶登封台下，秦始皇立。或曰石表，或曰神主石，或言其下有金书玉简，当是石函。古今人莫测其意，甚矣！秦人之谲也！石黄白色，颇光莹，无苔藓，非岳之所有。自他山至是，不知用民力几何，甚矣！秦人之虐用其民也！《史记》：汉武帝置五车石于岳。今莫知所在，故朴庵诗云：已迷汉武五车石，却笑秦王无字碑。秦政不足言，惜夫汉武之效尤也！

秦篆碑

在玉女池上西公署后，李斯书始皇、二世颂德文。宋刘跂序《泰山秦篆谱》时，尚有二百二十有二字。今湮泐，仅存二十九字。夫秦虽无道，然其所立有绝人者，其文字书法，世皆莫及，亦不可废。申旞题石曰“秦断碑”。

欧阳修《集古录》

余友江邻几，谪官奉符，尝至泰山顶上，视秦所刻石处。云：石顽不可镌凿，不知当时何以刻之也。然四面皆无草木，野火不及，故能若此之久。而风雨所剥，其存者才此数十字而已。

刘跂《秦篆谱序》

《史记》载，秦始皇帝及二世，皆行幸郡县，立石刻辞。今世传泰山篆字，可读者唯二世诏五十许字。而始皇刻辞，皆谓已亡，莫可复见。宋丞相莒公镇东平，日遣工就泰山模得墨本。以庆历戊子岁别刻新石，亲作后序，止有四十八字。欧阳文忠公《集古录》亦言友人江邻几守官奉高，亲到碑下，才有此数十字而已。

余以大观二年春，从二三乡人登泰山，宿绝顶，首访秦篆，徘徊碑下。其石埋植土中，高不过四五尺，形制似方而非方，四面广狭皆不等，因其自然，不加磨砻。所谓五十许字者，在南面稍平处，人常所为榻，故士大夫多得见之。其三面尤残缺蔽暗，人不措意。余审观之，隐若有字痕，刮摩垢蚀，试令模以纸墨，渐若可辨。自此益使加工模之，然终意其未也。

政和三年秋，复宿岳上[①]，亲以毡椎从事，校之他本，始为完善。盖四面周围[②]，悉有刻字，总二十二行，行十二字。字从西南起，以北、东、南为次。西面六行，北面三行，东面六行，南面七行，其末有“制曰可”三字，复转在西南棱上。每行字数同，而每面行数乃不同，如此广狭不等，

① 岳：原作“狱”，据清刻本改。
② 盖：原作“盍”，据清刻本改。

居然可见。其十二行，是始皇辞；其十行，是二世词。以《史记》证之，文意皆具。计其缺处，字数适同，于是泰山之篆遂成完篇。宋欧、江二公初未尝到，惟凭工匠所说，无足怪。人多以二公为信，故亦不复详阅。余既得墨本，并得碑之形象制度以归。亲旧闻之，多来访问，倦于屡报，乃为此谱。大凡篆字二百二十有二，其可读者百四十有六，今亦作篆字书之，其毁缺及漫灭不可见者七十有六，以《史记》文足之，注其下。谱成，揭壁间。久幽沉晦之迹，今遂历然。秦至无义不足论，然李斯小篆古今所师，经千三百有余岁而复彰，兹可尚也。如"亲巡远黎"，史作"亲巡远方黎民[①]"。金石刻石，"著"作"休"，"嗣"作"世"，"听"作"圣"，"陲"作"垂"，"体"作"礼"，"昆"作"后"，则又史家差误，皆当以碑为正。其曰"御史大夫"者，"大夫"也。《庄子》曰：且而属之大夫。卫宏曰：古文一字两名，因就注之。《史记》于琅琊台刻石，备列从臣名氏。余家所收琅琊残字，亦有五"夫"字，然则"夫"从一大，因不复重出欤。

磨崖碑

有二，在岳顶东岳祠后。一为唐玄宗八分书《纪泰山铭》，字五寸许，遒劲可爱；一在崖右，刻唐苏颋撰《东封朝觐颂》，字径寸余，书法类晋。近闽人林焞以"忠孝廉节"四大字覆刻其上，镵毁殆尽。

凤凰台

在登封门外。汉宣帝时，凤凰集泰山，故名。

望仙台

在州治东北三十里，汉武帝筑。

---

① 民：原作"氏"，据《史记·秦始皇本纪》改。

舞鹤台

唐高宗筑。按《唐书》高宗筑封祀坛于泰山南四里，如圆丘。又诏立登封、降禅、朝觐之碑，名封祀坛曰舞鹤台、登封坛曰万岁台、降禅坛曰景云台。今皆颓莽，而碑亦堙没。

张说序颂

皇唐六叶开元神武皇帝再受命致太平，乃封岱宗，禅社首，凿石纪号[①]，天文焕发；儒臣志美，立碣祠坛曰：厥初生人，俶有君臣，其道茫昧，其风朴略。因时而欻起，兴运而纷落，泯泯没没无闻焉。尔后代圣人，取法象，立名位，衣裳以等之，甲兵以垣之，于是礼乐出而书记存矣。反其源，致敬乎天地；报其本，致美乎鬼神。则封禅者，帝王受天命、告成功之为也。阅曩圣之奥训，考列辟之通术，畴若天而不成，曷背道而靡失？由此推之，封禅之义有三，帝王之略有七。七者何？传不云道、德、仁、义、礼、智、信乎？顺之称圣哲，逆之号狂悖。三者：一位，当五行图箓之序；二时，会四海升平之运；三德，具钦明文思之美。是谓与天合符，名不死矣。有一不足而云封禅，人且未许，其如天何？言旧史者，君莫道于陶唐、虞舜，臣莫德于皋陶、稷、卨[②]，三臣降德，皆有天下。仲尼叙帝王之书，系周秦之誓，明鲁祀周公用王礼，秦承伯益接周统。孔圣微旨，不其效欤？然秦定天下之功高，享天禄之日浅。天而未忘庭坚之德也，故大命复集于皇家。天之赞唐，不惟旧哉！其兴之也，玄灵启迪，黄祇顾怀，应归运以义举，抚来苏以利见。汤也无放夏之惭，武也无代殷之战。高祖创业，四宗重光，德有格天，漏泉蒸云濡露，菌蠢滋育，氤氲涵煦，若天地之覆载，日月之照临，溥有形而归景，罄无外而宅心，百有八年于兹矣。皇帝攘内难而启新命，戴睿宗而缵旧服，宇宙更辟，朝庭始位，盖羲轩氏之造皇图也，九族敦序，百姓昭明，万

---

① 凿：原作“金”，据清刻本改。

② 卨：原作“禼”，据朱孝纯《泰山图志》（清乾隆刻本）及清刻本改。

邦咸和，黎人于变。立土圭以步历，革铜浑以正天，盖唐虞氏之张帝道也。天地四时，六官著礼，井田三壤，五圻成赋，广九庙以尊祖，定六律以和神，盖三代之设王制也。武纬之，文经之，圣谟之，神化之，然犹战战兢兢，日慎一日。纳规诲以进德，遂忠良以代工。讲习乎无为之书，讨论乎集贤之殿。宠勇爵，贵经明，翼乎鹓鸾之列在庭，毅乎貔豹之师居鄙。人和旁感，神宝沓至，乾符坤珍，千品万类。超图溢牒，未始闻记。我后以人瑞为心，不以物瑞为意。王公卿士俨然进曰：休哉陛下，孝至于天，政合乎道。前年祈后土，人获天穰；间岁祀圆丘，日不掩朔。感祥以祈圣，因事以观天[①]。天人交合，其则不远。意者，乔丘扫路，望翠华之来。上帝储恩，俟苍壁之礼久矣，焉可专让而废旧勋？群臣固言，勤帝知罪，至于再，至于三。帝乃挹之曰：钦崇天道，俯率嘉话，恐德不类，敢惮于勤！其撰巡狩之仪，求封禅之故。既而，礼官不戒而备，军政不谋而辑。天姥练日，雨师洒道，六甲按队，八阵警跸。孟冬仲旬，乘舆乃出，千旗云引，万戟林行，虡濩灿烂，飞焰扬精。原野为之震动，草木为之风生。历郡县，省谣俗，问百年，举百祀，兴坠典，葺阙政。攸徂之人，室家相庆，万方纵观，千里如堵。城邑连欢，丘陵聚舞。其中垂白之老，乐过以泣。不图蒿里之魂，复见乾封之事。尧云往，舜日还，神华灵郁，烂熳乎穹壤之间。是月，来至于岱，祗祓斋宫，涤濯静室，凝神玄览，将款太一。议夫泰山者，圣帝受天官之宫，天孙总人灵之府。自昔立国，莫知万数，克升中而建号，惟七十而有五。我高宗六之，而今七矣。非夫尊位盛时，明德旷代，辽阔难并之甚哉！先时将臻夫大封也，累封疆于高冈，筑泰坛于阳趾。夫其天坛三袭，辰陛十二，咸秩众灵，列坐有次。崇牙树羽，管磬镛鼓，宫悬于重壝之内[②]；干岁鈠殳[③]，钓戟戣戳[④]，周位于四门

① 因：原作“四”，据清刻本改。

② 壝：原作“壇”，据朱孝纯《泰山图志》改。

③ 岁鈠：《全唐文》作“戚钑”。朱孝纯《泰山图志》作“戚鈠”。

④ 钓：《全唐文》作“钩”。

之外。代国重器，传代绝瑞，旅之于中庭；玉辇金毂，翠昌黄屋[①]，夹之于端路。庶官百辟，羌夷蛮貊，褒成之后，让王之客，序立于礼神之场；髦头弩牙，铁马金镞，介胄如雪，旗帜如火，远匝于清禁之野。于是乎以天正上元，法驾徐进。屯千乘于平路，留群臣于谷口。皇帝御六龙，陟万仞，独与一二元老执事之人，出天门，临日观，次沆瀣，宿巉岩，赤霄可接，白云在下。庚寅，祀高祖于上封，以配上帝；命众官于下位，以享众神。皇帝冕裘登坛，奠献俯偻。叶金奏，佾羽舞，撞黄钟，歌大吕。开阊阖，与天语。清将信公，奉斗布度，懋建皇极，勤恤苍生。昭嘏乎未兆，禳灾乎未萌。上下传节而礼成乐遍，福寿同归而帝赐神策。乃检玉牒于中顶[②]，扬柴燎于高天。庶忠诚之上达，若凭焰而驾烟。日辔方旋，神心余眷。五色云起，拂马以随人；万岁山呼，从天而至地。越翌日，尊睿宗，侑地祇，而礼社首，遂张大乐，觐东后。国风惟旧，无黜幽削爵之诛；王泽惟新，有眚灾大赉之庆。不浃日，至化洽于人心；不崇朝，景福遍于天下。然后藏金匮于祏室，回玉鸾于上都，煌煌乎真圣朝之能事，而高代之盛节者也。于斯之时，华戎殊俗，异音同叹曰：兵合多两[③]，山峻多云，岂有大举百万之师，剋期千里之外。及行事之日，则天无点翳，地无纤尘，严冬变为韶景，寒风郁为和气，非至德，其孰能动天如此其顺者乎？昔人云，自西自东，自南自北，无思不服。今信知圣人作而万物睹，其心服之之谓矣。或曰：祭泰祈主先后非礼欤？曰：是礼也，非宜也。王者父事天，母事地，侑神崇孝，无嫌可也。且夫柴瘗外事[④]，帝王主之；蒸尝内事，后妃助之，是开元正人伦、革弊礼、起百王之法也。故令千载睹末光[⑤]，聆绝韵，咀甘实，漱芳润，烁玄妙之至精，流不已之淑声。臣说

① 昌：清刻本作“冒”。
② 检：原作“檢”，据清刻本改。
③ 两：《全唐文》作“雨”。
④ 夫：原作“天”，据清刻本改。
⑤ 令：清刻本作“人”。

作颂，告于神明，四皇坟而六帝典，虽吉甫亦莫能名，徒采彼舆人之诗曰：大矣哉！维天为大，惟皇则之。率我万国，受天之祺。子孙百代，人神共保绥之，云尔而已矣。

社首坛

在岳南二里许，曰社首山。联属蒿里，前代多禅此。宋真宗命王钦若撰坛颂碑石。

封祀坛

宋真宗筑，在岳南五里许。

朝觐坛

在州南。宋真宗东封，群臣觐地。州之风云雷雨坛，因其故址。陈尧叟撰碑颂，今在坛下，与天贶殿碑及天齐仁圣帝碑，皆待诏尹熙古书，书法类《圣教序》。

阴字碑

在州之乾封门外，迤东三百余武，是为宋真宗答谢天书述二圣功德序铭。曰阴字，以字镌北面，从俗称也。或曰“金字”，谓当时以金涂饰也。或曰“禋祀”，以精意享祀言也，皆声相近而义亦通。尝闻真宗东封，驻跸会真宫，故碑作屏制，镌北面，当宫南百余武，俗称“阴字”为是。宫今在城内，而碑限于外，故人罕知其镌意云。万历癸酉，按台吴从宪筑泰阴亭于碑北。

御帐坪

在岳之中道，即秦封五松之地。宋真宗东封，驻跸于此，故名。金石上柱窠，帐殿之遗迹也。

菟裘

在岳之阴。《左传》隐公十一年，公语公子翚，营菟裘终老。即此。

红亭

在泰安州境。《春秋》昭公八年，大搜于红。即此。

白骡冢

在封禅坛北一里。唐玄宗登封泰山，益州进白骡，甚伟异。上亲乘之，便于登降。礼毕，方下山坳休息，有司言骡无疾而殪。上叹异之，谥曰“白骡将军”。命有司具槥椟，垒石为冢。

博城

在岳东趾，距州治三十里。汉之奉高，隋之汶阳[①]，唐之乾封，同此。今名曰旧县。

嬴城

在岳东趾，距州治东南五十里。汉置县，属泰山郡。唐属东泰州，后省入博城。

谢过城

在岳东南趾，汉明堂侧。齐、鲁会夹谷后归谢之地，故名。岳东南地曰谷里，古夹谷也。

---

① 隋：原作“随”，理校。

龟阴田

即齐人归鲁以谢过者。

汶阳田

在岳南汶河之上。鲁成公二年，《春秋》书“取汶阳田”。八年，书“晋侯使韩穿来言，汶阳之田归之于齐”。

圣贤遗迹

孔子

过泰山侧，有妇人哭于墓者而哀。夫子式而听之，使子路问之，曰：子之哭也，一似重有忧者[①]！曰[②]：然！昔者吾舅死于虎，吾夫又死焉，今吾子又死焉。夫子曰：何为不去也？曰：无苛政。夫子曰：小子识之，苛政猛于虎[③]。见《礼记·檀弓》。

孔子游于泰山，见荣启期行乎郕之野，鹿裘带索，鼓琴而歌。孔子问曰：先生所乐[④]，何也？对曰：吾乐甚多。天生万物，惟人为贵[⑤]，吾得为人[⑥]，一乐也[⑦]；男女之别，男尊女卑，故以男为贵，吾得为男矣[⑧]，是二乐也；人生有不见日月、不免襁褓者，吾既已行年九十矣，是三乐也。贫者，士之常也；死者，人之终也。处常得终，当何忧哉？孔子曰：善乎！能自宽者也。见《列子》。

---

① 一:《礼记正义》卷十作“壹”。
② “曰”前,《礼记正义》卷十有“而”字。
③ “虎”后,《礼记正义》卷十有“也”字。
④ 所:《列子·天瑞》作“所以”。
⑤ 惟:《列子·天瑞》作“唯”。
⑥ “吾”前,《列子·天瑞》有“而”字。
⑦ “一”前,《列子·天瑞》有“是”字。
⑧ “得”前,《列子·天瑞》有“既”字。

颜渊

从孔子上泰山，孔子望吴阊门外有系白马，引颜渊以指之曰：若见吴阊门乎？颜渊曰：见之，有若系练之状。孔子抚其目而止之。因与俱下，渊发白齿落，遂以病死。见《锦绣万花谷》，《韩诗外传》略同。

今州城西南有高坡，曰颜子坡。

曾子

敝衣，力耕泰山下。天雨雪，冻甚，旬月不得归。思其父母，作《梁山歌》。见《曾子孝实》。

孟子

生时，母梦神人乘云自泰山来，将止于峄。母凝视久之，忽片云坠而寤。时闾巷皆见五色云覆孟氏之居焉。见《通志》。

后人称孟子有泰山岩岩气象，适符云兆，信矣。

伯牙

游于泰山之阴，卒逢暴雨，止于岩下。心悲，乃援琴而鼓之。初为霖雨之操，更造崩山之音。曲每奏，锺子辄穷其趣。伯牙乃舍琴而叹曰：善哉善哉！子之听夫志，想象犹吾心也。吾于子何逃声哉[①]？见《列子》。

延陵季子

适齐，于其反也，其长子死，葬于嬴、博之间。孔子曰：延陵季子，吴之习于礼者也。往而观其葬焉。其坎深不至于泉，其敛以时服，既葬而封，广轮揜坎，其高可隐也。既封，左袒。右还其封，且号者三，曰：骨肉复归

① 子：《列子·汤问》无此字。

于土[①]，命也！若魂气，则无不之也[②]。遂行[③]。孔子曰：延陵季子之于礼也，其合矣乎！见《礼记》。嬴、博，俱属泰安，岱岳东址。孟子葬于齐，反于嬴，即其地也。

柳下惠

墓在州治东南百里，至今村人尚多展姓者，名曰柳里村。

羊祜城

即晋羊祜所封之地，距州治东南九十里。

宋

孙复

字明复，晋州平阳人。少举进士不第，退居泰山南麓，学《春秋》，著《尊王发微》。鲁多学者，其尤贤而有道者石介。自介而下，皆师事之。年逾四十，家贫不娶。李丞相迪将以其弟之女妻之，复疑焉。介与群弟子进曰：公卿不下士，久矣！今丞相不以先生贫贱而欲托以子[④]，是高先生之德义也。先生宜因以成丞相之贤名。于是乃许。孔给事道辅，为人刚直严重，不妄与人，闻复之风，就见之。介执杖履侍左右。复坐则立，升降拜起则扶之。及其往谢也，亦然。鲁人既素高此两人，由是始识师弟子之礼，莫不叹嗟之。而迪与道辅，亦以此见称于士大夫。其后，介为学官，语于朝曰：孙先生非隐者也，欲仕而未得其方耳。庆历二年，枢密副使范仲淹、资政学士富弼言其道德经术，宜在朝廷。召拜校书郎、国子监直讲。尝召见迩英阁，将为侍讲，而嫉之者言其讲说多异先儒，遂止。七年，徐州人孔直温，以狂谋捕治，

① 复归：《礼记正义》卷十作“归复”。

② “则无不之也”后，《礼记正义》卷十有“无不之也”四字。

③ “遂”前，《礼记正义》卷十有“而”字。

④ 子：原作“于”，据清刻本改。

索其家，得诗，有复姓名，坐贬监虔州商税，徙泗州，又徙知长水县，签署应天府判官公事，通判陵州。翰林学士赵概等十余人上言：孙复行为世法，经为人师，不宜弃之远方。乃复为国子监直讲。嘉祐二年七月卒于家，年六十有六，官至殿中丞。其在太学时，为大理评事，天子临幸，赐绯衣银鱼。及闻其卒，恻然，予其家钱十万。而公卿大夫、太学诸生，相与吊哭，赙治其丧。其治《春秋》，不惑传注，不为曲说以乱经。其言简易，明于诸侯大夫功罪，以考时之盛衰，而推见王道之治乱[①]，得于经之本义为多。方其病时，枢密使韩琦言之天子，选书吏，给纸笔，命其门人祖无择就其家，得其书十有五篇，录之，藏于秘阁。见欧文忠撰墓志修。

胡瑗

字翼之，泰州海陵人。与孙明复、石守道讲学泰山，攻苦食淡，终夜不寝，十年不归。得家问，见有“平安”二字，即投之涧中，不复展读。今人名其投书处为“投书涧”云。

许衡

字仲平，河内人。金季兵乱，避地徂徕、泰山间，扁其斋曰“鲁斋”。初从姚枢、窦默游，获闻程、朱之学，遂为名儒。元世祖召为京兆提学，累官集贤大学士兼国子祭酒，领太史院事，累迁中书左丞，赠司徒，谥文正。

列仙遗迹

汉

泰山老父

不知姓氏。汉武帝东封，见老父于山下道旁，头上白光高数尺，怪而

① 王：原作“主”，据清刻本改。

问之。老父曰：臣年八十五时，衰老垂死，遇有道者，教臣绝谷，但服术，饮井水，枕神枕。枕中有三十二物，以二十四当二十四气，以八当八风。臣行之，转老为少，日行三百里。臣今年百八十矣。帝受其方，赐以玉帛。老父后入山去，每十年五年还乡里，仅三百年不复还矣。见《类林杂志》并葛洪《神仙传》。

稷丘君

泰山下道士也。发白再黑，齿落更生。汉武帝时，以道术受嘉赏，后罢去。帝东封，稷丘君拥琴迎拜，止帝勿上，上必伤足。帝上及数里，左足指折，讳之，还，为稷丘君立祠。传赞曰：稷丘洞彻，修道灵山。炼形濯质，变白还年。汉武行幸，携琴来延。戒以升陟，逆睹未然。见《列仙传》及《集事渊海》。

安期生

在泰山，遇李少君入山采药，病困。安期生与“神楼散”一匕而愈。

崔文子者

泰山人也。世好黄老，居潜山下。后作黄散赤丸，卖药都市，自言三百日后民有大疫。长吏之文所，请救。文拥朱旛，系黄散以徇，人门饮散者即愈，所活者万计。后去，在蜀卖黄散，故世宝崔文赤丸黄散云。传赞曰：崔子得道，术兼秘奥。疠气降丧，仁心攸悼。朱旛电麾，神药捷到。一时获全，永世作效。见《列仙传》及《集事渊海》。

晋

张忠

字巨和，中山人。永嘉之乱，隐于泰山，清虚服气，餐芝饵石。苻坚闻其贤[①]，征至长安，以野服见。坚曰：先生独善之美有余，济世之功未足，故远屈先生，将任以齐尚父。忠曰：昔因丧乱，避地泰山，与鸟兽为侣，尚父非敢拟，愿还余齿归岱宗。坚以安车送之，过华山，叹曰：我东岳道士，没于西岳，命也！已而化去，谥曰安道先生。

唐

吕岩

字洞宾。宋天圣戊寅三月二十一日，书五言绝句于王母池，署其后曰“回翁题”。政和丙申六月十八日，复书七言绝句，署其后曰“回公再书”。前后书法，皆类颜鲁公，“再书”二字，类迟贤亭刻，人莫能识。好事者，摹其真迹于会真宫。观其诗，则知纯阳子二至泰山矣[②]。诗见《登览志》。

张仙

不知何许人。开元中，与李某同至泰山学道。久之，李以宗室辞归，仕至大理丞。属安禄山乱，携家襄阳，寻奉使扬州，途觏张子。邀李同宿，门庭壮丽，傧从璀璨。李视女妓中有持筝者酷似其妻，及罢，张呼持筝者以林檎系裙带上[③]，各散去。明日，李复至，门馆荒秽，无行人迹。询邻人，曰：此刘道玄宅，已十余年无居者。寻还襄阳，索其妻裙带，果得林檎。问其故，云一夕梦见五六人追，云张仙唤搊筝，临别以林檎系裙上。于是，知张已得仙矣。

① 苻：原作“符”，理校。
② 二：原作“三”，据清刻本改。
③ 檎：原作“擒”，据清刻本改。

元

丘长春

不知何许人。尝居泰山南址长春观，以全真为教，元赐号神仙、无为演道太宗师，别号长春子。后去，之峄山，有仙化遗迹。

张志纯

号天倪子，泰安埠上保人。六岁能诵五经，十二岁入玄门。居会真宫数载，道行超群辈。初名志伟，元主改今名，赐号“崇真保德大师”，授紫服。重建岱岳、升元二观及上岳庙。元初，王奕《斐稿》有赠诗云：赤松宗世远，岳地作神仙。注云：其人百二十岁，三见帝。学士徐世隆题其小影曰：形虽羸[①]，于道则肥；性虽介，于物则齐。具儒墨之体用，见天地之端倪。杜仁杰曰：其学也老庄，其志也轩岐。郡人王天挺曰：冰霜外洁，日星内炳。又曰：山泽之臞，道德之腴，徐徐于于，此世之所谓天倪子者乎！化日，自颂曰：脱下娘生皮袋，此际乐然轻快。百尺竿头进步，蓬玄洞府去来[②]。前世宿德医僧，今非道门小才。

徐世隆

别号复斋，不知何许人。元翰林学士。夙与泰山天倪子游。元季丧乱，变姓名，上下泰山，常居岳祠或城隍庙。三稚子从学，一教习泅水、超距，一授《汉书》。其一曰王圭，授举子业，久之别去。言三子贵贱短修：其后授《汉书》者目盲，赖说书为衣食；习泅者，遇济南灌城之厄，以泅解围，以超距脱死，致爵赏；圭登科，膺爵齿。三人所至，悉如其言。圭年八十许时，世隆复来见。天顺间，又至泰山，惟升元观一老道士识之，其容貌

① 羸：原作“嬴”，理校。

② “去来”后，原衍“去来”二字，重复，据理删之。

如儿时所见。后不知所终。近阅《文文山集》，书世隆尚书，东平人。诗《哭文山》，盖宋季之人也。历胡元终始，而我国朝人犹及见之，异哉！

成兴公

真人，不知何许人，仙道成于泰山。见《五岳真形图说》。

王从之

不知何许人。初官翰林，后隐泰山，蹁跹而化，人称其地曰"蜕仙岩"。

海印

泰安州人，居邹县大明禅院。幼悟道，常梦异僧指示。一旦呼弟子，谓曰：吾幻身，非久住世。亲书偈毕，端坐而化，三日慈容如生。其院上紫雾光明，贯于天际。邑令见之，称为真佛。

岱史第九卷

灵宇纪

叙曰：灵宇者何？神明之所宅也。纪首岱庙者何？望秩之定制也。有司奉制命而岁祀焉，礼也。岱庙，上中下凡三，而惟下庙最巨丽，在州城内正北，盖历代敕建望祀之所。朱堞金扉，龙楹螭殿，罘罳象魏，俨然帝居[①]。汉柏唐槐，虬蟠云覆，御碑古碣，林立森森，以斯知其从来远矣。玉帝观、青帝观、后土殿，则以居天神地祇也，巅麓俱有焉。谓天地钟灵于兹，神必依之也。碧霞灵应宫，则以居天仙玉女碧霞元君也。衺满巅麓，而巅以敕建独闳伟，谓其神灵感召、安民裕国也。孔子，人中之泰山。鲁两先生，一方之师表，则其祠于此也固宜。其他佛老之宫，群灵之府，倚岩缘谷，比比而是，大都肇构于隋、唐、宋、元间，今其存者不及十半，然亦倾颓甚矣。惟岳巅诸宫观，当世严奉不废，乃绝无翼室以居黄冠。黄冠固甚贫，率散处麓下觅食，则神明香火之谓何？即居守安所籍也。旋葺旋颓，职此之由哉！余谓岳巅诸宫观，宜各因其隙地，有司以香税余钱构为翼室，以居黄冠之有戒行者，仍籍名于官[②]，责以焚修扫除，则宫观不致旋颓，可岁省修葺之费，恤民事神，庶几两得云。

东岳庙

在州城西北隅。《风俗通》曰：岱宗庙在博县西北三十里，山虞长守之。按岱岳观《至元碑》云：岳庙在岳之南麓，岱岳、升元二观前，当为汉址。

---

① 居：清刻本作“君”。

② 官：清刻本作“宫”。

唐武则天篡唐时改今地，或云宋改今地。其后历代废兴修葺，详其诸记石。庙制：堞城高二丈，周三里。城门有八，南辟者五，而正中曰岳庙门。东偏曰仰高门，西偏曰见大门。东辟者一曰东华门，西辟者一曰西华门，后辟者一曰后宰门。凡门各有楼，而角楼亦四，东南曰巽楼，东北曰艮楼，西北曰乾楼，西南曰坤楼。由岱庙门而上，重门为配天，次为仁安，再上为仁安殿。露台高下联属者二，殿前两庑之中为钟鼓楼，楼之后各为斋房。殿后为寝宫，宫左右为配寝。其规模宏侈，俨如王者居。配天门，左为三灵祠，右为太尉祠。祠前东庑别殿曰炳灵，西曰延禧。碑亭三，其一当岱岳、配天二门之间；其二对峙于钟鼓楼侧，三亭皆为国朝御制碑建。殿前古松数十株，蟠结偃盖，非他境所有。炳灵殿前则汉柏，延禧殿前则唐槐，皆特异，虽良绘莫能状。银杏大者围三仞[①]，火空其中。《阴符经》曰："火生于树"，信夫！奇石玲珑者九，其上有古题刻，知自远方来奠献者。碑石林立，其可为书法者：张待制潫书《宣和庙记》[②]，乔冢宰宇篆《御祝文》。庙前有亭，曰遥参亭。前为遥参门，门之前为御街，宋东封警跸之地，而实为庙之第一门也。旧榜曰草参门。门中有台，台上有亭，亭重檐四面，十有六角，崚嶒绮丽。昔凡有事于岳者，先拜于亭，而后入庙，故曰草参。今有司遇当祝釐于庙，罢则仪从由亭门而出，犹古之制也。亭今列屏鉴，方圆各一，高六尺许，鉴前雕座置元君像。四方来谒顶庙者亦先拜焉，故又曰遥参亭云。

宋学士宇文粹中重修岳庙记略

宣和四年九月，有司以泰岳宫庙完成奏功，制诏学士承旨臣宇文粹中记其岁月。臣粹中再拜稽首而言曰：臣闻自昔受命而帝者，咸有显德，著在天庭，合四海九州之欢心，以为天地社稷百神之主。故有坛场圭币以象

① 杏：原作"否"，据清刻本改。

② 待：原作"侍"，据清刻本改。

其物，有宫室祠宇以奠其居，有牲牢酒醴以荐其洁，有祝册号嘏以导其诚。其漠然而意可求，僾然而诚可格，殆与人情无以异。是以黄帝建万国而神灵之封七千，虞、夏、商、周，文质迭救，虽所尚不同，而事神以保民，其归一揆，必以岱宗为首。而神灵烜赫，光景震耀，载在书史，接于耳目者，奕奕相属也。宋受天命，建都于汴，东倚神岳，远不十驿。章圣皇帝肇修封祀，盖尝躬款祠下，钦惟神灵飨答之异。念唐开元始封王爵，礼加三公一等，未足以对扬休应，遂偕五岳，咸升帝号。自是宫庙加修，荐献加厚；四方万里，士民奔凑，奠享祈报者，盖日益而岁新也。皇帝聪明仁孝，光于上下，神动天随，德施周溥。既已跻斯民于富寿，乃申勅中外，凡所以礼神祇、崇显祀，尽志备物，毕用其至。岁在辛巳，迄于壬寅，诏命屡降，增治宫宇，缭墙外周，罘罳分翼，峭然如青都紫极，望之者知其为神灵所宅。凡为殿、寝、堂、阁、门、亭、库、馆、楼、观、廊、庑合八百一十有三楹。财不取于赋调，役不假于追呼，而屹然崇成，若天造地设。灵祇燕豫，福应如响。呜呼！真圣德之事也。观是宫庙，土木文采，轮奂崇丽，则知郡邑之富庶；帷帐荧煌，衮冕璀璨[①]，则知丝枲之盈溢；牲牷充庭，醪醴日御，则知耕牧之登衍；箫鼓填衢，歌呼满道，则知风俗之和平。神之听之，乃祇陈于上帝，用降鉴锡兹祉福，则社稷之安固，历数之绵远，盖方兴而未艾也哉！

明李贤庙记略

《书》称岱宗，盖以东方属春，万物交代，故曰岱；为群岳之长，故曰宗。然而祭之者何也？《记》曰能出云为风雨，又曰民所取财用也。三代以前，不过为坛而祭之。如周制四坎坛，祭山林丘陵于坛是也。秦汉以来，有神仙封禅之事，于是有祠庙之设。古者五岳视三公，谓视其饔饩牢醴之多寡，

① 冕：原作“免”，据清刻本改。

以为牲器之数也，非以三公之爵封之也。后世遂封五岳之神为王、为帝，垂旒端冕，俨若人鬼矣。洪惟我圣祖高皇帝，聪明睿智，卓冠千古，即位之初，诏示天下，有曰：岳镇海渎，皆高山广水，自天地开辟以至于今，英灵之气萃而为神，岂国家封号之所可加？今依古定制，去其前代所封名号，于东岳称曰“东岳泰山之神”。呜呼！是举也，裁革渎礼不经之失，所谓质诸鬼神而无疑，百世以俟圣人而不惑者矣。济南太守陈君铨，走书京师告予曰：东岳泰山神庙倾颓，上请，得旨重修。巡抚都宪贾公铨与三司官僚合谋经营，若按察使王公钺尤留意焉。属铨综理其事，经始于天顺四年八月二十六日，落成于五年九月初一日，内外焕然一新。俾是方之人依而敬之，有加于前。佥曰不可无纪，敢乞为记刻之，用示久远。予惟泰山出云，肤寸而合，不崇朝而雨天下，功德固广大矣。要之，是方之人沾其惠泽尤多，况又取其财用者乎！虽曰朝廷祀典所载，而是方尤所当敬也。今巡抚方面风宪重臣，同心协虑，重役神庙，又得郡守克承委任，用体朝廷之意，以表民之所敬，真可谓民之父母矣。彼慢神虐民者视此，于心不亦恧乎？

明薛瑄庙记略

东岳泰山之神，故有庙在山之阳，朝廷有大典礼、大政务，则遣使告焉。庙屋既久，多圮漏弗治。先是守臣尝奏请修建，而未克底完。天顺己卯，泰安州守以其事达之济南府，因以上请，诏允修葺。于时，都宪年公富方议兴役而去，左副都御史贾公铨继来。乃洎巡按藩臬协议，既择有干幕职以董其役，复俾济南府知府陈铨月一往以综理焉。铨始至泰安，谓修葺岳庙，固所以祗若朝命，致谨大神，然尤当以省民财、重民力为本，财匮民劳，事亦非可。因询及守庙者，具言数十年所积礼神之物甚富，遂遣人持市木之巨细与其他修屋之不可缺者[①]。及既合，而匠役皆在官之人，而

① 遣：原作“遗”，据清刻本改。

农民不知有役。铨既综理有法，不急不徐，始事于天顺庚辰秋七月，辛巳夏五月讫工。殿宇周廊，门观缭垣，悉皆完治，咸愿刻石以纪其事。山西按察使王允，济南人也，以书来求文于瑄。余惟东岳泰山之神为诸岳冠，圣朝既正其名，秩其祀，而庙弗治，又俾所司以时修葺。而巡抚宪臣洎藩臬，得综理其役。如铨者，不竭民之财力，而克底完新，皆可谓祗若朝廷丕显休命，而致谨于人神者矣。遂序其事而铭之曰：

一理宰幹[①]，二气互根[②]。清浮无际，浊坠斯存。柔行刚峙，川洪岳尊。惟此泰山，造化钟萃。龙嵸太虚[③]，磅礴厚地。匪鲁邦瞻，实众岳最。其蓄罔测，其施靡量。玄云寸石，甘雨八荒。功既载溥，厥报宜彰。有庙在阳，奉命新葺。重臣是承，守臣是职。民不匮劳，事底完集。殿宇廊观，耸卓萦回，高下中度，不骞不卑。神气郁郁，流通在兹。昔古山川，明祀有体。夫何前季，封号荐起。跻岳于天，紊三公礼。逮我圣世，道复古隆。斥绝僭诞，率由大中。岳镇海渎，悉正其名。惟岱宗神，神称允格。迄兹有役，咸愿石刻。述理继辞，以示无极。

李钦修东岳庙记略

嘉靖丁未冬，岳庙灾，殿宇、廊庑以及宾馆、斋居、门闼、楼观，荡然一空。其仅存者，后寝三殿与炳灵、延禧二宫而已。时守臣以状闻，上震异者久之。既俾治有司不戒之辜，而遂勅以亟修之议。然岁值累歉，未克兴事者垂十年余。辛酉秋八月，皇上万寿，爰命太常缄祝函帛，恭诣岳神，虔修醮典。有司布席将事。惟时巡抚都御史镇山朱公承命主祀，大惧简陋，罔罄明禋，乃谋诸藩臬庶正，展力亟图。而特委济南府同知翟公涛专董其役，盖选能也。公乃檄请当道，材木瓴甓金石之类，以至匠佣役廪，

① 幹：清刻本作“斡”。

② 二：清刻本作“一”。

③ 龙：清刻本作“巃”。

皆取给香帛，而秋毫不以烦民。经始于壬戌春，迄癸亥夏，庙工告成。自殿堂而下，毁者以举，倾者以易，圮者以完，漫漶者以鲜以洁，丹雘涂塈，辉光掩映。巡抚都御史石洲张公，祭告祠下，乐观厥成。是日也，淑气洋溢，灵光下瞩。泰岳明神，既尊且安。自是而往，阴祐显相，雨旸时若而丰年应，灾病殄而民气和，以永保我国家无疆之庆。则神之功当与天地并，而君子谓翟公之有功于神也，其亦伟矣哉！

参政许天赠重修岱庙记略

泰山之麓故有庙，其名曰岱宗庙，在岳之南麓。宋改今址，其制有堞城①，为门者八，四角有楼②，前有殿，后有寝，两傍有庑，俨如王者居。我朝因胜国旧，天顺以来，屡奉旨修葺，碑石具在，孝庙亲为记，宸章赫奕，万代瞻仰。迩者修葺，止取裁两院，以香税所积，自可充修庙费，毋用廑明旨、动内帑为也。万历甲申，庙渐圮，于是左参政居公请于两院得可，委济南府通判张世臣董工作之役，泰安州吏目苏天寿佐之，余至督视益勤，阅乙酉秋八月告成。凡费金九百余，不动民财，不劳民力，而大工就绪。余闻之，祀，礼也；国之大祀，必以礼。圣人制礼，尊五岳配天，其祭以坛，不以屋；其神设主，不以像，通诸天下。凡司府州县，岁时祭境内山川，率由斯道，复古制，祛民惑也。斯庙有先代故事，庙及像率无所更易，岂天造草昧偶未之及也？抑别深意寓其中者耶？弘治间，至廑玉音，若以此为训然者。愚以是知圣人敬神导民至意，使人有所敬畏，启为善之心，遏从恶之念，更相告戒，以若于治。所谓无害于治者，圣人不与民变革也。今庙貌巍然，神威赫然，若有临之在上然者。四方祈福受罪之士女，入庙瞻拜，肃然起敬，罔或不虔，则于圣化或可助万分一哉！若佛老家言，神

① 制：清刻本作“别”。

② 者八四角：清刻本作“当入向庙”。

若王者，操福祸之权，握生死之柄，为善恶果报，则其不经见，故儒者缺之勿论。

李钦重修岳庙古井记

钦垂老林泉，自愧无益于世，每月一集乡民老幼百余于岳庙，宣扬圣谕，僭为讲解，期以化民成俗，挽回鲁道之旧。民有李进、卢士卿者，再拜告余曰：庙有古井，水甚清洌，祀事之濯溉，饎饎咸赖焉。曩以日久滩淤，尽为泥土，涧取庙外之水以奉祀，恐涉不洁。吾辈出资，掘而甃之，重加淘汰，水复清洌如故，请翁识其岁月于石。余曰：是可以观今日乡约之意矣。善者，人心之固有，非假于外也。私欲蔽之，则失其初。譬之井焉，壅于泥土，则泉不能达，然清洌之源固在也。一淘汰之，遂复其旧，然则吾民之蔽于私欲而丧失其本心者，可无以导之乎？乡约之设，固所以去吾民之“泥土”而达其固有之良心也！况泰山五岳之宗，此水得山下正脉，将享神明，其用贵且重矣。吾民生于鲁域，自古为圣贤乡人。人人诚知所以自新，一变可至道也。若其溺于私欲，而自弃其贵且重焉，其无腼颜矣乎？是用记之，以儆于有众。

东岳上庙

在岳顶磨崖碑前。元至元间，提点张志纯尝修焉。嘉靖间，都御史曾铣重修，布政使陈儒记。

陈儒记曰

泰山为五岳之尊，横亘齐鲁，跨引江惟，矗突云霄，辉映日月，巍乎高哉！其天下之奇观而独秀者乎？我明天子御极，望于山川，遍于群神，曰：用相我国家，维兹岳。乃辛丑北虏犯顺，乃申勅封疆之臣曰：其各壮乃金汤，峙乃砦堠，用捍卫我国家，予一人以宁，亦维兹岳。嗟乎，岳之时用大矣哉！维时都察院右佥都御史广陵曾公铣，实承简命，保釐东土。比至，时且告饥，公约已裕民，发棠秩祀，而凡为我民徼福者，靡不备至。是故疏请于朝，得减京储数万石，减租亦数万石。间乃语诸藩臬庶正曰：泰山威灵，鼓动海内，矧兹兵戎之调度，颠连之赈恤，以暨百官之匪颁，罔弗赖之，是其庇我东山者乎？闻今庙貌圮坏，弗亟图之，其何以祀？乃夏五月，谋诸监察御史关西杨公本深，佥同兹议[①]。曰：其动乃官需，毋倦力，毋违时，乃底绩。已乃祗若成命，移檄诸司：曰若布政使陈儒、王鸿渐，尔其经理诸难；曰若按察使余镗，尔其纠察御事[②]，乃罔弗既厥心，亦罔弗慎厥事；曰知府刘玺，曰同知王景明，尔其鸠工僝工；曰知州马逢伯，尔其率作兴事，乃罔弗奔走，惟罔功是惧。于是群工毕兴，始于壬寅夏五月，迄于癸卯春三月。东岳殿之修者四楹，南向；碧霞坊之建者一，亦南向；泰岳坊亦一，西向；东官厅之建者六楹，西官厅之建者四楹，各南向。钟鼓楼对峙于元君之庙者，各东西向，如其制。工既讫，而是岁雨旸时若，东方底宁。君子谓泰岳于是乎有神，佥乃请勒石于泰山之颠[③]。公以记属之儒，乃拜手稽首，飏言曰：嗟乎！天降时雨，山川出云，嗜欲将至，有开必先，言神异也。顾兹东岳，孕秀钟灵，甲于天下，则所以奠我民生、翊戴我国家者，宁有涯哉？

东岳中庙

在岳之阳，王母池之西[④]。昔名岱岳观，今土名老君堂，仅存三清小殿。按宋李谔《瑶池记》云："观肇于轩黄"，即此地也。废址中有古柏、古松十余株，其枝干如虬如龙。曾览国朝高诲《记》云：汉武帝东封时植，盖即

① 兹：原作"丝"，据清刻本改。
② 察：原为空格，据清刻本补。
③ 勒：原作"动"，据清刻本改。
④ 西：原作"东"，据实改之。

此也。而后园洞中壁间一石碣，题“汉柏”二字，相传赵子昂书，玩之，近是。古碑凡三，其二刻唐与伪周，老氏之徒题记，行楷书，俱有古法。碑双石并立，覆以束盖，土人称“鸳鸯碑”，真奇制也。其一刻元至元年间《泰安州禁约》，今录于后。

至元碑刻禁约

泰安州准东岳提点监修官牒开称：

东岳有上中下三庙，本州城北岱岳庙系中庙，唐时武则天将岱岳庙改作道观。左侧西王母殿宇经毁不存。上有岩岩亭，乃遇封禅，帝王歇体之所。下有西王母池，次有吕翁洞，犹存圣像。池上壹石碑[1]，云该奉州官台旨禁约，诸人无得于池上下作秽，如违，决杖八十。当职，准此。合行出榜，晓谕禁约。至元二十九年九月日榜。

玉帝观

即太清宫，在岳之绝顶，盖古登封台。昔尝圮废，成化十九年，中使以内帑金资重建。隆庆间，侍郎万恭撤观于巅北，出巅石而表之，题曰“表泰山之巅”。万恭自为之记。

侍郎万恭表泰山之巅碑

隆庆壬申春，黄河泛溢，输道梗湮，天子忧皇，命恭若曰：汝其治水。逾夏河成，灌输悉尽，天子怿豫，命恭若曰：汝其东禋。于时臣恭以八月禋泰山，报成绩也。余乃历巉岩，逾险绝，抚秦碑，登日观。已乃陟山巅，谒天宫，忽缁衣蹁跹，目瞪足践，招余言曰：是泰山巅石也。余异之，视其上，室如锢也；视其下，砌如砥也，而恶知夫泰山之巅？而又恶

① 壹：清刻本作“一”。

知夫泰山之巅之石？余喟然叹曰：夫泰山，擅四岳之尊，而兹巅石又擅泰山之尊，乃从而屋之，又从而夷之，又从而践履之，令尊贵不扬发，灵异不表见，余过也！余过也！亟命济倅王之纲撤太清宫，徙于后方。命之曰：第掘地而出巅，毋刓方，毋毁圆，毋斫天成，返泰山之真已矣。倅乃撤土，巅出之。巅石博十有一尺，厚十四尺有奇，耸三尺，戴活石焉。东博二尺五寸，厚一尺三寸；西博一尺八寸，长八尺有五寸。夫约泰山而东之，巅已奇甚矣！又摩顶而戴之石，斯上界之绝颅，青帝之玄冠也。余倚活石，览观万里，俯仰八荒，远视则扶桑之日曜其东，昆仑之风吹其西；近睇则泰碑若正笏，丛石如群圭。而齐鲁诸阜，圆者似金，直者似木，曲者似水，锐者似火，方者似土，枕青扬之绛阙，俯元君之幽宫，而六极之大观备矣。彼巅石不表见几千万年矣，今出之，始返泰山之真而全其尊。后来览观者，尚毋刓、毋毁、毋斫天成，务万世令返其真而全其尊，以毋得罪于泰山之神。其缁衣蹁跹意乎？缁衣，余问何许人？何所受而告余？默而不答。噫！我知之矣，盖缁衣受之碧霞，碧霞受之太君，太君受之上清，上清受之元始，元始受之寥冥之祖。

玉皇庙

在岳之回马岭。按察司陈察撰记。庙前亩许为崖磴，高三丈余。磴尽处为升仙阁。

陈察庙记略曰

察自浙臬之晋，道经齐鲁，抵兹山。历险升高，云岩风壑，百折千回。行次山腰，突见新祠曼硕，后有瑞仙岩，左十峰岭，右九峰山，巉岩奇特。祠据厥胜，像设镠沃，冠裳俨如，钟鼓有奕，其主曰昊天玉皇上帝。窃惟山莫名于五岳，而泰尤称雄，盖自昆仑一脉，迢迢驰发至于兹，屹然巨镇，固万山第一生处。忆自结发，游观两都，暨江浙诸省，归栖遍吴岭。

十载再起，望九嶷，过衡阳，观于牂牁、越巂，历蒙、叚氏墟，抵金沙江，望铜柱，渡河洛，驱驰关陕，迹遍三蜀、闽粤，岧峣崒嵂，骇躅不一，然未有若兹山屹焉孤高，峻极太虚，至使天下之人殚力协诚，斋肃襁负，骏奔对越者，踵武无虚日。精神会合，焄蒿凄怆。若或临之，此岂偶然之故哉？其必有所以为之者矣。是则斯地也，而有斯祠也。吾不能辩其可否，独念斯人，往往数千里趋攀抵兹，厥亦劳止。而斯祠适在谽谺崚嶒中，有庑有庭，有泉有茗，劳者少息，饥渴者少慰籍。沐风雨者得少为避，愚夫愚妇！踧踖匐伏，心怀战兢，欲平躁释蒙昧以开，而祷祈水旱疾疫，胥此焉依？岂天设此以为福民永命之一助也，而可以轻拟议哉？

沈王阁记略

惟泰山五岳之长，群壑之尊，雄峙一方，高接天汉，钟灵秀之气，郁造物之英，真天下名山之首，古今祀典之崇者也。其神主成物之始，故宇内群生寿夭，休祥、福征、祲眚，出入攸司，罔弗钦戴。恭惟我太祖高皇帝，用夏变夷，章明宪典，首重祀礼，岳渎之禋，厥诚罔替。累朝以来，率由旧典。惟皇建极，德茂业熙，群辟攸叙，风行海内，俗化生成。嘉靖甲辰秋稔，泰安守臣献嘉禾瑞麦，执政率九卿百职表贺，渊衷悦俞。汉儒有曰：和气致祥，斯实由我圣皇法祖宪天，克诚明祀之感，岂非岳神效灵、用征厥瑞者耶？明年乙巳春，有僧明清，自斯山募缘于潞，以回马岭、玉皇殿一楹，岁远将圮，乃增建五楹，铁瓦琉璃，庄严铜像，廊庑续具，复创门阁三楹。时值今抚晋中丞曾石塘先生建牙山左，公务适临，命名曰“升仙阁”。僧诣予，请记。予惟两间之气，造化曰神，感而遂通，诎信阖辟，著乎隐显，山载地灵，宜莫重于岱岳之岩岩与神之穆穆，而他莫及焉。圣天子功高德厚，以明厥报天地之诚，拟于岳者，将无往而弗通，以享无穷之祀，不亦宜乎！

会真宫

在州城东南隅，旧名奉高宫，宋真宗驻跸，改今额。国朝重修玉皇殿，有吕洞宾诗二首，手书石刻，并李太白诗，四方碑刻，俱古雅可玩。

任式记略

会真宫玉皇殿成，当有碑刻以纪其岁月。式斋沐拜手言曰：一气之分而轻清上浮者谓之天，主宰乎其间者谓之帝。吾儒曰昊天上帝，彼道家者流尊其名曰昊天玉皇上帝。世之曰宫、曰观，皆其奉香火之地也。会真宫在泰山之阳，其创建不可考。观宋祥符间有《颂二圣功德碑》，在宫之南百步许。《朝觐碑》在宫之南一里许，传者谓真宗封泰山，驻跸于此。金大定间，徙奉符县为泰安州，故宫居州城之巽隅，兴替靡常，所存者仅玉皇殿三间，壖基卑下。上遣中使进香帛于方岳，行瞻是祠，从众望，并以岳顶昭真祠上闻，欲更新之，上可其奏。即下命所司，时岁在庚子也。于是召公输于鲁甸，招石匠于郢郊，采徂徕之松、新甫之柏，是断是度，是寻是尺。辛丑，昭真观既作；壬寅，玉皇殿告厥成。巍巍乎！浩浩乎！松桷有梴，旅楹有闲，粉饰藻绘，妍丽精华。金碧耀日月之光，丹青夺乾坤之秀。像设穆穆，赫尔厥灵，诚以昭我圣代敬天事神之意，无乎不在也。若夫泰山、徂徕，相映前后，奇花吐而玉座芬芳，白云飞而瑶坛空静。星冠羽衣，举手以加额者，祝圣天子于万寿也；黄童白叟，罗拜于左右者，祈斯世斯民于平康也。呜呼！天不在于高高而在于咫尺，帝不在于冥冥而在吾昭灼。过之者，宁不秉虔恭、存敬畏，以思无负于对越也耶！

后土殿

在岳南麓，距州治三里许，数松差类岳祠，亦奇古可爱。

青帝观

凡二，其一在岳巅，其一在岳之南麓。肇建俱不知何时，宋真宗加青帝懿号曰“广生帝君”。在岳巅者，今巡抚都御史李命官修葺，于万历丙戌年冬孟讫工。在南麓者，真宗御制御书赞刻，今尚存。国朝弘治、正德间修拓，嘉靖间尚书朱衡复加葺焉。帝，即汉、唐所祀五帝之一。按《汉书》及宋《天文志》，青帝，天神也，而东岳属焉，此庙祀之所由起也。

宋加青帝懿号诏

敕中书门下，名岳配天，乃众山之雄长[①]；盛德在木，实万物之资生。惟真宰之斯存，盖灵篇之攸纪。青帝真君，职司煦育，道叶冲虚，赞玄化于高明[②]，庇群生于溥率。真祠夙建，方志可征。属严驾以时巡，爰秘封之成礼。式瞻神馆[③]，冀沐冥休，祇举典章，载扬懿美。奉萧芗而昭荐，旌至德于无方。用表钦崇，永绥福祉，宜尊懿号曰“青帝广生帝君”，观宇特加修饰。故兹诏示，恳宜知悉[④]。

广生帝君赞 御制御书并篆额

若夫典治乔岳，表正灵祇。司生发于东方，佐聪明于上帝。宜乎名冠仙籍，德被烝民[⑤]，飨祀典于萧芗，镂徽称于金石者也。属以虔修封礼，恭答神休，荐显号以致诚，述斯文而颂美。赞曰：节彼岱宗，奠兹东土。生育之地，灵仙之府。爰有高真，允司明命。至神不测，虔诚斯应。茂实克

① 雄：原作“推”，据清刻本改。
② 玄：《历代帝王泰山刻石》碑拓作“元”。
③ 馆：《历代帝王泰山刻石》碑拓作“观”。
④ 恳：《历代帝王泰山刻石》碑拓作“相”。
⑤ 烝：清刻本作“蒸”。

昭，储祥是繄。式奉嘉名，用伸精意。大中祥符元年十月二十七日，御书院摸勒刻石。

御祝文

维大中祥符元年，岁次戊申，十一月戊午朔，四日辛酉，崇文广武圣明仁孝皇帝，谨遣尚书兵部员外郎邵晔，告于青帝广生帝君：伏以峻功丕显，诞彰阴隲之仁。神化无方，实主发生之宇。惟高真之攸馆，乃乔岳之灵区。属以祗奉元符，躬陈大报，仰繄景贶，克举上仪。式彰昭代之称，以表钦崇之礼。合伸致告，用达虔诚。谨告。

三皇庙

祀伏羲、神农、黄帝，在岳南麓，距州治三里许[①]。

御祝

弘治十六年，岁次癸亥，十一月初一日，皇帝遣内官监太监齐玄，谨以清酌庶羞之奠，致祭于三皇圣帝曰：粤惟三皇，建于有极。百草聿尝，药石是资。疾痛痾痒，用赖以瘳。神圣功巧，万世永赖。笾俎既精，虔诚斯达。敬伸祭奠，庶其歆格。谨告。

碧霞灵应宫

在岳绝顶西南下三里许，旧名昭真观。宋真宗东封时所建。国朝增拓其制，改署今额。

累朝修葺不废。近自世宗朝遣工部郎陈策赍宫施万金重修，益巨丽矣。隆庆间，抚台傅希挚、按台吴从宪又加葺焉。其神曰“天仙玉女碧霞

① 治：原脱，据清刻本补。

元君”。四方谒款祇禳者，摩肩接踵而至。诸所捐施金帛珠玉马羖之类，有司日监守而管榷之[1]。万历乙酉，按院韩应庚侍御命官鸠工，更新往制。其宫故南向，凡五间，则栏其东一间，题曰“东宝库”；栏其西一间，题曰“西宝库”，用以投储诸所捐施焉。宫之后，架殿三间，题曰“便殿”。宫之右，架亭一间，题曰“憩亭”。凡此，皆创剏也。宫之前，左翼曰“子孙殿”，三间；右翼曰“眼光殿”，三间。其中为露台，为甬路。而甬路之南，大门三间，东鼓楼，西钟楼。而门外绰楔凡三，中曰“勅建碧霞坊”，东曰“安民坊”，西曰“济世坊”。而碧霞坊之前临火池，之上有阙门焉，曰“金阙”。凡此，皆增饰其旧也。缋椽藻栌，霞駮云蔚，俨然神居，非人世所有。乃其形胜环拱[2]，宫东南则五花崖，东北迤西则岳顶、磨崖、日观诸峰，蜿蜒峙列，三面若屏扆，前若双阙。由宫门西下，石磴三丈许，南俯悬崖，下视城郭若畦圃。自城郭望之，则崖峰森蔽，不见宫宇。此盖造化灵区，真天奇云。

御祝文

维弘治十六年岁次癸亥，正月朔初一日己巳，皇帝遣御马监太监苗逵，致祭于碧霞元君曰：懿德含弘[3]，仁慈广霈，佑苍生于寿域，鼓群品以沾依[4]。兹因眇躬偶爽调摄，敬祈圣力，永佑康宁。特以香帛，用伸告祭，益彰灵应，福佑家邦。谨告。

维嘉靖十一年岁次壬辰，二月庚辰朔十三日壬辰，皇太后遣太子太保玉田伯蒋莹[5]，致祭于天仙玉女碧霞元君之神曰：皇帝临御海宇，十有二载，

① 榷：清刻本作“权”。
② 环：原作“袁”，据清刻本改。
③ 弘：清刻本作“宏”。
④ 鼓：《历代帝王泰山刻石》碑拓作“故”。
⑤ 莹：清刻本作“荣”。

皇储未建，国本尚虚，百神万民，无不仰望。兹特遣官敬诣祠下，祇陈醮礼，洁修禋祀。仰祈神贶，默运化机，俾子孙发育，早锡元良，实宗社无疆之庆，无任恳悃之至，谨告。

高诲玉女考略

泰山玉女神显灵于天下，其来尚矣。世传为东岳女，盖谬说也。人心崇尚，习舛承讹，非特愚夫愚妇之不知，虽博雅君子亦未闻有能考其实者。按《州志》载岳顶玉女池，马端临《通考》纪池侧故有玉女石像，泉源壅浊。宋真宗东封，先营顿置，泉忽涌上升山，其流自广，清泚可鉴，味甚甘美，王钦若请浚治之。像颇摧折，诏易以玉石。既成，上与近臣临观，复砻石为龛，奉置旧所祭焉。唐刘禹锡《送东岳张炼师》诗云：久事元君住紫微[①]。而李白《游泰山》诗亦云："玉女四五人，飘飖下九垓。"及观李谔《瑶池记》，谓黄帝建岱岳观，尝遣女七人，云冠羽衣，修奉香火[②]，以迎西昆仑真人。由是考之，则知玉女必黄帝所遣七女中之修而得仙者，后世因之，祠于山。而宋、元间龛像建观尤有征[③]。迨我朝拓新殿宇，灵应益著，不然，则泰山乔岳之上，何缘有此？据《通考》、唐诗所载质之，谔《记》益信。

刘定之记略

泰山绝顶，旧有祠，祀碧霞元君。以其最高，云蒸雨降，材木易朽，飙风刚劲，瓦多飘毁，祠不能久。今副都御史原杰巡抚山东，谒祠，见其隳坠，谋新之。铜梁铁瓦，琉璃砖甓之坚固；丹雘青垩，藻绘漆饰之辉焕。高广深邃，规制增旧，其费取诸官而民不知。自昔登山捐施，委诸巫祝，妄费不可稽。而今纪理之，皆有条法云。

---

① 住：清刻本作"佳"。

② 奉：原作"泰"，据清刻本改。

③ 征：原作"微"，据清刻本改。

尹龙记略

昭真祠，在泰山绝顶，世传谓天仙玉女碧霞元君之祠。圣天子御极十有五年，命太监陈喜来修祀事。明年，诏修是祠，即故址增饰之。祠殿为间者五，以奉元君；左右回廊各三间，则护从之神居焉。神道有门，钟鼓有楼，恐其凌空壁立，易为风雨所剥蚀，故陶土为砖，冶铁为瓦，务为坚确。黝垩丹漆，金碧交辉，视昔有加焉。其肖像，左石，右为铜，中以沉香，雕龛石座，霞帔凤冠，于赫穆清。而其所费，一皆输财于神贮之帑藏，以充其用，而毫芒不取于民。自经始以来，纲维其事者，大参文安邢表、佥宪卫辉刘璋，下至义士、耆宿，罔不奔走事事，所以重上命、敬神明也。夫泰山雄镇东方，为五岳之尊，历代有封禅之典。维我列圣，每遇登极，必遣廷臣以祀方岳，又时命中贵有事于祠。或金帛朋贝，以将其诚；或冠帔旌幢，以拂其像。盖神之灵贶感人，实有以致之。尝观《州志》，昔有猛虎为害，祷之而去；飞蝗为灾，祷之而死；以至于民之旱涝，祈之历有其验。故远近众庶，拜瞻之顷，灵风飒然，知者敦其诚，愚者启其敬，忠者坚其志，奸者沮其谋，善心以之生，欲心以之窒。吁，休矣哉！其神之惠乎！

徐溥记略

弘治八年春正月，巡抚山东都御史熊公翀，言泰山绝顶碧霞灵应宫毁于火，宜治。事下户部议，谓泰岳有生物功，凡祠关祀典者，不宜不饬。且神以灵故，四方奔走士女，操金帛为祷祈者，岁所积甚伙，宜令按察宪臣籍之以为工费。诏：可。乃以属佥事陈君宽领其籍，内帑赐银百两，以属副使廖君[1]、中司出纳焉。凡用银以两计者七千三百有奇，为夫若干千而成。熊公乃致书京师，请予记。予闻泰山之胜，稔矣。顾职在朝署，无使命，欲一登而不可得。尝观《泰安州志》，备载其形势、祠宇，知有所谓碧

① 廖君：原脱，据清刻本补。

霞者，故阁老刘文安公之记在焉。其为辞，固奇伟巉耸，与兹山兹景并胜，使人读之，真若望扶桑、穷日观，飘飖于刚风倒景之外。粤自有天地，即有山川，奇秀所结，灵神所聚，邦君之所得祀。扩而求之，宜亦有不可无者。矧国家秩祀之所载，所以萃人心而延景命，于此有资焉。是其兴废起弊，以贻不坠，抑岂非有司者之事哉？《记》成，系以诗曰：

岱宗之巅，岿一宫兮。金碧绚出，高巃嵸兮。承乾据坤，秀气钟兮。神名碧霞，谁所封兮。云冠雾裳，庙貌隆兮。月星光彩，冰雪容兮。人世杳绝，嗟难逢兮。门集五骖，随两骢兮。小大执事，靡弗共兮。国家明昌，年谷丰兮。五岳效职，兹其东兮。刻石纪事，垂无穷兮。

崔文奎记略

太极判动静，生阴阳。山镇坤维，体静阴也；水生天一，体动阳也。岱岳摩空，峰峦拔起，去地数千丈。绝顶出泉，流注石池，清泚可鉴，盖阳根阴之象。泉以玉女名，必有所稽，地志失载。记曰，中林川谷丘陵，能出云，为风雨，见怪物，皆谓之神。岱岳毓神，上通乾象，降灵下土，坤道成女，天仙玉女之号，意以是与？碧霞元君之称，则后世加封之典。神庙在兹，揖日月之峰，拥层峦之秀。左则岳顶之峻极，右则天门之开朗，历选名胜之所，无逾此境之妙。意者，神或受皇天后土之命，俾权舆造化之机于此。不然，何威神显赫如是之大？殆不可以易而测也！历代尊奉已久，逮我朝崇重之典尤盛，有宝香异品之颁，有华冠锦袍之锡。岁时遣官致祭，以至奔走天下豪杰及士女商贾之类，皆斋心戒誓，道路间关，岁进香帛者，恒以亿万计。金镪缗钱，川臻云至，溢于公帑。资岁用，赈岁饥，皆于是乎取给。孔子以鬼神能使天下之人齐明盛服，以承祭祀，其斯之谓与！嘉靖甲申，都宪王公尧封奉圣天子明命，来抚东藩，诣神祠展谒。顾瞻祠宇敝坏，慨然兴叹，遂下营缮之令。经始于嘉靖乙酉十月己未，落成于嘉靖丁亥九月丙子。规模壮丽，丹漆晃耀，突出烟霞之上，巍乎岱岳之间，斗柄之南一奇观也，而神亦宁矣。夫神宁于上，人安于下，幽明协赞，和气熏蒸，雨旸时若。是以庶草蕃芜，百谷用成。朝廷无东顾之忧，未必不自王公一念之诚有以感之哉！

郭诏铜鼓记略

予寅长右辖熙台潘先生，政暇尝登斯山，感献遗之物，而惧其殄也，乃白诸巡抚大中丞南皋王先生。铸铜鼓，四窍其心，置橐钥焉，以象四时，鼓万物生长收藏。又为之鼎，附之瓶，以达絪缊之气。其知所谓鼓之舞之，以尽神者，与犹未也。又欲显诸道德行，各识以铭。鼓曰：元气鼓，万物春。嗟尔岱，神乎神。气再鼓，丽朱夏。品物亨，乃神化。孰鼓舞，秋乃收。物之府，神之休。消而息，尔鼓尔。物归根，元资始。鼎曰：大德曰生，瓣香维诚。人在洪炉，左右和平。瓶曰：不平者情，不私者平。神冯人哉？人冯神哉？吁，渊乎微矣，可以幽赞于神明矣。予故为之记，示后世有考焉已矣。

王之钢玉女传

玉女者，天仙神女也。黄帝时始见，汉明帝时再见焉。按《玉女考》、李谔《瑶池记》云：黄帝尝建岱岳观，遣女七，云冠羽衣，焚修以迓西昆真人。玉女，盖七女中之一，其修而得道者。《玉女卷》云：汉明帝时，西牛国孙宁府奉符县善士石守道妻金氏，中元七年甲子四月十八日子时生女，名玉叶，貌端而性颖，三岁解人伦，七岁辄闻法，尝礼西王母。十四岁，忽感母教，欲入山，得曹仙长指，入天空山黄花洞修焉。天空盖泰山，洞即石屋处也。三年丹就，元精发而光显，遂依于泰山焉。泰山以此有玉女神。山顶故有池，名玉女池，傍为玉女石像。宋真宗东封，先营至泉，水忽瀑，清泚可鉴，味甘美。王钦若请浚之。像偶折，诏易以玉，复砻石为龛，构昭真祠祀焉。尹龙谓世传天仙玉女碧霞元君之祠，始此。国朝成化间拓建，改为宫。弘治间更名灵应，嘉靖间再更碧霞。碧霞宫之名，始此。累朝增葺，宫制滋阔，而神之灵益显，四方之赡礼者益争奔走焉，其于国家多庇护矣。内史氏纲曰：余闻之太史公，学者载籍极博，犹考信于六艺。《诗》《书》虽缺，《虞》《夏》之文可知也。余于玉女，将何以征焉？盖天地一气而已，其在天为星辰，地为河岳，明而为人，一气也。玉女之化为人，人而复为神也，何异哉？故观于“考”与“卷”可稽也。若谓玉女为东岳金虹太乙定父所生，而化身为观音之在世，岂理也哉？至其神灵显于泰，则又其所尝住修之处，而精神往来，譬诸云雾之在太虚，有依依而不能去者。矧泰山位东土，秉木德，而玉女坤质，为水象池，固其所自来耳！其依神于此，以扬灵异之休，而助生成之德于不穷，殆若天命之者。世乃谓玉女亲受帝册为女青真人，永镇泰山，以主其祀，岂不谬哉！岂不谬哉！愚固表而出之，俾夫昧者有所据而传也，为之传云。

巡按御史方远宜撰泰安州祝文

维神懋权化机，驾御阴阳。助天育人，炳灵泄光。一酿玄功，八埏震扬。明德俔天，昭回七襄。崧高维岳，闷宫有侐。仙驭式归，维此栖宅。国有禋祀，民有珪帛。扬灵拂和，四海来格。兹惟守臣，曰荐厥常。俎豆莫莫，镛鼓镗镗。维神降止，镠锵琳琅。风霆维车，云汉维裳。空歌钦钦，燚举肃肃。庇贶斯人，式登百谷。永奠邦基，扶舆清穆。祀礼弗愆，维神率育。尚飨。

巡抚都御史何起鸣宣谕

万历八年，予观风东兖，溯泉源，登泰山之巅，憩焉。俄闻四方以进香来谒元君者辄号泣，如赤子久离父母膝下者然。是曷故哉？以诚心所感也。人能以此心事亲则为孝，以此心事君则为忠，以此心待同胞则为友，以此心处朋友则为信，以此心教子孙则为慈，以此心不夺他人之有则为义，以此心不徼非分之获则为荣，存此便得进香善果，存此便得朝山福田。脱或不然，心一背驰，将明有人非，幽有鬼责，曾谓泰山而能私庇尔哉？孔子曰：获罪于天，无所祷也。言远罪也。孟子曰：虽有恶人，斋戒沐浴则可以事上帝。言迁善也，可不畏欤！遂命州守袁稽播谕四方香客，以正人心云。

巡抚都御史李辅祈雨告文

惟神受职皇穹，阴握玄化，蒸为云雨，以泽天下。盖祈年而祈灵者，日奔走乎宇内，作福而降祥者，亦时洽于诸夏[①]。矧兹东土，固神奄宅之区，而精爽之所常游，又不啻如枌榆之社也。乃今四月不雨，骄阳杲杲，赤地千里，野无丰草。致天子之忧劳，步桑林而露祷。辅抚兹东土，民将安保？日夕惕焉，忧心如捣。惟省咎于厥躬，甘待罪而席槁。惟神矜此元元，少续旦夕之命，而赐之甘霖，俾回枯而起槁。则神贶之洋洋，等皇仁之浩浩矣。辅谨率吏民，斋心以叩于神。惟神鉴而听之，以彰显道，不胜待命之至。

升元观

在岳之南麓，酆都庙西。石刻政和尚书省勅牒尚存。元张志纯重建，改曰朝元观，学士徐世隆记。

牒勒碑略

尚书省牒准泰宁军奉符县升元观。又云泰宁军状。据兖州仪曹娄寅亮状称，契勘兖州奉符县泰山之下，名曰三宫空洞之天，载在图经。牒奉勅宜赐升元观额。牒至，准勅。故牒。

---

① 洽：原作“合”，据清刻本改。

徐世隆记略

朝元者何？两仪资生，万物居泰，群臣之贺正也。故道家取象，名其观曰朝元。古殿摧仆，掌教洞明真人属天倪子鸠工抡材，虽时经凶年①，亦勉力成之。其费皆出会真常住岳顶香资②，及掌教所助净财。夫洞天三十六，福地七十二，泰山其一也。其兴与废，必有灵祇司之，岂不为神物所护持者哉？

天书观

即乾元观，今榜曰碧霞元君行宫，在州城西里许，宋大中祥符建。史载“天书”降于泰山西南之麓，即其地也。

长春观

在州城西北隅，女道士废绝久之③，禅僧寄焉。中统碑刻，元和子为女冠訾守慎作记，丘神仙牒刻成吉思皇帝勅旨，俱存。记称祖师谓丘神仙，妙真则守慎之赐号也。

元和记略

教非道不立，人非教不修。凡以道为宗，以神为教者，莫不剖瞶抉瞽，拯沉④照昏，跻人于长生之域。呜呼！世或有闻而未悟者，有闻而悟者，是旦暮一遇之幸也。近代幸我祖师设教，七真开天，上智下愚，咸使知之；男修女学，悉为证矣。夫全真之道，杳然难言哉？其教也微妙，玄通广大，悉备在人。贤者识其大，不贤者识其小。其要绝资去欲，返朴还淳，屈己从人，懋功从德，则为游藩之渐。若乃游心于淡，合气于漠，不以是非好

① 时：原作“将”，据清刻本改。

② 住：原作“位”，据清刻本改。

③ 道士，原作“道主”；废绝，原作“发绝”。均据清刻本改。

④ 沉，原作“況”，据清刻本改。

恶内伤其生，可以探堂奥矣[①]。妙真修学，无间然矣。侻来不为得，去不为失，不悦生，不恶死，冲而用之，厥心不震，虽天地晦冥而朗日自照，霰雪交集而阳春自舒，此得性之功也。动与阳同波，静与阴同德，寝无梦，觉无忧，虚而待也。其生乃全，听之于心；冲气为和，息之以踵，谷神不死，此保命之效也。

龙泉观

又曰斗母宫，在岳之小龙口。嘉靖二十一年，德府重建，济南陈鞆记石。

风伯雨师庙

在州治东。按《天文志》：风伯，箕星；雨师，毕星也。先是庙废，止遗一石碣。成化丙午旱，雩不雨，或油然雨状，辄为风散。知府蔡晟诣其所祭之，风顿息，大雨如注，因复立庙。庙圮，知州郑豸易以坛。

高真院

在岳之南麓。曰金山青帝观，后俗曰眼光殿。

三官庙

有三[②]：其一在岳之中道，曰快活三；其一在治西关；其一在治东关。

酆都庙

在岳之南麓，升元观东，弘治十四年建。其神为酆都大帝。其左为阎

① 奥：原作“粤”，据清刻本改。
② 三：原作“一”，据清刻本改。

王庙。嘉靖壬戌年，济南府同知翟涛重修，有记。

李钦《重修酆都庙记》

岱宗南麓，有庙曰酆都，其神为北阴酆都大帝，配以冥府十王。其东为曜灵五阎王，而左右十司曹官列焉。尝稽《道经》所载酆都者，阴气之主，九地之枢机，栲罚罪鬼死魂之所也。十王之中，其七曰太山，故陆机《太山吟》有曰："蒿里亦有亭，幽岑集万鬼。"盖蒿里去泰山仅数百武耳！白乐天诗亦曰："东岳前后魂，北邙新旧骨。"诚如是，则酆都之为庙，夫岂岳麓之所可少者哉？虽然，俗传收捕追逮、出入死生之说，固儒者所不道也。然昔者吴道子，画地狱变相于成都[①]，民咸惧罪，市之屠沽鱼肉者不集[②]，而况崇之以殿陛，列之以案牍[③]，肖之以人鬼，严之以剉烧舂磨之刑，使人入则肃然凛然，出则悚然，将自知去恶以求免刑戮之弗遑也[④]。其为神道设教之意，顾可漫善于此者哉[⑤]！庙创始于太监李仅，时弘治十四年也。至今历岁既久，风雨所侵剥，栋宇榱桷，盖瓦级砖，与夫丹雘藻绘之饰，未免倾圮漶漫。嘉靖壬戌春，济南二守安阳弘斋翟公涛，以两台专委来督岳庙大工，既获底绩，乃复以檄请为重修酆都之举。两台亟为嘉允，卜日兴事，赀费取给于香税，而于农民秋毫无所干扰。经始于癸亥秋七月，讫工于冬十月。殿宇周廊，门观缭垣，悉加完治；鬼神之像，皆重为涅塑，焕然一新。庙西登岳之路，复建岱宗坊三楹。自此以至岳顶，地方凡八，又皆立坊以表其名，而各揭联以壮其景。金碧煌炜[⑥]，映照山河，由是泰山之伟观愈益增矣。郡人士咸愿刻石以纪其事。余惟天以春生万物，止之以

① 画：原作"尽"，据清刻本改。
② 市：原作"帀"，据清刻本改。
③ 案：原作"余"，据清刻本改。
④ 戮：原作"戍"，据清刻本改。
⑤ 可：清刻本作"有"；漫：清刻本作"复"。
⑥ 金：原作"全"，据清刻本改。

秋；圣人法天，以政养民，肃之以刑。故曰父母之于子，鞠育而遂字之，仁也；鞭朴而告戒之，亦仁也。上之于民也，政教以抚绥之，仁也；刑罚以耸砺之，亦仁也。岱岳于方为东，于时为春，兴致云雨，发育万物，而北阴酆都之府所司者，秋杀之权也。公来本以岳庙为事，而其余力又有及于斯者，无乃所以警劝下愚，而启其迁善敏德之机耶①！

森罗殿

左为阎王庙，在岳南三里，蒿里、社首二山之间，有七十五司及三曹对案之神。神各塑像，俗传为地狱云。

徐世隆记略

蒿里者，古挽章之名，田横之客伤横而作者也。汉李延年分为二曲，《薤露》送王公贵人，《蒿里》送士大夫、庶人。后世以为人死，精魂归于蒿里，有神主之。张华《博物志》、陆机《泰山吟》皆云：人死，其魂拘于蒿里。白乐天诗曰："东岳前后魂，北邙新旧骨。"樊殿直《庙记》亦言：人生，受命于蒿里②；其卒，归于社首。蒿里祠，距岳庙西南三里许，社首坛之左。自唐至宋，香火不绝。礼之者，入则肃然凛然，出则悚然，岂非世人如见真鬼神而然欤！吴道子画地狱变相于成都，观者咸惧罪修福，而市屠沽鱼肉者不集，况入此词③，其不寒心而骇目者鲜矣。

赵相公庙

在社首之阳。其神，见《搜神记》及宋人元丰记石。

① 耶：原脱，据清刻本补。

② 受：原作"爱"，据清刻本改。

③ 此词：清刻本作"北祠"。

三灵侯庙

在南天门。祀周谏官唐宸、葛雍[①]、周武。又附祠岳庙。按《通志》，三人墓在高苑县。

灵派侯庙

在州城西南，渿河东涘。其神旧名曰渿河将军，后曰通泉侯。宋真宗东封[②]，拓庙，封灵派侯。元重建，教授王真记。

王真记略

泰山有三溪，独西溪雅秘莫测[③]。源来自上方，为瀑布，直注山趾，洄洑龙湫而出，高深委折，至郡城之西，百举武，居民饮濯之而呼曰渿。渿之东滑，地形若穹龟然。庙其上，曰灵派侯者，宋真宗有事泰山，驻跸于此，始患水泉涸绝，俄而涌涨，嘉其神异而封建之也。泰安监司暾撒、县尹孙公民献同谒祠下，悯殿像摧压，蓄兴修志。已而庙壖为水奔啮，祝之，水复折而西。二公耳神之灵既熟，而又目睹其验，遂更其庙而新之，以崇其祀，属仆为记。窃闻之，山林州泽[④]，有利于人者，则秩而祀之。唯岱为镇岳，实发生之所，肤寸兴云，不崇朝而雨。其流泽又能滋于民物，复及万乘，功用显白，神而祠之宜矣。乃作迎送神之词，俾歌以侑。词曰：

我侯兮何在？山之麓兮水唯渿。山幽兮水鸣，具我侯兮形声。侯之游兮委蛇，风为驭兮云为旗。坎坎兮击鼓，水妃兮歌舞。侯之乐兮来止，徒

---

① 雍：原脱，据嘉靖《青州府志》卷十一《陵墓》补。

② 宋：原作“宗”，据清刻本改。

③ 雅：清刻本作“雄”。

④ 州：清刻本作“川”。

御雍雍兮赤舄几几。我民承事兮，既多受祉。侯之去兮悠哉。忽惨兮阴霾。或来去兮叵测，千万岁兮愈钦灵德。

渊济公庙

在岳顶西南白龙池上，有司春秋祀焉。岁旱雩祷，自汉唐已然。其渊济神号、祠宇，则肇于宋。元丰壬戌，邑人赵合撰《白龙殿记》，元邑人王天挺撰《金帅刘瑀填池灵异记》，州倅李简《谢雨文》、州守路希尹撰《感泽记》、国朝学正夏靖撰《感雨记》，俱石刻祠中。

赵合记

泰岳西南隅，有灵泉曰白龙池。岸古石峻，渊然罔穷，大顶巍然而作襟首，大峪环然而为郛郭。峨峨而蔚者，悬刀秀于上；湍湍而鸣者，百丈溢于中。秋朝夏暮，霭呈波面而为瑞；灵草异花，罗岸径以争香。萦流天转，涵漾峰旋，乃一方雄胜之地。登而莅之者，无不嘉而骇焉。自汉唐已来，至于我宋，每岁投金龙玉简、御香为之祷矣[①]。盖龙克云克雨，浃洽万汇，丰成元元者哉！近者，春夏不雨，骄阳颇愆，贤宰大夫杨镠躬率县吏民庶，祈雨于白龙之神。幸龙之明德，不越夕而甘雨降，应如影响，稼穑以之而兴，县境自是而苏焉。邑民霍直等白于大夫曰：今众庶感龙之惠，愿各持宝货，创龙堂一所，以答神休。仍选材饬工，约而中度，丽而不奢，经之营之，不逾月而欢乐成矣。大夫特牒上司，敷奏天廷，乞赐嘉号，庶旌龙之效耳！

王天挺记

渊济公之号，始于宋。其庙于兵乱间，为金东莒公燕宁所毁，不数

① 玉简：原作“王简”，据清刻本改。

月而宁卒。岁在丙戌，元帅莱芜刘瑀权知泰安州事，守天胜，以久旱，祷雨于龙池之侧。时有小白蛇出，戏于香鼎上，刘以为神龙所变，再拜祝之曰：三日之内有雨，则我将为神修庙。卜之，吉，一军欢呼罗拜。经数日无雨，刘怒曰：神许我雨，今既无雨，则无神矣。命诸隶卒揭西崖之石填其池。池将满，雷雨暴至如倾，雹大如鸡卵，众惶怖惊走。既晴，视之，其池中所填之石，悉为湍流冲去，皆骇异，拜谢服罪。即今庙貌，刘帅为创始。此事，土人往往有亲见之者，权府张侯谈之甚详，因并为之记。

李简《谢雨文》

庚申年二月己亥朔，十九日丁巳，泰安州州倅李简，谨以刚鬣清酌庶羞之奠[①]，再拜稽首，祭于渊济公之神：去岁之秋，严侯不以李简愚彰不才，俾倅此州。时方苦旱，人畜疾疫，已愆种麦之期，而土脉焦枯，耒耜弗能入。重九前一日，祷雨于此，是日雷震雨作，如响如答。旱既久[②]，非霖雨莫能济。是月望日，约太守以下诸僚属，以荒唐不恭之辞，辄复致祷。是夕雨降，淋漓三昼夜，东原千里，所在沾足。既晴，耕夫播种，遍满郊野，不失今岁来牟之望者[③]，神之惠也。今春复旱，遂于上丁前一日，太守弗药之辰，率僚佐致祷于明神所。明神闵人之不辜，是夕降甘雨二寸许。越三日，雷雨复大作，万姓欣欣。惟神之恩，敢不明受其赐。谨选吉日，躬斋洁，奏音声，以献、以乐、以谢。神其鉴之。

路希尹《感泽记》

天下太平，方千里之内，生植齿类，监郡太守能存亡休戚之。天下

---

① 清酌：原作"请的"，据清刻本改。

② 旱：原作"旱"，据清刻本改。

③ 今：原作"金"，据清刻本改。

兵兴，方千里之内，能保黎庶，能攘患难，能致感通，亦在监郡与太守耳！凡监郡太守，若无文武才略[①]，不清廉肃下，不明惠公直，则致伤和气，一州生类皆受其害。今监郡住童，暨太守路希尹来守是邦，兵革之余，井邑丘墟，生人几尽。询问其故，不觉涕下。况岁乙巳，值天久旱，民有忧色。夏五月望日，谨斋戒沐浴，躬率属僚，祷于岳麓渊济公之神[②]，屡获灵应。至十八日辛巳，大雨饱足。既不敢忘，又从而歌曰：龙之为神，变化屈伸。能大能小，泽及生民。或潜或飞，或幽或明。云行雨施，品物流形。

夏靖记

景泰甲戌春三月，徂夏不雨，二麦萎悴，东作靡兴，民心将至于流移矣。郡守杨公定，悯民之忧若已之病，遂斋沐备礼，延柴道正，于四月朔，设坛草参，祈祷惟谨。越五日不雨，耆老曰：岱麓有渊济公祠，向守兹者，遇旱诣祷辄应。益秉厥诚，偕官僚、耆宿拜跣道途[③]，至祠爇香再拜。祝曰：惟神血食兹土，定与神阴阳表里，恳祷不雨，其谁之咎？俾之岁歉，衣食不足，民何以安？粢盛不洁，神何以享？为神之灵，鞭龙致雨，夫何难哉[④]？词恳诚切，恭祷礼毕，至暮，复达草参。维时玄云四布，雷电交作，甘雨如注，夜二鼓少止。翌日再雨，不三日又雨。公忻然顾余辈曰：此时雨也。时者，不先不后之谓。使得雨也，先五日而至，麦为之忌；后五日而至，麦奚以秀？不秀焉实？此雨所以为时也。由是萎者以敷，悴者以荣，物意舒畅，民心悦怿，以为有年矣。神之泽民如此，合报祀焉。谨

① 才：原作“不”，据清刻本改。
② 于：原作“千”，据清刻本改。
③ 道：原作“遂”，据清刻本改。
④ 夫：原作“失”，据清刻本改。

以牲醴大合乐，盛报神恩，属余记之。余闻有道之世[1]，五日一风，十日一雨，年谷顺成，物无疵疠，民不夭扎，而太平之象见焉。乃者，雨不违时，二麦复苏，东作可兴，而有年之望也。斯民也，遭逢上瑞，欢忻鼓舞，而不知谁之为之者，良由太守公集诚所感，以致然也。公字在止，西江忠节裔，由科目擢今职，并书以为记云。

关王庙

其一在高老桥，其一在城内营里街，其一在东关大石桥，其一在州西南下张集者，尤灵异。每遇大旱，郡人辇之来州，祷辄雨。

① 闻：原作“开”，据清刻本改。

岱史第四册神字号目录

① 堂：原作“当”，据清刻本改。

岱史第十卷

灵宇纪

此卷特录吾夫子殿宇，盖别于神佛寺观也；而鲁两先生祠附焉，以存道脉云。

孔子至圣殿

在岳巅，玉皇顶西，稍下可半里许。其地相传为越观峰，其下为孔子崖。意者《韩诗外传》所云孔子登泰山，望见吴阊门白马，以示颜子，此岂即其地耶？嘉靖间，尚书朱衡谋拓基于此，构建祠宇以奉孔子，迄迁任弗果。万历十有一二年间，先任济南府郝推官大猷创议建正殿三间，前为门一间，四围垣墙俱全，专为崇奉孔子设也。又以迁任，未及安神奉祀以竟其事。今盐台侍御谭檄修《岱史》，稽考胜迹，有司议请重修前项殿宇，奉孔子神主，配以颜、曾、思、孟，悉如学宫之制，春秋行释菜礼[①]。仍于殿之两偏构道房，居黄冠，以供扫除云。其时，抚台中丞李、按台侍御毛，悉可其议，行藩司覆核修举。由是孔子与群贤登临遗迹，招揭于泰山[②]，相为终始，瞻仰者快焉。

巡按御史毛在委官安神祝文

维年月日，致祭于至圣先师孔子曰：猗维圣师，天纵其生。贞元萃其气，光岳储其精。然岳莫崇于岱，故其储精也不偶；而圣莫崇于圣师，故

① 菜：原作“莱”，据清刻本改。

② 招：清刻本作“昭”。

其取精也独宏。麟绂尼山，近接介丘而应瑞；龙吟洙泗，渊源泮水以蜚英。尝闻登泰山而小天下，迄今贻芳躅而永鸿名，令人想见其丰采，罔不愿聆其英声。恍若群诸弟子凌陟千仞之上，手提魁斗，揭日月而开群盲。又若鼓丘陵之歌，荡激天籁，锽锽然与松风笙鹤而齐鸣。又若裁帝王之六籍，卷舒云锦，不崇朝而雨化乎八纮。盖岱宗虽峻极，得圣师而益嵘峥。圣师之神道，虽无乎不在，而于生平胜览，讵不益朗其神情？是用迹夫登临之地，崇祠而奉主。时举释菜之礼，俎豆而粢盛，岂惟高山仰止之思？兴起千百世如一日，行见齐鲁一变之化，不越衽席而渐摩乎斯土斯氓，则今兹所为严事，尤不胜其悃诚也。敬奉复圣颜子、宗圣曾子、述圣子思子、亚圣孟子配享左右，共妥神明。亦谓夫四子之于圣师，犹群岳之于泰岱。而当年之步武属属，幸灵光之相倚晶晶。尚飨。

巡按御史毛在订定常祀祝文

维年月日，致祭于先师至圣孔子曰：维圣天纵，惟岳降神。乾坤参赞[1]，帝王经纶。岱宗仰止，振衣登临。一时过化，万古流声。肃瞻庙貌，吾道常新。涓兹春（秋）仲，敬荐明禋。以复圣颜子、宗圣曾子、述圣子思子、亚圣孟子配。尚飨。

查志隆岱巅修建孔庙议

窃照泰岳灵区，在寰宇最胜；而古初遗迹，惟圣哲尊崇。然圣哲中之有孔子，犹山阜中之有泰岳也，岂惟诞育降自岳神，乃其里居尤为密迩。遐想辙环之日，师弟子相从登高览胜者屡矣。故《孟子》则云：孔子登泰山而小天下。《礼记·檀弓》则云：孔子过泰山侧，问妇人之哭而叹苛政猛于虎。《列子》则云：孔子游于泰山，问荣启期之“三乐”而善其能自宽。《韩诗外传》

① 乾坤参赞：清刻本作“大哉夫子！优圣绝伦，乾坤化育”。

则云：颜子从孔子上泰山，望吴阊门之系白马，而颜子对以有如系练。《孝实录》则云：曾子耕泰山下，思其父母而作《梁山歌》。凡此故实，凿凿可据。若孟子生时，则其母梦神人乘云自泰山来，覆于其居，而宋儒称之曰“泰山岩岩气象”，其言岂无稽哉！由斯以观，则泰山胜迹，孔子称首，而颜、曾、孟三贤皆踵其芳躅者也。夫何时世变迁，踪迹泯灭，惟孔子崖铜像仅存，残毁者半，而颜、曾、孟杳然无可考见。夫老、佛之宫，广袤山谷，灿烂丹青，固无庸置论。即如宋时孙明复、石守道两先生，犹然俎豆泰岳之麓，而圣如孔子、贤如颜、如曾、如孟，生平固其涉历之地，没后独无栖神之所，临风吊古，宁不感凄？查得岳顶玉帝观之西，有空殿三间，墙垣俱全，其中绝无神佛塑像。盖在二三年前，先任济南府推官郝大猷创议营构，原为崇奉孔子设也。续缘本官迁任[①]，未竟始谋。迄今庙宇空虚，渐至颓坏。然因其旧贯，加以缮修，费既不多，工可刻日。相应命官，经费虑材鸠佣。待其修理完日，于殿内设立孔子神座神主，正中南向；而东西配以颜、曾、孟，并入子思，各神座神主，东西相向，一如学宫之制。春秋丁祭，每岁管香税官备办祭品，照州、县释菜果肴[②]，各神座前一桌[③]，其特牲则总供猪一口，羊一口，本官如期致奠。仍于殿傍构道房三间，责令本山道士二名常住看守，报名在官，以便稽查。及孔子崖铜像、亭宇，一并修整，仍于旧址供奉。则圣贤遗迹，永与泰岱为始终；而庙貌崇严，足慰万世之瞻仰，非特斯文之幸，实重山灵之光。以此纪载简编，不亦辉奕典坟哉！万历拾肆年拾月拾日议。

鲁两先生祠

一名泰山书院，在州城东南隅，祀宋孙明复、石守道。其废兴，具金学士承旨党怀英及国朝大学士吴宽撰祠记。

---

① 官：原作“宫”，据清刻本改。

② 菜：原作“莱”，据清刻本改。

③ 桌：原作“卓”，据上下文义改。

怀英记

鲁两先生，曰孙明复、石守道氏。宋祥符、天圣间，以仁义忠孝之道发于文章，为诸儒倡。当世大儒，如文忠欧阳公，文正王公，皆尊礼之。故其没也，欧阳公为志其墓，盖比之孟轲、韩愈之流。其羽翼圣道，立朝、行己、治行，终始伟如也。初，两先生筑室泰山下，以为学馆，属大辟岳祠，堧基甫迫，乃北徙山麓，而以旧馆为柏林地，岁分施钱，为养士之费，学者至今赖之。而乡人指以为上书院者，则其所徙地也。大定间，岳祠火。越明年，有诏营建，乃命更新庙学。已而诸生相与言曰：昔两先生宦学汶上，汶学祀之不忘。吾侪居其乡，食其德，乃可遂已乎？于是，两先生诸孙闻其言，更出所有，作为祠堂于大门之左，以成学者之意。石先生之孙震，使其侄翊走京师，属其门婿党怀英书其本末，将刻诸石。怀英曰：两先生之道，垂于后世，炳如日星，奚患无传？虽然，有一言焉。方孙先生以《春秋》之学教于鲁，石先生盖师事之。时给事孔公道辅闻其名，自兖来谒。孙先生既出应客，而石先生执杖屦侍其左右，升降拜伏皆扶之；其往谢也，亦然。由是鲁人始识师弟子之礼，士风为之一变。近世士尚剽窃，以从师亲友为耻，忠厚之道不著久矣。国家尊经养士，将使人人为邹鲁，固当师承鸿硕。因文以入道德之奥，而后游两先生祠下而食其余庇，可以无愧矣。

吴宽记

鲁两先生者，为宋泰山先生孙公明复、徂徕先生石公守道也。祠，始建于今泰安州治之西，而邻于岳庙，金源时遂为庙并，元改建于岳麓，已而复为浮屠氏据[1]。入国朝，乃附祠于州学，而规制狭隘，祀事简率，无以慰鲁人之思。至是，州守前进士德清胡君瑄言于巡抚山东左副都御史无锡盛公，谓其事系风化甚重，请于朝。事下礼部议，从之。仍俾有司每岁春

① 复：原作“伤”，据清刻本改。

仲祀羊一豕一，秩为常典。于是，胡君复请于藩臬诸公，择地得于州治之东南，以成化二十三年八月建祀焉。工未毕，盛公以请老去，而眉山吴公来代，益重其事，趣成之。胡君乃以书来请记于石。予惟大贤君子所以能使人久而追崇者，非区区末学所知，顾请之之意坚不可已也。惟两先生在宋盛时，泰山来自平阳而寓于鲁，其学长于《春秋》，著《尊王发微》，简易公平，多得经之本义。一时名公贤士高其学行，至妻以女，或就见之。后范文正公、富郑公交荐其贤，始授官，官止殿中丞。徂徕，则生于鲁者。当孙公居泰山之时，实师事之。其为人，好善嫉恶，尝著《怪说》、《中国论》及《唐鉴》以为世戒，而《庆历圣德诗》尤为人所传诵。常以经术教授于乡，后在太学，益以师道自居，太学自此而兴。初举进士甲科，官止太子中允。盖两先生平生，见于欧阳文忠公墓志，而国史取以为传者，其大略如此。按其言，论其世，信其为大贤君子，卓然出乎流俗，而裒然为一方之望者也。故在当时，并为人所尊仰，至即其所居山称之，以配其德，可谓至矣。泰山虽尝被荐，而人亦嫉之，不得尽其用。若徂徕之刚直，既没而祸患作，几不能保其遗骸而庇其妻子。盖小人之不相容，亦势之所必至者。今去之六百年，虽天下知有两先生，而鲁为所寓所产之地，道德之风蔼然犹存，宜人尤尊仰之。祠象焕焉而不至卒废，人心之公，不能自已如此。又欧阳公所谓发先生之光者，今则愈久而愈光矣。两先生葬处，守臣又推朝廷尊贤之意，既加封护惟谨，且二氏幸皆有后，而石差繁，复选其人入学，充弟子员。鲁人之思，庶几慰之。因并载其事，俾刻之祠下云。

岱史第十一卷

宫室志

叙曰：志宫室者何？志其宅岱宗之胜，而登临者藉以盘桓也。夫自古名亭佳馆、崇阁危楼，必据山川之胜概，斯擅寰宇之伟观。而胜莫如岱，则据胜莫如岱宫室矣。天地其籧篨，日月其户牖，烟霞其几席，风雨其洒扫，不越乎楹檐杗梲，而超然远凝，邈然周览，旷然出人境惟兹独也，岂不称上界清都哉！其间，过化亭，则宣圣之芳躅；泰山书院，则孙、石名贤之故墟；观海亭、挟仙宫，则浴日御风之气概；仰止亭、迎宾堂，则奉迓朝命而礼当途之冠裳，此又宫室中最称胜者。大抵危崖峻岭之上，材木瓴甓转运最艰，即一砖之费，十倍平地。乃其役夫巇岖血汗可怜之状，余尝目击焉。而云蒸雾郁、日烈风刚，于漶圮又最易，以故有崇构见称于古，而今仅存其名者。余尝谓岱巅工役，勿务华，务坚固；勿务新创，务时葺旧构；勿待其大倾颓然后葺之，以致耗财动众，而居守又必有专责焉。是亦节爱之一事云。

观海亭

即日观亭，在岳顶日观峰。秦钫、樊献科题石扁曰“日观”。杨彩立石碑二，曰“东观日本”“西望河源”。蔡叔廉勒石坡曰“天下名山第一”。

挟仙宫

在岳顶观海亭之西。万恭题扁曰“凭虚御风”。宫后石屏大书曰“孔子小天下处”。岳顶公署，惟此最宽广，达官燕饮，恒于斯。

过化亭

在岳顶稍西孔子崖。吴谦勒石崖曰“泰山乔岳”。

仰止亭

即西公署也，在碧霞宫西，前后三间，俱有翼室。前巡抚都御史、今工部尚书何起鸣题扁曰“仰止”云，天柱峰、玉女池、秦断碑，俱在亭之后。凡达官止宿，恒于斯。

东公署

在碧霞宫之西。其制稍隘于西公署，香税总巡官憩息之所。

乾坤楼

在大龙峪下。侍郎洪朝选题今名扁。侍郎万恭又扁前楹曰“砺山带河”。

半山亭

在朝阳洞之西南山上。

诚意门公署

在诚意门之西，凡三间，傍有翼室。

五松亭

前后俱三间，前厅有翼室。亭前，秦始皇封松树五，故名。又名“御帐”，以宋真宗曾此驻跸也。今其松存者二焉。是亭，当岳之中道，达官每饭中火于此，或于诚意门公署。

岩岩亭

取义于《诗》。旧在岳麓王母池东。成化间，参政张盛移建水帘洞左。

飞云阁

在岳南址，曰红门，岁久圮废。今累石为台，上有栋宇，下通梁道，犹阁之制也。方元焕书扁曰“梯云”，石刻曰“蓬玄洞天”，邢一凤篆书曰“仰止”。

高山流水亭

在晒经石。隆庆间，都御史万恭创建，自为之记。

万恭石壁记

余既表泰山之巅，掠岱麓而南下，则憩晒经之石。石广可数亩，遍刻梵经，皆八分书，大如斗，不知何代所为。近有好奇者，则刻《大学》圣经于上端以胜之。余乃大书“曝经石”字，皆博可六七尺，刻深三寸，垂不磨以助其胜。北耸石岩，石若斩截而成。涧水漫石而下[①]，以悬于空岩，若垂万珠焉。余辄大书“水帘”字深刻之，水渐澌澌字上[②]，字隐隐匿水中，斯泰山之至奇观也。已乃穿涧水而西，得石壁，高约十五尺，广约四十尺，夷出天成，下拥石基。余东向而立，则水帘之泉泠泠出其左，而桃柳数十株蔚蔚其右[③]。余遂倚石壁为之亭。亭悉以石，石柱四，直入石基，其深尺有咫，上覆以石板，令永久。登泰山者，得憩息万祀焉。余嗜鼓琴，辄顾从者曰：夫是倚岱麓之壁也，斯不亦高山乎？夫是临水帘之泉也，斯不亦流

① 水：清刻本作“泉”。
② 澌：原作“浙”，因形似而误，理校。
③ 右：原作“若”，据清刻本改。

水乎？为子援琴而弦之，邀泰山之神，聆广陵之歌，若将巍巍乎志在高山也，又洋洋乎志在流水也，是谓神品，亦谓神解。从者悦，遂命之曰“高山流水之亭”。

更衣亭

在岳之红门道左。凡衣冠之士，登岳至是，易便服以行，故名。

且止亭

在更衣亭西。有石刻亭名三大字。

迎宾堂

在岳祠东斋之南[①]。有司宴王人及大宾客之所。

诚明堂

在岳庙内之西延禧殿后。凡朝廷遣大臣有事于岳者，居之。

御香亭

在诚明堂后。凡朝廷遣使赍香于岳祠，先置于亭，择告而后奠神。垣周石，刻名人诗文。

泰山书院

在岳南凌汉峰下。旧为唐诗人周朴庵，后为孙复、石介、胡瑗讲习之地。嘉靖间，按察佥事卢问之创三楹，妥孙、石灵位，尚贤存古迹也。邵贤有诗曰：“千古清风仰孙石，独遗堂址向岩隈。”

---

① 斋：原作“齐”，据上下文义改。

泰阴亭

在州城之南，宋真宗登封古迹也。巡按御史吴从宪建亭，有记。

吴从宪泰阴记略

余按山东之明年，暮春三月，循泰岱，将有事于登、莱，因与同事诸司临拜岳祠。陟登封台，而往迹之仅存者，惟秦之断碑与唐之磨崖，其他皆湮没磨灭，不可复睹。及还州治，知州事李逢旸请曰：城南有阴字碑者，乃宋真宗御书封禅纪文，距州半里而近，此祥符中东封故迹也。时偕同事往观之，碑凡五面，相合而成，屹然如列屏嶂，非特其制与他碑迥异，而其敬天尊祖、谦逊辞让之意，百世之下读其文字，犹令人肃然敛容、稽首而庄诵之也。然而时移代变，昔之金泥玉检光函万丈，今则盖藏委翳于荒墟蓁莽之区，其不为湮沉磨灭者无几矣。余因是窃有慨焉，乃戒有司除地筑亭于阴碑之北。是秋九月望日，从事者均来告成。亭凡五间，砌以石址，临于濠渭，重门深迴，画栋高晖，碑珉峙前，俨如上帝之临；雉堞拥后，恍若海市之观。北瞻泰岳，壁立万仞，则勃然仰止之思；南盼徂徕，直道偃蹇，则惕然尚友之志。视向日荒墟蓁莽之区，今则岩岩翼翼、廓然大观，非直为是州奇胜，而奎章宸翰，辉映今古，真亦有光于泰岳也矣。于是，命工人篆其碑之南曰“泰阴碑”，揭其亭曰“昭事上帝”，翌其门曰“升中古迹”。州之士民，乐其有斯亭也，夹道树以槐柏，后渠种以芰荷，仍取其地之中作为花坞，周以栅栏，多植奇花丽草，以待四方宾客之观。翼亭之西，拓地半亩，筑室数间，以为往来憩息、庖羞之所。由是，至斯亭者，莫不徘徊竟日而不能去也。呜呼！可谓盛矣。

环翠亭

在蒿里、社首二山间。登此北眺岱岳，余三面则鞍牛、徂徕诸山，苍翠环峙，故名。

萃美亭

在岳之西趾，去州治十里。金知州姚建荣建，元奉高尹王悟重修，廉访使徐琰记。亭今废，记石移置文庙。

徐琰记略

天下名山，巍然而大、岩然而尊者，泰山而已。泰山胜境，窈然而深、蔚然而秀者，西溪而已。溪居岱宗之右麓，延袤数十里，树林阴翳，蹬道崎岖，清泉奇石，瑰玮万状，行愈远而山愈奇、境愈胜。极溪之所穷，颠崖百丈，悬流下掷，望之如垂练，天绅泉也。天绅之西，有巨壑焉，一水自天胜岩落，为盘石所散漫，泻于壑之上檐，若建瓴然，水帘洞也。而又芙蓉、悬刀、飞鸦、狮子诸峰，削翠其上；黑蜧、白龙，神潭水府，潜珍其下。云烟吐吞[1]，晦明变灭，跳珠溅沫，轰雷掣电，顾接有所不暇，真山水之窟宅、大壤之奥区也。金大定间，泰安太守姚公，面水帘而瞰天绅，创构一亭，樽俎不移而诸景咸会，因榜之曰"萃美"。坡诗有云：江山虽有余，亭榭着难稳[2]。登临不得要，万象各偃蹇。吾不知世间，得登临之要，有如此亭者乎？

灵液亭

在岳顶玉女池。北宋建，今废。

醴泉亭

在天书观，宋时所建。

---

① 吞：原作"天"，据清刻本改。

② 着：《苏轼集》卷五《僧清顺新作垂云亭》作"苦"。

环咏亭

在东岳庙御香亭西，周垣亩许，四面石刻古今名人诗咏，故以命名也。其间，有韩琦、蔡襄、范仲淹、欧阳修、石曼卿、苏子美、林逋诸公题识，种放《会真宫诗》。而放刻则湮没不可见矣，惟诸公题识姓名尚在。岁久亭废，诸石刻沦于荒秽中。万历十四年，按台侍御毛允行后项呈议，委济南府通判桑东阳，仍其旧址复构亭宇[①]，将韩、范、欧阳诸公姓名手笔拂拭而维新之。先贤数百年遗迹，盖重光焉，足以昭示将来，俾知所仰止云。

查志隆表章韩、范、欧阳诸名贤遗迹议

照得泰山形胜，古今登览遗迹种种，无庸殚述，夫艺文尚矣，人品急焉。惟其人诚贤，故其言诚立，即片语只字，而姓馥名馨，当世想见其丰采，后世闻之亦莫不延慕兴起，何论模彷其文华，辄欲刑仪其质行，以此磨砺人材、维持世道，故其遗迹有足多也。窃见岱庙西偏，御香亭之右，自古有环咏亭一座，其来久远，不知创自何代何年。盖四面垣墙，俱石刻先代名贤题咏，联翩手笔，而亭宇介于其中，瞻顾诸所题咏，若环绕焉，故因以命名也。其间名贤之最著者，若韩魏公，若范文正公，若欧文忠公，若蔡端明、苏子美、梅圣俞、林和靖、石曼卿诸公，皆先宋人物，其手笔尤不容湮没者。奈何近岁亭宇久废，尚幸亭之称名存于旧志中。职按旧志而求故址，则彼乡人士绝无知者，转展咨询，延历时日。今幸得其故址，幸四面垣墙石刻依然尚在，只废缺一隅，更幸韩、范、欧、蔡诸名贤手笔无恙。惟是尘埃满壁，未易分披，污秽蕴祟，不堪举趾，职于兹深慨焉！俯仰古今，其责在后之君子。若不及今为之表章，则四面垣墙旦夕尽废，不止仅废一隅而已！何忍诸名贤数百年遗迹，当盛世而湮没，岂不有

① 宇：原作“字”，据清刻本改。

愧于斯文哉？况旧贯可仍，不由新创，而一亭工费为值几何？合无仍其旧址，复构亭宇，仍扁曰“环咏”。而四面垣墙题咏，见存者拂拭之；其一隅已废缺者，即将国朝名贤题咏补入而缮完之，则岂惟更新先宋诸名贤遗迹，而益彰国朝人文之盛。岂惟增光岱岳、相为终始，而于所谓磨砺人材、维持世道者，未必不藉此兴起也。职不胜大愿。万历十四年十一月廿五日议。

白云轩

在岳顶西南稍下，凤凰山之阳，有白云洞焉。万历十四年，巡抚都御史李，以祷雨登岱，赏识其胜，协谋于巡按御史韩，建枋以表之。又为之亭，为之轩。巡按御史毛，继代共落其成，详见记文中。

都御史李戴《白云轩记》

今岁夏，余祗奉上命，填抚东土，时苦旱魃为灾，未及受代，辄祷于泰山之神，为元元乞一旦之命。窃私念《公羊传》所称不崇朝而雨天下者，泰山之云也，今安得为云为雨，即符所祷哉？已而见白云㬋㬋，布濩山谷[①]，盖自白云洞中出也。因往蹑之，则在凤凰山之阳，石磴陡绝而下，洞高丈许，广亦称是，中有石窍，广二尺，深仅尺许。而洞之下，陡峻深谷，又不可测，所谓百丈崖者是也。洞中石窍，四时水常溢注，其来无形，不知所自，夏月则其势愈盛，沛然旁达，故相传为“龙洞甘霖”，又曰“云根雨脉”云。余于此益信雨天下之言不诬也，图所为标其胜，宜无如斯言者。一日，以语盐台谭惺堂侍御，则手笔“雨天下”三字勒石洞门。余檄有司树之坊，坊稍北，构亭一楹；亭稍北，构轩三楹[②]，而轩之宅胜最奇，背负石壁如屏，左右如翼，独开一面，甚闳旷。凭槛俯视，大小龙峪如苍龙喷水，

---

① 濩：原作“护”，据清刻本改。

② 构：原作“煹”，据清刻本改。

而山麓行人摩肩接踵，杂遝如蚁，近眺则徂徕山当其左[①]，傲来山当其右；远眺则云云、亭亭、尼丘、梁父又环列星罗，毕献奇伟。噫！斯天下之大观也。已陟斯洞、憩斯轩者，宁无霖雨天下之思乎哉？奚但选胜揽秀云尔。有司谒余记之[②]，是举也，前按台韩西玄侍御与其议，今按台毛文源侍御会其成，其余有司执事，勒之碑阴。

万历丙戌仲冬吉旦，钦差巡抚山东等处地方提督军务督理营田兼管河道都察院右副都御史廪延李戴书。

---

① 则：原作“利”，据清刻本改。

② 谒：原作“竭”，据清刻本改。

岱史第十二卷

物产志

叙曰：曷志乎物产也？言物产，莫尚乎山，而泰山尤广生大生之区也。《禹贡》曰：岱畎丝枲，铅松怪石。《神农经》载泰山诸药石，而《山海经》曰：其上多玉，其下多金、多水玉。道书《福地》曰：泰山多芝草玉石。是皆物产之闻于古昔也。谭者谓古昔山东，富饶甲天下，利赖于泰山居多，有审然者。自今观之，石山鲜茂林，刚风罕宿羽，寒窟无群兽。危岩深涧，讵复有良玉仙芝？惟是药草缘崖，药石满谷，如天麻、青芝、赤石脂、紫石英诸灵品，绝异他产。则永永为世人扶颠起死，以弘济寿域[①]。其为宝弗啻金玉而已！夫泰山之兴宝藏，讵分古今哉！古昔用之有节，故恒见其富饶。晚近世，费出不经。上既横敛，下复侈靡。即罄山海之珍，难乎其继。山东富饶之不逮古，其以是夫！余于兹有深慨焉。

木

有秦松，在黄现岭。秦始皇登泰山，遇风雨，避于松下，遂封为“五大夫”。五大夫者，秦官名第九爵也。唐陆贽作《禁中卷松诗》云：不羡五株封。按《史记》，但云封其树为五大夫，不闻有五株松之说。而贽云尔者何耶？又李商隐有《五松驿诗》云：独下长亭念过秦，五松不见见舆薪。又李白《送人游桃源亭诗》云：登封泰山，风雨暴作，虽五松受职，草木有知云云。唯舒王《咏柏诗》云：老松先得大夫官，乃为切当。今只存其二，然非秦时故物，疑亦后人续植者。老干拳曲拥肿，宛如苍龙，势欲飞腾。范

① 弘：清刻本作“宏”。

宗吴勒石树其下，曰：五大夫松。御帐坪稍北，路傍古松一株，缘崖依峪，盘结偃盖，若云覆然，其奇诡蓊郁[①]，殆过大夫松远甚[②]。方元焕磨崖书其下，曰“处士松”。盖尚其高隐，不羡秦封也。

有汉柏，在泰山之阳，登封门之外。山南庙左，老柏数株，相传汉武帝封禅时所植[③]。有唐槐，在岳庙内。奇古特异，虽良工不能绘。它若椿、梧、梓、桧、楸、槲、桑、柘、榕、栾、榆、柳、杨、栋，虽皆有之，顾登封之地无乔林丰樾，而取材于工师者或寡焉。谭者谓岳多石少土，难于滋植。风刚日晒，易致颓朽。是岂山之性哉？抑自古日寻斧斤，而今莫为之栽培耶？

果

有梨、栗、枣、柿、梅、杏、桃、李、柰、石榴、银杏、樱桃、林禽、核桃、蒲萄、羊枣、文冠果、无花果诸品，多植于岳址园林。其在岳者，多野生，曰山榴、猕桃、野棠。

花

有牡丹、芍药、紫薇、凌霄、夜合、辛夷、长春、丽春、栀子、玉簪、萱、葵、腊梅、蔷薇、鸡冠、莺粟、山丹、月季、兰蕙、茨菰、石竹、菊百余种，蔓生于树曰藤，花可蔬。鹿葱花别名曰黄花菜，珍美称于天下，而土人贱之，不以供客。

药

以泰山著《图经》者三十有九种，曰青芝、赤箭、景天、远志、天门冬、千岁虆、徐长卿、太乙余粮石、龙芮石、钟乳石、硫黄、白石脂、赤

---

① 奇：原作“音”，据清刻本改。

② 过：原作“退”，据清刻本改。

③ 禅：原作“樿”，据清刻本改。

石脂、白石英、紫石英、玄石、滋石、滑石、云母石、络石草、龙骨、伏翼、蛞蝓、松肪、柏实、茯苓、丹参、茵陈、茵芋、女蕤、狼毒①、连翘、藜芦、泽漆、瞿麦、香附子②、玄胡索。惟天麻独异于它产，但鲜而难致。有名在《图经》而不以泰山言者四十有九种，曰苍术③、黄精、黄连、黄芩、玄参、虾参、苦参、沙参、菖蒲④、知母、益母、贯众、山楂、山药、地黄、地榆、地丁、南星、枸杞、木兰、防风、荆芥、芫花、花椒、百部、百合、草乌、柴胡、牵牛、桔梗、藁本、芎䓖、漏芦、鬼箭、麦门冬、葳灵仙、白藓皮、青木香、鬼见愁、车前子、硝石、长石、青蒙石、金星石、银星石、金银花、马兜铃、王不留行诸品。惟沙参独良。石花可已心疾，傅金疮扑患。湘之可茶，状如蒙山，而气味亦稍相类，此则《图经》所未载者。

谷

有黍、稷、稻、麦，菽、粟、芝麻、胡麻、巨胜；黍，黄、白、黑三种；稷，黄、黑二种。稻，红、白二种。麦有麰、麳、荞三种；菽，青、黄、赤、绿、黑、刀、扁诸种。粟，百余种，曰九里香、花里黄，其最佳者。

货

有丝，有木绵，绸，绢，葛可为絺，有麻、苘、蜜、蜡。

茶

薄产岩谷间，山僧间有之，而城市则无也。山人采青桐芽曰“女儿

---

① 狼：原作“狠”，据清刻本改。
② 子：原作“予”，据清刻本改。
③ 术：原作“木”，据清刻本改。
④ 菖：原作“萬”，据清刻本改。

茶”。泉崖阴趾，茁如波蕤者曰“仙人茶”，皆清香异南茗。黄芽时为茶亦佳，松苔尤妙。

蔌

莳于畦圃者弗志，其野生曰荠、荼，藜、藿、蘧、芹、枸杞，椿、栋、榕、栾，芽俱可菹，香美并异。八麻树芽和糜粥亦佳。曰枸骨芽、曰蒡春，土人甘之。

五金

出莱芜之黄山，亦有黄、白二土，石、焦二炭。土可墼可圬，炭石可薪，而焦良于冶，颇为民利。故又曰八宝山，是为岳东支麓。其西麓曰桃花峪，山人昔尝采白金矿。《山海经》云“其下多金”是也。又云“其上多玉”，今不可见。土人云“岳巅间尝一炫光彩”，意者其玉韫之辉与！

鸟

多野鸽，巢岩穴及岳祠榱题。多鸠雀，有鸒、鸨[①]、鹰、鹯、鸦、鹊。惟岳祠无鸦，异哉！有曰巧妇，《尔雅》释“桃虫”是也。曰山僧，声如念佛。曰红娘子，色如胭脂。曰拖红练、拖白练，皆以尾色名。有雉鸡、山鸡、野鸡、雌鹁、黄鹂、鹌鹑、翡翠、布谷、画眉。有翠羽褐衣如画眉者。汶有鸳、鹭、鸬鹚、鹡鸰、野鹜。

兽

有獐[②]、麀、獾、兔。兔有两其足者，不能走，每跳一二丈许，曰跳兔。

① 鸨：清刻本作“鸨”。
② 獐：原作“獐”，据清刻本改。

有黄鼠、苍狐、白狼，在深山穷谷，而登封之地则无也。《山海经》曰：有兽焉，其状如豚而有珠，名曰狪狪。今未之见，岂山林古今之变而气化有不同与？

鱼

有班文，四五寸许。四五月生岳北溪涧中，过此则无矣。

冰

凝岳顶北十里许阴壑中，名曰天牢。天日不过之地，四时有之，不假伐藏。

岱史第十三卷

香税志

叙曰：曷云乎香税也？四方祈禳之士女，捧瓣香谒款神明，因捐施焉，而有司籍其税以助国也。夫概天下香税，惟岱与楚之太和山也。而太和山不以岳名，则岳之有香税惟岱也。方其摩肩涉远，接踵攀危，襁至辐凑，岂特助国而已。舆厮赖以食力，市肆赖以牟利，僧徒赖以衣钵，即行丐亦赖以须臾无死，诸所为地方利益甚博。其究也，罄所赍金帛珠玉马羖等物以奉神，则有司日管榷之，岁两会其成数，是皆神灵所感召也，岂假于号召科责乎哉！敛而不宰[1]，积而能散，又非有神输鬼运，而人世自相赢衍，何造化之妙一至此也！山东皇畿左辅，诸凡赋役独先，频岁凶荒，物力且日困，脱令不藉，是安所取办？天盖保右国家，而阴以此佐六郡百姓之急耶！其初，惟籍诸藩司，以赡地方一切公需[2]，代田赋所不给也。迩乃转而入之内帑，岁有定额。议者谓方今内帑累巨万而不可校，盍贻此备赈六郡凶荒，推广灵贶，惠泽香火之地，神意岂不其然？此在求民瘼者所宜讲也。章程种种，具列如左：

委官员额

旧例，总巡官一员，于府佐内行委，专一督理香税，上下稽查，是其责也。分理官凡六员，于州县佐贰官内行委。坐定遥参亭二员，一收本省香税，一收外省香税，俱填单给与香客。玄武门一员，收山后香税，亦给

① 宰：原作“帝”，据清刻本改。
② 公：清刻本作“急”。

单。红门、南天门各一员，俱验单放行。顶庙碧霞宫门上一员，查放香客出入。凡此员额，其来久远，不知起自何年。近该隆庆五年，议革遥参亭官一员并红门、南天门验单官二员，尽行裁革，只存分理官三员，一在遥参亭，一在玄武门，一在碧霞宫[①]。每遇香客众多之时，分理官力不能支，议者谓当时裁革太过，今宜酌议稍增员额。

委官期限

近例，每年分作三季，上季自正月至四月[②]，下季自九月至十二月。其时香客众多，故总巡官与分理官俱全数委用。中季自五月至八月，其时香客不多，故只委分理官[③]，不委总巡官。又每一季完讫，则另行别委，故总巡官去住不常，而分理官亦尝有奉委未到者。此不惟钱粮重大，所宜稽查，而亿万众巇岖崖壑中，安可不为之巡行存恤也？议者谓总巡官宜有专设，俾之常驻。

香税银例

旧例，本省香客每名五分四厘，外省香客每名九分四厘，俱店户同香客赴遥参亭报名纳银领单上岭[④]。近自万历八年，有外省香客冒充本省报名、短少香税者，因改议不分本省外省香客，一例香税银八分。其银，各店户包封署名，包上储遥参亭库内，待夏冬二季起解时，店户各认姓名领包，倾销其间。有等店户[⑤]，当报名纳银之日，将铜铁抵换银两，至起解倾销之日，百计抵补不及，有脱逃者，有自缢死者。凡此皆所目击，宜为酌处。

---

① 宫：原作“官”，据清刻本改。

② 自：原作“正”，据清刻本改。

③ 委：原作“季”，据清刻本改。

④ 岭：清刻本作“顶”。

⑤ 户：原作“尸”，据清刻本改。

委官收银间，一开包验实，店户倾锭，量行给与耗银，庶其少苏。

混施事例

凡香客施舍金银珠宝、玉石首饰，并金银娃娃、铜钱及旛盖袍服、纱罗缎币等项[1]，俱投在碧霞宫内。夏冬二季[2]，另委府佐一员前往，会同原总巡香税委官，登岭启门[3]，收检诸所施舍前项物件，逐一验看估计，将金银珠宝、玉石首饰，并金银娃娃、铜钱等项，同前项香税银一并解赴布政司储库，以待转解支用。其旛盖袍服、纱罗缎币等项，解赴济南府储库，支送三司堂上并首领与运司、济南府各佐贰员下折俸。

会计事例

每年香税并混施银两，多寡不等，照数坐派：

一曰解部。卷查嘉靖三十七年为传奉事内开：泰山顶庙香钱，除旛盖袍服等物照旧该省官员折俸外，其余金银首饰等项，按季类部等因，以后节年二季差官起解赴部。据近年解部，大约春季银一万两有零，冬季一万二三千两有零。

一曰存司。专供公堂庆贺，表笺、扛夫、车价、公差人役、六房文册、纸札写字、书手工食，及德、鲁、衡三藩府各郡王禄粮等项。

一曰修城。其银亦储在布政司，以供修理城垣之费。

一曰修庙。其银亦储在布政司，以供岳顶诸庙修理之费。每香税八分内除五厘修庙。

一曰公费。供香税各委官廪给，并跟随人役工食。其银即于泰安州支给。

一曰铜钱。旧例解礼部，近岁部中久不取解，俱贮之藩司，正所谓钱累巨万而贯朽云。

---

① 缎：原作“段”，据上下文义改。

② 二：原作“一”，据清刻本改。

③ 岭：清刻本作“顶”。

岱史第十四卷

灾祥志

叙曰：曷志乎灾祥也？谓泰山气化攸先，其灾祥关系天下国家尤大也。往昔灾祥见于泰山者，如大石立起而汉宣践祚，祥云成阙而光武中兴，其祥之最著者乎！鸢鸟焚巢而飞燕灭汉，雄雉犯跸而武氏易唐[1]，其灾之最著者乎！若论夫灾祥之实，孰有如宋嘉祐间泰山上瑞麦图五本，我朝嘉靖间泰山瑞麦一本五穗，则其祥可以养生。他如御帐流洪，死于溺者二百余户；碧霞宫启闭，死于践踏者顷刻六七十人，则其灾至于戕生，是又不啻禨祲朕兆所号为灾祥而已[2]。夫灾祥示人，岂不昭昭！然祥以符德，或以导侈；灾以告谴，或以玉成，天意讵有常哉？惟履祥而益勉，故享有佳祯；遇灾而知修，故妖不胜德。斯义也，岂特圣君贤相所宜讲求？即膺一命[3]、担一爵者，罔不有挽回气化之责，毋以灾祥为漫然无足省云。

汉

昭帝：元凤三年，春正月，泰山大石起立，高丈五尺，有白鸟数千集其旁。僵柳复起生，虫食柳叶成纹，曰：公孙病已立。符节令眭弘以为石阴类下民象，当有庶人为天子者，坐妖言伏诛。其后，宣帝起民间。

成帝：河平元年，泰山桑谷有鸢焚其巢，郡人孙通等闻山中群鸟鸢鹊声，往视，见巢燃尽堕地，中有三鸢𪃟烧死。树大四围，巢去地五丈五尺。《易》曰：鸟焚其巢，旅人先笑后号咷。京房《易传》曰：人主暴虐，鸟焚其巢。

① 易：原作“曷”，据清刻本改。

② 祲：原作“祋”，据清刻本改。

③ 一：原脱，据清刻本补。

其后赵飞燕姊妹专宠，后宫有子者杀之，并杀其母。帝崩，后坐诛。此焚巢杀子后号咷之应也。一曰王莽贪虐，而任社稷之重，卒成易姓之祸云。

光武皇帝：建武元年，泰山云气成宫阙。

章帝：元和二年二月辛未，幸泰山，黄鹄三十，经祠坛上，东北过于斋宫，翱翔升降。

晋

武帝：泰始四年七月，泰山崩，坠三里。京房《易传》曰：自上下者为崩。泰山之石，巅而下，厥应圣人受命，人君虏。是后怀、愍二帝俱辱虏庭，沦胥于北，元帝中兴于南，此其应也。

元帝：太康二年六月，泰山大水，荡析三百余家，溺死六千余人。时平吴后，王浚为元功而诋劾妄加，荀、贾为无谋而并蒙重赏，收吴姬五千纳之后宫，此其应也。

成帝：咸康八年，赵石虎建武八年，有石燃于泰山，八日而灭。

宋

孝武帝：大明元年七月，白雀见泰山。

东魏

宣武帝：景明三年八月辛巳，泰山崩，涌水十七处。武定六年四月，泰山甘露降。

后齐

天统初，泰山封禅坛，玉璧自出。夫岱山，王者易姓告代之所。玉璧、所用之币而自出，将有异姓王者用币之象。其后齐亡，地入于周。及高祖受周禅，天下一统。焚柴泰山，告祠之应也。

隋

文帝：开皇十四年，将祀泰山，令使者致神像于祠，未至数里，野火歘起烧像。时帝信谗猜忌，滕王瓒失志而死，功臣多被夷灭。其后，太子勇被戮。

唐

高宗：永徽二年七月，泰山大水。十三年十□月戊子，雄雉驯飞泰山斋宫内。夫封禅所以告成功，祀事无重于此者，而野鸟驯飞不忌，禁卫不祥。

宋

真宗：大中祥符元年五月，泰山醴泉出。丁丑，王母池水变红紫色。按史，乾封县民王用田中有童儿掊土，得青钱数十，争取之，钱坠石罅，因发石，涌泉二十四眼，味极甘美。又枯石河有涌泉二十五眼，一眼出层阜之上。经宿势浸，盛引数派，双鱼跃其中，有果实流出，似李差小，味甚甘。制置使王钦若贮水以献。六月庚戌，赐百官，诏建亭，赐额曰“灵液”。六月，王钦若至乾封，上言泰山醴泉出，天书见，有灵芝三万八千二百五十本。夫醴泉、芝草，固理之所有。乃若天书之降，吾谁欺？欺天乎？十二月，泰山玉女、白龙、王母池醴泉出。丁酉，赐辅臣新醴泉。六年十月，泰山兴工，有鸟状乌，嘴趾皆赤，役夫稍憩，即飞鸣作起之声。众工见其来，畚锸争进，将晡而去，日以为常，目为催工鸟。

仁宗：嘉祐三年七月，泰山上瑞麦图凡五本。

元

世宗：至元九年九月，泰山淫雨，河水溢，圮田庐[1]，害稼。

① 圮：原作“圯”，语义不通。理校。

成宗：元贞元年六月，泰山大水。

武宗：至大元年九月，泰山大水。

仁宗：延祐元年三月，泰山霜雪三日。

文宗：天历元年，泰山大水。

顺帝：元统元年，泰山淫雨，河水溢，大饥。

至正六年春二月，泰山奉符县大饥，地震七日，他县亦然。

皇明

成化：二十一年春二月、三月，泰山屡震，遣官祭之。

正德：十六年春三月，岱庙东廊火。

嘉靖：八年，泰山蝗。九年、十年如之。

十六年六月，泰山水漂溺数百人。十一月，州城火，延烧数十家。

二十一年，泰山蝗，不为灾。

二十二年，泰山夏再稔，麦粟有一本三穗至五穗者。知州马逢伯献于朝。

二十九年十二月，岱庙火，正殿、门廊俱焚，古树、碑刻亦多毁者。

三十年六月，泰山大水，御帐冲坏，人多溺死。

三十二年，泰山大饥，民相劫夺，行旅不通。

三十三年春，泰山大饥，饿莩枕籍，贫民多取其肉食之。

万历：十四年十月十八日，泰山碧霞宫四方来焚祷者，互相践踏，死六十一人。今巡抚都御史李，委济南府通判桑东阳往，经理收葬。

岱史第十五卷

登览志

叙曰：曷志乎登览也？志古今人登览者之文，若歌、若诗、若序记是也。尝闻丘壶子曰：务外游不如务内观，故列子自以为不知游。而眉山苏子曰：人之所遇，役于事者常多，游于物外者常少。由斯以谈，游何容易？伟哉，泰山之游乎！跻日观、月观之高峰，可以俯仰宇宙，探龙文虎阜之奇石；可以磨砺壮怀，临天绅圣水之飞泉；可以澡溉精爽，寻吕公、娄敬之幽洞；可以呼吸烟霞，岂谓外游非内观之助耶？要以弧矢四方之志、高人达士之怀，古今一也。其间游而能言者，畅布于篇章，即岩壑秀伟万状，若煸入丹青然。而其寄兴高远，飘飘然有不局于山水间者，彼岂徒以娱耳目为解，骋词翰为富乎？玩物适情，固内观者所不废也。宣圣丘陵作歌，千载绝唱，是用冠诸编简，永耀山灵。汉魏而下，以迄于今，则皆循世次录焉。

诗歌

周

丘陵歌

孔子

登彼丘陵，峛崺其阪。
仁道在迩，求之若远。
遂迷不复，自婴屯蹇。
喟然回顾，题彼泰山。

郁确其高，梁甫回连[1]。
枳棘充路，陟之无缘。
将伐无柯，患滋蔓延。
惟以永叹，涕霣潺湲[2]。

曳杖消摇于门歌

曰：泰山其颓乎！梁木其坏乎！哲人其萎乎！见《礼记·檀弓》。子贡闻之曰：泰山其颓，则吾将安仰？梁木其坏，哲人其萎，则吾将安放？夫子殆将病也，盖寝疾七日而没。

右曳杖歌，本非为登览作也，然观此则知吾夫子盖以泰山自处，故并录之。

汉

四愁诗之一

张衡

我所思兮在泰山，欲往从之梁父艰，侧身东望涕沾翰。
美人赠我金错刀，何以报之英琼瑶？
路远莫致倚逍遥，何为怀忧心烦劳。

魏

飞龙篇

曹植

晨游泰山，云雾窈窕。
忽逢二童，颜色鲜好。

---

① 确：原作“碓”，据清刻本改。
② 叹：原作“汉”，据上下文义改。

乘彼白鹿，手翳芝草。
我知真人，长跪问道。
西登玉堂，金楼复道。
授我仙药，神皇所造。
教我服食，还精补脑。
寿同金石，永世难老。

驱车篇

驱车挥驽马，东到奉高城。
神哉彼泰山，五岳专其名。
隆高贯云蜺，嵯峨出太清。
周流二六候，间置一二亭。
上有涌醴泉，玉石扬华英。
东北望吴野，西眺观日精。
魂神所系属，逝者感斯征。
王者以归天，效厥元功成。
历代无不遵，《礼记》有品程。
探策或长短，唯德享利贞。
封者七十帝，轩皇元独灵。
飡霞漱沆瀣，毛羽被身形。
发举蹈虚廓，径庭升窈冥。
同寿东父年，旷代永长生。

仙人篇

仙人揽六著，对博泰山隅。
湘娥拊琴瑟，秦女吹笙竽。

玉樽盈桂酒，河伯献神鱼。
四海一何局，九州安所如。
韩终与王乔，要我于天衢。
万里不足步，轻举凌太虚。
飞腾逾景云，高风吹我躯，
回驾观紫微，与帝合灵符。
阊阖正嵯峨，双阙万丈余。
玉树扶道生，白虎夹门枢。
驱风游四海，东过王母庐。
俯观五岳间，人生如寄居。
潜光养羽翼，进趋且徐徐。
不见轩辕氏，乘龙出鼎湖。
徘徊九天上，与尔长相须。

晋

泰山吟

陆机

泰山一何高，迢迢造天庭。
峻极周以远，层云郁冥冥。
梁父亦有馆，蒿里亦有亭。
幽岑延万鬼，神方集百灵。
长吟泰山侧，慷慨激楚声。

泰山吟

王凝之妻谢氏

峨峨东岳高，秀极冲青天。

岩中间虚宇，寂寞幽以玄。
非工复非匠，云构发自然。
器象尔何物？遂令我屡迁。
逝将宕斯宇，可以尽天年。

宋

泰山吟

谢灵运

泰宗秀维岳，崔崒刺云天。
岞崿既崄巇，触石辄迁绵。
登封瘗崇坛，降禅藏肃然。
石闾何晻蔼，明堂秘灵篇。

唐

泰山吟

李白

四月上泰山，石平御道开。
六龙过万壑，涧谷随萦回。
马迹绕碧峰，于今满青苔。
飞流洒绝巘，水急松声哀。
北眺崿嶂奇，倾崖向东摧。
洞门闭石扇，地底兴云雷。
登高望蓬瀛，想象金银台。
天门一长啸，万里清风来。
玉女四五人，飘飖下九垓。
含笑引素手，遗我流霞杯。

稽首再拜之，自愧非仙才。
旷然小宇宙，弃世何悠哉。

清晓骑白鹿，直上天门山。
山际逢羽人，方瞳好容颜。
扪萝欲就语，却掩青云关。
遗我鸟迹书，飘然落岩间。
其字乃上古，读之了不闲。
感此三叹息，从师方未还。

平明登日观，举首开云关。
精神四飞扬，如出天地间。
黄河从西来，窈窕入远山。
凭崖望八极，目尽长空闲。
偶然值青童，绿发双云鬟。
叹我晚学仙，蹉跎凋朱颜。
踌躇忽不见，浩荡难追攀。

清斋三千日，裂素写道经。
吟诵有所得，众神卫我形。
云行信长风，飒若羽翼生。
攀崖上日观，伏槛窥东溟。
海色动远山，天鸡已先鸣。
银台出倒景，白浪翻长鲸。
安得不死药，高飞向蓬瀛。

日观东北倾，两崖夹双石。
海水落眼前，天光摇空碧。
千峰争攒聚，万壑绝凌历。
缅彼鹤上仙，去无云中迹。
长松入云汉，远望不盈尺。
山花异人间，五月雪中白。
终当遇安期，于此炼玉液。

朝饮王母池，暝投天门阙。
独抱绿绮琴，夜行青山月。
山明月露白，夜静松风歇。
仙人游碧峰，处处笙歌发。
寂听娱清晖，玉真连翠微。
想象鸾凤舞，飘飖龙门衣。
扪天摘匏瓜，恍惚不忆归。
举手弄清浅，误攀织女机。
明晨坐相失，但见五云飞。

送范山人归泰山

鲁客抱白鹤，别余往泰山。
初行若片云，杳在青崖间。
高高至天门，日观近可攀。
云山望不及，此去何时还。

右诗刻石，本州会真宫内，其碑四方，其字古篆，甚古雅可玩。

望岳

杜甫

岱宗夫何如，齐鲁青未了。
造化钟神秀，阴阳割昏晓。
荡胸生层云，决眥入归鸟①。
会当凌绝顶，一览众山小。

送东岳张炼师

刘禹锡

东岳真人张炼师，高情雅淡世间稀。
堪为烈女书青简，久事元君住紫微。
金缕机中抛锦字，玉清坛上着霓衣。
云衢不用吹箫伴，只拟乘鸾独自归。

隽州遥叙封禅

李义府

天齐标巨镇，日观启崇祠。
岧峣临渤澥，隐嶙控河沂。
建岳诚为长，升功谅在兹。
帝猷符广运，玄言畅文思。
飞声总地络，载化抚乾维。
瑞策开珍凤，祯图荐宝龟。
东后方四觐，西都导六师。
天驾移星苑，扬罕驭风司。

① 胸：原作“朐”，据清刻本改。眥：原作“訾”，据清刻本改。

沸鼓喧平陆，疑跸静通逵。
汶阳驰月羽，蒙阴警电辎。
岩花飘曙辇，峰叶荡春旗。
石闾环藻卫，金坛映黼帷。
三始贻遐贶，万岁受重釐。
非质陶恩奖，趋迹奉轩墀。
触网沦幽裔，乘徼限明时。
周南昔已叹，邛西今复悲。

奉和展礼岱宗

萧楚才

拂汉星旗转，分霄日羽明。
将追会阜迹，更勒岱宗铭。
林戈咽济岸，兽鼓震河庭。
叶箭凌寒矫，乌弓望晓惊。
已降汾水作，仍深迎渭情。

奉和展礼岱宗

薛克构

龙图冠胥六，凤驾指云亭。
绯烟泛济浦，绿字启河汀。
画裳晨应月，文戟曙分星。
四田巡揖礼，三驱道契经。
行欣奉万岁，窃抃偶千龄。

登封大酺歌

卢照邻

日观仙云随凤辇，天门碧雪照龙衣。
繁弦绮席方终夜，妙舞清歌欢未归。

书王母池

吕洞宾

昔日曾游此，如今九十春。
红尘多少客，谁是识予人。

再书王母池

昔年留字识曾来，事满华夷遍九垓。
无赖蛟虬知我字，故留踪迹不沉埋。

右诗刻石，本州会真宫内。相传吕洞宾手笔也，玩之近是。

宋

吕公洞

范致冲

朝游北海暮瀛洲，仙珮何年到此游。
安得相从问丹诀，春风同醉岳阳楼。

竹林寺

竹林深处有招提，深掩禅关过客稀。
檐卜花开春欲暮，泠泠钟磬白云低①。

① 花：原作“苍”，据清刻本改。

日观峰

岱岳东南第一观，青天高耸碧巑岏。
若教飞上峰头立，应见阳乌浴未干。

登岱

查道

凌空叠嶂绝凡埃，青帝高居绛节开。
捧出海天红日近，迓将蓬岛碧霞来。
石间闪烁迎阳洞，王简光华封禅台。
一自祥符禋祀后，太平顶上最崔巍。

道仕宋为龙图学士，有孝行，见《孝顺事实》。

登泰山日观峰

梅圣俞

晨登日观峰，海水黄金溶[1]。
浴出车轮光，随天行无踪。
正是刺我目，攒集如剑锋。
照曜万物兴，磨灭万物凶。
草木既无命，必闻石间松。
当时一避雨，安得大夫封。
人而苟不遇，抱简诵六龙[2]。

---

① 溶：清刻本作“镕”。
② 苟：清刻本作“句”。

登泰山

王钦若

四顾无云道路开，黄麾迎从六龙来。
三神合祭光千古，万旅传呼动九垓。
幽鸟似通昆阆信，真松深隐栋梁材。
已知身世非常事，曾到天门十二回。

元

和元遗山呈泰山天倪布山张真人

王奕

江右书生枉白头，杖藜始得此山游[①]。
手摩红日登三观，袖拂黄埃看九州。

泰山

扆齐机鲁辟天关，左右微垣列两班。
大展明堂俱翕受，黄河东畔少游山。

茂陵封禅坛

祥符天子旧明堂，秦汉丰碑宿草荒。
人世已非坛尚在，摩挲老泪湿斜阳。

汉柏

肤剥心枯岁月深，孙枝已解作龙吟。
烈风吹起孤高韵，犹作峰头梁甫音。

---

① 始：清刻本作“如”。

孙明复石守道祠堂

师生高占二山名，千载谁云道义轻。

岳府柏林风雨夜，琅然犹带读书声。

天门铭[1]

杜仁杰

泰山天门，无室宇尚矣，布山张炼师为之经构，累岁乃成，可谓破天荒者也。齐人杜仁杰于是乎铭之：

元气裂，两仪具。五岳峙，真形露。

惟岱宗，俨箕踞。仰弥高，屹天柱。

浩千劫，室来去[2]。谁为凿，起天虑。

匪斤斧，乃祝诅。一窍开，达底处。

十八盘，盘千步。荠初吐，抱围树。

日车昃，惨曦驭。六龙颓，莽回玄。

踖此往，嘉无数。无怀下，兵刑措。

七十君，接銮辂。圣道熄，彝伦斁。

揖让歇，篡夺屡。忽焉阖，梗无路。

象纬森，敕诃护。朝百灵，由兹户。

金璀璨，朱间布。九虎蹲，万夫怖。

我欲叩，阍者怒。辟何时，坦如故。

对冕旒，获控诉。豁蒙蔽，泄尘雾。

刮政疵，剔民蠹。上得情，下安作。

额血殚，帝聪悟。崖不磨，苍壁竖。

---

① 铭：原作“铅”，据清刻本改。

② 室：原作“空”，据《天门铭》原刻石改。

刻我铭，期孔固。垂万世，正王度。

登岳

元遗山

泰山天壤间，屹如郁萧台。
厥初造化手，劈此何雄哉！
天门一何高，天险若可阶。
积苏与累块，分明见九垓。
扶摇九万里，未可诬齐谐。
秦皇墻威灵，茂陵亦雄才。
翠华行不归，石坛满苍苔。
古今一俯仰，感极令人哀。
奇探忘登顿，意惬自迟回。
夜宿玉女祠，崩奔涌云雷。
鸡鸣登日观，四望无氛霾。
六龙出扶桑，翻动青霞堆。
平生华嵩游，兹山未忘怀。
十年望齐鲁，孤云拂层崖，青壁落落云间开。
眼前有句道不得，但觉胸次高崔嵬。
徂徕山头唤李白，吾欲从此观蓬莱。

题李白泰山观日出图

段辅

岱宗郁郁天下雄，谪仙落落人中龙。
兹山兹人乃相从，气夺真宰愁丰隆。
玉堂一任云雾封，长啸飞渡秦皇松。

夜呼日出沧海东，再为斯世开鸿蒙。
钧天帝君深九重，醉舞踏碎青芙蓉。
天孙玉女为敛容，却视五岳秋毫同。
长鲸一去不复逢，乾坤万里号秋虫。
当年咳唾留绝峰，至今树石生香风。
我欲追之杳无踪，不意邂逅会此中，屋梁落月依然空。

登岳

张养浩

风云一举到天关，快意平生有此观。
万古齐州烟九点，五更沧海日三竿。
向来井处方知隘，今后巢居亦觉宽。
笑拍洪崖咏新句，满空笙鹤下高寒。

纪梦

徐世隆

我梦天倪子，同登日观峰。
骨强清似鹤，步健老犹龙。
方外无官府，堂中有岱宗。
仙间真福地，杖屦会相从。

送天倪子还泰山

九十行年发未华，道人风骨饱烟霞。
洞天福地三千里，神府仙闾第一家。
牛膝药灵斟美酝，兔毫盏净啜芳芽。
隐居自爱陶弘景，莫作山中宰相夸。

送天倪子归布山

元好问

太白诗笔布山头，布袜青鞋欠一游。

拟欲高人参药镜，却嫌凡骨比丹丘。

云间茅屋鸡犬静，物外烟霞风露秋。

后日天门重登览，蜕仙岩下幸迟留。

天倪，即张志纯。布山，即布金山，在泰山西南。杜仁杰铭天门序亦称布山张炼师，或为天倪栖真旧地，故云。

咏汉柏

王恽

苍柏无城拥汉陵，闷宫遗树郁峥嵘。

崔嵬不植明堂础，造化潜通岳顶灵。

万壑烟霏封杰干，半空风雨撼秋声。

白头会见东封日，秀映鸾旗一色青。

题桃花峪

张志

流水来天洞，人间一脉通。

桃源知不远，浮出落花红。

泰山喜雨

岱宗天下秀，霖雨遍人间。

高卧今何在？东山似此山。

二诗俱刻大峪溪石。

登岳

李简

三峰突兀与天齐，天门未到劳攀跻。
层层石磴出林杪，萦回百折青云梯。
盘石暂憩舒清眺，涧壑风来号万窍。
水声俄在树梢头，疑有於菟天外啸[①]。
向晓才登日观峰，手披云雾开鸿蒙。
火轮欲上海波赤，金霞翻动苍龙宫。
黄河一线几千里，吴越山川真地底。
为数齐州九点青，更将伏槛窥东溟。
李白不遇安期生，安得羽翼飞蓬瀛。

朝觐坛

朝觐当年筑此坛，旌旗影里簇仙班。
只今惟有青山在，日暮孤云自往还。

酆都峪

石洞荒凉树影孤，州人相语是酆都。
古碑犹说韩擒虎，为问于今尚有无？

游竹林寺

王旭

石径俯云壑，竹林开幽境。
寺古僧徒稀，山深岚气冷。

① 梢：原作“稍”，据上下文义改。

待游未终兴，红日忽倒影。
曳杖披暝烟，长歌下前岭[①]。

西溪

我爱西溪好，披云屡往来。
一州烟景合，三面画屏开。
薄俗无商隐，清时有逸才。
近岩多隙地，松竹更须栽。

登泰山

贯鲁

岱宗何崔嵬，群山无与比。
使者久尘嚣，望之不胜喜。
无缘凌绝顶，诣词聊致諨。
夫何一殿存，千间暴遗圮。
人言遭劫火，金源乱兵里。
感此废昔年，伤今未能理。
飞奏入彤庭，经营良在迩。
奈何齐鲁饥，百姓餐糠粃。
神兮愿效灵，穰穰多乐祀。
行当复故宫，金碧荡瞻视。

① 披：清刻本作“挍”。

岱史第十六卷

登览志

皇明 自国初至嘉靖甲寅以前，诸名公及文人题咏，旧志俱用原题官衔，今据所及知者稍正之。

登岱

宋濂 学士，金华人

岧峣泰岳柱苍穹，万壑千岩一径通。
象纬平临青帝观，灵光长绕碧霞宫。
凌晨云幔天涯白，子夜晴摇海日红。
玉露金茎应咫尺，举头霄汉思偏雄。

夏月登岱

方孝孺 学士，浙江人

振衣千仞思悠悠，泰岱于今惬胜游。
秦汉旧封悬碧落，乾坤胜概点浮沤。
海明日观三更晓，风动天门九夏秋。
更上云端频极目，紫微光电闪旻钩。

茌平早行望岳[①]

曾棨 状元，江西人

我欲登泰山，凭高望八极。浪迹十二年，蹉跎竟难得。今晨马上忽见之，屹立东南半空碧。想当洪蒙时，二气相郁蟠。大块戏黄土，莫能识其

① 茌：原作“茬”，因形似而误，据清刻本改。

端。圆灵降崖崿，坤后孕峰峦。一朝天地划开辟，但见千丈万丈高巑岏。乃知造化神，置此奠坤轴。巨灵枕其巅，六鳌戴其足。愚公不能移，长房不能缩。天工经营鬼斧凿，削出千数百峰青立玉。自从上古来，南风吹不平。日月出华彩，星宿扬光晶。寒崖积冰雪，阴壑驰风霆。云霞炫明晦，草木发精英。上浮金银气，下潜魑魅形。岩岩鲁所瞻，作镇朝百灵。昆仑以为父，四岳以为兄。匡庐峨眉乃其子，此外培塿皆云仍。齐鲁青未了，此语何足凭？其上万里天，亦借兹山青。秦皇汉武巡游遍，玉检金函重封禅。风雨莓苔往日碑，烟云松柏当时殿。由来五岳秩三公，况尔巨镇山之宗。钟灵毓秀杳莫测，磅礴下土专其雄。我皇御天生有圣德，广彰仁化诞布恩泽。一举平安南，再举清漠北。车驾时巡过泰山，望祭筑坛陈玉帛[①]。小臣幸此奉宸游，一见兹山爱山色。虽无涓尘补河岳，颇有词气填胸臆。他年载笔颂神功，刻尽泰山山上石。

过泰山偶赋[②]

汪广洋 丞相，高邮人

七十二神州，淋漓紫气浮。
天低众山小，星拱一峰秋。
云翳成龙虎，岚光薄斗牛。
岱宗与恒岳，引领日东头[③]。

岩岩亭送陈参政归山东

李时勉 祭酒

岱宗磅礴不可拟，翠色横秋几千里。

① 筑：原作“筞”，据清刻本改。
② 过：原作“逈”，据清刻本改。
③ 日：原作“目”，据清刻本改。

峭石巉岩倚天外，孤亭屹立当山趾。
亭前芳草没路岐，古砌荒凉苔藓滋①。
幽花拂槛无人采，独鸟时鸣听者稀。
晨露浴日千峰紫，一杯遥见沧溟水②。
升元观里晓钟闻，岱岳祠前白云起③。
圣贤大道谁不由，乾坤阖辟同周流。
泰山气象难为喻，谁遣名亭独此留？
君去薇垣有闲日，随处登临访遗迹。
想得凭阑一望余，怀古清吟兴何极。

登岳

王伒

齐鲁名山仰岱宗，崚嶒万仞玉芙蓉。
月明海旷连三岛，云净天空插数峰。
白石谩留名士篆，苍松何用大夫封。
我来不尽登临兴，更上丹崖第一重。

泰山杂咏

吴节 祭酒，安成人

金科玉检瘞重泉，凤辇霓旌散紫烟。
七十二君何处去，空余特表镇山巅。右石表。

海内诗书已尽焚，只将贞石勒功勋。

① 藓：原作“鲜”，据清刻本改。
② 千：原作“十”，据清刻本改。
③ 元：原作“兀”，据清刻本改。

青门黄犬知何处，尚有雕虫学篆文。右李斯篆碑。

十丈高崖铲碧苍，前镌功德后词章。
浯溪亦有中兴颂，不及东游纪盛唐。右磨崖碑。

绝顶方池若镜空，浮云于此闷灵踪。
几回肤寸成霖去，要与苍生作岁丰。右云水池。

曾与秦皇托旧恩，昂霄耸壑露盘根[①]。
可怜二世空尘土，不及寒松有子孙。右大夫松。

几度天书降紫清，宋皇曾此驻龙旌[②]。
野花啼鸟年年换，犹有人传御帐坪。右御帐坪。

登泰山

徐有贞 武功伯

岂厌丹崖步步迎，眼前灵景变阴晴。
马从万丈松边驻，人在九重天上行。
朝见白云山半起，夜看红日海东生。
还知恋阙心无远，直北分明是帝京。

---

① 昂：清刻本作“最”。根：清刻本作“厌”。
② 紫：清刻本作“空”。

祷雪

年富 尚书，凤阳人

名尊五岳镇山东，至圣惟司化育功。
一炷信香期感召，愿垂三白兆年丰。

登泰山

李裕 按察司

历遍群山夕照催，恍疑身到紫霄回。
汉秦封禅俱无迹，唐宋碑铭半是苔。
紫气当时凝御帐，岚光彻夜映仙台。
英灵岂独为霖雨，又与天朝产异材。

登泰山

周豪 佥事

重峦叠嶂上摩空，下瞰诸山夐不同。
泰华峰头青菡萏，仙人掌上玉芙蓉。
一凌绝顶知天近，五夜沧溟见日红①。
赫赫霞君人敬仰，无端牲帛往来通②。

初登泰山

张盛 参政

岱宗仰望郁嵯峨，万壑千岩气象多。
雨过春光横翠黛，烟迷晓色露青螺。

① 顶，原作“顶”，据清刻本改。
② 端：清刻本作“边”。

秦王封禅碑还在，汉武祈灵事不磨。
今日我来登眺处，苍天咫尺手堪摩。

大夫松

张文 郎中

风雨岩前驻六龙，青松赢得大夫封①。
扶苏谩有安秦策，不及当时半日功。

登岱宗

徐源 主事

岱岳登观绝顶来，汶流双曲抱徂徕。
人随箭括天门度，马别肩舆岘岭回。
封禅台高簪白石，磨崖字古蚀苍苔。
金舆玉辇谁重过，惟见秦王一土坯。

登泰山

乔缙 主事

东岳巍巍步亦难，篮舆载我上云端。
峰排日观三千丈，路绕天门十八盘。
高碍斗牛登处近，青分齐鲁望中宽②。
瓣香将敬元君庙，愿祝皇图万亿年。

① 赢：原作“嬴”，据上下文义改。
② 望：原作“朢”，据清刻本改。后径改“朢”为“望”，不再出校勘记。

登泰山

司马垔 御史

兹游自负亦奇哉，壑雾林霏指顾开。
万丈翠屏天上立，一轮红日望中来。
尼丘故陇钟灵气，秦汉丰碑没古苔。
却忆君亲在西北，五云深处首重回。

明堂怀古

毕瑜 副使，贵溪人

黍离诗自咏东周，翠辇无因此地游。
朝聘不闻来束帛，会盟惟识有诸侯。
圣贤述作光千古，王霸兴亡付一丘①。
莫向高台寻旧迹，断碑残砾不胜愁。

舍身崖

东岳含灵本好生，此崖元不是秦坑。
痴儿独昧谋身计，甘负人间不孝名②。

无字碑

屹立峰巅类独夫，祖龙为此欲何图。
东南王气依然在，谁道亡秦不是胡。

---

① 千：原作“十”，据清刻本改。
② 计：原作“讨”，据清刻本改。甘：原作“日”，据清刻本改。

登泰山次司马韵

赵英 御史，兰州人

绝顶登临眼欲昏，声高只恐上方闻。
东瞻沧海襟千里，北望瑶京戴五云。
秦汉礼仪成故事，石孙声价重斯文。
吾皇曾不论封禅，万载令人颂放勋。

泰山

夏寅 副使，华亭人

东方为岱众山宗，万域人心仰止同。
七十二君封禅后，数千年事渺茫中。
鲲游北海云长黑，鸡验中宵日已红。
弱水蓬莱在何处，群仙初别大明宫[①]。

登泰山

潘祯 提学

大翼垂云须九万，天游今日殆忘还。
千年谁更观沧海，老脚吾方到泰山。
雨过春岩龙自戏，松生太古鹤常闲。
题诗不尽孤高意，起立中峰看世寰。

神仙鹤背也超然，泰岳朝骑凌紫烟。
山压东溟盘大地，路横北斗到青天。
手中日月谁同弄，象外风光我得先。

① 宫：原作“官”，据清刻本改。

一笑人间空万古，太清聊倚兴无边。

登泰山

王弼[①] 员外郎

下蟠沧海上青天，太古谁先探此巅。
万岭蒙羞云雾里，九州分界户庭前。
道高孔子登时见，功陋秦皇禅后镌。
独羡当年李太白，坐临红日观云烟[②]。

登泰山

邵庄 主事

好风吹我上层霄，四望茫洋景致饶。
玉牒有文存故事，古碑无字认前朝。
海东日出中宵见，山半云生下界遥。
从此信知天下小，拟追宣圣思飘飘。

祠岱宗不果登览有作

黄景 尚书

几代英君几度封，穿云也只恁般峰。
荒唐纪载闻经史，典礼公明仰祖宗。
天若有门人可到，仙那无迹客难逢。
乾坤自是归真主，料得山灵笑祖龙。

① 王：原脱，据清刻本补。
② 白：原作“曰”，据清刻本改。日：原为空格，据清刻本补。

登泰山

王经 佥事

开辟乾坤峙此山，有生何幸得跻攀。
登高渐觉星辰近，到此方惊宇宙宽。
突出孤峰擎日月，亘绵万里发林峦。
追思五载东巡日，三代君臣共克艰。

登泰山

张岫 参政

鸡鸣海曙射神宫，石径萦纡上碧空。
回马岭前琪树古，水帘洞口野花红。
松擎御帐溶溶月，雁避天门猎猎风。
尽日攀萝登绝顶，此身疑在五云中。

登岳

潘楷 御史，溧阳人

天门天外迥，伫览万山微。
峭壁从空落，烟霞绕座飞。
路通仙岛近，心与世尘违。
剩有徜徉兴，酣歌马上归。

登泰山

刘丙 御史

凌空何事独徘徊，欲赋惭非宋玉才。
归路宛从天上下，吟眸争向雾中开。
磨崖字古人难读，御帐台空水自哀。

啸我风霜长跋涉，山灵可许再重来。

登岳

王守仁 尚书，余姚人

晓登泰山道，行行入烟霏。
阳光散岩壑，秋容淡相辉。
云梯挂青壁，仰见蛛丝微。
长风吹海色，飘飖送天衣。
峰顶动笙乐，青童两相依。
振衣将往从，凌云忽高飞。
挥手若相待，丹霞闪余晖。
凡躯无健羽，怅望不能归。

天门何崔嵬，下有青云浮。
泱漭绝人世，迥豁高天秋。
暝色从地起，夜宿天上楼。
天鸡鸣半夜，日出东海头。
隐约蓬壶树，缥缈扶桑洲。
浩歌落青冥，遗响入沧流。
唐虞变楚汉，灭没如风沤。
藐矣鹤山仙，秦皇岂堪求？
金砂费日月，颓颜竟难留。
吾意在庞古，泠然驭凉飕。
相期广成子，太虚共遨游。
枯槁向岩谷，黄绮不足俦。

穹崖不可极，飞步凌烟虹。
危泉泻石道，空影垂云松。
千峰互攒簇，掩映青芙蓉。
高台倚巉削，倾侧临崆峒。
失足随烟雾，碎骨颠崖中。
下愚竟难晓，摧折纷相从。
吾方坐日观，披云笑天风。
赤水问轩后，苍梧叫重瞳。
隐隐落天语，阊阖开玲珑。
去去勿复道，浊世将焉穷。

尘网苦羁縻，富贵直露草。
不如骑白鹿，东游入蓬岛。
朝登泰山望，洪涛隔缥缈。
阳辉出海云，来作天门晓。
遥见碧霞君，翩翻起员峤。
玉女紫鸾笙，双吹入晴昊。
举首望不及，下拜风浩浩。
掷我玉虚篇，读之殊未了。
傍有长眉翁，一一能指道。
从此炼金砂，人间迹如扫。

泰山高

欧生诚楚人，但识庐山高，庐山之高犹可计寻丈。若夫泰山，仰视恍惚，吾不知其尚在青天之下，其色直出青天上。我欲仿拟试作泰山高，但恐丘垤之见，未能测识高大，笔底难具状。扶舆磅礴元气钟，突兀半遮天地东。南衡北恒西有华，俯视伛偻谁雌雄？人寰茫昧乍隐见，雷雨初解开鸿蒙。绣壁丹梯，烟霏霭雰，海日初涌，照耀苍翠。平麓远抱沧海湾，日观正与扶桑对。听涛声之下泻，知百川之东会。天门石扇，豁然中开。幽崖邃谷，聚积隐埋。中有遁世之流，龟潜雌伏，飧霞吸秀于其间，往往怪谲多仙才。上有百丈之飞湍，悬空络石，穿云而直下，其源疑自青天来。岩头肤寸出烟雾，须臾滂沱遍九垓。古来登封七十二主，后来相效纷纷如雨。玉检金函无不为，只今埋没知何许。但见白云犹复起封中，断碑无字，天外日日磨刚风。飞尘过眼倏超忽，飘荡岂复留其踪。天空翠华远，落日辞千峰。鲁郊获麟，岐阳会凤。明堂既毁，闷宫兴颂。宣尼曳杖逍遥一去不复来。幽泉呜咽而含悲，群峦拱揖如相送。俯仰宇宙，千载相望。隳山乔岳，尚被其光。峻极配天，无敢颉颃。嗟予瞻眺门墙外，何能仿佛窥室堂。也来攀附蹑遗迹，三千之下，不知亦许再拜占末行。吁嗟乎，泰山之高，其高不可极。忽然回首，此身不觉已在东斗傍。

五松

张璿 都御史，晋州人

岱岳中途笑祖龙，帝无三世纳降从。
些须恩泽还颠倒，不在儿孙却在松。

秦松

卢琼 御史，浮梁人

大夫树下无遗泽，呜咽泉头常怨声。
尺土不封乖父子，翻将恩典及无名。

呜咽泉在归德州，秦扶苏死所。

同余侍御再登泰山次韵

陈琳 侍郎，莆田人

万仞岗头御帐开，秦松汉柏亦奇哉。
酷怜古迹陪仙侣，可是山灵许再来[①]。

绝顶风高六月寒，危松怪石似龙盘。
天门几度来骢马，御帐当年驾翠銮。
碧藓封中寻汉禅，五云深处谛秦观。
东山莫漫濡毫兴，霖雨苍生望谢安。

季秋望后一日同藩臬僚友登岱

查焕 山东布政司参政，浙江海宁人

泰岱高临万里看，三齐秋色更漫漫。
振衣龙峪青云湿，倚剑天门白日寒。
东带黄河连海岸，北来紫气绕长安。
自怜突兀平生志，恍惚乘风跨紫鸾。

登泰山

秦金 尚书，锡山人

石磴萦纡十八盘，眼中风景渺无端。
东瞻日观蓬瀛近，南指天门宇宙宽。
长啸顿醒尘世梦，壮怀聊洗腐儒酸。
金书玉检俱陈迹，秦汉遗碑莫谩看。

① 侣：原作“佀”，据清刻本改。

登岳

柴奇 通政司，昆山人

朝出登封门，起拂衣上尘。
肩舆历巑岏，清霜及兹晨。
极目日观东，海水浩无垠。
秦事今已远，坛社空荆榛。
抚景增叹息，群山自嶙峋。

登岳

边贡 尚书，历城人

岱宗山秀百灵屯，壁立烟霄万古存。
幽府化机盘地轴，上清真气接天门。
霞标日观青松丽，春透龙池碧水温。
薄暮振衣峰顶石，蓬莱东眺海云昏。

北上天门日未斜，刚风吹我度谽谺。
仙人洞古留丹鼎，玉女祠高护碧霞。
深涧千年犹冻雪，阴崖四月始桃花。
秦封汉禅俱牢落，细读穹碑感岁华。

玉皇祠畔一凭阑，绝顶风高夏亦寒。
北去尘沙通瀚海，西来天地是长安。
青云迥隔三千界，白日平临十八盘。
似有飞仙度幽壑，凤笙声袅珮珊珊。

岩嶂崔嵬云雾升，泰山灵秀古今称。

百千万地岂重有，三十八年才一登。
贝殿深春来供客，松崖落日下樵僧。
中天夕磬泠泠发，知在烟峦第几层。

御帐坪

白日天门近，青山御帐空。
亭虚从眺览，树古自登封。
过鸟层空上，鸣泉万壑中。
翠华春不返，惆怅昔人踪。

回马岭

回马岭前春日西，涧花岩草郁萋萋。
上方钟落不知处，惟见白云岩畔栖。

登岳

乔宇 尚书，太原人

五岳谁争长，东皇万物先。
晦明分日月，呼吸变云烟。
厚脉中盘地，神功上配天。
云亭问封禅，千古竟茫然。

百灵朝拱处，空籁听琅璈。
地据中原胜，天临下界高。
云山双老眼，江海一秋毫。
欲访蓬瀛去，从谁借六鳌。

登岱

许逵 尚书

一上青霄路几重，峻岩险壑乱如从。
靖安齐鲁真雄镇，高压蓬瀛有丈峰。

登岳

王廷相 尚书，仪封人

五岳俱神峻，岧峣泰岱偏。
半岩回骏马，绝顶俯云烟。
一览小天下，三更见日躔。
蓬莱疑咫尺，直恐碍飞仙。

登岳

赵鹤 提学，扬州人

分明苍秀拔云开，谁凿当年混沌胎。
山压星辰从下看，海浮天地自东回。
一时岱狩雍容礼，千古崧高制作材。
载说皇朝称祀诏，始知神哲奠三才。

自注云：革前代渎加封号。

一上遥岑万丈苍，天风应为袭衣裳。
鸡鸣往往看东日，人语时时到下方。
云暗钟声连海树，春浮花气入山堂。
四时未歇登游兴，翻说崖禽唤客忙。

秋暮登岱

查约 都御史，海宁人

龙峪危峰逼，天门古殿开。
月华秋气爽，日观海潮回。
地向皇都迥，山迎曲阜来。
登临何限意，极目凤凰台。

过御帐坪

宋皇临御日，此地数游观。
花下停双辇，松间拜百官。
云常依宝座，月自照瑶坛。
寂寞仙桥路，惟余古木看。

登岳

许成名 侍郎，东昌人

晓踏双峰万里明，岚光云气散高晴。
遥分东海连空碧，俯讶群山与地平。
池有风花摇玉珮，桥留春草坐尘缨。
秦皇石上堪登啸，千古令人感慨生。

望岳

李东阳 大学士，长沙人

偶上奎文阁，来观泰岳峰。
半空翻碧浪，平陆走苍龙。
紫爱沾岚湿，青怜发黛浓。
长原随迤逦，高树助蒙茸。

幢节迎还送，戈矛击更冲。
烟霞变明晦，云雨验丰凶。
混沌天初辟，精灵地所钟。
分疆书禹贡，肇域纪尧封。
挹浅临沧澥，凭虚揖华嵩。
行尊宜行丈，名重合称宗[①]。
外敛神无迹，中涵德有容。
庙严王者象，植古大夫松。
北阙身长系，东轺境暂逢。
崖跻愁日观，谷啸想风从。
圣主斋心切，儒臣乐事慵。
饔飧惭驿廪，舆从悯官佣。
岁旱当忧国，民劳恐病农。
我方颐一笏，谁共手双筇。
日月蹉跎易，溪湖限隔重。
奋飞输鸟翼，飘泊信萍踪。
濯热思晞发，凌秋忆荡胸。
酒阑多爽气，凉思晚惺松。

登岳书感

章拯 尚书，金华人

千古明堂空怅望，于今环道颇平夷。
已迷汉武五车石，却笑秦王无字碑。
日观登封终不固，天书行诈亦何为。

① 行：清刻本作“作”。

监司尽括金钱施，流俗争趋玉女祠。

舍身崖

由来好生地，讵有舍身崖？

一死轻秋叶，伊谁倡厉阶！

问郑生登岱

李梦阳 提学，河南人

昨汝登东岳，何峰是绝峰？

有无丈人石，几许大夫松。

海日低波鸟，岩雷起窟龙。

谁言天下小，化外亦王封。

俯首无齐鲁，东瞻海似杯。

斗然一峰上，不信万山开。

日抱扶桑跃，天横碣石来。

君看秦始后，仍有汉王台。

仰五岳歌之一

我所仰兮在泰山，侧身东望阻齐关。

南有龟蒙东肃然，仙人赠我绿琼丹。

招我东游扶桑间，我欲从之途路艰，东望河济涕潺湲[①]。

① 望：原为空格，据清刻本补。

送太华石熊峰东祀

马汝骥 侍郎，陕西人

三微开岁纪，百礼洽时禋。
帝启玄符日，天颁翠节辰。
使星摇壁府，卿月照天津。
道出齐封旧，书求鲁殿新。
尼丘回杳霭，岱岳对嶙峋。
碑刻非秦禅，柴燔代舜巡。
金泥和五色，王检闷千春。
岭陟青龙绕，泉临白鹤驯。
望洋分岛屿，观日净烟尘。
德已精灵契，形须梦寐亲。
怀归歌大雅，属望辅洪钧。
拟献嵩高曲，抽毫愧不神。

登岳

周相 佥事，松陵人

兖镇摽神异，东方压岱宗。
岁星辉八极，玄女降三宫。
云气成双阙，炎精生赤虹。
千年森汉柏，古道郁秦松[①]。
金箧昭灵秩，芝房照碧丛。
唐碑旧纪历，汉勒几登封。
入岭天门晓，停骖御帐空。

① 年：清刻本作“古”。

丹霞迎紫盖，孤嶂削芙蓉。
独瞰三千界，旋攀第一重。
蜃楼明日观，圣水树莲峰。
春址盘香火，禋坛纳化工。
乘时挥玉策，周览极巃嵸。

泰山吟

叶份 提学，婺源人

岱山长群岳，巨镇标东维。
岧峣临渤澥，巀嶭控河沂[①]。
灵区回洞府，福地启崇祠。
石闾何晻霭，瑶芬闷葳蕤。
虞巡柴望湮，周狩明堂隳。
遐哉七十君，版牒空名垂。
秦皇无灵氛，汉武非仙才。
封松郁中坂，植柏满南陲。
我来值春月，叠嶂开云霾。
天门步寥廓，盘道历逶迤。
欵谒碧霞君，寒漱玉女池。
沉吟挹玉简，摩挲向崖碑。
云卧通象纬，神游驾蚪螭。
朝登日观峰，日出扶桑枝。
呼吸变烟雾，下界行风雷。
俯视渺茫气，焉能辩瀛裨。

① 澥：清刻本作“海”。

遥思骑黄鹤，圆方随所之。

石表

王裕 提学

柴望当年告治平，谁知风起鲍鱼腥。
惟有石表依然在，蔓草寒烟夕照明。

登岳

张鲲 副使，钧州人

道假三齐出，形真五岳先。
瑶坛云树采，贝阙露花寒。
狩典闻虞日，封碑见汉年[①]。
登临重回首，紫气帝乡偏。

暝色回吴楚，灵光集鬼神。
殿虚云雾出，门侧斗牛邻。
笙鹤来还去，仙芝秋复春。
斋宫夜不寐，吾意欲修真。

泰山咏

张邦教 佥事，邯郸人

震维生长地，历代表殊庥。
拜礼勤终岁，祈求遍九州。
势雄神鬼宅，迹胜凤麟游。

① 闻：清刻本作“开”。

八境通乔岳，香云烂欲流。右至泰安州。

天王出狩时，玉帛万邦随。
柴望遵虞制，恩威协禹规。
齐君终罢毁，季旅竟奚为？
千载存遗址，青阳在指麾。右周明堂。

千仞排巉崿，生疑鸟雀愁。
苍茫横古道，缥缈接飞楼。
月窅风尘夕，猿清草树秋。
明时苛政绝，行坐仰尼丘。右岩岩亭，夫子闻妇人哭处。

登岳

郑善夫 郎中，闽县人

东岳乾坤定，黄河一缕分。
日排瀛海浪，天入蓟门云。
鲁道伤吾志，秦碑自夕曛。
未堪疏远目，万里正祲氛。

登岳

方豪 副使，开化人

三月无风上泰山，岩花谷鸟共盘桓。
因怜郑老看山癖，赤日烟萝带病攀。自注云：吾友郑继之曾以六月来登。

日观峰头紫雾开，嗒然回首望蓬莱。
野人自是烟霞骨，应有神仙月下来。

登岳

杨祐 佥事，钱塘人

兹山何峻极，盘礴亘百里。
鸟道五丁开，云标三观起。
雪涧无冬春，烟岚互苍紫。
星垂崖户外，人度青天里。
阳枝晞日华，阴谷飞霞绮。
仙灵此窟宅，幽异讵能纪。

泰山屹孼与天通，七十二峰元气中[①]。
下施云雨泽后土，上贯星宿摇紫宫。
悬崖古柏落空翠，架壑危松度远虹。
我来凭高俯沧海，夜坐观日扶桑东。

殊方此日逢重九，绝岳高吹散远愁。
汉畤秦封空往事，紫萸黄菊自深秋。
天清楼阁明三观，野旷山河辩九州。
独是怀亲忧国意，白云沧海共悠悠。

岱宗秋卧夜床清，万籁无声片月明。
何事仙人骑白鹿，碧霞洞口谩吹笙。

日观秦峰霞作标，扶桑夜见海门潮。
楼船方士何年到？玉检金书久寂寥。

① 元：原作“兀”，据清刻本改。

登岳

陈沂 参政，宁波人

飞轩临绝顶，悬磴更岧峣。
谷响松风接，天空海雾消。
琳宫环紫极，玉节下青霄。
路指天门外，来迎笙磬遥。

一入登封路，乾坤自此分。
诸峰会元气，乱石散星文。
仰面攀青磴，回头看白云。
飞梁架穷壑，鸣溜四山闻。

登岳

朱节 御史，山阴人

尘途日扰扰，梦寐惟云山。
兹晨天风凉，层云护仙关。
我欲往扣之，驱车出人寰。
登登逾绝壁，身在烟霞间。
涧底环珮声，轻风送潺湲。
群峰手可挹，俨若趋仙班。
大观荡尘襟，敢辞登陟难。
故山猿鹤在，俗驾何时还？

望岳

胡缵宗 都御史，陕西人

忽听笙歌玄鹤群，即看楼殿紫霞文。

斗边细露邀新月，鸟外孤峰挂夕曛[①]。
汉帝金坛歌石碣，秦皇玉刻隐苔纹。
骑龙李白今何处，日观天门空白云。

翛翛望岳丹霄上，飒飒乘风紫极边。
半壁秦松悬日月，当空周观出云烟。
峰期太华翩跹起，影落扶桑袅窕骞。
更度三溪见双鹤，忽从青帝接群仙。

山下秋日正皜皜，山上秋雨还冥冥。
夜来岩畔挂星斗，晓起涧底兴雷霆。
阴阳变幻倏忽异，天地阊阖苍茫灵。
何当结庐向山住，朝朝吟对芙蓉青[②]。

登岳

春半看山山已青，振衣先到五松亭。
晓分日月悬苔壁，晴列蛟龙拥翠屏。
天启重门凭北斗，云擎三观照东溟。
秦皇宋主自行幄，绝巘穷崖空断铭。

帝阙红云盖，仙坛白日光。
千盘惊到顶，一曲笑临堂。
倚槛尽秦越，磨崖空汉唐。

① 挂：原作“桂”，据清刻本改。
② 吟：原作“今”，据清刻本改。

恍然坐天上，神思欲飞扬。

海天初纵目，八极思悠悠。
太华弹丸出，扶桑勺水浮。
秦松云不断，宋简玉空留。
落日犹回首，黄河窃窕流。

悬崖随鸟出，绝顶略云跻。
俯仰乾坤小，凭陵星斗低[1]。
日峰红照海，玉观碧冲霓。
子夜援琴坐，天宫动晓鸡。

诸峰罗宇下，一柱立寰东。
石表千丛集，天门百折通。
元宵山有月，落日袖无风。
孤峭不能寝，海云中夜红。

突兀青天上，翩跹碧海边。
风高鳌欲动，云落凤初骞。
历历尽齐鲁，层层入象躔。
流霞传素手，醉倚五龙眠。

① 陵：清刻本作“陟”。

次胡可泉望岳

杨志学 尚书，长沙人

绛霄迥出天门上，飞瀑高悬日观边。
星斗垂垂临绝巘，蓬瀛渺渺隔苍烟。
双龙喷沫千岩动，孤鹤凌风万里骞。
我亦平生爱岳壑，欲从此地学神仙。

天上仙人自不群，龙书袅袅太玄文。
秦皇台上雨初霁，汉帝坛西日未曛。
郁郁古松停鹤驭，岩岩峭壁绣苔纹。
羽童两两垂青髻，晓起山头礼白云。

登岳

肃容瞻岱岳，直上最高峰。
倏忽云千变，蜿蜒山万重。
秦碑金字刻，汉检紫泥封。
胜迹今销歇，岩花日日浓。

游竹林寺

西天复此门，山半一泉温。
云壁时时动，龙珠日日翻。
飞扬李白句，倾倒孔融尊。
归路夕阳好，凉风吹广原。

登封坛

李学诗 编修，平度州人

燔柴想象明堂礼，沉璧荒芜日观峰。
坛出白云犹汉瑞，亭盘翠盖岂秦松。
谦冲旷见刘光武，听纳何如唐太宗。
当宁圣明兼舜禹，夔龙自不献东封。

快活三

人情轻便易，世路重艰难。
不走巉岩路，谁知快活三。

大夫松

四海苍生憔悴尽，五株松树独封官。
仁民爱物秦颠倒，何怪当年共揭竿。

登封台

杨维聪 状元，固安人

封禅当年侈数君，升中曾此事弥文。
金泥闷久明禋玉，石检栖余清昼云。
紫气漫传宫阙现，白毫争见老翁耘。
二仪高厚如何报，遥望长安旦夕曛[1]。

① 旦：清刻本作“空”。

登岳

王讴 主事

开辟此岩秀，形藏吾道尊。
冥中回日月，象外自乾坤。
愚谷通齐路，灵光辩鲁门。
浮生正漂泊，拟欲叫天阍。

天地还高下，河山自郁盘。
燔柴虞狩典，沉璧汉封坛[①]。
吐纳风云气，虚无殿阁寒。
斜阳下深涧，翘首望长安。

无字碑

岱岳峰头无字碑，相传人说是秦时。
东游凤辇空寥落，野草野花春自悲。

登岳

蒋瑜 御史

夜到碧霞天，芝房带月眠。
听经来白鹤，烧药起丹烟。
广乐云中度，明星钟外悬。
乘风欲飘举，三岛会群仙。

---

① 璧：原作“壁”，据上下文义改。

登岳

张铎 御史，苏州人

曲坂萦回翠薛滋，琼宫贝宇碧参差。
长天斜倚峰纹坼，寒日遥随岳影移。
香火何年传汉畤，风云终古护秦碑。
却惊身在层霄上，绝顶翻怜雁度迟。

望岳

泰岳东来镇古丘，遥从云际俯芳洲。
寒沙夕抱璇台迥，积雪春融碧树浮。
怅望云尘搔短发，凄凉物候动乡愁。
银宫玉宇参差见，缥缈重登海上楼。

登岳

邵经济 知府，仁和人

步屧日观峰，峰头日刚午。
睇彼东海东，矫矫扶桑树。
扶桑晞朝暾，阳乌濯灵羽。
乾极歘听春，离光奄员宇。
普照兹大观，恒瞩匪珍睹。
虞渊一扬休，子夜信探取。
藉颖餐明霞，揽吟吸玄圃。

登岳

刘淮 御史

吾昔游岱宗，蹑云四十里。

渤海入览明，日观下界起。
步虚摩赤霄，回首极西晷。
松下逢羽人，仙颜欣彼美。
遗我千岁苓，食之可不死。
松古尚秦封，风雨历年纪。
金箧玉策存，谁探得生齿。
登兹小天下，因风忆行趾。

望岳

廖道南 学士，蒲圻人

岱宗高巃嵸，群峰凌紫穹。
日观影扶桑，月嶂烟朦胧。
飞泉走其下，宛然双白龙。
上有玉女池，银河泻长虹。
玉女散天花，万朵青芙蓉。
仙人王子乔，绛节朝上宫。
遗我金检书，期我遥相从。
我欲从之游，云路险且重。
何当谢尘鞅，晞发咸池东。

咸池有仙国，乃在帝座旁。
紫虚悬玉榜，绛阙辉琳琅。
曲琼挂绮疏，晻霭摇星潢。
祥烟袅丛林，蕤垂花树香。
安期与韩众，双骑丹凤凰。
采采金光草，和彼紫霞浆。

朝翔天门关，夕息帝女桑。
俯视浊世士，奔走驹隙光。
愿言凌飞涛，遨游东海洋。

咏日观

元化无停机，阳明自周始。
纤纤残月没，炯炯曙星起。
宿雾沉江干，朝霞覆坛畤。
羊脾征东夷，鹑首占内史。
乾象涵真精，人文焕新美。
扶英散葳蕤，若华纷旖旎。
河伯乘玄鲸，山祇驾苍兕。
潭影惊蛟螭，林光宠兰芷。
重轮羡彤雯，叠玦瞻黄珥。
丰蔀匪所宜，离烜乃其理。
赤手扶羲轮，丹心贯天纪。
愿为双飞虬，乘云驾千里。

登岱

王宠 吴郡人

五岳视侯秩，无如东岱尊。
六龙开御道，三峰插天门。
举手蓬莱近，荡胸齐鲁吞。
安期炼玉处，惟见五云屯。

登岳

陈凤梧 都御史，庐陵人

刚风吹上最高层，寒气稜稜骨亦清。
云起半空方作雨，天临绝顶忽开晴。
松涛坐听千岩响，奎壁行看五夜明。
自信兹游真不偶，飘飘双袖羽翰轻。

登岳

曾铣 都御史，扬州人

石壁连云紫翠重，天工削出玉芙蓉。
泉流不断千峰雪，岭道常悬万丈虹。
岱岳有灵昌国祚，台臣何补愿年丰。
登临自觉尘襟脱，九点齐烟一览中。

登岳

蔡经 尚书，候官人

石磴萦回十八盘，天风吹雪昼生寒。
苍苔半蚀磨崖字，碧草斜侵封禅坛。
日观俯临青海上，莲峰高逼白云端。
危亭一览河山壮，便欲抽毫颂治安。

五松亭

岭畔行宫御帐开，翠华金辇此曾来。
五松自拟流恩泽，二世谁知并草莱。
惟有白云闲聚散，只留青嶂尚崔嵬。
雄图索寞空惆怅，古木鸣禽声正哀。

登岳

岳伦 主事，宣府人

千盘泰山顶，盘盘度流云。
越观迥吴会，秦观罗星文。
钟声散虚谷，松柏留夕曛。
蓬莱近可望，紫气接氤氲。

登岳

聂静 给事中

绝岳孤城外，山行听晓钟。
空崖留汉碣，古道列秦松。
石磴银河转，瑶台瑞霭重。
未须愁落日，犹上最高峰。

泰山行台

周琉、杨志学、胡缵宗联句 周，给事中，应城人

一天凉雨四筵清五华，庭树山风动晓晴石崖。
泰岱千岩月欲上，徂徕万壑松初鸣。可泉。
歌怜白苧花前袅，舞爱霓裳竹下轻[①]。五华。
长昼疏帘淹客坐，紫箫玄鹤下瑶京。石崖。

斜风细雨坐槐庭，叠嶂层峦户不扃。可泉。
花下壶觞催画鼓，灯前歌舞启云屏。五华。
中丞天马来西极，司寇秋鹏起北溟。石崖。

① 前：清刻本作“信”。

却羡金闺香案吏，五云琐闼望中青。可泉。

凉日清尊写素心，金风绿树动高吟。石崖。
疏帘缥缈过青乌，古殿辉煌映碧岑[①]。五华。
当座秦峰晴霭霭，隔溪汉柏郁森森。
同袍不厌同旨赏可泉，万里云霄羡盍簪五华[②]。

登岳

胡经 少卿，庐陵人

乾坤开此土，东岱峥鸿蒙。
已讶三台近，真堪四岳宗。
霁天云漠漠，旭日海融融。
万象清尘想，飘然一寄踪。

舍身崖

张兖 祭酒，江阴人

舍身崖，崖深万丈真祸阶。人间儿女痴且愚，往往投葬生前骸。父母提携岂不爱，忍心割置三年怀。白日羽翰既茫昧，四方缘业空尔乖。哀愚勒石方思道，奢俗回聪知有教。民彝天理本自然，胡不为臣死忠子死孝？

登日观峰

日观临云表，扶桑暾影初。
山川留胜迹，感慨独愁予。

---

① 乌：清刻本作“鸟”。
② 旨：清刻本作“音”。

玉岌秦王秘，金箱汉武书。
百年封禅地，功德欲何如?

登岳

潘埙 都御史，淮安人

荡荡资生德，悠悠报本心。
风云通肸蠁，日月快登临。
颢气浮宸极，灵氛下石林。
翩翩双鹤驾，飞上碧云岑。

南天门和陈石峰

潘珍 婺源人

重门万仞倚天开，直上平虚亦快哉。
云隔尘寰看不见，出门一笑下天来。

秦松

萧璆 佥事，江西人

郁郁崖上松，爱护自神理。
虬轸驾天门，翠盖无暑雨。
扬志玄冥端，那复羡金紫。
顾蒙大夫号，千古负深耻。

秦松

胡伸

五松矗矗凌霄汉，千载犹蒙秦帝恩。
草木喜瞻龙驭过，儒生翻自抱深冤。

秦松

龙瑄 江东人

二世空为万国图，咸阳宫阙已荒芜。
当年驻跸东封处，惟见苍髯五大夫。

登岳

白世卿 佥事，陕西人

著屐登高地，诗人得共游。
五更常见日，三伏早生秋。
雨向山腰起，泉当石眼流。
岳灵通变化，万里走神州。

泰山雪后

姚奎 太仆丞，常热人

晓天红日放高晴，小坐山舆踏雪行。
冻树裹花春有迹，寒溪结玉水无声[①]。
烟销绝顶群峰露，风度虚严万籁生。
老衲云深知我过，数声清磬出松迎。

五松歌

黑龙潭中蛇毋出，霜鳞剥落腥云湿。
毵毵长髯十两针，挺挺直骨三千尺。
神灵呵护元气钟，驱霆战雨摇苍空。

---

① 玉：原作“王”，据清刻本改。

坚刚节操振今古，滥爵肯受秦王封①。
波涛满地阴风起，万籁飕飕成律吕。
材堪柱国苦弗试，萧然遗弃空山里。
青青颜色无秋冬，吞冰吐雪经磨砻。
工师一日如相逢，终当献入蓬莱宫。

蒙恬大将扶苏子，万里策勋封不与。
却将官爵授五松，祖龙颠倒乃如此。
咸阳一火二世亡，五松留得摩穹苍。
真宗六龙昔巡幸，亦名御帐扬休光。
猗欤松兮遇知己，伤哉处世多奇士。
负才抗节竟沉沦，不及寒松反多矣。
我来几度坐清影，绿阴满地苍烟冷。
抚摩长顾发哀歌，空山落日愁奈何。

登岳

章忱 太仆丞，会稽人

瞻彼岱岳尊，屹屹奠九州。
空光碧天合，倒景黄河流。
朋从肆登陟，振珮凌清秋。
仰视九霄旷，俯览八极周。
宣尼有遗迹，怅望心悠悠。

① 肯：原作“昔”，据清刻本改。

登岳用杜甫韵

张鹏 御史，沁阳人

斜阳俯崦嵫，登临日未了。
徘徊遍诸峰，吟赏达昏晓。
仙岩访芝童，高举逐飞鸟。
胜游难再来，红颜非少小。

登岳

周琅

回薄千峰簇，透迤万壑连。
灵图标地纪，雄胜控封躔[①]。
露浥三芝秀，光凝八石鲜。
迎书悲宋事，封树忆秦年。
冒险探遗迹，扪崖读古镌。
时巡方旷绝，登禅几相沿。
槛俯飞虹落，檐含倒景偏[②]。
奇观大无限，便拟谒真仙。

登泰山

郑大同 太仆卿

五岳此为胜，万年灵足征。
梦魂吾久到，道岸圣先登。
齐鲁空千里，星辰仅一层。

---

① 标：原作“縹”，据清刻本改。
② 槛：原作“监”，据清刻本改。

皇朝崇大礼，汉時不须称。

登泰山

杨抚 知府，余姚人

名山天下有，得似岱宗无。
深谷函星斗，中天启画图。
几回千气象，一览尽寰区[①]。
追访虞周事，樵人笑我迂。

登岱岳

梅守德 提学副使，宣城人

乔岳平生劳梦想，天门今日遂攀跻。
层峦迥出青霄上，曲径回看白日低。
云气东连蓬海外，烟光西与太华齐。
却惭作赋非能事，尽日淹留思欲迷。

晓气氤氲开洞府，岩光喷薄出云根。
参差绀宇临丹壑，紫翠烟萝挂石门。
沧海波涛浮日月，朝昏风雨别乾坤。
行行渐觉尘寰小，五岳应唯此独尊。

玉皇巅上倚危阑，万顷烟霞入壮观。
仙乐似闻霓羽奏，天风时拂斗牛寒。
九霄云护秦坛古，千载苔封汉碣残。

① 千：清刻本作“十”。

岁莫登临多感慨，不堪回首望长安。

登岳

实明 廉使

登登泰岳山，乾坤睇只尺。
杖履随云雷，星斗碍冠帻①。
一顾尘氛消，清风生两腋。
再顾心神舒，川源满肝膈。
更服堂倚空，歇马殿射碧。
穹穹南天门，兀兀舍身石。
山舆下高树，鼓吹导前戟。
昏黑抵绝巘，神祠耸天脊。
光灵怖此心，奚翅仰烜赫。
歆飨集万方，山海贮金帛。
一榻枕山阿，松泉和丝革。
夜半东决眥，海底讶日赤。

岱宗

许应元 副使，钱塘人

岱宗肃肃标东纪，绝顶虚传不死庭。
碑忆汉封三观迥，树留秦岱五松青。
阳池日浴深能见，阴洞云流乍可听。
此日风烟聊振夹，休将岘首叹沉冥。

① 履：清刻本作“屦”。

岱宗夫何如，岧峣出云表。
登兹俯蒙绎，吾欲观鲁道。
阙里窈且崇，昔人已阵草[①]。
尚想吴门喻，今知天下小。

同蔡行人登蒿里环翠亭

沓骑青林驻，登台翠甸新。
云山存吏隐，词藻待王人。
花日初停午，兰标欲丽春。
怜君竹溪兴，竟夕对清真。

重过泰山

山城曾试吏，十载更登危。
丘壑心期在，年光鬓发衰。
物情聊对酒，习性尚耽诗。
自是一聱叟，支离似昔时。

泰山别诸门人

朝出乾封门，言涉泮河水。
朱阳丽初晖，征云一何驶。
顾瞻缅夙昔，风景复相似。
鲁山犹在望，吾行自兹始。

① 阵：清刻本作“陈”。

登岳

范瑟 编修，历城人

云河漠漠栖岩畔，风影泠泠十八盘。
玉女泉飞山亦润，芙蓉峰绝暑犹寒。
百年尘世三春梦，万里乾坤一笑看。
暮倚石阑星斗近，不知身在白云端。

登岳

马骈 知州，陕西人

崚嶒泰岳回天地，此日登临慷慨长。
万壑风声喧草木，满山云气湿衣裳。
秦封汉畤形盘踞，鲁甸齐丘势渺茫。
一径渐通天上界，欲从何处问青皇。

怀岱

黄省曾 吴人

齐鲁开东岱，遥空青未休。
长安元带眼，吴会旧含眸。
去待山鸡报，孤看海日流。
稷丘君若在，吾得拥琴游。

同许泰安登蒿里环翠亭

蔡汝楠 侍郎，德清人

蒿里亭元胜，风花春载柔。
还陪仙吏躅，得共白云游。
仗剑莲华净，传杯竹叶浮。

如何葛洪宅，星座俯芝丘。

泰山书院古柏

影接馨香近，声摇户牖清。

空中白云干，海上古龙精。

小憩依春翠，高栖忆凤鸣。

晚来云稍起，神动岳峥嵘。

登岳

高诲 通判，合肥人

翠削芙蓉万朵开，瑞烟缭绕护仙台。

瑶池宴罢金虬去，明月屏空紫凤来。

雨霁归云栖树杪，夜深出日见蓬莱。

向时未到天门上，九点齐州只浪猜。

踏碎芙蓉万壑秋，无端造物与心游。

斗联西北天枢近，海坼东南地轴浮。

凉影月窥云外榻，寒声风满雁边楼。

胸中尘土都消却，一枕清泉不断流。

石梯万折凌大表，层叠峰峦青未了[1]。

巉岩飞瀑半空落，冷溅冰花结林杪。

南天回首眼界阔，烟雾沉沉寰宇小。

兴高渐觉风生腋，岳顶回旋看秦石。

① 梯：原作“拂”，据清刻本改。

俯凭日观望蓬莱，晓浴金乌海波赤[①]。
举头西北神京在，五色晴云时叆叇。
青天可扪星可摘，沆瀣淋漓湿东壁。
欲呼玉帝呈琅玕，山高风露罗衣寒[②]。
渺渺天空下笙鹤，平收宇宙胸中宽。
桃花峪口路深邃，怪石嶙峋悬若坠。
五松呫潢吐紫烟，欲访仙人在何处[③]。
金泥玉检埋秋草，七十二编断遗稿。
寒鸦啼上野棠枝，凉月娟娟山石老。

舍身崖

李炯然 郎中

舍身崖下深难测，每怪轻生世上人。
我亦有身偏自重，舍时除是为君亲。

登岳

成周 主事，无锡人

崔巍泰岳首称宗，睥睨乾坤一顾空。
吞吐烟云迷下界，荡摩日月淬高峰。
秦碑无字名空在，唐刻磨崖藓自封。
逐客穷攀伤往事，不胜癯骨受刚风。

---

① 乌：原作“鸟”，据清刻本改。
② 欲：原作“钦”，据清刻本改。
③ 潢：清刻本作“汉”。

明堂

周津 御史，慈溪人

成周天下八百年，东巡朝会明堂前。
遗址依然孟轲力，到今登眺留真传。

登岳

郑芸 御史

未了红尘事，聊辞白玉关。
披云从月阙，跨鹤下人间。
世味淡如水，梦魂多在山。
留连憩龙峪，何日再跻攀。

登岳

汤绍恩

晓霁天门放远晖，岱灵有约幸无违。
山云拥道迎仙盖，海日开岚上绣衣。
万里舆图收泰畤，九霄象纬拱神扉。
追思千古登封迹，暮霭荒台掩翠微。

登泰山

傅镇 御史

泰殿倚秋山，高开紫翠间。
星轺迎日下，仙掌蹑云攀。
岩立天低宇，晴披曜照寰。
省方惭受简，恭代礼神还。

登绝顶

李纶 佥事

雨霁登临兴转生，群山数点发新青。
风回华表摇空汉，日拥瑶宫逼太冥。
辑瑞尚存虞舜泽，传灯独有鲁宣经。
乾坤俯仰知何际，万里浮槎一使星。

登岳

王廷干 行人，泾县人

泰岳逼中天，登临万象悬。
台观沧海日，殿拂紫微烟。
山水名谁并，乾坤胜独专。
岧峣何可极，摇笔白云连。

绝顶试登攀，风烟缥缈间。
舜巡留社稷，禹凿旧河山。
月宇天门道，芝房青海湾，
英灵穷八极，此地隔尘寰。

二月登山阻雪

刘焘 尚书，直隶沧州人

过眼莺花春未残，再随骢马步山磐。
云浮碧殿炉烟细，雪满苍崖树色寒。
秦岭应怜行路险，汉宫疑似降仙难。
日观峰上瞻东海，空忆飞霞驾彩鸾。

登泰山

王汝孝 编修，东平人

伏晓步层峰，吟眸望转通。
悬崖衔日断，石磴拂云砻。
齐鲁千年秀，乾坤一指中。
禅封昔此地，登眺意无穷。

登泰山

郭鋆 洪洞人

峰峦壁立翠云屯，太极初分此岳存。
郁郁古松蟠御帐，层层石磴接天门。
山桃野杏花争发，曲涧方泉水正温。
秦汉登封遗往迹，归来天色欲黄昏。

登岳

经彦寀 寺副，全州人

岱宗积翠郁岧峣，春日登临上碧霄。
耳畔侧闻天语近，峰头平对玉宸朝。
漫怜弄玉骖鸾凤，会见乘搓犯斗杓。
安得凭虚凌八极，尽将民瘼达神尧。

登岳

仲言永 知州，宝应人

层岩高阁敞晴晖，十载重临梦不违。
玉女献花开雪酿，仙翁留诀进霞衣。
青霄此日瞻三象，碧巘何年筑一扉。

游赏方殷烟月上，风林遥送暮钟微。

玉皇阁

危阁倚层霄，山河入望遥。
天横关塞雁，日抱海门潮。
雾露开朱旆，云霞度碧箫。
自然幽赏契，不用社僧招。

游石屋

林应麟 府同知，仙居人

仙郎雅兴好幽寻，共访仙闾入碧林。
绣壁忽开丹地穴，灵泉疑泄洞天深。
上方云磴空中转，下界烟花望里阴。
愧我支离久漂泊，始从尘世识初心。

游岱岳

浦应麟 编修，无锡人

秀色千峰合，灵源万籁潺。
鲁疆开旷野，禹服奠高山。
星汉当头近，烟云满目班。
悠然小天下，遗迹若为攀。

登岳

杜泰 进士，长清人

寰海雄蟠独此山，金茎瑶草秘封坛。
昆仑西望烟云渺，沧海东连宇宙宽。

元日登泰山南麓

谷继宗 进士，历城人

试笔仙坛柏酒新，谁于草莽识词臣。
南山先祝千年寿，北斗长瞻万里春。
雪抱翠屏鹰自化，云披丹壑鹿多驯①。
王乔终作吹笙侣，不敢乘鸾谒紫宸。

登岳

刘尔牧 进士，东平人

青帝真源迥，霞芬郁律齐。
谷风吹海树，晴日扈山霓。
金阙云边出，玉绳象外低。
谁言坤极小，禹贡尽雕题。

登泰山

陶钦皋 御史，彭泽人

南州秀色结衡庐，泰岳孤雄更不虚。
此日仙灵来剑珮，中天楼观下庭除。
青霞独拥秦松嶂，绛节双悬玉帝居。
石室只今迷往路，侍臣何地访丹书。

遥遥仙使伴村舂，处处天风洒石淙。
涧底总无黄犊饮，峰头长有白云封。
谁怜词客歌春树，慢听山僧散午钟。

① 披：原作“坡”，据清刻本改。

饭对胡麻聊自饷，转来瑶草定相逢。

梦游泰山歌

袁袠 提学，佥事，苏州人

我闻泰岱，五岳之所宗；巍乎高哉，拔起摩苍穹。天门日月相避隐，势压九服何其雄！扶桑碣石眇在下，安论凫绎连龟蒙。宵梦凭陵骑六龙，足蹑列缺驱冷风。扪参历井上日观，飘飘直谒元君宫。白榆赤桂夹御道，中有颜如桃花、肤莹玉雪、绿发皓齿十五双金童。手持灵诀授我读，科斗奇字殊难通。凡胎俗骨不可换，觉来相失沧溟东。朝逢海上青乌使[①]，邀我远游登岱宗。开缄长跪读数过，星文云篆恍与梦寐同。尚平婚嫁未毕累，长卿卧病还书空。何当白日生羽翼，飞上泰岱绝顶第一之高峰。

夏月雨霁登岱

查秉直 郎中，海宁人

朱明过雨静岚氛，岳色霏微共夕曛。
倚杖坐看林下涧，披衣犹拂洞中云。
狮峰瀑布当空泻，龙峪泉声夹岸闻。
谩说新晴供晚眺，九农应是尽欣欣。

登岱

唐禹 按察使，海宁人

玉检藏丹室，瑶台插上方。
攀崖入龙峪，穿径绕羊肠。
石险形疑坠，泉流势欲翔。

① 乌：清刻本作“鸟”。

采明登月观，仿佛见扶桑。

登泰山

徐绅 御史，建德人

曾闻天上玉皇宫，绛节星坛向此逢。
半夜日光摇海色，四时香雾卷天风。
金函玉检通群帝，五岳三山第一峰。
回首下方城郭在，不知云壑几重重。

登岳

吴遵 御史，海宁人

泰岳崚嶒倚碧霄，阴崖白昼自风涛。
西悬鸟道天门迥，东指扶桑日观高。
秦树尚依清跸路，汉坛虚拱玉宸朝。
长安此去应千里，北斗城深睇望劳。

登岳

吴伯朋 尚书，义乌人

泰岳由来一洞天，振衣清晓上危巅。
千年齐鲁登临外，万里江河咫尺间。
汉畤秦封余蔓草，苍松翠柏自云烟。
凌空顿有飞扬意，漫酌流霞唤谪仙[1]。

① 顿：清刻本作“须”。

又次吴初泉韵

蓬玄峭壁插丹霄，龙口飞泉喷白涛。
天入扶桑沧海阔，地临汶济碧霞高。
才登越观思乡国，又恋长安望帝朝。
满眼乾坤俱甲马，不堪南北正疲劳。

绝巘浑疑在绛霄，潺潺流水带松涛。
千岩雨过天光净，三观风寒日色高。
读尽碑崖怜异代，书无封禅感清朝。
春山啼鸟斜阳外，归路崎岖未觉劳。

登岳

方正修 主事，昌城人

岳麓俯凝眺，幻宇尽尘埃。
因忆羡门子，层霄瞰九垓。

陶侃梦八翼，侧身飞云门。
碧霞差亦近，稽首问天孙。

日月悬双弹，乾坤一大荒。
最高峰顶上，端拱王于皇①。

---

① 王：清刻本作“坐”。

登泰山

沈应龙 都御史，乌程人

五岳岱称宗，雄峙齐鲁界。
屹然障东维，中原地气会。
殊方倾仰止，有怀竟茫昧。
秉钺酬夙期，巡历振行旆。
明禋陟危巅，精神原夙戒。
有祷应即随，神功信广大。
亢暵降时雨，彤云布霭霭。
河淤饷道湮，甘泉发清濑。
祇承天子命，实惟神攸赖。
礼成抚清景，六合真可隘。
山空绝尘嚣，悠然闻天籁。
飞仙招我游，乘鸾忽长迈。
授我参玄诀，飧霞吸沆瀣。
日观俯沧瀛，红光吐轮盖。
吴越望中迷，黄河曲如带。
临风拾瑶芝，坐石吟松桧。
秦封与汉畤，残碑荒草外。
吊古复忧时，抚膺增感慨。
北虏犹陆梁，倭夷又颠沛。
稽首问崧灵，何如获康泰。

泰山纪游

曾钧 都御史，钟陵人

名山东峙独崔嵬，千丈灵光接上台。

金削芙蓉迎日出，玉为楼阁倚天开。
炉烟风暖浮秦树，石检年深锁汉台。
一览乾坤空万劫，落霞飞彩入吟杯。

登泰山

雍焯 御史，临洮人[①]

千里齐城仰岱宗，青山盘礴秀穹崇。
峰高日观瞰沧海，岳擅天齐亘域中。
百代登封传盛事，万方香火戴玄功。
清朝一览灵岩上，云净风消旷宇空。

从来闻说此山高，一上崔嵬眼界豪。
龙峪顾瞻出万仞，天门咫尺摩层霄。
升中有表传秦汉，柴望无人颂姒陶。
览贮诸峰睇空廓，云霞茫渺海天遥。

登岳

何廷钰 御史，邵武人

万仞惊看绝巘高，一人登此百人劳。
宿愿已酬民力竭，赏心赢得一挥毫[②]。

探奇此地步丹梯，酌罢闲看处处题。
独忆宣尼登眺后，无言悟教古今谁。

---

① 洮：原作“兆”，据清刻本改。
② 酬：原作“畴”，据清刻本改。

登岳

马三才 御史，仁和人

层峦万仞开新霁，乘暇登临逸兴遍。
山出云重飞鸟外，林深春尽落花前。
天门迢递丹霄路，海日苍茫碧树烟。
十二齐疆门处觅，麦苗盈陇水盈川。

览胜春游万里来，仙宫缥缈入云隈。
秦松披拂仍余荫，汉帝登封空故台。
石壁有辉骚客赋，岱宗无补使臣才。
丹扆白发频回首，惆怅峰头各一回。

玉女池

玉女何年去，名犹在水滨。
云疑画眉客，月似洗妆人①。
风外听鸾珮，天边忆凤轮。
不逢仙子降，空拂镜中尘。

续梦

段顾言 御史，燕人

登登十八盘，忽讶空中行。
轮云今日迹，魂梦昔年情。
松拱一天翠，草生万壑青。此联乃庚子梦中句也。
山灵不我弃，应许定斯盟。

① 画：原作“尽”，据清刻本改。

游泰岳篇

姜良翰 参政，金华人

泰岳突屼中天起，盘礴神州数千里。
鸟道联绵六六湾，龙楼偃卷三千址。
隐隐隆隆宿雾中，锦屏飞瀑编罗绮。
绝壁高攀白玉榆，悬崖俯瞰青螺齿。
更有奇观日观东，扶桑缥渺烟波通。
晴霞荡漾赤玛瑙，晓日震耀青芙蓉。
蓬壶点点逼瑶席，溟渤仅拟浮杯筒。
凌空不觉星辰远，直跨罔象追鸿蒙。
忽然惊雷起山麓，电走星驰振林谷。
须臾日没宇宙倾，万顷风涛鬼神哭。
云迷路险不可登，一步一回愁折轴。
泰岳何岧峣，亭亭阻且遥。
秦皇宫阙烟云迥，汉武旌旗草木彫。
英雄一去豪华尽，残碑断简空寥寥。
我来近自昆仑北，欲向二山访南极。
无端失脚坠皇州，欲归不归长太息。
亦有青城累石居，胡麻饭冷丹炉熄。
南郡苔荒诸葛庐，东山草蔓安公阈。
青壁泻银河，山深长薜萝。
偶从征旆登天阙，琼仙玉女许经过。
未能摆脱归猿锁，且随舞袖歌春和。
山河大地终然幻，世事悠悠何计了。
行植芝田十万畦，应须不负商山老。

登岱

查秉彝 顺天府尹，海宁人

岩岩高插紫冥开，青帝星辰入望回。
芳躅独标宣圣楔，瑶函空秘汉封台。
天连北极千山拱，云拥黄河一线来。
最是生平葵藿志，夜深日观倚徘徊。

九日登泰山

孟洋 大理寺卿，信阳人

泰岳风高不可当，登临况复是重阳。
杯倾下映沧溟色，帽仄平依北斗傍。
鲁甸风云流野日，蓟门鸿雁入烟霜。
雄图盛节俱陈迹，城郭萧萧自八荒。

赠中丞朱镇山巡抚山东

罗洪先 状元，吉水人

青春琼树丽彤庭，玉斧登台鬓未星。
日近泰山多晓色，风行东海少尘冥。
得年不用移齐粟，考牧还闻颂鲁駉。
镇抚正资清净理，片言肯向盖公听。

岱宗

徐文通 参议，永康人

紫气腾空护汉都，山川杳蔼入看无。
乾坤忽合东溟注，日月还临北极扶。

秋色归鸿淹客鬓，清樽过雨对蓬壶[①]。
凭高莫问前朝事，帝子不回空大夫。

登岱

王世贞 侍郎，吴郡人

绀宇虚无岱色边，岧峣飞磴界苍烟。
峰回嶂壑纷相拱，石坼松萝袅自悬。
过雨双龙争玉峡，擘云孤鹫拄青天。
平生故有峥嵘意，识尔应从太始前。

翘首精神欲奋扬，几从开阖见阴阳。
千崖忽敞中原日，六月长飞使者霜[②]。
在昔钧天青帝坐，即今封地白云乡。
还应五岳都游遍，乞取安期火枣尝。

奔崖瀑落拥晴雷，策石驱龙荦道开。
匹练天萦吴观出，金泥日射汉封回。
河流挟雨俄千带，海色摇空仅一杯。
莫向封坛论王气，祗应尘世有仙才。

尚忆秦松帝跸留，至今风雨未全收。
天门倒泻银河水，日观翻悬碧海流。
欲转千盘迷积气，谁从九点辩齐州。

① 秋：清刻本作“山”。
② 敞：清刻本作“敞”。

人间处处襄城辙，矫首苍茫迥自愁。

幞衣吾欲卧天门，中夜凭拦起自论。
半割乾坤悬对抱，低垂星斗乱堪扪。
狂呼六博仙人箸，渴问三浆玉女盆。
为道昆仑更奇绝，还从博望访河源。

壁立芙蓉万古看，削成松桧隐高盘。
中峰翠压徂徕色，绝顶青收碣石寒。
梁甫吟成还自和，茂陵书就欲谁干。
依征倘有吴阊在，欲向秋风问羽翰[①]。

叨从登岱

李嵩 副使，归德人

使者东登太乙坛，云从霭霭汉衣冠。
九霄风动豺狐远，六月霜飞草树寒。
日观俯看人世隘，天门北望帝廷宽。
省方独有匡时略，准拟皇图与泰安。

玉皇顶

王遴 尚书，北平人

每叹苦尘喧，无由脱尘网。
绝顶遂攀跻，始知天地广。

① 征：清刻本作“微”。

日观峰

荡漾涌金乌，岧峣破幽壤。

愿将五夜观，天下同瞻仰。

汉封台

岱宗自古今，武帝空赫赫。

鸾舆西入关，苔藓台中碧。

玉女池

生托黄帝室，道匹昊天妹。

灵泉泻方池，恍忽鸣玉珮。

秦断碣

霸业如流水，雄图似去云。

谁知煨烬后，沦落复斯文。

仙人桥

绝涧架危桥，不见仙人度。

海上几时回，空使昔人慕。

舍身崖

开辟始天地，人生孰不死。

所惜不在身，崖下多豺蚁。

白云洞

造化钟灵窍，兹洞深几许。

不见青鸾回，但见白云去。

十八盘

少负青云想，今上青云梯。

一入天门里，回首青云低。

五大夫松

帝子去不还，大夫空自立。

日暮北风吹，时向沙丘泣。

怀泰山

李攀龙 按察使，历城人

域内名山有岱宗，侧身东望一相从。

河流晓挂天门树，海色秋高日观峰。

金箧何人探汉策，白云千载护秦封。

向来信宿藤萝外，秋底西风万壑钟。

赠殷太史正甫登太山

明堂天子昔登坛，御道风流拥汉官。

海色迥临三观动，春阴不散五松寒。

白云忽向封中出，玉牒谁从箧里看。

此日满朝求禅草，相如早晚入长安。

上宫春色自何年，阿阁神房几洞天。

囊里定携三秀草，怀中曾拟四愁篇。

射牛汉迹今犹在，系马吴门似杳然。

七十二家论祀典，还朝可奏圣人前。

和魏使君扶侍游太山

中天詄荡敞天门，上帝楼台拱帝孙。
五马并临吴观重，诸峰独让丈人尊。
秦松忽借苍颜驻，海日遥衔紫气屯。
可道黄河看似带，须知西北是昆仑。

岱宗

李先芳 少卿，濮州人

十八盘高拥帝都，徂徕梁甫众争扶。
神女来游明月嶂，仙人对博泰山隅。
天鸡唤日浮三岛，海鹤巢松遍五株。
欲草相如封禅疏，汉家坛观久荒芜。

岱宗绝顶玉皇祠，云起天门杖屦迟。
汉畤秦封行处是，石闾瑶草至今疑。
日衔三观金银阙，天泻明河玉女池。
晓向虚空探海屿，扶桑真见水中移。

登岱岳

王绍元 御史，金溪人

蕊宫珠阙郁嵯峨，门倚青天挂碧萝。
锁断半山环日月，望穷千里带江河[①]。

① 江：原作“工”，据清刻本改。

秦坛玉气崇幽渺，汉纬金书射太和。
昭代圣王皆舜禹，喜无封事入山阿。

修岱庙视工

孙应奎 左布政，余姚人

拾级登登上泰岑，万峰罗地白云深。
调琴涧落天河水，积翠台分月树阴。
薄海纵观同物兴，中台成位两间心。
更宾日驭开长夜，独倚高明望孔林。

告岱即事

魏良贵 按察使，新建人

杖策高寻玉女峰，披云始见碧霞宫。
山含雨意岚光动，日射天门紫气重。
绝壁虚疑存汉迹，断碑何处觅秦封。
凭高举手运六合，宣父遗踪在眼中。

登泰岳

杨宗气 按察使，陕西人

巍巍泰岳镇齐东，此日登临天地空。
西尽函关云岭直，东来海渤晓霞红。
秦碑虚无凌霄上，鲁殿参差在眼中。
时有幽人骑白鹿，乘风便欲驾青骢。

登泰岳

裴绅 提学副使，蒲州人

三十六盘何崄巇，晓来登眺自忘疲。
眼看山顶疑无路，身在云端不自知。
嬴氏五松宁故物，唐人千仞有磨碑。
古今兴废只常事，金简玉函亦太奇[①]。

登泰山

王教 副使，华亭人

泰山之高何奇哉，三十六盘路萦回。
金乌半夜海底浴，碧桃千树池边栽。
秦松汉柏供御帐，金简玉笈余经台。
瓣香春仲肃拜礼，和风晴日天门开。

登泰山

牟朝宗 副使，宾州人

岱宗奇峭倚天东，册府封题礼数崇。
齐鲁地偏形独胜，古今时异仰皆同。
荒台人指秦皇碣，幽壑松蟠宋帝宫。
几欲寻源浑未识，凭高万里御长风。

---

① 玉：原作“上”，据清刻本改。

谒岱

查秉钺 评事，海宁人

泰岳岩岩夙有名，独看今日佑神京[①]。
润流漕济时联橹，领袖云亭近作屏[②]。
霖雨崇朝覃帝泽，扶桑晓日溥天明。
谁将两腋成双翅，飞上峰头入太清。

泰山顶上作

愈宪 参议，无锡人

迥绝使人惧，古今称岱宗。
沟涂分汶水，丘垤俯群峰[③]。
晴盖时沾雨，风云屡荡胸。
乾坤归壮丽，台殿入春容。
指顾青齐小，回看邹鲁重。
荒碑秦代迹，废畤汉人踪。
仰止酬初服，登临逼晚钟。
幸逢恭己日，无复议东封。

登日观

赵勋 佥事，番禺人

月明道士灵岩来，夜半重登封禅台。
银汉中天看斗北，金波浮影报旸回。
火山乍见焚东海，曦驭俄惊耀上台。

① 京：原作“凉”，据清刻本改。
② 润：原作“汌”，据清刻本改。
③ 垤：原作“垰”，据清刻本改。

万里未光呈瑞气，赤霞红涨望中开[①]。

登岱

曹金 侍郎，祥符人[②]

雨后朝晖静岳坛，百年临眺属春残。
初经帝帐方壶晓，渐入天门宇宙宽。
双引管箫通玉阙，遍寻封禅倚云磐。
瑶台古寺清尊晚，看竹吟风兴未阑。

霜节凌烟坐翠微，翛然恍与世相违[③]。
数声清磬飘何处，几片闲云照客衣。
玉女池连春草动，仙人鹤傍彩霞飞。
叠峦惟许山僧住，一任莺花对落晖。

登岳

项守礼[④] 知府，奉化人

帘洞更衣入紫霄，风吹御帐起松涛。
羊肠鸦背盘盘曲，龙口天门节节高。
过化楼前怀往哲，登封台上慨先朝。
何当抛却尘寰虑，乘兴重来不惮劳。

---

① 未：清刻本作“朱”。
② 郎：原作“即”，据清刻本改。
③ 翛：原作“备”，据清刻本改。
④ 项：原作“顷”，据清刻本改。

登泰山

朱应奎 知府，丹徒人

我昔曾过泰岳前，未暇登眺即言还。
岂独山灵笑我俗，胜事相孤亦怅然[①]。
今日重来须纵目，揽衣直上山之巅。
不妨举手近天日，但教稳步渡云烟。
天仙地迥碧霞绕，日观台高紫气联。
隐隐尤可辨冈岭，茫茫何处觅桑田。
身迹恍如尘世外，光景疑为混沌先。
更欲凭虚何所往，人生即此是登仙。

游泰山宿碧霞宫公馆

陈中 知府，沔阳人

游览乘闲过岱宗，跻攀曲蹬几千重。
未从绝顶耽清兴，已听群山度晚钟。
寒夜暂将丹灶访，洞门讵许白云封。
悠然借宿石床月，肯数华阳第二峰。

岱岳登望

刘玺 按察使，唐县人

尝闻东岳峻，今上最高峰。
吴楚苍茫外，燕齐指顾中。
罡风时振袂，灏气忽横空。
不道尘寰迥，翻疑仙界通。

① 相：原作“泪”，据清刻本改。

登泰山

王贵 运同知，清江人

绳牵布裹筚舆轻，险绝能消半日程[①]。
汉柏秦松空往迹，孔登孟语此经行。
沿崖忍见逃亡屋，蹑蹬惭闻怨怼声。
惟有七十二泉在，愿言常润汲王明。

遥参亭 旧名草参，老亲参政分守时改云

吕颙 登州知府，陕西宁州人

参亭人共挹，易草以遥名。
岂为投香纪，还肃谒礼诚。
碧檐春日丽，金栋晓云轻。
瞻拜缘分牧，临风重感情。

祖殿暂憩

趋庭忆往日，登览廿年前。
宿雨青岩媚，光风白鸟翩。
桥危云共度，壁迴日相联。
羽盖聊为问，赤城列广仙。

登岱岳

曹大同 署丞，通州人

宗岳磴盘高造天，翻从下界见云烟。
登封汉跸余风景，表记秦碑空岁年。

① 筚：原作“笔”，据清刻本改。

绛节香飘龙虎驭，玄坛寒切斗牛缠。
微茫八表浮元气，较似身游太古前。

登泰山绝顶

周怡 司业，宛陵人

山头上下界殊分，大地琼瑶云浪文①。
崖壁苍苔古蝌蚪，松萝紫气日氤氲。
九州星野尽双目，万里封疆只片云。
到此方知天地大，超然身在列仙群。

登泰

桑绍良 经魁，濮州人

岱岳曾闻天与齐，振衣今始遂攀跻。
白云护洞龙初蛰，黄叶围山鸟正啼。
玄女宫深连别屿，玉皇祠迥接层梯。
正惭落魄淹尘壒，石室清幽欲暂栖。

乘风直上绝高巅，回首层霄四望悬。
密树霜中凋欲尽，群山天际断仍连。
半生胜览元非偶，万仞平临俨若仙。
举目虚惊红日近，长安犹在暮云边。

① 云：清刻本作“雪”。

登泰

苏本 前府经历，濮州人

岱岳嶙峋插太空，抠衣柱杖入云中。
五松树老龙鳞古，三观峰高鸟道通[①]。
势逼星垣倾宇宙，青分齐鲁失龟蒙。
只缘捧日丹霄上，早望扶桑碧海东。

登泰

桑正衍 举人，濮州人

攀云上石盘，涧壑耸奇观[②]。
汉字经沉水，秦松帝拜官。
海光笼晓日，岚色护层峦。
随意凭虚眺，乾坤眇一丸。

登泰山 二首

苏濂 巩昌府通判，濮州人[③]

嶙峋岱岳迩蘧庐，紫翠芙蓉削太虚。
秦汉侈心余时垒，青徐平野到阶除。
勺水扶桑明子夜，五云绝顶见宸居。
探囊但有游观赋，吮笔曾无封禅书。

山梯斜日俯高舂，石涧春泉响碧淙。
巡狩翠华松自拱，明禋遗迹玉常封。
扫云客坐前峰月，冒雨僧归下界钟。

---

① 五：原作“正”，据清刻本改。
② 奇：原作“可”，据清刻本改。
③ 通：原作“近”，据清刻本改。

游子襟期今稍适，飞仙环珮倘相逢[①]。

日观峰

殷盘 中秘，济南人

东望扶桑国，茫茫海水沄。
波涛摇紫气，岛屿乱红云。
河汉星犹灿，乾坤画已分。
大观天尽处，碣石独为群。

登岱

徐琳 运同，华亭人

崎岖登岱岳，长啸思悠悠。
带与河流细，杯同海色浮。
炉烟秦树袅，石检汉台秋。
那得尘缘尽，常随白鹿游[②]。

登岱

朱明时 华亭人

岱岳登临第一峰，山灵秀出紫芙蓉[③]。
古碑犹有秦皇迹，御辇曾来汉帝踪。
屈曲天门晴雾霭，崔嵬日观瑞烟浓[④]。
自惭那得相如技，敢谓才堪草禅封[⑤]。

① 襟：清刻本作“襟”。
② 白：原作“曰”，据清刻本改。
③ 芙蓉：原作“芙容”，据上下文义改。
④ 瑞：原作“端”，据清刻本改。
⑤ 惭：原作“祈”，据清刻本改。那：原作“隔”，据清刻本改。

岱史第十七卷

登览志

皇明 嘉靖甲寅以后迄今，诸名公及文人题咏，仍旧志例，以世次序

夏日登岱喜雨霁

李春芳 大学士，扬州兴化人[①]

披豁烦襟度碧空，忽逢青帝驾长虹。
彩烟半卷虬湾雾，霁色全开龙峪风。
今古壮怀夕照里，乾坤生意黍苗中。
岱宗自是饶皇祐，时雨时旸总化功。

登岱

高拱 大学士，新郑人

岱宗神岳势嵘峥，东镇齐封百二城。
云卷洞门时欲润，日华旸谷晓偏明[②]。
虞廷首望仍今古，尼父崇登著姓名。
我欲御风凌绝顶，手提星斗运玑衡。

登岱

高仪 大学士，钱塘人

诸岳崚嶒一岱宗，天门迢绕碧芙蓉[③]。

① 扬：原作“场”，据清刻本改。
② 时：原作“持”，据清刻本改。
③ 碧：原脱，据清刻本补。

御坪有路仍回马，石表无文怅祖龙。
星斗平悬玉帝观，乾坤不老丈人峰。
夜阑红日升沧海，咫尺蓬瀛第几重。

登泰山

吴岳 尚书，汶上人

嵚崟叠嶂逼苍穹，深谷回岩烟雾通。
挂壁寒泉飞涧白，拂云秋树入霜红。
秦松欹石龙鳞古，汉碣沉苔鸟篆空。
绝顶振衣思太始，偶看朝日见鸿蒙。

云磴斜悬碧涧回，松枝低拂紫岩开[①]。
人穿鸟道烟峦迥，路转羊肠风壑哀。
地接太清瞻斗极，眼随旭日望蓬莱。
旷游一晤浮生梦，好谢纠纷卧石苔。

游青帝观

洞门梵宇秋云细，青帝离宫烟树齐。
虚谷人声飘翠壁，寒空雁影落丹梯。
穷探仙迹荒坛隐，深入禅林野径还[②]。
清赏不违幽兴远，欲寻石室伴僧栖。

① 斜：原作“斜”，据清刻本改。
② 还：清刻本作“迷”。

登泰山

刘自强 尚书，扶沟人

茫茫沧海半山寰，天壁跻攀步步艰[①]。
顿觉风云生足下，却疑身世出人间。
鬓颜看镜惊将老，廊庙悬情未许闲。
暂息尘踪随谢屐，蓬瀛洞里探仙关。

登岱

朱衡 尚书，豫章人

悬磴盘梯天路长，高空云雾湿衣裳。
金银宫阙知邻近，鸟自嘤嘤花自香。

玉虚宫殿元孤秀，夜半探奇独自行。
玄鹤遥闻乘月度，白云近见与沙平。

登岱

马森 尚书，福建人

五岳由来独岱宗，层峦杂树翠交浓。
盘回石磴天门道，缥缈烟霞日观峰。
巨镇已摽存舜典，断碑何事数秦封。
登临不尽高山意，尼父当年有故踪。

宿岱顶道房

碧霞宫伴小幽居，云外山低若太虚。

① 沧：原作“苍”，据清刻本改。

玉女池中泉最洁，丈人峰上雪偏疏。
坐看浮霭浑成幻，睡觉清真更寂如。
夜半四空无色界，月明正好入阶除。

东平道中望岳

尹台 尚书，永清人①

巨岳盘东土，高穹碍列星。
鸿蒙摽地纪，峻极抗天庭。
辑瑞虞巡肇，刊山夏载经。
灵仙遗蜕迹，岩户莫长扃。

神功稽古牒，七十二君王。
旷矣兹山禅，荒哉往代章。
烟迷秦畤远，云出汉封长。
借问当年物，言余松柏苍。

大野围春气，群峰杳霭攒②。
芙蓉开晓日，秀色若可餐。
夜月流金殿，朝花泫壁坛。
云骖谁共驾，矫首一悲叹。

结发怀幽尚，名山思遍寻。
久传《梁甫曲》，还忆《泰山吟》。

---

① 清：清刻本作“新”。

② 峰：原作“峄”，据清刻本改。攒：原脱，据清刻本补。

萦启丘中好，安期海上心。
九州多狭径，此地可投簪。

长风吹羽腋，吾欲上天门。
躧履丈人石，晞衣玉女盆。
乾坤睨阖辟，日月玩朝昏。
归访巢居子，深情未可论。

岱宗千里色，鲁甸接胶齐。
海日扶桑近，天风若木低。
东皇衣任把，北斗杓堪提。
举手招仙侣，碧霞听晓鸡。

神岳岩岩立上方，仙宫赫赫照东皇。
秦松汉柏盘天地，玉简金函纪帝王。
一柱擎空龙踯躅，三峰倒海凤飞扬。
举头仿佛云霄上，臬窕春云捧建章[①]。

赴南都登东岳

杨巍 尚书，海丰人

驻马登东岳，凭高辨四溟。
始知人世小，不断此山青。
楼阁秋孤出，川原昼杳冥。
将寻孙复隐，忽忘有严程。

---

① 上：原作“工”，据清刻本改。

梁父名仍在，登封事不磨。
逢人寻古迹，览胜欲狂歌。
匹练吴门近，丰碑汉代多。
还能舒老眼，万里见沧波。

登岱

张佳胤 尚书，铜梁人

张衡曾赋《四愁诗》，东望相从及此时。
翠壁千盘随杖转，丹梯一线自天垂[①]。
瑶函偶拾神人字，绛节高居玉女祠。
囊里按图分五岳，真形微被地灵窥。

青空寒露滴芙蓉，拄颊天门倚岱宗。
汉草相传司马笔，秦官犹寄大夫松。
参差三观疲双目，巀嶪千岩籍短筇。
方内名山探欲遍，晚年始遇丈人峰。

天鸡听罢曙将分，剑倚峰头接斗文[②]。
仿佛白知山下水，升腾红放海东云。
烟霄身拥三千丈，封禅书传七十君[③]。
怪底衣裾常五色，由来岳气已氤氲。

日月双从岱顶悬，每依帝座挽青烟。

① 杖：原作“杕”，据清刻本改。
② 斗：原作“十”，据清刻本改。
③ 传：原作“侍”，据清刻本改。

秦碑突兀青天上，仙岛微茫大海前。
寓目好看吴苑马，俯身那辨汶阳田[①]。
山中纵失襄城驾，犹胜风尘在市廛。

偶憩白龙池

陈经邦 尚书，蒲田人

百丈寒潭浸碧峰，玉龙于此閟灵踪。
即今齐鲁青无几，何日嘘云慰万农。

登岱

寰中岳镇此尤尊，今古岩岩鲁望存。
半岭晴阴分气色，双峰日月互朝昏[②]。
瑶池自昔来王母，金阙何年下帝孙。
闻道探龄曾有筴，愿将万祀授黄轩。

缥缈天门冠万峰，攀跻弥觉翠微重。
山悬碧落无孤鸟，壑抱寒涛有五松。
春月久虚虞代狩，昼云犹起汉时封。
神房阿阁深何处，欲向安期一问踪。

揽胜凌高岳势穷，乾坤俯仰一鸿蒙。
齐州点点晴烟外，鲁阜微微落照中[③]。
千里黄流萦不尽，三山银阙涌还空。

① 阳：原脱，据清刻本补。
② 岭：原作“领”，据清刻本改。
③ 烟：原作“煋”，据清刻本改。

登临未解宣尼意，自许沂雩舞咏同。

杖策高登叩帝关，振衣长啸隘人寰。
眼摇泱漭三千界，身在昆仑第一山。
桑海几人经变换，蓬壶诸圣自飞还。
朱颜白发须臾事，回首浮名好是闲。

偕张、焦二郡倅游石经峪

未尽探幽兴，相携复此行。
勒经谁氏手，秉烛故人情。
夕嶂林霏合，春泉石漱鸣。
高山与流水，恍忽听遗声。

请告东归，春日登岱

陆光祖 尚书，平湖人

拂袖清朝赋远游，岱宗物色动昊钧。
春风花鸟朝阳洞，晓日烟霞王母楼。
御帐当年经帝辇，明堂胜迹想王猷。
探奇吊古情何限，匹练乡关兴独悠。

登泰

诸大绶 状元，山阴人

碧霞宫上最高岑，秦汉封台草莽深。
落日荒荒留返照，飞云片片过轻阴。
因嗟万世无穷计，疑是秋风未悔心。
独去平台浑廓落，一声清磬出云林。

熙熙春意万方同，忆我来瞻青帝宫。
野色带烟时变化，山光无雨亦洪蒙。
东南白练迷天外，西北红云入望中。
却怪五松留晚翠，只应翻照石屏空[①]。

岱宗吟

王弘诲[②] 侍郎，海南人

我寻青帝问真源，至人邀我登天门。天门高高在何许，乃在咸池之阳、岱宗之址。石蹬悬纡十八盘，云根磅礴九百里。厥初浑沌谁为凿，二仪中分列五岳。帝遣太皞奠此方，岩岩巨镇雄寥廓。洞天福地倚崔嵬，层霄万叠芙蓉开。黄河如带，渤海一杯。半夜见晓日，中岭兴云雷[③]。齐州九点苍茫若可辨，吴阊匹练指碧空而惊猜[④]。噫吁嚱！泰山之高，其不可极也如此，使人登之飘飘乎若御冷风而超尘埃。忆昔登封七十二氏[⑤]，厥有虞周其名最著，秦汉以还此义微。金泥玉检纷兹瘞，只今作者知何地。树亦不能为之留，碑亦不能为之记。惟有岩前倏忽变幻之白云，领略兴衰千古意。悠悠往事难具陈，振衣聊此朝群真。遥见玉女池前香馥郁，仙人洞里气氤氲。霓旌绛节交缤纷，云是玉青大帝、碧霞元君，使人对此摇精魂。斋宫祝釐，祠官秩礼，嬴女吹箫，冯夷击鼓，灵芝来兮锡予祉，望而不见兮逍遥容与。傍有青鸟使，授予黄庭经。览之殊未了，倏忽还空冥。踌躕胜览意何已，鞅掌尘踪未停轨。何当晞发长兹游，回头看谢朗然子。

---

① 怪：原作“恠”，据清刻本改。
② 弘：清刻本作“宏”。
③ 岭：原作“领”，据清刻本改。
④ 碧：原作“穆”，据清刻本改。
⑤ 忆：原作“意”，据清刻本改。

登岱

石磴丹梯入紫宫，寰中五岳最称雄。
登封七十传前古，浩劫三千接阆空。
松老尚含秦代雨，桃深拟有晋人风。
寻幽直到蓬莱顶，胜览乾坤兴未穷。

岳顶高居上帝尊，东南王气俯中原。
白云缭绕千峰合，翠石崚嶒万壑奔。
宵涌金乌来海市，暮穿瑶鹤过云门。
谈天未道邹生诞，九万扶摇信可论。

人间信自有丹丘，汗漫聊从此地游。
玉检金函空寂寞，琪花瑶草自春秋。
射牛不用儒生议，望马堪从圣迹求。
一自大观归老眼，寻常指点遍齐州。

咏丈人峰

高标独立向天门，气象岩岩仰止存。
五岳曾闻岱宗长，诸峰应是丈人孙。

咏日观峰

五夜峰前曙色浮，瞳瞳先出海东头。
谁将赤手扶羲驭，早向人间照九州。

咏玉皇顶

缥缈丹梯入九重，玉皇于此秘灵踪。

寻真直上朝元殿，身在蓬莱第一峰。

咏吕公洞

青蛇拂袖气横秋，玄洞留题可自由。

莫道红尘人少识，松边隐约见华州。

咏大夫松

二世山河已改移，五枝犹冒受封时。

昂藏应愧虚名污，贻笑商岩四紫芝。

咏桃花峪

流水晴悬碧涧霓，桃花春似武陵溪。

东方自拟随王母，纵少渔郎路不迷。

舍身崖歌 有序

张位 侍郎，豫章人

余登舍身崖，夜梦神人谓愚民舍身可悯，命余止之，已告有司为禁谕矣。复作诗一首，词取近俗易晓，将以救千万年无辜生灵也。诗曰：

人生实难胡乐死，子欲报亲亲念子。

养老送终若无托，大是不孝灭天理。

或有无聊祈后身，更望莲花佛会人。

富贵多忧乐是苦，见身清净便登真。

万仞身轻一鸟落，骨肉为泥魂渺漠。

女愧成名清风崖，男非丧魄天禄阁。

东岳苍苍德好生，谁哉作俑诬神明。

乘云托世转相诳，千秋万祀坑愚民[①]。
我今作歌劝来者，神人梦授语非假。
泰山鸿毛宜自思，珍重此身莫轻舍。

抵岳遇雨

杳霭寒云暗碧岑，松萝岩壑翠增深。
山灵欲试登临兴，朝雨聊坚去住心。

登岳

万仞丹梯隐薜萝，层霄仰止郁嵯峨。
长松鹤唳烟云古，上洞龙藏风雨多。
金马陆沉无不可，彩鸾消息竟如何。
岚光变幻殊今昔，徙倚流驹逝急梭。

过大龙峪

浮云万里结秋阴，飞瀑千寻度远林。
每怪登临风雨骤，芙蓉匣里作龙吟。

登岱宗有述

道人风抱烟霞骨，万累消除只爱山。
赤绂长拘真浪迹，丹丘一到便开颜。
秦封汉禅古碑在，秋草春花仙境闲[②]。
五岳平生从此始，劚苓甘老白云间。

---

① 诳：原作“狂”，据清刻本改。
② 花：原作“袍”，据清刻本改。

宿岱顶晓晴

天风一夜净烟霏，星斗檐楹灿紫薇。
千仞振衣空六合，群峰罗列兢朝辉。

登日观峰

烟雾茫茫海色冥，扶桑一线破葱青。
重渊瑞射禺夷宅，八极春先太乙庭。
琼岛浮苍遥莫辨，金轮辗碧迅难停。
不因高处曾开眼，甘与红尘梦未醒。

过暴经石

乱石岩前蹲虎豹，鸣泉涧底隐龙蛇。
世间多少清幽境，常被红尘对面遮。

五言古风

何源 侍郎，江西人

高出千盘岭，危攀万丈梯。
眷瞻无极上，仿佛与天齐。
祇见苍茫阔，平临法象低。
半山双鸟翼，是处几松枝。
巀嶪芙蓉削，巑岏虎豹驰。
水帘龙卧稳，瑶圃鹤归迟。
宫阙参差迥，星辰远近垂。
白云随地起，紫气夕阳迷。
复道天门险，层崖铁石敧。
未秋凉荐爽，不夜月流辉。

身世游无际，山川应有知。

高坚师鲁道，璧立仰邹仪[①]。

虞祀先从岱，秦封漫有碑。

登临多感慨，吾自振吾衣。

登日观峰观海

凌寒恣登眺，迎曙坐岧峣。

霞彩绚以烂，阳精红欲烧。

扶桑轮乍转，天际海初潮[②]。

不定金波沸，还看镜影摇[③]。

万方将起溟，此处已先照。

未许羲和驭，徒怜夸父劳。

周天行度疾，当午大明朝。

况属阳方长，忻逢泰始交。

微臣何以祝，海日效刍荛。

登岱

于慎行 侍郎，东阿人

终古名山奠大东，每从云汉望穹崇。

千峰明灭天高下，万壑晴阴气郁葱。

星土盘回元化转，仙闾缭绕百神通。

真游五岳还应遍，首蹑烟萝上碧空。

---

① 璧：清刻本作“壁”。

② 扶：原作“怢”，据清刻本改。

③ 摇：原作“愮”，据清刻本改。

玉阙朱楼万仞端，六龙辇道倚巑岏。
悬崖翠磴云中转，叠嶂红泉树杪看。
海色昽曈三观晓，秋声萧瑟五松寒。
天门咫尺君应见，比似人间路更难①。

忽出尘寰赋壮游，试从九点辨神州。
浮云直上千峰色，落日常悬万里秋。
紫塞东临沧海断，黄河北滚大荒流。
秦封汉禅成丘土，留与人间不尽愁。
倚杖高临万玉峰，氤氲陆海散芙蓉。
寒声半落天中雨，暝色低催涧底钟。
金检谁探秦帝策，白云犹起汉时封。
君看十二侯王地，能出神宫第几重。

绝顶秋高上帝宫，茫茫一气俯寰中。
地盘河济三州尽，天入秦吴万里空。
玉阙光连星斗上，丹峰影落海门东。
亦知真宰多相籍，许倚烟霄两剑雄。

万仞瑶坛冷夕曛，斗边三十六天分②。
仙人洞府悬双阙，玉女神房切玉云。
游客自成梁父叹，词臣不草茂陵文。
东皇旧握群生纪，海国山河翊圣君③。

① 咫：原作“只”，据上下文义改。
② 曛：原作“矄”，据清刻本改。
③ 山河：清刻本作“河山”。

三峰东望亦雄哉，海色遥看万里开。
三岛春波涵日月，五城仙气吐楼台。
酒边影吸金银动，杖底云飞紫翠来。
烟水茫茫徐福去，至今不见报书回。

上宫夜色冷漫漫，月转层霄十二栏。
大地河山银作海，中天楼阁玉为坛。
虚无灵境箫声断，缥缈秋光练影寒。
仙掌芙蓉看欲近，转从北斗识长安。

日观峰歌

岱岳峰头一片石，天见杳杳遥空碧[①]。
我来夜扫石上云，未明看见海中日[②]。
日出海东几千里，茫茫不辨云与水。
天鸡喌喔海上啼，东方霞气半边紫。
忽然潋滟玻璃翻，一泓捧出赤玉盘。
长绳斜挽不得上，半时方到扶桑巅。
扶桑枝叶成五色，海水明灭一线白。
日东云气如连山，目中欲识鲛人国。
平明日高海水干，满天翕赩红气团。

三山金阙流安在，六鳌背骨秋霜寒。
忆昔秦帝东封年，欲浮海水游灵仙。

① 见：清刻本作“光”。
② 海中：原作“十”，据清刻本改。

驱石作桥不可涉，金支翠羽空西旋。
几时得见海中出日三千丈，脱屣妻子如浮烟[①]。
眼前未生信豪士，侧帽大叫石上眠[②]。
我亦欲取巨石填东海，挥戈且止羲和鞭[③]。
六龙不停日如矢，仰天呜呜酒热耳。

曝经石

朝下天门关，夕憩曝经石。
此石自何年，斜倚万仞壁。
叠嶂洒飞流，匹练十余尺。
水底玉篆分，了然成鸟踪[④]。
其文乃上古，读之茫不识。
谁参雪窦榫，永示金仙迹[⑤]。
渌池低宝树，宛见祥河出。
兀坐听潮音，洗耳心方寂。

夏月同寮友登岱

詹仰庇 少卿，安溪人

携手薰风跨紫鸾，丈人峰上振云翰。
烟消日观千山晓，人在天门六月寒。
封禅台高闲不扫，磨崖碑古蚀谁看[⑥]。

① 屣：原作“屣”，据清刻本改。
② 眠：原作“抈”，据清刻本改。
③ 戈：原作“弋”，据清刻本改。
④ 踪：清刻本作“迹”。
⑤ 榫：清刻本作“禅”。
⑥ 封：原脱，据清刻本补。

独怜尼父遗踪在，手摘芳茗荐杏坛。

雨霁会饮挟仙宫

凌霄披翠八窗开，冠盖疑从天上来。

座绕山光摇剑戟，雨余霁色动楼台。

还将石溜调歌管，更摘峰霞入酒杯。

壮观生平今更几，坐升海日共徘徊。

九日登泰山过游普照寺有怀

李杰 翰林学士

半林残日映崔嵬，上有孙公旧讲台。孙明复先生存日讲学于此。

竹帛销沉书院废，鼓钟镗鞳梵宫开。

酒倾秋露浮杯满，曲送春声入座来。

清景留人归路晚，碧云红叶拥山隈。

观日

张元忭 状元，山阴人

星河耿耿霁高秋，日观峰头送远眸。

曙色未分青嶂出，海云初动赤光浮。

俄看明镜离三岛，即拟红轮遍九州。

畴昔登临余怅望，奇观不负此来游。

重登泰山

三年两度游东岳，此度来游景愈奇。

序属清秋消瘴雾，人于绝顶指华夷。

扶桑日上鸡初唱，绛阙风高鸟不居。

俯仰混茫浑一笑，只今悟劫未分时。

登泰山

张一柱 翰林谕德，祥符人

五岳今登第一区，斋心先为礼肩吾。
书从汉世传司马，松自秦时作大夫。
叠嶂崚嶒分日月，片云咫尺蔽蓬壶。
行行莫讶停车立，问有山阴泣妇无。

岱岳称雄昔所闻，振衣万仞若为群。
浮尘迥隔三千界，故老犹传七十君。
地轴东来连绎绎，天门南眺失云云。
秦松汉畤皆陈迹，几度苍峰锁暮曛。

翠壁丹崖不厌游，炎蒸伏暑即清秋。
援琴且为歌三乐，对酒无劳赋《四愁》。
冉冉云侵衣袂湿，曈曈日射海天流。
吾皇久却东封事，年少相如自白头。

缥缈烟霞满径中，冷然钟磬度瑶空。
东皇自宰青阳地，玉女高居绛节宫。
苔翳断碑余鸟迹，身依元气破洪蒙。
逍遥剩有蒙庄兴，何事乘虚一御风。

冬日登岳

贾三近 都御史，峄阳人

游目高寒处，群山拥岱宗。
登封迷汉草，阅历有秦松。
万壑烟岚合，诸天紫翠重。
肩舆明月下，上界已闻钟。

石表歌

胡汝桂 少卿，金乡人

天门崔巍云缥缈，翠巘叠峰争玄巧。
千崖万壑骇人目，竟日看山山未了。
夜半举手摩星辰，高歌日观看日晓。
山巅独有一柱石，浑浑洁素插天表。
藏锋敛锷若太拙，震摧风雷不倾倒。
傍人妄说秦时碑，熟视空空益窅窅。
到此胸中一字无，翻见磨刻尽潦草。
至人从来貌若愚，安得繁藻一清扫[1]。
今古登临多少人，信惟孔子天下小。
太乙留此泄玄机，拄杖乾坤永不老。

途中梦雪纪之

白雪来玄贶，灵恩不用猜。
知天分玉液，为我洗尘埃。
径滑瑶添砌，岳尊琼作台。

① 来：原作“末”，据清刻本改。

春雷忽变化，霖雨润苍苔。

登山喜雪

灵山瑞雪郁盘旋，送我瑶池几洞天。
玉宇光涵紫雾合，琼楼色迥太清连。
空传阆苑十洲界，不羡昆仑万里仙。
虚向乾坤成造化，春融齐鲁庆丰年。

大夫松

悬崖绝顶见孤踪，直干凌霄翠影重。
千古清风宗岱岳，独怜一旦受秦封。

宿山漫题

石蹬崚嶒半接天，巍巍庙拜碧霞仙。
白虹挂巘晴飞雨，紫气笼峰晓带烟。
拄拄昆仑日月下，槎临沧海斗牛边。
清霄绝顶闲来往，夜半鸿蒙象帝先。

泰山偶作

陆树德 都御史，松江人

一笑俯诸山，来疑缥缈间。
云霞卑吐布，霄汉近跻攀。
沧海杯堪酌，黄河带与环。
登高惭未赋，空自豹窥斑[①]。

① 惭：原作“渐”，据清刻本改。斑：原作“班”，据上下文义改。

日观峰观日出

贾梦龙 光禄卿，峄阳人

日观峰头立，明霞散绮红。
千山冰雪界，万国水云中。
倒影乌翻海，升霄珠丽空。
肩舆催客起，赖有上方钟。

登泰山

屠羲英 太常卿，宛陵人

邹鲁相承几百年，泰山沧海自依然。
登临谁是真男子，一脉于今论后先。

五十余年尘土梦，为谁驰逐为谁还。
醒来太华观沧海，独抱丹轮宇宙间。

登岱

余孟麟 榜眼，祁门人

海气高褰岳色寒，天门西望接长安。
瑶梯尽向烟中挂，灵薤堪从石上餐。
谁道传声非汉畤，尚余封树是秦官。
凌风欲跨苍龙去，花落星坛露未干。

六传飞扬十二城，采风兼作采真行。
当檐日月窥琼箓，入夜琅璈礼玉清。
虎涧乱泉为雨泻，鲸楼怪石作钟鸣。
登封坛古神君在，惯有吹笙待鹤迎。

名山漫忆昔年逢，此日遥怜骢马从。
飞盖影摇红海日，题诗字杂白云封。
悬知雅意寻经石，别有深情寄敕松。
咫尺相闻不相接，凭轩时一望高峰。

登岳

徐贞明 尚宝，少卿，江西人

尘迹年来倦自羁，脱身幽讨意全怡。
腾光父老栖空谷，乘鹿真人翳紫芝。
稍觅微踪知汉畤，都无一字是秦碑。
中宵浴日悭今赏，万里同云总是奇。

秦松

历劫遗踪半已芜，青松何自尚堪娱。
疏枝斜映千岩远，秀色高悬万壑孤。
已向天门雄特立，亦从御帐俯前驱。
岁寒不改贞心在，世上浮名说大夫。

登泰山归途遇雪纪咏

盛唐 御史，嘉禾人[①]

峻极巍巍仰岱宗，翠华浮绕绝尘踪。
眼前近觉乾坤窄，海外遥观日月通。
云锁水帘龙喷沫，雪封御帐马回鬃。
观风便了登临兴，愿祝山灵永镇功。

---

① 禾：原作“采”，据清刻本改。

初至遇旱躬赴泰山祈祷

李戴 山东巡抚，都御史，廪延人

忧民无计意悬悬，为叩山灵陟岳巅。
风送雷声摇栋宇，云蒸雨色满山川。
纷纷万壑垂飞练，隐隐千峰锁翠烟。
安得甘霖遍九有，农家到处庆丰年。

登日观峰

日高万里迥无尘，犹借沧溟日日新。
人把丹心常浴洗，通天彻地一红轮。

题独立大夫

周朝乔木几遭逢，御帐从来羡五松。
惟有道傍独立者，挺然端为避秦封。

观曝经石

山崖谁辟晒经台，字迹分明一镜开。
天挂水帘若有意，时时飞洒洗尘埃。石北有水帘洞。

玩听泉枕

谁人题作听泉枕，我道还为说法台。因前有石经。
上古老僧骨已朽，空留陈迹任相猜。

观万公题壁

壁立石屏向日明，小亭危坐午风清。
弹琴人去知何日，尚有高山流水声。

登泰

冯善 御史，汝宁人

岧峣泰岳日华边，长夏登临瑞色鲜。
万里寒涛来瀚海，千岩清韵落飞泉。
衣沾白石青云绕，剑挂苍松彩雾联。
岂谓蓬莱无可到，此身栖处觉参天。

泰山山势郁巑岏，绝顶新晴向晚看。
北阙回瞻云霭霭，中原遥望路漫漫。
金坛日映千崖曙，石室风生五月寒。
攀壁凭虚无尽处，峰头倒挂夕阳残。

观风祭岱

吴定 御史，邺下人

飒飒秋风动，封台振履声。
人山苍乱点，天水远同明。
丹日当窗捧，白云望眼生。
石书读不尽，千古一含情。

游黄花洞

黄师颜 御史，闽人

径入黄华薜荔深，杖屦间关此共临。
千嶂雨余增黛色，万松风度足弦音。
烟浮绛节昼偏静，云护玄蓬晴亦阴。
凉薄那堪载银管，輈辀鸟语似催吟。

玉皇顶

谭耀 御史，岭南人

未借扶摇翅，何缘入碧空。
披裘寒六月，倚剑落长虹[①]。
琼宇看弥近，金泥枉自工。
壶山如可访，便欲驾天风。

日观峰

共道峰奇绝，阳乌子夜看。
回翔翻玉树，荡漾浴金盘。
响类秦驱石，光摇汉禅坛。
葵心殊未尽，伫待揭尘寰。

丈人峰

屹立中峰后，层峦逊独尊。
摩娑忘岁月，偃仰自乾坤。
鹤氅连云拂，萝裳带月扪。
金刚消歇尽，此老至今存。

王李二宪副邀饮挟仙宫

蹑屦凭虚处，开尊对晚风。
天门飞舄近，沧海酒杯工。
烟雨一帘外，云霞万态中。
游仙各解意，莫惜再扶筇。

---

① 长：原脱，据清刻本补。

登泰山

张一鲲 御史，蜀人

泰岳诸峰意戴鳌，只今攀蹑竖危毛。
麓连燕蓟云根远，影入虚空玉柱高。
下视无伦同孔览，东升有纪重虞褒。
大观不枉人间世，才到层巅气已豪。

日观峰

岱宗峻极见东瀛，漏滴才稀日已生。
乌影远随云影荡，水光时与日光平。
霞成五色沧溟晓，浪涌千寻伏怪惊。
夸父若还知下问，为言欲遂可骑鲸。

登岱

韩世龙[1] 侍郎，吴人

岱岳高骞碧汉头，千盘历尽胜全收。
天临观柱层云上，海涌曦轮万象浮。
秦越眺瞻今宇宙，云亭封禅古春秋。
吴门匹练金茎掌，忽漫回翔倚玉虬[2]。

登岳

高应芳 御史，江西人

岩岩泰岳倚穹苍，此日登临隘八荒。

---

① 龙：清刻本作“能”。
② 练：原作“炼”，据上下文义改。

云盖亭亭飞下界，曙光闪闪射东洋。
承乾顺德亘千古，出震祇灵育万方。
尺土东封陋秦汉，柴燔重喜际虞唐。

宣尼登眺是何年，绝壁遗踪望俨然。
纵目迥观天下小，凝神欲到太初前。
二仪清浊乾坤定，三极光明日月悬。
气象岩岩谁得似，祥云重覆峄山巅。

登岱

苟颖 御史，四川人

客路逢名岳，登临是履端。
昼晴寰宇小，夜永斗牛寒。
苔护碑铭字，云横封禅坛。
应怜奇绝处，可得几回看。

登泰

孙孟豸 御史，昌邑人

几年怀泰岱，此日始停骢。
古树高凌汉，奇峰直插空。
徘徊寻孔迹，指点笑秦封。
独立绝巅上，乾坤一览中。

登岱

邓栋 副使

东岳岩岩势插天，初登便觉历云烟。

芙蓉瘦削楼台耸，琬琰苍茫雾霭妍。
七磴似经黄帝辇，五松犹忆始皇年。
何须直上天门路，只此尘心已爽然。

登泰山

邹善 提学，安福人

遥望泰山岑，崒嵂未易陟。
高高入云中，云路安可极。
触暑奋必登，振衣起蓐食。
宁不念崎岖，怀此久且亟。
石径隐翠微，窈窕通复塞。
虬松几何年，苍苍太古色。
须臾步天门，徘徊日观侧。
岂繄尽青徐，悠然隘九域。
沵沵洞云平，俯瞰若凭轼。
频语鲁诸生，万仞在自力。

秋日登泰山

参差石磴郁岧峣，笙鹤云中坐见招。
飞瀑浸衣疑带雨，攒峰耸翠欲凌霄。
汉坛秦树今榛棘，御帐明堂久寂寥。
驭气乘风还有待，清游原自胜逍遥。

又日观峰

振衣绝顶趁秋清，日观峰头待晓晴。
曙色未分千嶂合，阳光忽动万方明。

之罘东接秦碑耸，伊落南临汉畤平。
试问岩头观化侣，几能此地小蓬瀛。

登岱

顾大典 副使，吴江人

岧峣宗岳俯名区，万壑千崖鸟道纡。
禹甸河山归指顾，天门宫殿接虚无。
书传汉畤两司马，树列秦松五大夫。
呼吸直疑通帝座，翩翩鹤驾入云孤。

高盘隐隐欲凌空，蹑磴攀萝兴未穷。
翠霭御坪烟不散，寒留仙掌雪初融。
齐封九点谁能辨，岳峙中原此最雄。
四月登临犹挟纩，霜威偏傍使君骢。

层峦拥黛簇芙蓉，屐振蓬玄第一峰。
曙色渐开沧海日，灵文常护白云封。
青童玉女无由见，瑶草琪花可易逢。
蚤晚向平婚嫁毕，烟霞重问旧游踪。

凭高何处断人肠，匹练吴门是故乡。
倏忽烟岚穷变幻，浮沉身世托微茫。
翻拟碧落闻一奏，更向璇台礼玉皇[1]。
安得云阴起肤寸，崇朝霖雨遍郊荒。

① 一：清刻本作“钧”。

步顾衡宇观察韵

王俸 副使，嘉禾人

翠壁巍巍奠巨区，为寻名胜路偏纡。
天开复道旋还合，涧落珠花有乍无[①]。
石上振衣偕羽客，林间看奕侣樵夫。
却疑子晋前身是，犹记吹箫夜月孤。

岩岩高峙接晴空，竟日攀悬路不穷。
云散紫霄山色艳，潮生碧海日光融。
仰看渐觉天根近，俯瞰偏惊地势雄。
自有苍松横间道，何妨游客系归骢。

长空擎翠像芙蓉，故设灵旗护太峰。
绝顶三更晴霭射，半腰斜日白云封。
帡幪六合天应近，缥缈群真路欲逢。
四顾山河作带砺，且乘玄鹤蹑仙踪。

岧峣曲曲似羊肠，直上天门望帝乡。
百道莺花添色相，五云烟树觉微茫。
仰空只见峰头月，吊古犹悲异代皇。
极目疮痍无限意，愿施法雨济穷荒。

陪谭侍御登顶步前韵

名山崒嵂镇寰区，万丈摩崖紫翠纡。

① 花：清刻本作“光”。

奇岛远瞻仙侣在，清泉静听俗嚣无。
吹箫漫忆秦嬴女，剧赋空嗟莽大夫。
何幸再登消伏暑，松深鹤唳月明孤。

泰岱巍峨半插空，凭虚登眺兴何穷[①]。
天门万仞晴光霭，日观三更曙色融。
花底鸟啼流涧碧，松阴龙卧劈峰旌。
层峦叠巘看无尽，懒向舆人问去骢。

攀跻石磴转从容，不数巫山十二峰。
万壑烟深迷汉畤，五松云散见秦封。
翻身世界看应小，翘首天妃始幸逢。
古洞阴阴春寂寂，白云深处尽仙踪。

萧森六月冷襟肠，缭绕山河巩帝乡。
云敛碧空光浩荡，波澄沧海夜微茫。
仙丘何必寻三岛，身世飘然入上皇。
法从叨陪心赏足，更逢甘泽起遐荒[②]。

登岱

徐中行 布政，吴兴人

浩荡天门日月开，削成丹壁拥崔嵬。
河宗泰岳翻西绕，山拱神京自北回。

① “泰”前，原衍“之”字，据清刻本删。
② 叨：原作“叻”，据清刻本改。

黯淡春阴收碣石，霏微佳气接蓬莱。
更闻玉女三浆在，愿上君王万寿杯。

东岳峥嵘迥不群，中峰瑞霭更氤氲。
天门雪尽河流合，日观春晴海色分。
风起秦松常似雨，气蒸汉检欲成云。
千秋霸迹终销歇，犹说相如封禅文。

题无字碑

许天赠 参政，古野人

巨石来经十八盘，离宫复道满千山。
不因封禅穷民力，汉祖缘何更入关。

游普照寺

邵贤 提学，宜兴人

招提隐隐倚崔嵬，绀宇周环般若台。
斜石短筇山径曲，石桥流水寺门开[①]。
浮屠证果真成幻，儒道渊源有自来。
千载清风仰孙石，独遗堂址向岩隈。

登泰山绝顶

杨彩 都御史，顺天人

振衣独步泰山头，万古襟怀一豁眸。
玉女池前云不断，白鹤洞下雨初收。

① 斜石：清刻本作“斜日”。

羽书西北边声急，飞挽东南民力愁[①]。
莫说当年封禅事，苍生误尽至今尤。

登岱

王道行 都御使[②]，太原人

徙倚宗封最上头，萧条万里见高秋。
升中玉宇先群望，眼底毫芒视九州。
秀结灵区神鬼宅，光摇晓日海天浮。
忆从尼父登临后，谁与山川续胜游。

日观峰

金节 郎中，南海人

海上扶桑涌日来，人从岱岳一登台。
金轮光射天门晓，玉女虚凌碧洞开。
云掩芙蓉迷汉树，碑余石室长秦苔。
吾曹自抱倾葵志，遥向峰头漫盼睐。

望秦碑[③]

刻石当年表岱宗，千秋谁诵始皇功[④]。
阿房筑就闾阎竭，封禅书成杼轴空。
惟见此碑悬玉洞，何从沧海觅玄蓬。
登临莫是闲游咏，今古兴亡感慨中。

① 南：原作“白”，据清刻本改。
② 都御使：清刻本作“按察使”。
③ 秦碑：原作“奏碑”，据清刻本改。
④ 皇：原作“王”，据清刻本改。

登泰岳

何来天半插芙蓉，峻极千年表岱宗[①]。
卷幔山腰碧洞渺，振衣冈上白云封。
秦碑漫漶空遗踪，汉畤高跨亦自雄[②]。
我向宣尼勤仰止，凌摩直拟祝融峰。

仙人桥

长虹一线隔凡埃，曾是凭虚羽化来。
王子峰头云欲尽，仙人驾上日初回。
碧霞洞里闻笙鹤，玉检碑前问岛莱。
便欲逃名探真诀，风尘犹逐万缘催。

登岱有感

朱朋求 主事，上虞人[③]

胜游正属朱明候，岭上还飘白雪奇[④]。
拟入广寒看世界，恍浮银汉俯冯夷。
玉堂原待三元客，瑶岛多应五岳居。
我欲均调回象宇，冰山一笑可逢时[⑤]。

---

① 芙蓉：原作“芙容”，据上下文义改。
② 踪：清刻本作“迹”。跨：清刻本作“夸”。
③ 上：原脱，据清刻本补。
④ 岭：清刻本作“嶺”。
⑤ 冰：原作“水”，据清刻本改。逢：清刻本作“移”。

登泰山

陈庆 太常卿，吉水人

夙昔高山仰，今为岱岳游。
星分齐鲁界，地镇沧溟流。
三月仙华晓，九天玉辇留。
回看跻立处，直在泰峰头。

登岱

刘孝 参政，汴人

十月高风吹彩幡，王乔要我步天阍。
云开龙口澄三界，星列桥头瞩九原。
苔石空函方外字，岩松犹带御前恩。
人生若欲凌空郭，自古轩皇有至论。

大夫松

老干磴边盘，曾衔凤阙宫。
经霜千载秀，凌露百朝看。
森耸材堪栋，扶疏影更寒①。
旁观衣紫客，历历并芳难。

岩岩亭

千仞排巉崿，坐疑鸟雀愁②。
苍茫横古道，缥缈接飞楼。

① 栋：原作“拣”，据清刻本改。
② 巉崿：原作“巉嘚”，据清刻本改。

月霁风尘夕，猿清草树秋。
明时苛政绝，行坐仰尼丘。

秦畤

梁父东巡地，青鸾翊翠华。
露盘索蔓草，丹灶委涎蜗。
晓日追风骑，秋空泛海槎。
深幽询往迹，石表半沉沙。

磨崖碑

磨崖高百尺，功德此劖铭。
典诰文全古，莓苔字半青。
可能光日月，应不畏雷霆。
一代中兴颂，悠悠付巨灵。

题飞云阁

刘应时 副使，洪洞人

岱宗晴望郁嵯峨，晓日篮舆陟薜萝。
谁凿红门通碧落，倒听青石泻银河。
路当回马添愁怯，天入疏龙转笑歌。
欲向神霄礼仁圣，试寻飞阁暂蹉跎。

题日观峰

日观峰头观日出，五更三点发嫣红。
人间未觉窗天曙，岭上遥连海气通。
云雾变迁明乍灭，水光荡漾色还空。

须臾万象皆春色，独立长歌酣远风。

题太平顶

绝顶风光迥不群，扪萝飞度万重云。
乾坤俯仰胸襟阔，岩壑阴晴气象分。
沧海一杯摇演漾，青齐九点落缤纷。
更怜迟日江山丽，长向清时扶圣君。

题南天门

斋戒含香叩帝阍，仙风吹我上天门。
岩间星斗看欲坠，地底雷霆时一奔。
杖屦带过青鸟影，衣裳侵入绿云屯。
即看紫气临阊阖，金殿当头捧至尊。

题御帐坪[①]

迢递行来御帐坪，春风吹醒大夫松。
秦家封爵成何事，宋代游畋总是空。
老树自坚千岁节，青山不改万年容。
偶来福地寻幽事，玉箓金书不再逢。

题无字碑

谁扶[②]碣石表云霓，道是秦王封禅碑。
本是忘言存古迹，翻嫌无字到今疑。

---

① 坪：原作“抨”，据清刻本改。
② 扶：原为空格，据清刻本补。

接天雨露苔常湿，近日玑衡影不移。

七十二君俱泯灭，浪传宝藏使人悲。

题仙人桥

夹石双悬万仞渊，千钧一发引青天。

见愁弱水无舟渡，道是昆仑有栈连。

轻举拟将凫作舄，高飞思与鹤联翩。

还须直造金银阙，秘授轩辕太史篇[①]。

题玉女泉

茫茫何处问三浆，乞得东林石髓尝。

吸露可能清俗骨，飧霞原足饱诗肠。

蜕仙岩上卿云烂，杨老园边药种长[②]。

灵贶果然肤寸合，愿为霖雨遍要荒。

题水帘洞[③]

天绅岩下灵源远，萃美亭前玉液长。

素练界开青帝座，珠帘散挂白云乡。

泠泠自奏孤桐曲，凛凛还飞六月霜[④]。

抚景顿教清兴发，临流几泛紫霞觞。

---

① 还：原为空格，据清刻本补。授：原作“受”，据清刻本改。

② 蜕仙岩：原作“蛻仙岩”，据实名改。

③ 洞：原作“铜”，据清刻本改。

④ 泠泠：原作“冷冷”，据清刻本改。自：清刻本作“似”。飞：原作“非”，据清刻本改。

题王母池

西母谁迎到此巅，轩皇亲遣碧霞仙。
掬来星宿湖中水，泻作蓬玄洞口泉。
白鹤尚栖梳洗侧，飞鸾自舞玉环前。
平生剩有云霄意，便欲乘槎上九天。

题高老桥

高老桥头且驻骖，青藜间挂白云庵①。
平生能著屐几两，险路方知快活三。
日午星虹悬阁道，雪残烟树点晴岚②。
祇林喜遇真僧迓，茗叶松花伴笑谈。

题十八盘

登登直上三千丈，曲曲重回十八盘。
阴磴雪凝那免滑，石门风急太生寒。
举前曳踵应防面，附翼攀鳞可挂冠。
俯首尚留黄现侧，奋身已在白云端③。

题磨崖碑

山石崚嶒讵可磨，当年极力欲如何。
金泥尽付莓苔落，玉检还亏断砻多。
汉禅秦封沾草露，唐文晋字逝川波。
我来登览寻遗迹，独步巅崖感慨歌。

---

① 间：清刻本作“闲”。
② 午：原作“干”，据清刻本改。阁：原作“间”，据清刻本改。
③ 首：原作“守”，据清刻本改。

题舍身崖

临深必战诗垂鉴，知险能危易有铭。
何故辄投千仞壁，自看不及一毛轻[①]。
身亡亲病终何补，骨碎魂冤谁与明。
传与痴儿应念此，舍生还负害仁名。

题丈人峰

丈人石上望群仙，吴越周秦指顾间[②]。
过去青牛追不及，飞来白鹤杳难攀。
东皇细削芙蓉阙，玉女深居虎豹关。
咫尺蓬莱天路隔，寻仙不遇只空还。

题小龙口[③]

万壑千岩赴一门，蟠龙喷沫此腾奔。
摇空瀑布疑拖练，带雨惊波似覆盆。
玉窦云深迷月窟，仙岩雷动撼天根。
坐来忽觉魂飞越，日暮归期不敢论[④]。

题傲来山

独秀西南数傲来，天门洞宇镇蒿莱。
竹林曲抱青峰出，月嶂高悬碧涧开。

---

① 壁：原作“璧”，据清刻本改。
② 丈：原作“又”，据清刻本改。
③ “题”前，原衍“人”字，据清刻本删。
④ 敢：原作“收”，据清刻本改。

石壁峪中云散去，仙人掌上鹤飞回①。
登临不尽平生兴，对景惭无作赋才②。

题秦大夫松

李伯春 知府，松江人

丞相无端忆黄犬，坐令四皓擅清风。
先生千古云霄意，未必秦庭肯受封。

秋日登泰岳过水帘洞

张延庭 知府，滨州人

丹枫霜点一天秋，百里登临愧远游。
泉挂帘栊双涧响，云磨苍翠半山浮。
凌虚拟有神仙侣，飞壑犹看道路修。
过化已经千古迹，余师在我定归求。

宿绝顶山房前韵

风动檐声铁马秋，探奇肯惓此遨游。
惊心丹壑诸天迥，回首白云万里浮。
倚险断碑文已灭，近人新月斧堪修。
平生未解怀山梦，试叩天阍许一求。

过天门

飞步天门道，翛然羽翰生。

① 上：原作“土”，据清刻本改。
② 才：原脱，据清刻本补。

云牙低岫出，岚黛远山横。
圣仰先登迹，松留独立名。
达观应不负，万古一含情。

玉女歌

程拱辰 主事，莆田人

英英白云端，神女驾紫鸾。
素姿净峪天池水，扶桑日闪玉容丹。
朝餐明霞暮吸露，芙蓉制服电为冠。
我闻黄帝女，修真生羽翰。
载传汉玉叶，石屋炼金丸。
西向瑶池礼王母，鸣珰杂珮声珊珊。
白日飞挟曹仙去，空留丹灶镇苍峦。
黄花古洞真人迹，女指纤纤印苔石。
更有一片雨花床，千年指作蒲团席[①]。
银灯悬斗傍，灿若七星奕。
炉烟绕岩廊，袅袅吐雾碧。
天花不卷水珠帘，甘泉迸出白玉液。
乍闻万壑松籁鸣，疑是经声喧喈喈。
曾颂李白句，飘飘下九垓。
载闻宋真主，东来紫观开。
宝磬声落天空外，玉箫吹集凤凰台。
卿云绚烂挟舆下，朱幡五彩驾上来。

① 千：原作“牛”，据清刻本改。

巍巍岱宗奠东土，赫赫元君何神哉[1]。
维山有神增灵异，寰区千古仰崔嵬。
我也平生怀仰止，今日东山着屐齿。
十八危盘石参差，万丈云梯空中视。
乘风上天门，振衣蹑星纪。
仙乐云中迎，身如霄汉里。
金莲顶上紫气腾，稽首风前荐香芷。
素手授我硃砂杯，须臾饵以白石髓。
揖予更上日观峰，天鸡初唱朱曦起。
西望昆仑雪花明，玉池直接天河水。
夜梦石函玉虚篇，傍有羽衣亲点指。
从此觅却紫芝依碧霞，人世浮名一扫如风靡。

登泰山

王廷卿 主事，荆门人

几年梦想岱宗游，今喜登临最上头。
云净日从霞外出，峰高人在碧空浮。
仙岩列嶂青无了，帘水飞崖翠欲流。
四望岂诚天下小，祇缘古阜有尼丘。

寄憩来巍巘，嘹嘹过雁风。
十年丘壑趣，一笑俗缘空。
洞口留云宿，溪流与月通。
石床眠自稳，魂梦觉秋虫。

① 奠东土：清刻本作“真峻极”。

泰山绝顶

陶允宜 行人，会稽人

泰岱峰高捧玉皇，秦碑汉碣两苍苍。
空中鸡犬通真境，海底鱼龙送太阳。
云气低封千嶂色，雨花平散一天香。
登临至此无堪老，五岳三山事未强。

天门百转石崎岖，绝顶先登气乍舒。
日月腰悬双宝镜，星霞掌布一盘珠。
东西指顾分秦越，咫尺光华入帝都。
何必金泥开玉检，仙人冲举未全虚。

碧霞元君

诸天何地聚群灵，泰岳山高即上清。
闻说死生齐梦幻，怪来赏罚太分明。
空中拥护金光相，夜半传呼绛节声[①]。
自是神人同爱国，岁输百万佐升平。

明有监司暗有神，人天祸福两相因。
若为终古乾坤宰，翻属当时妇女身。
岩比普陀栖大士，殿同南岳拱夫人。
朝朝多少冠裳者，仰止高山挹下尘。

① 绛节：原作“絳节”，据上下文义改。后径改“絳”为“绛”，不再出校记。

明堂

张程 主事，安福人

天王出狩时，玉帛万邦随。
柴望遵虞制，恩威协禹规。
齐君能罢毁，季旅竟奚为？
千载存遗址，青阳在指麾。

碧霞宫纪胜

姜镜 行人，会稽人

谁开梵宇碧云岑，云去云来山半阴。
石溜暗穿琼玉砌，天花时散蕊珠林。
随缘好释区中念，选胜真同物外寻。
最是燕台看咫尺，霞光遥映帝城金。

水帘洞赋怀

探奇入暮倦言归，改席怡泉坐翠微。
白水遥从千峤转，青天化作五龙飞。
高悬苔壁常飘练，倒卷岩风或溅衣。
何用别寻蓬岛去，源头活处即吾机。

过桃花峪

吴同春 郎中，固始人

桃树千重带水涯，灵岩百折傍山斜。
秋高瑶圃日为实，雨过天门浪作花。
方朔频须贻汉主，渔郎何处觅仙家。
我来不及春风晚，杖屦翩翩度彩霞。

癸未冬登岱岳[1]

东皇楼阁自天开，绛节高悬白玉台。
雨向仙人峰外过，云从玉女峡边来。
孤标捧日三千丈，阁道凌空十八回。
灵奥已看人世隔，赤城何处访蓬莱。

蓬玄绝顶瞰洪蒙，五岳名推岱岳雄。
玉岭鹤飞青帝观，天门人叩紫微宫。
星连阖辟三元合，海抱乾坤四望空。
何事鸡鸣从叠嶂，扶桑枝上日初红。

八荒迢递望中收，片石低看昼夜浮[2]。
汉時金章秋色冷，秦松御帐雨声愁。
星缠半绕云岩出，海水平悬日观流。
仙骨莫怜丹灶远，乘风直欲度沧洲。

仙闾灵府近如何，绝壁扪萝试一过[3]。
不信海滨拖白练，忽惊杖底堕黄河。
云飞玉井香风细，花冷瑶坛露气多。
谁向青华传秘诀，古今天地总悲歌。

① 癸：原作“溪”，据清刻本改。
② 石：原作“右”，据清刻本改。
③ “仙”前，原衍“天”字，据清刻本删。

游暴经峪

觅胜寻幽曲径通，肩舆面面受天风①。

深岩贝叶经霜白，绝壁昙花映日红。

百道泉声飞树杪，千寻翠色落云中。

援琴欲鼓高山调，不见钟期兴转穷②。

登泰山

朱湘 郎中，金华人

攀云蹑磴扣天阍，绝顶摩空星可扪。

俯视千山参法从，卑看八极隘乾坤。

龙纹虎阜封苔藓，汉柏秦松长子孙。

今古登临谁是主，断碑荒碣自黄昏。

泰山巅纪游

张体乾 郎中，真定人

地天交处此山分，摹写高明愧不文③。

玉检金泥成感慨，岚光嶂气自絪缊④。

攀崖便欲观红日，蹑磴行看入白云。

迂我邀仙探圣迹，岂期千仞会同群。

① 胜：原作“脱”，据清刻本改。曲：原作“在”，据清刻本改。

② 援：原作“楥”，据清刻本改。调：原作“谓”，据清刻本改。

③ 摹：原作“墓”，据清刻本改。

④ 感慨：原作“感溉”，据清刻本改。

登泰山

李填 副使，解州人

小视尘寰共步虚，一亭高敞岱宗初。
遥擎紫极扶桑外，近拥丹霞太液余。
雨歇还生神府润，天低常傍岁星居。
登临尽借山灵力，兴满乾坤任卷舒。

泰山万丈插层空，骢马冯虚欲御风[①]。
日观依稀朝绛节，云林仿佛接琼宫。
须臾上帝甘霖沛，次第西台玉趾中。
往事空垂封禅史，新游应自古今雄。

登泰山

彭梦祖 郎中，淮南人[②]

星幢宝纛锁烟空，缥缈飞梯万转通。
天阔练光为白马，峰高岚气作苍龙。
银河欲迸仙人掌，丹灶犹藏玉女宫。
圣代不求封禅草，相如词赋笑徒工[③]。

空蒙绀殿俯长天，万里中原亦缈然[④]。
日出东山翻入济，夜凉北斗欲沉燕[⑤]。

---

① “泰”前，原衍“一”字，据清刻本删。
② 郎中：原作“朗中”，据清刻本改。
③ “圣”前，原衍“毋”字，据清刻本删。
④ “空”前，原衍“不”字，据清刻本删。
⑤ 沉：清刻本作“垂”。

松阴犹落秦时雨，玉筴长封汉帝年。
好借西风为羽翰，遍收五岳杖头悬。

巨灵千古势嵯峨，万点神灯惃薜萝[①]。
旷野秋阴连瓠子，虚岩爽气落黄河。
三更日抱天门起，百叠泉飞下界多。
七十二君无觅处，依稀旌盖雾中过。

岱岳盘亘大海东，珠光怪底摇天红[②]。
云烟常护碧霞顶，龙虎欲眠青帝宫。
绕足星斗太历历，荡衣香气何蒙蒙。
有无仙人隔弱水，况乃西池杳霭中[③]。

谒玄宫

李学道 知府，浙东人

一上壶天景最嘉，崖生芝草石生花[④]。
云开玉殿瞻青帝，香绕珠宫拥碧霞。
眼底风尘俱罔象，寰中日月自仙家。
我来欲把玄机叩，静对苍穹思转遐。

李任守令、任御史，以节气著名。当其守青州甫拜命之日，梦泰山之神遣官迎之，授以职衔。其后竟死青州，异哉！

① “巨”前，原衍“河”，据清刻本删。千：原作“十”，据清刻本改。薜：原作“不”，据清刻本改。
② “岱”前，原衍“一”，据清刻本删。
③ 杳：原作“查”，据清刻本改。
④ 一：原脱，据清刻本补。

登岱 二首

冯大受 举人，松江人

木帝青阳阙，仙人白玉坛。
徘徊空八极，睥睨跳双丸。
澹霭迷秦望，层岚生昼寒。
同游多谢眺，秀色总堪餐。

直上中峰顶，方知泰岱尊。
岗峦关地轴，星斗挂天门。
孤嶂秦皇碣，深池玉女盆。
仙人云外度，白鹤自翩翩。

泰山绝巅逢钟明府

曙色朦胧帝女坛，雄风吹客布袍寒。
五云忽睹双凫下，千里同将匹马看。
白石青芝随地采，高山流水向谁弹。
封中紫气常来往，贾勇先登足大观。

曝经台

路转峰回别有天，平铺石镜落霞前。
芙蓉插翠层崖峙，薜荔飞寒瀑布悬。
拂座云生科斗字，吹箫风度凤皇仙。
恍然吾欲遗尘世，日醉桃花不记年。

登泰山

刘宗岱 副使，历城人

石磴天门辟太空，跻攀夜到碧霞宫。
崖碑洞府标灵异，雨脉云根肇化工。
六月泉飞岚气冷，三更日浴海涛红。
可怜秦汉遗封在，玉检金泥竟未穷。

同陶心斋登泰山

潘子雨 历城人，少卿

岱宗天下称形胜，携客跻攀云雾中。
玉检金泥传历代，秦碑汉碣照苍穹。
阴崖时积千秋雪，晴昼雷生万壑风[①]。
兴到不辞绝顶处，乾坤一览两眸空。

登岱绝顶

刘隅 都御史，东阿人

日观峰头烟雾霏，天风冽冽振吾衣。
仰扪星斗明且近，东望蓬莱似复非。
丰石缄金何代密，群山积翠下方微。
安得羽翰凌风去，从此飞游四岳归。

登岱

赵邦彦 举人，东阿人

岱岳峰头俯雁群，凤幢玉殿礼元君。

---

① 晴：原作“晴”，据清刻本改。

层崖叠嶂低秋日，汉石唐碑冷夕曛[①]。
烟雾下迷千室雨，台廊晴澹九霄云[②]。
五松风起寒涛急，呜咽秦声不忍闻[③]。

岩嶂萦回鸟路藏，金床玉几闷灵光。
神功片石生云雨，元气群峰合混茫。
九点禹州浑一色，万年玄泽走诸方。
安期炼药余丹洞，烟树苍苍澹夕阳。

金泥玉策灵章秘，巨岳仙闾奠鲁疆。
三观云峰天矗矗，六龙辇道树苍苍。
崩崖积雪千年白，阴洞桃花四月香。
薄暮飞觞凌绝顶，蓬莱五色晃东洋。

岩岫天回紫翠纷，蓬瀛东瞰碧氤氲。
霞宫日丽千岩树，凤沼波涵五色云。
秦越河山杯底尽，乾坤灵秀杖边分。
玉童不见烟空渺，徒倚松亭睇紫氛。

登岱

朱维京 主事，万安人

日观峰头叩帝关，上方楼阁隔尘寰。
暂辞载笔西清署，直上题名北斗间。

---

① 冷：原作“令”，据清刻本改。
② 晴：原作“睛”，据清刻本改。
③ 呜：原作“鸣”，据清刻本改。

十二齐州归指顾，三千天界尽追攀。
高山自昔同怀仰，不叹相从梁甫艰。

突兀真看切太清，将因仙侣得登瀛。
百千万劫推雄镇，七十二君祇浪名。
山霭为云迷楚望，松涛带雨作秦声。
还朝莫讶无新草，不拟乾封侈圣明。

封禅当年事若何，秦坛汉畤郁嵯峨。
向来二客寻仙处，曾是千官拥跸过。
日色浮金摇白马，天空如带走黄河。
振衣直蹑天门上，夜摘星辰浩浩歌。

岩光喷薄遥天下，万里扶桑晓气来。
缥渺群仙疑海上，参差三观倚云开。
华嵩并峙难为侣，河汉中流见一杯。
玉检金科浑幻迹，汉皇当日问蓬莱。

望岳吟

于慎思 庠生，东阿人

十日行陂陀，顽山总不快。一朝望崚嶒，忽然豁眼界。明灭微茫或可睹，崭崭青岚照终古。神秀独钟造化奇，远射蓬瀛迎齐鲁[①]。桑田未为海，衣冠礼乐长不改[②]。龟峄诸峰未足尊，中天突有一峰在。七十二主未封前，

① 迎：清刻本作“近”。
② 改：原作“收”，据清刻本改。

灵秘乾坤知几年。秦皇玉检徒为尔，汉帝金泥亦罔然。汉封犹有云出处[①]，碑断秦人留玉筋。三光未老岱宗高[②]，元气茫茫收不去。崒嵂兮岧峣，上有松纠兮萝结，鹿骇兮猿趫。安期羡门不可以倘见，吾将乘螭骖豹求篯偓与王乔。日观峰头众山小[③]，夜半赤轮映滈皎。莫言日月隐明光，且见阴阳割昏晓。未须奔走祷名岳，一望云岩颜已破。拄杖穿云会有时，凌风观瀑欢无那。

岱岳游引

平生海岱客，乃梦嵩华游。积苏累块不入眼，十年蹭蹬仍东州。尘寰逼侧不受羁，时时倒景凌清秋。人言岱宗乡土物，可与元化销百忧。因之高丘望远海，海风四至声飕飕[④]。天门高高望不及，但见奇峰峭壁，千态万状，使我应接无停休。登月殿，开云楼，下视云雾翻螭虬。辨马峰头认匹练[⑤]，侧身猿狖仍哀愁。地五岳，天三台，造物办此何雄哉！若士此一至，汗漫未可恢齐谐[⑥]。君不见华山倾圮恒霍羞[⑦]，海岱惟有东诸夜。东人望岳如望母，肤寸兴云副所求。书生泥滓忆清汲，未断尘缘奈别何。泰山处士高风在，且向东峰翳薜萝。

登岱岳

戴相尧 履历见前

两日跻攀耽胜赏，会凌绝顶兴尤狂。

---

① 云：原作“者”，据清刻本改。
② 岱：原作“留”，据清刻本改。
③ 山小：原误倒，据清刻本乙正。
④ 飕：原作“风”，据清刻本改。
⑤ 匹：原作“定”，据清刻本改。
⑥ 汗漫：原作“汗漫”，据清刻本改。
⑦ 倾圮：原作“倾圮”，据清刻本改。

周天列象高低转，下界彤云远近光[①]。
碣石峰头留皓月，蓬莱海底见初阳。
嗟予陟岵仍多病，却望衡庐忆故乡。

登岳

黄一桂 府判，闽人

驱驰王事陟名宗，历览危崖奇异钟。
天向空中开殿阁，人于寰外见玄蓬。
龙渠吐沫悬千丈，鸟道盘烟曲万重[②]。
仙子羽成凭鹤化，白云流水访遗踪。

委实泰山香税[③]

郭恬 推官，壶关人

去年曾上蓬莱阁，今日还登封禅台。
沧海已知重译献，岱宗闻说六飞来。
万方香币供仙后，一代龙章发圣怀。
自愧微臣兼税事，云霄徒倚望三台[④]。

登岱岳漫成

袁稔 知州，怀远人

天门遥上凤凰巅，万丈丹梯紫气连。
东极长留玉女胜，登封犹纪汉秦年。

---

① 象：原作“宿”，据清刻本改。
② 沫：原作“沬”，据清刻本改。
③ 实：清刻本作“事”。
④ 徒：清刻本作“徙”。

尊开曙色沧溟近，杖倚磨崖日月悬。

更向层崖寻圣迹，攀跻应在世人前[①]。

登岱

杨文祎 同知，固安人

海宇谁云阔，都来四望中。

峰峦咸拱北，日月早窥东。

下土畴能并，中天此最雄。

宣尼元独步，万古仰高风。

登泰

顾文耀 东吴人

岱宗峻极逼瑶京，万里风云杖底生。

汉畤至今浮王气，秦松犹自霭春融。

朝天客仰天门迥，捧日心悬日观明。

掌上河山皆带砺，磨崖还颂泰阶平。

玉皇顶

苏眉山 闽人

玉皇高阁拥丹丘，鹤壁崚嶒瞰百州。

仿佛紫微星斗逼，应知身在五云头。

日观峰

曙色峰前五夜开，扶桑推出火轮来。

① 迹：原作“跡”，据清刻本改。跻：原作“齐”，据清刻本改。

红光直射沧溟外，倏忽文明遍九垓。

丈人峰

气象岩岩此最尊，群峰两两列儿孙。
古今几度沧桑变，惟有乾坤此老存。

桃花洞

雪窦云岑玉洞新，桃花红胜武陵春。
仙槎直泛蓬壶里，何事渔郎复问津。

登泰岳

阮自华 举人，安庆人

朝回青帝坐山前，历落繁星缀绣檐[1]。
封色锦浮司马颂，海光红起祖龙船。
松亭岩屋神堪画，石峡天门秀可怜。
枉自浮槎寻八月，已教襟带入重玄。

登泰

张新

丹梯缥缈上天关，大地山河指掌间。
欲傍星辰扪帝座，直愁云雾失人寰。
泥金瘗玉终谁白，白石清泉香自闲[2]。
匹练吴门何处是，凌风好便拂衣还。

① 坐：原作“老”，据清刻本改。
② 白：清刻本作“在”。香：清刻本作“杳”。

宿泰山公馆

陈申

晚游乘闲过岱宗，跻攀曲磴几千重。
未从绝顶耽清兴，已眇群山度晓钟。
寒夜暂将丹灶访，柴门讵许白云封。
悠然借宿石床月，肯数华阳第二峰。

登泰

光庐 举人，历城人

倚杖凌空俯大方，振衣千仞独彷徨。
海门吞吐风云色，天界周回日月光①。
鲁定齐桓俱寂寞，秦封汉禅入微茫。
乾坤纵我探奇客，瑶草拾来献圣王。

望岳

周天球 吴郡人

郁葱日夕气佳哉，衣上横飞彩翠来。
薄海千山趋下址，中天三观衣层台②。
射牛何处修封迹，司马当年草禅才③。
欲问五松岩壁上，秦时风雨宣相催④。

---

① 回：原作“迴”，据清刻本改。
② 衣：清刻本作“表”。
③ 草：原作“单”，据清刻本改。
④ 宣：清刻本作“互”。

登岳

六龙开道九霞傍，飞磴盘盘蹑景光。
中阪直愁风引去，下方微见鹤回翔[①]。
云埋培塿群峰小，天坼河流一线长。
岩际倒身低落日，安知匹练是吾乡。

登岱

余维玉 学正，乐安人

为学真如陟泰山，一毫怠忽莫跻攀[②]。
谩从石磴层层上，自入天门荡荡间。
观日三更原有本，栖云万壑总无关。
直趋孔子登临处，道眼应知隘八寰。

登泰山

孙时 秣陵人

崇朝常说泰山云，如削芙蓉迥出群。
叠嶂回阴藏巨壑，长河浮练落晴雰[③]。
烟霞不改登封色，金石犹存异代文。
此日乍临多远瞩，独将杯酒恋斜曛。

登泰

陈宣

乾坤五岳峙，形胜首称东。

① 回：原作"迴"，据清刻本改。
② 泰山：原作"秦山"，据清刻本改。
③ 晴：原作"睛"，据清刻本改。

巀嶪彤梯秀，巑岏翠壁崇。
苍茫看碣石，独立拟崆峒。
下界云烟杳，中原日月同。
山灵曾驻帐，地险几回骢。
雪下先冬白，日观未晓红。
逍遥青帝殿，精爽碧霞宫。
栋宇联星斗，神光闪电虹。
声名驰化外，柴望肃升中。
感应千方一，呼号万里通。
贡输如国课，覆载比玄功。
汉策相如丽，秦碑李斯工。
仙人疑可见，玉女日相逢。
元化无离合，山川随始终。
我生衰鬓短，流落壮心雄。
寄寓聊题咏，低垂写赤衷。

桃花洞

冀相 漳州人

步入桃源路，天台迹似茫。
曾来伴刘阮，不是问津郎。

白云洞

危石巉岩里，白云向此生。
两三姑女在，闲读子云经。

泰山晚照

吴相 □□□人

寒晓随骢马，斜阳度两峰。
碧茫空眼界，奇绝到胸中。
日月东西照，烟霞远近笼。
灵辉妆异景，人世此难逢。

登泰山

郑材 安肃人

泰岱崚嶒尊五岳，乾坤气象此悠悠。
星辰近对云霄出，日月遥看渤海浮。
磴道盘纡千嶂断，飞泉瀑布万溪流。
平生豪侠登临意，长啸拂衣天上头。

登岱

宋存德 秣陵人

几年踪迹混尘寰，谁意名山此日攀。
鸟道逶迤青嶂外，群峰杳眇白云间。
恍疑天际闻鸡犬，忽讶长空震羽翰。
况是胜游偕妙侣，可无佳句纪层峦。

登泰

吴道 浙人

三十六盘何险巇，晓来登眺自忘疲。
眼看山顶疑无路，身在云端不自知。
嬴氏五松宁故物，唐人千仞有磨碑。

古今兴废只常事，金简玉函亦大奇。

登泰山

卢浚 天台人

天放晴光快我游，攀崖直跨碧云头。
烟尘消尽江山曙，肠腑收回宇宙秋。
追觅凤麟思孔孟，平临霄汉忆皇州[①]。
何人更讶来游晚，一笑千年愿已酬。

登泰山

孙璋 海宁人

玉柱峥嵘接上苍，揽衣登眺思茫茫。
两轮日月双峰近，一统山河万里长。
绝漠有君皆入贡，穷荒无地不归王。
于今莫奏东封疏，圣治雍熙迈汉唐。

登岳

王栋 训导，泰州人

登岳到巅奇又奇，碧霞宫阙紫云栖。
千寻绝地遐如举，咫尺瞻天近欲窥。
见大几人称道眼，礼玄何限乞神禧。
遥思东鲁毓灵秀，应有才贤鸣盛时。

① 霄：原作“雪”，据清刻本改。

登泰山

朱觉民 学正，高邮人

淮海生平仰泰山，何缘咫尺得跻攀。
仲尼遗迹将绳武，石洞玄修许叩关。
磴磴渐超云雾外，岩岩特立雪霜间。
山灵试与评高下，明镜无台更出寰。

祈雨

朱洪济 学正，阳谷人

炎蒸如毁值愆阳，大地嘉禾暵欲伤①。
万姓忧惶心殄瘁，一诚感格雨淋浪②。
丰亨预庆篝车满，颂述咸称主牧良。
功德由来应食报，征书首辟佐岩廊。

祈雨

王化 训导，六安人

旱魃为祲虐焰狂，焦禾烁石众皇皇。
郡侯恳效桑林祷，河伯洪施雨泽滂③。
望慰三农兴颂美，忠输九税庆丰穰。
朝天课绩应称最，显擢高名注帝傍。

---

① 暵：原作“膜”，据清刻本改。
② 惶：原作“煌”，据清刻本改。
③ 林：原作“杕”，据清刻本改。

登岱

汪坦 经历

十载遨游鬓欲星，朅来长挹岱峰青。
氤氲楼阁凭真宰，歙吸风雷朝万灵。
人间得失谁为主，天上神仙我自名。
煮石餐霞非妙乘，寂寥还复悟无生。

登岳

郭汝林 永丰人

天留岱岳开东土，壮志登临日正晴。
汉祀秦封俱莽迹，峭崖幽壑独关情。
楼台蜃气沧溟抱，古木龙文日月衡[①]。
探赏未穷吾借榻，翠微今夜一星明[②]。

三登泰山纪行

查志隆 履历见前

泰岱峰前一驻骖，天门御帐簇晴岚。
悲秋忽漫逢重九，历险应知快活三。
十八盘中还汗血，万重云际任歌酣。
大观许步宣尼后，长啸归与也自堪。
时隆庆壬申年，被逮，蒙恩昭雪，东归过此。

十五年来复此游，山光如昨思悠悠。

① 蜃：原作“唇”，据清刻本改。
② 榻：原作“搨”，据清刻本改。

丈人峰桂乾坤老，玉女泉涵日月流[①]。
三伏寒崖犹挟纩，九霄霁色欲沾裘。
忽看云雨连燕冀，圣主应纾旱魃忧。
时万历丙戌，起官东嵯[②]，夏月行役过此遇雨。

冬孟登登最上头，蔼如春暖爽如秋。
月轮正向瑶池满，日观翻从碧海浮。
龙峪三辰风不动，虬湾万壑雾全收。
乾坤一览归图籍，可是山灵为予酬。
时万历丙戌冬月，奉台檄修《岱史》，访胜过此。

登岱 二首

邹德溥 翰林院编修，江西安福人

泰岳岧峣逼斗垣，人间不道有昆仑[③]。
双峰日月环天界，半榻风雷薄帝阍。
北指云光瞻紫极，东来海色入清尊。
秦车汉鼎今何处，叹息空山片石存。
万叠层峦拱岱宗，苍崖峭壁削芙蓉。

山光杳霭吴门马，海气霏微越观峰。
清角犹疑闻帝籁，赤丸何处觅仙踪。
振衣独倚青霄立，片片轻云落五松。

---

① 桂：清刻本作“往”。
② 嵯：原脱，据清刻本补。
③ 岧：原作“岩”，据清刻本改。

登岱吟同邹太史赋

光庐 举人，山东历城县

生平自抱神仙骨，喜入深山采薇蕨。
泰山五岳推其尊，故人招游出帝阍。
相将揽胜山之后，奔峭断崖错如绣。
鸟道盘旋千仞余，危巅上有玉皇居。
日观振衣白云落，天门长啸清风度①。
清风细兮天籁声，白云断兮海日生。
分野中峰齐鲁变，晴空下界雷雨暗。
残照荒荒翠嶂前，琪花历历以相然。
河流如练挂秦树，霞散为绮明郑圃。
七十二家封禅君，空留片碣滋苔纹。
吾欲寻真访大道，直窥方峤恣幽讨。
阿谁炼药古洞开，五色烟光烛上台。
半亩磐石勒科斗，临经似出仓颉手②。
愿乞仙人一粒丹，如是我闻心地宽。
采采蕨薇最可茹，不作神仙不忍去。
菟裘老矣绝尘埃，曰归尘世转堪哀。

泰山道中同邹太史赋

学士干旌出帝都，来过东岱挟狂夫。
自怜芳草常为客，却喜碧山不负吾。
老戍花阴随去马，江楼月色照呼卢③。

① 啸：原作“𪨶”，据清刻本改。
② 仓颉：原作“苍颉”，理校。
③ 老：清刻本作“野”。

凭君双剑如秋水，肯把生平意气孤。

登岱 二首

苏澹 濮州人，举人

平生湖海原空阔，览胜今登第一山。
夹道浓熏枫叶赤，垂岩倒染菊花斑。
九州禹贡微茫外，千里尧封指顾间。
星斗瞻依真咫尺，夜深环珮响珊珊。

西风吹送登山屐，馌携攀跻兴转浓。
瓜葛周亲丈人石，浮沉秦爵大夫松。
幽泉细迸中天月，虚谷遥传上界钟。
沐雨盘云翠如削，秋来天地老芙蓉[①]。

瞻岱 二首

苏潢 濮州人，审理

柱杖来天上，下看云气浮。
乘风谒泰岱，观日渺沧洲。
采药迷仙路，寻经断水流[②]。
夕曛挂林杪，遥兴不堪留[③]。

来拾金光草，旋登玉女池[④]。

① 沐：原作“沭”，据清刻本改。
② 流：原脱，据清刻本补。
③ 挂：原作“桂”，据清刻本改。遥兴：清刻本作“逸兴”。
④ 玉：原作“王”，据实名改。

逢僧谈古迹，穿径探幽奇。
断碣抠秦字，摩崖读汉诗。
凭轩以一望，双观郁参差。

登岱

刘敕 历城人，举人

岱岳峰头玉树秋，拂衣长啸思悠悠。
眼空宇宙三千界，势壮山河百二州。
人到天门星斗近，鸡鸣日观海云浮。
当年禅草今还在，秦汉如何成古丘。

登岱 二律

张岐 松江人

半空削出青芙蓉，直上烟霄几万重。
汉時尚传天子柏，秦封已改大夫松。
才非草禅惭司马，世际升平笑祖龙。
本为祝釐曾汗漫，丹衷常绕碧霞峰。

振衣千仞绝尘氛，野色苍茫倚暮曛。
日观有峰来海市，古碑无字逼星文。
顿空屐底三千界，谁识编中七二君。
两袖翩翩浑欲举，不知身世出浮云。

偕汤比部觉轩同登泰山，因赋登岱，歌以纪胜

龚勉 无锡人，浙江参政

我适登太山，三月春欲暮。

万里来长风，当空卷云雾。
须臾雾尽见山色，苍翠参天与天逼[①]。
层层石磴蹑云升，万壑千崖转奇特。
御道萦回六龙翥，峭壁飞泉挂瀑布。
遥看一坞桃花红，却疑又入桃源路。
大夫松，何落落！无字碑，何巍巍！
秦皇汉帝今安在，唯有此松此碑无倾颓。
巑岏怪石满山立，磨崖字久苍苔浥。
灵踪秘迹不可穷，深岩时有蛟龙蛰。
振衣再陟最高峰，大地山河一望中。
眼空不啻小天下，独超太古窥洪蒙。
东向蓬瀛但咫尺，西顾昆仑近可蹭。
赤城王屋眉睫间，烟霞缭绕登山屐。
胜游至此何快哉，排空大叫天门开。
云端玉女两两下，招我直上金银台[②]。
顾我自愧尘凡质，稽首群仙谢非及。
唯愿投簪学向平，遍游名山栖少室。

登岱杂咏

石经峪

翠屏围石壑，谁把金经书。
岁久字多灭，经旨只如如。

---

① “参天”后，原衍“天”字，据清刻本删。

② 招我：原脱，据清刻本补。

回马岭

御道六龙过，壁绝千马回。

登封世已远，山径满苍苔。

大夫松

长松倚绝巘，苍翠欲摩空。

岂受秦皇命，自有白云封。

御帐

峭壁迥参天，四顾若列帐。

曾留帝子栖，翠华可想望。

天门

远陟青云梯，一振凌风袯。

长啸入天门，玉女遥相接。

玉女池

山池水碧澄，可照芙容面。

玉女时往来，彩云飞片片。

白云洞

石洞栖白云，玉检封汉武。

汉武久寂寥，白云自千古。

无字碑

雄图已消歇，山顶遗空碑。

金书不可见，日夜天风吹。

日观峰

夜宿日观峰，起看扶桑日。

海底腾明珠，蛟龙惊出窟。

孔子崖

尼父昔登临，玄览超无上。

我来得瞻依，顿觉心神旷。

登岱 二首

张懋忠 肥乡人

天门双控郁葱葱，竹杖西来礼大空。
削玉几时留汉策，探碑千载识秦功。
晴光近指扶桑日，紫气遥连碣石风。
七十二家今寂寞，水帘不尽野花红。

双龙百折漱清湍，夹道苍苍第几盘。
明月平临三观合，白云不动五松寒。
长裾宝色香扶起，幽谷玄芝鹿踏残。
方外道人流水性，为探名岳著书看①。

同光顾吾游泰山道中感念旧游赋此

邹德溥 翰林院编修，江西安福人

当年结夏南山寺，与君意气凌天地。
蒲团坐破千峰云，云光片片落人世。
今日逢君清源头，携手重为泰岱游。
泰巅未陟心已壮，飘然如在青霄上②。
君行山立不可移，吞吐风云百岱奇③。
乾坤假我以康乐，高朋胜概两遗之。

① 名：清刻本作“元”。
② 未：原作“末”，据清刻本改。
③ 岱：清刻本作“代”。

何时从君三山岛，共蹑仙踪拾瑶草[1]。

丈人峰

独立丈人峰，直觉天下小。
仰视有高冥，俯瞩无孤鸟。

日观峰

我凌千仞岗，纵目乾坤外。
长风吹海色，泠然袭衣带。

玉女山

青天垂绝壁，下有幽人居。
趺跏坐白云，澄然万籁虚。

白云洞

此洞足幽栖，卧筇聊一舍。
伫看吐白云，霡霂雨天下。

石经峪

谁将贝叶经，勒此盘石上。
梵字有无间，亦足悟法藏。

桃花峪

峭壁凌穹苍，冽泉贯其趾。

---

① 共：原作“其”，据清刻本改。

不知天地间，清绝更谁似。

无字碑

绝巘植空碑，古人如有意。
由来最上乘，原不立文字。

大夫松

尔本抱劲节，秦官何及之。
乘风发长啸，如羡商岩芝。

泰山道中有作

中原古道草萋萋，万里游轺汶水西。
喜有青山供野兴，且呼明月共岩栖。
空江星斗悬苍壁，野戍风云暗绿溪。
七十二君封禅在，可能策杖问金泥。

登岱

俞琳 教授，江西信丰人

历遍危岑谒帝孙，碧霞殿近紫微垣。
天行日月双相照，地列嵩华独此尊。
瑶草琪花成色相，霓旌电盖拥精魂。
试从金阙凌风立，九点神州尽可扪。

混元阁

为觅三阳观，停车更一朝。
松阴移白日，石径倚青霄。

宸翰晖山谷，仙函锁泬寥。
谈玄真有契，况属故人招。

暮春一日同李长卿侍御登泰山 四首

喻均 新建人，松江知府

宇宙名山愿不违，还从仙客试春衣。
天回大海云千叠，花满中原锦一围。
秦观崔嵬人已远，吴门缥缈事还非。
千岩钟磬尊前合，不遣双筇下翠微。

齐鲁千峰望里开，浊河清济日萦回。
居然形胜雄诸岳，久矣英灵动九垓。
翠壁旧谙虞帝狩，白云曾扈汉皇来。
圣朝谦让东封事，莫问相如作颂才。

昧爽徘徊日观东，渐看晓色入溟蒙。
祥云不导羲和驭，浊雾翻迷海若宫。
巨鳌鱼龙眠自稳，诸山金碧坐成空。
遥怜万里扶桑影，倘避霜台御史骢。

步转山腰日欲晡，还从官阁醉醍醐。
檐前气候分寒燠，郭里人烟定有无。
鸟道千盘垂脱险，鸠筇双却未须扶。
山翁笑指亭亭干，曾是秦时五大夫。

题日观

陈万言 御史，南海人

万户星辰未曙天，瑞光先照观峰前。
应知此去扶桑近，愿借仙槎到日边。

小天门值雨

武帝登封旧有台，灵湫时见白龙回。
天风倒卷帘泉水，犹有游人冒雨来。

霁望

云外山河拱岱宗，乡关何处翠重重。
凭高极目堪惆怅，认错罗浮浴日峰[①]。

无字碑

鞭石曾闻自海东，晶莹今彻碧霞宫。
摩娑汝末经题刻，犹胜磨崖耻颂功[②]。

岱宗登拜

古来二月登巡地，异代登封事有无？
玉检秘藏芳草合，翠华临幸庆云孤。
天边舟楫寻仙侣，马首乔松号大夫。
今日守臣惟秩祀，青山尊俎百神趋。

---

① 目：原作“自”，据清刻本改。

② 末：清刻本作“未”。

梦忆名山已数年，偶随猿鹤共联翩。
攀悬石磴疑无路，转出云林别有天。
沧海烟波图画里，齐州形胜酒杯前。
寻真未悟长生诀，欲向峰头礼玉仙。

毒草歌 有序

吕坤 山东参政，洛阳人[①]

万历戊子春，山东饥，盖二年旱后也。菜根树皮，剥掘殆尽。又食及野草，幸无毒，不问苦辛生熟。面黑者如铁，黄者如土，殍者横野不复收。余行部日，见道间青草三二种，花且实矣，蔚然独存。问之，对曰：“此猫儿眼、芫花、鬼臼也。有大毒，使入喉，能即死。幸甚！往有食之者，吐泻懊憹终日夜，裂肝肠，竟不死。其难堪视死甚焉，何敢食！”余抆泪而代之歌[②]：

柳头尽，榆皮少，岂是学神农，个个尝百草。
但教饥饿缓一刻，那论苦辛吃不得。
嗟嗟毒草！天胡生此？既不延我生，又不速我死。
速死岂不难，长饥何以堪！

靳庄行

长清六月才禾黍，大家小家愁无雨。
草根桃尽木如冬，又见探雏啖野鼠[③]。
沙中稚子哭欲绝，阿八卧路不能语。
三年长饿一息在，那复余情念儿女。
破屋一叟捣榆皮，我问捣之欲何为？

---

① 洛阳：清刻本作“宁陵”。
② 抆：原作“收”，据清刻本改。
③ 桃：清刻本作“挑”。

土性多沉糠性浮，榆末和之可为糜。
极知强活能几时，暂于肠胃勉撑持。
妻子填沟老我存，死者长乐生者饥。
恸哭无声但有泪，瘦骨令人摧心脾。
道傍一庙有神坐，黄金为身受香火。

登泰山

白南金 永年人

峡口长风放晓晴，扪萝屹立壮心惊[①]。
嚣尘平隔天门迥，葱郁还将日观生。
雁影高秋来朔漠，松花一夜到蓬瀛。
凌虚忽忆千年事，汉策秦封总浪名。

登岱

徐守仁 经历，祁门人

巍巍东岳接苍穹，谁辟红门磴道通。
腰笋漫经黄岘岭，攀萝直上碧霞宫。
尧天舜日瞻依近，鲁阜齐州指顾雄。
千仞磨崖都览遍，还登绝顶颂神功。

再登

两度探奇谒岱宗，山增灵秀拥芙蓉。
穿云曾出天门路，望海还凌日观峰。
碑上苔痕侵汉篆，岩前松盖偃秦封。

① 晴：原作“睛”，据清刻本改。

三千世界微茫外，直北明光是九重。

登岱

姚自复 吴县人

岧峣泰岳喜攀跻，十八盘开石作梯。
草禅尚传司马赋，苔封已没祖龙题[①]。
振衣直上天枢近，倚剑雄看斗柄低。
翘首吴门何处是，千云匹练望中迷。

登岱

周道南 诸生，吴郡人

宇宙名山属岱宗，至今犹自说秦封。
低云欲度千峰鸟，喷雪争回万壑龙[②]。
日观可能通帝座，天门应许蹑仙踪。
故乡极目知谁是，匹练那堪带下舂。

登岱

姚应士 鄞县人

奇观小天下，狂客兴吟豪[③]。
环带群流细，擎天一柱高。
弹丸争是日，秋叶竞为舠。
山麓青天雨，枫林白昼涛[④]。

---

① 没：原作“汶”，据清刻本改。
② 峰：原作“峪”，理校。
③ 小：原脱，据清刻本补。
④ 昼：原作“画”，据清刻本改。

孤城卷石耸，魏阙片云掏。
无字秦碑幻，封禅汉史嗷。
水帘飞瀑布，龙峪跃神鳌。
岘岭黄梅熟，悬崖翠黛挑。
碧霞深隐处，玉女炼丹膏。
五华泉浴面，八彩凤衔旄。
妆镜当空照，梳云四野韬。
芙蓉开绿鬓，星斗灿宫袍。
环珮鸣千涧，笙簧奏万嘈。
仙桥三碣石，御仗半兰皋。
夫松凝雪色，圣道配天褒。
崖文神鬼护，盘路鸟猿号。
石印金刚字，波摇日观嚎。
山河百二境，法界万千曹。
登临一长啸，名利等鸿毛[①]。

登岱岳

胡希舜 副使，原武人

乾坤无际此登临，独立清秋思不禁。
海水东来三岛近，天门北望五云深。
看山玉女烟中度，对雨苍龙涧底吟。
七十二君何处觅，空闻册简瘗黄金。

① 等：原作“符”，据清刻本改。

登泰山 二首

詹仰庇 侍郎，安溪人

出城已爱数高峰，上岭双眸翠万重。
涧道乱鸣崖下瀑，山僧遥撞客来钟。
回岩天盖倾东海，怪壁风涛韵古松。
胜绝只欣酬夙约，神仙何处更相逢。

汉检秦封空复闻，铜梁金瓦祀元君。
坐观万象终无极，下瞰千峰总不分。
酒外残更沧海日，封中终夜石楼云。
拂衣未遂烟雾癖，聊尔登山出世氛[①]。

泰山 四首

陈文烛 大理寺卿，沔阳人

阿阁神房见羽翎，仙山吾久佩贞形。
吴门匹练天门白，海上飞涛掌上青。
开辟自来分日月，烟云吹处落辰星。
张衡东望缘何事，岂谓兹山好勒铭。

日观孤峰迥绝群，御香亭敞气氤氲。
松声似带秦时雨，坛影频飞汉检云。
玄石洞中寻玉女，碧霞宫内访元君。
昨年曾过临邛里，尚忆相如草禅文[②]。

① 雾：清刻本作“霞”。
② 邛：原作“印”，据清刻本改。

霏霏凉雨送山钟，树杪俄惊挂白龙。
帝阙依微看北极，圣朝禋祀少东封。
千秋玉液终当遇，一望层云已荡胸。
李杜高篇今自在，那能杖屐得相逢[①]。

指顾名山夕照前，中原平楚正苍然。
黄河曲抱三叉涧，沧海寒生六月天[②]。
地辨齐州烟九点，台瞻鲁国道千年。
安期亦有神楼散，可得从吾肘后悬。

① 屐：清刻本作“履”。
② 三：清刻本作“一”。

岱史第十八卷

登览志

唐

日观峰赋

丁春泽

日之升也，浴海而丽天；岳之峻也，切汉而临边。登高者，以致九霄之上；爱景者，欲在万人之先。其所惟一，其仞惟千。伊风灵之有载，彼日观之存焉。夫其夜刻未终，曙色犹昧。彼穷高之极远，此有进而无退。未辨昏明，斯分覆载。屡闻鸣雁，犹阴沉而不睹；忽听晨鸡，即曈昽而可爱。于是渐出旸谷，将离地维。岩峦既秀，草树生枝，姿气则赫[①]，人皆仰之。其望也如烛，其照也无私。昔者帝王御宇，立极垂统。封禅及此成功，巡狩应其春仲。莫不登兹绝顶，烛遐大明[②]。思照煦之义，穷造化之精。以为日象一人之德，岳是三公之名。信王侯之设险，俾夷狄之来平。方今一德无为，三光有象。动植昭泰，神祇肸蠁。千岩瑞色，思效祉以疑升；万壑春云，欲入封而空上。客有才乏羽仪，心思骞翥。每精聚萤之志，难穷望日之处。引领终夕，含情连曙。如照烛之有期[③]，故踌躇而不去。

乱曰[④]：日有观兮，绝代独立；登之望兮，无远不及。何太阳之至精，莫不专于出入。

---

① 气则赫：《全唐文》作“气则赫艳”。

② 烛遐：《全唐文》作“遐烛”。

③ 如：《全唐文》作“知”。

④ 乱：《全唐文》作“重”。

又赋

泰岳东南，峰开一室；旁接天路，低临晓日。阴霾玉免，动宵汉之微明；晓报天鸡，越氛埃之迥出。初其暝色葱笼，悬崖倚空。独出清虚之外，遥分苍莽之中。隐雾犹白，经天渐红。披草树以灯乱，耀波涛而血融。及夫林岭寒消，烟云色变，星河寥落以初没，峰峦逦迤而徐见。火动山顶，轮移水面。穿晴隟以飞镜，历幽窗而走电。至若门宇萧条，霜空泬寥，凉开曙景，暖入残宵。扬晶彩以艳艳，散芒角而飘飘。露洒交疑，风牵影摇。望极天涯，生从地表。夫弱木之历历，出阴之杳杳。万壑收暝，千岩送晓。消古砌之晴雪，动寒庭之宿鸟。遥空冷滑，伤寸晷之难留[①]；碧嶂岧峣，望轮光而渐小。凌霄色丽，腾空影叙。气乱山烧，光分水花。石壁孤危，觉灵槎之津狭。炎辉咫尺，信长安之路赊。既而皆焜耀以徐来，泛圆灵之不碍。蒙水气以珠暗，露松阴而壁碎。霞色收锦，天风剑黛。披云际之斜昊，豁天门而俯对。依檐乍吐，咸生齐鲁之间；过岭递明，照及草茅之内。由是远挂寥落，高辞绝暝。万象焜煌而毕照，六龙夭矫以无宁。安得足踏声峭，手扶青冥。陈白昼之苦短[②]，愿阳乌之暂停。

宋

容斋随笔

洪迈

应劭《汉官仪》载建武封禅事，每称天子为“国家”。其叙山势峭险、登陟劳困之状极工，予喜诵之。其略云：是朝上山骑行，往往道峻峭，下骑，步牵马。乍步乍骑且相半，至中观留焉。仰望天关，如从谷底仰观抗

---

① 留：原作“留”，据清刻本改。

② 苦：原作“若”，据清刻本改。

峰。其为高也，如视浮云；其峻也，石壁窅窱，如无道径。遥望其人，端如行朽兀，或为白石，或如雪[①]。久之白者移过树，乃知是人也。殊不可上。四布僵卧石上，亦赖赍酒脯。处处有泉水，复勉强相将行。到天关，自谓已至也[②]。问道中人，言尚十余里。其道旁山胁，仰视岩石松树，郁郁苍苍，若在云中。俯视溪谷，碌碌不可见丈尺。直上七里，赖其羊肠逶迤，名曰环道，往往絙索可得而登也[③]。两从者扶掖，前人相牵，后人见前人履底，前人见后人顶，如画重累人[④]。初上此道，行十余步一休；稍疲，咽唇焦，五六步一休。牒牒遽顿地[⑤]，不避燥湿。前有燥地，目视而两脚不通[⑥]。又云：封毕。诏百官以次下，国家随后。明日，太医令问起居，国家云：昨上下山，欲行迫前人，欲休则后人所蹈。道峻危险，国家不劳。又云：东山名曰日观，鸡一鸣时，见日欲出三丈所。秦观者望见长安，吴观者望见会稽，周观者望见嵩山[⑦]。凡记文之工，悉如此，而未尝见称于昔贤。秦、吴、周三观，亦无曾用之者。今应劭书脱略，惟刘昭补注《东汉志》仅有之，亦非全篇也。

闻见录

邵伯温

客云[⑧]：昔罢兖曹，与一二友祠岱岳，因登绝顶。行四十里，宿野人之庐。前有药灶，地多鬼箭、天麻、玄参之类。将五鼓初，各仗策而东，仅

① 或如雪：洪迈《容斋随笔》作“或雪”。
② 谓：《容斋随笔》作“以”。
③ 索：《容斋随笔》作“有索”。
④ 如画重累人：《容斋随笔》作“如画”。
⑤ 遽：《容斋随笔》作“据”。
⑥ 通：《容斋随笔》作“随”。
⑦ 嵩山：《容斋随笔》作“齐”。
⑧ 客云：《邵氏闻见后录》作“客有云”。

一二里，至太平顶，丛木中有真宗东封坛遗址。拥褐而坐，以伺日出。久之，星斗渐稀，东望如平地。天际已明，其下则暗。又久之，明处有山数峰，如卧牛、车盖之状。星斗尽不见，其下尚暗。初意日当自明处出。又久之，自大暗中日轮涌出，正红色，腾起数十丈。半至明处却半有光，全至明处却全有光，其下亦尚暗。日渐高渐变色，度五鼓三、四点也。经真庙帐宿之地，石上方柱窠甚多。又经龙口泉，大石有罅，如龙哆其口，水自中出。又经天门[1]、十八盘，峰尤秀耸。北眺青、齐诸山，可指数。信天下伟观也。

游览记

钱伯言 袭庆守

宣和己亥九月二十四日，面奉玉音，至奉符催视岳祠。后一月，伯言至自兖。明日，具香烛以告上旨。已而罢醮于会真宫，独登瑞云亭，早饭于行馆。遂同令寇庠、丞吕光问、祠官曹钦承、莱芜令韩僖、道士苏彦弼谒岱岳观，留连池上。复自金母洞过青帝观，观文僖丞相遗刻。遂游白龙潭，奠御苑玉芽于水中。爱其泉石之胜，乃相与策杖散步。还过鸡笼峰，始复肩舆。躬走社首山，视禅坛，访遗迹。晚入乾元观，小饭翠阴亭而归。

元

东平张宣慰登泰山记略

杜仁杰　撰

皇帝中统元载，擢用宿儒，宣抚十道，公首与其选。公治河东有异政，考为天下最。宇上亲召，劳以卮酒，至以字呼，朝野荣之。越四年，上复命公为东平宣慰使。尝曰：曲阜实夫子之庭，泰山为中原神岳，皆在

① 天门:《邵氏闻见后录》作“石门”。

境下，所当亲祀。以至元重九前三日，瓣严以行。由沂州门出时，天宇晦冥。翌日至林庙，拜三圣墓，雨气犹未艾。信宿抵岳祠。明旦登西华门，云则载阴载旸，雨则间作间止，咫尺三观在墨泼染间，刹那千百其变。公谓所亲曰：登顶之约，盖不敢定，苟晴矣乃行，否则恐劳而人。既而五鼓将作，阴为之解驳；三唱未终，星为之芒错。于是，州刺史张汝霖、奉符令张佺、司户王天挺，及从者三百指，具肩舆孳公而上。已而过黄岘，餘于护驾泉，次御帐少憩。去天门犹不翅十五里。路渐隘，林树四合，就其罅望之[①]，天光凝碧如绀珠。薄暮至绝顶，由东以望，见山影黕黑，偃卧无际。顷观李斯碑，仅得数字，其余漫不可识。下自登封坛，皆历代磨崖，亦复剥裂。惟唐明皇御制《纪泰山铭》，其字大如碗，深几寸，泥金错落，犹有存者。日没少顷，寒气已逼人如仲冬时，从者燎薪围坐以待旦。参甫中，公起步，自玉女池登日观峰，六合蹇开，肃然无纤滓。待蒸黍时，东方昽曨[②]，乍离乍合。移晷，日露其半，恍然如入无量金色界中，凡在行者莫不叹诧。及回，又得西影直抵昧谷，若与昆仑争雄长。公辄奋髯惊叫曰[③]：吾此行凡三见岱宗面目，吾愿足矣！噫！予自壬辰北渡，三十余年，凡九来未尝睹此奇事，虽欲勿纪，得乎？古者有天人之辩，谓人无所不至，惟天不容伪，真知言哉！公纯诚人也，盖无往而不协，无动而不言，无祷而不应。是行之异，乃一节耳！虽然，天下之事，固有邂逅相合者多矣。昔卫旱伐邢，师兴而雨，或者谓适与雨会，则非也。此特纯归之天，乌在所谓由人乎哉！至于挥剑成河，变昼为夜，或有此理。如韩吏部开衡山之云，苏端明借海藏之春，皆我辈之余事，安用诧为！因公此来，书诸石以示来者。奉高王祯书，刻延禧殿前。

---

① 之：原作“乏”，据清刻本改。

② 昽曨：清刻本作“昽昽”。

③ 叫：清刻本作“则”。

皇明

登泰山记

李裕

成化乙酉春，同年御史李景贤来按山东。是岁三月朔，同自济南往谒阙里，回抵泰州公馆夜酌。景贤曰：喜兹和煦，明当同登泰山，一览奇胜，可乎？余诺之。

明晨起，与景贤联骑出州城，北望轻烟薄霭，横带山腰。适参政叶拱宸、副使庄尚源邂逅而至，遂与偕往。北行二里，过白鹤泉，泉出石罅，湁潗鼎沸，久旱则渗漉。距西百余步，曰梳洗楼，不知创于何时，惟存故址。从西折北二里，有王母池，泉甘而冽，瀵沸潾灖，不竭不溢，乡人取水禜雨，颇验。又北五十余步，曰吕岩，有吕仙石像，宋时建。楼阁堙圮，独荒基破础存。今围以石垣，其中深林茂草，森布蒙密。晔晔猗猗，颇有佳致。至山麓时，日出扶桑，云霞绚彩。日前群峰错立[1]，远近异态，景物之奇，似快心意。自山麓抵回马岭十余里，群峰对峙，巀嶭峥嵘，势相噬嗑。中夹溪流，转腾溅冽，触崖石，激堆琦，其声澎湃，濎濎浤浤，萦迂数里入汶[2]。又有巨石，大者如轮，小者如瓮，硉矹磈礧，偃卧路径，难以数计。策马单行，崎岖至岭下。是岭岌嶪陟绝[3]，车骑不可前驰。余四人神思觉疲，仆从亦有倦色，少憩石上饮茗。易肩舆，穿深林，逾大石，行可四里，陡崖劖削，中夹石径，陂陀险厄，有石磴可跻。复行二里许，即宋真宗东封帐宿处，曰御幛。其地夷衍，嘉木樛核，繁阴布地。前即深涧，黛蓄膏渟，水光映天，巉石错杂如断腭。有小鱼，色青黑，浮游水面，临溪观之。时罗道士献茶饼，余试以饼饵之，翕然聚。已而尚源投以小石，悉潜去。复三里余，至黄现山。秦时有松五株，始皇登山封五大夫，枯没；后

---

① 日：清刻本作“目”。

② 萦：原作“荣”，据清刻本改。

③ 陟：疑当作“陡”。

人续植者百有余年，老干拳曲拥肿，宛若苍龙，势欲飞腾。余四人休憩其下，嗟赏奇态。又行二百余步，曰百丈崖，崖石如屋，可容十余人。临瞰道傍，紫蔓青萝，摇缀蒙络。傍有石洞，谽谺而黑，莫测深广，人亦慑惧不敢窥。又经石壁峪，至十八盘，两峰对插，峭峭如壁。其间累石为径，盘绕至南天门几五里，远望如梯，悬倚山畔，此最险绝。易小桥，盘道而上；入天门，东行数里；诣昭真观，易冠服，荐祀紫霞元君。问道士云：不知创始，每岁春月，四方谒者踵至，心弗虔立致奇报。余闻而验之数矣。已，即祠后观磨崖碑，是碑唐玄宗《纪泰山铭》，字大如手。岁久，风雨多剥蚀其字。距东十数步，观始皇封泰山制李斯所篆[①]。其石埋植土中，高五尺，形制似方非方，四面广狭不等。余刮磨垢蚀而细观之，总二十二行，行各十二字，多不可识。又西行数步，上太平顶，此泰山最高处。上有盘石方丈，廉隅尚整，黧色，光润可爱。余四人坐石上。少顷，拱宸、尚源足疲怯，还昭真观。余与景贤褰裳径往顶上，俯瞰群峰攒簇，伏地若培塿，独神霄两峰巉嶙特起。佳花异草，含丹吐白者[②]，骈罗列布于岩谷。灵禽怪兽，啾鸣啸号之声，杂沓盈耳，最为泰山奇胜。又有三峰：曰日观、吴观、周观。余与景贤，因纵目四顾，渺然无极，而崧、华、恒、霍诸山，以及江、汉、河、济诸水，皆可指数。诚天下诸山，莫逾其高。时日正午，风清气爽，徘徊既久，顿觉神思飘洒，迥隔尘寰，而不知身踞青霄上也。复从顶东下数十步，有玉女泉，水清甘美，道士时汲瀹茗。又东行二十步，曰龙口泉。大石有罅，如龙哆其口，水自中出，其流滮滮，有声潨然。复从险径南行四十步，悬崖淚峍，下临绝壑，古木蒙蔽。余俯身觇之，毛发竖耸。有怪石，形如大匮，虚倚崖畔，风至摇撼。问道士云：此谓舍身崖，人修道，从兹舍身入仙境。余与景贤深恻道士惑世者戕人之生，遂命州官

① 皇：原作“呈”，据清刻本改。
② 含：原作“舍”，据清刻本改。

塞路径，绝往来。崖之西有五峰，嶙峋巉簇，其状若莲，名莲花峰。自西山小山折旋而东，层嶂叠出，泉涌石上，奔泻数十丈，缕缕如帘，名水帘泉。其鸡笼诸峰，桃花诸峪，多有灵迹奇胜，独岭峤巃嵷，岩壑嵂崒，荆蓁交迷，路径不可到。时日过未，余与景贤往观，会二公同饮，各赋诗二首，书于观之东壁。

从天门盘旧道而下，至半岭，正夕阳西照，回视山色玲珑，水光荡漾，樵翁牧子隐隐树林间，恍若画图中人物。欲乘余兴往徂徕[①]，寻竹溪六逸堂故基、石守道隐居，日已暮矣。嗟夫！余少时尝读孟氏书“孔子登泰山而小天下”、《公羊传》“泰山之云，不崇朝而雨遍天下”、观子美《望岳》诗“造化钟神秀，阴阳割昏晓；荡胸生层云，决眦入归鸟”之句，想像泰山之高峻，峦峰之雄秀，草木之奇妍，仙踪灵迹之怪异，古今贤人达士登览之题咏[②]，何能得登兹山，穷探广索，亲览奇胜，徒萦诸梦想者十余年矣[③]。昔程明道，幼闻泰华奇秀在鄠县，未得游览。及登第，请为是县主簿，以偿其素愿。又自记其始末。今余无庸于时，幸叨总宪是邦，且喜圣德广被，地方居民咸蒙覆露之庇，更喜诸公皆同朝旧寮，乘兹休暇，得览奇胜，以偿夙昔之愿，何其幸欤！是亦张弛之道，岂其荒耽而忘返者足比哉！此记与乔宇记，录自何镗《古今名山记》[④]，最佳。

游泰山记

乔宇 尚书

正德五年，燕、齐大旱，运河滞阻。天子爰举祈方之典，命户部侍郎臣宇，于五月十四日往东方祭告岳镇暨于东海。予夙愿泰山一登，又惧此

① 余：原作“餘”，据清刻本改。
② 咏：原作“味”，据清刻本改。
③ 萦：原作“荣”，据清刻本改。
④ 自：原作“目”，据清刻本改。

行以昭假明神、周救百姓而往，苟祀而无雨，则又不可登矣。因斋心而前，过德州，即沛然下雨；过平原、禹城、泰安州、济南之境，雨皆达旦，农夫欢踊，予亦展颜，谓可以偿其愿矣。二十九日，沐浴、更明衣、省牲、演礼①，于季夏朔鸡鸣后，致祭于东岳庙。毕祭时，雷电合作。予又惧曰：秦汉以前，登封泰山者七十二家，实为灵墟著于简册。虽始皇以虎狼之威，千骑万乘以从，上中阪遇暴风雨，不得上封。今且雷电矣，登而雨作，疲夫羸马不得登矣。但颇自谓秉诚肃恭，岳岂无鉴耶？竟与胡、张二君同登。时阴霾蔽空，行五里余，至红门以入，则云渐开朗②。遂由石陂西北行二十里，过岭二：曰回马、黄现。又五里至御帐，观始皇所休树五大夫松，神根古干，高皆二丈许。自御帐而上，皆石磴。饭讫，上小、大龙口。又盘曲十五里，至南天门。又三里至绝顶，凡五十盘而上，晴晦开阖，气候万态，不可云状。谒祷于碧霞元君。稍上，是为东岳庙，磨崖碑在焉。碑高二丈，广一丈五尺，其文乃唐玄宗御制《泰山铭》。其书隶，其立之年为开元③，遂题名于上。又上，为极高处，有玉皇殿。殿南为始皇封禅碑。即除道至山颠④，览秦颂功德碑。碑高二丈许，其文秘石套内。殿中有宋真宗石匣，内藏玉检十六，成化间曾入御览，验为祀泰山后土文也。再东为日观峰，有小碑，亦刻名焉。数步许，为望海石，是为越观，可望会稽。石在顶，岿然蹲踌，爱而登之，为题“望海石”三大字。又转登仙人桥、五花岭。是时天日光丽，碧汉万里，豁然四望，胸恢意广。见济南城东北华不注山⑤，如小屋建于水上。俯观白云，英英缈缈，自山腰而出，冒于下方。北望京师，南瞰淮徐，西顾燕赵，东眺海上，以至于空峒、丹穴、太平、

① 演：原作“寅”，据清刻本改。
② 朗：原作“郎”，据清刻本改。
③ 开元：原作“天宝”，据新旧《唐书》改。
④ 山：原作“士”，据清刻本改。
⑤ 注：原作“汪”，据清刻本改。

太蒙之际，诚天下之奇观也。饭于道院，又题名篆诗于小石碑。徘徊至晚方回。遇崖石可爱者辄留书。下山至州城，则已报更矣。

题孔子登临处

罗洪先 状元，吉水人

孟子曰："孔子登东山而小鲁，登泰山而小天下。"故观于海者难为水，游于圣人之门者难为言。观水有术，必观其澜；日月有明，容光必照焉。流水之为物也，不盈科不行；君子之志于道也，不成章不达。此言圣人之所以为大学。圣人者，必贵有常，不可作辍。孔子虽至圣，必自十五志学始，十年而立，又十年而不惑，斯达矣。故曰，君子之道，辟如登高必自卑，未有不道中庸而能极高明者也。他日述有若之言曰，生民有孔子，泰山之于丘垤也。而愿学乃在乎必有事，常必有事，其患弗至成章乎？大中丞镇山朱君，保厘东土，庶务未遑，首标圣躅，索题千里。因探千古学脉，广所欲言，并勒表侧，质之来者。

登岱宗记略

李学诗 翰林编修[①]，平度州人

嗟乎！山，一也。未登，仰之弥高；既登，则高者复下；既下，则下者复高。峰峦殊而烟霞异，非山之变，登者自变之耳！山固自若也。世之驰骋于浮云富贵之途者，而性天遂变，曾不能知泰山之视浮云，顾以浮云为泰山之变，其与未登初见泰山者，一也。予之惺然顿悟[②]，不为浮云所眩。而真得大观于泰山者，非今日既登之力乎？

① 修：原作"脩"，据清刻本改。
② 顿：原作"项"，据清刻本改。

游泰山记略

尚䌹 参议

成化丙午春，藩臬将巡行郡邑。余与少参蠡吾王君世用、宪佥淇水刘君廷珪、天台潘君应昌[1]，约日偕行，乃以正月丁卯发济南。余与世用，向夕宿灵岩寺，戊辰抵泰安州。己巳，廷珪、应昌皆来。庚午黎明诣草参亭，拜东岳祠。遂肩舆出城，北行五里，及泰山之麓。由红门路过高老桥，傍有水帘洞，洞左为岩岩亭，少憩。经马棚崖、回马岭，路渐陡峻。再行至黄岘岭，东下，径路平坦，俗谓之快活三。延转而上，及御帐，盖宋真宗驻跸之所。蜿蜒而上，历十八盘，至南天门。东北行二里，及昭真宫，谒碧霞元君。由宫后稍北，有东岳神祠，祠阴刻唐开元磨崖碑。遂上登封台，有玉帝殿。前建石表，高丈余，或云秦之无字碑。复转东南，至日观峰，舍身崖在峰之下。西望则有月观、秦观诸峰，北望则有狮鸦、鹁鸽二崖。若西南之丈人峰，东南之徂徕山，尤其秀拔。其青岚、雁飞二岭，马蹄、桃花二峪，与东、西二神霄山，大、小二悬石，蜕仙岩、明月嶂、龟阴埠、杨老园，皆在指顾间。而下瞰汶、泮二河，如拖练耳！人云秋气晴肃可以见海。余与世用、廷珪、应昌，酌于昭真宫之别室，再酌于岩岩亭。酒力微醺，夕阳欲坠，神思飞爽，飘然跨沧溟、凌宇宙之气概也！山下有吕岩洞、王母池、白鹤泉，则以薄晚不能及。其他峰崖林壑幽邃之地，佳景尚多，不能悉记。辛未，出城之西门，礼玉女殿，即宋天书观，遂至蒿里山。探鬼仙洞，令道士执烛以往，阴气侵人，不可深入。时廷珪有事于东兖，余有事于青莱，应昌将校士于他郡，独世用分治泰安，乃布席张乐，为予三人者饯别，欢饮竟夕而罢。夫登览，古今乐事也；泰山，天下奇观也；四人同游，藩臬和德也。不可不记。胜地不常，盛筵难再。继此而复来游者，亦将以兴慨慕、追岁月云耳！是碑在岩岩亭，

① 君：原作“若”，据清刻本改。

嘉靖九年棠陵子题其旁曰：万豪由泰山绝顶回，观尚少参游记，山川如故，英烈何存？快哉伤哉！后十五年，方子之友见之，则又如方子之非悲尚子也[①]。

题石刻“观海”二字

叶份 按察司提学佥事

昔颜、柳以善书鸣唐，至今称之必曰“颜筋柳骨”。然鲁公以忠烈显，公权以止谏著[②]，炳琅宇宙，岂徒以其书邪！心斋张公，曩为御史守关，武皇北狩，抗疏回銮，风采凝然，匹休往哲。平生究心字学，尤善大书[③]。当其濡毫伸纸，气定神闲[④]，得心应手，端严遒劲，盖有出于颜、柳筋骨之外者。然世方以茂节高勋，曰公大受而游情褚墨。公固以为艺成而下矣。顷者，公书“观海”二大字，镌诸泰山之崖，其字画之妙，如吾前所云。噫！字，心画也，公宏中肆外，惟变所适，克所至焉。海岱争崇深，可也。然亦有岩岩气象，而难于为水者邪！右称心斋人品气节，固宜。但过许书法优于颜、柳，则谬矣。赏鉴家当自知之。

游石屋记

姚奎 通判

泰山东数里许，有石屋，世传碧霞元君炼真之所。予公暇欲往观焉。从者曰：径隘不可舆。乃易服帽貂，以韦带结腰，短策芒鞋，命道士刘教弘为前导。行三四里[⑤]，无复蹊径，披蒙茸，攀巉岩，伛偻而上，愈进愈险。下瞰巅崖，惊汗浃背。又三里，盘旋转一冈，而石屋在望矣。有羽士四人，癯然

---

① 非：清刻本作“悲”。
② 止：清刻本作“正”。
③ 书：原作“画”，据清刻本改。
④ 闲：原作“间”，据清刻本改。
⑤ 三：原作“二”，据清刻本改。

而迓予青松绝壑间。前牵后拥，乃获济焉。瞠目纵眺，上有削铁奇峰千朵，前有夷地可半亩。入其中，窈然而深，朗然而虚明，石窦涓涓凝结玉柱，大十围，高丈余，晶莹可鉴。崖有元君手印，玉指宛然。后有石床，则元君偃息处。左偏一窍透绝顶，顶有石楼，可坐三四人，冰滑不能升。跻攀数磴而下，力疲，卧石床，毛骨洒洒。旁有圣水池，清冽而甘[1]，不盈不涸。下有石，曰牛心，甚奇怪。又下有洗鹤湾，深不可测。一鹤鸣于上，似与人声相应和[2]，实真仙境界，与尘寰迥绝。人之游泰山者，每以道左日穷为画，于斯罕到，孰知石屋之多奇乃尔哉！石屋于予，惜乎遇之晚也。嗟夫！世之豪杰士，固有终身未之遇者；遇矣而晚，奚病焉？“道左日穷”以下，全用杭之《石屋志》文。

姚别驾总巡泰山记

李镕 泰安州学正

泰山绝顶有神祠，曰天仙玉女碧霞元君。岱岳毓神，上通乾象，英灵丕应，理或然也。远近持瓣香徼福于神者，肩摩毂击，岁常数十万人。至则罗拜欢呼，竞以财献，动以数万计。台宪藩臬俸廪饩币，凡百经用，或于兹焉取给，而征敛不及于民。凋瘵之余，赖以苏息。益国裕民关系于此，讵可主之非人耶！嘉靖乙酉，抚按藩司精选州县廉能官分掌厥务。时东昌别驾雪渔姚先生膺总巡之选。先生曰：利权，俗吏事也，吾人视之当如鸩毒[3]，岂容毫缕自污。乃集百执事吁神誓戒，俾竭乃心，综理微密，觊觎者不得逞其奸。寸镪缕丝，罔或遗漏。始于是冬孟月，逾年季春之十日，计收金银、钱币、畜产约三万缗[4]，珠玉、袍幡弗与也。视往岁加增三之一。籍上藩司，以备岁用。先生廉恕，立法严而不苛，御下峻而尚简，待士恭

① 冽：原作“列”，据清刻本改。

② 似：原作“以”，据清刻本改。

③ 鸩毒：原作“鹤每”，据清刻本改。

④ 三：清刻本作“数”。

而能爱。总巡余半载，饔饩一取于家。东昌俸金，数驿取之，以赡贫士。其官给廪钱，则易刍豆俾饲官马。损己利物，常情所不堪[①]，先生不以为难也。泰山之巅，层峦百余丈，俗号舍身崖。有为匹妇之谅者，辄大于神[②]，自投以殒，流俗以为壮烈，先生严禁谕遣之。

快活三，路平而隘，下有深崖，险甚，夜行失足而伤亡者屡矣。先生捐俸植木栏，自是全活者众。台臬诸司，委以讼牒，断决如流。附城为客邸者数百家，前此尝科敛之，先生曰：蜗涎自润，顾欲渔猎之耶！吾不忍也。乡老邹瑀辈，将镌石以振励后人，属仆以记。先生，海虞人，名奎，学博。辞昌曾未数月，著《泰山纪行》，累数千言。泰安名士李文瀚、马载道、高民悦诸贤，相与倡和。顾仆谫陋，曷彰厥美？击泰缶以写韶英，有遗音者矣！勉书以贻之。嘉靖五年。

游泰山记

高诲 通判

泰山，在州治北，高四万余尺，延袤几二百里，名峰七十有二。其巑岏列巘、森然而供秀者，弗可胜纪。古为东镇，天下之山莫高焉。予往岁计偕上春官取道登谒，时甚寒，仓卒以未获尽观奇胜为恨。嘉靖壬午冬，予由青城转东莱司马，台檄督岱宗事。癸未春三月六日，肩舆出自北城门，逾小桥二里，道左右乱石棋布，近麓有庙祀池馆，俱壮丽[③]。左有老柏数株，相传汉武帝东封时所植也。又二里，至红门，跨道为飞云阁。道傍为更衣亭，楔扁曰“宗岳”。循溪产天麻、黄精诸药，土人负筐采之。又五里至高老桥，有汉寿亭侯祠，祠前桃李始华。稍前为水帘洞，泉自天绅岩出，飞流垂练，听之泠泠然。下有小石桥，通泉于溪。左为岩岩亭，登之毕见景

① 情：清刻本作“人”。

② 大：清刻本作“天”。

③ 俱：原作“惧”，据清刻本改。

物。又四里至马棚崖，稍前为回马岭，山石渐峻且奇，林木亦幽邃。溪崖有椒，有梅、杏、樱桃，山居者资以为利。又五里至黄岘岭，西行折东北上而复下，又西行折东北则下而复上，虽屈曲下上，率坦易凡三，以里计亦三，游人疲于峻陟，至是舒快，名曰“快活三”云。其西岩，有竹繁茂。又五里至御帐，宋真宗驻跸之所。五松高数丈，秦皇避雨其下，封大夫云。竹林僧献松花饼，啖之香美。复进瓯茶，问之，曰“东岩所产”，味亦清苦。又五里至大、小龙口，两山悬削，水从石峡喷泻。上有古松，偃仰若蟠虬然。又五里至十八盘，崖间楸、槲、野棠、山榴、弥桃，或花或实。石磴齿齿倚空，仰视似有不可至者，乃伛偻攀援以上[①]。盘尽，至峡口高处，石门题曰“南天门”，有三灵庙。又东北二里，为元君祠。左侧石方池，曰玉女泉，一名圣水[②]。甘寒清冽，汲以烹茗，味可比浮槎龙泉。又东北至岳神祠[③]，祠后有唐磨崖碑二：一为开元《纪泰山铭》[④]，一为乾封《朝觐颂》。侧多古人题咏，藓蚀不可读。又北上[⑤]，至绝顶[⑥]，有玉帝祠。祠前石表丈余，一名秦王无字碑。又东南行，至日观峰，人云鸡鸣时见日出[⑦]。有石函，方丈许，人云成化间雨水冲决，得玉检以献[⑧]，命中使瘗旧所，即此。峰之西，巍然而突出者，秦观峰也。稍南而独见者，越观峰也。峰之下，壁立万仞者，舍身崖也。崖之右，则试心石、仙人桥也。延伫四望，沧溟东坼[⑨]，河流天倾。而汶水汤汤，只环一线。西南万山伏地，殆如米撮。惟徂徕、尼

---

① 援：原作“楥”，据清刻本改。
② 名：原作“夕”，据清刻本改。
③ 祠：原作“铭”，据清刻本改。
④ 纪泰山铭：原作“记泰山之”，据清刻本改。
⑤ 上：原作“土”，据清刻本改。
⑥ 顶：原作“滇”，据清刻本改。
⑦ 出：原作“山”，据清刻本改。
⑧ 玉：原作“王”，据清刻本改。
⑨ 坼：原作“拆”，据清刻本改。

父，仅露脊可指耳[1]！近顾诸峰，若丈人，若回雁，若莲花[2]，若明月，若东、西神霄，云烟相荡，势若争雄。其不能以一峰名，而附之以见者，如拱如揖[3]，凛然有夔夔听命之状，真奇观也。予始至，瘦石嶙峋，刚风怒嚎。溪竹崖松，宜雪宜月。其尤足听闻者，樵斧之声与崆峒应答。既而鸟鸣花丽，万谷皆春，泉香可啜，蔬美可馔，山容于是乎忻忻然，而人亦得以乐之。至于溪云出没，而阴晴变化于立谈之顷，此又造物者之翕张，而莫知其所以然也。夫山之景象，奇于冬，丽于春，而游人或拘于时，止于暂。予以公事久于斯，而又频于下上[4]，则夫山之情状，景之变态，古人游豫登眺之迹，靡不袭其芳而踵之。兹游也，可不谓独胜乎？书以纪岁月。是作最胜。

九日登岱记

黄鳌 佥事

嘉靖乙巳夏，予以防秋，董戍德州。九月朔，闻侍御南渠黄公东巡既遍，由沂而北，历兖、济以至泰安。予迎而侍之[5]，适未至，而重阳且届期焉。刺史仲言永曰：九日登高，旧事也，请追之。予然而告之曰：九日，天之胜也，凡一丘一阜皆足以记时令[6]。泰山，地之胜也，自古封而禅之，凡得以蹑其巅者，皆足以齿壮游。予，闽产也，乃逢是日而获登之，顾不胜与！于是改制登山之舆，诘旦爰登[7]，而刺史从焉。穷其所至，山中古今所传，前人之述备矣。惟是日也，天朗气清，金风载爽，坐玉皇之顶，抚没字之碑，则见联络岳镇[8]，翼我

---

① 脊：原作“春”，据清刻本改。
② 花：原作“化”，据清刻本改。
③ 如：原作“加”，据清刻本改。
④ 又频：原作“之顺”，据清刻本改。
⑤ 予：原作“子”，据清刻本改。
⑥ 凡：原作“为”，据清刻本改。丘：原作“兵”，据清刻本改。
⑦ 旦：原作“且”，据清刻本改。
⑧ 络：原作“绦”，据清刻本改。

皇图[1]，黄河控秦吴之盛[2]，昆仑荐夷夏之观[3]，廓如也。既而日忽忽其将暮，景翳翳以偕入，百灵万籁之嘘作焉[4]。吾凭而夷犹之，心旷神怡。景物偕融，灏气同流，若有以揖太乙而参之焉者，不敢以荒也。退而就馆舍。旦复蹑日观峰，则见心房之野，昧爽朏明，黑云驱而上浮，黄云拥而下升，朦胧掩霭之间，忽有点若朱丹，若火焰[5]，破重雾而耀红光，奇观也。须臾而半出云间[6]，则天明景藏，予且归矣[7]。归而下历水帘洞，闻其东有石经，为王右军所笔。但山峻峪深，不可以行耳！乃息肩舆，攀缘而上，杖屦而下，则见盘石若砺，大书苍拙，体庄而神思飞逸，历千万载烂然与天文上下，日相昭回，鬼神呵护之功哉！间有为巅石落而破坏者，有为水浸溜而就平者，岂造化亦有所忌也与？世传真草小书，与此大相迥别，或疑其未必出诸右军云。

既而西访竹林禅刹，无以观也。惟有所由之峪，则恍若山阴兰亭之状。泉落百丈之崖，若拖练而下，笃斋汤子题曰“瀑布”。渊深白龙之池，雩则取水迎而祷之，予题曰“霖原”[8]。细流屈曲而出，可以浮觞；夹流独石，可以盘坐。溪山掩映，岚光洸漾，可以题咏。又出而盘石横亘，粹若白壁[9]，方之经石为小，闻有前人之作，求之弗得。则天又且暮而归，惘惘然有未尽之怀也。吾徒春元刘一柱者，知其处，且携匠拓之以献，乃元初天历间，辟世之士之所作也。噫！予南人，获游上国最晚，信宿尽得天地古今之胜，岂非遇与！刺史君曰：九日登泰山，阅诸编帙，未之前睹也，可以无纪乎？遂记之。又为之词曰：

---

① “我”后，原衍“止”字，据清刻本删。
② 吴：原作“灵”，据清刻本改。
③ 昆：原作“崐”，据清刻本改。
④ 嘘：原作“虩”，据清刻本改。
⑤ 焰：原作“蹈”，据清刻本改。
⑥ 臾：原作“吏”，据清刻本改。
⑦ 予且：原作“弓直”，据清刻本改。
⑧ 予：原作“子”，据清刻本改。
⑨ 壁：清刻本作“璧”。

泰山兮崔嵬，九日兮凄清。登绝顶兮巃嵸，乘天风兮震惊。杂芳珮兮陆离，饮菊酒兮酩酊。追遗踪兮不可见，问太空兮冥冥。

乾枢坤维说

洪朝选 侍郎，同安人

或问于予曰：何以题泰山为乾之枢、坤之维也？予曰：有说矣。《史记·封禅书》云：谓之齐，以天齐也。言齐居天地之中，如人身有脐然，其胸腹肢体高下长短，一于是取则焉。《汉书》言天下之安，犹泰山而四维之也。解之者曰：维，犹系也。独言泰山者，泰山至安者也。加之以维，则愈安矣。予谓今世之言泰山居东为东镇，自瀛海之内言之尔！若以四海、九州、中夏、夷狄、瀛海内外视之，则中也。今泰山在济南封内，固云齐境矣。取义于乾枢，非耶？名之坤维，安也。或曰：以枢、维名泰山，指山言耳！推之人心，有可说者乎？予曰：人之心之中，犹泰山之中也。人之心之安，犹泰山之安也。世顾不之察耳！今夫仁者，天地生物之心，而人受中以生之理也。而戕贼之者，至于虐人害物；礼义廉耻者，人之四维也。而丧失之者，至于不顾，惟利之趋，此予之所甚悯也。予观登兹山者，肩摩踵接，其来也为避祸而求福耳！盍亦求之吾心之泰山乎？一或反而求之，则所以存其仁、守其礼义廉耻者，将不出户而得泰山矣，何安如之耶！予既答，或者因镌其说于石，以示来登山者云。

游泰山记

王世贞[①] 侍郎，太仓人[②]

余自戊午、己未间，有事于泰山者三，而其稍可纪者第二游也。其初

① 王：原脱，据清刻本补。

② 太：原作“大”，据清刻本改。

游为正月晦，自清源谒台返，与海道宋丈太武偕[①]，夜浴于使院。三鼓起，启堂之北扉而望，若曳匹练者，自山趾上至绝顶，又似聚萤数百斛囊中，光熠耀不定。问之，乃以兹时士女礼元君，灯鱼贯而上者也。其颂祝，亦隐隐可听云。以黎明入山，即阴晦，浮云出没眦际，十步外不辨物，第觉舆人之前趾高，而余前偻而已！即绝顶亦无所睹见，且寒甚。宋丈迫欲返，还憩酆都宫，趣觞举者数，而后肤不栗也，甚悔之。

至六月朔，偕御史段君按部泰安，段君约以三日登。而诸道从者众，度不任舆马。余乃与参议徐君文通请以二日先，段君许之。至夕而大雨，其次日雨止。出泰安，可二里所，即入山。时禾麦甫熟，黄绿间错如绣，拂拂作饼饵香。树杪浓阴晕之，意甚适，而至无掌故可询者。自是皆诘曲逶迤而上，峰势巑岏若相噬，而傍多溪涧，泉流碨礧间，作悲鸣，与笳吹相应。久之，至回马岭[②]，乃却肩舆，改从腰笋。又四里，抵御障岩，一曰御仗。宋永定陵东封止仗卫处。其前为巨涧，涧底白石砥平，如玉色。而岩陡上，庙其巅，颇宽。嘉树荫之，好鸟喈喈可爱。又行可三里，抵黄现。黄现者，不知其所由名。有松二，即所谓五大夫者也。以厄于石不能茂，而稍具虬虺状，当是二三百余年物。亡何，为百丈崖。崖凹深如屋，傍有石涧壁立，而凌层巉岩叵测已[③]。度石壁峪，为十八盘。应劭所谓“两从者扶掖，前人相牵，后人见前人履底，前人见后人顶，如画重累”者，非此地也耶！而今道益饬治，且有舁者，所谓五六步一休，喋喋遽顿地，不避燥湿，前有燥地，目视而两脚不通，且幸免矣。自是为十八盘者三，而穿中窦曰天门。既上，罡风蓬蓬然，吹帽欲堕。道士衣羽奉乐而迎，出没云气中，亦一奇观也。行可里许，为元君祠。元君者，不知其所由始，或曰即华山玉女也，天下之祝釐祈福者趣焉。祠宇颇瑰伟，而岁所入香缗以万计，

① 太：清刻本作“大”。

② 回马岭：原作“迴马岭”，据实名改。

③ 涧壁立而凌层巉岩：原作“涧槎口而下黑其究”，据清刻本改。

用供县官匪颁。其右为御史所栖。后一石，三尺许，刻李斯篆二行。一石池，纵广及深俱二尺许，亦曰玉女洗头盆也[①]。自是左折而上里许，曰岳帝祠，陋不能胜香火[②]。其后峭壁造天[③]，左为开元帝《纪太山铭》。唐隶，径可二寸，而赢势若飞动，惜其下三尺许为拓碑者冬月构火蚀之，遂不全。右为苏颋东封颂，字形颇秀媚，尚可辨，而损于闽人林焯“忠孝廉节”四大字。又有颜鲁公题名，损于方元焕诗。固不若苔土埋翳之尚可洗而有也。自是益北上数百武，为绝顶，曰玉皇祠。祠之前有石柱，方而色黄[④]，理亦细，可丈许，所谓秦皇无字碑也。其石非山所有，或曰中有碑石冒之。按李太宰裕《记》云：石埋植土中，似方非方，四面广狭不等[⑤]。细观之，总十二行[⑥]，行各十二字，多不可识。今殊不然。然李公以为在“开元铭”东十数步，则非此石明矣[⑦]。恨曩时不于其地一访拓，使先迹泯泯也。复折而东，稍下百步，复上百步，石室冠之，高如玉皇祠，中有黧色石盖，方丈，莹润可鉴。云汉武帝所藏金泥玉检地也，《传》云“白云起封中”者是已。其前，地稍辟，即所称日观、秦观、越观诸峰者。盖五鼓而起，观日出则为日观，西望而见秦则为秦观，南望而见越则为越观耳！其后人所指某峰某峰，皆妄也。时雾气重，不可久憩。又亡所睹见如春时[⑧]，怏怏而下。适徐君至，呼酒谈诗，甚乐。三鼓而寝，约以五鼓起观日出。然其寝皆以甘甚，醒则高舂矣。意恍恍不自得[⑨]，强与徐君扶杖而寻昨所游。时天初霁，日益弄色，其东南尽目力微白而晃漾者，以为海耶？直北而西，隐隐一抹苍碧，

① 玉：原作“王”，据清刻本改。
② 香：原作“杳”，据清刻本改。
③ 后：原作“徐”，据清刻本改。
④ 方：原作“万”，据清刻本改。
⑤ 面：原作“而”，据清刻本改。
⑥ 十：原作“不”，据清刻本改。
⑦ 石：原作“在”，据清刻本改。
⑧ 睹：清刻本作“观”。
⑨ 恍恍：清刻本作“光光”。

若长城之堞者，则意以为太行、恒崧之类耳。至稍远而淄、渑、济、泗，千流叠带。近而诸山，皆若培塿。独徂徕稍尊，居然一衡几，瞪眺久之。因与徐君语，传所称“吴门白马”，固未敢信，即“小天下”，岂欺我哉！俄而诸山各出白云一缕，若冢中起。稍上，大如席。凡数百道，则狂驰，而遇辄合，其起无尽，其狂驰而遇亦如之，顷刻遂遍成白玉地。而仰视则空青莹然，上下异色。呼酒与徐君酌，自以为生平之创目，所谓野马絪缊，信也。俄而报段君至，从行者参政张丈希举、副使李君嵩、佥事王君遴、张君师价，因置酒于其署，移席玉皇祠南柏树下。《记》云，汉武所种千株，大者十五六围，今不能十之一而小，疑即其孙枝也。酒小间，散步至舍身崖，其缺处可三尺，而下临杳霭数千仞，张丈足缩不敢前。而王君席间慷慨谈兵事，乃亦缩弗前。张丈顾而曰：君扼腕而谈兵，毋敢抗者，乃亦弗前耶？余笑曰：此自兵法，诸君弗察耳。夫无进生而有退生，此王君所以弗前也。王君亦大笑。乃别段君，约以次日缘寻山诸胜，乃下。五鼓复大雨，雨连日夕不休。余始与徐君同舍，而张丈、王君舍圮漏，乃移就余。而舍中水亦将二尺，因布长几，置枕簟其上。小吏裸而行酒炙所[①]，剧谈六合内外，张丈又时时以雅谑杂之。凡四日，雨始小息，夜卧倦甚。王君苦吟若寒蝉，又时时提余耳告以所得句。余不胜嬲，强起顾视，天碧净如浣。而大星百余，巨于杯，历历檐角，殆可仰而摘也[②]。质明复大雨，州供业已尽。乃行辞，段君与诸君偕发。时寒甚，衣绢素至五重不解，亦有乞道士木绵裘者。下天门，雨止日出。每十八盘竟辄去一衣。至御障岩，衣去且尽。时岩傍飞瀑争下，凡二十余丈，涛翻雪喷，若斗龙吐蜇，玉鳞四飞，珠沫群唾。余兴发，不可遏，跣立盘石流泉中，呼酒数大白辄釂，长歌振林樾，诸君皆壮之。有和者，有就取饮者。移时而报段君至，相与之酆都

① 裸：原作“祼”，据上下文义改。

② 殆：原作“始”，据清刻本改。

宫，为小宴别。

其明年之四月朔，以行部道出莱芜，会家大人有边事，事甫定，乃乞灵于太岳，以间登焉。将五鼓，杖策日观峰。顷之，东方色微辨，而顾余及从者，衣洞赤，已睹石室及诸碑碣尽赤。乃见一线赤从东黯雰中起，顾山之背则犹昏然[①]，鸡盖三喔也。又顷之，日轮徐上，云君电师[②]，金支翠旗，仿佛扈从。于是诸峰城郭尽现，而山之观与世同矣。余三登而始毕其胜，然目境耳。其峰之为回雁，为鸡笼，为莲花，为明月，为丈人，为独秀，为东西神霄；崖之为百丈，为马棚，为鹁鸽；峪之为石经，为桃花，为马蹄；石之为牛心，为龙口，为试剑，为龙纹，虎阜；峒之为吕公，为白云，为遥观；泉之为白鹤，为水帘，为白龙。诸用怪伟称者，固未及一二探也[③]。夫以封禅告成之主，凡七十二，而结绳者半之。天地之人文郁而后世之博识者不能举其略，辞之不可以已也如此哉！去余兹役十有七年矣，而所经睹若夙夕。会至自太和，有所撰述，因并记之。其后二游各有诗，诗为七言律，凡十首。

东游记

王世懋 太常少卿，太仓人

万历丁丑秋闰八月，王子朝于京师归，并故道返于闾井，中间忽念生平之游缺焉于怀者三，而兹行可一举尽也。泰岱为五岳宗，客岁登太华巅，顾独于岱宗一屐齿是吝，将为青帝所诮。释褐且二十年，不识阙里暨林作何状，其若在二之义何？又故人李于鳞，物化八载。鸡酒之酹弗躬，乔玄当令阿瞒腹痛失。今不假传一行，病夫业且归卧，辕不北矣，恐遂为终身悔。乃自奋曰：即病必往。而会同事中亦有先我行者。传车至德州，问道

① 背：原作“旹”，据清刻本改。

② 电：清刻本作“霓”。

③ 及：原脱，据清刻本补。

于州之守耿君。耿君曰：从兹入平原，并禹城、齐河而南，之长清，此走泰山道也。是稍东当故道，不能迂百里。余曰：以行李累东诸侯，奈何？曰：等费耳。且以苏孔道便，浙之参政者曰舒，岭之参议者曰陈，两公者先公一日行矣。余喜而从之，于鳞家历下，而齐河去历四十里而近。业欲拜于鳞墓，不可令两台使者知，乃计为羸服间行而先。一力闻之于鳞子驹。驹报曰：先人墓在长清道中，毋烦间行也。余益喜过望。遂发齐河，稍折而东，几迷失道。会候者至，云：墓近矣，请小憩民家以待驹。驹至，即与偕行，墓所仅一尺土丘中耳，无周垣封树，非得驹不能识也。问之，云：将卜迁别葬耳。伫立凄然，具酒肴设拜，焚所为文及诗，雨泣而别。

日暍抵长清，闻舒、陈两公尚留灵岩寺，亟以一力先约之共游。亡何，陈公以刺来迎，乃趣复前，侵夜抵崮山铺宿。夜大风，寒，晨起蹑霜而趋。舒公刺迎者亦来，知两君子能为我留，甚幸。入山可三里许，始为驰道，陡壑中断[①]，石梁跨之，甚雄。遥望诸山，围列鳞次，天设屏障。梵宇浮图，涌出翠微间，真天下奥区也。入门礼大士毕，即往舒、陈二公所，口占一诗，谢其见迟，二公已设素食相留矣。饭毕，具软舆，二僧导而前，凡山所名胜处，卒一至焉[②]。灵岩下垂一石，人立而向者，朗公石也。石沼渟泓，亭而覆之，涓涓出于佛足，复汇为外沼，而漫流山麓间，已忽伏而不见者，□□泉也。别院曰达摩，旁涌起一铁，金涂之，高可四尺，阔杀其一，背偻面拗天，为纹缕作水田状者，铁袈裟也。已稍扪历而上[③]，至一亭而止[④]，度其上不可登。仰视绝顶，下有平壤，草木荫映，绛宇出焉。有庐其傍者，一僧一行居之。时上下取水，如是者五寒暑矣。意其人修头陀行者，恨不一见。瞻眺久之而下。时舒公小剧顿泉亭相待，予与陈公迤逦下，从之返

① 陡：原作“陟”，据清刻本改。
② 卒：清刻本作“率”。
③ 扪：原作“间”，据清刻本改。
④ 至：原作“里”，据清刻本改。

舍。视僧房，竹苍翠数百竿，山以东所无也。小憩，复出讲堂前，模宋碑数通读之。步入香积厨，见复沼一泉，盎而不溢，其旁瀌瀌细流环之。问之，僧云：又一脉也。厨之后，复有来鹤二泉，盎如厨泉而细。大都兹山以泉胜，其泉或盎或流、或伏或见、或交或断，僧亦不能尽名也。寺当天下四名刹，像构宏丽，阁三重峙其前，浮屠七级标其右，余与陈公据阁巅而望焉。浮图不尽四级而止，其山四围，故不能远眺也。下浮图而南，为鲁般洞，洞上缘倾崖，周甃以石而成。二石门内，犍不可入，似为开山僧埋骨地云。于是山之胜几尽，独所谓通明核者未之见。僧云：出山二里外，傍去不数武，可望而窥也。余兄元美，尝为余言：灵岩是泰山背最幽绝处，游泰山不灵岩，不成游也。问山僧余兄所题处，得碑二，碑皆手书，诗皆十二韵。凡经再游而得者，去今二十年矣。是夜饭毕，各就寝，余因得排律一首，韵如家兄数。晨起书石，付山僧而去。

次日，与舒、陈二公鱼贯而行。午餔后，抵泰安州。州守迎问登山期，余辈以晨发告。而东岳神庙乃在城中，得以其隙往谒焉。

庙制宏敞，城其四周，前为门者三，中为猋殿，后为寝宫，俨然帝居也。穹碑古柏，森严布列前除，怪石棋置，视其题刻，皆宋、元间人浮海来献者。予与两公拜毕，循览四顾而下，则州守已张具别馆矣。虽馔皆素品，而设乐为礼甚都，力强之陪乃坐，余甚愧其厚为。坐久之，起更衣，见顶山如在檐桷间，可俯而窥也。凡山以夜色视则卑，皆两公所未试者，闻余言以为奇，漏下二鼓而散。

次早戒行，舒公以服药请后从，予与陈公两肩舆先发。至更衣亭始屏驺从，易软舆而上。是日气朗风恬，游意甚惬，见两山腋抱骨削，流泉下注陡壑[①]，时为瀌瀌声。仰视中峰，云气弥漫其上，始觉泰岱为高。顾舆夫力疲，下，就一壤憩焉。望汶水如带，诸山培塿，独徂徕当其前，如大宾，

① 陡：原作“陟”，据清刻本改。

无少降意。予与陈公叹赏其雄。已复就舆，历高老桥而上，左一石坟起[①]，细泉漫流其上而出，逶迤堕右涧，则所谓水帘也。石卑而泉涸，不能奇已。又折而前，见所谓马棚崖者屏立道右，稍当奇观。历磴久之，地忽平衍，可三里许，土人名之曰“快活三”。余昔游华山，备历艰阻，亡论此山平处，即大崎岖，不能当华十之三，因戏题一绝云“曾为太华峰头客，是处堪名快活三”，非谩语也。又前为回马岭，盖自此始不可骑云。行久之，抵玉皇阁，石关当其前，兹山一隘也。从阁折而西，盘纡直上，二天门出焉。其下两崖削立，树木蒙茸，泉如建瓴下，巨石怒撑，泻作潺潺声，穿隙而堕。坐石弄泉，仰视御帐崖，真为胜绝处。御帐崖者，宋真宗驻跸地也，今为憩客亭。傍植二松，镵石其下，谓秦所封五大夫云。松故丘陇间常木耳，为之失笑。饭毕更上，见三天门缥缈云雾间，双阙天峙，两峡束之。十八盘鳞鳞万梯，舁夫喘汗数易。仰视峡口，忽远忽近，殆神仙径也。且舆且步，至天门则荡然平壤矣。为市而庐者可三十家，尽庐则碧霞元君宫焉。前为焚楮地，广亩许，火日夜不息。金铺朱户，楔棹俨立，天辟福地，似非偶然。予与陈公小憩公署，即具吉服瞻拜，焚施而退。考《道书》，元君即华山玉女也。不知金支翠旗中，能识旧游玉井客否？相与迓舒公，久之不至。乃拉陈公纵游诸峰巅，岩障罗立，镌题百出，至不暇酬接。其最称巨丽者为磨崖碑，唐玄宗八分书东封颂也。崖之半，为苏、许公书，隐隐尚可辨，已为俗子书四大字盖之矣。稍上而北，绝顶峙焉。石涌起为小阜，屋其阴而垣之。前跨高标，秦皇帝无字碑也。碑形广厚四匀，上为幢盖。余断谓非碑[②]，盖既封而标识其巅耳！独其石腻白而坚，非山所产，不解何力致之，乃知驱石事故当不诬[③]。览竟，复步而南眺，所谓日、月、吴、秦诸观，舍身、石梁诸崖，与古封禅台、宋东封玉简流出处，皆巡历指点，

① 石：原作“右”，据清刻本改。

② 碑：原脱，据清刻本补。

③ 诬：原作“诬”，据清刻本改。

所至徘徊尽兴。南望汶水，远从莱芜至，徂徕障之。北来诸流并入，蠖屋蛇腾，西流无际。群峰蹲伏拱列，青烟数点，时为聚落。目力所至，乃过徂徕南境，兹山仅当门户一峦，非复向时相宾态矣。西顾日色黯黯，云霾时翳，远水灿落，映日如星，细视久之，始别为水。最后望极天处，一圆光耿耿欲堕，非先所见幻态，众哗视之，星也。盖辰星先日而下，居恒不辨见之耳。上下稍剧，余与陈公据石而坐，见山阴万壑隈坳中，陡起一山，梵宫翠色隐隐，旁抱周庐，意其奥壤可游也。问之羽人，曰：尼僧所托，故无他奇。遂已。于时纤飚不起，燠若春和，竟迓舒公不至，遂就峰之别馆憩焉。则日已崦嵫，亟呼陈公凭垣而望，荧荧半规，渐没虞渊，亡异寻常见也。独已没再吐，若玛瑙盘，绛纱蒙之，真从水底见其浮沉，故是人间一大奇观耳！时舒公正礼元君毕，余二人望肩舆冉冉而至。至则陈公为主，将入坐，阴风四起，手足忽在层冰间，亟起易衣，呼酒敌之。已乃向舒公诧诸胜游，舒笑曰：即让二君，顾兹山第一奇，不佞先之矣。叩之，则李斯断碣，舒公署中物也，为之抚掌。酒罢散去，约以鸡鸣登日观峰，望日初出。未晨，余先二公往[①]，则屏障酒果俱从。顷之，二公至，了不辨色，虽居室中，刚风从背入[②]，厉甚，亟蔽以屏[③]，陈公拥毯而坐，犹战慄不能当，乃呼大白连浮之，身稍得住。已而霞光渐起，才可辨色，见一大赤丸半露云海间，亡异没时再见者，已复不见，良久始复出，则已为阴云所翳，无他奇矣。余回署中，书纪游姓名纸上，将勒之石，袖腕僵不能出，须火乃成书，高寒异下界乃尔！书罢，往舒公所观李斯小篆石，石函岩壁间，尚余数行可读，天护神物也。其旁为玉女池，碑纪之，亦一胜云。舒公将续昨游，予二人复从之，遍历诸胜处。乃复就别馆张具，余为主人，犹素食，以二公有事科醮也。饭罢，二公往焚香，余无事，谓可亟下，先

① 往：原作“徃”，据清刻本改。

② 背：原作“背”，据清刻本改。

③ 蔽：原作“蔽”，据清刻本改。

之曲阜也。天忽作雾，扑面如絮，下至御帐崖，则舒公两以傔人力挽，盖舒为石经峪主人也。余不得已，停石经峪待之。峪去道傍不半里，石可坐数百人，上勒八分书，皆佛经。俗传王右军书，非也。书不能唐，定宋人笔耳。石之上，崖高三四尺许，泉奔泻直下，侍郎万公大书“水帘”二字，镌深寸许，泉嵌入字中，殊有胜态。万公又为石亭临泉旁，亭之左，磨崖高二丈，公镌记其上，颇当下方绝胜处。余坐亭中，临流独酌。久之，二公乃至，张乐小室中，天已向暮，坐尽一鼓而下。灯火夹道，迤逦入城，漏下二刻矣。颇患以供亿累州民，一切谢遣之，拟以明晨间道走曲阜。陈公欲往宁阳，有所会约，余二人停曲阜以待。

次早遂行，并徂徕而南，未百里，曲阜之候骑悉集。侵暮，渡洙泗，令尹来迎。孔氏，世官也，入城睹闾井萧条甚，而供亿不废，余甚愧之。晨起，与舒公具吉服[①]，伏谒阙里。庙制巨丽，甲于天下。瞻仰遗像，赞述功德，婆娑杏坛，追存圣泽，下抚庭柯，皆合抱干云材也[②]。独所谓手植桧者，大不能抱，枯干无枝，缕纹左向，色理甚古。读其碑始知再荣异代，生里犹存[③]，为之吐舌。予不语怪[④]，胡此变相无殊二氏耶？汉碑皆列植仪门外，都不甚剥蚀，形制奇古，行天下所见，太学石鼓文及是耳。览竟，磬折而去，可百武，至颜庙，制视阙里而事事减杀，肃拜而出。门之右，甃一大井为亭焉，碑名其里曰“陋巷”[⑤]。此当有据，然不可考矣。过衍圣公门，公尚卧未起。乃复与舒公出北城，谒孔林。林距城五里而近，驰道如弦，桧柏夹道，周甚伟。林东西设两观门，甫入门，闻笳吹声，驿报陈公至矣。余与舒公迓之门，即与俱入墓所，候陈公更衣共拜。亭及飨殿俱芜

① 具：原作“且”，据清刻本改。
② 干：原作“千”，据上下文义改。
③ 里：清刻本作“理”。
④ 予：清刻本作“子”。
⑤ 碑：原作“俾”，据清刻本改。

坏不治，余谓此衍圣公责也，何必待官家！循殿后行，子贡所植楷在焉，大倍他植，枯而不蚀，真古木也[①]。稍北而西，曰子思墓，又北曰伯鱼墓，稍折而西北，庭除渐广，则夫子墓也。旁扁一庐云“子贡筑室处”。夫子墓特高广，拜毕，余登其上，草木蒙茸，多不可识。已复出拜二墓。循览墙内，果无荆棘，斯之谓异矣。其地平衍，无大原隰，山皆累累远缀。峄山南列翠屏，似为之案，余不能名其钟秀也。出林，望东南一隰，殿设碧瓦，周文公祀焉。复往瞻拜，闻其地为鲁灵光殿址云。故知今城，不能当鲁半也。出周庙，遂从东城入憩公署。顷之，衍圣公来，自言病状，予与两公答拜，具少贽，公为具款焉。告以将之邹，别去。是夜抵邹，明过峄山旁，意忽之且倦游矣，犹不能忘怀。至临城，范大澈鸿胪偶会，余告以胜游。范曰：曾登峄山乎？余曰：未也！范怃然谓余：君奈何释此奇观？其石皆嵌空玲珑，第稍难陟耳！余为恨恨不能已。抵家久之，将握管纪胜，会故胶倅吕君相过，道泰山事曰：恨公不能游山北限坳间，石大奇胜，非山阳比。问其地，正余所指尼寺也！因叹兹游，得假传车，乘简书之隙，扶病登拜，颇惬生平愿，然犹有遗憾若此！因并识之，以告后之游者。

处士松跋

刘宗岱 副使，历城人

余自嘉靖已酉夏始来登泰山，见秦始皇所封五大夫松者耸而立。又里许见一松，偃蹇如盖，曰处士松。乃近日方两江氏题，以其不与秦封云。呜呼！距秦迄今几千百岁，人但知有大夫松，不知有处士松，岂物之显晦有时欤？暨隆庆戊辰春，余再来登泰山，岁月曾几何，向所见五大夫松者已亡其三，独处士松尚依然无恙，岂物之荣枯有数欤？抑养素者终吉，怙宠者多败，固物之自取然欤？今安阳翟公又改处士松为独立大夫，疑若曾

① 真：原作“直”，据清刻本改。

受秦封者。呜呼！五大夫松之存亡不足惜，余独惜夫处士松何不幸而多斯名也，噫！

登泰山记

吴同春 郎中，固始人

余尝两过东省，未及登岱岳。万历癸未十月，有晋阳之命，二亲在里，欲过而觐省，计程东出缩西出四百里，以余里居豫东南，迩于东省。以越月二日发京师，八日至德州，计程东出长西出二百里，泰山当东出。余笑曰：余里人率自京西出，今以长者二百，减缩者二百，犹缩二百里也，奈何弗登岱岳？同年吴子得时按东省，旧寅李友卿适守济南，此自京各抵以书[①]。至德州，子得使来；至平原，友卿使亦来。余偕沈生东往[②]。沈生者，慈溪人，馆于余。以十日宿湾堆[③]，湾堆至泰安七十里，至顶又四十里。自山前往，土人曰：自此至桃花峪四十里，至顶四十里。自山后往，山后多佳山，前往亦山前返，故游人罕至。余曰：即微缩山前，吾且从山后矣。十一日晨兴，二十里至店台，东南趋桃花，上下山坂者十数。至桃花，则泰安贾守所督诸役至。饭已，四力役以山舆来，舆肖辇而无轮，息则人坐于地。自是两旁皆山，人行峪中。复从东北行数里，至姜倪寨，绛山导吾左，傲山翼吾右，云台石棚，如拱如揖，招余而前，唯中军坪与吾舆相背而驰。路傍峪，曲折逶迤，如蚓如螺，初犹记一二，久则不复置胸臆。又数里，由摩耳石，坐铁佛寺，酒数行，至海眼，沈生投石水中，声殷不绝。五里至思乡岭，又十余里至桂师庵，万松连云，奥踞岩半，且行且饮。下观虎穴，题“岱西佳处”于岩。由迎风岭[④]，经云台庵，路益峻绝，舆不能

① 此：清刻本作“先”。
② 往：原作“比”，据清刻本改。
③ 宿：原作“佰”，据清刻本改。
④ 迎：原作“之”，据清刻本改。

上，从以步。又十里达顶，盖路四十里。而余尝步者半。顶前为元君祠，右为公署，贾守逆余署前，守尝为余属者。天暝且雪，不及谒元君，署后观玉女池，与贾守共摹秦篆碑读焉。碑嵌岩中，止存三十字[①]，宋刘跂尝谓拓得二百念二字，今且缺石之半。细瞩右旁，仿佛犹见字形。刘谓周围悉有刻字，又谓四旁广狭不等，信然。酒竟，出立岩端，上下四维，混茫一色。白云如絮，往往搅人须眉，堕衣袖中。而四方挟香楮至者，呼吁鍧轰，震动岩谷。山上下诸馆舍，悬灯张市，送逆往来，繁若元夕。辞贾守就寝，以五鼓观日。贾守戒执事者，四鼓谒元君。四鼓，贾守陈牲醴，以四诸生来，余为文，谒元君。已，同沈生由祠西折北上，至日观峰，贾守与四诸生从。至则云溶溶作障，余曰：将不得观日出乎？贾守曰：姑俟之。已，东方色白于他方[②]，云亦渐薄。余凝神东瞩，而光在东南，则日欲出巽也。顷之，云若席卷，而上横拖一带如长城，其下光芒闪烁，精荧荧远射。间杂薄霭，如隔疏帘。天南北光彩万丈若虹，峰端忽戴绀流紫，人冠服色相[③]，如坐夕照，则日已出海矣。问道士海所在？指日下晶光一缕。余视之，仅若一电，旋即没矣。日初出若金，渐旦渐白。始大如轮，渐高渐缩。初远见海水，近不辨几席。既而诸峰尽露，而海上暝色渐起，反不知几千万里。曩吾于先生观日，摹写尽妙。余尝为图展玩，今其境微异，于先生值天朗气清[④]，而此则多浮云为祟耳！贾守曰：此而不饮，如东海何！共踞望海石，大觞，醉谓贾守曰：海上三神山，或不出吾所观外，安得有神人者挟泰山而超之[⑤]，使我坐临日窟，瞰其出入，不令无端浮云横我眉睫耶[⑥]！已，下探试心石，回观宋封台，石函丈许，或曰宝藏库，以瘗金书玉简

① 止：清刻本作“正”。
② 于：原作“手”，据清刻本改。
③ 人：清刻本作“衣”。
④ 朗：原作“郎”，据清刻本改。
⑤ 人：原作“八”，据清刻本改。
⑥ 睫：原作“腱”，据清刻本改。

云[①]。南下至舍生岩，岩危石万仞。余俯而下视，贾守使数人拉余衣，且恐之。余笑曰：无庸，吾固不欲舍此也。又东南折，石矫起负岩，作“海日奇观”大书镌之。又其下，则东天门矣。右折，登仙人桥。桥二石互立，悬撑绝壁。西上，至平顶峰，贾守设筵，以歌儿侑觞。余欲亟观诸峰，贾守且欲竟《传奇》，一酌三起，始辞贾守，而余自往诸峰，贾守复令歌儿从。由秦观峰登玉皇祠，盖岱宗绝顶矣。前为秦无字碑，碑高数丈，色黄白间杂红紫，或曰秦之石表，踞顶南。视阁道垂垂[②]，下至山麓，汶水丝绕郡南，梁父、蒙、峄、尼丘咸作培塿，唯徂徕、鞍牛为山趾所掩，不露顶颅。东则大陵蜿蜒，由长城故址达海。西则灵岩、鳌山，至于太行。若华不注、长白诸岭，横拖历城左右，环拱于北，真所谓蓬玄奥区、天空绝境也。顶旁为秦封台，曩以玉皇祠覆岳顶，南昌万公移置顶北，故顶石森露，余即石旁题“元岳穹巅”四字。由顶西里许，登丈人峰。又里许，登石马山，据马三跃，辄恨不前。道士曰：此下东北则尧观台，下有玉女洞，即昔玉女修真所也。远不能至[③]。由顶左折，观广生殿、元君寝宫。又西南折，登孔子崖，即孔子小天下处。一铜像置斗室，泰山祠宇辉耀[④]，而孔子庙尔尔，辄为叹息。旋经东岳祠，观唐磨崖碑。碑为玄宗八分书，字五寸，笔法遒劲可爱[⑤]。其下小洞名桃花泉，甘滄异诸泉。出祠东上，崖间多古书镌，毁过半，殊可惜。以四鼓祠元君，未及览。复至祠，环视金碧璀璨，足称灵府。五华崖自右环拱，即所谓周观峰也。辞神南下，西折数百步，至白云洞。洞临悬岩，洞北为凤凰山。又西北折二里，登越观峰，旁拱岳顶，左瞰白云，其下为西天门。山以西诸峰，历历可数。酒数举，歌声合作，声

---

① 金：原脱，据清刻本补。

② 阁：原作“问”，据清刻本改。

③ 能：原脱，据清刻本补。

④ 祠：原作“稠”，据清刻本改。

⑤ 劲：原作“勤”，据清刻本改。

彻云中。由一天门南下，环道三十六，所谓上下十八盘也。路陡绝，复从以步，但以两人掖。五里至大龙口，又五里至小龙口，奇石环列，松篁交翠。坐少顷，过御帐坪，又下为朝阳洞。贾守使人将子得意持榼至[①]，饮半山亭[②]。三里为二天门，观大夫松。松二，踞道左，一合抱不能，一不及合抱，谓秦封五大夫即此。然耶否耶？又其下，俗呼“快活三”，解者曰：呼山之误，改镌“快活山”于岩。余谓此平处三里，其下又复嵚崎，俗呼为是。由黄现岭十里至回马岭，北为玉帝观，前为升仙阁。又五里为歇马棚，崖削数仞，上有墨书三画，风雨不磨，人以为仙。又五里为水帘洞，水自悬岩倒射，望之若帘。去水帘五十步，东折五里，为石经峪。雪甚。余习闻经峪之胜，冲雪往。平石半亩，上镌《金刚经》，字径尺许，扫雪漫读，点画皆玉。流水高山，争奇竞秀，别为一境。又十里，由高老桥至红门，所谓一天门，始出山峪，漏下数刻矣。自一天门至是，巍阁邃宇，古篆大书，初犹记一二，久亦不复置胸臆。道路礌砢崎岖，莫能名状。直下四十里，而余步行者亦半也。已，火光人喧，渐逼车下，则贾守命巨燎逆山下。复右折，至岱岳观，寻汉武所植柏，仅存数株，龙鳞剥落殆尽。东至王母池，两崖峙起，水声淙淙。度木桥，观吕公洞。由登封门入，礼岳祠。祠壮丽宏伟，直拟帝居。诸古今碑刻，燃燎婆娑，仅经目耳。三鼓，至馆舍就寝。明日，出城南，观阴字碑，与贾守别。三岳子曰：余登泰岳诸观，未尝不感叹移时。吴，昔余宦游所。越，余宦游时所尝往。秦，则前岁所周历，尝登太华绝顶。周，亦去岁过汝，坐嵩巅而望长河故处也。余三十余年，足迹几半天下，而三岁登三岳，率在仲冬，则遇亦奇矣！登太华同子愿，登嵩高同郑公允升，今子愿在吴，郑公在周，余于二观尤三致意云。

① 榼：原作“揎”，据清刻本改。

② 饮：原作“飮”，据清刻本改。

泰山纪游

钟宇淳 松江人，参议

不佞生东南菰芦中，长而蒯剑上国，慕子长氏壮游，欲偿向子平五岳之愿。顾磬折风尘，未能也。癸未出春明，买舟抵清源，决策游自岱宗始云。取间道直抵山麓，时桃柳芳妍，雉麦朝鸲，殊媚行色。行百里许，诸山蜿蜒横亘，英英悬马头，所谓“齐鲁青未了”者，空翠欲滴。已而，远眉横黛出霄汉①，问之，知为岱岳也，游兴益脉脉动。乃道旁多童竖嫠妇，杂采柔萌满筐，云：贫无食者，取和麦面啖之。为之怃然！民力竭矣，且旱久，愁无麦，祈澍濡甚急。私念太山云出不肤寸②，不崇朝霖雨天下，山灵何靳此一片云也？近州数里，有山如覆盂，为古仙洞，深黑叵测。适二童子秉炬至，从伛偻行数武，稍宽衍，可俯仰。乃折而境益逼仄③，蛇行无置足处④，腥风逆鼻不可近，亟从故道出。至州治，午饷。出北城门，逾小桥二里许，道左右俱乱石齿齿，马足枳不前。近麓有庙，池馆甚饰，古柏阴阴，相传汉武帝东封植也，有野致。又二里至红门，跨道为飞云阁，从傍至更衣亭。易一笋舆，逶迤五里至高老桥。有祠，祠汉寿亭侯。时桃著花，秾艳若绮，疑为武陵桃源，不知洞口，流出胡麻几许，前为水帘洞云。泉源自天绅岩来，当雨后，泉流飞射喷激，如万斛明珠状。时久旱，泉脉甚微，不得睹为一快！有小石桥，通泉于溪，左为岩岩，有亭宜眺。又四里，至马棚崖，稍前为回马岭。至此，山益峻且奇，马却行矣。五里至黄岘岭，东西下上者再，回旋而行。为里者三，然地颇夷，人名为“快活三”。余笑谓当名“折旋谷”矣。又五里，至御幛，一名御仗，真宗驻跸处。有松

① 霄汉：原作“霌汉”，据清刻本改。
② 太山：原作“大山”，据清刻本改。
③ 仄：原作“攵”，据清刻本改。
④ 置：原作“宩”，据上下文义改。

二，秦时封五大夫，此即其二。纠虬偃蹇，鳞鬣风雨，欲飞去然！可百岁物，或后人所植，抑其孙枝邪？移视久之，赋《五松》：秦封不解是恩私，御幛空传驻跸时。辇道苍茫人去远，年年风雨自孙枝。又折而前，曰百丈崖。崖空嵌如石屋，可容数十胡床。吹洞箫，薜萝蒙络，如挂老衲。旁有石洞，谽谺深广，如古仙洞，亦一奇也。又五里，至大小两龙峪，石罅如龙哆其口，水自中出。有古松，亭亭如葆车，名处士松，或好事者若为避秦然。余谓此君苍颜素发剥落，傲睨冰雪崖石间，无论不辱秦，即处士于君何有哉？上朝阳洞，度十八盘，应劭所谓后人见前人踵、前人见后人顶者。至三天门，又十八盘，达碧霞元君宫，已荧荧灯火、北斗平临矣。乃假宿公署，时罡风震撼岩谷[①]。夜就寝，若大海翻涛，天河倒泻，疑从张骞乘槎，问津牛女，又冷然如列子御风行也！鸡三喔起，披衣就日观，观日出。值云雾罩隔，大海漫漫，不能如昌黎开云衡岳，从黯霁中睹飞霞百丈，涌大金轮浴浸扶桑矣。厥明见石，题"东观日出，西见河源"，为之神王。已，复折而下，礼碧霞君，时乞灵者以千百计，有州倅受香缗，岁以数万，供县官匪颁，携榼小酌而别。宫右侧有玉女泉，为亭冠之。相传即玉女洗头盆，泉清冽，沁人脾骨，口占"鸿蒙一窍何泠泠，吐饮灏气通仙灵。金茎仙掌渺何许，我来顿使尘庐屏"[②]。又右，石三尺许，为李斯断碑，自是秦以前物。折而东北，至岳神祠。祠后有磨崖碑，为开元帝《纪泰山铭》，甚奇峻，唐隶，径可如掌，虽剥皴不完，而雄势飞动可念。右为苏颋《东封颂》[③]，庶几伯仲《圣教序》。又颜鲁公题名，惜皆为近代俗子劙毁云。北上数百武，寻古登封坛壝，所谓"白云起封中"者。又上，则玉皇宫在焉，此泰山绝顶，青莲云"呼吸通帝座"，非此不足以当之。真翩翩便欲令人排

① 撼：原作"槭"，据上下文义改。

② 庐：清刻本作"虑"。

③ 右：原作"石"，据清刻本改。

帝阍、捧日月矣[①]。宫前，石如圭者，秦无字碑者。或曰中有碑石函之，良然。折而东下百步，石方丈，云成化间曾于此得玉检以献御览，后复命中使瘗旧所。因思柒十二君，千骑万乘，杂遝空际，皆沦于荒烟野草，不可辨，如太虚过鸟。古今何者不朽？因为题《无字碑》："遗碑自千尺，漠漠秦云白。雄风三十六，二世俱尘迹。"那如峰头一片石？欷歔久之。西则秦观峰，巍然独峙。又有周观、吴观、越观，皆以其见境得名。一曰月观，取"月朏庚方"义，近是。则向吴观望匹练吾乡者，徒野马絪缊耳，吴门之马然乎哉？宫后一峰，名丈人峰，落落有壁立万仞意。下挟仙宫，尼父石像在焉。肃拜瞻礼，崖石劖"孔子小天下处"。上摩皇苍，下瞰无际，不觉爽然自失也！诵子美阴阳割昏晓，荡胸层云，决眦飞鸟句[②]，更奇绝矣。因占："插天秀出青芙蓉，侧身尼父一相从。星使槎回银汉逼，词头题遍白云封。"已，欲取道玉女修真处，忽数兜子穿云中来，迫视之，钱孝廉德卿、葵山人幼君、冯孝廉咸甫目逆而笑。复至玉皇宫，浮大白无算。三君各诧其游之奇。已，出其奚囊，所得诗凡若干首，咸甫赋太山绝顶。逢余诗，更以长篇索和，若旗鼓对垒余者。余为放歌和之，大都如项王战章邯鉅鹿时也。已，欲更赋太山高。余曰：此自吾曹坐井观耳！安知不有凌空倒影之飞仙，芥六合而蚁垤太山者乎[③]？其不为海若笑者几希！相与抵掌而止。又东北，望黄华洞，即玉女修真处[④]，俗以环洞多黄花故。曲径窅渺，仿佛见石室，不类人间，诚栖真境也。咸甫、幼君从，更欲振衣游[⑤]，以鸟道迂回不宜舆。德卿腹便，非济胜具，不果。已，折而至舍身崖[⑥]，余侧足临崖观之，二羽衣急引裾，以恐有天风吹堕人，德卿大惊诧叫号，余笑曰：韩

① 日：原作"口"，据清刻本改。
② 眦：原作"皆"，据上下文义改。
③ 乎：原作"手"，据清刻本改。
④ 玉：原作"王"，理校。
⑤ 更：原作"吏"，据上下文义改。
⑥ 舍：原作"拾"，据清刻本改。

子登华顶，泣不能下，此何人哉？顾见石题曰“爱身岩”。先是有蚩蚩氓诞惑舍身以自戕者，故为怜而谕之。余曰：舍本无舍，何况爱缘；非舍非爱，作如是观。二羽衣不能答。导至试心石、仙人桥[①]，谛视良久。仙人桥远出括苍南明石梁。下，复至夜宿处小酌，罢，三君前行，至石经峪崌石以待。余至扪萝行，见古梅数株，疏影横斜，酷似西湖林和靖先生放鹤处。穿梅而度，石宽广可容数百人，类虎丘生公，径可三倍之，旧名曝经石，不知何时刻八分书《金刚经》，字大如斗，后好事者复刻圣经以厌其胜，大是奇观。石尽处有亭亭其上，亭之旁有石曰“听泉枕”，又左则泉声瀌瀌，自岩腹直泻而下，如喷玉拖练。下分为池，池渟莹可鉴眉发。亭后有山，题“高山流水”，下为记，万两溪笔，读之殊伉爽。三君复浮白无算。三君顾安所得琴欲一鼓之，令众山皆响，邀山之神与七十二君听钧天之乐[②]，余歌“山水有清音，何必丝与竹”，三君輾然笑。咸甫赋《曝经台》，余因赋《石经峪》：“我来恣奇观，流水泻石上。濯缨见古字，隐隐众星朗。篆迹半从鸟迹分，贝叶时闻落叶响。石火不作祖龙劫，龙藏中开探象冈[③]。枕石听泉足娱悦，高山流水忽独往。雕镂无乃亦华想，点头悟石意櫎恍。”余谓兹游，日观诸峰奇绝，人人能道。乃石经峪无心得之，而三君不期之会，又大奇也。造物忌多取，游可已夫！时三君游兴犹剧，欲就榻旁，一室甚敞，且细雨湿苔痕矣。欲从徂徕寻竹溪六逸故址、石守道读书堂，南望云云亭，北游灵岩，已夕阳在山矣。或欲留浃旬，穷七十二峰之胜。或以游从此始耳，清泉白石，再盟他日[④]。天游子曰：高山仰止，心窃向往之矣。余走昌平，有白马山，其高可二十里，白云堪把，往往自掌中飞出。白榆历历可扪，瓯栝无与伯仲，山人自以孰与汉大。余登太山，高四十里，盖两白马

① 人桥：原脱，据清刻本补。

② 钧：原作“钓”，据清刻本改。

③ 冈：清刻本作“罔”。

④ 再：原作“冉”，据清刻本改。

云。然仙灵窟宅，福地洞天，何可胜道，而独岱为之宗，何以故？岂以帝出于震而为万物受生之始耶？滔至徂徕诸山，近若凭几。远而太行、华不注、崆峒诸山，若隐若见。众山培塿，如拱如揖；儿孙蹲伏，如群龙趋入紫薇者，不可名状，总领诸峰以朝上真。且黄河一抹，汶、泗衣带，而溟渤在肘腋间①，与灏灵相吞吐，斯亦奇矣。至于为峰、为洞、为泉之奇。天麻、黄精、椒、桂、桃、杏、梅、柏、岩松、崖竹，宜雪宜月。其昏晓烟霏雾霭，变幻万千，又细渺不足道矣。夫也者，载营魄如一沤起灭大海中，譬之蝉方抱叶吟，而其中已蜕矣。时而游②，时而非游，所见无非山，无非非山者，其斯为采真之游。如必恋恋于一丘一壑，即凌弱水，日坐昆仑巅，吾其为山游乎？恶睹所谓“小天下”者哉！时万历岁尚章协洽，清和月哉生明。

重九后二日登泰山记

王衡 太仓人

盖余僻在丘壑，而生东吴菰芦中，苦无所得山。山之大者莫如岳，海内称岳者凡五，而其肆皆隅布，近者亦不下数千里，非书生所暇游，乃泰山差不远于河济，庶几以便省父母得一瞻眺乎？而非所敢必也。

今年丙戌九月之八日，且北上，舟次济宁，余祖母将有事于泰山，余奉以行，而后喜可知也。周生如春，亦从行。行之日，宿建宁，竟夜风彭彭吹，雨击席门。明旦，而雨脚阁如故，寻鬖鬖及之，意谓未已也。日入已而云欲流，午且日出矣。诸山岚翠各献状，而黄沙籍是不及马鞍，信子美所谓沾湿好者耶！凭舆人指点泰山者数，而皆不似。正东天半壁若更有青于天者，疑其然也。以语同游，同游皆笑之。已而云净出峡角，则果泰

① 溟：原作“洹”，据清刻本改。
② 时而游：原脱，据清刻本补。

山也，始相骇以为奇。余买一驴跨之，左右视，惟恐失山。而山亦以日暮更娟洁，若答予赏者[①]。又一宿而后抵州。易腰荀，行十里而抵山足之红门。自红门至小天门以上，左皆涧道，道深广，大小石磊磊，奔而承泉，侧若听者，俯若漱者，若揭者，若与争道者，多异态，而五色树杂缀之。树则桃、杏、枫、梨、松、栗之属，草则薜箩、赤箭、天麻、黄精之属，不选而美。泰山盖骨山布肉，而施绘者独赖此耳。又数里，为高老桥，平桥际崖涧间，颇胜。又过短桥者一，而得水帘洞。左崖耸立数十仞，而两大石腹相加，如垂帘以下水。会水正涸，滴涓涓然，因作春水时想。纵不敢望匡庐，定足当其支子耳。自洞而转数里，为马棚崖，言崖深嵌可覆马脊也[②]。又数里而为回马岭，则从行者且去马而徒矣。寻至黄现岭，岭凡数四转，益峻，而外望廓然。傲来向北泰山肩[③]，及此遂俯首，为之兴弥高之叹。自是而下下上上者凡三，以里计者亦三，曰“快活三”。由回马至黄岘，舆者前距高而余偻就之，余顶踵与舆人顶踵相击，�甚。至此稍宽坦，而树与壑更奇，吾始得纳手于袖，掉头吟啸而有之，盖真一快事耳！稍前而憩于玉皇阁，是为山半。余修茶而献老亲，老亲亦色喜，牵予上下视者久之。决眦而得南天门[④]，隐隐如红星沫耳！寻破苍翠而出。至御帐，宋永定陵所驻跸处。傍有松，即秦封五大夫之二，其三已失之。虽稍夭矫，然以为数千年物，吾不敢知。过御帐，则尽走斗崖削壁中矣。无何而上小天门，群削截嶭，卑相附，高相摩，四周无所不际。而左壑硊垒受水荡，皆作云母绿玉色[⑤]，山面缺，泱漭当其前，余两人大叫绝倒。而会有以酒饷者，急行之，风蓬蓬来挎，杯几覆。余即覆酒酬之而行。更上，为小龙峪、大龙峪，

---

① 答予赏：清刻本作“苍可叠”。

② 脊：原作“眷”，据清刻本改。

③ 北：清刻本作“比”。

④ 眦，原作“眥”，据清刻本改。

⑤ 皆：原作“眥”，据上下文义改。

以至十八盘，磴齿齿倚空，绝峡夹之。两峡口各有松数十株[1]，翠相掩，里人名为对松，固一奇又怪。自峪以上，所有尽松，无他树。青青者，松柏独耳，果然。盘尽而天门见，山一削铁耳！中劈而为径，穿而为门，虽曰人力，然亦似天辟之以待游者。自门逶迤数里，为元君祠。祠甚壮，与老亲作礼毕，更衣于公署。公署后为玉女洗头池，澄碧泓然。断石碑，存李斯篆二行。自是左折而上，曰岳帝祠。祠后石壁刻开元帝铭，甚遒美。其旁亦多雅刻，且易主矣，得数字于残剥之余，剔磨而唏嘘者久之。又上为玉女寝宫，愚民至，貌像里服卧扑被中，其可笑至此。更循而上，则绝顶矣。虚其顶，宜无所不见，而乃构玉皇祠！祠前石表，长丈余，云即秦皇无字碑，盖亦莫知其如何。走而四顾，泰安城当襟仅衣结耳。诸山揖拱，无虑数千。或如攒戟者，如覆敦者，要皆能为之趾而不能为腓。独徂徕在前，若可凭。其他间指一二耸特者问道士，道士不能识，怅怅而下。东至日观峰，峰后为望海楼。所谓秦观、周观、吴观皆在焉。视余所由径，天丝挂杳蔼间，而涧中树石绣相错，若裒宝粟。其湾环而动者，汶水耶？黄河耶？顾放目而之东南，竟不得海影，道士谓雾气霾之，此或然耳。又转而至舍身崖，一巨石巉然出。余足能垂石外二分，而目不敢营视。偶从旁睨视崖底，无不俯据地者。稍西下而为仙人桥，两壁中断，石梁度之，盖所得波岭澄复之奇最多。道士指所谓独秀、君子、莲花诸峰，余但唯唯而望。东天门更陡绝，道士诧余以为绝胜。南天门而无阶梯[2]，仅为鼪鼯雉兔之窟巢，良可惜也！桥西一道人，悬鹑衲，戴棕榈帽，客至不起，安知其非可与言者，以难诸客，施之金钱而免之。由是而归，则月且纤纤白矣。予与周生，拉道士造东岳祠而止焉。月华星茫，不知其带雾与否？但觉其近而亲人，满空界浮蓝荡白，神外淫不自持，且寒甚，肤粟，则归视老亲

① 两：原作“西”，据清刻本改。

② 阶：原作“楷”，据上下文义改。

寝。已而，就道士宿焉。道士贫，茅屋广不逾丈，井灶半之，无已，则缩足卧。山空多闻，又午夜为士女上山，呗诵淫淫然，睫不交而漏绝矣。急蹴周生，披衣视天井，星匿不见，意甚恶。业且起矣，则杖策至日观峰，石时啮足，齿冷相嗑，而会州使者以酒炭迟我，余喜而三举觞。良久，暗中作微红见，上下云尽黑而中不接者径寸，则甚幸之。俄而绀，又俄而赤、而紫，吐歙渐及半天，施云作霞，烂熳且覆人面。诸山头稍辨，如撮米化为丹砂，极天际有金花浮起者三，道士曰：此日抱海跃也，将出矣。俄遂出，色如熔金，大如钲。日之下，觉有一抹漾漾白者[①]，真似海正跳笑，而日已入云队中，金支翠旗，歙然收矣。不满志而归，复迂道登玉皇阁，冀尽所未见。而道士鄙朴，每每对面失之。从阁后望山之北，林篠葱蒨处，曰石屋，意必有奇。而老亲以途远，且不可舆，遂奉以归。仅绕而西，视所谓丈人峰者，平平耳！遂下观白云洞，洞巉岩多窍。道士言每阴天，云从窍出如线，顷而蓊蔔满山，四驰而缕结为一，即“雨媒”也。甚以不得见为恨，余因谓周生：余与若晨好晴而至[②]，此且好雨矣。人心之无厌如此！出别道士，而下十八盘，盘磴直，舆余者又四人，莫可纵横，则倒悬而下之，手足心尽汗出，目瞪瞪视人股[③]。顾周生御两人，蛇行如履平，甚乐之，请至山半而易焉。仰视则已失天门矣，甚懊恨。于是以目注之山，自山半至快活三，失天门者屡，而复得者亦屡，每见即呼周生共挥手作别，意依依然。下至水帘洞，穿流泉树樾而东上观石经峪。峪为石坛，方十余亩，石肤莹然[④]，镵八分书《金刚经》，字径尺，甚伟，虽强半为水所蚀，然与其如前二碑损于伧父之手，无若受水舂也[⑤]。泉自上流来，瀰瀰鸣，万侍郎就崖间题曰

① 抹：原作“林”，据清刻本改。
② 晴：原作“睛”，据上下文义改。
③ 目：原作“日”，据清刻本改。
④ 莹：原作“茔”，据上下文义改。
⑤ 舂：原作“春”，据上下文义改。

“水帘”，又铲石壁而书其所作《高山流水记》，颇恰似。又下数里，而山之巅穷，凌汉寨耸额以捧山如弗胜，而徂徕、蒿里诸峦岫若列矣。自是归而无眠与食，不言泰山也。舆数程辄下，返而顾泰山者数数也，以为尽泰山矣。于宁阳得《泰山志》[①]，急披读之，始知昨所游者，仅仅里中儿女子祝釐故事，才及堂皇已耳！山之曲房深榭，盖十未得一；而吾所见金色日，亦谷以后光景，其得鸡鸣时者绝不然，余于是而又爽然失也。虽然，亦可以雄生平观矣。藉使假我半月，阴翳且屏尽，而山之上差有饘粥、寝处以安老亲，则亦不草草至此，又使我袖置《泰山志》，而吾友诸壮少年，投杖超距，不避墟莽，按图而搜之，其所见当多。而今皆失之，意吾其不良于游耶？抑山灵秘其巧不轻示人也？吾少好游，所游者为姑苏、武林、洞庭、宜兴诸山。诸山之奇递相代，而吾亦递释其旧[②]。向者，两洞庭犹芥蒂吾胸中，而今又释之矣。不知竟吾之生可以代泰山者安在？吾姑详识而浅述之，以风后之继予游者。

登泰山记

于慎行 礼部侍郎，东阿人

盖予家于岱山之下，尝再从子充游，乃其时率在暮秋。若三、四月，五方士女，登祠元君，以数十万，夜望山上篝灯，如聚萤万斛，左右上下蚁旋鱼贯，叫呼殷赈，鼎沸雷鸣，弥山振谷，仅得容足之地以上。而其时水泉多枯，木叶或脱，故山之奇丽珍瑰未露其十一二，露又为人众所掩。意五、六月之间，水木方盛，必有瑰异之观[③]。而往往以惮暑不能出，即出，又无与偕，徒侧身东望思焉。粤岁辛巳六月，予卧病谷城山中，朱廷尉可大，倚舟广川，过而访予，相与盘桓云翠东流之间，望泰山云气如在衣袖，于是决策

① 得：原脱，据清刻本补。

② 吾：原脱，据清刻本补。

③ 瑰：原作“瓌”，据清刻本改。

同往。以其月十有九日，发东流泉上，行山水之间，二日而至泰山下，主人肃入馆舍。明旦昧爽，衣冠谒岳祠。祠在郡城坎方，负岳而宫，埒钧天之居。出登封门三里许，至于岳麓，有双观焉，谓之一天门。下车乘篮舆以上，磴道鳞鳞，谽谺逶迤，仰见峰势，嵬嶷峣屼，如垂天之云。峻不容屐，以为决不可至。行数里，至回马岭，玉帝之观在焉。其峰曰瑞仙岩。观之前为升仙阁，凭阁望群峰，反在足下。而峰首则又有峻者，磴道益斗绝，诘曲逼侧而上。树四人以为竿，而中贯一舆，前人之趾，履后人之颠；后人之趾，在予眦上，其后二人如之，应邵所谓“如画重累人”矣。自此以上，汗流喘息，目不暇他顾。而其两旁，丹壁翠崖，彦崿嶆崒[①]，云霞万色，阴晴异态[②]。岩傍飞瀑争下，涛翻雪喷，流声淙淙，乍大乍细，若悬绠鸣环下而迎客。而水帘洞之泉，从山上弥漫下流，注于绝壑以入碨磊，忽然而没，有时复出，石梁木扛，互相撑柱，间以其耳目与之接，唯恐失之，而不敢纵观，然后知此山之奇。向者，真未得其一二也[③]。又数里，遇黄岘岭，西行折东北，上而复下。又西行折东北，则下而复上。又前数里，御帐坪在焉[④]。御帐坪者，秦人所从避风雨也，当岳半道，负中峰而处，左右诸峰，两面环拱。石泓数亩，泉流其上，酾而下注，厥声砰磕。宋真宗驻跸遗址有亭，亭前松树二，秦所封五大夫也。生石隙中，不甚高大，而干皮龙鳞，类数百年物。其决不为秦时松可晓，而地则中阪无疑，意好事者即其地树之。从者曰：松有五，雷雨坏其三[⑤]。非也！五大夫者，秦之爵级，松何必五？假而封七大夫，松又将七耶？从者不对。又上，则峰崖益险，壁立插天，其石皆磊砢相承，或圆或方，或堕或长，巉岩崒嵂，不可名状。而其垠堮之间，色相

① 彦：清刻本作“嵃”。

② 晴：原作“睛”，据清刻本改。

③ 真未得其：原作“未其”，据清刻本改。

④ 御帐坪在焉：原脱，据清刻本补。

⑤ 坏：原作“瘝”，据清刻本改。

种种，望之迷瞀。其丹而绀者，为殿为屋；两岩之间，一隙碧而如带者为天光；翠而如发者为松；苍白如绘者为苔；万仞悬而如鸟巢者，为羽人之居。而俯视则溪谷碌碌，不可见丈尺。又数里为大、小龙口。龙口者，石硖飞泉如龙吐也。小龙口之旁为斗母观。自此以上，凡嵌岩之间，为仙灵神鬼之居者，罗而列于左右，盖所谓神房洞天、百灵之府也。又数里为十八盘，古谓之环道，望天门如一只矢括在其端，上盘如缘壁矣。因谢舆，拾级而上，距跃三百，浑汗如雨。出天门之上，左折而至碧霞宫[①]。碧霞宫者，所以祠泰山元君也。负玉皇顶而立，抱五花峰于前，日观在其左，丈人在其右，规制挨于岳宫，而金碧煜爚，观阙晖丽，顾反过之。其西为使馆，玉女之池在焉。池窅渟黛蓄，肃有灵气。其旁，岩上有李斯篆，仅十余字。予与可大就馆更衣，谒元君于坛，羽人赞祝。出而临五花，冈峦纠纷，含溪怀谷，云树宫宇，俯在目底[②]。下视郡城，蕴菖庵霭，汶洸如线，环之数周，川原回合，萦青缭白，提封百万，不盈一瞩。由宫左折而上，为青帝宫，其后峭壁数十仞，唐玄宗《泰山铭》镌焉。又北上数百武，为玉皇宫。宫在泰山绝顶，古之封坛，秦皇帝碑在焉[③]。碑石青白，高二丈而无文，盖岁久夷灭。或曰秦所以表泰山，其下有石函玉书，于理不诬。绕玉皇宫之后，倚栏而顾，俯见四面群山，委蛇蜿蟺，如盘龙走蛇，绕七十二峰之下。其支脉首尾，历历可指数，以至于海。而桃花、明月、石屋诸洞，在岳之背，列仙所纪金床玉几之胜，若将睹焉。《记》曰：天孙岱岳，周回三千里。以今观之，礅硂乎三州之半矣。又折而东，可一里许，汉之封坛在焉。石方丈许，碧而莹腻，屋覆其上，白云嚥嗢处也。又东为日观，以且观日，下往而南[④]，登舍身台。舍身台者，一峰斗出，其平处可数尺，而下临千丈。以三石撑抵，博尺有咫，谓

① 碧霞宫：原脱，据清刻本补。

② 目：原作"日"，据清刻本改。

③ 碑：原脱，据清刻本补。

④ 下：原作"不"，据清刻本改。

之仙桥。过桥而席于台，日光西沉，霞色在壁，风吹冠衣，声如裂石，于是相对大觞。望见西南有千家之聚，横以大堤，�无际，谛视之，云也。盖云如烟火，下博上锐，平地视云见其端，此见其杪。顷之，月出，羽人吹笙，和以歌音，极醉而返。山气懔懔，枕席皆湿，不可以寐。出立坛上，月光荧荧，星斗可拂。俯视万壑，烟云一气，茫茫正白，银海玉波，不可辨识，道家所谓“三宫空洞之天”也。往闻人言，山以夜半观日出。访之羽人，五、六月间平明乃出，五更可往也。于是坐而至五更，秉烛披裘以登。顾见山中云气，从涧壑吐出，如一缕烟，稍上而大，东西聚散，车驰马奔，倏然往来，顷刻灭没。于是可大大呼，以为平生未有，从者尽欢。东方作矣！回而东望，有山数峰，如卧牛车盖之状，而又渐没。赤霞半天，光色媚丽，间以碧绿，熠耀五色，直射衣袂。顷之，平地涌出赤盘，状如莲花，荡漾波面，而烨炜不可名状，以为日耶。已，又一赤盘，大倍于先所见，侧立其上，若两长绳左右汲挽[①]，食顷乃定。羽人告：日升矣！盖先所见如莲花者，乃海中日影，非日也。日且高舂，赤霞与影皆没，而下微见一线白，滉漾明灭。羽人曰：海也。又顷之，日左黑气，隐隐一抹，如连山长城，可大示予：此真六鳌所戴矣！羽人曰：云也。可大一噱。走望海石上，取酒浮白，醉而熟寐。从者咸慄且呼，予睨而心壮之。回立登仙台，西望丈人、越观二峰，近在目睫。因顾可大：往予与子充登岳，倚越观望君。今吾陟丈人峰，可瞰太行呼子充也！会疲，不能往。策杖而下，气益舒展。顾见道旁石益奇绝，水木益胜。每行数里，则求嘉树流泉，或峰坳片石，拊膺而坐。举觞属可大曰：此非伯牙避雨岩乎？夫高山流水，于子何逃声矣！由而下，憩于岩岩亭，折而入经台峪[②]。经台者，在道左里许。石坛斜倚山曲，方广数亩，镌《心经》一卷，字大如斗，作古篆文。坛北有壁，瀑布从山上来，悬

① 挽：原字漫漶，据清刻本补。

② 经台峪：原脱，据清刻本补。

壁而下，流于经坛，弥漫过之，从水上视篆书，一一可读。壁上镌数大字，以水为幂。往予再游，盖未尝至，以僻不当道，为人众所蔽故。过经台而下，出一天门，左折而得岱岳观，汉武帝所种柏处也。又东里许，得王母池。池大盈亩，悬流注之[①]，倍经台之瀑。已而雨至[②]，登车出山。涉泉而行，天暝时炬车中，闻水声在足下者，数里而至逆旅。明日大雨，主人请游三阳观告，遽而行至百丈峰下，望山上瀑布数道，如从天下，盖在山之西南，非旧所见矣。山人曰：予览古图，经脉地势所由高下，盖北纪诸山，负地络之阴，并太行、王屋，东逾常山，至医巫闾而止[③]。南纪诸山，负地络之阳，连桐柏[④]、熊耳，入于瓯、越、江、淮、河、济，由是东下，如建瓴矣。岱宗立海上，西向而揖群山，汶、洸、沂、泗出其支麓，旋之如带，以入于海，盖若负扆云。往河流燕、齐间，由岱之北挟济入海，今徙徐方，顾反出岱岳南，挟淮入海，斯地道所变迁也。予登山巅，北望九河故迹，苍茫与天际矣。六月二十四日记。

观日解

吕坤 山东参政，洛阳人

日观峰，在泰顶之东百武。相传鸡鸣时日初宾于嵎夷，升于扶桑，黄光玓瓅，紫气氤氲。沧溟瞸千里之波，丹霞铺半天之锦。镕金在冶[⑤]，宝镜新磨，斯天下奇观也。余览传记而梦寐思之，无由见。万历丁亥，叨守东藩，且为岱岳司香使，喜不自任。既至，三登三宿焉。比晓，辄

---

① 注：原作“浾”，据清刻本改。

② 雨：原作“两”，据清刻本改。

③ 闾：原作“问”，据清刻本改。

④ 桐：原作“搁”，据清刻本改。

⑤ “在冶”至“矣去”之间的文字，共计342字，道藏本脱。此脱文出现在了下文《回车岩》中，不伦不类，致使两篇文章不通，今据清刻本乙正。“冶”，原作“治”，据清刻本改。

云雾葱蓊起，甚恨之。此中人云：观日有三遇：正月无雨，海晕不升，一遇；暮秋气爽，新霁无尘，二遇；仲冬雪后，晓绝云烟，三遇。兹三遇者，岁无数日焉。小人，樵人也，每晴明则蚤作，今老矣，实习见云。余喜曰：何状？曰：公见落日乎？曰：见。曰：公既视之矣，又何状焉！余舍然曰：传欺我哉！已而曰：樵人何知？樵人肉眼耳！樵人何知？欲信宿以待。而岚气又蒸蒸作障矣，乃还，是岁九月也。越十一月，余复以役车至岱下，再登焉。时大雪新晴，山风刺骨。舆人至五鼓，皆僵噤不可起[①]。强起之，相将至峰下。初，海底发红，光渐渐起，意必有异状，目不瞬，凝视之。少焉，日出若镜，盖大于午日而不射目，赤如落日而不带霞，则樵人所不及状云。是行也，余感寒数日，几不起。乃知好事者谬为神奇以诧人，后人知不如所闻而耻见诧，复谬为夸张以诧后人也！夫旭日，人人见之矣，去初出几何遽神奇若彼哉？因语田水部竹山笑焉[②]。竹山曰：余盖游兰亭矣，所谓曲水者，足令人羞，前有假兰亭修渠引水，稍为右军雪耻，不则千古一赝諓耳[③]。嗟夫！名下多虚，万事尽然。志郡邑者皆八景，咏八景者皆神奇[④]，皆诧也。天地不为骇异，圣人无所骇异，而创见者骇异之。总之，辽豕燕石耳！余恐后之登临者，为传闻所诧也，以蹈余悔，作观日解。

回车岩[⑤] 在丈人峰西数十步[③]，游黄花洞发足处也。洞路艰危，余题此以告来者。

黄花洞，在日观峰后十五里，土人云“元君修真故地”也。其洞高可

① 可：原作“司”，据清刻本改。

② 山：原脱，据清刻本补。

③ 諓：清刻本作“谈”。

④ 咏八景：原脱，据清刻本补。

⑤ “回”前，原衍“回”字，据清刻本删。

⑥ 丈：原作“文”，据清刻本改。西：原作“而”，据清刻本改。

拂冠，广不能容一几[1]。石隙滴水，状如雨檐[2]，可供十人之炊。洞前广数丈，上有神宇两楹，茅屋几盖，三二老尼居之。傍洞诸崖，新松环翠几千株，稍称奇，此外无奇矣。自丈人峰东北下，陂陵五六里，犹可车。至乱石沟、独足盘，则悬崖巉嵯，大石崚嶒，足令王阳动色[3]。隆庆间，有坠车伤数人者，车中人仅以救免。且此地无宿无食，烟火才通。下晡往，便不能返。曾有暮游人[4]，偶值雨雪，驺从皆缩颈蹲谷间，半无完衣，有冻馁死者。此两君[5]，余不欲道[6]，山中人自能道之。昔王麟洲公，历览岱宗，岩谷都遍，独此洞足不及焉，归而为恨。为我寄声麟洲老，无足恨也。

续游泰山记

吴同春 按察司副使，固始人

余自癸未冬游岱，今七年矣。诸名胜，载前记中，不具论，记昔所未游与游而未及详者。己丑六月廿日，泰安既竣事，欲补续前游。有故人李子丹者，泰安人也，相别亦十余年矣。曩约游岱，及余至岱而子丹宦于赵。至是相见，怆然悲流光易逝，而庆重逢之不偶也。以日午出登封门，十余里至普照寺，又里余过胡文定公投书涧。涧出凌汉峰。又五里，至三阳庵。庵崛岩半，径颇险仄，境亦甚幽胜。禅洞下有泉，不竭亦不甚巨。又其上为玄帝庙、玉皇阁，庙傍一庵，诸黄冠修炼于此。二黄冠颇不俗，亦不甚解。无何，子丹至[7]，共啜豆叶粥。子丹与黄冠穷修炼术，黄冠每对

---

① “一”后，原衍“一”字，据清刻本删。
② 状：原作“昳”，据清刻本改。
③ 王：原作“主”，据清刻本改。
④ 游：原脱，据清刻本补。
⑤ 此：原脱，据清刻本补。
⑥ “余不”后至“欲道”前之间的文字，均为前篇《观日解》的文字，今据清刻本移入《观日解》，此删。
⑦ 子：原作“于”，据清刻本改。

非所问[①]，余笑曰：渠诚未穷其际耶？抑大道不轻授耶？因论吾儒亦自有修养，第人弗觉耳！孔子谓“仁者寿”，曾子谓“德润身，心广体胖”，孟子谓“其生色也，粹然见于面，盎于背”，此真修养也。弃吾本有，而向人乞余咳，舍人所共知其见[②]，却半夜闭门传道，阳明先生所谓“抛却自家无尽藏，沿门持钵效贫儿”者也！与子丹共一笑。以日晡由庵东北十余里趋高老桥，上下山巅，无虑数四。路皆傍岩，此游人所罕至。傲徕山壁立西南，时向时背。黄冠指点天绅泉、仙人影所在，甚辨。西北一山，簇如莲瓣，近若咫尺，而远不可至，则九女峰也。由高老桥至石经峪，与子丹趺望观泉[③]。已而携手穷泉之源，北行里许，石滑不任足，而泉自乱石中泠泠出，巨细相间，时作笙簧音。林木深茂，鸟鹊喧呼，令人会心，多余昔年所未睹。子丹又叙说曩同事江南时事[④]，刺刺不休，而余仅记忆其半，慨叹者久之。已，夜色侵衣，遂由石经峪趋顶。至御帐坪，燃炬观题壁，盖余与诸公寄题“绝巘飞流”大书也。月明水声，共助佳胜。二鼓，至新石盘。新石盘创自藩参吕叔简[⑤]。往春月祷祠者众，旧盘不能容，往往挤堕崖谷中。叔简辟火池以西诸峪，准旧石盘为新石盘，而往来称便。舆人谓旧盘路稍平，而余固欲由新盘往。至馆舍，三鼓矣，与子丹就寝。五鼓起观日，与余昔年所见无异，不具述。其诸所经临，有如昨日，何异一梦！回饭馆舍，复读秦篆碑，与刘跂所记稍不券合。苦三面嵌壁不能尽辨，令数力士出诸壁，乃知仅存刘所云云之半。刘谓正面七行，今止存右畔三行。而其三面，欲就岩安置，各加凿刻[⑥]，俱非当时之旧矣。涤洗拓摹，字形隐隐莫辨。第得石之真面目，与无字碑莹泽无异，外视粗顽，而其理若

① 修炼术黄冠：原脱，据清刻本补。
② 其：清刻本作“共”。
③ 趺：原作“跌”，据清刻本改。
④ 江南时事：原脱，据清刻本补。
⑤ 新石盘：原脱，据清刻本补。
⑥ 刻：清刻本作“削”。

此，天下事类此者多矣。已，令数力士复嵌于壁，恐数千年物，又损坏自今也。子丹足倦，余遍观五华岩之胜[①]，坐岩心下瞰，诸洞壑如在几席。日午，由孔子崖右约八里至乱石沟，又里余至独足盘，见野鹤千余，回翔山巅，是所谓鹤山也。又数里至黄华洞[②]，即玉女修真处，余昔年所跂望而未至者。洞在岳顶东北，踞鹤山之半。路险仄[③]，视三阳数倍，而其幽胜，亦数倍三阳。泉涌虬吻[④]，视三阳为倍。而其大亦倍三阳。独居此者，止老尼数人。祠宇香灯，不及三阳三分一，以故人迹亦罕至[⑤]。余非取道于此[⑥]，亦未必至此也。与子丹趺坐[⑦]，究子丹十余年所得。子丹盖充然若有得者，具为余述，大指率依于禅，谓屡与诸名公谈，无不契合。余喟然谓子丹曰：此非片时所能悉，举世依禅而吾独非禅，吾何亦依禅而近忽非禅？依禅者，俄顷奏功，而吾以无功易禅，即子丹能信余言耶？子丹第思二帝三王以至孔[⑧]、孟，其时未有禅也。不禅不足以入道，帝王孔孟皆道外人耶？吾昔慕禅如饥渴饮食，乃近忽非禅，岂愈久而反不入耶？人能实，为禅而未尝实，学孔孟故。学孔孟无功，而谓不足以入道，诚以为禅之心为孔孟，其入道顾不近且易耶？子谓“禅能空”，子曰“空空如也”，吾儒何尝专实？但空而能实。子谓“禅能定”，《大学》曰“定而后能静”，吾儒何尝专动？但静而能动。彼佛氏之所云“空”“定”，皆后之聪明怪异者，剿吾儒以文饰之，而谓佛捷径顿悟如此！而《佛藏》数万卷，固十九此类也。佛果西方圣人哉？即阳明先生谓由读佛书而后悟，亦偶有感触[⑨]，而因

① 胜：原作“塝”，据清刻本改。
② 至：原脱，据清刻本补。
③ 仄：原作“女”，据清刻本改。
④ 吻：原作“吻”，理校。
⑤ 至：原作“王”，据清刻本改。
⑥ 于：原作“千”，据清刻本改。
⑦ 趺坐：原作“跌坐”，据上下文义改。
⑧ 王：原作“土”，据清刻本改。
⑨ 有：原脱，据清刻本补。

悟全体，如见担夫争道、观公孙大娘舞剑而悟笔法，非笔法具担夫与公孙大娘，而不观其争道、舞剑，必不能悟笔法也。此其说甚长。子丹固不以余言为非，而亦未尝快然以余言为是。子丹视余癯，又复教余养生术，固不与前黄冠之说同，而亦未尝不与余前所云修养之说异。遂与子丹别。

而余由洞左折十五里，经小牛心石、大牛心石，至双凤岭。岭在两山间，直上五里而两山回翔若凤。问山人无名，余大书“双凤岭”于崖。岭东一山，高岭数百仞，泰山左介丘、右石闾，此即所谓介丘者也。坐山半，望周明堂及山以东诸峰峦，亦如在几席。北下十五里，回环山麓者无虑数十。路皆傍岩，则艾峪也，至是路稍平。穿林绝壑，又十五里，宿佛峪寺，即所谓谷山寺也。寺在深山中，路不险仄，而境则幽胜。有大壑，雨过则豗隤作声，晴则诸泉亦泠泠出石罅间。二缁衣鸣钟出迎，余以为丽刹也！至则废殿二间[①]，傍屋数间，皆覆以茅，半为风卷去。觅僧榻无有，以二几联而就寝，盖其僧之贫远过三阳黄冠，而近亦逾黄华洞诸尼矣！又明日，五里出峪，则泰安达省城东路矣。由南、北高庄，度玉皇岭、埠东口抵省。自顶而下，由泰山北路，亦游人所罕至云。

游泰山记

陈文烛 大理寺卿，沔阳人

万历戊寅，余以山东左参政督漕事，舟过济宁。约濮州李伯承同游，而伯承病，不果来。舍舟而陆，九月朔日，至泰安州。岳庙在城中，穹碑古鼎，苍松翠柏，非人间物。庭多怪石，皆宋元人题字。礼拜毕，出登封门，至岳麓。登一天门，飞云阁累石为台，下通梁道，磊磊鳞鳞，有泉作淙淙声。仰望岳势，云气弥漫，诸山培塿，独徂徕当前耳。过斗母殿，至高老桥，有汉寿亭侯祠。前则水帘洞也，水自数千仞注于绝壑，如盘龙走蛇，

① 二：清刻本作“三”。

倏然而没，倏然而出，玉虹垂地，银汉落天，令人衣带俱湿。又数十步，则石经峪也。石可坐数百人，《金刚经》八分书，字大如斗。泉分为池，渟莹可鉴毛发。少司马万公恭扁为“高山流水”而记之，真“三绝”云。过岩岩亭，至马棚崖，有墨“三”字，风雨不灭，世传吕洞宾书。玉皇庙在瑞仙岩，余稍憩焉。至回马岭，不可舆矣。岭凡三四转，至黄现岭，益峻难行，鱼贯而前，行者顶足连络，所历崎岖。忽平衍三里许，名“快活三”。登二天门，又数里至御帐坪，秦人蔽风雨者也，有宋真宗驻跸遗址。两崖叠嶂，草木滋蔓。有五松亭，秦始皇封大夫是也。今存其二，非秦时物，后人植之耳。罡风四来，松韵泠泠作老龙吟，势欲飞去，呼酒赏之。路稍北，有一古松，盘结偃盖过大夫松，有题为“处士”者，鲁仲连似之，赋诗吊焉。过朝阳洞，有二行宫，大、小龙峪，石峡众水，飞泉若龙喷。乾坤楼在峪旁，少司寇洪公朝选题，且云：言天下之安者，犹泰山而四维之。维者系也，人心独无系乎？礼、义、廉、耻，安身之四维也。取诸泰山，其说省心焉。由峪行数里，至十八盘。羊肠曲径，仰视峡口，天光凝碧如绀珠，真神房洞天、百灵之府也。盘尽力疲，登三天门，望白云洞，缥缈弥合①，若不崇朝雨天下者。门内平壤，为市庐者数十家。泰山天门，旧无室宇，造自张练师耳。宿仰止亭。次日谒碧霞祠，元君石像旧在玉女池，而宋易以玉。李谔《瑶池记》：黄帝遣玉女，羽衣黄冠，修而仙者也。或云东岳配东岳女，误矣。四方捐金珠马㲉者，岁无虚日。有玉女池，李斯篆秦始皇功德文，十余字可辨耳。再里许，为东岳庙②，庙制不及祠。有磨崖碑，乃《泰山铭》，唐玄宗八分书③，遒劲可爱④。其右苏颋《东封颂》，颜鲁公题名，书法类晋，俱为人铲毁。又转而北，青帝宫制与庙等。有秦始皇无字碑，

① 合：原作“各”，据清刻本改。
② 岳：原脱，据清刻本补。
③ 玄：原作“太”，据实改。
④ 遒：原作“遵”，据清刻本改。

或言有石函藏金简玉书，古今莫测[1]。其石色黄白，光莹异常，非兹山所有。登太平绝顶古封禅坛，高皇帝御制碑在焉。黄河如带，淄、渑、济、泗诸水若环绕焉。太行、华不注、空同诸山，皆几案物。西登丈人峰，有壁立万仞之态。下挟仙宫[2]，谒孔子像，至小天下处。上磨云汉，下俯溟渤，惟孔子足当之耳！"曾谓泰山不如林放乎？""泰山之于丘垤类也。"圣人出乎其类，是尊泰山者莫如孔、孟。郡吏置酒，羽士酌余，大醉生平大观。仍宿仰止亭，日入蒙汜，夜半月明。越观、秦观、吴观，宛如图画。至四鼓，羽士请观日出。登日观峰，大风忽起，寒甚！羽士解衣衣焉。上下苍茫，浑如白玉，圆灵方舆，莫可辨也。忽朱光三荡东海，而阳灵渐吐。万景维新，七十二峰苍翠毕露，宇宙之大至是哉！登望海楼，至舍身岩，四顾而羽士时牵余裾。由平顶崖归太清之宫，读万公表岭碑，叹曰：壮哉文乎！擅四岳之尊者，泰山也！擅泰山之尊者，巅石也！从而屋庐之，践履之，焉得尊表？着厥顶，山灵吐气，大明世界矣！封禅之主七十二，有遗恨焉。循故道下山，至州将旦，思游孔林。夫洙泗与山脉相连，近圣人之居，若此其甚也。上律天时[3]，下袭水土，孰非泰山之灵哉[4]？观孔子而泰山等天地矣！

大明万历三十五年岁次丁未上元吉日，正一嗣教凝诚志道、阐玄弘教、大真人掌天下道教事，张国祥奉旨校梓。

① 测：原作"则"，据清刻本改。
② 挟仙宫：原作"峡仙宫"，据实改。
③ 天：原作"大"，据清刻本改。
④ 孰：原作"熟"，据清刻本改。

附录一

序

岱史引

余盖闻之，陵谷有变迁，金石有毁铄，惟斯文不朽，故载籍重也。自輶轩之使无专命，而省方观风者与有责焉。皇华原隰，駪駪之谓，何于载籍可无询哉？

余兹奉上命按东夏，甫下车，会《岱史》告成，盖同台岭南谭惺堂侍御檄属查丞志隆编摩而刻之鹾司者也。先是岱无史，嘉靖间东浙吴尧山尚书时为侍御，乘鹾事，命官搜辑遗事，志名《泰山》，迄今三十年往矣。杀青既久，鱼豕多讹，侍御深用慨焉。慎所付托，迄用有成，夫亦循鹾台之故实而维新之与！然今兹义例，采用史家，多所创著，故崇其古称而曰《岱史》云。考凡三：曰图，曰星野，曰形胜。表凡二：曰山水，曰疆域。纪凡四：曰狩典，曰望典，曰灵宇，曰往迹。志凡五：曰宫室，曰物产，曰香税，曰灾祥，曰登览。一寓目，而仪象之分明，封都之沿革，帝王之述作，人文之兴替，物理之盛衰，举无遗矣。夫岂独夸峻极、崳玄造、以慰山灵已耶！自古称不崇朝而雨天下者，岱之泽也；钟灵秀而降生圣贤者，岱之神也。乃今奠宁藩辅，屏翰畿封，以流润则浚漕源，以感召则裕榷课，尤岱之鳌贶，独饶于昭代也。圣主当阳，百神受职，岱实总领焉。祚国安民，宏开寿域，功德甚盛。《传》不云乎，天下之安，若固泰山而四维之，则岂惟皇家有秩，多祜观风，使得籍手而报上命，不亦与有神庥哉！兹《岱史》所为作也，以对扬神庥也，以对扬天子庥命也。即以当輶轩之使，副金匮石室，称不朽于斯文，殆其几乎！

万历丙戌冬仲日巡按山东监察御史吴郡毛在撰。

岱史旧序

岱史者何？志岱宗也。志何以为史？岱者，万物始生，五岳之长，古帝王之所受命告成，而东诸侯主焉。志之而曰史，以尊岱也。岱故无志乎？有而系诸州，且不备也。侍御岭南谭公巡行考览，谋诸盐政大夫查公，以为州不得有乎岱，故别而为史也。为史奈何？革旧而为新，因略以致详，旁搜遐考，以备人文而标名胜，作者之志也。

夫图经者，观察之符契也，恢而弁之，以为纲纪，故作图考。天之精曰星，地之精曰山。岳，其大者也。降娄玄枵之次，岁星位焉，其应广矣，作《星野考》。岱者，中条之所底也，河济不得无以障，青兖不得无以填，畿辅不得无以屏，故曰齐得十二焉，作《形胜考》。记曰，岱宗周回三千里，东方之山皆其裔也。然而绵亘二州，不可胜识，惟是七十二峰，岩壑泉石，神怪倏诡，化工备矣，作《山水表》。在古锡鲁，其后隶齐，更姓易制，画野分疆，缪纷绮错，名实相参，而岱犹故岱也，作《疆域表》。省方之后，乃修玉帛，暨乎明堂，王政攸布，安所云七十二家之封，而以奉秦皇汉武为乎？其失至我明然后一洒之，此亦古今得失之林也，作《狩典纪》。然自圣祖开基，厘正岳号，国有大庆，使使奉璧告焉，亦柴望之遗矣，作《望典纪》。介丘之胜久矣，城邑坛坤，或为墟莽，探奇怀古之士，有所感慨而踟蹰焉，作《遗迹纪》。夫山之守为神，三宫空洞之天，百灵之府也。神房阿阁，可谓侈丽矣，作《灵宇纪》。游屐之所登临，星轺之所陟降，有庐舍焉，作《宫室志》。夫岱，君子于是观土德也，芝草玉石，冥栖之侣耽焉，作《物产志》。夫自燕秦河洛之间，奔走奉祠，络绎殷赈，其丽不亿，洋洋乎神之为德也。有司稽其名数以备不常，又以当他赋焉，作《香税志》。夫岱者，一州之镇也，然而吉凶之应，于国有关焉，作《灾祥志》。操觚之伦，原本山川，极命草木，于游得之，沨沨乎可以观也，作《登览志》。总之十有七卷，旁该寥廓，苞举珍瑰，缤纷浩侈，洞心溢目，闳哉博矣，故曰革旧而为新，因略以致详，旁搜遐考，以备人文而标名胜，作者之志也。

於戏，天下之以山名者众矣。至于巉削刻画之趣，嵚崟窈窕之观，或具体于穹崇，若钟技于妙巧，亦皆标奇史谍，侈美声诗矣。况夫秩视王公，功侔造化，风云之所吐纳，万品之所育成者哉，何其宜有史而久未有也。岱得侍御公与大夫而后尊于史，岱尊于史而公与大夫之名得以不朽于岱，此亦金简玉策之藏而县宇之巨观矣，不亦盛哉！

大夫博雅有文，故为武林世家，以丙戌季夏月受画于侍御公，纂述钩校，不数月而告成事，斯已勤矣！行不佞，家于岱畎，盖尝有意斯举而力不能及。今也嘉侍御公与大夫之志，而幸岳之有以尊也，为叙诸简端如此。时万历丁亥正月上浣之吉。

赐进士出身嘉议大夫礼部右侍郎兼翰林院侍读学士经筵日讲官充会典副总裁直起居注石闾主人东阿于慎行撰文。

重刻岱史序

学者载籍穷经，必考信于史。史者，经之支也。尼父成春秋，其文则史，岂独斐辞正义、绝向游夏哉！亦维系世教，所以行作者之志也。古者封域山川，皆有传徵，或曰书，或曰志，或曰记曰考，至岱而以史名。盖帝出乎震，故以记言记事尊之。此盐政查公独出之见，亦犹之不言岳而言宗之义也。虽然，岱有史矣，如稽其文不稽其义，亦犹之乎书志记考也。何史也？且《岱史》之修载者，三考、二表、四纪、五志，括之则为史，亦犹之乎稽其文不稽其义也。何言乎史之支乎经者也？古之为史者，《尚书》言帝者之德，《春秋》言天子之事，故史而止述圆盖方舆间奇特之迹，而不参人事、关治忽，则不足以登作者之堂矣。

今天子定鼎正朔，广教化，崇祀典。亲政以来，即遣大臣祭告东岳，昭格有加，盖将以兴百年之礼乐，高一代之制作，在此时也。然兵燹以来，故实尽矣。余在藩署，求前朝诸藏书，已无片木，即全省通志，亦湮消字灭，不可见焉。时鹾政梦筑先生怵然曰：《岱史》一书，系本衙镌本，今半亡去，请乞木补之。乃求之诸生史以明家，得旧编，正其旧讹，加以新裁，月余而复报竣。乃捐俸刊行，命余弁前。余甚嘉公修者之志，有合乎昔日作者之志也。

昔大舜当洪蒙初辟，恭己南面，被袗鸣琴，卿云烂而凤鸟来，乃东巡狩，至于岱宗，柴望于山川。传曰：王者易姓受命，报功告成，必于岱宗焉。盖运会之循环，如毂转然。坏乱必极于凋残，凋残必极于俭啬，俭啬必极于朴鲁，朴鲁而随事增华焉，此礼乐所由起也。叔孙通以绵蕞教诸生，徵鲁两生。两生不行，当时亦未究其施，至今惜之。今上修坠阐幽，灿然明备。按岱图而求阙里车书礼器之遗、周明堂敷政之迹，必将有礼乐文章以光大虞周之治者。韶乐在齐，周礼在鲁，此史宁仅星野、山川、疆域、狩望、灵靖已哉！时抚台耿公新下车，百务肇兴，光赞旧典。而藩臬诸君，皆嘉与有成，故得并述之。呜呼，此史志也，亦经之志也矣。

顺治甲午夏仲之谷河北张缙彦坦公父撰。

重刻岱史叙

余，嵩山之遗农、鹾海之闲署也。学嵩未至，表海鲜成，二室之涂，颂声宜广，人盐天卤，管策惟详。略鼎观而谋岱宗，离水滨而问桥圯，得无羡若事述者？曰：否否。先同转运查君志隆曾为《岱史》若干卷，笔躐董狐，体归司马，不以贬政，一时监察都运诸君子咸叙次之，备山经之阙，资博物之奇，距之皇清甲午七十一年矣。篇帙散，有待校仇，莅岱岳而览兹史者，可默而已乎！余乃政于藩右坦公张老先生，先生删烦辑要，并以乐陵史氏元本，补简百一十二。谓圣代崇文，宏儒执笔。开天抚运之业，制治翼经之言，巍巍奕奕，犹将图星、绘地、志海、铭山，勒为典章，垂范后世。《岱史》虽褊乎，亦山经之一助矣。余用是梓之而为叙曰：

史家有长短，于岱亦然。方朔有言，五岳真形，盘曲回转，高下参差，长短舒卷，有如书字之状，岱自史矣。轩帝代炎，披山通道，躬写形象，以次相续，轩辕史岱矣。真形首目，乃鸟迹先代飞天之书法，不得仙人之释注，终不可知，方朔未敢史岱矣。兹史于轩辕东方氏何如哉？查勇且勤若此，此其所长也。尝经泰安道，东望诸峰，莫不仰干星纪，俯丽鹏云。第氤氲微分，空确两际。独岩岩一处，蟠霁交冥，祖孙接体。天在山中，山居天上，此史之未详者也。纬书曰：泰山主人魂，则长生之司也。《搜神记》谓西为金母，则东为木公。今以生养，天下遂坤其容以礼之。即谓碧霞君神农氏女，又谓黄帝七女之一得道者，亦未可以修柔之婵娟，主震宅之雄社，使阴据阳，方女临男。值典祀莫辨其淫正，属词罔题其失得，此史之当更者也。

古来封禅者七十二家，多不载，独孟子曰孔子登泰山。七十二家封禅者，大天下也，伟其名是伟其权也。孔子视天下自小也，没其事是没道也。此史之宜章者也。孟子，大贤也，有其气象，韩愈不及，孟子学者望之，是则岳由人立，民以思成。覃触石之雷雨，流蒙泉之泽膏，咫尺万灵，柱轴位载，岱也。坚竖方寸，以通万仞之高；延袤初川，比于千里之迥，亦岱也。此史之隐而未发者也，即不足为史短长而可以质疑也。知此可以史岱，即可史嵩。无妨于盐，有合于政。余之叙岱史，谓咏嵩续盐法可矣。

嵩阳傅应星梦筑父撰。

附录二

图

角宿图

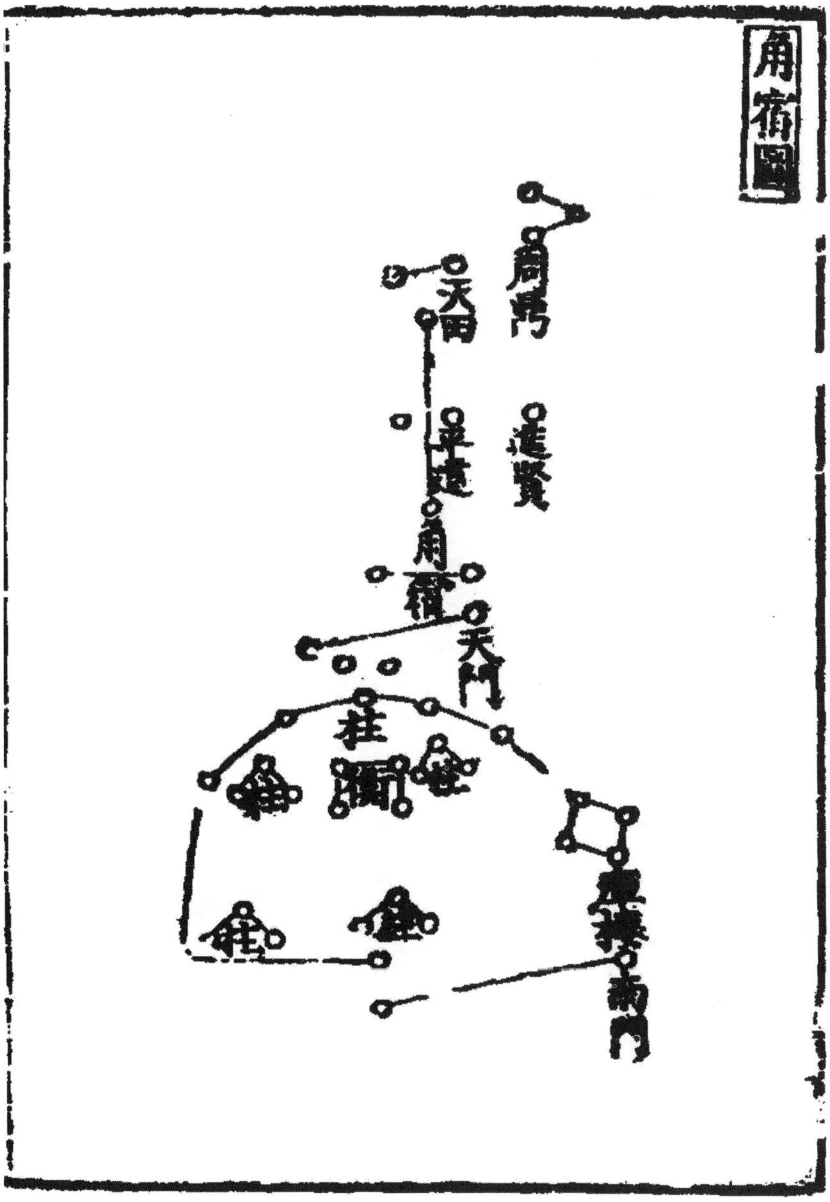

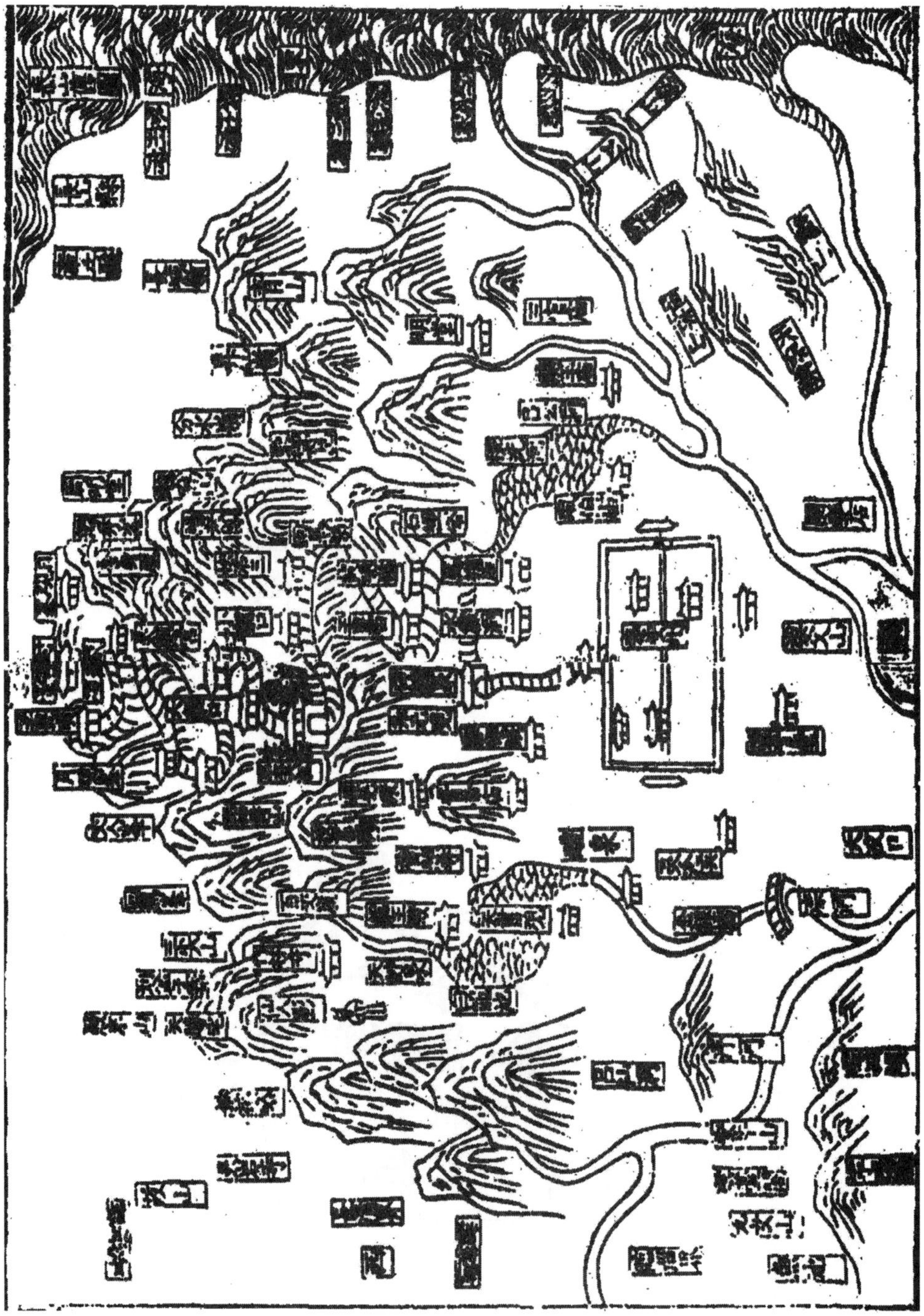

泰山旧图

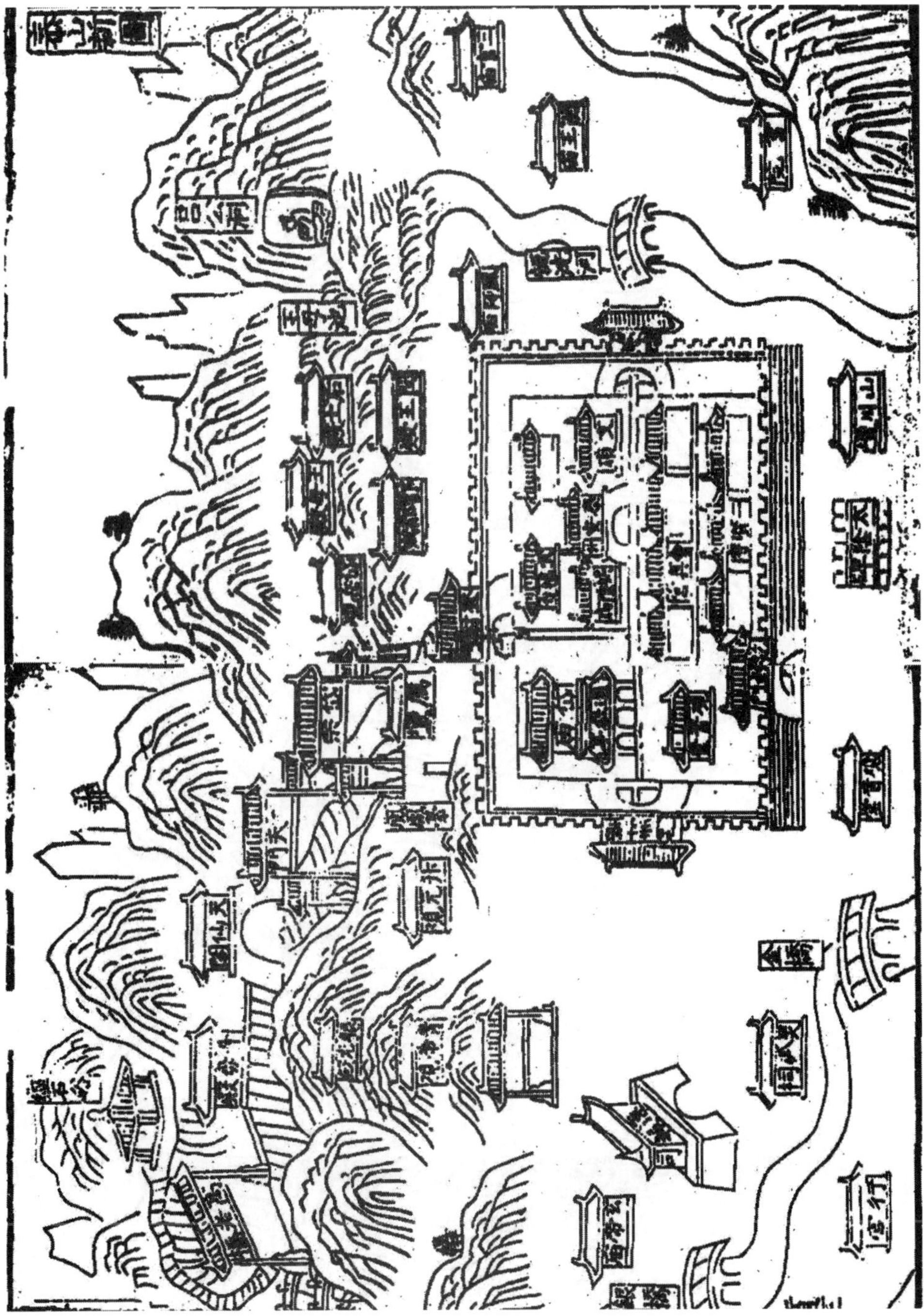

泰山新图（一）

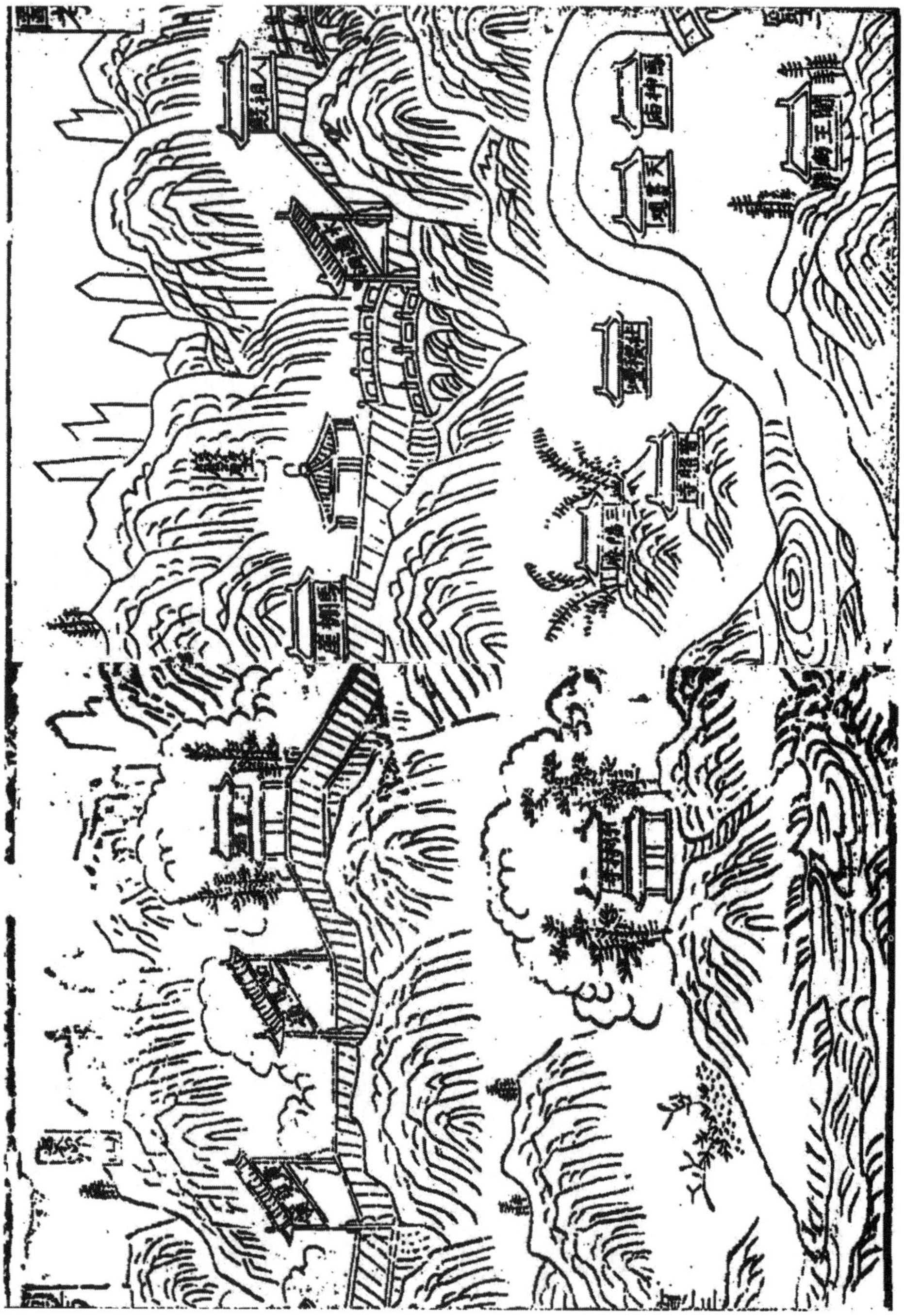

泰山新图(二)

泰山新图(三)

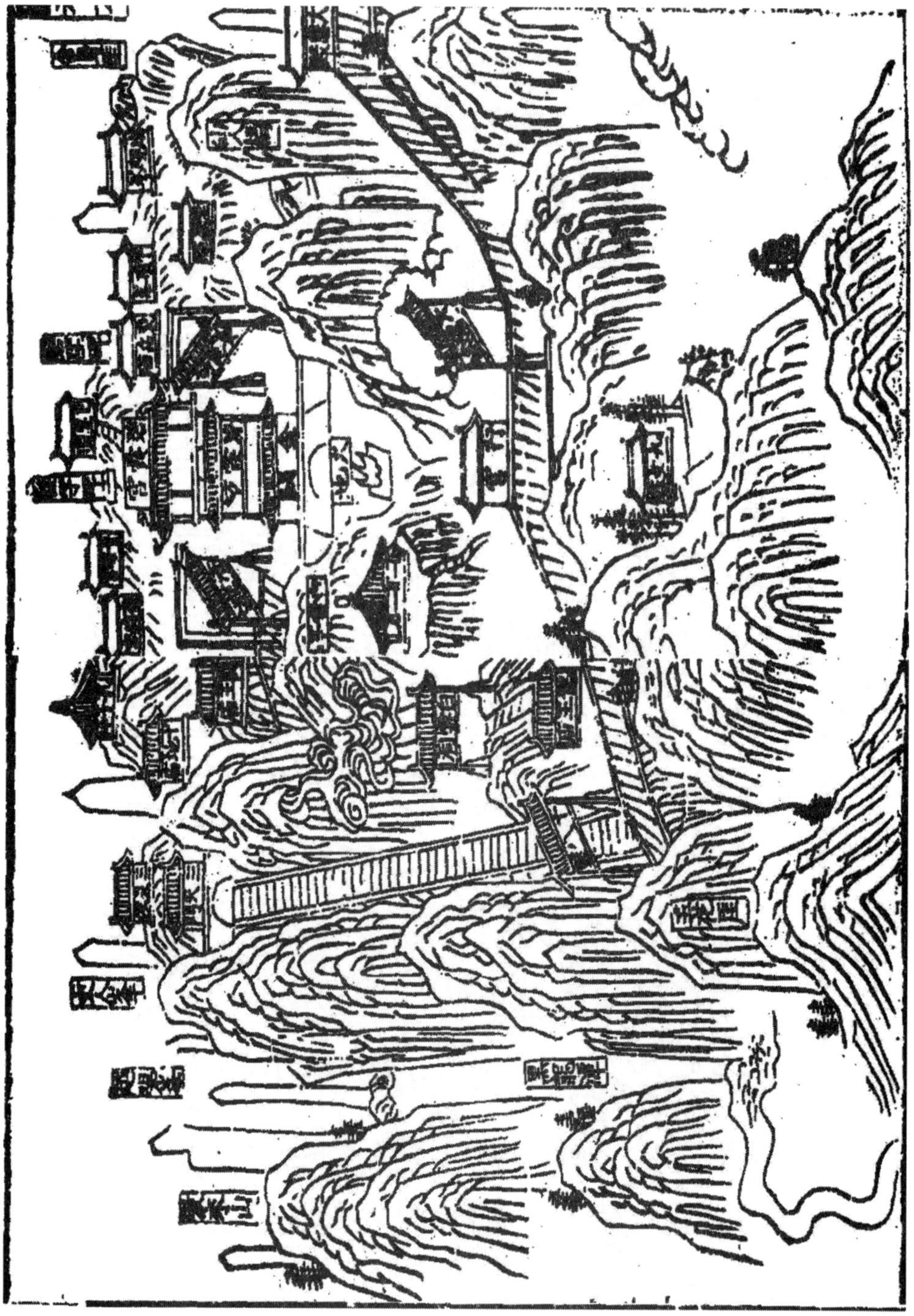

泰山新图（四）

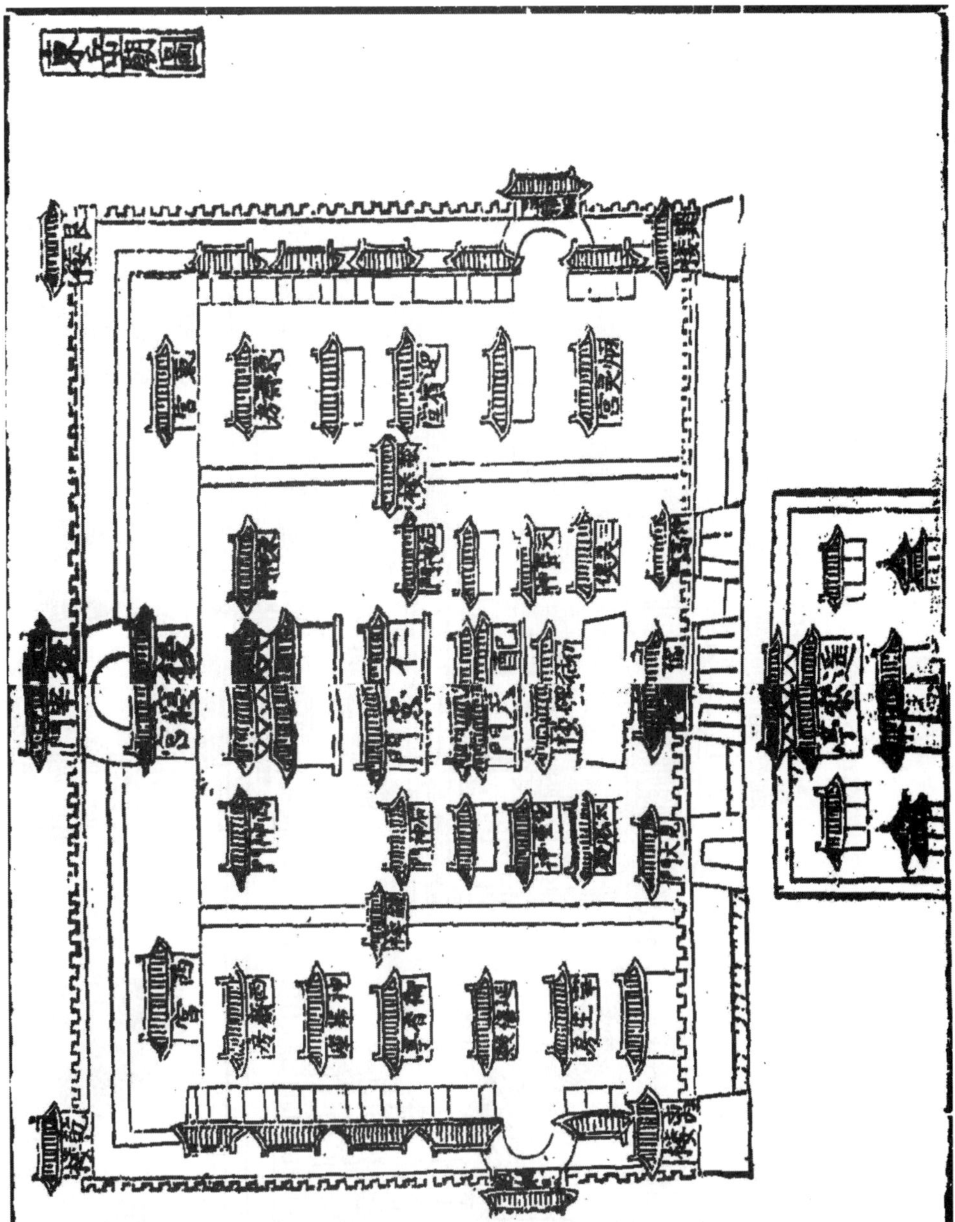

东岳庙图

碧霞宫图

五岳真形图

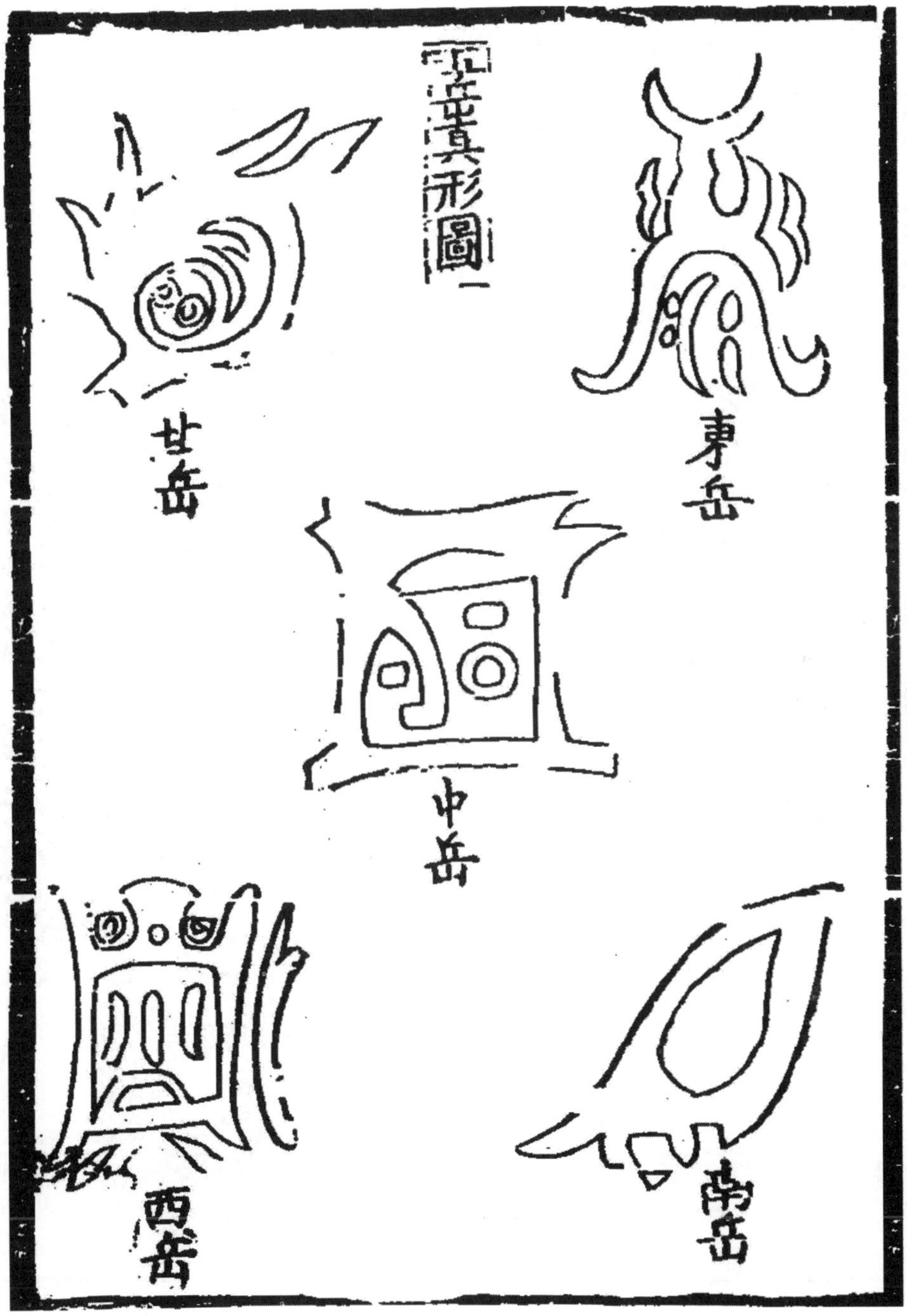

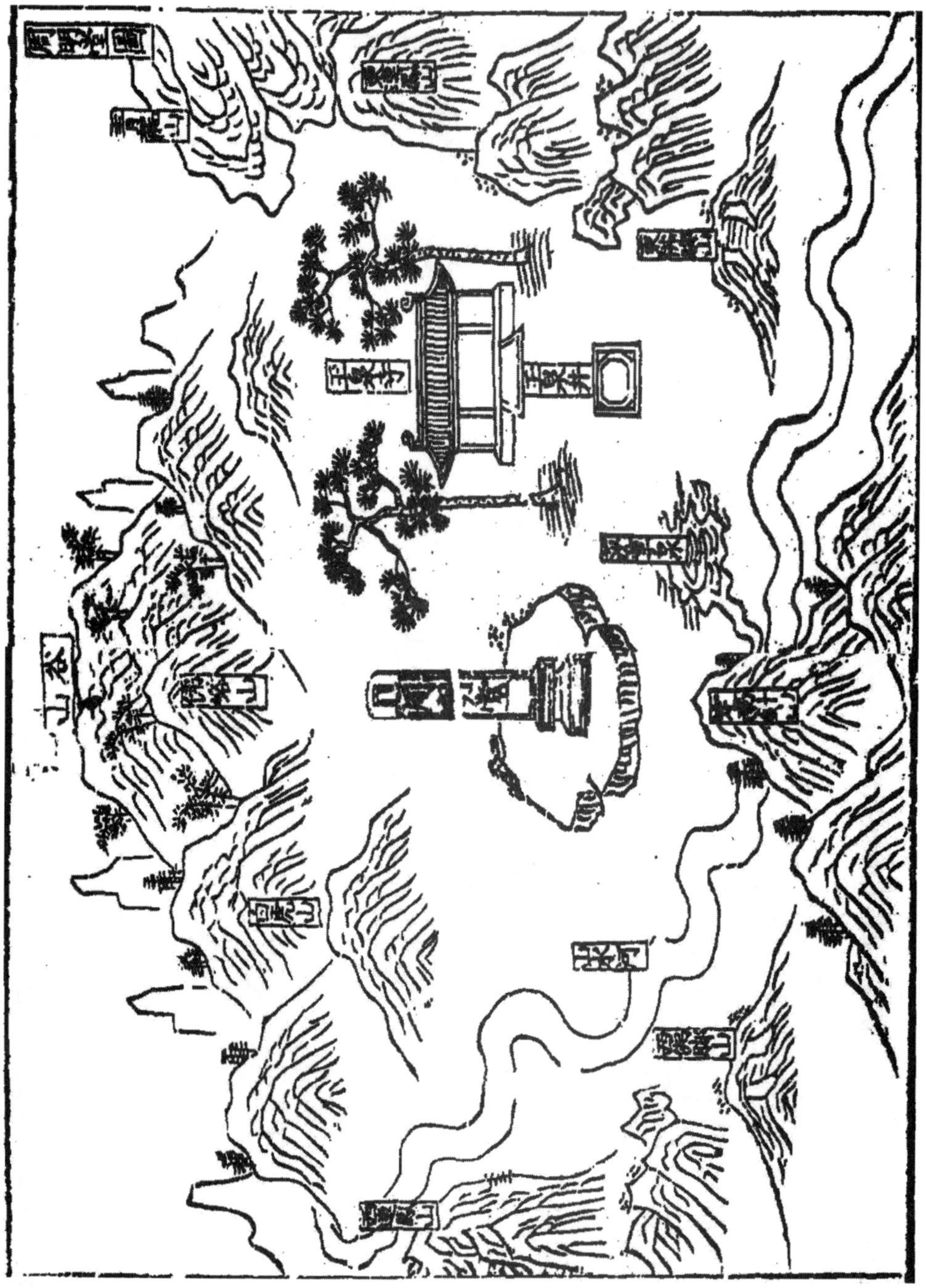

周明堂图

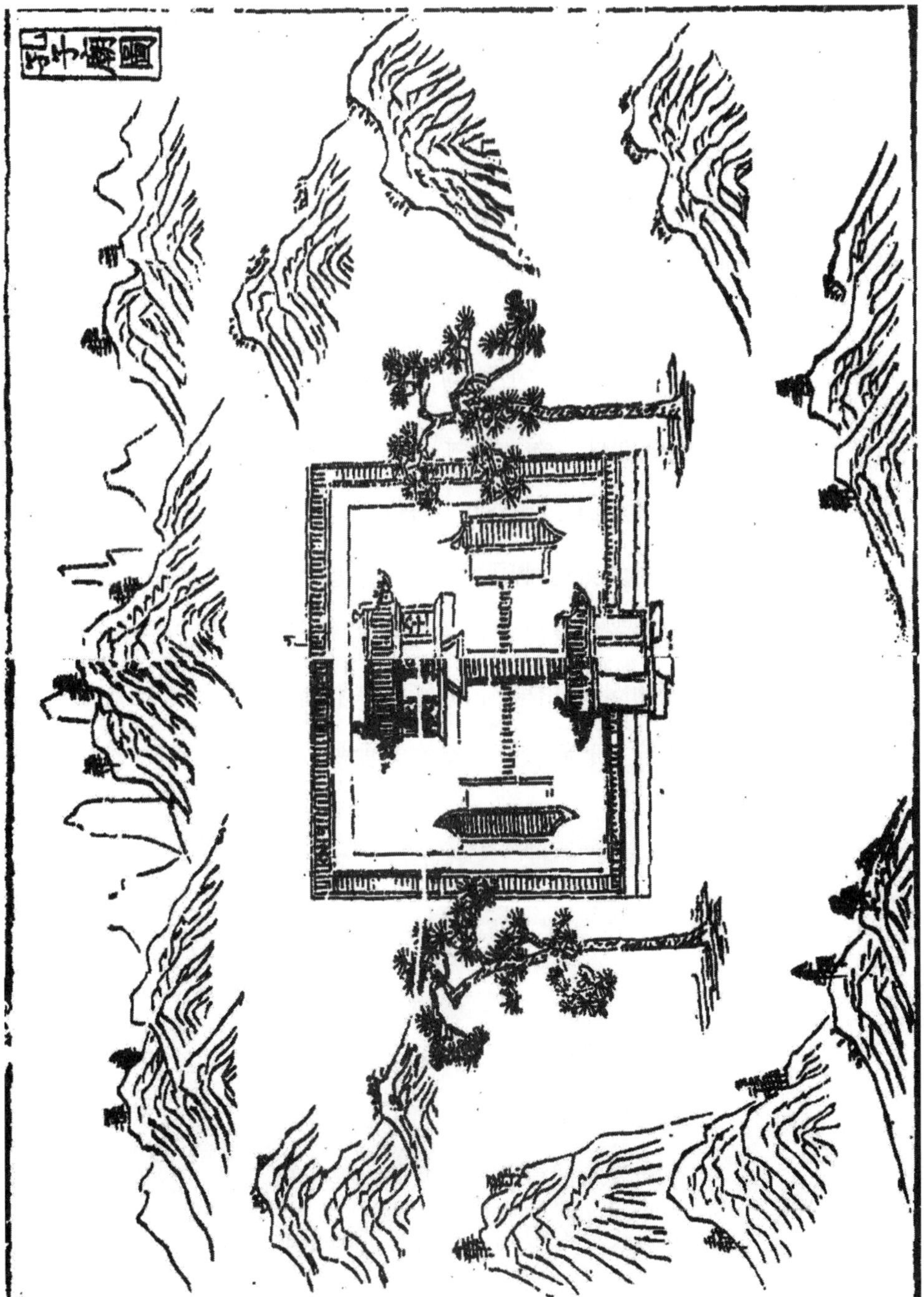

孔子庙图

附录三

东巡纪盛

甲子冬，皇上临幸东省，问俗观风，行谒岱宗与阙里之堂。臣瑾等叨蒙陪从，得与盛典，恭赋八律以纪之。

其一曰德州颁赐

十月五日，迎驾至德州。晚过会河，皇上乘船而济。瑾等于水次拜瞻天表。蒙赐各官，以行在围场，所获兔各千只。

十年外吏远都门，持禄心尝恋至尊。
幸遇翠华临济水，遥瞻紫气满平原。
天颜咫尺仙槎泛，月影参差羽猎屯。
敕给大庖新较获，烹鲜荐食戴君恩。

其二曰趵突

十月八日，皇上临趵突泉亭。流览泉源，因题“激湍”字于亭上。一时臣民仰观御笔，无不欣舞。

名泉觱沸历城阿，御笔留题即御河。
地涌星涛腾碧汉，天回日驭耀金波。
千峰入座迎宸藻，万派朝宗振玉珂。
神墨长浮沧溟阔，承流思沛海东嵯。

其三曰圣躬陟岱

十月十日，至泰安。皇上减骑从，徒步登山。瑾等随至半岭，遥望圣躬已陟层峦之上。俯视诸臣，艰于步履。特命侍卫传御札，敕臣等在山下伺候。

峨峨岱顶冠东方，悬磴千盘接上苍。
勉步后尘遵御路，忽闻天语出高冈。
圣躬勤恤风云壮，率土瞻依日月光。
廑念从官难继武，遥传玉札到山房。

其四曰岳顶留题

是日，驾驻岳顶。登眺周览，备悉形胜。因御书“普照乾坤”四大字，留于“孔子小天下处”。又御书“云峰”二字，谕留于最高之顶。

大驾旋留宿紫氛，九霄问夜隔宵闻。
独修昭代省方事，不袭当年封禅文。
四宇民岩垂普照，东来文笔寄层云。
高悬御墨瞻天表，万载长怀圣鉴殷。

其五曰还山祭庙

十月十一日，上自岱顶步回。至红门，升辇；入城，谒岳庙。致敬，行二跪六叩礼。祭毕，谕陪祀各官回地方，圣驾即肃队南行。

神州瑞霭郁春容，步辇朝回谒岱宗。
问俗心劳举玉趾，祀神秩数轶登封。
山光夜绕彤云濩，仙仗晨开湛露浓。
南服又烦明主虑，礼成旋驾六飞龙。

其六曰释奠阙里

十一月十六日，祭先师。先是圣驾南巡，阅河工，幸金陵，抵吴门，遍谘民瘼。至日回銮，遂驻跸于曲阜。入孔祠释奠，行三跪九叩礼。扈从官及地方文武三品以上、孔宗世裔、并五氏现职，分列东西序，陪祀庙中。

龙旗冉冉渡江津，銮辂雍雍向泗滨。
方荷勤民来肆觐，载缘访道又东巡。
千秋俎豆推三重，万古文阁俟一人。
列拜宫墙称异数，金貂辉映杏坛春。

其七曰讲堂阐学

祭之日，礼成。皇上亲御讲堂，陪祀官皆从。开讲《大学》圣经及《周易·系辞》首章。各官仍分班序列，侍立拱听。

圣学天成百代师，执经亲御孔颜祠。
德从日跻惟新化，道系乾元大统垂。
五氏圜桥承顾问，千官入庙见威仪。
斯文有运唯皇造，元会于今正及时。

其八曰赐匾留盖

是日，皇驾北还，颁赐御盖、曲柄伞，留于文庙。又出御书“万世师表”匾额，悬之庙堂。

阙里仪成万国欢，属车宣路拥回銮。
皇衷犹自崇师教，法驾频行赐御翰。
已灿天章光庙貌，又遗芝盖覆儒冠。
微臣何幸叨陪祀，旷代典章得与观。

山东盐政道臣胡瑾恭述

附录四

望典纪

刘昌告岳文

大清顺治八年，岁次辛卯，四月丁未朔，越七日癸丑，皇帝遣都察院右都御史仍管工部左侍郎事刘昌，致祭于东岳泰山之神曰：惟神天门挺秀，日观昭灵，吐纳风云，育成品物。朕诞膺天命，祗荷神庥，特遣专官，用申殷荐。惟神鉴焉。谨告。

王在晋告岳文

巡抚副都御史王在晋告岳文曰：於维泰岱，崔嵬如柱。设位苞祇，永奠邦土。势临杲曜，碕礒梁父。青帝首出，神策洞府。涵育万有，生成是主。仰魁法象，洞瞩峋嵝。天帝之孙，有秩公辅。玄黄斯判，天齐岳祖。禋宗狩望，遐控区宇。一索闷灵，镇兹齐鲁。小子藐焉，谬膺东抚。颠连甫起，民无二鬴。去夏暵旸，经秋不雨。咨尔孑遗，萧然环堵。三韩震邻，交驰白羽。边烽孔亟，翕讧夷虏。调集汾沄，虚我行伍。渤澥飞刍，率循水浒。鱼鳖生灵，徘徊岛坞。傪及马牛，征输旁午。天子旰食，蒸黎繁苦。逋赋逃荒，孰安南亩？爰整其旅，啴啴虓虎。徼神之余，以饩戎部。国步多艰，王事靡盬。蠢尔狡酋，神赫斯怒。天讨聿彰，濯征膏斧。东人之子，杨舲代鼓。底定方隅，幸不予侮。鸿图勃兴，普天受怙。克奋克强，乃文乃武。郁嵂稷丘，百灵伛俯。昭告皇穹，明威远溥。玉犖金绳，玄宫瑶圃。稽首斋心，仰答神佑。亿万斯年，焜耀今古。

王在晋祝文

碧霞元君殿，巡抚副都御史王在晋祝文曰：岱宗首震，气化攸分。永奠坤维，东渐海渎。天子有道，望气书云。七十二代，郁鬯燔焄。昭格皇穹，玉检玄文。届兹辽警，羽檄时闻。征调踵至，爰振三军。转输飞挽，民难孔殷。晋抚兹土，拮据纷纭。仰希神怙，立靖夷氛。保护疆圉，勿扰耕耘。自天申之，以告元君。万历四十八年四月初七日。

附录五

遗迹纪

明　吴守一

吴守一，兰陵人。从渊然刘真人，授以练度秘术，入琅琊神峰山，栖霞辟谷。忽有道士入庵与语，袖中出茶一包，烹与共啜。出户，道士不见，遂羽化去，奇香满室，白鹤绕空。

附录六

灾祥志

大明

万历四十八年春正月十九日午时，黄风从西北陡起，昏暗蔽日，至夜半始止。又先于本月初九日，配天门东，青龙神口内喷火，巡抚王在晋具灾异疏奏闻。

附录七

登览志一

泰山诗

杨时乔 江右人

黄岘西堤汲水泉，烹茶剖栗老头禅。
射牛事远惟留石，饮马人非只算年。
蜡烛朗然能溥照，宝藏如许久无传。
投书漱玉多尘迹，峻阁飞湍祇共怜。

其二

两株郁郁大夫松，秦封无用改周封。
雪霜各自凌空傲，草木何能取世容。
直干只今巢白鹤，嫩条犹未作苍龙。
前山处士非高尚，妆点从人口耳中。

其三

山顶清泚玉女池，池头亦拥李斯碑。
池开一鉴分寒燠，碑落重檐半合离。
玉女回身化云雨，李斯遗事竟披摛。
闲游无用频留慨，大小龙冈草色萋。

其四

登泰从卑逐步高，处高视下始非劳。
霸图自往多荆棘，心学于今亦土蒿。
系练吴门几谶语，援琴郕野亦人豪。
此时苛政曾如虎，歌出梁山隐楚骚。

其五

王者明堂在此中，省方观俗又来同。
侈心不奈秦风竞，衰运难回周辙东。
田去汶阳犹自反，井分滕野竟无功。
盖茅通水洪荒政，王带名言未有从。

□山 四首

□□ 巡抚，太仓人

上帝高居接大罗，百灵呵护日鸣珂。
籀文剩有秦人笔，古柏犹存汉武柯。
一自神峰连海峤，却疑支石雁银河，
相从欲挂卢敖杖，丹灶云烟冷碧阿。

攀萝绝磴望三齐，洞口云深去路迷。
海角日痕千尺线，天门晓刻一声鸡。
露盘仙掌骞铜柱，月崛灵根驾彩霓。
五色文成聊展翰，峰头的烁照青藜。

架壑飞凌复道斜，回旋百折石抽牙。
云中凤辇过黄岘，天上鸾箫近碧霞。
五岳会元藏帝箓，千秋泰畤列皇麻。
灵仙秘府探玄策，万寿年年献紫葩。

峥嵘天仗势崔嵬，极目扶桑一眺开。
北极春回迎斗柄，东方雷动起龙堆。
登封台上山连袂，日观峰头海作杯。

御气凌风身世渺，吴门匹马望徘徊。

无字碑 四首

东海长流石未枯，山灵爱宝隐玄符。
从教烈焰焚经史，致使秦碑字也无。

童女浮查去不回，几回车辇望蓬莱。
而今欲续秦人字，谁是鞭山驾墼材。

六王才毕国凌夷，望气芒砀色色奇。
天意不留秦一字，而今休拓李斯碑。

壮士何来击副车，空余石碣转欹歔。
登封盛事无人述，制得碑文尚未书。

朝阳洞 二首

朝瞰云脚悬，须臾电光出。
才报五更钟，已见峰头日。

云根凿一窍，石罅通万灵。
白云任去来，洞门常不扃。

孔子小天下处

置身最高处，扶舆开广厦。
入眼既空明，横襟亦潇洒。
山川在几席，沧海入尊斝。

洪蒙恍阔辟，阴阳本陶冶。
浮沉看飞鸢，氤氲骤野马。
万峰若飞迎，大块如倒写。
广漠测地遥，平明见天泻。
瞻彼陈蔡墟，回翔齐楚野。
于焉发玄想，因而小天下。

暴经石

大石横十亩，平铺展于一。
孰是苦工磨，安排暴书帙。
未有斧琢痕，尽以去块垒。
滴洒水帘洞，昕夕满流潏。
石臼急如舂，浮樽亦常溢。
一勺供洗砚，墨云深染漆。
东西三两峰，斜飞似点笔。
口诵金刚经，手操银不律。
乌迹混草书，茧毫妙着述。
诸天拥法轮，遍揭波罗蜜。
松火日锻炼，苔痕半剥黜。
依微莫能办，镌铭窈然失。
不如无字碑，乃以存其质。
西偏百尺岩，标题尚可悉。
孤亭侧其下，四敞开石室。
鸣弦在其中，音向更超逸。
旷焉发清籁，吾亦自调瑟。

登岱岳 四首

丈人之峰高狎天，芙蓉倒插凌苍烟。
翠盘玉露满仙掌，洪炉金液开青莲。
泰畤相传七十代，秦碑独立三千年。
登封台上日亭午，我来欲控羲和鞭。

其二

夕眙朝暾一望收，海天空渺思悠悠。
阴晴雨雪须臾事，齐鲁燕吴万里眸。
今古河山看代禅，等闲松柏纪春秋。
冲皇正值中兴日，宫阙云开十二楼。

其三

青帝宫随斗柄春，碧幢宝盖拥勾陈。
遥连北海长迎气，不许东山一效颦。
台上云封犹是汉，树头风雨却疑秦。
雁过绝岭夕阳下，独向峰前酒数巡。

其四

一索青曦太极分，浑濛阖辟自氤氲。
丹心欲映沧溟日，浩气能开岱岳云。
左辅朝元擎万笏，中权独座拥千军。
侍臣正拟河清颂，不用甘泉泰畤文。泰昌九月河清，并纪之。

明堂

趋朝岳牧俨班行，上代銮舆岁省方。
霸国尚然依泰岱，宗周无复剩明堂。
东皋樵牧寻荒址，大陆风云入渺茫。

鸟迹苔痕述断碣，清泉一钵咏沧浪。

泰阴碑

碧霞高映拥云车，洞府清虚近帝居。
何事泰阴藏石碣，却缘鸱尾有天书。
香浮龙气前朝墨，笔走蝌文草圣余。
汴宋园陵无处觅，独留御制敞庭除。

附录八

登览志二

登岱 八首

李化龙 提学副使，长垣人

崔嵬岱岳倚苍穹，百转丹梯一线通。
吐吸风云天上下，周回日月地西东。
青童驾鹤归灵府，玉女鞭龙起帝宫。
万里壮游谁复羡，直从太始问鸿蒙。

阿阁神房不记年，由来世外有山川。
祥光自吐仙人掌，灵液常飞帝女泉。
风卷松涛千嶂雨，日蒸丹洞万峰烟。
凌空欲逐安期去，知在虚无第几天。

风定神鳌静不游，振衣东望海云悠。
谁凭日驭穷三界，独倚天门见十洲。
波吐金银仙观晓，烟沉紫翠帝京秋。
乘风寄问无生客，底是蓬壶第一流。

玉检金泥几劫灰，尚留遗迹至今猜。
白云捧日封中出，青鸟啣书海上来。
辇道苍苍秦树晚，云屏矗矗汉宫开。
徐生自是饶仙骨，一入东溟更不回。

陆海春涛万里看，冷冷清啸五云端。
飞流倒泻三千尺，峭壁中分十八盘。
风细幡幢朝贝阙，月明鸾鹤下星坛。
寻仙吾欲成长往，天柱峰头好挂冠。

中天岚翠郁沉沉，积气搏空冷不禁。
金殿分明悬碧落，银河清浅挂瑶岑。
天鸡夜唱扶桑晓，海鹤晴盘琪树阴。
七十二君无觅处，只余冠剑影森森。

千盘鸟道转云萝，徒步层霄发浩歌。
北走峰阴凌紫塞，西来练影落黄河。
诸天回薄星辰近，下界苍茫风雨多。
眼底殊庭君自见，九还未就奈人何。

中峰自合小殊方，绝顶真疑出上苍。
八极风沙尘漠漠，五城烟雾水茫茫。
笙箫半入钧天奏，杖履平分北斗光。
彩笔只今千象纬，拟将仙露奉君王。

和李于田宪使登岱 八首

魏允贞 少卿，南乐人

浮生何处可开颜，东岳凌层尽日攀。
不为佩环辞上国，何因杖履到名山。
振衣迥出风尘外，倚剑平临星斗间。
欲觅仙人问真诀，安期一去几时还。

矫首青山万象低，兴来华发不言疲。
藤萝一径诸天近，柴望千秋五岳齐。
红日初升沧海底，黄尘遥见浊河西。
故人坐啸今何处，徒倚千峰懒自题。

万叠芙蓉列翠屏，崔巍历尽扣元扃。
苍龙上应东方宿，玉女元钟太乙精。
风引笙箫来碧落，云连香火散青冥。
仙盘乞得莲花露，更祝称觞一万龄。

青帝高居紫极傍，殊方奔走日皇皇。
兴云致雨来天地，玉检金泥自帝王。
风俗千年通阙里，蓬莱一水接仙乡。
登高作赋今谁是，听罢钧天意未央。

飞雨崇朝洗岱宗，登临偏爱雨中峰。
干霄老树巢鸣鹤，出岫春云起蛰龙。
明主何须司马草，幽人岂羡大夫松。
山中未老青芹色，采采还期献九重。

微躯多病此何求，为爱名山不自由。
福地有灵严庙貌，神州无限尽峰头。
水帘晴泻四时雨，雪涧寒生六月秋。
忽忆知章鉴湖事，愿从天子乞丹丘。

东西华岱郁苍苍，两度凌风到上方。

秋杪真源寻白帝，春深左个问明堂。
山河历览中原尽，人世空怜百岁忙。
醉倚天门发孤啸，飘然云鹤伴回翔。

回首仙宫隔翠微，烟霞犹自绚荷衣。
泉分百道空中落，鸟在千寻涧底飞。
山下樱桃殊觉好，日斜藜杖始言归。
洞天别有藏真处，说与游人知者稀。

秦松

雨中松树倚嶙峋，不洗东风旧日尘。
何似桃花含意远，武陵只恋避秦人。

日观峰

太行回首白云留，晨省何人更远游。
不为探奇来日观，将因东海问添筹。

水帘洞

藜杖山中破晓烟。涓涓石壁挂流泉。
冥心会到源头处，一派银河自九天。

仙人

□开水鉴漾天光，万朵芙蓉插上方。
一吸可能千百斗，仙人能换世人肠。

仙人桥

天外罡风吹石梁，仙人三五共翱翔。
翩翩黄鹄如堪驭，过此应分明月光。

太平峰

昔年尼父登临处，地拥千灵岳色开。
四顾依然天下小，不知何处紫云来。

封禅台

秦皇玉检定何年，泰岱雄名万古传。
览胜未须谈往事，与君烂醉弄晴烟。

春日登岱 二首

吴上赞 连江人

癖有看山杖屦从，东来泰岱众山宗。
碧霞洞口天孙宅，白鹤岩前日观峰。
石跨神霄多赑屃，松依御帐半虬龙。
上头欲到天将暝，月映藤萝万壑钟。

山灵疑不妒探奇，扪葛攀萝雪霁时。
峪引龙泉穿剑石，路通凤辇到瑶池。
断云天际吴门练，荒藓台边汉代碑。
古往今来俱是幻，不知何处觅安期。

□□

李维桢 荆山人

封禅儒家议礼难，独凭双屐恣游观。
日华夜启千峰曙，海气晴飞五月寒。
无箧何从探汉策，有松曾未拜秦官。
少年深愧颜公目，不得吴山匹练看。嘉靖乙丑五月。

暴经石水帘

李三才 提学副使，陕西人

暴经石傍水泠泠，镇日独来倚树听。
此意世人浑未解，半天矫首万山青。

登泰山绝顶

清斋独夜万缘空，踏破天门与帝通。
一任红尘千万丈，此身已住白云中。

约李伯承符卿游岱

陈文烛 南京大理寺卿

清平高阁守冲玄，海内重惊李谪仙。
兴至我寻青帝观，归来君种汶阳田。
远山排闼浑依座，明月窥人欲上船。
七十二家多禅草，相期同醉白云巅。

登岱 四首

王士性 山东参政，临海人

灵符作镇握天孙，积气苍茫纵吐吞。
日出三山离渤海，河渫万里接昆仑。
霞明金阙中峰起，土蚀元崖半碣存。
解道东南天咫尺，谁从匹练觅吴门。

仙人挟博泰山隅，授我真形五岳图。
大谷风生岩壑动，平原势压海天孤。
骊珠未晓旡先吐，颢气才临雨欲俱。
遥指齐州烟九点，不知身世在虚无。

断碑空锁旧宫扉，七十余君事总非。
匣里已无金策在，封中岂有白云飞。
青连齐鲁岚烟净，蜃作楼台海日晖。
俯仰置身轻一羽，天风飒飒引征衣。

东方列骑拥千群，共道登坛挹紫氛。
夹道两崖行逼汉，摩空片石卧分云。
秦松汉柏占人代，贝阙琳宫焰斗文。
奔走万灵何日了，泰山封罢碧霞君。

登岱宗观海行送邹尔瞻南游

泰岱山头一片石，影落沧溟浸空碧。
鸟道扪星十八盘，峭壁回飚四万尺。

鸡鸣赤日升扶桑，日观峰高海水黄。
徂徕梁父倒地伏，咫尺颢气摩穹苍。
金书玉匣秋烟里，七十二君呼不起。
长剑峨冠跨赤螭，梁园之客石城子。
振衣绝顶须眉开，吴越周秦何壮哉！
把酒问天天不语，罡风飒飒天门回。
乘风独噀去东极，化作蜃市成楼台。
老蛟奔走骊龙怒，珠光吐射三峰摧。
夫君挥手招八表，明月转向青天来。
蓬瀛明灭不可睹，恍惚似欲扬尘埃。
五松亭亭还旧垒，白云封中年代改。
欲劖悬崖纪姓名，恐妒山灵泣真宰。
君不见秦碑昔已断，汉策今安在？
莫凭寥廓驾鼋鼍，但指阳乌即东海。

登岱八首，和李于田宪使韵

□□ 山东廉使

丹梯峍屼倚苍穹，果信天门有路通。
云气直连燕以北，日华擎出海之东。
鹏搏绰约窥璇室，蜃吐依稀见紫宫。
驱石封坛皆幻迹，愿从飞驭问鸿蒙。

神开岱岳几千年，地辟东瀛会百川。
青鸟衔来多法果，白龙飞去有灵泉。
坐忘碧落闻虚籁，笑把菩提弄曙烟。
瑶草金花何必问，凌云直拟扣诸天。

仙境光风试一游，琼林历历思悠悠。
云边麟凤连三岛，天际蓬莱见十洲。
绝壑烟萝堪避暑，擎空花木迥宜秋。
凭阑远眺苍茫外，笑指洪涛带日流。

汉峙秦封总劫灰，金瀛宝树未须猜。
游天玉女何曾驻，渡海青童寂弗来。
云绕之罘空外见，花依不注日边开。
共凭高观追灵迹，黄鹤青牛首重回。

五老峰峦最好看，群真环珮下云端。
凤笙缥缈银为管，麟脯葳蕤玉作盘。
王母幡花来上苑，大夫松影浸虚坛。
来游仿佛逢仙侣，望阙时时一整冠。

松杉郁郁书沉沉，六月飞涛冷不禁。
时拂幽香穿绮树，漫看空翠满云岑。
鹅儿着柳犹娇色，鹿女衔花散午阴。
共上层台一回首，丹房琪石思萧森。

磴道阴阴满薜萝，直凭日观一高歌。
凌空羽翮奈丹□，洗瑗池流自绛河。
海上仙山从地涌，城头风雾近秋多。
于斯欲结餐霞侣，未涤尘襟奈尔何。

灵趾居然冠上方，半空楼阁郁苍苍。

势连嵩华相撑柱，派接蓬瀛入混茫。
星极遥瞻多气色，斗垣长藉有辉光。
登来拭目看天下，独向风前礼素王。

登岱 四首

胡汝焕 典试主考

半生婚嫁暂从容，蹑跻贪过大岱宗。
抱膝几深梁父意，侧身才拍丈人峰。
无劳禅草求司马，已办祠官护六龙。
当日高皇惟岳祀，小臣不敢上乾封。

独上岧峣十八盘，万峰秋色荡胸宽。
全收岳渎成东面，对抱乾坤自一丸。
风雨树边闻讲德，星河槛外拥登坛。
蓬莱五色云长近，咫尺神京拄笏看。

回首中原一杖藜，白云天矫护丹梯。
天縈匹练吴封出，日射黄金汉畤低。
海气四时二观外，泉声百道九河西。
怪来玉女犹祠庙，错认莲花手自携。

山顶有碧霞元君祠，香火甚盛。放据不知所谓西华莲花峰有玉女梳头盆，世人妄传有玉女说，今岂误于泰山顶耶？因及之。

丹楼万叠枕云边，东望沧海一粟悬。
携去龟凫非小鲁，竭来龙马正中天。
书探孔壁三千后，字辨秦碑七十前。
身一到来浑不解，不妨乘月弄蹁跹。

登岱诗 四章

耿焞 关东人，都御史

其一

泰岱崚嶒蹑翠空，人疑问道向崆峒。
倒窥天地苍烟外，遥接青徐返照中。
古洞何年探玉策，长松千载护珠宫。
携来奇句沉星斗，一啸能生万壑风。

其二

千峰晓色扑青天，绝磴盘空一径悬。
丹树远飞沧海日，碧岑斜挂赤城烟。
少陵到此人如醉，太白当年诗欲仙。
几赋壮游悲老大，云中击断祖生鞭。

其三

岧峣一柱插清虚，高拥篮舆访帝居。
道德于今遵孔父，登封从此薄相如。
神人鞭石天门动，方士乘车芝草疏。
徙倚秦碑伤往事，残阳古庙独踌躇。

其四

缥缈真成汗漫游，香风引我入丹丘。
披襟冷逼沾烟雨，倚剑光冲映斗牛。
石路高盘碧落上，沧溟直接黄河流。
自从登岳诗心壮，气吐长虹亘九州。

岱岳诗 四章

张缙彦 新乡人，右布政，前翰林学士

其一

玉检金泥何处寻，秦碑无字转萧森。
大云平抱天门起，碧海遥连碣石阴。
藤萝一径星堪摘，柴望千年迹已沉。
闻道茂陵留禅草，夕阳古黛愁人心。

其二

巍阙凌层紫气屯，欲寻青帝问真元。
三山气接云常湿，五岳形分势独尊。
漫道金函留汉峙，谁从匹练觅吴门。
平临齐鲁天一色，万古难名造化根。

其三

扶舆灵奥接西昆，玉女池头风雨痕。
尚有秦松迷辇道，空余汉篆老陵园。
林昏白鹿眠丹籍，溪冷元芝出海门。
欲假羽毛窥五祀，天风飒飒起鹏鲲。

其四

明堂山畔有周图，议礼纷纷陋汉儒。
绵历不闻金策在，求仙惟见海峰孤。
轩辕封瘗云终老，尼父登临日已徂。
峻极不堪凭虚望，断崖寂寞草模糊。

登眺泰岳二十韵

何启图 关中人，分守济南道

有岳雄东土，天孙插碧川。

守方青帝阙，分野木樟天。
狄矣威灵赫，遐哉秩望处。
百王开宝箓，一圣演瑶编。
绮殿丹青列，文窗俎豆联。
风云蒸大壑，日月俯层颠。
鹫举天门辟，鳌呿地轴旋。
岩峦大夫松，岭峙丈人翩。
石劈仙家剑，萝飞玉女泉。
登封霞色丽，异代文光鲜。
葛藟摇金壁，芝苓冒紫烟。
石膏渗复结，钟乳滴独悬。
西望长安近，南看吴越偏。
空追匹练马，缅忆祖龙年。
下土谁能并，澜光秘妙筌。
岂惟栖凤侣，亦以观鸿贤。
哲士倚筇处，磨崖纪石莲。
褰帷瞻窈窕，柱笏怅攀缘。
阴井邀雷驭，阳崖起电鞭。
聊游凌绝顶，平步已登仙。

登岱诗 二首

戴京曾 提督学道佥事，余姚人

其一

岳色峥嵘集宝符，灵文今古启函无。
双丸影疾千岩老，九点烟微二气孤。
骇见鹰愁频歇马，常曰秦望共观吴。
登封代有凌云笔，扫石从容待大夫。

其二

相传御跸展云屏，盛拥霓旌会百灵。
叹息碑留原不字，婆娑松在未须青。
盆倾玉女天河泻，桥望仙人彩仗冥。
镕铁愿为飞鸟道，蹑空声借下风听。

岱岳诗 二章

傅应星 登封人，行道臣事运使

其一

缤领闻笙愿已恢，商歌浩浩漫相催。
但言有岱堪为砺，岂意铭山尚少才。
识字蛟虬疑浑沌，惊风羽翼乱徘徊。
经营不了盐官事，海窟霞明一上台。

其二

五夜扶桑倒日车，等闲揽尽一天余。
周图至此虽流火，秦碣于今尚禁书。
鹤驾千年人自古，松涛百尺气仍疏。
眺登若欲寻封禅，回视茂陵又不如。

岱游诗 四首

卢纮 进士，蕲州人

其一

金函秘篆启东皇，灏莽平收万里苍。
练眺吴门浮曳马，丸抛海峤挂扶桑。
云肤寸合崇朝雨，石骨寒生六月霜。
到此方知天宇阔，楚人不复说衡阳。

其二

石蹬盘旋万壑深，松声泉响逼人襟。
岩撑天际空悬壁，云涌林端日缀阴。
汉禅离宫迷莽道，秦封孤碣老山岑。
望中沧海真如粟，历指登临概古今。

其三

入鲁才瞻第一峰，域中遥会万山从。
杯涵海日迎朝气，带引河流控远宗。
爝火荒燎星欲灭，浮云虚过谷还容。
应知壁坏藏经出，固胜金泥绝顶封。

其四

攒岩矗入碧虚寒，四面青回郁作盘。
知得峰头天已近，看来眼底界非宽。
楼台幻影都成蜃，鞾驭灵池不借鸾。
俗骨从今疑蜕尽，拟归学制竹皮冠。

问岱岳索坦公诗

薛所蕴 弘文院学士

岱宗五岳独称尊，使者支筇几度扪。
定见曦轮升海窟，有无匹练在吴门。
秦松班爵应如故，梁父云亭可尚存。
共道诗才小天下，金泥玉检事堪论。

登泰山绝顶俚言即事

朱裴 按院，闻喜人

庚子七月之望，按部至泰安，同荒院陈淳水、鹾院冯炳文道长登泰山绝顶，俚言即事。

登泰快何处，我来仔细分。
凝眸观海日，反掌拂青云。
石髓流霞岫，天花落雁群。
封禅皆往事，无字是秦文。

泰岳 二首

冯斑 盐院，金坛人

攀萝直上最高峰，百转丹梯烟霭重。
扪石尚怜嫠妇泣，抚松空惜大夫封。
云生碧峪凝秋雨，日拥扶桑动晓钟。
便欲凌风向天阙，白云黄鹤一相从。

岱宗崒屼倚苍穹，汉畤秦封在眼中。
南望吴阊飞白马，东临海峤走苍龙。
路分晴雨诸峰变，天入鸿蒙一线通。
圣世不须封禅草，微臣只有祝年丰。

飞来石

吴南岱 知府，武进人

曾在生公旧讲台，何年渡海却飞来。
骑鲸有日终飞去，化作星辰上九垓。

五大夫松

褒功曾不没微劳，五树何当爵赏叨。
不见后来辞禄者，青松争似赤松高。

独立大夫

傲节何须枝叶扶，亭亭百尺类吾徒。
孤岩剩有嘉名在，绝胜同时五大夫。

无字碑

怪得当年厌腐儒，汗牛充栋不胜书。
祖龙也是奇男子，识得庖牺未尽初。

驾海驱山事业新，铭功何故让他人。
汉家自有图麟阁，料得丰碑不借秦。

泰岳天孙天下奇，行人到此谩留题。
何如白帝无文字，也擅千年第一碑。

要识西来面壁图，始皇曾未脱凡夫。
碑名无字非无字，悟到先天无字无。

石经峪

峰头佳气晓氤氲，两腋风生袖染云。
为问石经犹有峪，可怜秦碣更无文。

丈人峰

丈人岳立拱天门，似领仙班谒至尊。
为忆当年杜老句，诸峰罗列似儿孙。

日观

金鸡初唱望朝暾，万丈红云出海门。
不是近天身尺五，扶桑那得见重轮。

仙人桥

谁将数石缀虚空，石断云连路不穷。
笑我一身轻似羽，好风扶送过桥东。

磨崖碑

似去青雯咫尺多，举头惟见白云过。
大唐剩有磨崖颂，功德元来不可摩。

孔子小天下处

吴阊匹练影萧骚，九点神州四望豪。
到此真令天下小，仰观还有碧云高。

三天门

如闻天语下层台，百折丹梯一线开。
为忆梦游曾到此，此身几度上蓬莱。

御帐坪

万骑千官夹道迎，六龙曾此驻霓旌。
只今惟有宋时月，还照当时御帐坪。

李斯篆

苍苔翠藓总离奇，暗壁犹存李氏碑。

高勒贞珉无半字，区区小篆欲何为？

舍身崖

此身原自属君亲，何事愚夫说舍身。
夜半崖前闻鬼哭，作俑当日定何人。

吕公洞

仙人曾此两留题，惟有蛟虬识我师。
愧我尘劳初到客，高山流水似相知。

登岱 二首

张冲翼 盐院，富平人

万仞嶙峋六月寒，望中霞气渺无端。
仰观渐觉星辰近，俯视方知宇宙宽。
玉检金函成往迹，危松怪石供盘桓。
世情业已同萍梗，莫使双峰冷眼看。

瞻仰已从诵法日，于今登眺快平生。
鹤凌万壑空中舞，人在五云深处行。
齐鲁平分霞未了，天人相与意难名。
秦封汉畤知何处，独有高山流水声。

附录九

登览志三

岱游记

王士性 山东参政，临海人

五岳通言岳，而岱独称宗，盖访于有虞氏之书云。闲尝阅《道藏》称“天帝之孙，群灵之府，主世界人民生死贵贱”，是又宜焚香灸额呼圣号以邀灵者，士女阗骈于海内矣。余戊子北上京师，以二月望日登济宁陆，与陈思俞饮于太白楼。思俞以登岳从臾，甚力，是夜遂趋曲阜，信宿宁阳。时少女风送暖，四郊麦青青，雉鸲马首，见万仞远矗天，苍翠半出重云上，意乐之。以日下舂，不果至，乃宿太安州。次日，肃入谒岳庙。庙巨如王宫，以堞橹城其四角，为六门，门内九石玲珑，乃南海人辇而来者。墀列一桧、二松、三柏，咸形怪，色秀可餐。柏则汉武东封时植也。右为环咏亭，石壁嵌古今诗，多欧阳、韩、范诸名贤手泽。览毕，问道登山。遂出登封门，取傒囊随笔记之。出城三里，山之麓有朱甍焉。左憩更衣亭，易笋舆而入者，一天门也。入门，视岳皆石山，而发轫尚土石错。左俯涧道，石累累，水涓滴流其中。五里，有平桥际崖以度者，高老桥也。过短桥，左崖耸立，两石腹相加，水从天绅岩来，䨇石如明珠而射者，水帘洞也。自洞转数里，石崖屏立，穹窿足覆马脊者，马棚崖也。越崖上，摩空阁凭之。路仅一线，从此两山夹道，谢土而石，石磴益崚嶒，无马足置处。游人咸脱骑扱衽而前者，回马岭也。回马而上，僧童多击鼓弹筝于道，以邀游人之赏。游者倦，逼仄喘息，亦时时为侧耳，则弗觉忽而登其巅。既登，而立内外望，则遥见三天门尚在云霄之表，而此为宁阳道中向所见在云上者，乃正岳之外郛，所谓黄岘岭也。进岭西行，折东北上而下，复下复上者三，乃得地夷旷三里，为“快活三”也。

夷地穷，复循崖上，视上益斗绝，所谓穴中望天窗者。其下，水石相啮，作建瓴声，枕石漱之，仰见铁嶂青壁，真可万寻，是为二天门也。入门，过御帐，宋真宗东封所露宿处。帐前双松，老干拳曲，势欲飞舞，然可数百年，而人辄神之为秦物者，五大夫松也。飰帐内毕，更上百丈崖。崖有石屋，当十榻，最奇。据石而啸，声从谽谺间出而裂山谷，为朝阳洞也。复过大、小龙峪，石罅吐水，如龙哆口然。自此上盘道十八折，双阙插天而峡束之，仰视益又奇。舆者至此，前人与后人顶踵相摩，应劭所谓“画重累人”者，三天门也。入天门左折，驰道如砥，庐而市者可三十家。庐穷，而棹楔立，金铺朱户，焜耀人目。树以贝阙，承以文石。前为楮池，广亩而四时之火不绝者，碧霞元君宫也。元君，即天孙，或云华山玉女也。礼毕，北上而谒青帝宫。凭三观以望。三观者，秦观以望长安，周观以望洛阳，越观以望吴门练也。宫后峭壁十仞，刻《泰山铭》，字大于掌，其下渐就销泐者，唐磨崖碑也。右为闽人劚削，以四大字笼其上者，燕许公《东封颂》也。又右为孔子崖。复升，为玉皇殿。殿前磐石，轮囷擎突，如戴切云之崔嵬者，岳顶也。虚其顶，四望无所不际，天为筑甃半覆之。立石上，诵杜陵“齐鲁青未了”，因令黄冠一一指之。白云东来，群峰尽失，非烟非雾。隐隐荡潏在云下者，大海影也；西南涒邻如缕，乍明乍灭者，汶、洸诸水也。徂徕素称宾于岱，至此亦拱伏如儿孙。其它垤敦满地，烟火聚落，目力所不能竭者，龟、蒙、凫、峄诸山也。顶前立石如圭，粗理而玉质，或云内有碑函之，或云止建标为识。然非太山石，意当时驱铎致之，则秦无字碑也。从殿后眺桃花洞，其右苍颜屹立千尺不动者，丈人峰也。又东北望黄华洞，即玉女修真处，与仙人、石闾，咸杳眇不见。时罡风烈甚，吹足起寸余，几堕。复转而前，视左右二峰，若为岳顶之辅者，东日观、西月观也。余欲宿日观望日，为连晨夕翳曀故，谅与余家华顶未明视海底不殊，乃诵“东望日本，西俯河源”八字，神悚悚舞。视观右一台颜者，为秦封禅台也。葛天氏以下，封泰山者七十二君，盖洪荒半矣，非秦汉始。志称秦碑梁父，汉封石闾，黄帝禅亭亭、云云。

今秦台右，日观存其名，非故址也。转而下，石益滑，风益怒。过一崖，巨石矶屹，下视无底，吹万撼谷中而起者，舍身崖也。又过一壑，四石如累丸，支撑两崖间，玄空不落者，仙人桥也。入公署，视玉女池冻雪未消，池头立石，高五尺余，摩之止得“臣斯”以下二十九字，则秦李斯断碑也。下天门，入侧径，拜吕仙像，傍树“雨天下”三字石碣者，白云洞也。舆人自此咸缒而下。复过高老桥，入一峪，平石百丈，隶《金刚经》，字大如斗，万侍郎恭为刻“水帘”二字于垂流间，最胜，则石经峪也。出峪，始见一山，张拱当前，如不欲为太山下者，徂徕也。山虽纯石，其石巨而奇者，惟岳顶与朝阳洞也。此山，上而视之则奇，为仰石峡而登，如出天关也；下而视之则大，为野旷俯东诸侯，一目而尽也。记毕，下山麓，睨仙人影，探王母池、吕公洞而归。守刘君道迓余曰：岱言止此耶？余曰：岱之游止矣。曰：未也！岱之阳，则曲阜焉，其林，先圣之所藏魄也；阴则灵岩焉，其寺，宋“天下四大刹”之一也。一不至，岱不成游。余曰：唯唯。孔林，则余谒矣；灵岩，未也。乃以次日复循岱之阴至灵岩，沿涧入，夹道皆土檀，脱肤而虬节。入山门，红鹤满林，为开山师法定双鹤之瑞。定师佛图澄，于石赵间创寺，无泉，则见双鹤栖山麓，遂卓锡而视，鹤立与锡卓处咸涌二池，为双鹤、卓锡二泉。殿制三层二十八角，中须弥、南观音、北药师、东释迦、西阿弥，各以其方镇之，为寺正殿。殿右一古柏，不知种于何年。折柏西，有石窦于地下，门扃不开，为鲁班洞。北数十武，浮图高十三级，下与洞通，为辟支塔。由龙藏折而北，过千佛阁，片铁高七尺，作水田状，或古佛所遗衣身也，为铁袈裟。香积厨东，石龟高六尺，空其中以盛甘露泉。泉脉近塞而龟遂裂，好事者引别流以存故实，为甘露亭。又北摄而上，后倚狮子岩，前对鸡鸣山，铁嶂正方如削，下藏一洞，洞下标一亭，环四山而立，夕阳之景，收一寺尽矣，为抱灵亭。远望东岩缥缈，有石如人立，为朗公山。寺碑不下数百，惟蔡卞书大碑一幅、横经四片为佳刻。寺南一山，有穴穿见南天，乍视之如明星烂然。冬日之午，正与寺对，为通明窍。王生曰：余读图经、地志，齐州山咸起西北，而岱为中龙之委，盖黄河昔挟济流直沽入海云。隋室引河入汴，南行不还，说者谓不无断地脉哉？而岱宗屹立自雄，孕畜千年不少替，岂帝自出震，无所假灵于西北耶？然则岱独称宗，非偶然矣。

登岱记

谢肇淛 东昌推官，长乐人

岁在已亥仲秋生魄，谢子有事穆陵，道出泰山之址，泰安守秦君懋约踸曰：秋气渐肃，阴氛弗兴，是山灵所以须先生也，先生上。余谢以使事急，请须归图。比归，以月之晦，则秦守者且去，视篆为司农刘君文会，于是舆马脯粮戒矣。先是，天霜以风，至日，雾犹蒙蒙不解。晨起沐浴，谒岱庙。庙制巨丽，如王者居，而渐就颓圮，诸黄冠色如菜。出登封门三里，至更衣亭，则刘君已袍帻坐软舆待矣。相与屏驺从上，入山渐深，但觉白云黄叶，左右飞积。五里许，至高老桥，水沍且涸，即水帘洞亦涓涓如蹄涔，无奇也。由水帘洞折而东，复折而北，道始峻削难行。吾游山多矣，虽绝地插天，亦必迤逦纡回而上，或舆或步，咸得袖手骋目。独泰山不然，其坦不能十武，辄就石磴。磴皆悬空斗削，高者百余级，小以十数。舆中五管在上，胸膝相摩，手挽足抵，头岑岑也。加以狭崖夹障，耳目涂塞，如道委巷中，意甚苦之。至玉皇阁，下舆回望，始见徂徕，一峰独当南面扼塞，汶水萦若衣带，为注目移时。又上为回马岭，顾从者自高老桥时骑已不得前矣。既过黄岘岭，山势稍凹而下，下而复上，诣此，是所谓“快活三”也。稍进，为二天门。巨石对垒，涌泉流注，作风雨声，殊胜水帘。秦守跨崖为亭，余登其顶听雨，遂拉刘君步石磴，上抵御帐，憩焉。前有双松，相传秦所封五大夫也。是耶？非耶？存而不论。主人进素馔，馔已，复就舆，由大、小龙峪以至十八层云梯，齿齿如升天。但觉余之前趾击舆人之胫而冠摩其顶，蓬蓬然行云霄上矣。梯穷而得平壤，乃有周庐廛巷，成小村落，皆衣食于元君祠者也。余居祠右公署。署后树李斯断碣，循而读之，通四行，首二字已刓毁，仅得“臣斯”以下二十九字耳！旁为玉女池，山顶常苦乏泉，独是池未尝竭，疑有神物护之。既而刘君来邀，具服拜元君祠。元君者，黄帝七女之一也。事有无，不可知，然其肸蠁灵明，足以奔走万方之士女。所入香缗，岁不下六万。其布舍财帛，称是官收，其入以佐匪颁。比者，中使榷税，复增什之二矣。而膜顶祝釐者，犹肩相触也。从祠左折，更上数百武，为磨崖碑。其他名贤题刻，殆遍山谷，而损于俗子者过半。至苏许公所书为林焯以“忠孝廉节”四大字覆之，尤令人发上指云。又百武而抵绝顶，观秦皇帝无字碑，礼玉皇祠，祠朽且圮。余谓刘君：山椒纵目，当令无所不届，恶用祠为？会俟数年后，圮尽来游耳！时天阴，寒甚，衣装绵不解，呼数大白御之。凭黄冠指点，东南诸峰，历历在掌。至探诸幽踪往迹，则多不能对。沿崖走日观峰，觐古封禅台，抵舍身崖。崖故不甚险，齐民轻死而上，鬼自投毙者，岁一二焉。先后有司为之厉禁，且易其名“爱身”。余谓：“惟舍故爱，不爱非舍，本来面目，乌得不爱？四大血肉，不舍胡为？”余因从而就之。刘君股栗，令两圉抠余衣，余不胜□□□。北绕崖为剧谈石梁折笋诸险，闻者吐舌不已。崖西为仙人桥，半壁有石隐出，仅尺许。一散发道人趺其上，召之至，自言洛人也，苦行十五年矣。问其姓名，不对。衲衣跣足，步崖壁间如飞，心殊赏之。返至平顶峰，刘君设酒炙肃客。乐奏数阕，余意不在酒也。视晷渐昃，亟起西行，历元君寝宫，至丈人、月观诸峰，以及孔子望吴门亭，亭亦毁矣。亭旁故有文庙，秦守以非礼，撤去。余谓庙去而存亭可也，嘱刘君葺之。已遂夷，犹纵步岩间草际，搜括殆遍，复至祠憩焉。翘首西望，日且没矣。云水之间，红景一线，而金光倒射，熠烁不定，无何乃瞑。刘君方有期会，别余下山。余留宿署中，约道人霁者以五鼓来请，不则已。夜卧但觉寒气袭人，拥重衾而战。寝兴，曙矣，启户则雾飞如絮，咫尺不相见，意大懊恨。啜少酒，□肩舆下。云奔狂如万马，沾衣尽湿。至御帐，暴下，委顿久之。进薄糜半器而起，目持酒者于石经峪相待。先是余虑磴道艰于下，乃舆人步捷如飞，至上时则趄趑喘息，余笑曰：快活三，今作烦恼三矣。过高老桥，折而左，可半里，至石经峪。石广袤数十丈，八分书，大如斗，其为水澌尽已三之二；然灵境胜迹，故自幽绝。余坐亭中，独酌久之。比入城，表影中矣。是游也，余方有使事，故不能迟回弥日，以穷其秘。又值肤寸之朝，俾金支翠羽，若没若灭，不无遗恨！然余盖鉴于吴兴矣，一过天目弗登，遂竟五载而失之。今余且游矣，其游之未尽者，需之他日，知山灵固不吾惜也。诗为七言律，律如干首。

登岱 十首

独立苍茫黯自愁，天边落木正逢秋。
片云长自依孤阙，一气谁能辨九州？
马向吴门摇匹练，蜃从沧海起层楼。
山河指点东南尽，咫尺应同万里游。

叠嶂飞梯断复连，晓烟寒叶转堪怜。
龙湫半向苍藤泻，鸟道翻从碧落悬。
败碣莓苔余汉字，孤松风雨自秦年。
寻真不觉仙源远，觅得丹丘息万缘。

山半罡风吹竹冠，洞前云气湿衣寒。
珠帘喷雪三千尺，石磴悬空十八盘。
禹服弹丸天际尽，汶河衣带掌中看。
汉家未欲论封禅，桧柏森森太乙坛。

中天飞阁俯崔嵬，吴越诸峰面面开。
错落山形皆北拱，微茫海气自东来。
秦皇驱石元无字，汉代祈灵漫有台。

七十二君多胜事，只今斜日照苍苔。

荒草寒烟惨不舒，更从何处觅仙居。
秦松汉柏名空在，玉检金泥事已虚。
怪石尽经樵火断，古碑半损俗人书。
凭高无限千秋意，西北浮云恨有余。

绀殿朱宫敞碧霞，楼台缥纱玉真家。
鸾骖夜绕三珠树，羽盖朝迎七宝车。
天外金门驯虎豹，云中绛节动龙蛇。
朝元归去瑶池冷，落尽冰桃万树花。

半空星斗落前楹，月色霜华千里平。
四壁烟岚寒枕簟，几家灯火隐山城。
封中白见秋云起，海底红看夜日生。
自分身如王子晋，平峰顶上坐吹笙。

玉女池边漏乍停，长风吹雾晓冥冥。
金支翠羽无消息，石涧松涛不可听。
绝壑云崩埋磴湿，半岩虹起触衣腥。
醉凭双屐寻归路，失却天门一点青。

烟销路转翠重重，洞里花源别有峰。
栈道初开惟傍竹，上方乍远不闻钟。
桥西断柱从苔蚀，石面残经受水舂。
欲向山僧问遗事，松关深处野云封。

登临竟日意悠哉，只恨秋城暮色催。
回首天边翠微寺，却惊身自白云来。
丹梯杳霭看还失，紫府虚无梦复回。
早晚向平婚嫁毕，结庐应傍竹林隈。

登岱 二首

林国光 国子监博士，闽县人

东皇宫阙倚巑岏，路转中峰十八盘。
汉畤已沉司马碣，秦松犹忆大夫官。
光摇匹练吴门晓，浪涌金乌日观寒。
绝顶忽惊神骨爽，恍疑身世五云端。

巍巍东岳总元功，望入天门势转雄。
日月平临青帝座，风云常护碧霞宫。
河流西去连平野，海气东来接太空。
咫尺石闾如可问，愿携瓢笠一相从。

岱祠迁议

沈应奎 恤部员外郎，武进人

岱岳之巅，盖有元君祠云。祠为四方祝釐香火所最辐辏，岁不征约而走祠下者，人可千亿指，辇输之香火金钱十万计。问金钱之所敛散，则充国税若干，充齐鲁间藩禄、官廪、军储、公府之费若干。涟漪子感而太息曰：夫然，而元君之波齐鲁者，抑何厚耶？东省方数千里，厥田中上，煮海灌河，商贾填殷，盖冠带之区，而霸王之藉也。岱宗十万金钱，姑无论税于国者，独奈何而藩禄、官廪、军储、公费取给殚尽，不稍留香火之余？且也比见蝗螭肥蠛，频岁告烈，齐鲁境井无户，釜无火，卖儿鬻女，接袂连踵。当事者咄嗟空庾，而全活绌策，胡不推元君余惠以救苦众生也？或曰：岱宗之香楮，入者无量，出者有量，且注之籍，岁精核焉，何余之与有？涟漪子曰：善制国者，上因天时，下因地材，中参人事，而汰啬其用。一方之土毛，未有不足为一方之籍也者。况今皇舆统壹，戎马不震，官司拱手奉文，网封内绝少意外之征调，而故敝然待用香火簏庐岁月，且独不思度惢香火而来者可数计乎？有如逢岁之不若，而香火顿绌，东省宗庶、官司、卒伍诸镪，将废常给乎？不废常给乎？齐于天下职方称饶，从古号十二矣。本朝包鲁为隶，是两大国合并为一大藩也。用众用大，修之三载，可令户口无匮乏；六载，则无虑旱潦；九载，则户可弦诵而人储甲兵。或曰：子之言，广矣，阔矣！试约而论，尔所欲推元君之羡积者若何？涟漪子曰：泰岱凭元君之宠灵，岁储十万金钱，能岁省十之一以储粟民间耶？金钱万计，岁可储粟十万斛。以万金六析之，责贮于六郡，并予流布之操柄。务令子母膏润常在闾阎，红腐残朽不在仓庾。第转输十年，能益齐鲁间常平粟数百万，此之谓真普遍元君惠，此之谓真修证宰官果。或又曰：成议重改革，世法多因仍。子之哓哓见为迂耳！涟漪子曰：世间无迂阔人，做不得宽平事。予即哓哓，庸何伤元君灵爽？意者，实闻予言，漫书一通，以俟当世之亮吾迂者！

再谒元君存议

泰山有碧霞元君祠，或曰玉女池，石像在侧。池故滓浊，真宗东封传跸，泉忽上涌，清泚可鉴，味更甘，王钦若请浚其源。元君像稍折，诏易以玉，构昭真祠，祠泰山巅昉此。本朝成化间，拓建为宫。弘治间，宫号灵应。嘉靖间，更号碧霞元君。元君，盖治世大福神也。按普陀大士“转轮救世”之说，《佛藏经》斑斑可考。第未详所“转轮”者何代、何方、何姓氏？汉明帝朝，善士石守道妻金氏，于中元七年甲子四月十八日子时生女，名玉叶。生而慧颖，三岁解人伦，七岁通诸法，夙夜虔礼西王母。十四岁，依曹仙长入天空山习修炼，道成上升，凭灵泰岱，世震灵响。似与《佛藏》“转轮”之说相证合。盖大士修无为，度元君修有为，度大士如春，元君其夏秋之交乎？史氏王君之纲以为“转轮”茫渺，当无是理。涟漪居士曰：天地间之理，至不变亦至变矣！唯不变也，而种种之民可信之以为常；唯至变也，而圣人、神人、真人、至人，搏捥日月，呼吸云雷，或乘龙而御空，或上升而遗宅，奇奇怪怪，儒者不道，而不谓无是理也。近世愚顽，先王训典所不能格，今皇帝法所不能禁。独洒心濯虑，皈依元君。或发香火忏，或发施舍忏，或发呼号叩吁忏。盖君道、师道、神道、鬼道，要以维挽世道，俾众生不堕恶趣而止。矧以北方之悍戾，东夷之黠狡，一闻西竺佛子，辄缩项敛手，此岂威力然耶？嗟嗟！泰岱之巅，天地间灵奇一大窟宅也。元君以庄严相南面，柔抚众生。维众生亦愿望见元君，稽首殿庑，毕吐数千里瞻注初念。乃檐栊坚闷，尺只隔阂，于亿万众生为不满志，于元君庙貌为不虔。当事者盍以岁储金钱之伯壹，鸠工程材，联楹正殿，构楼三间，名曰元君宝库楼。上虚一穴通楼，以藏施舍衣币綦履等物。下虚一穴，以藏金钱。周遭环石为垣，内栅坚木，阑铁柱，通计所费直三百余金止耳！夫然，则庙貌肃穆而人情欢舞，或亦敬共明神之显道宜尔与？居士为谁？吴越菰芦中人，自命曰涟漪。时奉谳恤祇谒元君，而目睹祠庙之窅然严键，非所以显神灵也。敢附私臆，备公采焉。

前登岱

彭宗孟 河南道御史，吴人

郁磐岳势奠三齐，指点中原望欲迷。
积雪斗岩封玉检，蒸霞绝壑绚金泥。
河流曲绕昆仑落，海色平连碣石低。
拟向夜分观曙日，忽惊阊阖弄天鸡。

钩梯欲绝转崔嵬，直切层霄碧殿开。
峪口风云殊变合，峡门日月碍迂回。

凭栏不辩诸天接，俯瞰都收万岭来。
一自告成夸主德，几教御跸上高台。

名宗壁立耸岧峣，神异居然彻上霄。
日照楼台千蜃至，夜深风雨百灵朝。
秦封尚忆松阴古，汉驾空余辇路遥。
独有三浆堪解渴，便呼玉女乞寒杓。

绛阙登跻恍自疑，帝阍仿佛似能披。
穿林噫气通天籁，入峡飞絙控地维。
石坼仙人千劫影，苔封小篆数行碑。
依微匹练吴门色，遥映帘泉接汉垂。

振衣天际几飞扬，积气微茫出大荒。
九点青齐俱漠漠，千峰白昼转苍苍。
莫言秦狩曾函石，亦有虞巡会省方。
但得凌风生羽翰，云中骖驾玉螭翔。

作镇东皇擅帝孙，□功走望更称尊。
崩云夕撼群山动，宿雾朝腾万里昏。
骋目直教穷地纪，侧身真是叩天门。
茂陵莫就登封草，别有冥搜可细论。

重登岱

名岳登临更几重，天门曾记昔游踪。
横开万里无衡瞩，高揭千山此独宗。

遂有阳乌旌若木，可能吴门系长松。
谷中恍惚传声出，疑是仙闾响石钟。

灵符今古役风雷，共氅阴晴各互催。
乍见半山云气吐，忽闻下界雨声回。
碑笼紫藓摩空上，泉挟苍龙卷峡来。
入瞑尽收寰内象，尚留斜日照高台。

高高环道挂苍霓，路入重云绝马蹄。回马岭始不可骑。
天辟三门通碧落，地盘千里压青齐。
缘崖士女争蚁附，缀壁人烟杂鸟栖。
指点列仙灵异迹，扶桑东畔阆风西。

神功变幻异昏朝，青帝高居入紫霄。
夜见曜灵波面涌，昼窥星象树间摇。
经文石上苔俱蚀，秘策坛中事已遥。
《梁父吟》成堪拥膝，安期云驾未须招。

同茅玉英年兄游灵岩 贰伯字

入谷疑穷径，飞梁接涧隈。
深穿连麓去，瞥现化宫开。
龙象标朱刹，人天绝紫埃。
周遭灵气护，宛转洑泉回。山特多泉脉。
古塔悬珠影，清池辩劫灰。
经秋芝□□，结夏雪皑皑。
锡响空音答，香飘暗雾催。

仰攀劳汲引，侧度警迟徊。
晹岫晴通日，阴崖晦自雷。通明窍日光正射。
壑中扪藓壁，木末涌莲台。
藉草承茵坐，拈花礼佛裁。
怪藤缨络袅，幻铁水田裁。铁袈裟涌出佛座左。
厨火传松易，庭岚抱竹来。
鸣钟迎上客，喻法总仙才。
短栈陵虚峻，孤亭众景该。
石英堪进匕，云液佐行杯。
选胜僧频指，翻经雁不猜。
耸身窥旷朗，举足失崔嵬。
乔岳瞻前峙，群山或后陪。
定知题字处，霞彩幕鲜苔。

宿灵岩寺僧楼 四首

傅国 癸丑进士，丹水人

前对宝月峰，僧名宝月，庚子秋日。

林表谁开寺，空中更结楼。
法云承坐软，宝翠浸人流。
香动六时乐，清闻十里秋。
登登昏黑际，人在碧天头。

祇林全失日，鹫岭暗生云。
珠翠春常在，香花午不分。
风吹金塔动，雨绣铁袈纹。寺有铁袈裟一袭，在甘露殿。
不用愁供给，松间坠露芬。

灯寒开贝叶，夜静掩松扉。
清磬闻林杪，幽人语翠微。
饼餐波利净，茶挹露华馡。
坐久诸天冷，香云落客衣。

暝霭人投宿，天空马解鞍。
岳迎云外赏，海入掌中看。
甘露晴香湿，烟松暮色寒。
买山何日就？软语共僧阑。寺有甘露泉，并甘露殿。

行泰山谷中，宿山腰人家

泰山谷，千树栗。林深路迷不见人，秋风果落声瑟瑟。日暮无量稚子饥，摘食一颗甜如蜜。行行渐至桃花东，一线斗然马不通桃花，峪名。两人度我入虚空，不高不下足凭凭，一举如凌万壑风。鸟霏霏兮在下，日杳杳兮岩丛。渐闻溪声来足底，满谷喷薄雷风起。浪花滚滚吹过头，松篝细细清人髓。须臾天黑溪路穷，铁锁漠漠石垒垒。一攒云树郁半天，人家住在半天里。正对双标明月峰，直挂一道银河水。明月朝朝含飞舞，银河夜夜杂风雨。不知甲子今几更，但云居此已三祖。只身常穿虎豹群，一壶惯作白云主。春秋时集槲叶衣，儿女半带黄精羽。不解觏裳与种田，风气深深犹太古。翳余半世风尘客，到此惊嗟一动魄。俯视人间但苍苍，自怜吾得生羽翮。此夜槃薄象纬间，不脱衣裳卧云席。一襟清风空驭寒，万里高秋玉露白。垂足一洗天汉波，俯身欲拾支机石。苍茫之间见群峰，天然七十二芙蓉。秦封汉检俱冥漠，怪石吞天真形恶。不知玉策付何人，青鸟不来金字落。我欲探之豁心愁，念此有无转萧索。兴酣大叫蛟龙吼，群帝兴衰我何有！黯澹忽如天地回，狂风怒驱山石走。叱咤一时百灵奔，沧海滐渟一杯酒。平生壮游此其最，奔流巧与高歌会。明朝更排九重关，直跨飞龙出天外。路由山后上，非人迹所及，故所经多奇僻。又方阴雨晦蒙，数武外不见物。上下一色，攀木缘崖，政似上入云天。

冒雨登泰

烟华步步绕氤氲，绝顶楼台望不分。
水自天梢遥洒日，人从草际渐穿云。
莲花雨急看疑动，玉女香清远更芬。
七十二君何处是，风雷常护玉函文。

小天门瀑布

小天门真阊阖亚，瀑流直与沧溟射。
一派银河沃日来，千尺玉龙垂天下。
垂天乱落迸珠玑，势和星斗一喷泻。
空中矗矗绝岸悬，云里森森青松架。
青松倒挂影摇虹，吞吐长拥万里风。
万里风吹一匹练，霹雳崩摧忽开电。
欲断不断势如缕，又忽吹堕为云雨。
云雨凭凭声未已，跳沫一踊四十里。
直下俄惊山欲落，突上更浮乾坤起。
气结金银十二楼，波撼山东一百州。
一自洪蒙向东注，汹汹恶怒何千秋。
对此翻然发深省，壮气飞扬竞涛猛。
划如襟上起风雷，天地震荡衣裳冷。
侠来便学吕梁叟，散发凭凌方一走。
一时岳灵纷辟易，草木尽作狮子吼。
徂徕片石当波头，姑尤以西大如斗。
中流剡骑神骏出，横海蛟鲸如在手。

介丘之观此第一，乃今峥嵘入雷室。
耐可一饮三百杯，使我兴极转萧瑟。
青天暮愁可奈何，耸身更拾扶桑日。

重游灵岩寺 乙卯春日

剩有寻山兴，无如薄宦何。
廿年今再至，一夕又虚过。
万木闲幽翠，诸峰自碧螺。
纵游无一事，争似老头陀。

前登岱

李养正 巡抚河南都御史，直隶元城人

天风吹动白纶巾，步步篮舆色界新。
磴转千盘迷紫气，泉飞百道下青旻。
老猿坐树如呼侣，怪石张牙似噬人。
岩畔跏蹯双道士，茅庵不惹半星尘。

抠衣谒罢碧霞宫，双眼苍茫如镜中。
叠嶂层层全拱北，九河曲曲尽流东。
云封洞口经年黑，霜落山腰万树红。
咫尺真疑通帝座，登临何必慕华嵩。

嵯峨全压万峰卑，不尽山风扑面吹。
峡坼秘藏元狩字，苔侵剥落祖龙碑。
碧箫细细闻天乐，绛节飘飘隐雾旗。
莫上峰头南向□，吴门白马至今疑。

乘槎不必访昆丘，绝顶真如到十洲。
玉女低传青帝信，虬松高挂白云秋。
鹫雏雪暗巢冰窟，蜃气天晴结海楼。
我欲直寻星阙去，风吹恐落万山头。

跨壁扳萝两屐轻，侧身斜望日微明。
风生虎穴千山吼，雨洗天门万壑清。
石室烧香人叩玉，杉巅穿叶鹳驱莺。
凭谁借得王乔履，踏破青天瞰帝京。

缥缈平将北斗临，孤筇徐步万峰岑。
西来函谷秦云小，南去湘江楚树沉。
月照霜崖山鬼啸，泉喷石窦水龙吟。
平生最有登高兴，不负卢敖五岳心。

暴经石即景

闲坐白石上，山泉独泠然。
借问自何来？悠悠不记年。

大石突如云，小石平似掌。
不见人行迹，但听泉流响。

流水穿石上，纵横细如织。
传是古佛经，剥落人不识。

一个白石亭，团团如玉阙。
待我夜来时，独坐看新月。

脱巾坐石上，露足卧石下。
得意笑不言，举头见樵者。

带霜烹蟹足，面水促霞觞。
试向山灵问，何如李白狂？

饮王母池

携榼踏秋遍，瑶池景更幽。
水澄清似玉，松老曲如虬。
乍冷依山足，高眠枕石头。
忽闻青鸟唳，仿佛到昆丘。

酒醉犹能酌，日斜故不归。
已拼尘世弃，渐觉足音稀。
风静鱼争出，秋深蟹正肥。
薜箩山尽老，吾欲剪为衣。

闻安季子话白龙池石屋庵之胜

传闻池上好，秋水白泠泠。
纡曲穿山谷，纵横照日星。
雨晴龟曝背，风软鹤梳翎。
吾欲寻珠去，白龙醒未醒？

背山连石屋，一径小仍斜。
泉响声如雨，云鲜晚似霞。
弱尼参佛子，老鹳啄松花。
好向山灵约，何年我出家？

泰山文碑刻

杨时乔 太仆寺卿，信州人

予登岱读碑志，见古今文词，模画明尽。偶据见闻，有昔未发、今未备者数言，书此：

一在无字碑。《禹贡》：岱畎，铅松怪石。《山海经》：上多玉，下多金，多木玉。《道书·福地》：多芝草、玉石。予尝闻顶上有夜光，至问羽人，言在无字碑所，或数岁，或岁一见，长如流虹，动如腾电，蜿蜒如金练，飘摇如火焰，形模如古篆，乃其大者。间有一线通明，如微芒，乃其常有者。特多在夜，人未频见尔。窃谓乃“玉辉”，盖自昔记之“石蕴玉而山辉”，又“外有怪石，中必产玉，散精发采，时尝烛天”。于此可征。意者，秦始皇疑为王气如东南事，乃假封禅行以压之。又以东南土可取，而此石坚峻万仞，不可凿，特置崇碑以压之。碑成，又设为“鞭石”怪语，惊骇当世，俾谋王者潜消其意。而卒之真王起丰沛，独奈何与？此说于事理颇近，似惬始皇心事。顾旧籍无传，未敢遽以为然。或曰“神主石”，曰“石表”，曰“下有金书玉简，以石函之”。曰“既封，标识其所”。曰“旧有文字，岁久磨灭”。则皆后人所疑指，有难辨者。又其色黄白，其纹细腻，其采明莹，羽人亦曰：“其气常湿润鲜泽者，是乃以下有玉故。”于此益验。或谓此石移于他所，虐用民力而上。窃又谓即此山之石，所以异于他石者，以下有玉故。且当秦时，山初辟路，崄崎未若今砌，安得从下而上？今苟能遍山穴取置之此地，当必有类此、无难辨者。

一在日观峰。前皆谓奇观，谓神异。自藩参吕公为《解》，乃有定评。

予至日，秋末霭盛，未能详见。窃意，目缘景异，景缘境异，境缘时异。是故四时云霞雾霭氛祲，日互为变，此为时异。海中波涛滉漾在岛屿间者，与日近；海滨岚嶂氤氲在溪山间者，与日远。此谓境异。魏庄渠公谓始弥望如铺金者，海；绿色微茫中有若掣电者，海岛；溪山相间，金色渐淡，日轮浮动水中，如大玉盘，适海滨望而见者，日。此谓景异。游者至，或遇，或不遇，遇或明晴迟速不齐，此谓目异。及归，各言其所见而已！想非有欺者，顾亦异而暂，非可与论于常。惟《解》谓樵人所称“落日又大如午日而不射目，赤如落日而不带霞”，此乃正而常者，是在观者自得焉。予惟因此，知古志天左旋，行速。日月顺天右转，日行迟，月又迟。张横渠谓“日月稍迟反右”之说最精。后世术者，祖《周髀》家，谓天傍转如推磨左旋，日月以天牵之而西没，如蚁行磨上，磨左旋而蚁不去，磨疾而蚁迟，故不得不随磨左回。又有祖“盖天”家，谓天形如盖，北极如盖顶，正当天最高处，四海外比盖之围檐。其盖平旋一昼夜而周，而盖顶不动。上天下地，地下无天，亦无南极。日常在天，未始出没。去此度远，则此夜彼昼；去彼度远，则此昼彼夜。天以远，故似乎低。释氏书谓日绕须弥山而昼夜互更者，即此。此二说，后世以为疑诬。即今所观于五更未曙，明星在天，渐上而高者，见天之行；于初因海气滉漾，明灭上下，既而抱海跃出者，见日之行。是天日各自为行。自汉后，始有推测知之者。而今术家，亦有用“蚁行磨上右转，一日行一度”之说，取为历中逆推捷法，以便省筹，非谓真如推磨如《周髀》所云也。即此，可决《周髀》之疑。且日从海底失，子所谓“上水下水，皆从地下”，即此可证“盖天”之诬，乃益知浑天之是矣。曰明都寅宾，出日嵎夷，较此去海近宅之，又当倍于此所见者。

一在封禅台。泰山始经见，则《虞书》岱宗。凡岳皆以方位言，惟东言岱、言宗。乃以帝出震，东方生物为春。故十二月东巡狩，柴、望秩于山川。以其山空洞幽深，宣天地阴阳之气，以生育万物。《记》亦曰：出云为风雨，又民取财用。其妙用不测，谓神故为昭告，报以祀之。三代前，惟为坛，如周制，四坎坛，祭山林丘陵。又“五岳视三公”，谓其牲器之数视之，非以三公封也。其后，则泰为鲁镇，故得主祀。《鲁颂》曰：鲁侯所詹。季氏以大夫僭之，夫子以不如林放非焉。然此特祭祀，未始有封禅。封禅自秦始，而盛于汉、宋。秦始以压王气，汉武以招来海上神仙，宋真以城下之盟，故假此行。又藉口《管子》无怀氏封泰山，刻石纪功。司马迁、淮南子、李奇：古者封泰山、禅梁父七十二家。宋景文、仲尼登泰山见七十二家之说。此三君者，李斯、王钦若诸臣者，皆英雄博慧人也，岂不知无怀氏在伏羲前，无文字，安得刻石？又七十二君为何代何人？仲尼有，何《鲁论》不载哉？特君假之，臣附会之。有不从者，阳驱阴嗾成之。彼其本心，则诚知其假且欺也，而卒以此欺天下后世。君若汉光、魏明、隋文、唐太、宋太，臣若司马迁、相如、公孙卿、班固、牛宏、骆宾王、张说、邵晔、孔渭，不知其欺，反谀为是。即若魏徵、孙奭、许懋言于朝，司马彪[1]、王通、章俊卿、苏辙、胡寅、马端临议于书，皆词严义正。近若胡广作颂虽虚美，此亦美不忘规。旧弊永绝，美矣！顾皆以昧礼、侈心、亵神、虐民为言，曾未及于假且欺者，则亦未足以诛其心尔！

一在东岳庙。往封禅，特加土、纪石颂功德，未有封号，自唐玄宗始封为“天齐王”。又以司马□言，今五岳神祠，是山林之神。内有洞府，有上清真人，冠冕、章服、佐从、神仙，皆有名数，于是有真君祠。宋真宗加号为“天齐仁圣帝”。元加“大生”，始置土泥形象。李文达为后世封各岳为王、为帝，垂旒端冕，俨若人鬼是已！至我高皇帝，始尊称曰“泰山之神”，可谓尊敬之至矣。

一在碧霞宫。往惟曰泰岳，未有碧霞元君。自宋真以耻盟之故，伪作“天书”，驻辔犹惧天下弗信从，且议之，乃假神道，号召五方。若谓东岳，则五方一镇。惟东方人至各方，自宗本岳，不至，乃设元君名号，俾五方皆信

① 司马彪：原作“司马虎”，据《晋书·司马彪传》改。

从，亦可止议。后世不测此意，遂谓真有所称“玉女”者。或曰岳帝女，又云东岳金虹太乙定文所生，化身为观音，常在世。此一说。近日尹、王二君据李谔《瑶池记》：黄帝建岱岳观，遣女七，迓西昆真人，玉女其一。汉明帝石守道妻金氏，中元七年甲子四月十八日子时生女，名玉叶，礼西王母。十四岁入山，得曹仙长指，入天空山黄华洞修焉。傍为玉女石像，宋真宗封，先营至，泉水忽瀑，王钦若请浚之。像偶折，诏易以玉，复砻石为龛，构昭真祠。此又一说。又或以泰位东方，秉木德，而坤道成女；玉女坤质，为水；水生木，为东帝，主司生育，即《易》“长女用事”之意。此又一说。后说较前二说差朦，要皆一时一人传虚，万世万人传实，何所考证，姑且不辨。余妄写联语：“坤道承乾，长女代行生育事；山辉蕴玉，前王矫饰检泥书。”亦臆言尔！乃至今祈祷□香者为盛，凡至，皆上钱物。旧时即此山散聚，不知何时籍归于国？至我圣朝，藉此为山东省佐正赋，充公需。嘉靖间，有为疏请罢者，以其迷民不经，欲效绝地天通意，交经正民。且虑强民，千百为群，倘借此肆逞，于道致变，是宜早杜。时以山东，民贫赋重，实藉此裕民，革此则无从措补。若群聚肆逞，事势诚有之。特在初行讫归日，立法严防之尔！于是设总、分管官甚详。嘉靖末，乃以二万余金入内帑，于是又助国。其后，白莲徒聚劫，又连年旱灾，至者稀，民与国皆病。乃知前寝议，亦有为矣。

一在十八盘、回车岩。盘高险峻，难步，前上者，一或颠危，则累累而下；在下后者，践蹂而毙，岁恒有之。或报官收瘗，或有自榇去者。毙者，惟咎于事神不恪，及积过所致而已！又山北黄华洞，更险峻，鲜游者。曩有士人游此，舆人毙于岩下。吕公乃于十八盘东开一径路，示令香者：盛日各从东上西下，无相践蹂。而黄华洞改为回车岭。回车，所以戒止游者。仍各树碑其上，乃香者惟知乞灵爽，徼福庇，不知身有奇祸；游者惟知穷幽胜，擅词赋，不知民有遗害。往者，舍身崖乃方外愚顽焚修无奇，遂惑于“轮回”，舍之，似亦有意自为辜。诸君子犹怜之，刻石禁戒。乃香者、舆者无意无辜。吕公首发此政，实仁矣！又老稚、孤穷、瞽聋、残废无倚者，当香者盛日，来穴处土石间丐食。及香者不至缺食日，似可取香钱之余给之。冬则贸絮施之，俾少济须臾；倘毙，则收瘗之。亦无俾作秽，以安香者、游者。庶几佑神助灵，亦拯民生一端。

乔，久疴，山栖。今应召北上，过此。遇太守赵君，以此语之。赵深然之。遂夜书于公署，以俟考正者。

万历二十一年岁次癸巳，孟冬六日，太仆寺卿江右信州杨时乔书。

东巡登泰山记

王在晋 巡抚右副都御史，太仓人

按岱宗，载于《虞典》，处万物之始，故称岱焉；居五岳之伯，故称宗焉。古云神房阿阁，洞天福地，与夫金床玉几之说，不可殚述。《尔雅》言：右陵泰丘，其天地太和之气，发舒东方。故自南正达西正，得云汉升气；自北正达东正，得云汉降气。《志》云：山东当山河之会，得升降之中。有以夫！孔子论述六艺传略，言易姓而王，封泰山禅乎梁父者七十余王矣，而夷吾所记十有二焉。至秦称帝，五岳四渎，并在东方，令祠官所常奉，天地名山大川鬼神可得而序也。始皇遂东游海上，行礼祠名山大川及八神。八神，将自古而有之。或曰：太公以来，作之齐。所以为齐，以天齐也。而齐人公孙卿复云：封禅七十二王，惟黄帝得上泰山封。申公曰：汉主亦当上封，上封则能仙登天矣。黄帝时万诸侯，而神灵之封居七千。天下名山八,三在蛮夷，五在中国。而泰山、东莱居齐境，黄帝之所常游与神会。而梁许懋言：舜，柴望岱宗，为巡狩。郑玄引《孝经钩命决》云：封于泰山，考绩燔燎，禅于梁甫，刻石纪号。此纬书之曲说。七十二君、燧人之前，世质民淳，安得泥金检玉？结绳而治，安得镌文告成？宋儒谓汉唐以来，纬书行而经学弛，郑玄博闻寡要，不知折衷于圣人，而惟纬书之信。考之经，《禹贡》曰：海岱维青州。《鲁颂》曰：泰山岩岩，鲁邦所詹。《周礼·职方》曰：河东曰兖州，其镇曰泰山。曾不言封禅，何也？夫六经无封禅之文，帝王无封禅之事。所言封泰山，禅云云、亭亭，禅会稽、社首，史迁何证而云然？而余所为寤寐登封游者，有孔子登泰山小天下之说焉。惟兹帝简司疆，泰山在吾域中。而秦所称八神：一曰天主，祠天齐，天齐渊水，居临淄南郊山下者。二曰地主，祠泰山、梁父。三曰兵主，祠蚩尤，蚩尤在东平陆监乡，齐之西境。四曰阴主，祠三山。五曰阳主，祠之罘。六曰月主，祠之莱山，皆在齐北并勃海。七曰日主，祠成山，成山斗入海，最居齐东北隅，以迎日出。八曰四时主，祠琅琊，在齐东方。主上所为赐东海履者，不敢祠所得而常奉焉。万历岁在庚申三月，余东行海上，过长白，登云门，经勃海，度之莱，祀海神，跋蓬莱，浴艾山温泉。望之罘、成山，绕临淄、即墨，历蒙阴、泗水，洋洋乎大国之观也。谒阙里，而泰山盈盈在望矣。孟夏七日，晨起祀东岳庙。庙负岳为宫，四匝如城。飨殿、寝宫，焜煌金绣，俨然上帝之居也。入其门，鞠躬，如不容。时以东方跳梁，征调四集，而民间岁谷未登，海输增剧。晋三肃而告之神，以乞灵于名山之绥福。灌毕，下阶而读贞珉，皆前朝釐祝；而余所为《祀泰山文》，州守侯君应瑜，已亭亭纪石矣。先是配天门青龙神吐火自焚，余具疏以灾闻。乃诣门阅青龙神旧址，白虎昂然独立，皆二丈余，人力所不能攀跻。黄冠言：神口向阁，火自内出，非由外入也。余言：古槐能生火，火不发于他时。俄焉而出，正异耳！由配天门东旋，阅汉柏；西旋，阅唐槐。而古街松杉郁葱，霜皮溜雨，黛色参天，如虬龙偃伏，嘘气成云，叫窕吟风，清响聒耳。遍阅名贤遗墨，藓剥苔封，傍墙甃壁，徒增感喟。时已戒舆登岳，前麾出城，所过如酆都庙、观音堂，重重鼎峙，绚宫绀宇，皆以目遇。辔不及停，行且翘瞩，崇岩峻坂，巀嶭嵬嶷，如悬崖倾坠，倒瀑翻流，直通青冥，横飞紫气，弥近而弥见其高，凌天际矣。至更衣亭，屏驺从，易肩舆，揭帷三面，瞻眺直前。所目瞪，惟诘曲石梯云栈，荦路盘桓，偻躬跼蹐，足磨舆人肩，石啮舆人腓。手扪緪缭不敢释，而腕欲为之脱。返顾从者，不若腰笋之适，如郭索邪行于斗门直站，少获纵横错趾也！过一天门、孔子坊，舁者作吴牛喘急，而余亦腰臂楚楚。稍从梃缓，回眸下盼，薭绿成畦，田分龟背，半空云荡，万井烟蒙，山根牛马，皆成黑子矣。顷复升舆，度天仙阁、斗母殿、高老桥，急行而无所留瞩焉。桥横水帘洞，以久涸泉枯，仅余滴沥。又上折而为马棚崖、玉皇庙、回马岭，则肩舆益陡而扳援益紧。至黄岘岭、二虎庙，而舆人趾稍平，上上下下，里凡三，人呼“快活三”。行者、负者、从者，始得左右顾。而回龙百折，团裹于山阿石壁间。岫幌云关，恍隔人间世，而与飞鸢翔鹤，有凌霄摩汉之思矣。逾二天门为御帐坪，宋真宗东封驻跸处。傍有古松，始皇帝上泰山，为暴风雨所击，五松蔽之，遂封为“五大夫松”。今存枯干二，亦不甚伟，非秦时物。日为罡风震撼，独立不靡，则疑为神物所呵护，岂山灵不欲泯嬴秦东封故迹耶？朝阳洞，山腰小窟，如石屋半间。架而雕镂土木像，穴处其中，不能舒豁。自此为行宫、小龙峪。处士松已失根株，仅存石镌三字，以一荫木覆之。又自此为大悲殿、大龙峪、行宫、龙王庙。十八盘逼侧，宜若升天然！足摇摇不能禁矣。十八盘而上，为三天门、三灵侯。西为月观峰，义取月朏庚方。西南为丈人峰，特立为苍颜丈人。世称外翁为岳丈，有女者皆类此。迤东路傍，小径穿磴，下有数石窍，时出白云，如香雾滃然布合，为白云洞，下视环道甚险。东上绝顶为孔子崖、小天下处。再东为寝宫，绣帷锦幕，丹毂朱轮，皆四方喜施，华腆富丽。循此为青帝宫、玉女池，上为玉皇顶、玉皇祠。汉武皇帝金泥玉检秘藏于此，白云起封中。李斯碑断，存十余字。秦人无字碑在焉，碑柱方而色黄，上为幢盖，石腻而坚，浑璞厚重。山无此石，绝岭处何方致之？因想秦人，力能伐湘山；金人十二，重各千石，置宫庭中，五丁为所驱使，于一石碣奚难焉！太宰李公裕《记》：石十二行，行各十二字，今亡已。夫秦迄今虽久，恐石字未能尽灭也。按秦封禅后十二年，秦亡。诸儒生疾秦焚诗书，诛僇文学，百姓怨其法。意者，秦立石其巅，以志登封所，重不在文字。汉时令诸儒草封禅仪，数年不就，上乃自制仪。然则诸儒固讳言封禅不书字义耶！僧谓秦碑夜有光，若隐若显。数千年神物，理固宜然。或亦祖龙之焰，大块未尽收藏，秦灰虽扫，犹似夷陵土黑耳。玉皇顶下为火池、金阙、碧霞宫。余整冠礼谒元君，镂祝文于石，置之巅。朝来海曙，五色晶辉，与□碑相掩映；夜则秦碑烨烨分光，领会山头诸胜。不识山灵能为我护持，不令风伯雨师相剥蚀否？礼元君毕，州守庀午飧，进使馆而少憩焉。已，即东阅平顶峰、宝藏库、望海楼。及舍身崖，愚民投身崖下，露胔犹在，欲度鬼关而超天界，先堕落火坑，形骸非有，骷髅相吊，仙耶鬼耶？其然岂其然乎？稍西下为仙人桥，石梁昂伏。正东为日观峰，室三楹，上书“海日生残夜”。世宇辽廓，虚茫无著，鸟飧风而人御气，阴晴下变，燠凉互生，冉冉云光，倏焉弥山布谷，旋复卷野聚散，竟归于无。光景靡常，太虚寂若。此可穷上天下地，古往今来之变化已！所谓秦观、周观、吴观者，不知何在？意欲望吴为吴观，望周、秦为周、秦观。吴门有白马，若或遇之，非孔子不能有超世之神耳！上绕而为绝岭，读唐开元《纪泰山序铭》。苏许公八分书，遒劲苍古，深文可辨。而其下遂为游人所摧，敚有伧父镌大字其傍，此亦千年古篆之一厄！益信无字碑神奇，无人敢磨铲，岂非始皇帝威灵所护庇耶？跻山之岭，日方过中，而是日晴旭风柔，峰岚献媚。倒看天界，巨浸一沤，黄流一抹，海气若蒸，沼邻如缕，氤氲磅礴，灏漭霏扬，极目横襟，渺焉身世。顾问从人，兹山所最胜者，黄华洞也。洞何在？予当竟一日之游。舆人言：北山之幽十五里是。余即命往。下岭而风嵺峭忽凉生，亟呼从人取衣，而衣留使馆，肌栗半晌，强御寒。而予性不能酒，力不能敌风，衣至，则已抵黄华矣。老尼结庵洞口，乍惊车马。东偏新构亭阁，绝精胜。长官属供吏具酒肴，余为进一觞。洞下有泉，清泠逼人，上书“云根灵液”。石岩高迴，危岸平削，至此则无云梯石栈之险，亦无车尘人迹之混，与燕雀群，与鹿豕穴，乐而遗世，此秦皇、汉武所不能窥奥窔者耶！从黄华而南，复循故道至使馆，日已昃，而前所加衣悉解去。由石阶而下，絙其后，舆人得伸其胫，下颇易。间道出石经峪，峪在岳之阳，石坡十余亩，展舒平坦，古刻《金刚经》，楷书有近八分者，径尺许，疑为王右军书，人称暴经石。傍有石亭，州守以春檠佐酒，余入口不沾。耳听泉声潺潺，由平坡直下，汇为池，泠然可漱。《金刚经》为水痕泼濯，间为屐齿所铲，半就明灭。有镌圣经首章与《金刚经》并列者，蝌文蚪书，若被虾蟆所吞啮；墨云浓雾，足供临池之染翰。而两壁高峰，听圣经梵呪，憬然点头会意矣。万侍郎勒石作《高山流水记》，少逊磨崖碑。题石傍曰“水帘”。水大暵不枯，不识汉乾封时何似？余徘徊泉石间不忍去，而日色沉西，若促余之旋辔，不能少逗。下陂坂数里，日、月观诸峰，若后拥随车送客。而彼时之廓然“小天下”者，天下自天下，我自我。惟有徂徕当前，若拱而迎。徂徕者，泰山之几案。而诸山环峙，拱极朝元，俯而不敢仰，亲而不忍离，牵裾绕膝，如儿孙之侍鼻祖；旗帜布列，剑戟森罗，如五方八阵之拥中麾；翠萼青芝，琼枝珠蕊，如太华峰头三井莲藕，如船而花十丈。所未穷者，山之胜；所未识者，泉石亭观之名；所未尽探者，秦汉以来灵文秘策；所未及讽咏者，前代名贤标题著述。其神则天帝之孙，群灵之府；其星野，降娄玄枵；其疆域，岱之阳，济东为徐，岱之北，济东为青。其流泉，东注于海，西北汇于黑水之湾，又西北汇于柏崖。其高四千丈，环一千里。其生人则孔子，其为文则司马子长。其登封坛壝，则合秦、汉、唐、宋。其云云、亭亭、梁父诸山不及遍览者，请以俟王子他年之再游。

泰山道里记

《岱史》载《汉官仪》云：泰山自下至古封禅处，凡四十里。又郭璞书云：从山下至顶，四十八里叁百步。予再陟其巅而知其不若是之遥也。乃立一法量之。其法：用竖竿一根，长一丈，刻以尺寸，竿头置一环。用横竿一根，长亦一丈，当中置一环，两头皆五尺，取其轻重相称也。以绳系于横竿之环，而又穿于竖竿之环，牵其绳之尾，则横竿可上可下而不失其平也。于是以竖竿所立之处，视横竿所至之处，则五尺为一步矣。此以量其远近也。每量一步，若在平地，则横竿由端以至竖竿，前后俱着于地。若前高而后下，则横竿前着于地而后悬于空，视竿所悬处至地尺寸若干，此以量其高下也。又置一格眼册，每叶用三百六十格，每量一步则填一格。平地则于格内填一平字，其高若干尺若干寸，亦于格内注之。填完一叶，则足三百六十步为一里。其高则量尺寸而计之，不爽也。属盛守州转委巡检张嘉彩如法量之，由山下至绝顶，凡量四千三百八十四步，而纡回曲折皆在其中。高三百八十六丈九尺一寸，内除倒盘低十八丈五尺七寸抵高数外，净高三百六十八丈三尺四寸，折步七百三十六步六分八厘。平高共积五千一百二十步有奇，实一十四里零八十余步耳。昔人所称四十余里者，果何所见哉？由此而推，天下之不可尽信者，殆如此矣！

万历辛亥春三月之吉，沁水张五典识。

青龙神吐火疏 万历四十八年正月二十八日

巡抚右副都御史王在晋题为地方灾异事。据泰安州申：据阴阳学申据直日阴阳生张云龙呈称“正月十九日午时，平地黄风从西北方陡起，昏暗蔽日，至夜半丑时方止”等情，具呈到学，转申到州。看得本州地方，三冬少雪，麦苗未发，一旦遇此风霾异常，些须萌芽，尽被压理。且雨土终日，狂风拔木。事关灾异，拟合申报等因。又据肥城县申称：本年正月十九日午时，黄风从西北起，沙土蔽日，怪风异常，至酉时止等因。查是日省城黄气昏曚，雨土平铺，堆积遍地，与州县申报相同。又据分守济南道右参政程启南呈，据泰安州申称：正月初九日起更时分，据岱庙道官仝冲玉口报：“有本庙配天门东，青龙神一尊，身高二丈有余，口内出火，甚为怪异。”本州即驰赴验看，果系神口喷火，烟光相杂。即令庙户栾进等率令合庙道士并地方潘应举等，将神扯倒，运水救灭，未至延烧。研审住持庙户，每晚巡缉，并无闲人潜匿，亦无火烛炎及神像，不知何故干系变异？不敢隐匿。等因到道。该本道看得岱庙配天门神口喷火，自为燃像，虽未延烧殿宇，实为异常怪事等因，各申呈到臣。该臣会同巡按山东监察御史陈于廷，看得天人之际，感应不诬。人主有淑慝，上天有灾祥；上天有喜怒，人主有昭塞。汉重天官，董仲舒治《公羊春秋》，刘向治《穀梁春秋》，数其祸福，转相规切。盖人主所畏惟天，天不言，垂象见吉凶，以代之言。敬天而灾转为祥，祸转为福。天心仁爱，视人主之转移何似耳！祖宗朝凡遇风霾之变，辄申严边备。自奴酋作难以来，风霾示异，匪一东土，近辽数月间两见矣。烟埃蔽天陨土，为君臣道乖之象。天发黄尘四塞，为兵革乱离之征。变异昭然，步占易测。然臣等不论占验何如，第以民饥岁馑之后，雨稀雪少之时，晚麦初芽，遽遭土掩，混浊之气成屯，生息之机渐否，三农春事，无望麦色之油油矣。臣等正欲具题，忽闻泰山青龙神像口出火焰，通查志乘，为从来未有之异。夫神高二丈，则非人力可攀跻；法像庄严，则非人情敢戏豫；巡罗严密，则非人踪可潜匿。火从何来？及炎炎忽从口出，可怪孰甚焉！青、济之墟，以泰山为镇。《诗》曰：泰山岩岩，鲁邦所瞻。以山川宣泄之秘灵，为海岱休咎之先见。凡物情所格，政治所通，有响辄应。以今观济事之艰难，如火之益热矣。冲棚在野，而传烽守埤之无人；彫服从戎，而鸣镝流礌之未息，是焚林之炎也。糇粮在裹，望蜃市以鸣桨；箕斗空悬，渡蛟宫而输粒，是沸鼎之煎也。闾阎括穷土之毛，加编至再；笞杖流凶年之血，叠比无休，是炊骨之征也。夺牛而存焦土，田畯罢耕；截流以系行舟，长年屏迹，是燃眉之急也。焚将及幕，而不知其危；爇且加薪，而不虞其燎，是厝火之危也。被发以救乡邻，不辞昏夜；闭户以疏同室，未见缨冠，是焦头烂额之情形也。且西方昆卢之殿，金碧辉煌。而东方青帝之宫，锱铢抽索。针头削铁，诛求及众施之金钱；佛面刮金，饷兵藉十方之香火。官僚之供应于斯，军民之衣食于斯，凡典礼、工费等项，靡不取给于斯，而又科饷以为地方之卫也。神不能分身以应，不难舍其身付之烈焰，以息无已之求。意者，神明有怫然欲吐之衷，勃然不平之愤。燥急心热，乃披露于口，以令人之悟乎？虽然，泰山非一方之首望，而天之东柱也，群灵毕集，气化攸先。天子四望，怀柔百神，而岱则首称焉。其灾祥关系天下国家之大，而古来灾异征验，臣等不暇枚举。簧鼓听闻，聊举其祥，如：云成宫阙，兆炎祚之中兴；石然八日，谶石虎之殄灭。至灵至异，非诸山可摹拟其万一者。今青龙为震方之神，神火为离明之焰。山曰岱宗，门曰配天，所关讵鲜小哉？火主郁，郁而不宣泄，则酝酿以至于焚。今朝政之郁何如？钦点之阁员，迁延数月；行取之科道，淹滞八年。九乡六垣之印信，半置尘封；连章累牍之奏闻，益高天听。泉石多沉沦之侣，庙廊悬虚旷之衔，在内之人情郁甚矣。九边之兵马半抽，而折冲上下之鱼书踵至；四海之刍粮再倍，而中泽哀鸣之鸿雁无归。辕蹄尽而无可望之菑畬，丁壮空而无可征之庸调。官民总属难支，人畜与之俱困，在外之人情郁甚矣。肃杀盛庚辛之气，荒芜抛戊己之屯，珠犀充甲乙之帐，介胄为癸庚之呼，于是少舒其郁于丙丁。豺虎潜伏于深山，长蛇吐气于巨泽，燕雀怡愉于处堂。羽林之佽飞不练，而勾陈之备虚；北门之锁钥犹悬，而玄武之权失，于是先示其变于青龙。天子者，天地神明之至也，使之主祭而百佛享之。今郊庙不亲，幽远难于感格；山川失职，水旱见其频仍。自古国不用贤，则火焚庠序；岁有饥荒，则火焚库廪；师众莫救，则火焚军垒。然则君不躬亲祭享，可望百神之垂鉴哉？神之吐火，其必有以感之矣。人主虽至贵倨，动之以切身之利害，惕之以剥床之声势，靡不憬然悟，翻然改图。今以一介之蠢夷，恢张树敌国之势，暴厉成跳梁之形。鬼哭神愁，而如白日不惊乎魍魉；兽奔豕突，而欲安居以却乎豺狼。天下者，一祖沐雨栉风，百战经营之天下。圣子神宗盘龙踞虎，万世相传之天下。国势如磐，虽似泰山之难拔，然圣心匪石，何难一念之转移？今辽东正值用兵，兵犹火也，青龙吐火，其应当在东方。朝廷泄泄以忘天戒，则夷虏虐焰方张，为东事燎原之象。我皇上能惶惶以修厥德，则强酋不戢自焚，为东夷殄灭之征。祸福惟一念之转移，而善恶乃随人之逐向。今日圣躬修省之急务，莫先于敬天以勤民，用人以图治，散财以得民。以此告之泰山之灵，定脉脉为之昭格焉。昔神降于莘，而号公奉社稷以听命；社妖于睢，而宋襄用鄫子以衅成。是以怪益怪，而以异成异。神明之所以警悟陛下者，必不其然。赫赫天威，万无以为寻常之灾异，而第责臣工青衣角带之修省也。除臣等待罪东土，率属严饬兵防，虔修补过外，伏祈圣明省览。幸甚！

附录十

跋

康熙三十八年重订《岱史》跋

查《岱史》一书，自明季嘉靖间鹾宪吴所创，厥后鹾宪谭命滨乐分司查编辑成帙，付之梓人，而《岱史》之名遂传。迨至皇清甲午年，鹾宪傅翻刻前版，重加纂述，于是名卿士大夫之所传记载入集中者，愈增炳蔚。今经数十载矣。

己卯春仲，圣驾南巡，各宪委谕装订，以备御览。不料所存木板散失二十余页，缘道署迁改搬移遗失。而且版篇残缺，后先失叙。爰遍访历下绅衿士庶，从齐河得谭宪原刻一部，将木板散失者，命梓人补缉。各卷所补合计二十二篇，其残缺者一为补正。奈傅宪增刻未得。内查少无字部第六十六篇一页，疑字部八十二篇一页，俟异日访获，再加添补。遵奉各宪令谕，幸得与闻，未敢自取冒昧也。

山东都转运盐使司经历司经历劳绳祖谨跋。

点校后记

明查志隆的《岱史》是继汪子卿《泰山志》之后的又一部大型泰山志书，其刊印时间较汪《志》晚了三十二年，其体例、内容远胜汪《志》。

查志隆，生卒年不详，字鸣治，浙江海宁人。明嘉靖三十八年（1559）进士，历任保定知府、山东按察副使、山东布政司参议等职，著有《岱史》《山东盐法志》等。

万历十四年（1586），山东监察御史谭耀登览泰山，“四顾徘徊，求古皇王灵圣之遗趾，而世代绵邈，莫可寻诘，则慨焉有感于前志之浸废，乃属同转运使查君辑而新之”（谭耀《岱史序》）。“同转运使查君”，即时任山东都转运盐使司同知的查志隆。查志隆《岱史公移》云：“万历十四年六月十八日，蒙钦差巡按直隶等处监察御史谭宪牌前事内开称：泰山一志，专记天下名贤登览题咏，乃往过来续，日盛月新。今查自甲寅以后俱未收入，又杀青已久，摹印者多鲁鱼亥豕，不堪寓目，本院心窃慨之。”谭，即谭耀。其意思是说：汪子卿的《泰山志》自明嘉靖甲寅年（1554）杀青以来，“天下名贤登览题咏”的新诗文不能收入志书，而且抄印《泰山志》的人多处犯文字传写刊刻错误，令人“不堪寓目”“莫可寻诘”，因此嘱托查志隆重加编订。自受命以来，查志隆“竭目殚神，既博观于子史，频仍陟巅涉阻，又遍历其崇深，对景挥毫，风飧雾沐，据梧屈首，宵烛晨窗”（《岱史公移》），“或仍旧志，或采碑匾，或采诸家集”（《岱史凡例》），经过四个多月的努力编纂，“粗成卷帙，称名则曰《岱史》，义例则本前闻，为考者三，为表者二，为纪者四，为志者五，卷凡一十有八，字凡念万有奇”（《岱史公移》）。具体来说，成书后的《岱史）共分七册，有十八卷。卷一图考，卷二星野考，卷三形胜考，卷四山水表，卷五疆域表，卷六狩典纪，卷七望典纪，卷八遗迹纪，卷九、十灵宇纪，卷十一宫室志，卷十二物产志，卷十三香税志，卷十四灾祥志，卷十五至卷十八为登览志，收入历代诗章赋记。全书体例谨严，内容全面，对泰山的物产、香税、灾祥等做了比较详细的记叙，具有较高的史料价值。

《岱史》初刻于明万历十五年（1587），人们称之为“万历本”，因其“刊刻精楷”，倍受青睐。其刻板一直保存在山东盐运司，经明末战乱，至顺治十一年（1654），《岱史》刻板亡去近半。

山东盐使傅应星会同藩台张缙彦，“求之诸生史以明家”，寻得《岱史》旧本，于是“正其旧讹”，并且补入了杨时乔、李化龙、张缙彦等明、清时贤的诗歌上百首，补入了明张五典《泰山道里记》、明王在晋《祭岳文》等，补刻成新本，张缙彦、傅应星都写了重刻序文——此为顺治本《岱史》。《岱史》的再版，大大丰富了原书的内容，对于弘扬泰山文化起到了积极的作用。康熙三十八年（1699），康熙帝南巡，临幸泰山，山东官僚们拟重版《岱史》“以备御览”。当时所存刻板缺失二十多页，“而且版篇残缺，后先失叙”，于是“遍访历下绅衿士庶，从齐河得谭宪原刻一部，将木板散失者，命梓人补缉，各卷所补合计二十二篇，其残缺者一为补正”（劳绳祖《康熙三十八年重订〈岱史〉跋》）——这就是康熙本《岱史》。今岱庙博物馆所存《岱史》，即为康熙本。康熙本《岱史》最明显的标志有二：一是在《岱史》最前面，补录了山东盐运使胡瑾描写康熙皇帝于康熙二十三年（1684）南巡时的八首《东巡纪盛》诗；二是在书后附录了山东都转运盐使司经历司经历劳绳祖《康熙三十八年重订〈岱史〉跋》。有的康熙本不见劳《跋》，可能劳《跋》是书成以后又补录的。泰山学院图书馆、泰安市地名办所存古本《岱史》，即为康熙本，但均不见劳《跋》。

历经明清两代一百一十余年的补充完善，尤其是清朝的两次补刻，使得康熙本《岱史》成为内容最全的一个版本。该版本流传很广，影响甚大，对弘扬泰山文化做出了重要贡献。

除此之外，《岱史》还有另外一个重要版本，即道藏本。道藏，是道教经籍的总集，现存《道藏》是由《正统道藏》和《续道藏》两部分组成的。明成祖永乐初年，第四十三代天师张宇初与其弟张宇清相继奉诏主持编修《道藏》；后通妙真人邵以正校正增补，后世称之为《正统道藏》。明神宗万历三十五年（1607），第五十代天师张国祥奉旨编修《续道藏》，其中收录了查志隆的《岱史》。《道藏》共收入各类道书一千四百七十六种，五千四百八十五卷，是名副其实的道书总集。其影响之大，可想而知。《岱史》被收入《道藏》，奠定了其较高的地位，具有了一定的权威性，后来上海涵芬楼和《道藏选刊》都曾转印，流传较广。

由上可知，顺治本《岱史》及康熙本《岱史》均增录了时贤的诗作，改正了万历本《岱史》的一些错误，其内容日趋完善，是较好的本子。但由于屡屡增录，实际上这两个本子较查著的内容相差已大。道藏本《岱史》的刊印时间晚于初刻本只有二十年，从时间上来说，道藏本《岱史》是目前所能见到的最早的本子；从内容上来看，道藏本《岱史》也是最接近查著原貌的一个本子。鉴于此，经反复商议决定：此次点校《岱史》，以国家图书馆收藏的上海涵芬楼影印的正统道藏本《岱史》作为底本，以康熙本作为参校本。凡是道藏本中的空白、墨钉、脱文及讹文，只要影响上下文义阅读理解的，均依据康熙本在正文中补正，并出校勘记说明；凡是异文、衍文及倒文，只要不影响文义的，一律不改动正文，但出校勘记予以指明。凡繁体字、异体字、避讳字，一律径改为通用的简体字、正字；“已”“巳”“己”或“戌”“戍”“戎”之类的明显因形似而误的字，据上下文义径改为今天的通用字，不出校。

为方便专家学者查阅古籍原本资料，我们将国家图书馆收藏的上海涵芬楼影印的正统道藏本《岱史》重新影印，附录于后。不知什么原因，道藏本《岱史》删掉了原著中毛在的《岱史引》及于慎行的序，删掉了查志隆原著中所有的泰山图，为求完整，现依据康熙本《岱史》将其补出，附录于后。康熙本《岱史》补充了前面一百一十余年间的泰山诗文，重刻时增加了张缙彦、傅应星等人的序文，这是道藏本《岱史》所没有的，今将这些后补的诗文及序，一并附录于后，以飨读者。

曲阜师范大学图书馆于1989年复制印刷了王价藩、王次通父子编辑的《泰山丛书》，其中收录了手抄本《岱史》；青岛海洋大学出版社于1992年出版了马铭初、严澄非先生的《岱史校注》；泰山出版社于2005年出版的《泰山文献集成》，收录了汤贵仁先生点校的《岱史》。本次整理时参考了这些手抄本、整理本的点校观点，在此谨致谢忱。

在点校过程中，得到了泰山学院文学院、图书馆、科研处等部门的大力协助，得到了泰山学院汤贵仁先生、泰安市文化广电新闻出版局李景泰先生的大力帮助，在此一并致谢。

在点校过程中

孟昭水

2018年冬至

明万历道藏刻本影印

岱史序

環區中而山者萬不啻也岳爲最環區中而岳者五不啻也岱爲最故曰岱宗盖自黄虞氏而下靡異號云以故自昔受命而興者靡不有事於岱然而秦漢之事君子諱之惟我明一切屏絶封禪矯誣之説寘弗道而諸所行望祀之禮珪幣登祝之數名爵之稱又皆一洗近代訛謬而還古初是自古有事於岱者七十二君不啻也我明爲最乃岱於前世率不過吐奇孕異致靈恠以闡世符惟我明建樞北極而茲山屹立國門之東汶濟之水會焉下國筐篚舳艫相啣際天地而來者以萬數而茲山諸泉實委輸之儼若岳伯元僚總率九牧之賦以歸天府是岱之祚國佑民即億萬年不啻也亦我明爲最夫岱既已最五岳而雄區中而我明所以有事於岱與其所以有功我明者又爲百代之最如此則其他瓌奇特絶之觀與夫登臨嘯咏之蹟見於仙經地志殘碑斷碣之所記載者在他

八一一

名山往往籍之爲重而要皆箋焉無當於岱惟是岱之所以最他名山與我明所以最百代者盖在彼而不在此此載筆者之所宜詳也予往奉璽書按鹾政於濟上間以職事一登茲山四顧徘徊求古皇王靈聖之遺趾而世代綿邈莫可尋詰則慨焉有感於前誌之浸廢乃屬同轉運使查君輯而新之查君則裁取舊編斷以己意擬例三史取材百家凡爲考若表若紀若志得若干卷其於所稱瓌奇特絶之觀登臨嘯咏之蹟見於仙經地志殘碑廢碣之所記載者固已掇拾其槩靡所漏捐而自黄虞以下所以有事茲山與夫我明之典禮名數所以陋秦漢而還古初者特加輯録而例别之以自附於大書特書之義於是遂更其名曰岱史厥義邃矣茲史甫就刻而

皇上方以軫災祈年之故特下德音分遣大臣祠禱五岳以徼福元元展禮告虔惟岱爲首宜有禎祥符應以答

八一二

上旨俾後世徵奇考異之士見謂聖神之代
百靈受職惟我
皇上最爲則豈惟兹史之光將是山實籍重
焉敬爲書其首簡以竢若其他義例查君
自有述予可畧也

萬曆丁亥歲元旦之吉嶺南東官譚耀書

岱史公移

山東都轉運鹽使司濱樂分司同知查志
隆爲補續誌書事萬曆十四年六月十八
日蒙
欽差巡按直隸等處監察御史譚　憲牌前
事内開稱泰山一誌專記天下名賢登覽
題咏乃往過不續日盛月新今查自甲寅
以後俱未收入又殺青已久摹印者多魯
魚亥豕不堪寓目本院心竊慨之爲此牌
仰本官候新抄發到日一併纂輯恪秉三
長用垂永典等因續蒙
本院憲票前事内開稱本官即將發去前
録四冊校刪停妥纂輯完備務求刊刻精
楷用垂永久合用工匠等項銀兩該司另
行申動等職蒙此遵依外爲照
泰山維五嶽之長屹天柱而奠地維
圖籍求萬世之傳翊
王章而垂文獻故岱宗首望於帝典魯詹推
重於葩經兗鎮表見於職方東嶽著名於
爾雅諸皆典墳籍籍罔不誦術巖巖凡以

昭寰寓之巨靈豈惟侈 遊觀之勝覽矧於
昭代寄邇
皇都潤流百道之濟汶輓輸漕運統領三齊
之岡阜屏障畿封維茲花功孰侔大造然
不有專録何以摠攬神奇而不頼當途孰
爲咨諏圖籍惟
本院觀風東夏覽勝介 丘於焉攟籍而按
圖特爾命官而屬筆蓋 舊志取裁於
前院已經三紀有餘而殘編竚待於後來
殆非一日之故顧維庸陋如職曷効付托
於茲雖蚤歲箕裘稍知橫卷迨半生丘壑
豈望聞奇偶弋百氏以娛閒敢擅三長如
明諭幸屬
清時吏隱徒然愒日宦遊靦而素餐念升斗
皆
君貺籍茲青簡倘涓埃可自將是用竭目殫
神旣傳觀於子史頻仍陟巔涉阻又遍歷
其崇深對景揮毫風飧霧沐攄梧屈首宵
燭晨窻時逢萬曆熈辰歲在丙戌泰運始
事於仲夏訖功乎孟冬猥効册鋁粗成卷

八一　四

帙稱名則曰岱史義例則本前聞爲考者
三爲表者二爲紀者四爲志者五卷凡一
十有八字凡念萬有奇敢云副在名山妄
希不朽之盛事或者比諸覆瓿可償散局
之微勞庶幽不負山靈而明 不負付托曾
籍斯語告成嶽 祠第編摩三四月之間迺
上下千百年之事寒暑固未嘗間隔風塵
猶未免驅馳坐走作輟靡常且於精神有
限雖効勤悃寧免疎虞其間魯魚亥豕之
譌訛自矢終其讎校猶誒雕龍吐鳳之鴻
匠蚤當爲之折衷爲此具呈
本院裁照施行
萬曆十四年十一月 初一日

八一　五

岱史凡例

一岱史云者岱宗之稱經見於虞典實肇自黄帝故從其古名曰岱兹所撰録稍襲史家義例故曰史盖前哲曾有以路史名其記籍者

一泰山舊圖甚略余躬自涉歷指點形勝命工圖之廣衍四倍於舊圖併舊圖並存焉蓋舊圖括其槩今圖分布其形勝也其餘諸圖新創者居多

一爲考者三曰圖考曰星野考曰形勝考夫考者校也謂參校於子史百家也諸皆舊志所略兹倣通考義例創著焉

一爲表者二曰山水表曰疆域表夫表者標也謂標而明之也山水之勝境延袤疆域之沿革屢變不爲之標揭其曷以顯示故倣史家年表義例創著焉

一爲紀者四曰狩典紀曰望典紀曰遺蹟紀曰靈宇紀夫紀者記也史家有帝紀盖所謂大書特書也兹所紀皆神聖之精靈帝王之制作而

國朝御制御祝尤炳炳焉故别於凡志云

一爲志者五曰宫室志曰物產志曰香稅志曰災祥志曰登覽志夫志者識也識臆其煩瀆勿俾遺忘也兹所志皆人文物理之散殊雖取材於舊志而時移事改故正其訛補其未備者居多若香稅則舊志不及特草創於今兹

一每卷冠以小序盖撮其大旨發明著作之意也而見聞所及於當時利病偶有一得稍贅數語正不自知其足採不

一余本固陋寡聞且奔走泥塗中無暇日稍暇即從縉紳家假古今名編搜討焉顧名編不多得也山水形勝古初遺蹟雖躬自歷涉然寧能遍觀至於

國朝諸名公及文人騷士題咏諸篇什或仍舊志或採碑匾或採諸家集然於見聞所不及者寧免遺失非敢有所删削也廣收博採尚有竢焉

西浙海昌查志隆鳴治甫識於歷下吏隱齋

岱史總目

質字號第一冊 卍

卷之一　圖考

卷之二　星野考

卷之三　形勝考附里至

卷之四　山水表

卷之五　疆域表

諸字號第二冊

卷之六　狩典紀附封禪

卷之七　望典紀仲歷代諸臣僚文

鬼字號第三冊

卷之八　遺蹟紀

卷之九　靈宇紀神佛寺觀

神字號第四冊

卷之十　靈宇紀聖賢廟祠

卷之十一　宮室志

卷之十二　物產志

卷之十三　香稅志

卷之十四　災祥志

而字號第五冊

卷之十五　登覽志歷代詩章

卷之十六　登覽志國初至嘉靖甲寅以前詩章

無字號第六冊

卷之十七　登覽志國朝嘉靖甲寅以後詩章

疑字號第七冊

卷之十八　登覽志歷代賦記雜著

右岱史爲義凡十有四別而爲卷凡十有八中間豐嗇不齊緝而爲冊凡七取中庸質諸鬼神而無疑句以命冊焉夫質諸鬼神而無疑知天也岱宗山靈盖鬼神之大者是役也澡思摛管對越儼然登謁搜奇騐奔匪懈詎非鬼神與質乎顧凡陋習襟安知天道又安能以無疑余於茲有深愧矣然孟子論盡心知性而歸之於知天則知天之學要在盡心中得之余誦法往古從事筆硯以供明神之役敢不盡厥心以昭假而求底於無疑之境哉茲所爲命名豈漫然無所取義云査志隆謹識

岱史 目錄第一

岱史第一冊質字號目錄

岱史 目錄第二

卷之五疆域表

揔部　郡

州縣

岱史第一卷圖考

敘曰曷云乎圖考也考泰山之形勝而繪之爲圖也夫鴻濛始判爲物者萬而惟流峙最大爲峙者萬而惟嶽最大爲嶽者五均之巍巍峻極而惟岱最大近則横亘齊魯跨引江淮遠則雄峙九紘霖雨四海豈非華夷之巨觀古今之崇鎮乎顧欲以方寸赫蹏揔挈全勝抑何難也然自古考方辨域必取諸圖不然則周覽不能窮其勝載籍不能紀其詳即有髙雅之士興起臥游之想曷從而觀焉是用據古證今圖諸簡端圖泰山握坤軸也而先之以星野繫乾象也圖嶽廟以神所棲也圖碧霞宮以世所崇奉也圖周明堂以帝王致治之蹟也而附之以五嶽真形則以泰山五嶽之宗宜統會其勝也維嶽降神實生孔子萬世宗之如泰山喬嶽圖其廟而崇祀之以表聖蹟重山靈也夫天開圖畫地湧册青豈人力哉維兹繪事肖厥化工俾世之觀覽者一披卷而對越介丘恍乎明神陟降勿勿乎欲其享之則又非特豁目悤心供勝游之

適云爾

八一

十一

岱史第二卷星野考

敘曰曷考乎星野也考泰山之分野而繫之於分星也謂其上應天象也夫陰陽之精其本在地而上發於天在天二十八舍在地十二州各有所主即一丘一阜懸象列宿矧夫嵩高維嶽峻極於天而泰山尤群嶽之宗其昭回法象豈不鉅麗自保章氏失職久遠郡國廢置代遷千百年來譚星野者或以泰山主心房氐或主婁胃或主虛危其言纚纚洋洋靡所適從然載籍雖博猶考信於往古天文角亢之分野主兗而禹貢徐兗之域泰山固隸兗也主角何疑焉旨哉僧一行其言之也曰天下山河之象存乎兩戒觀兩河之象與雲漢之終始則分野可知而通志云山東當山河之會得升降之中泰山介乎其間此千載通論也茲備籍諸史以　俟閎覽博物之君子折衷焉

史記天文書曰角亢氐兗州房心豫州虛危

青州　燕齊之疆候在辰星占於虛危宋鄭之疆候在歲星占於房心

正義曰東方角亢氐房心尾箕角亢鄭之分野兖州氐房心宋之分野豫州箕尾燕之分野幽州　北方斗牛女虛危室壁斗女吴越之分野揚州女虛齊之分野青州危室壁衛之分野幷州

前漢天文書曰角亢氐沇州房心豫州尾箕幽州虛危青州　丙丁江淮海岱一曰甲齊　申齊酉魯

前漢地理志曰齊地虛危之分壄也東有甾川東萊琅邪高密膠東南有泰山城陽北有千乘清河以南勃海之高城重合陽信西有濟南平原皆齊分也

魏太史令陳卓曰泰山角六度

晉天文志曰泰山入角十二度

唐天文志曰降婁玄枵其神主於岱宗歲星位焉　女虛危在子齊分野女虛危玄枵也循岱嶽衆山之陰其地得陬訾之下流其象著爲天津絶雲漢之陽凡司人之星與群臣之録皆主虛危　奎婁在戌魯分野奎婁降婁也循岱嶽衆山之陽在陬訾下流婁胃之墟

宋天文志曰東方蒼龍七宿角亢氐房心尾箕其神爲青帝司春司木司泰山

宋中興天文志王奕曰泰山入角十二度

馬端臨象緯州郡躔次並同

天原發微曰天下山分爲四條上應二十八宿負海貨殖所阜之國　自北河下流南距岱山爲三齊自南河下流北距岱山爲鄒魯此負海之國也

通志曰山東自南正達於西正得雲漢升氣自北正達於東正得雲漢降氣則山東其當山河之會而得升降之中乎

汪子卿曰按山東通志引晉書言循岱嶽衆山之陰主虛危循岱嶽衆山之陽主婁胃引唐書言濟陰齊魯主心房氐盍我

朝清類分野據二書之說以定星野之次而通志因之夫以心房氐言岱猶爲近之乃若虛危北宿也婁胃西宿也而可以東方言耶又按古天文圖書降婁魯分也玄野則吳越揚州之次也歲星十二歲周天非

有定位而唐志云云圖復云云要亦所謂其神主岱而非躔次之謂邪夫王者齊政本於璿璣不可不知而亦不易知也故今志以王氣爲端臨爲正而餘則傳疑以俟夫明於占步者

岱史第三卷形勝考

敘曰曷考乎形勝也考古今之誦説乎泰山者也夫自有天地以來形勝無如泰山故自有書契以來誦説形勝者亦無如泰山乃其始經見則虞典岱宗兩言有夫虞典凡嶽皆以方位言惟泰山不言方位而言岱不言嶽而言宗固謂夫出震配乾萬物始代儲坤蟠亘五嶽推宗其形勝甲於普天之下無兩也嗣是而詩稱魯詹禮稱兖鎮爾雅稱東嶽則緊其一方所推重而極言耳他若子史百家佛經道籙奕奕相屬炫句玄詞所謂天孫神房洞天福地與夫金床玉几之説最不可窮詰然古人於搜神紀異稗官野史亦所不廢也世即有善言形勝者或未能越此故舉凡見聞所及併編録之以備參考迺其寒暑之候逈異於下方里至之遥艱難於躋陟俱世所欲聞者宜不厭於鎖贅云

舜典曰岱宗　按五經通義云岱宗言王者易姓受命報功告成必於岱宗也東方萬物始交代之處宗長也言爲群嶽之長

禹貢曰海岱維青州　又曰海岱及淮惟徐
州　按書註云青州之域東北至海西南
距岱又云岱之陽濟東爲徐岱之北濟東
爲青
魯頌曰泰山巖巖魯邦所詹　按說苑云山
者宣也言宣氣生萬物也泰言高大之至
也爾雅云右陵泰丘或云泰者太也謂天
地太和之氣發舒於東方也
周禮職方曰河東曰兖州其鎮曰岱山　按
鎮言其重也
爾雅曰河東岱　又曰泰山爲東嶽　又曰
中有岱嶽與其五谷魚鹽生焉　按詩註
云嶽言山之尊也東方主天地生氣以方
位別五嶽是爲天之東柱
公羊傳曰觸石而出膚寸而合不崇朝而雨
天下者惟泰山耳
漢官儀曰盤道屈曲而上凡五十餘盤經小
天門大天門仰視天門如從穴中視天窻
矣自下至古封禪處凡四十里山頂西巖
爲仙人石閭東巖爲介丘東南巖名日觀

日觀者雞一鳴時見日始欲出長三丈所
又東南名秦觀秦觀者望見長安吳觀者
望見會稽周觀者望見齊黃河去泰山二
百餘里於祠所瞻黃河如帶若在山阯山
南有廟悉種柏千株大者十五六圍相傳
云漢武所種小天門有秦時五大夫松見
在
後漢書曰光武封泰山雲氣成宮闕
道藏書曰泰山周廻一百六十里畤五十步
方面各四十里
郭璞書曰泰山在奉高縣西北從山下至頂
四十八里一百步
山海經曰泰山環水出焉東流注於海
法苑珠林曰泰山之東有醴泉焉其形如井
本體皆石欲取飲者皆洗心跪而挹之則
泉出如流若或汚慢則泉縮焉蓋有神明
以宰之也
曾鞏二堂記曰泰山之北水與齊之東南諸
水西北滙於黑水之灣又西北滙於栢崖
蘇東坡送楊傑詩序曰無爲子嘗奉使登泰

山絶頂雞一鳴見日出

魏莊渠書曰泰山之上有日觀峰者夜半可以眺而見浴日彌望如鋪金者海也緑色微茫中有若掣電者海島溪山相間也金色漸淡日輪浮動水中 如大玉盤適海濱望而見海日是矣登天台之巔曰華頂者乃知此特小海耳諸山環列外乃爲大海泰山有日觀者觀日於未出也有月觀者觀月於已没也長安觀者西望秦關諸山也越觀也者南望會稽諸山也衡山有七十二峰亦有日觀月觀不及泰山者當卯位也

岱宗記曰梁父長白二山爲泰山輔嶽

通志曰濟南諸山其非麓也兗州諸山其南麓也青齊海上諸山其左翼也河東諸山其右翼也斯其爲泰山矣乎迺若山南則有漢武遺栢天門則有五大夫松絶頂則有秦無字碑懸厓則有唐開元銘斯則泰山古蹟之最優者

茅君傳曰仙家凡三十六洞天泰山周廻三

十餘里名三宫空洞之天

愽聞録曰泰山名蓬玄太空洞天嶽帝所居其高四千丈環一千里

五嶽記曰東嶽泰山嶽神天齊王領仙官仙女九萬人山周廻二千里在兗州奉符縣

福地記曰泰山洞天周廻三千里鬼神之府

列仙傳曰岱宗石室中上下懸絶其中金床玉几

尸子曰泰山之中有神房阿閣

愽物志曰泰山一曰天孫言爲天帝之孫也主召人魂魄東方萬物始成知人生命之長短

道經曰五嶽之神分掌世界人物各有攸屬岱泰山乃天帝之孫群靈之府主世界人民官職生死貴賤等事

堪輿家曰泰山之麓水交流孔林獨茂蓋指泮溱梳洗汶漸而言吾夫子之生也豈偶然哉是故其終也曳杖之歌泰山自任公姓振振世禄罔替則嶽靈之篤於孔氏者其有窮乎

勝覽曰嘗踏月衝雪登嶽至御帳雲烟糢糊至十八盤天宇開霽俯矚山腰猶有雲霧及下山大雪如故　冬春之交諸崖谷出烟霧寒甚仍尚可指數頃則靉靆蒙覆盡失山形少霽溪壑林木及樓閣簷牙凝結氷花珠聯粉綴如畫　嘗於春時晨觀山半雲布平密絢爛一色宛然倒看天宇　四月以後山多蒸濕不可居　五六月亦寒衣必綿卧必炕早暮如深秋遇夏時暴雨山半風激雲湧雷聲電光皆出其下隠約見麓地白波沉漭如海頃忽雲升嶽巔則上下皆雨　人飲諸崖水多瀉惟瑤池白鶴水簾五花玉女數泉甘美元君祠東崖一竅泉滴如珠晝夜出一斛許其味尤佳

岱史第四卷山水表

叙曰曷表乎山水也表山水之附麗於岱嶽者也夫岱嶽山也而兼以水言者何山下出泉謂夫水之源也故言山必言水也今其山之得名曰峰曰巖曰洞曰嶺曰崖曰臺曰門曰峪曰寨曰園而莫非山也水之得名曰泉曰池曰井曰溪曰河曰灣而莫非水也其他曰橋曰坊曰題勒凡以表勝於山水也揔之則皆岱嶽之勝也夫天下佳山水古今人類能言之仁智所樂豈虛語哉維茲山水非可以例言也上應天齊宗長群嶽日月之所避隱雲雨之所官府帝王之所肇祀億兆之所奔走品彙萬有之所蕃滋即一拳之石鍾靈秀而毓化機一掬之泉潤濟汶而衍洙泗其爲功化豈不弘多弗啻靈巒風壑絕壁重標峻閣千尋峭門萬仞飛湍瀉溜漾碧流虹五色交輝四時俱備令人目不周玩情不給賞惟斯之為勝而已爾余嘗為之評曰岱嶽山水特以稚偉勝匪以奇巧勝故稱絕勝云

峰　石

鳳凰山在岳頂西南白雲洞之主

嶽顛石在王帝觀前侍郎島恭刻石曰表泰山之巔

日觀峰在岳頂東五鼓可見海百出令有觀海亭

日朸出而可見是見海也

大懸石堆岳頂西

月觀峰在岳頂西對日觀而言義取月朏庚方耳此曰越觀

小懸石亦頂西與大懸石對

對相去五尺許三石撑拄如梁

秦觀峰在岳頂西

連懸厓萬仞人登戕之即搖動恐怖懸民云惟心誠則無動

○梁父山在州南一百里秦始皇禪於此

觀周當在岳頂西今都御史胡纘宗刻石于碧霞坊之左

云云山在梁父山之東古稱七十二君多禪於此

匣相傳匣有寶劍仙人取去

其石嶆岏矗矗至御帳俯視之更奇

當在岳頂東

取石匣寶劍斷旁此石半仆於地今觀二石文理若中分然

丈人峰在岳頂西南特立如蒼顏丈人

仙影石在試劍石旁其影有巾有劍伸一足而坐石平如磨厓影處如剝如勒而實非人為相傳取劍劈石者即此仙也

天柱峰在岳頂西南仰止亭之後

象山在鳳凰山之下

望海石在日觀峰東北五鼓

石閭山在州南漢武帝禪於此

介石山在州南五十里宋真禪起

仙橋石在捨身崖西懸厓相

亭亭山在州南五十里黃帝禪起

試心石在仙橋西二石鈎

周觀峰舊志云夫所在意者○

劍匣石在大峪西有方石如

傲來山在岳頂西南竹林寺

吳觀峰亦失所在意者觀吳

試劍石在大峪口相傳仙人

青山在岳東南麓漢明堂東北

黃山在岳頂西四十里以土

名與青山皆岳之翼山也

似文名

懸石峰在岳頂西南

回鴈峰在岳頂西

石後山在岳頂西十里前多巨石故名

人題刻峰名於石

龍口石兩石相附中噴清泉

獅子峰在岳陽以形似名

玉女山在岳頂東北十里許有玉女修真石崖在其下

羊闌皮石相傳仙人牧地

○八一簇如蓮花

石馬山在岩頂西北十五里

鵰窩山在岳頂西十五里厓多鵰巢故名

紅門石石色紅望之如紅朱門

五女圈石在岳西北相傳夜有呼号相力之聲詰朝見石纍成圈蓋五仙女為之

繈山在岳北十里如駝負子狀

鶴山在岳頂北十里林木葱欝野鶴巢此故名

飛鴉峰亦在西溪上

亭禪山一名高里又名蒿里聯屬社首在岳南三里

龍泉峰在斗母觀東北峯石峭拔可愛

鷄龍峰在傲來峰前以貫飛

東神霄山在岳頂東十里

西神霄山在岳頂西十里

龍文石在岳陽其文如龍

獨秀峰在岳陽屹然挺秀古

虎阜石亦在岳陽其狀似虎

孤山在岳頂北十里崢嶸特起

牛心石有以形似名

廿 蓮花峰在獨秀峰之東其奇峯○

方正石其形方正故名

胭脂石在岳之陰色如塗丹

懸刀峰在岳西南西溪上

芙蓉峰亦在西溪上

老鴉峰在岳頂北木多鴉巢

三尖山在岳頂西十里

凌漢山在普照寺後

君子峰在岳頂

徂徠山在岳南三十里岳之案山也上有紫源池有玲瓏山獨秀峰天平東西二寨其下曰白河灣曰竹溪唐李白孔巢父韓準裴政陶沔張叔明隱此號

八一

曰竹溪六逸唐石介因故址築室著書學者稱徂徠先生

八寶山在岳頂東百里屬萊蕪一名黃山

蠟燭山在玉女山北其石獨立如燭

洞

白雲洞在鳳凰山下由崖玄坊南行數武石磴陡

嶺嶂

青嵐嶺在岳頂西南

峪

小龍峪古名小龍口石峽爲衆水所歸飛泉若龍

石屋一在玉女山一在山趾相傳玉女脩真處景最奇勝

懶張石屋在岳頂北

廿一

巔相傳有懶張道人脩煉於此

石舟一在白龍池一在岳東南巔傳家庄宛然如舟

絕而下洞中時出白雲今都御史李戴題曰雨天下蓋取公羊傳不崇朝而雨天下之意御史譚耀勒石見今創建枋亭軒最據形勝

水簾洞在高老橋上

迎陽洞一曰雲陽洞可容二十餘人尚書朱衡勒字于石匾曰朝陽洞

黃華洞在岳北玉女脩真處

呂公洞一曰金母洞在岳之南巔玉女池側

遙觀洞在岳南一穴高深遊者憩此可覽群山

鬼仙洞仙萬里之陰窈然幽暗人不敢入

白鶴洞在岳西四十里可容三十餘人

噴然

回馬嶺石磴漸峻乘馬至此不能上

黃峴嶺土多黃色山勢甚陰峻過此一徑平易名曰快活三

鴈飛嶺即回鴈峯在岳頂西南鴻鴈南翔多止於此

西橫嶺在岳頂西削壁橫亘數十丈許

鄉嶺在岳頂西俗傳人死竟歸於此而思鄉

十峰嶺在玉皇廟右

分水嶺在岳頂東漢明堂後楊老園西

升仙嶺在岳頂東東漢明堂之東北隅

長城嶺在岳之西

大龍峪古云大龍口

桃花峪在岳頂西南二十里桃花洞南今多植桃花

仙趾峪一名馬蹄峪在竹林寺山後里許有仙人草履跡長尺餘馬躧長五寸許

石經峪在岳之陽坦石半畝許古刻金剛經楷書有近八分書者人尺許人傳王右軍書

石壁峪在岳之陽竦削如壁

大峪在徽來山竹林寺下即中溪之路內有白龍池百丈崖天紳泉諸奇景石上有宋元詩刻

鄌郚峪在岳之陽俗傳

黃伯陽洞在岳頂西十五里戰國時黃伯陽脩隱於此

金絲洞在岳北九十里可容百餘人丘長春煉丹

處

桃花洞在岳頂唐磨碑石壁下有泉

朗然子洞在岳半御帳東里許可容三下

○觀音洞在竹林寺山後

婁敬洞在岳頂西百里漢婁敬隱地旁一洞出硝石

北古長城鉅防之化

思谷嶺在谷山寺南

仙臺嶺在岳北六十里

明月嶂在岳北群峯秀列若屏障然

招軍嶺在岳頂西南傲來山前

爲冥司令峪南有鄷都廟

鬼兒峪在岳之陽俗傳人死鬼歸於此本張華博物志之說

佛寺峪在岳東北四十

里即谷山寺有石佛

椒子峪在岳之陽昔有異人種椒於此故名

溪里峪在岳之陰巖穴深邃上有湧泉四時不竭○

崖　巖　臺

孔子崖在岳頂西南其北聯

舍身崖屬日親峯下餘三面崖壁陡削數百丈中有石凸起丈許愚民往往舍身投崖徼輪廻

兩峯巖在岳頂西兩峯對峙下有一穴如室

仙閭巖漢書武帝紀曰岳頂西巖為仙

鳳凰臺在岳之陽

登仙臺在岳頂之陽相傳呂純陽曾登此

南拱臺在岳之陰巉巖拱峙上後平坦故以臺名

之福尚書何起鳴設坦墻示禁因勤石曰愛身臺

東百丈崖合岳頂西南其瀑布下滙爲天紳泉

西百丈崖與東崖相去三百步其高十倍東崖而東崖南向西崖則東向

仙影崖在岳頂西南傲來峯其山皆蒼石惟仙影如白紙

○五花崖在岳頂南城郭仰視岳頂不能見崖巘之也

鵓鴿崖在岳北峭壁巢野鴿

馬棚崖在岳陽以形似言也一日三字崖以其崖上有墨書三畫風雨不磨世傳呂洞賓書

御帳崖在御

蛟仙巖在岳陽相傳翰林王從之跏趺化此元好問送張天倪詩云蛻仙巖上顒

遲留是也

古靈巖在回馬嶺以下

弄月巖四巖今失所在

看月巖

彌高巖

鎖雲巖

北拱臺亦在岳之陰

堯觀臺在岳頂東北十里玉女山頂有石平坦如臺相傳堯封禪登此

讀書臺在普照寺西此

後山過棲書澗山麓有石方四五丈許宋孫泰山石徂徠胡安定讀書之所姑蘇李果八分書刻石

瞻魯臺在舍身崖上○

門

一天門 有坊在岳陽岱宗坊內里許

紅門 在岳陽扁曰飛雲閣又曰梯雲

二天門 有坊在岳陽一名小天門即御帳盖宋真宗曾此駐蹕也

誠意門 在御帳上半里許

○八一

三天門 石門一曰南天門即十八盤盡處

東天門 在岳頂東

西天門 在岳頂西

玄武門 在岳北阯

泉

碧天泉 在岳頂廣生殿東

碾駝泉 在过人峯下岳頂居人皆取給於此

園

楊老園 在岳之陽石厓險阻世傳暘老避兵於此

藥園 在岳東南世傳有脩真之士種藥於此

池

王母池 一名瑤池在岳之南麓池水之源乃岱岳山澗之水

寨

水仙寨 在岳頂西可容千人

仙人寨 在岳頂北亦容千人

九女寨 在岳頂西三尖山下一峯高處相傳九女避兵於此

凌漢寨 在岳陽可容數百人

廿四

天勝寨 在傲來山前可容萬人劉盆子赤負䓁曾此聚兵上有招軍領張旗之石碓砲之類○

河

淶河 源出岳頂西南諸谷滙為西溪由白龍池出大峪口南流入泮河會汶水以達於漕水

天紳泉 在傲來山百丈崖下巔崖十丈許懸流下瀉如垂紳

白鶴泉 在岳南麓冽而甘美以城中井泉稱較之輕重亦異

護駕泉 在黃峴嶺御帳之下

聖水泉 在回馬嶺

水簾泉 一在西百丈崖

八一

○

滌塵泉 在岳南麓后土廟內游人多掬水滌目又名眼光

飛鸞泉 在王母池右水

醴泉 甚清冽流注池中一在天書觀即宋王欽若所奏於真宗者今雖不竭無異凡水法苑所稱醴泉今失所在

為其池焉昔黃帝建觀岱岳遣女七人雲冠羽衣脩奉香火以迎西王母故名

王女池 在岳頂元君祠右甘冽四時不涸一名聖母小池豫章謝廷傑勒石

白龍池 在傲來山址廣數尋深不可測池上有龍神祠歲旱禱輒应按察黃鰲刻石曰霖原

封家池 在岳南麓封家墅中通白鶴泉之下流涓涓滙焉

梳洗河 源出黃峴嶺諸台之水滙為中溪過王母

名其水由州東南魯泮河大汶水

泮河 源出岳西桃花峪諸水轉州治東南二十里入文

汶河 其源有三一出岳之東麓萊蕪縣原山一出萊蕪寨子村皆經徂徠山之水南流三十里曰大汶口又西南経汶上縣北以達漕河

廿五

○

卍

溪澗

東溪其源出岳陽登仙臺下及青山諸水經漢明堂

西溪其源出岳頂以西諸水會百丈崖白龍池大峪

中溪其源岳黃峴嶺下會諸谷之

鷹愁澗在十盤下

投書澗在凌漢峯下以胡安定投家書於此故名

舊東魯刻李果八分書澗名三大字於

岱宗坊登岳自此自始都御史都

羅鳳翔等同建

一天門坊參政龍光題通判王之綱建

井

香井在岳南古岳廟極香冷異於凡水朱日藩詩曰廟前香井識投錢蓋謂此也

天井在岳之東井十里許廣數畝匯諸峪

汶河又名天井灣

題有立碑者有勒扁者

正大光明戴璽立石

五嶽之宗戴璽立石一碑俱在岱宗坊下

灣

龜兒灣在岳陽

黑水灣在岳之西

忽雷灣在西溪天将雨時每聞雷聲迅發於此

飲馬灣在西溪

天井灣二一在岳北一在西南

乱在灣在王母池上奇石可愛呂純陽詩曰無頼鮫乱知我字是也

鑼鼓灣在大峪西溪俗傳七月中元日有聲如鑼鼓

橋

高老橋在紅門上五里許相傳有學黄老者姓高始開此道

佳水流橋在水簾洞之下

孔子登臨處坊豫章狀元羅洪光題尚書朱衡建

大堦坊御史高應芳建

高老橋坊知府李伯春等重脩前同知翟濤建

水簾洞坊

廻馬嶺坊

黄峴嶺坊

二天門坊諸坊脩建

老橋坊同

迎天坊崇府脩建

老橋

小龍峪坊脩建同高

大龍公坊脩建同高

老橋

十八盤坊脩建同高

老橋

白雲洞坊都御史李

戴建

天下奇觀員外楊可大言石于一下門北

第一山御史李復

初立石于天堦坊下

中流砥柱進士陳甘雨勒字石崖

至此始奇檢討馬一龍勒字石崖

右

天大松范宗吳立

至此又奇馬下

龍勒字石崖

飛泉瀑布同知翟濤勒字石崖

至此愈奇馬一龍勒字石崖

聖仙橋在馬棚厓下

橋在小龍峪

步天橋在二天門

漱王橋在石经峪道中

勒名于石

王母橋在王母池上橋之東則呂公洞橋之西則岳廟舊址此第一勝境也

滦河橋在滦河上州城西南河津

金銀橋

蓬玄坊偹建同高老橋

濟世坊

安民坊

勅建碧霞坊都御史李輔御史吳定韓應庚等偹建

升中坊

風濤雲壑勅字石崖

雄峙兩間立石三天門外

俯窺六合立石同前

山河一覽勅字蓬玄坊下

海日奇觀郎中吳同春書在日觀峯

東南絕壁

岱北奧區前人書在黃華洞石壁

岱史第五卷疆域表

叙曰表疆域者何表岱宗所隷疆域也隷於州邑而郡而部也夫岱宗秀挺一合靈應八埏涵育萬形儲峙千古豈一疆一域所得而囿乎然自古錫土姓以立國制地域以撫封必恃名山大川爲之界焉是故禹貢九州之域海岱維青周禮山鎮之崇兖州曰岱此疆域所由始矣秦漢而降建牧分州割裂土境廢置凢幾漢之奉高唐之乾封宋之奉符皆以邑名於岱阯者也

皇明定鼎燕冀惟岱宗較諸嶽獨邇雄據東夏屏障

皇畿若拱辰然而漕源國計亦維茲攸賴所謂奠安磐石之宗其在斯與岱阯不以邑而以州俾奉歲祀而州以泰安名有以也夫茲備錄古今沿革并其年數而爲之表如左方

八一　廿八

朝代	摠部	郡	州縣
唐虞	青禹貢曰海岱惟青州		
夏商			
周	兖周禮兖州其鎮曰岱	魯魯頌曰泰山巖巖	

戰國齊　博邑

秦　齊郡　博邑

西漢兗州部　泰山郡 漢初屬濟北國武帝元狩元年濟北王奏獻　奉高縣 武帝元封元年至奉高

東漢兗州部　泰山郡　奉高縣 光武二十二年至奉高章帝元和二年幸奉高

○晉兗州部　泰山郡　奉高縣 ○

南宋兗州部　泰山郡　奉高縣

北魏兗州部　泰山郡　奉高縣

隋兗州部　魯郡 大業初改屬魯郡　岱山縣 開皇六年改奉高曰岱山

八一　廿九

唐河南道　兗州魯郡 武德貞觀制發州東岳於兗玄宗封泰山神爲天齊王　乾封縣 高宗改岱山縣爲乾封縣

兗州襲慶府奉符縣

宋　京東西路　初祭東岳於兗州真宗加號泰山大齊仁聖王又上號仁聖帝　真宗祥符元年改乾封縣爲奉符縣

金　山東西路　泰安州 大定二十三年陞泰安軍　爲州　奉符縣

元　山東東西路　泰安州 加上泰山天齊大生仁聖帝　奉符縣

○皇明　山東布政使司　濟南府 洪武制和加泰山封號正名稱東嶽之神　泰安州 省奉符縣並入州○

岱史第二冊諸字號目録　八二

岱史第六卷狩典紀附封禪

敘曰曷紀乎狩典也紀帝王時巡之大典也而并及夫封禪者何紀其變也亦紀夫當時君之侈臣之諛以示儆也夫五載一狩昉於虞書十二年一巡見諸周制時維仲春則生長之月岳維泰岱則生長之方於時坐明當朝群后考績其政令凡以為民也豈似後世人主琢石銘山以夸大其業泥金檢玉以徼福於神盤樂戲民千乘萬騎而猥云七十二君之故事秦漢以來即所稱英君亦不免焉卓哉我
成祖文皇帝灼見而卻絕之以垂憲
昭代豈非超越千古者哉余茲附錄前代封禪文一二而終之以先賢記論俾觀者得以考鑒焉

唐虞歲二月東巡守至於岱宗柴望秩於山川肆覲東后協時月正日同律度量衡修五禮如五器五載一巡守群后四朝見舜典

夏后氏因之

周十二年一巡狩歲二月東巡狩至於岱宗

觀諸侯於明堂見周禮○明堂說見遺蹟紀

秦始皇二十八年東行郡縣上鄒嶧山立石與魯諸儒生議刻石頌秦德議封禪望祭山川之事乃遂上泰山立石封祠祀下風雨暴至休於樹下因封其樹爲五大夫禪梁甫刻所立石見史記○王仲淹謂封禪非古啟於秦漢故志封禪以秦爲首

八二 四

李斯篆刻石文今存二十九字詳見遺蹟紀

事天以禮立身以義事父以孝成人以仁四海之内莫不郡縣四夷八蠻咸來貢職人庶蕃息天禄永得今皇帝臨位作制明法臣下修飭二十有六年初并天下罔一賓服親巡遠方黎民登茲泰山周覽東極從臣思迹本原事業祗誦功德治道運行諸產得宜皆有法式大義休明垂於後世順承勿革皇帝躬聖既平天下不懈於治夙興夜寐建設長利專隆教誨訓經宣達遠近畢理咸承聖志貴賤分明男女禮順慎遵職事昭格内外靡不清净施於後嗣化及無窮遵奉遺詔永承重戒

漢武帝元封元年東巡海上夏四月登封泰山降坐明堂詔曰朕以眇身承至尊兢兢焉惟德菲薄不明於禮樂故用事八禮遭天地況施著見景象屑然如有聞震於怪物欲止不敢遂登封泰山至於梁父然後升禮肅然自新嘉與士大夫更始其以十月爲元封元年行所巡至博奉高蛇丘歷城梁父民田租逋賦貸已除加年七十以上孤寡帛人二匹四縣無出今年算賜天下民爵一級女子百户牛酒又下詔曰古者天子五載一巡狩用事太山諸侯有朝宿地其令諸侯各治邸太山下

八二 五

二年秋作明堂於泰山

太初元年冬十月行幸泰山

太始四年春三月行幸泰山壬午祀高祖於明堂以配上帝因受計癸未祀孝景皇帝於明堂甲申修封丙戌禪石閭

征和四年春三月上耕於鉅定還幸泰山

司馬遷封禪書畧

自古受命帝王曷嘗不封禪蓋有無其應

而用事者矣未有睹符瑞見而不臻乎泰山者也齊桓公既霸會諸侯於葵丘而欲封禪管仲曰古者封泰山禪梁父者七十二家而夷吾所記者十有二焉昔無懷氏封泰山禪云云伏羲封泰山禪云云神農封泰山禪云云炎帝封泰山禪云云黃帝封泰山禪亭亭顓頊封泰山禪云云帝嚳封泰山禪云云堯封泰山禪云云舜封泰山禪云云禹封泰山禪會稽湯封泰山禪云云周成王封泰山禪社首皆受命然後得封禪桓公曰寡人北伐山戎過孤竹西伐大夏涉流沙束馬懸車上卑耳之山南伐至召陵登熊耳山以望江漢兵車之會二而乘車之會六九合諸侯一匡天下諸侯莫違我昔三代受命亦何以異乎於是管仲睹桓公不可窮以辭因設之以事曰古之封禪鄗上之黍北里之禾所以爲盛江淮之間一茅三脊所以爲藉也東海致比目之魚西海致比翼之鳥然後物有不召而自至者十有五焉今鳳凰麒麟不來嘉

穀不生而蓬蒿藜莠茂鴟梟數至而欲封禪毋乃不可乎於是桓公乃止其後百有餘年而孔子論述六藝傳略言易姓而王封泰山禪乎梁父者七十餘王矣其俎豆之禮不章蓋難言之秦始皇即帝位三年東巡郡縣祠騶嶧山頌秦功業於是徵從齊魯之儒生博士七十人至於泰山下諸儒生或議曰古者封禪爲蒲車惡傷山之土石草木掃地而祭席用葅稭言其易遵也始皇聞此議各乖異難施用由此絀儒生而遂除車道上自泰山陽至巔立石頌泰始皇帝德明其得封也從陰道下禪於梁父其禮頗采太祝之祀雍上帝所用而封藏皆秘之世不得而記也始皇之上泰山中阪遇暴風雨休於大樹下諸儒生既不得與用於封事之禮聞始皇遇風雨則譏之始皇封禪之後十二歲秦亡諸儒生疾秦焚詩書誅僇文學百姓怨其法天下叛之皆僞曰始皇上泰山爲暴風雨所擊不得封禪此豈所謂無其德而用事者邪

令上自得寶鼎與公卿諸侯議封禪封禪用希曠絕莫知其儀禮而群儒采封禪尚書周官王制之望祀射牛事齊人丁公年九十餘曰封禪者古不死之名也上於是乃令諸儒習射牛草封禪儀數年至且行天子既聞公孫卿及方士之言黃帝以上封禪皆致怪物與神通欲放黃帝以上接神仙蓬萊高世比德於九皇而頗采儒術以文之群儒既不能辯明封禪事又牽拘於詩書古文而不能騁上爲封禪祠器示群儒盡罷諸儒不用三月東上泰山泰山之草木葉未生乃令人上石立之泰山巔上念諸儒及方士言封禪人人殊不經難施天子至梁父禮祠地主乙卯令侍中儒者皮弁薦紳射牛行事封泰山下東方如郊祀太乙之禮封廣丈二尺高九尺其下則有玉牒書書秘禮畢天子獨與侍中奉車子侯上泰山亦有封其事皆禁明日下陰道丙辰禪泰山下趾東北肅然祭后土封禪祠其夜若有光晝有白雲起封中天

子從禪還坐明堂群臣更上壽明年夏旱公孫卿曰黃帝時封則天旱乾封三年上乃下詔曰天旱意乾封乎修五年之禮如前而加以禪祠石閭石閭者在泰山阯南方方士多言此仙閭也故上親禪焉太史公曰余從巡祭天地諸神名山川而封禪焉入壽宮侍祠神語究觀方士祠官之意於是退而論次自古以來用事於鬼神者具見其表裏後有君子得以覽焉若俎豆珪幣之詳獻酬之禮則有司存

班固白虎通畧

王者易姓受命而起必升封泰山何教告之義也始受命之時改制應天天下太平功成封禪以告太平也所以必於泰山何萬物所交代之處必於其上何因高告高順其類也故升封者增高也下禪梁甫之山基廣厚也刻石紀號者著己之功績以自效也天以高爲尊地以厚爲德故增泰山之高以報天附梁甫之阯以報地明天地之所命功成事遂有益於天地若高者

加高厚者加厚矣或曰封者金泥銀繩或曰石泥金繩封以印璽故孔子曰升泰山觀易姓之王可得而數者七十有餘封者廣也言禪者明以成功相傳也於梁甫何以三皇禪繹繹之山明已成功而告有德者居之繹繹者無窮之意也五帝禪於亭亭者量度審諟德著明也三王禪於梁甫之山者梁信也甫輔也輔天地之道而行之也太平乃封告於天必也於岱宗何明告易姓刻石紀號昔自紀于百王也燎祭天報之義也詩云於皇時周陟其高山言周太平封泰山也

光武皇帝建武二十年十月東巡狩至於岱宗　三十年群臣上書請封禪詔曰即位三十年百姓怨氣滿腹吾誰欺欺天乎曾謂泰山不如林放何事汙七十二代之編録桓公欲封禪管仲非之若郡縣遠遣吏上壽盛稱虛美必髡無令屯田從此群臣不敢復言　三十二年帝夜讀河圖會昌符曰赤劉之九會命岱宗感此文乃詔

梁松按索圖讖文言九世封事梁等列奏乃許焉求元封故事議封禪所施用有司奏當用方石累壇玉牒玉檢金泥及石檢度數帝以用石功難又欲及二月封禪故詔梁松因故封石空更加封而已松疏爭不可正月至奉高遣侍御史與蘭臺令將工先上山刻石辛卯封泰山甲午禪於梁父四月己卯肆赦以建武三十二年爲建武中元元年

光武刻石文畧

維建武三十有二年二月皇帝東巡狩至於岱宗柴望秩於山川徧於群神遂覲東后從臣太尉憙行司徒事特進高密侯禹等漢賓二王之後在位孔子之後褒成侯序在東后蕃王十二咸來助祭河圖赤伏符曰劉秀發兵捕不道四夷雲集龍鬬野四七之際火爲主河圖會昌符曰赤帝九世巡省得中帝劉之九會命岱宗誠善用之姦僞不萌赤漢德興九世會昌巡岱皆當天地扶九崇經之常漢大興之道在九

世之王封於泰山刻石著紀禪于梁父退
省考五河圖合古篇雒書甄曜度孝經鉤
命經讖所傳昔在帝堯聰明密微讓與舜
庶後裔握機王莽以舅后之家三司鼎足
冢宰之權勢依託周公霍光輔幼歸政之
義遂以篡叛僭號自立宗廟隳壞社稷喪
亡不得血食十有八年揚徐青三州首亂
兵革橫行延及荊州豪傑并兼百里屯聚
往往僭號北夷作寇千里無煙無雞鳴犬
吠之聲皇天睠顧皇帝以匹庶受命中興○
○年二十八載興兵起是以中次誅討十有
餘年罪人斯得黎庶得居爾田安爾宅書
同文車同軌人同倫舟輿所通人迹所至
靡不貢職建明堂立群雍起靈臺設庠序
同律度量衡修五禮五玉三帛二牲一死
八二　十一
贄吏各修職復于舊典在位三十有三年
六十有一乾乾日昃不敢荒寧涉危歷險
親巡黎元恭肅神祇惠恤耆老理庶遵古
聰允明恕皇帝唯慎河圖雒書正文是月
辛卯柴登泰山甲午禪于梁陰以承靈瑞

以為兆民永茲一宇垂于後昆百僚從臣
郡守師尹咸蒙祉祐永永無極
章帝元和二年正月東巡狩柴告岱宗幸
奉高祀五帝于汶上明堂
安帝延光三年二月丙子東巡狩辛卯柴
告岱宗
魏明帝東巡狩凡三至岱宗所過存問高年
恤疾苦或賜穀帛
隋文帝開皇九年朝野皆請封禪詔畧曰以
薄德而封名山用虛言而干上帝非朕所○
○聞今後言封禪宜即禁絶十四年百官抗
表固請封禪帝令牛弘等創儀注既成帝
視之曰茲事體大朕何德以堪之但當東
巡因祭泰山耳
唐太宗貞觀初群臣並請封禪唯魏徵以為
不可　六年文武官以刓平突厥盛德被
於海內又年穀屢登表封泰山太宗謂侍
臣曰朕每見衆議以封禪為盛事頗奏勸
朕行之　如朕本心但使天下太平家給人
足雖闕封禪之禮亦可比德於堯舜若百

姓不足夷狄内侵縱修封禪之儀亦何異
桀紂昔秦始皇爲暴虐之主漢文爲有德
之君以此而言無假封禪且禮云掃地而
祭以表至誠何必遠登高山封三尺土也
太宗雖納徵言而藩臣循抗表勸請　十
八二　十二
五年東幸至洛陽而彗星見乃止
高宗麟德二年幸東嶽乾封元年正月封
泰山禪于社首以皇后武氏爲亞獻越國
太妃燕氏爲終獻其帷帟錦繡群臣瞻望
多竊笑之

玉牒祀文

有唐嗣天子臣某敢昭告于昊天上帝有
隋運屬頹危數窮否塞生靈塗炭宇縣淪
亡高祖仗黄鉞而救黎元賜玄圭而拯沈
溺太宗功宏鍊石定區宇於再麾業壯斷
鼇飲滄海而一息臣忝奉餘緒恭承積慶
遂得崑山寢爍炎海澄波雖乃業茂宗祧
斯實降靈穹昊今謹告成東岳歸功上玄
大寶克隆鴻基永固凝薫萬姓陶化八紘
駱賓王爲齊州父老請陪封禪文

圓天列象紫宫通北極之尊大帝凝圖玄
猷暢東巡之禮是知道隆光澤既輯玉于
雲臺業紹禋宗必塗金于日觀伏惟皇上
乘乾握紀纂三統之重光御極登樞應千
靈之累聖故得河浮五老啟赤文于帝期
八二　十三
海薦四神奉丹書于王會瑞開三脊祥洽
五雲既而緝總章之舊文紹辟雍之故事
非煙翼戟移玉輦于梁陰若月承輪祕金
繩于岱巘臣等質均芻狗陰謝桑榆幸屬
堯鏡多輝昭餘光于連石軒圖廣運追盛
禮于撚金然而鄒魯舊邦臨淄遺俗俱沐
二周之化咸稱一變之封境接青疇俯瞰
獲麟之野山開翠屺斜連辨馬之峯豈可
使稷下遺甿頓隔陪封之禮淹中故老獨
奏告成之儀是用就日披册仰璧輪而三
舍望雲紓素叫天閽于九重倘允微誠許
陪大禮則夢瓊餘息既仙閭以相驩就木
殘魂遊岱宗而載躍
玄宗開元十二年群臣多言封禪中書令
張説又固請乃下制以十三年有事於泰

山御製御書紀泰山銘
玉牒祝文
有唐嗣天子臣某敢昭告于昊天上帝天
啓李氏運興土德高宗太宗受命立極高
宗升中六合殷盛中宗紹復繼體不定上
帝眷祐錫臣忠武底綏内艱推戴聖父恭
承大寳十有三年敬若天意四海晏然封
祀岱岳謝成于天子孫百禄蒼生受福
玄宗紀泰山序銘（勒石嶽嶺磨厓碑詳見遺蹟紀）
朕宅帝位十有四載顧惟不德懵於至道
任夫難任安夫難安兹朕未知獲戾於上
下心之浩蕩若涉於大川賴上帝垂休先
后儲慶宰衡庶尹交修皇極四海會同五
典敷暢歲云再熟人用大和百辟僉謀倡
予封禪謂孝莫大於嚴父謂禮莫尊於告

天天符既至人望其積固請不已固辭不
獲予與夫二三臣稽虞典繹漢制張皇六
師震疊九寓旌旅有列士馬無譁肅肅邕
邕翼翼溶溶以至于岱宗頂也爾雅云泰
山爲東嶽周官曰兗州之鎮山實惟天帝

之孫群靈之府其方處萬物之始故稱岱
焉其位居五岳之伯故稱宗焉曰昔者受
命易姓於是乎啓天地薦成功序圖録紀
氏號朕承先王兹率厥典實欲報玄天之
眷命爲蒼生之祈福 豈敢高視萬古自比
九皇哉故設壇場於 山下受群方之助祭
躬封燎於山上奠一獻之通神斯亦因高
崇天就廣增地之義 也乃仲冬庚寅有事
東嶽類于昊天上帝 配我高祖在天之神
罔不畢降粤翌日禪 於社首侑我聖者祀
於皇祇在地之神罔不咸舉暨壬辰覲群
后上公進曰天子膺天符納介福群臣拜
手稽首稱千萬歲慶答歡同陳誡以德大
渾叶度彝倫攸叙三事百揆時乃之功萬
物由庚兆人允殖列牧衆宰時乃之功一

二兄弟篤以孝友錫類萬國時惟休哉我
儒制禮我史作樂天地擾順時惟休哉蠻
夷戎狄重譯來貢累聖之化朕何慕焉五
靈百寳日來月集會昌之運朕何感焉凡
今而後敬乃在位一王度齊衆法推舊章

補鈌政存簡易去煩苛思立人極乃見天則於戲天生蒸人惟后時乂能以美利利天下事天明矣坤厚載物惟后時相能以厚生生萬人事地察矣天地明察鬼神著矣惟我藝祖文考精爽在天其曰懿予幼孫克享上帝時若馨香其丕乃曰會我之文武曾孫其誕錫新命纘我舊業永保王祿子孫其承之予小子敢對揚上帝之休命則亦與百執事尚綏兆人將多于前功而毖彼後患一夫不獲萬方其罪予一心有終上天其知我朕惟寶行三德曰慈儉謙慈者覆無疆之吉儉者崇將來之訓自滿者人損自謙者天益茍如是則軌迹易循基構易守磨石壁刻金記後之人聽詞而見心觀末而知本銘曰惟天生人立君以理惟君受命奉為天子代去不留人來無已德涼者滅道高斯起赫赫高祖明明太宗爰革隋政奄有萬邦罄天張宇盡地開封武稱有截文表時邕高宗稽古德施周溥茫茫九夷削平一鼓禮備封禪功齊

舜禹巖巖岱宗衍我玄神中宗紹運舊邦維新睿宗繼明天下歸仁恭己南面綑緼化醇告成之禮留諸後人緬予小子重基五聖匪功伐高匪德矜盛欽若祀典丕承求命至誠動天福我萬姓古封泰山七十二君或禪社首或禪云云其迹不見其名可聞祗遹文祖光昭舊勲方士虛誕儒書齷齪佚后求仙誣神檢玉秦災風雨漢汙編錄德未合天或承之辱道在觀政名非從欲銘心絕巖播告群岳

八二　十六

宋太宗皇帝太平興國八年泰山父老千餘人詣闕請東封上謙讓不允中外群臣獻歌頌稱功德請封禪者不可勝計　雍熙元年群臣三上表陳請詔以今年十一月有事于泰山尋以乾元文明二殿災詔罷封禪

真宗大中祥符元年兖州父老吕良等千二百七十八人詣闕請封禪上曰此大事不可輕議知州邵曄又率屬官及兖州進士孔謂等伏闕陳請宰相王旦率文武百

官諸軍將校州縣官吏蕃夷僧道耆壽二萬四千七十人詣東上閤門請封泰山詔不允又四表懇請乃詔以今年十月有事於泰山先是殿中侍御史趙湘請封禪上拱揖不荅王旦等曰封禪之禮曠廢已久若非聖世承平豈能振舉初王欽若既以城下之盟毀寇準上自是常怏怏他日問欽若曰今將柰何欽若度上厭兵即謬曰陛下以兵取幽薊乃可刷此恥也上令思其次欽若因請封禪以鎮服四海誇示夷狄上曰王旦得無不可欽若以上意諭旦旦黽勉而從十月辛卯發京師丁未次奉高庚戌步輦登山辛亥祀昊天上帝于圜臺中書侍郎讀玉牒文即日還奉高宮日輪五色雲見先朝以來四方所獻珎禽奇獸悉縱於山下癸丑御朝覲壇大赦天下改乾封縣曰奉符改泰山頂曰太平頂

玉牒祝文

有宋嗣天子臣諱敢昭告于昊天上帝運啓大同惟宋受命太祖開階功成治定太

宗膺圖重熙累盛粤惟中人丕承列聖一紀于茲四隩來暨玄貺殊尤六府章示時和年豐群生咸遂僉議大封聿申昭事躬陟喬岳對越上玄祈福逮下侑神奉先天祿無疆靈休允迪萬乘其昌永保純錫

真宗御製序銘

朕聞一區宇而恢德教安品物而致昇平此邦家之大業也考茂典而薦至誠登喬嶽而荅純錫此王者之昭事也結繩已往茫茫而莫知方冊所存章章而可辨罔不開先流福累洽儲休長發其祥永錫爾類故能禋祀上帝肆覲群后追八九之遐躅徇億兆之歡心是以武王勤獨夫集大統而成王以之東巡高帝平三猾啟天祿而武帝以之上封曩以五代陵夷四方分裂嗷嗷九域顉影而求存顒顒萬民籲天而仰訴不有神武多難何以戡不有文明至治何以復恭惟太祖啟運立極英武聖文神德玄功大孝皇帝積善自始受命撫疆歷試于艱難終陟于元后威靈震疊玄澤

汪翔無往不賓有來斯應濟民於塗炭登
物於春臺俾乂萬邦成湯之甚盛咸宣九
德文王之有聲啟運于前垂裕於後太宗
至仁應道神功聖德文武大明廣孝皇帝
洪基載紹景貺誕膺如日之升燭于率土
如天之廣覆于群生人文化成神道設教
尊賢尚德下武後刑金石之音明靈是格
玉帛之禮蠻貊來同書軌畢臻典儀無闕
上玄降鑒虞舜之溫恭庶民不知唐堯之
於變重熙之盛冠絕于古先增高之文已
頒乎成命遂巡其事謙莫大焉肆予冲人
獲守丕搆其德不類其志不明弗克嗣興
罔識攸濟屬以陽春届節靈文錫慶由是
濟河耆老鄒魯諸生啟予以神休邀予以
封祀不遠千里來至闕庭朕惕然而莫當
八二　十九
彼確乎而莫止俄而王公藩牧卿士列校
獻封者五上伏閤者萬餘以爲景命維新
珍符紛委不可辭者天意不可拒者群心
天意苟違何以謂之順道群心苟鬱何以
謂之從人是宜登介丘成大禮敦諭雖至

勤請彌固切念乾坤垂祐宗祏儲祉導揚
嘉氣僅洽小康俾夫疆埸以寧干戈以息
風雨以順稼穡以登無震無驚既庶既富
皆天之賜也豈朕之功歟雖則告成功紀
徽號非凉德之克堪也然而序圖録荅殊
禎非眇躬之敢讓也天孫日觀梁甫仙閭
五嶽之宗萬物之始升中燔燎舊章斯在
繼繩先志懿範遵已定之規祗事圜壇嚴
配肅因心之孝於是詔輔臣以經置命群
儒而講習給祠祀者罔有不至供朕身者
無必求豐故玉幣犧牲朕之所勤也羽儀
服御朕之所簡也精意篤志夙興夕惕誠
明洞達顯應還彰自天垂恩正真親臨於
雲馭奉符行事予曷敢怠於政經粤以暮
秋之初恭享清廟告以陟配孟冬之吉虔
登岱宗伸乎對越奉寶籙於座左升祖宗
以並侑禮之正也孝之始也乃禪社首歆
制咸若于時天神畢降地祇畢登肹蠁可
期奠獻如覿其薦也雖慙乎明德其感也
實在乎至誠亦復酌酆宮之前聞導甘泉

之受訃百辟委珮五等奉璋肆靑施仁舉
善勸治稽考制度採摭風謡文物聲明所
以揚二聖之洪烈歡娛慶賜所以慰百姓
之來思盖又兩儀之純嘏七廟之餘慶邦
家之盛美蒸黎之介福豈予寡昧所可致
八二　二十
焉唯當寤寐寅威夙夜惕厲不自滿假不
自逸豫寵綏庶國茂育群倫以答穹昊之
眷命焉勒銘山阿用垂永世銘曰節彼岱
嶽巋然東方庶物伊始玄感其章自昔受
命亙始穹蒼燔柴於此七十六王顧惟寡
薄恭嗣洪猷乾乾慄慄雖休勿休元符昭
錫餘慶遐流群情所迫盛則妥修前王丕
顯是月告成伊予冲眇無德而名永懷眷
佑祗荅景靈聿崇嚴祀用達精誠殊祥疊
委寓縣奔馳禮無違者神實格思藏封石
累刻字山嵋蒸民永泰繁祉常垂
孫奭諫疏
陛下才畢東封又議西幸非先王卜征五
年重謹之意今國家土木之功累年不息
水旱作沴饑饉居多乃欵勞民事祀神其

享之乎又曰今之奸臣以先帝嘗封禪故
賛陛下以繼承先志先帝欲北平幽朔西
取繼遷則未嘗獻公謀畫一策乃卑辭厚
幣求和於契丹𤍠國厯爵姑息於保吉謂
主辱臣死爲空言以誣下罔上爲己任是
八二　廿一
陛下以祖宗艱難之業爲奸臣僥倖之資
此臣所以長嘆痛惜也
徽宗政和四年兗鄆濮開德興仁潁昌府
鄭州廣濟永興軍等上言父老欲詣闕請
皇帝登封詔却之時蔡京當國將講封禪
以文太平預具金繩玉檢及凡儀物甚備
造舟四千艘雖兩具亦以十萬計他皆稱
是然不果行
皇明永樂間太常官獻頌請封泰山
成祖文皇帝却絶之　王直題郤封禪頌槀
右郤封禪頌槀前翰林學士贈禮部尚書
文穆公諡胡廣作也昔
太宗文皇帝在位時太常臣有言曰古者聖
人治天下功德盛隆則必舉封禪之禮以
告于神明垂美於萬世今陛下繼統天淸

地寧民物咸遂　聖德神功古無與讓而乃封禪那講何以繼前代帝王之盛請命禮部行之上曰封禪非古也帝王之有闡於後者在德不在封禪不許公聞之曰此盛德事也而大臣有與之比者陰助之公慮爲所惑乃本封禪非古之說與後世賢君良臣所以闢而不行之美作此詩以獻皇上聖性高明眞知灼見足以破千古之謬爲百王之明監覽之喜曰是朕心也於是言者沮而封禪卒不行君子之尊君務引其君以當道若公是也彼秦皇漢武肆其侈心以瀆擾上下天地厭之顚乃以是爲說此爲邦者所以遠佞人而公之所深慮也

歷代儒臣封禪論

八二　廿二

漢司馬虎曰自上皇以來封泰山者至周七十二代易姓則改封者著一代之始明不相襲也繼世之王巡狩則有修封以祭而已自秦始皇孝武帝封泰山本因好仙信方士之言及造石檢即封之事也天道

質誠約而不費故牲用犢器用陶匏殆將無事於檢封之間而樂難攻之石也夏少康周宣王由廢復興不聞改封光武欲因孝武故封而梁松固爭以爲必改乃當天意既封之後未有能福而松卒被誅死雖罪由身作蓋亦誣神之咎也且帝王所以能大著于後者實在其德加於人不聞其在封矣崔靈恩曰自周以前封者皆封土爲壇至秦皇漢武始用石檢袁宏曰夫揖讓受終必有至德於天下征伐受命必有大功於萬物是故王者初基則有封禪之事蓋以其成功告于神明者也夫東方者萬物之所始山嶽者靈氣之所宅故求之物本必於其始取其所通必於所宅崇其壇場則謂之封明其代興則謂之禪然則

八二　廿三

封禪者王者開務之大禮也德不周洽不得輒議斯事功不弘濟不得髣髴斯禮曠代一有其道至高自黃帝堯舜至于三代各一得封禪未有中修其禮者也雖繼體之君時有功德此蓋率復舊業增修其前

政不得仰齊造國同符改物者也夫神道真一其用不煩天地易簡其禮尚質故籍用白茅貴其誠素器用陶匏取其易從然則封禪之禮簡易可也若夫石函玉牒非天地之性也

梁許懋曰舜柴岱宗是為巡狩而鄭玄引孝經鉤命决云封于泰山考績燔燎禪于梁甫刻石紀號此緯書之曲說七十二君燧人之前世質民淳安得泥金檢玉結繩而治安得鐫文告成妄亦甚矣若聖主不須封禪若凡主不應封禪秦始皇嘗封泰山孫皓嘗封國山皆由主好名於上而臣阿旨於下非盛德之事不可為法也

宋胡致堂曰緯書本原於五經而失之者也而尤紊於鬼神之理幽明之故夫鬼神

無灾吉曜臨軒錫五福以曰福曰壽稽首皈依至真妙道　德光常曜天尊

浛衆等志心皈命靈濟宮

九天金闕明道達德大仙顯靈普濟清微洞玄冲虛妙感慈惠護國庇民崇福洪

恩真君

九天玉闕宣化扶教上仙昭靈博濟高明弘靜冲湛妙應仁惠輔國佑民隆福洪恩真君

宮中神仙諸靈官謹燃璣衡七政神燈

上布日曜太陽之象

恭聞道在太極之始莫見乎隱莫顯乎微日者衆陽所宗無願不成無幽不察莫測其妙所存者神赫赫厥靈人可畏之如趙盾明明在上民皆仰之若周公

八二　廿四

輝光其德盛矣乎潔白其節皎如也烏輪肅備朝覲彝儀之宮羲駕莊嚴燕享洞陽之殿放在毫光萬丈普照世界三千入吾門也無蔀屋之疑遵吾道也臧索塗之病伏念一切衆生塵埃汩沒徒

窮逐影之勞雹露虛華惟有過隙之歎自今反照與道常明伏願中為市者獲行商坐賈之財出而作之安耕田鑿井之業藝之巧者以圭測影工之勤者繼晷焚膏為儒者賦誇五色文章入仕者

武遠矣使其舉措每如此則金甌之業荷缺壞之有

童俟卿曰以封禪爲非古者王仲淹也以封禪爲不經者李泰伯也以封禪爲不足信者蘇子由也夫六經無封禪之文帝王無封禪之事著是文者管仲跡其源史遷浚其流李仲推其波張說助其瀾侈是事者祖龍噓其煙孝元封其燼隋帝熾其膏玄宗烈其焰是封禪之典惟以肆情示誇也證之以六經之明文質之以帝王之實迹則後世之惑滋甚且云云一山也或以爲在東山或以爲在蒙陰亭亭一名也或以爲在牟陰或以爲在鉅平社首一地也或以爲在鉅平或以爲在慱縣則服虔晉灼應劭之論不同既曰伏羲神農禪云云又曰三皇禪繹繹既曰帝嚳堯舜禪云云又曰五帝禪亭亭既曰禹禪會稽湯禪云云又曰三王禪梁有則管仲孔頴達之說爲不一紛紛異議迄無訂證唐虞三代果有是乎七十二君果足信乎設有是事六

經遺文豈應不載吁安得仲淹泰伯子由與之議封禪之非哉

馬端臨曰按文中子曰封禪非古也其秦漢之侈心乎而太史公作封禪書則以爲古受命帝王未嘗不封禪且引管仲荅齊桓公之語以爲古封禪七十二家自無懷氏至三代俱有之蓋出於齊魯陋儒之說詩書所不載非事實也當以文中子之言爲正

野翁詩話唐竇庠冬夜寓懐寄王翰林詩云滿地霜蕪葉下枝幾回吟斷四愁詩漢家若欲論封禪須及相如未病時按史記天子曰相如病甚可往悉取其書使所忠往相如已死妻曰長卿未死時爲書一卷曰有使來求奏之言封禪事所忠以奏天子異之夫封禪秦漢侈心既非古禮而相如至死不忘獻諛夫豈忠臣而庠以自比或以比人此唐儒之陋也韓退之亦上表勸封禪又數自謂希相如退之儒宗猶爾如庠何議焉

明丘濬曰封禪之說說書禮典畧不經見審有是事乃天下國家之盛舉堯舜禹湯文武成康皆身致太平安得闕而弗講所謂七十二君者果何代何人哉先儒有言養生至於長生不死爲國至於祈天求命皆有是理然人未有能爲之者縱爲之然亦不出乎身心日用之間非必由乎服食藥物徼求鬼神而後致之也是故明君求年莫若寡欲延國祚莫若愛民寡欲而至於全其天愛民而至於過其曆誠有是理

亦誠有是事嗚呼世主所以甘心於不貲之費而行封禪之禮者以有秘祝之求也誠知此理反之於心知其必無驗之於古知其無効則自不爲矣

岱史第七卷望典紀

敘曰曷云乎望也帝王祀事之稱也紀之者何秩祀以崇禮也夫國之大事惟祀祀之大事惟天地與五嶽而岱惟嶽首帝王狩望必先焉於禮豈弗崇重哉然虞書望祀而曰秩周禮四望而曰秩視三公蓋别於天地也無用越禮以爲媚也降及後世餙縟矯誣唐則稱王宋則稱帝獻符奏策瑤牘雲臺輾蜚翼饗神而徼之福顧不思夫神聰明正直而一者也以此媚之克享否乎我

高皇帝稽古制祀典先正其名號曰東嶽泰山之神而郊壇而遣告而禱賽一切秩之以禮與帝典王章同符列聖承之昭然成憲可爲萬世法若夫公卿百執事有事於祀者凡以爲國爲民也例得附録焉

唐虞歲二月東巡守至于岱宗柴望秩于山川見舜典

周大宗伯以血祭祭五嶽山宗伯四埋五嶽五嶽視三公見周禮

周公封于曲阜伯禽爲魯侯遂得主泰山

之祀見魯世紀
魯僖公三十一年夏四月四卜郊不從乃
免牲猶三望見春秋○公羊傳曰三望者何望祭也祭泰山河海也
魯宣公三年春王正月郊牛之口傷改卜
牛牛死乃不郊猶三望同上
季氏旅於泰山子謂冉有曰汝弗能救與
對曰不能子曰嗚呼曾謂泰山不如林放
乎
秦始皇即帝位三年東遊海上祠名山大川
及八神八神之次二曰地主祠泰山梁父

八神之祀莫知所起蓋周之先已有之始
皇因之及舉封禪亦祠泰山
漢高祖至武帝時泰山屬濟北王境內自奉
祠元狩元年王以天子且封禪上書獻泰
山然後天子官領祠元封五年帝至奉高
修封祠泰山其後五年一修封凡五祠焉
宣帝神爵元年詔太常制五嶽常祀禮皆
使者持節唯泰山與河嶽五祠餘皆三祠
光武中元元年定北郊祀五嶽建武三十
年三月帝却封禪之議幸魯退祭泰山

三十二年二月帝舉封禪祭天於泰山下
南方又以一特牲於常祠泰山處告祠泰
山
章帝元和二年二月辛祀泰山　風俗通
曰岱宗廟十月日合凍臘月日涸凍正月
日解凍皆太守侍祠
魏文帝黃初三年祀五嶽
晉成帝咸和八年立北郊五嶽從祀
梁令郡國有五嶽者置宰祀三人以孟春仲
冬祠之

後魏景穆帝立五嶽廟於桑乾之陰每歲遣
祠官詣諸嶽鎮禱焉
孝文帝祭岱嶽文曰造化氤氳是生二儀
玄黃既闢山川以離四流含靈五嶽苞祇
并冀方象出納望義岱宗穹崇梁甫盤崛
青丘碕巘春趾鬱律肇生庶類啟光品物
上敷神工下融靈秩載協化文四氣以溢
百王鐫成莫不茲室
唐武德貞觀制以五郊迎氣之日祭五嶽又
祭東嶽於兗州

玄宗開元初五郊迎氣之祭如舊制祝文見後
開元十三年封泰山神爲天齊王禮秩加
三公一等　是時天台道士司馬承禎言
今五嶽神祠是山林之神也五嶽皆有洞
府有上清真人降任其職山川風雨陰陽
氣序是所理焉冠冕章服佐從神仙皆有
名數請別立齋祠玄宗奇其說勅五嶽各
置真君祠故今道書稱東嶽太靈蒼元司
命真君云
開元初定常祭儀祝曰嗣天子某謹遣某
官某敢昭告于　東嶽岱宗惟神贊養萬
品作鎮一方式因春始謹以玉幣犠齋粢
盛庶品朝薦于東岳岱宗尚饗
天寶元年七年八年皆以歲豐遣官祭五
嶽
德宗貞元二年詔太常卿裴郁等十人各
就方鎮祭嶽瀆
宋初祭東嶽泰山於兗州
真宗大中祥符元年封禪禮畢詔加號泰
山天齊王爲天齊仁聖王　五年加上曰

天齊仁聖帝命學士晁迥撰天齊仁聖帝
碑銘今存嶽廟
晁迥碑銘
臣聞結峚爲山壓無疆之厚載并名曰嶽
表奠服之崇丘至若根一氣以混成娩四
時而首出作鎮東夏是惟岱宗辨乎五方
設位冠配天之大畫爲八卦建標當出震
之區遂深連空洞之宮翕習號神靈之府
夫其魁甲良象握制坤軸嶾嶙磅礴穹崇
岧嶤天門路界於鬱蒼日觀勢臨於杲曜
列仙遯迹存棲真之石間求命儲休閟與
齡之金篋滋殖百卉函育庶類畜泄雷雨
吐納風雲封之所以合元符登之所以小
天下近綴梁杜遠矚秦吳控壓海沂襟帶
洙泗鄒人所仰魯邦是詹肇生物之化權
蓋順貞之壽域也古先哲后誕膺駿命披
皇圖稽帝文告成功申大報昭姓考瑞刻
石紀號自無懷氏迄唐明皇登封展采布
在方冊者罔不于兹矣開元十三年始封
神曰天齊王禮秩加三公一等綿歷五代

寂寥無聞爰暨皇朝勃興嘉運叶百姓與
能之望應真人革命之秋太祖皇帝總擊
英雄鞭撻宇宙勤勞四征削平多壘方混
一於寰中太宗皇帝纂隆洪緒懋建皇極
斟酌道德統和天人乃綏懷於海外然而
艱難創業緼畜貽謀勤崇奮炎將底績而
未暇開先遺大知弈世而有歸粤惟崇文
廣武感天尊道應真佑德欽明上聖仁孝
皇帝陛下承昌定之基格孟安之世顯仁
以育物廣孝以奉先宣洽重熈財成庶政
弭息戎旅撫柔要荒乘國步之寧清宅天
衷於醴粹因之以豐懋加之以阜康庸慶
宗廟之重游心帝王之術長轡遠御大道
坦夷天衢於是乎亨聲德教於是乎漸被
戴日戴斗聿遵朝聘之期太平太蒙盡入
車書之域垂衣在上擊壤在下得以疇咨
俊茂博訪幽隱講求典禮包舉藝文接千
歲之統可炳儀於封祀當萬物之盛宜昭
告於神明然猶務謙尊而益光體健行而
不息沖晦藏用惴默思道俄而天休震動

上帝顧懷真籙洊臻靈心有懌總集峻命
覺悟烝黎諭金簡玉字之文等河圖洛書
之寶承是秘檢發爲蕃釐霈澤開榮普天
受賜新建元之號易通邑之名茂昭降祥
聳動群聽是時東土耆老湊闕廷以上書
南司宰輔率官師以抗表願循考古之道
煥發升中之儀弗獲固辭乃徇勤請且以
增覆載之高厚揚祖宗之純懿也儲峙供
億悉出於縣官經啓營繕不煩於民力大
中澤符元年冬十月且儀制嚴仗衛陳屬
御隮介丘齋心服形奉符行事群司奔走
百禮修明集嶢巖之巔浚顯英之氣壇壝
清肅牲罍純備玉幣式敘樽彝在列奠獻
克謹曒繹用張晏娭交三神之歡陟配崇
二聖之位舉權火升高烟示琛牘以環觀
建雲臺而特起社首之禮抑又次焉咸秩
無文奉行故事朝會赦宥涵濡盪滌采輿
誦求民瘼旌前列衍徽章參用王制著明
皇績大猷克集神貺幽贊故自始及末見
象日昭史氏之筆殆不停綴則有非烟紛

郁太陽晏温仙芝無根菌蠢以呈秀醴泉
無源紫涌而善利靈輝休氣嘉穀奇木鱗
介之宗長翔游之品類表異駢出曠代絶
倫豈非受職修貢發祥介福之徵乎人謂
是山崇冠群嶽功侔造化斯不誣矣國家
稽虞書四巡之首原漢氏五祠之重述宣
邦典申嚴祭法奉正直聰明之德罄精虔
嘉粢之誠爲民祈福與國均慶封巒之後
復增懿號曰仁聖天齊王蓋以形容靈造
舉褒崇之禮也名稱之義大矣哉化工生

八二　卅三

物之謂仁至神妙用之謂聖登隆顯赫亦
云至矣復思嚴飭廟貌彰灼威靈責大匠
之職議惟新之制於是命使屬役協辰僝
功庀卒徒給材用興雲鍤運風斤程土物
以致期分國工而騁藝規畫盡妙樂勸忘
勞踰年而成不愆于素棟宇加宏麗之狀
像設賁端莊之容凡所對越肅恭逾至四
年春舉汾陰后土之祀成天地合答之禮
憲章明備上下交感純嘏既錫大賚施及
圓首方足式歌且舞猗歟間歲順動焜煌

景鑠而皆擬聖明之述作從英茂以飛騰
灼叙慶靈奉揚殊貺紀諸盛節悉以命篇
布日星之華配雲雨之潤並刊鳳藻散時
龜趺播洋溢之頌聲垂極鏤之能事而志
求象罔順拜崆峒闢衆妙之門廣列真之
宇非止卜永年於郟鄏是將納雅俗於華
胥者也又以太一五佐本乎天大寧五鎮
本乎地其位參兩鴻名可齊特尊列嶽咸
加帝號由是奉升泰山之神曰天齊仁聖
帝乃命寀馳道之東偏直寢居之巽位辟

八二　廿四

地經始別建五嶽帝宮以申崇尚之禮焉
御製奉神述詔中書召侍從之臣諭以制
作之本意觀夫聖文之梗槩以爲岱鎮之
大輔于粢祇動植之所蕃息百源之所滋
液至靈之宅陰騭攸司鍾戩穀而有徵繫
黎元之是賴舊史具載前王式瞻著冊封
之典嚴祀祠之禮增奉邑之數申樵蘇之
禁皆以仰不測之明威顯無方之妙迹也
方今兵革偃戢華夷會同歲獲順成物無
疵癘率由丕應冥助永圖固當稽彼前聞

進其尊稱謂乎唐虞曰帝商周曰王夫商
周之王爵人臣而有衮唐虞之帝秦神道
而何疑況其容衛等威冠裳制度極徽數
以宿備宜明艷以相符因而成之禮無違
者顧延景祐普及含生至乎載聲動屢辭
無私廣大坦然明白之理沛然利澤之德
曲成司牧俾臻富壽有以見聖人之情矣
遂詔勒石偏立於五嶽廟庭從近臣之議
也是歲冬並命使介分詣諸嶽定吉日飭
有司皇帝被法服御朝元殿禮行樂作而
○臨遣之持節受冊衮冕相繼次叙而出觀○
者如堵且嘆文物聲名之盛未嘗有也使
者奉詔訖事率叶素期於穆宏觀曼超千
古矣越明年詔五臣撰辭各建碑於嶽廟
而臣浸漬皇澤涵泳清徽偶集爲鴈之行
遂塵龍鳳之署預承綸旨强叩無音曷勝
眷奬上以慶幸宣明盛禮叨奉冊於泰城
潤色貞珉玷彌文於魯嶽荷輝榮之稠疊
愧才學之空疏爍吻濡毫謹爲銘曰節彼
泰山蟠亘大東一氣凝神五嶽推雄勢并

昂繹秀出龜蒙崛起海表目爲天中高摩
霄極俯瞰暘谷神策斯秘昌圖可卜物性
鍾仁民居獲福魯邦是常盛德在木百靈
淵府三宮洞天稷丘真隱芝童列仙白鹿
方駕飛龍命篇宅其勝境幾乎大年嶽長
曰宗歲交曰岱仰止巉岩奠茲持載壽域
既優神聰有賚禱祀誕隆寅威如在千載
興運八紘開基武功盪定文教緝熙封禪
緜典祖宗制宜逮夫聖嗣方畢宏規惟帝
奉符惟神佑德茂績其凝皇猷允塞嘉應
○沓臻鴻禎靡測芘芘豐衍元元滋息於赫○
靈廟控帶名區有詔改作俾受全模協心
董役豐資庀徒技殫勿倍雷動星敷大廈
咸新群黎改觀穹窿靚深崢嶸輪奐肅穆
威容潔清几案欽脩允宜肹蠁攸賛功懋
天作澤從雲游式諧民望昭報神休殊號
斯薦前古匪儔庶安億兆豈止懷柔天帝
之孫復升以帝出乎震宮臨乎日際事固
莫京理亦潛契樹此翠碑騰芳百世
金每歲御署祝板命守臣侍祠

元至元二十八年加上泰山天齊大生仁聖
帝歲一遣官祭嶽祠
皇明洪武三年六月二十日
皇帝制曰磅薄東海之西中國之東參穹靈秀生同天地形勢巍然古昔帝王登之觀蒼海察地利以安民主祝曰泰山於敬則致於禮則宜自唐始加神之封號歷代相因至今曩者元君失馭海內鼎沸生民塗炭予起布衣承上天后土之命百神陰佑削平暴亂正位稱職當奉天地享鬼神以依時統一人民法當式古今寰宇既清持脩祀儀因神有歷代之封號予起寒微詳之再三畏不敢效盖神與穹同始靈鎮一方其來不知歲月幾何神之所以靈人莫能測其職受命於上天后土爲人君者何敢預焉懼不敢加號特以東嶽之神名其山依時祭神惟神鑒之歲春秋二仲月泰安州記禮先丁祭一日

御製岱山高文曰岱山高兮不知其幾千萬仞根盤齊魯兮亦不知其幾千百里影照

東海兮巍然而柱天盍於民庶兮興雲吐霧神龍出乎其間降祥則甘露垂於松栢隹歲則滂沱遍於厚坤冬則寒風時出巖壑雜然而有聲百川林藪森然而如雷坤之所載世之山首岱山北至如暘谷之東方臣登峯頂時聞天聲萬籟岱山之高也哉柱天之勢其可云乎俄而風生萬壑雲起諸巒隱隱雷動百川倏忽電掣萬里長虹此岱山之神至也至則威靈百備神之造化如此少時風靜雲收電斂雷息又百川之清泰其岱山尤其高哉其蒼松也始天地而生倚丹崖而長松之所以長壽不比丹崖所以高萬仞向量盖由太古之歲月以至于今蒼松掃丹崖而莓苔不秀丹崖映蒼松而五色交輝猿啼雲樹之杪鶴並日觀之東鵰鶚盤旋乎深谷雖扶摇不可得而昇峯於戯登泰山而小天下越大海而眇江湖信哉

洪武十年歲次丁巳八月丁未朔
皇帝謹遣曹國公李文忠道士吳永輿鄧子

方致祭于東嶽泰山之神曰朕荷上天后
土之眷命蒙神之效靈以致平群雄息禍
亂君主黔黎於華夏統控蠻夷於今十年
中國康寧然於神之祀若以上古之君言
之則君爲民而禱歲有春祈秋報之禮於
斯之際有望於神而祭者有巡狩於所在
而燎瘗者今予自建國以來十年于茲國
爲新造民爲初安是不得親臨所在而祀
神也特遣開國忠臣李文忠道士吳永輿
鄧子方以代予行奉犧牲祝帛於祠下以
報效靈自今以後歲以仲秋詣祠致祭惟
神鑒之尚饗

洪武十一年遣道士吳永輿官行甫告曰
惟神靈峙方嶽鍾秀后祇主司生民厥功
允大時維仲秋禮當報祀特命使者奉犧
牲祝帛詣致祭伏惟鑒之尚饗

洪武二十八年遣神樂觀道士樂本然國
子監生王濟祭曰昔者元運將終英雄並
起民患兵殃時予亦與群雄並驅輯兵保
民上帝默相山川受命效靈所在必克轉

戰五年餘方乃兵偃民息衆樂生生之計
天下太平二十八年矣今洪武乙亥四月
間廣西布政司報蠻夷酋長龍州趙宗壽
奉議州黄世鐵不循治化負國殃民兵興
之事本重既行不敢不告所以告者兵行
十萬各離父母妻子途間饑飽勞逸山嵐
瘴氣患者有之此兵行之難兵入其境良
民受害且大軍所過荊棘不生民驚且疑
未有不傷者也此其所以告也但欲瘴癘
之方化煙嵐爲清涼之氣俾殄渠魁良民
安業軍士速回各得完聚以養父母是其
禱也然予未敢輕告上帝惟神鑒之爲予
轉達謹告

洪武三十年遣神樂觀道士朱鐸如監生
高翥祭曰昔元末兵爭傷生者衆予荷皇
天眷命嶽鎮海瀆山川效靈諸將用命偃
兵息民今三十年矣兵燹之餘民方安定
邇來西南戍守諸將不能昭布仁威但知
肥己虐人致令諸夷苗民困窘而奮怒攻
屯戍致傷戍守善民者予非敢用兵由是

不得已指揮諸將帥兵進討然山川險遠彼方草木茂盛煙嵐雲霧蓊鬱之氣吞吐呼吸則人多疾疫此行人衆各辭祖父母父母妻子涉險遠以靖邊夷以安中夏萬冀神靈轉達上帝賜清凉之氣以消煙嵐早定諸夷速歸營壘得奉祖父母父母眷屬團圓是其禱也今年九月二十六日兵行特遣人專香帛牲醴先詣神所謹告尚饗

○永樂五年遣道士復以生監生張禮祭曰比者安南逆賊黎季犛及子孫黎蒼逞兇肆暴屢壞邊疆侵奪忠明府禄州等處地方予加寬貸不肯與師問罪但遣使諭使還地黎賊巧詞支吾所還地多非其舊還地之後復擄西平州又侵寧遠州逼脅命吏占管人民刼掠資財殺虜男女邊境之民受其殘酷安南之人并被其害誅求百端老幼不寧占城之地累年遭其刼掠予數遣人告諭冀其改過而賊稔惡日甚罔有悛心予爲天下主視民塗炭安忍不救乃

命將出師聲罪致討志在弔民豈敢用兵實出於不得已賴皇天后土眷二嶽鎮海瀆效靈將士奮志賈勇悉掃蕩其孽党撫安其良善尚念將士暴露于外離其父母妻子山川險阻道里迢遞今天氣炎熱恐嵐瘴鬱蒸起居失調易於感疾予夙夜念此寢食不寧萬冀神靈鑒予誠悃聞於上帝賜以鴻庥潛消瘴癘俾降清凉使將士安寧百疾不作特遣人致香帛牲醴先詣神所祭告尚饗

○宣德十年歲次乙卯五月壬申朔十五日丙戌

皇帝謹遣泰安州知州胡宗敏祭告于東嶽泰山之神曰予嗣　祖宗大位統理下民夙夜惓惓養民爲務上祈神靈陰隆助相俾雨暘時順灾沴不生百穀用成民用康濟國家清泰永賴神庥謹以香帛達予至誠惟神鑒格尚饗

正統元年歲次丙辰五月丁卯朔十五日辛巳

皇帝謹遣吏科給事中車遜致祭于東嶽泰
山之神曰越此東土泰嶽惟崇民物熏安
厥功允茂予嗣承大統謹用祭告惟神歆
格求祐家邦尚饗
正統三年遣泰安州知州胡宗敏告曰朕
祗御下民求懷保恤百穀長育兹惟厥時
顒冀明靈特隆敷祐無災無沴時雨時暘
作歲豐穰以穀黎庶尚饗
正統九年遣翰林院侍讀習嘉言告曰予
奉天育民愧涼于德致兹久旱災及群生
夙夜省躬中心惓切神司方嶽憂憫諒同
雨農以時寘任其責特兹致禱尚冀感通
弘布甘霖用臻豐稔匪予之惠時乃神庥
尚饗
景泰三年遣太子太保兼都察院都御史
王文奉香帛太牢祭曰兹者河流泛溢自
濟寧州以南至于淮北民居農畝皆被墊
溺所在救死不贍朕實傷切于懷夫朕敷
政以惠民神出泉以澤物皆上帝所命今
泉流溢於淮泗災害及於公私伊誰之責

固朕不德所致神亦豈能獨辭必使泉出
得宜民以爲利而不以爲患然後各得其
職仰無所負而俯無所愧專庸感通以慰
懸切謹告
景泰六年遣刑部尚書薛希璉奉香帛牲
醴告曰恭承天命重付眇躬民社所依災
祥攸繫志恒内省欽每外乖或寒燠愆期
或雨暘踰度田疇失利穀麥不登言憂切民
心妨及國計究推所目良由在兹然因咎
致災固朕躬罔避而轉殃爲福實神職當
專夫有咎無功過將惟一轉殃爲福功孰
與均特致懇祈幸副懸望謹告
成化六年遣掌太常寺事禮部尚書李希
安告曰邇者山東地方爰自去秋訖于今
夏天時久旱泉流乾涸夏麥無成秋田未
種運河淺澁船運艱難中心皇皇深切朕
念惟神奠鎮一方人所恃賴覩兹旱暵寧
不惻然兹特遣官齎香帛以告于神冀體
上帝好生之德默運化機弘施雨澤使田
野霑足河道通行用紓朕慮大慰民望庶

幾神之休聞求　無窮神其鑒之尚饗
成化十三年遣山東布政使司左布政使
陳儼告曰國家敬奉神明聿嚴祠祀所期
默運化機庇佑民庶乃近歲以來或天時
不順地道欠寧或雷電失常雨暘愆候或
妖孽間作疫癘交行遠近人民頻遭饑饉
流離困苦痛何可言惻然於衷罔知攸措
惟神奠鎮一方民所恃賴覩此災沴能不
究心是用特具香帛遣官祭告尚冀體上
帝好生之德鑒予憂憫元元之意斡旋造
化弘闡威靈捍患禦災變禍為福庶幾民
生獲遂享報無窮　惟神鑒之尚饗
成化二十一年遣巡撫山東都察院左副
都御史盛顒告曰　惟神自開闢來作鎮東
土興致雨雲茂育萬物靈明克昭蒸民攸
賴是以歷代報祀之典有隆無替乃今歲
二三月間震動數次意者人事不脩不齊
瀆神弗安弗寧守臣疏達朕心憂惶祗備
香帛命官往祭望喬嶽以處祈冀鑒臨而
奠位助司元化誕福斯人夫古今瞻仰者

在茲國家欽崇者在茲謹告
弘治四年遣通政司左通政元守直祭曰
伏自去歲一冬無雪今春天時亢旱雨澤
愆期田苗枯槁黎庶憂惶予甚兢惕用是
側身脩省虔致禱祈維神矜憫下民斡旋
大造早霈甘澤潤滋禾稼弘濟民艱庶民
有豐稔之休則神亦享無窮之報謹告
弘治六年遣巡撫山東地方都察院左僉
都御史王霽祭曰伏自去冬無雪今春少
雨田禾未能播種黎庶實切憂惶予甚兢
惕用是側身脩省虔致禱祈惟神矜憫下
民斡旋大造早霈甘澤以滋禾稼以濟民
艱庶民有豐稔之休則神亦享無窮之報
謹告
弘治七年遣內官監太監李興太子太保
平江伯陳銳右副都御史劉大夏右僉都
御史熊翀以香帛告曰比者黃河不循故
道決于張秋東注于海既壞民田又妨運
道特遣內外文武大臣循行潰決之處督
工脩築神其默相用成厥功使農不失業

國計不厭不勝惓惓顒望之至謹告

弘治己未年

御製重脩東嶽廟碑朕聞自古天子報祀鬼神之禮載在典冊自郊祀天地而下復有所謂名山大川之祭蓋名山大川兩間物形之最鉅者形鉅則氣之所鍾亦鉅而神必依之於是有雨澤之潤有財貨之生有年穀水旱之祈禱焉以利生人此報祀之所由起也惟泰山在古兗州於方爲東故稱東嶽於時爲春春主生萬物之始群嶽之長又稱岱宗古者天子巡狩秩祭之所先而東方諸侯在其封内亦得以祭然其禮視三公蓋以別於天地也降及後世乃崇以美號至於帝王則與天地無別矣我

聖祖高皇帝有天下之初詔定祀典始復其號曰東嶽泰山之神禮嚴報祀著令至今大聖人超卓之見蓋出尋常萬萬者特朕所當恪守雖萬世子孫莫之能易也東嶽之廟今徧於天下其在泰山者爲專祀歷代所重故廟之規制甲於他方香火特盛

我　祖宗列聖自國初以來報祀惟謹廟宇亦屢加脩葺然歷歲既久風侵雨剥棟宇榱桷蓋瓦級磚與夫丹雘藻繪之飾未免傾圮漫漶弘治己未冬朕承　祖宗禮神之意遣御馬監太監苗逵往脩祀事具以爲言即發内帑銀八千餘兩并在廟積貯香錢命逵會山東鎮巡等官葺之未幾西陲告警逵有督軍之行工不時就壬戌冬再以祀事往乃與巡撫右副都御史徐源等議委右布政使俞俊專董其役而分巡副使王宗錫往來協同吏勤工善越明年夏乃訖自三殿而下若廊廡若門垣等凡傾者以易圮者以完漫漶者以鮮以潔金碧輝映廟貌深嚴泰嶽明靈既尊且安自是而往陰佑顯相我國家之祚作一方之生靈蓋有賴於無窮矣逵暨鎮巡等官咸奏是舉之盛宜有述以示後爰識巔末并繫之詩曰鴻濛未判一氣渾然清升濁降始肇乾坤賦形之大惟山與川氣隨形鍾神乃在焉巍巍泰山高入雲烟群岳

宗之靡忒與肖自古天子秩祭孔虔禮視
三公祀典攸傳降及唐宋縟禮相沿殊名
美號益謹益尊於惟我　祖志復古先秩
祀有詔功邁前編朕承　先烈精誠彌堅
祀事載脩廟貌增姘神心鑒悅降福綿延
壽我微祚光我化甄蕩蕩平平億萬斯年
正德五年遣戶部左侍郎喬宇告曰比者
暵厲踰時雨澤少降水泉枯涸運道良艱
意者政有乖違上干叶氣予心警惕內自
省循爰飭有司各脩乃事粤惟齊魯之地
泉源是鍾名山大川神所居守敬將香帛
特遣廷臣仰冀明靈斡旋大化沛施甘澤
濬發河流庶使國餉疏通田禾暢茂民生
有賴邦本無疆謹告
正德六年遣山東等處承宣布政使司右
叅議徐永告曰去歲以來寇夏作孽命官
致討逆黨就擒內變肅清中外底定非承
洪佑曷克臻茲因循至今未申告謝屬者
四方多事水旱相仍饑荒載塗人民困苦
盜賊嘯聚剿捕未平循省咎由實深兢惕

伏望神慈昭鑒幽贊化機災沴潛消休祥
叶應佑我國家永庇生民謹告
嘉靖十一年遣泰安州知州李畋祭曰惟
神鍾靈孕秀鎮奠一方陰翊國家其來尚
矣朕以寡昧恭承天命十有一年于茲敬
事神祇罔敢少懈顧儲宮未立恆切于懷
茲者特具牲帛醴齊遣官虔禱伏望茂著
神功錫予元嗣則我國家綿慶禩于無窮
而神亦享福于有永矣伏惟尚饗
嘉靖十七年遣泰安州知州丁方祭曰比
歲嘗命官禱嗣于神昨丙申孟冬之吉仰
荷天賜元儲亦神所贊佑者茲用致謝神
其鑒歆而永惟默佑焉尚饗
嘉靖二十二年歲次癸丑閏三月丁未朔
越二十八日甲戌
皇帝遣巡撫山東地方都察院右副都御史
沈應龍致祭于東嶽泰山之神曰朕祗奉
天命主宰萬民夙夜兢惕靡敢怠遑茲者
淮徐守臣奏稱去夏以來黃河漲溢水患
異常堤岸衝決民舍漂沒運道淤塞百姓

阻饑不能聊生朕聞之惻然惟神雄鎮一
方求饗秩祀茲宜體
上帝好生之德捍患禦災俾濬築工成水循
故道民安常業漕運疏通惟神之顯庥幣
帛將誠神其鑒之謹告

嘉靖三十三年歲次甲寅二月壬申朔十
八日己丑
皇帝遣巡撫山東地方都察院右副都御史
沈應龍致祭于東嶽泰山之神曰比因河
水漲溢糧道梗阻已經遣官祭告茲者明
神顯應脩濬工成河通運達國計有裨特
茲致謝惟神歆鑒謹告

嘉靖三十三年歲次甲寅四月辛未朔十
二日壬午
皇帝遣巡撫山東地方都察院右副都御史
沈應龍祭告于東嶽泰山之神曰朕奉
天命子育萬民所冀歲稔時和災害不作
爾者各處地方水旱兵荒人民遭阨危亡
載路災變異常朕心憂惕惟神上奉　帝
命奠濟一方諒垂矜憫爰命潔士齋捧香

帛特遣撫臣備儀竭虔詣祠致祭所冀明
神大彰靈應潛斡化機俾氣序順調雨暘
時若弭釋災刦溥資豐泰庶同朕奉　天
子民之意而神亦享惠于無窮矣謹告

隆慶三年
皇帝遣巡撫山東都察院右副都御史姜廷
順告嶽文曰邇者水災異常殃及黎庶良
軫朕懷茲特遣官祭告惟神鑒祐永福邦
民謹告

萬曆元年
皇帝遣祭于東嶽泰山之神曰惟神毓秀鍾
靈求表東土奠安民物萬世允賴茲予嗣
承大統謹用祭告神其歆鑒佑我國家尚
饗

歷代群臣祀祝

魏高允祭岱嶽文正址坤元作鎮東夏齊二
儀以求固崇至德以配天故能資元氣以
造物協陰陽而變化若其嵓嶺峭峙川谷
幽深神怪譎詭倏忽百靈吐納風雲育成

萬品攝生之所歸焉禎祥之所萃焉是以
歷代帝王之崇封禪銘功以告其成七十
二君咸在茲焉自非功侔造化應同自然
孰能若此者哉自我國家肅恭禋祀懷柔
百神邦域之內罔不咸秩徃以天路未夷
雖望祭有在今大化旣同奄有淮岱謹薦
于嶽宗之靈民饗食皇興二年

宋歐陽脩祭東嶽文脩比者獲觧郡章許還
里閈方中車而即路屬暑雨之時行輙以
愚誠仰干大造蒙神之惠賜以不違吹清
〇　八二　四十九　〇
飈而散陰泰秋陽以涸轍遂無道路之阻
得返草茅之居荷德之深不知爲報一觴
之潔謹用薦衷

濟南守曾鞏告岱嶽文云歲之旱有請于
神蒙畀嘉澤田則大稔今春河役發民二
萬更迭齎送衆又倍之蓋此齊人出者幾
半迨其反室維夏之初勞費旣深又違穡
事夫民數歲乃遇一稔敝之如此今二麥
方茁而亢陽爲沴吏任其咎所不敢逃惟
民何辜賴神終惠能致雲雨則實在神尚

其念之敢告〇惟神含德體仁鎮茲東夏
興雲致雨澤施八紘今此齊邦近在山趾
方夏久旱麥苗將萎吏思其繇奔走群望
而人微言賤不能上動頻陰復散怨已兼
旬念此疲民弊於征歛方歲之富食常不
足一遇災害必捐溝壑惟神戚列蒙覆被群
生顧此此州宜先蒙賜豈伊靈眷獨忍遺
之是用飭遣士民布誠福下情窮詞急冀
獲哀矜使一雨霈然則倒懸可解尚其降
鑒無作神羞〇維泰山歷古至今有天下
者巡狩封禪勒成告代莫不之焉或企足
動容卒莫能至實卓偉殊尤神明之地故
天下宗焉二典所記其光靈威烈焯示萬
世失豈他山可得而視維齊魯獲仰而事
粒食縷衣莫匪陰施今邦不雨自四月以
迄于茲積水之澤塵起冥冥粟將槁死蝗
亦滋生雖政或不良足以致此而百姓何
罪宜蒙哀矜彼撮土之山勺水之川尚能
與民爲福錫之有年豈如泰山朝出一雲
暮澤天下其勢之易易於轉圜而比近記

麗顧不能憐殆莫之或告告或不處夫民
之生蓋亦艱矣無儲與藏重斂煩使歲一
不登多瀕於死姦強無知或起乘時聚爲
盗攘以取誅夷循理安業田間之民亦與
俱亡奚可不傷肇受命天子守藩于東敢
齊以嚴告于靈宮惟神閔人之病助歲之
功需然下雨變沴爲豊尚俾斯民以牛羊
黍稷得承事于無窮右三首俱祈雨臣愚行爲時
之所背言爲時之所輕寡儔少和耿耿犖
犖奇於人而如此敢望信於冥寞屬東轅
而進謁託斯文而薦誠眷齊魯之舊邦依
大鎮之峥嶸若旱魃之方驕憂歲事之不
登民且瘠於溝壑或椎埋而死兵冀聰明
之饗答靈霈雨之霄零言丁寧以上訴心
憿恍而潛驚顧不能以諧世将何以動夫
威靈乃不知夫神與道而爲徒雖窅默而
難明其虛心也物有來而必應其公聽也
無憎愛之常情彼大雖自大小雖謂小吾
與善而已矣常一視而持平故徼褒得以
上徹利澤爲之旁行或噫爲風或震爲霈

隱然當出靄然雲蒸灑甘霆以兼夕滅灾
氣於無形蓋西極于甸服東屬乎滄濵人
盈其望物遂其生黍芃芃而擢秀粟薿薿
而敷榮使時沴遂熄年功可成人食豊乎
鍾鬴神祀衍乎粢盛民相安於田里吏無
用於威刑信大恩之莫報而至德之難名
愚所以意激而感深者方涉世之零丁荷
降鑒之不昧知忠信之可憑敢因辭以進
謝愧抽思之匪精右謝雨

國朝
都御史陳鳳梧告嶽文海內名山惟五嶽
爲尊而神莫位東方生長萬物於五嶽之
中又特尊焉自唐以至于
聖朝歷代崇祀威靈烜赫蓋以一方之安危
休戚神有以主之也辛巳之秋鳳梧備員
東藩嘗謁告祠下預祈有年既而叨蒙
聖恩簡任巡撫夙夜弗遑惟綏懷是事壬
午之春以徂于秋雨暘時若感神之惠於
是乎有孚矣是秋先旻冬礦寇突起于龜蒙
之間荼毒赤子追捕出境餘醜渡河而南

益肆跳梁頃者賴神之佑會兵勦平中原之地獲寧謐焉惟是齊魯之域宲谷茂林姦慝潜伏其患靡常伏仗神威鋤兇化梟使濟河海岱寇盜不興水旱不作熙熙然物阜民康斯鳳梧之責可少逭焉而崇報之典其曷敢有忘謹以牲醴特伸祭告惟神其鑒之謹告（嘉靖二年）

泰安守許應元告嶽文元聞之含澤布氣膚寸而合不崇朝而雨天下惟泰山之神爲然元以迂菲出守茲土始入境問民之所欲曰歲荐旱眥芽而逋且半誠得雨殆其有蘇惟時元神志不一衣裳不潔不敢以徼於明神屏息而待命者旬再矣嘉穀未播麥苗且槁而沛澤靳於先施是神之雹罰茲土者無已也罷癃之民不任敬毒即守土者無狀宜降厥殃于彼蠢蠢者誠可哀憐敢率僚吏竭誠以禱於明神惟明神卒降之惠俾無槁於道路報神之德曷其有極尚饗（嘉靖十二年）

左布政使楊維聰告嶽文夫天下之山莫

尊於嶽然五嶽之中獨岱以宗稱其名最著翕然出雲膚寸而合不崇朝而雨天下其功最大居於東方實維生物之府其德最盛寰海之內無有遠近衛僻罔不嚮往其神最靈是故自古聖帝明王必加敬焉而況爲有司者乎維聰受　天子命長茲東土典領方嶽蒞任之初得以職事過于祠下牲醴之薦敢有弗虔重念維聰之不德受茲重任凡政之未平民之未乂風雨之未時蝗厲之或作皆有司之罪也維聰不敢辭其罪然於神有深望焉默而相之神之惠也民之福也非維聰之所敢私也謹告（嘉靖十五年）

分巡濟南道僉事盧問之祭嶽文夫惟神有奠鎮區域之功惟問之有撫治地方之責事存分際理通感孚頃以按部之餘遂興憫農之念意以暵旱之災吾藝夫慢民者之過也用是省躬布戒率守吏大小虔告重荷洪庥溢賜昭格而山上之雲觸石而起膚寸而合不崇朝而雨待哺之民有

望而催租之吏不憂矣其功之速之大實顯佑于東土問之臨風興懷殊切瞻望謹命有司崇脩樽豆仰答神功尚饗（嘉靖十六年）

都御史端廷赦告嶽文茫茫后土五嶽盤薄神爲之宗威靈鑠鑠上扶乾綱風雨時若下握坤軸是耕是穫恢我　皇度靈長有託庇我蒸人湛淵寥廓凡此神功振古如昨廷赦奉　命撫茲禮當謁神謁神之初敢干神政匪誕匪私爲民請命夏潦爲災冬旱復甚陽侵陰伏寔行春令二麥枯槁斯民之病惟神依民惟民依食胡忍視民以至此極將神之怒撫臣之失罪在撫臣民則何愿伏望陰翊化工昭錫靈貺興雲降雪慰茲渴望如有佚罰撫臣甘之毋使衘民横適罹之式號以呼神其聽之尚饗（嘉靖二十三年二月）

謝嶽文廷赦撫按無狀獲戾神明致茲冬旱用是皇皇靡寧匍匐祠下爲民請命蒙神降鑒旋收杲日大布重雲霰雪先集霡霂繼並霑足優渥其應如響吏民罔知咸歸於廷赦自分罪愆顧有何

八二

德可以動神何誠可以感神寔神正直仁慈不忍以廷赦之故累及元元顯貺休烈禮當報謝廷赦既荷神宥自今伊始盍當磨光刮垢力詢民瘼以求不爲神羞惟神佑之鑒之尚饗（嘉靖二十三年十二月）

五十四

巡按山東監察御史鄭芸告嶽文惟神萃造化之靈秀顯仁威以配天峻德獨宗於諸岳魏功茂對於八埏崇古今之封秩爲齊魯之具瞻五徵時應六府奠安芸欽承上命攬轡茲方風裁是秉惟神之綱春生秩殺慝激淑揚爰及藩臬降鑒有光精神默契敢不肅將祇陳牢醴維脩典常明禋載獻維神是匡利奏膚功憲度孔昌下土永賴赫奕用章尚饗（嘉靖二十三年）

巡撫都御史王忬告嶽文蓋聞懿番編録休翊　明時以雄長乎五嶽者神之大造也觸石而出膚寸而合不崇朝而雨天下者神之能事也王於奔走天下積致賄施以利賴此一省者又神之顯惠也則夫雨暘時若固神之當先及而亦一方之所私

八二

五十五

望者矣乃不雨自春迨將中夏達乎四境且害三時麥已罔秋禾豈望歲夜倬雲漢書苦風霾下民其咨　上天有憾神之所以急此一方者不其爽歟且忏受　命撫茲圖惟保釐殫厥心力而已雲行雨施寔仰　明神馬勢分固爾也抑忏及庶司或陰蓄僭舉有乖感假則神宜罰及厥身顧斯民何辜代服政者罹此荼毒耶謹齋明思省遣教授胡大慶告此雩事神其欲崇朝之靈渥千里之利則豈惟忏與一方之人慰答其望雖神之取信天下輝英今古或亦攸係矣惟神其聽之哉尚饗（嘉靖三十一年五月）

巡撫都御史沈應龍告嶽文夫嶽之靈豈直以崖奔嶺蹙谷抱谿迴崛起重險為一方鎮哉蓋將賴以橐籥玄機鼓盪元精禦灾捍患流福生民保衛
邦家也矧夫岱靈甲群峰而特峙尸攝生之神工貺蠁苾芳獨盛千古奔走萬方為天下諸嶽之長者歟乃者春則恒陽二麥罔

秋夏則恒雨民鮮粒食所謂國泰呈瑞時訛反珍者胡罔時錫豈天灾流行雖　聖世有所不免耶應龍承乏撫綏保釐東土山川之神寔叨主之乃歷巉巖排蒙茸升青丘陟春阯以脩祀事以祝景貺以佑斯民以祈不負於　聖天子懷柔百神肅恭明禋之典匪徒以好古饕奇俯瞰虛廓仰眺寥泬為遊觀樂也維嶽配天尚獮予志遹彰休佑大康是邦奠　聖祚于苞桑肇
皇圖于木固則庶乎岱宗之標奇於齊魯者為益信而崇祀於列聖者斯不誣也惟神其念之哉（嘉靖三十一年十月）

再祈雨文天地生萬物所以奉而行之者神之職也
聖天子養萬民所以奉而行之者應龍等之職也今山東諸郡旱已大甚麥苗就槁萬姓皇皇餓莩之形漸多潢池之警日報此應龍等日夜憂惶計不知其所出也應龍等寡昧保釐失職貽民荼毒罪固難辭惟神聰明正直能興雲雨亦可失職而甘受天地之罰乎應龍欽承

上命敬共明祀特申祗告敢為萬民乞命伏
願鑒此精誠斡旋造化甘霖沛澍四野沾
足枯槁復蘇三農慰望尚期消患於將萌
轉禍而為福應龍等仰荷明神無窮之錫
而神亦有無窮之休神其聽之尚饗 嘉靖三十二年閏三月

巡按山東監察御史馮應龍告嶽文東土嶕
塉地方遠不逮古賦役繁重即有年民亦
流移徙遭水害窮困不能自存老稚在途
強壯嘯聚疾苦之狀不忍聞見
八二　五十七
聖天子痛憫時艱簡重臣出廩賑饑而垂絕
之生意復蘇然猶望今歲有秋也爾麥亢
旱農事盡廢公私既竭將曷以支惟神震
方名嶽能興雲雨以生萬物古今祀典攸
崇也夫民有疾苦官茲土者分宜罷斥竊
恐神茲土者心亦弗能自安神宜仰體
聖君之仁俯從應龍等之願誕敷靈液以紓吾
民之疾苦神之德惠將流被無窮矣謹告 嘉靖三十二年閏三月

巡按山東監察御史雍焯告嶽文謹以牲

醴敢昭告于
東嶽泰山之神曰於赫岱宗秩祀有恒神功
不施毓物効靈奠此震極翊此坤寧歷代
禋薦酬德報成迄我
皇朝典祀維明焯等叨事茲土肅將明馨仰
藉神既昭格用徵鑒我　鴻圖永躋豐昇
尚饗 嘉靖三十三年十月三十日

巡按山東監察御史段顧言行偕布政司
左參議徐文通按察司副使王世貞李嵩
僉事王遴張師价暨都司署都指揮僉事
李春華告嶽文竊聞天地之大德曰生而
生生不息之元氣盛德鍾焉凝焉是曰泰
山夫泰太和也謂天地太和之氣盡毘焉
在也衍之而時則惟春而神寔尸之布之
而方則惟東而神寔專之大哉乾元至哉
坤元胥茲乎生成而終始之是所謂天地
好生之府而特為四嶽之宗乃若壁峙之
峻極盤薄之閎遠又非所論也以故粤自
有虞氏以迄
昭代咸秩祀而崇報之也固宜予小子言按

部齊魯責在肅清而激慝鋤凶若與大神
之生道　相似者然我心我精我儀我誠
神將吐之乎嗟乎吾知其必弗爾矣吾聞
春生秋殺玄化之流也福善禍淫明神之
靈也遏惡著良大君憲天之政也矧以生
道殺之而生生者斯無窮以福機禍之而
福福者斯無窮乎繄乃知大君顯憲幽贊
以成化而予小子覯風攬轡又將以奉君
之命而致之元元者也果終異乎於戲神
不享非禮之祀君子不寘祀于不享之神
大神其以予之言為不戾耶尚祈鑒我精
誠我假我歆而毋予譴也謹告嘉靖戊午夏五月二十七日
巡撫都御史張鑑祭嶽文曰粵稽山東之
地青兗肇域齊魯權疆聖賢王霸之化禮
義富強之方逮
皇明之御宇為畿服之左壤東表濱海西略
河防赫赫明神實主震方鑑奉　明命來
撫是邦則巡撫之與威靈乃均夫秉幽明
之章念言東土憂心倀倀薦臻饑饉官方

不良煩苛盜疾昏墊流亡戶籍耗減阡陌
蕪荒以今日之所目擊較之古昔之盛愍
焉其如傷履任以來夙夜惕惶仰承神祐
時雨時暘百穀用登畝盈穰穰匪直彼不
斂穧而此遺穗實貧有餘而富露藏是神
錫吾民之福即所以貺有位之康彼存者
既享有年之樂而去者豈無故土之望桑
梓在念逋負難償思者不來來者不臧招
撫墾闢孰敢怠遑因則戶而平其稅分地
而清其糧上則請命於　天子天子即賜
俞允下則責成於有司有司有欺心玩法
削民自殖者典刑有赫實足自戕苟非明
神屢錫以豐年煦育以和氣則民將迫於
貧困疾疫何能求樂利於故鄉經綸潤澤
既明且詳陰騭默祐惟神煌煌鑑蓋求上
不負　聖天子牧養小民之意下不負生
平奉公憂國之志候閭閻郊野盡復古昔
之盛亦為東方明神之光用是敬陳牲品
侑以玄黃既齋既潔肅恭對颺為已往有
年之謝致將來時若之穰報懇之忱非言

所將福善祐正惟神之祥鑒微表之懇懇知來格之洋洋尚饗嘉靖四十年

巡撫都御史傅希摯祭嶽文曰茲者漕河横溢運道阻艱特　命大臣總司開濬惟神雄鎮一方捍除百患凡川流之壑注或山下之出源式用遣官備申祭告顒望　鑒茲重計舒予至懷急靖洪瀾佑成羣役俾運儲以通濟求康阜于無疆謹告隆慶六年

巡撫都御史陸樹德告嶽文曰惟　神宗統羣岳體元發生普天率土孰不景承况此幅員之内即所敷氣而布精一作一息是怙是憑迺者恒暘不雨嗷嗷群情撫臣憂之亟禱於庭亦嘗檄下諸司共敦祈請雨遲遲而不至天杳杳而難明豈政之多舛抑禱之鮮誠方擬遣官敷告　祠下草既就而雲合使未發而雨零惟神惠民如響應聲撫臣何幸竊有餘榮謹潔牲醴遣官陳詞仰答寵靈尤冀德施不匱湛澤時行自河之壖迄於東濱靡陬弗遍靡霑弗盈用俾苞者畢達亢者胥耕消其沴於不

作調感事於豐登尚饗萬曆十一年

巡撫都御史李輔告嶽文曰維　神作鎮東方覆冒下土凡　國賦之登耗實紀綱其司生靈之休戚實宰制其柄威靈焜燿古今福澤奠安境宇久矣山東頃歲以來陰陽舛繆災歉頻仍乃者冬不雪寒春鮮雨澤時既入夏竟日長風致令麥方苞而就枯穀及時而不播農民倉皇於四野吏士驚怖於庶司雖祈禱連旬而密雲不雨切念山東之民困於涸轍矣而歲再不稔將何聊生山東之賦繁於秋矣而室如懸罄將何輸納即職守官之無狀嗟此下民其何辜仰惟　尊神靈爽咫尺鑒察絲毫若罪有所歸則職受幽冥之譴如適遭時厄敢祈　矜憫之恩尚縱陰而閉陽隨興雲而布雨庶生我百穀汙畬穰穰滿車惠此群黎婦女嘻嘻卒歲不然感而不應則神何以稱威靈求而不獲則民何以誦福澤哉職不任謁誠祈懇之至謹告萬曆十三年知府李伯春代告告畢而雨至

巡撫都御史李輔祭嶽文曰今歲自春徂
夏四月不雨内自　皇畿達于淮甸焦枯
奚啻千里睠茲東土寔惟左輔民生盍否
前雖霑此霡霂曾入土之無幾乃今苗不
秀而秀不實旋復槁矣下民洶洶哀籲
上帝無間遠邇　天子憂勞減膳徹樂下
詔罪已馳道不除朝步自宫迄于郊時桑
林露禱爲民請命罔恤勞只輔茲東土奉
職無狀鼻何容諉念此無知顛隮溝壑寔
愴惻而不能已矧
○主憂臣辱即匍匐席藁曷敢一息而自寧止○
惟神奠位維泰職司生物胡忍坐視斯人
之日就塡委輔謹率屬吏布其欵悃以告
于神願神明罰予吏之無民而無遺禍於
歲出其膚寸不崇朝而雨天下以畀我稷
黍而慰我　天子夙夜憂勞之意則此孑
遺猶能供粢盛而備肥腯以奉神之祀於
不匱惟神鑒予之冊誠而示予以盻蠁輔
不勝悚息聽命之至尚饗萬曆乙酉年四月二十五日
巡撫都御史李輔告嶽文曰自春徂夏長

風爲虐旱氣如焚夏麥垂枯秋禾未播輔
受明命撫輯東方俯念民艱憂心孔疚先
曾齋心備物赴訴於神伏蒙明神鑒其悃
誠惠以靈澤致禱者再獲雨者三枯麥半
收新谷漸達念念應如桴鼓益瞻靈爽之
不違點點潤若膏酥共戴慈恩之無量但
雨澤應時雖慰三農之望而霑足未徧尚
懸再旱之憂且内自京畿外達諸省猶聞
歷三時不霑點雨數千里幷無粒食以致
○主上焦勞群工警惕上關宗社下係生靈奚○
獨鄙念之所悚惶抑亦神衷之所憫惻是
用不厭煩瀆再行頂禮賽隆施於既往徼
明貺於將来伏望大展神功溥垂陰隲甘
霖不限於疆域在在滂沱洪仁普被於寰
區人人驩洽蕩除旱魃之薰灼挽回樂歲
之謳歌輔不勝感激祈懇叩心待命之至
尚饗萬曆丙戌年同知趙承芳代告畢而雨至
巡撫都御史李戴告嶽文曰惟神海内名
山五嶽稱雄五嶽之尊獨歸岱宗正趾坤
元奠位維東顯配天之靈應茂長育之洪

功矧兹齊魯宜荷帡幪戴欽承
上命來撫東方初入其境旱魃爲傷目兹憔
悴心甚憂惶躬詣神祠爲民祈祥幸賜昭
鑒示我洋洋告詞甫畢靈雨即零翼日旋
車雨降雲蒸大霈甘霖弘闡神靈三農嚮
望萬物遂生神功莫報峻德難名遣官代
祀敬潔犧牲修兹報賽用展微誠伏願風
雨時若灾沴不形永枯民庶慶歌豐亨戴
不勝忻躍懇祈之至謹告萬曆十四年五月五日
巡撫都御史李戴告嶽文曰惟神化馳九
域位冠百靈裕民足國有赫　帝庭矧兹
東土香火維馨家户祝是依是屏胡天
不吊降此大戾三春不雨麥乃盡悴九夏
不雨禾且無穗國用民生于焉胥匱　聖
主求瘼有位忘飧道路流離黎庶彫殘英
爽有知而寧忍着慈悲普濟具仰彤壇戴
救荒無奇懷憂如擣夙夜齋沐爲民祈禱
神之聽之庶幾懷保蚤霈甘霖田此枯槁
謹告萬曆十四年六月二十日
山東運司同知查志隆撰岱史告文曰志

隆蚤歲家塾誦法孔孟則聞登泰山而小
天下云蓋未嘗不耆心翹首冀幸一踐跡
之爲快也往在手車假道登覽時忤權貴
圖且謁歸謂與山靈永别已矣安得如程
伯子請註鄠簿撰録名勝哉不自意間隔
一紀復出而典職則在山靈咫尺之地會
部使者嶺南譚侍史觀風陟嶽詢訪圖經
屬志隆以筆劉之役所幸時清吏隱竟日
一無事事得以遊思於執林豈山靈有意
乎假此閒曠俾償始願耶竊謂藉手於此
八二　六十四
少効涓埃即叨升斗倘追尸素是用屈首
編摩閉閤寒暑曉窓夜燭集古覈今殆四
閱月業已屬草爲考者三曰圖考曰星野
考曰形勝考爲表者二曰山水表曰疆域
表爲紀者四曰狩典紀曰望典紀曰遺蹟
紀曰靈宇紀爲志者五曰宫室志曰物産
志曰香税志曰災祥志曰登覽志而揔揭
之以名曰岱史謂夫岱宗之稱昉自黄帝
今宜從其古初而譔著之法獨擅史家兹
稍襲其義例也第念管窺蠡測則心思未

融徑逖厓幽則涉歷未遍碑殘簡脫則目
力未周於茲有深懼焉告蠲祠下敬籍所
萃質諸神明行且涉阻躋巔徧觀周覽豈
敢妄希先賢之勝事聊銜嶺之烟雲尚冀
神明降鑒而默佑之雲披日霽畢露奇觀
對景揮毫怳然天啓庶幾幽不負山靈明
不負付托而於已亦不自擬梧橫卷之辛
勤則惟神明陰相是賴也敢告萬曆十四年十月十
四日告畢登覽岱巔晴霽凡三日遂得以
遍歷諸形勝果符所祝云

岱史第三冊鬼字號目錄

卷之八遺蹟紀

五侯遺蹟

聖賢遺蹟

列仙遺蹟

岱史第八卷遺蹟紀

敘曰紀遺蹟者何志往古之勝蹟昭垂迄今猶未泯者也夫代與時更物隨世變居今考古匪蹟曷因維茲泰山帝王制作之隆聖哲人文之盛種種勝蹟何可縷指其大者如覽明堂則思虞周之盛治躡登封臺則慨世主之侈心讀秦篆碑磨崖碑則睹大手筆之書法攀孔子登臨處則挹小天下之氣象陟謝過城履汶陽田則欽文事武備之聖謨稽顏淵之望繫練曾子之歌梁山則遡聖門英賢之濟濟考孫明復之講學石守道之捧杖履則憶當時師弟子之雅操諸皆遺址依然文獻具在流風餘韻與泰岱爲終始所謂曠千百載而相感者其在斯與若仙家者流遊方之外亦洞天福地所時有也故併及之

帝王遺蹟

玉簡　風俗通曰岱宗上有金篋玉策能知人年壽脩短漢武帝探策得十八因倒讀曰八十其後果壽八十國朝洪武初居民於山中得玉匣內有玉簡十六有司獻於朝

驗其刻乃宋真宗祀泰山后土文又成化壬寅秋日觀峰下雨水衝出玉簡會中使有事東藩復馳以獻乃　命仍瘞舊所今建日照觀

石閭　漢書曰武帝封泰山禪石閭應劭曰石閭在泰山下南方士言仙人閭泰山記曰山頂西岩爲仙人石閭今莫詳故址

登封臺　有二其一在嶽頂相傳爲古帝王登封所築今爲玉帝觀臺下小碣題曰古封禪壇其一在日觀峰相傳爲宋築石函方丈許亦題刻曰古封禪壇蓋古封禪而并以禪言誤矣俗曰寶藏庫以所瘞金書玉簡云管子曰無懷氏封泰山刻石紀功國儉角賦曰黃帝會群臣於泰山作青角之音史記曰古者封泰山禪梁父者七十二家而夷吾所記者十有二焉昔無懷氏在伏羲之前封泰山禪梁父李奇曰無懷氏爲封禪之始淮南子曰上古之王封泰山禪梁父七十餘聖古刻泰山圖詩曰三千餘里鬼神府七十二君封禪壇宋景文公

筆記曰仲尼登泰山見七十二家字各不同由諸家之説則封禪肇自古帝王非始於泰也而文中子乃云封禪非古諸儒皆闢之則彼諸家之説豈當時附會以中世主之侈心乎今並存之以表古蹟

周明堂在嶽之東北山谷聯屬四十里遺址今尚存旁有谷山寺其形勝具党學士寺記

漢明堂在嶽趾東南去州治十里武帝元封間用濟人公玉帶所獻圖創焉其上有元人題刻明堂故基四字其地舒衍突起一石岡巔平而高四丈許週三畮許後枕嶽麓支山如扆障而左右如衛從然澗水縈迴南會于汶遥望徂徠諸山如列屏案當時朝會規摸宛然在目

八三　五

章俊卿明堂論

明堂乃黃帝之舊漢武帝時濟南人公玉帶所上楊氏祭禮明堂篇以其不經見而削之然其所言茅蓋通水與大戴禮所記畧同又考工記所言夏后世室殷人重屋

周人明堂其制大槩由質而趨於文由狹而趨於廣也由是推之黃帝時無明堂則已苟有之則一殿無壁蓋之以茅正太古儉朴之制又按武帝欲求仙延年方士之謬誕者多假設黃帝之事以售其説如所謂脩五城十二樓封名山棲萬靈于明廷采首山銅鑄鼎之類皆矯誣過甚張大其詞以迎合時主之侈心獨公玉帶所上明堂之制乃簡朴如此雖不經見然亦可以稽千門萬户之失固未可以其言之並出於封禪求仙之時而例黜之也

長城鉅防在泰山西緣河千餘里至琅邪臺入海蘇代說燕曰齊有長城鉅防韓非子曰長城鉅防足以為基齊記云齊宣王乘山嶺之上築長城東至海西至濟州千餘里以備楚括地志云長城西北起濟州平陰縣緣河歷泰山北岡上經濟州淄川即西南兗州博城縣北東至密州琅邪臺入海竹書紀年云梁惠王二十年齊閔王築防以為長城今泰山西北有嶺鋪俱名長

城遺址尚存

無字碑在嶽頂登封臺下秦始皇立或曰石表或曰神主石或言其下有金書玉簡當是石函古今人莫測其意甚矣秦人之譎也石黄白色頗光瑩無㫖辭非嶽之所有自他山至是不知用民力幾何甚矣秦人之虐用其民也史記漢武帝置五車石於嶽今莫知所在故樸菴詩云已迷漢武五車石却咲秦王無字碑秦政不足言惜夫漢武之效尤也

秦篆碑在玉女池上西公署後李斯書始皇二世頌德文宋劉跂序泰山秦篆譜時尚有二百二十有二字今湮沕僅存二十九字夫秦雖無道然其所立有絶人者其文字書法世皆莫及亦不可廢申𤀹題石曰秦斷碑

歐陽脩集古録

余友江隣幾謫官奉符嘗至泰山頂上視秦所刻石處云石頑不可鐫鑿不知當時何以刻之也然四面皆無草木野火不及故能若此之久而風雨所剥其存者纔此

數十字而已

劉跂秦篆譜序

史記載秦始皇帝及二世皆行幸郡縣立石刻辭今世傳泰山篆字可讀者唯二世詔五十許字而始皇刻辭皆謂已亡莫可復見宋丞相莒公鎮東平日遣工就泰山模得墨本以慶曆戊子歲别刻新石親作後序止有四十八字歐陽文忠公集古録亦言友人江鄰幾守官奉高親到碑下纔有此數十字而已余以大觀二年春從二三鄉人登泰山宿絶頂首訪秦篆徘徊碑下其石埋植土中高不過四五尺形制似方而非方四面廣狹皆不等因其自然不加磨礱所謂五十許字者在南面稍平處人常所爲搨故士大夫多得見之其三面尤殘缺蔽闇人不措意余審觀之隱若有字痕刮摩垢蝕試令模以紙墨漸若可辨自此益使加工模之然終意其未也政和三年秋復宿嶽上親以氊椎從事校之他本始爲完善盡四面周圍悉有刻字總二

十二行行十二字字從西南起以北東南爲次西面六行北面三行東面六行南面七行其末有制曰可三字復轉在西南稜上每行字數同而每面行數乃不同如此廣狹不等居然可見其十二行是始皇辭其十行是二世詞以史記證之文意皆具計其缺處字數適同於是泰山之篆遂成完篇宋歐江二公初未嘗到惟憑工匠所說無足怪人多以二公爲信故亦不復詳閱余既得墨本并得碑之形象制度以歸親舊聞之多來訪問倦於屢報乃爲此譜大凡篆字二百二十有二其可讀者百四十有六今亦作篆字書之其毀缺及漫滅不可見者七十有六以史記文足之注其下譜成揭壁間又幽沉晦之迹今遂歷然

秦至無義不足論然李斯小篆古今所師經千三百有餘歲而復彰茲可尚也如親輒遠黎史作親巡遠方黎氏金石刻石著作休嗣作世聽作聖隳作垂體作禮昆作後則又史家差誤皆當以碑爲正其曰御

史太夫者大夫也莊子曰且而屬之大夫衛宏曰古文一字兩名因就注之史記於瑯琊臺刻石備列從臣名氏余家所收瑯琊殘字亦有五夫字然則夫從一大因不復重出歟

磨崖碑有二在嶽頂東嶽祠後一爲唐玄宗八分書紀泰山銘字五寸許遒勁可愛一在崖右刻唐蘇頲撰東封朝覲頌字徑寸餘書法類晉近閩人林焞以忠孝廉節四大字覆刻其上鑱毀殆盡

鳳凰臺在登封門外漢宣帝時鳳凰集泰山故名

望仙臺在州治東北三十里漢武帝築

舞鶴臺唐高宗築按唐書高宗築封祀壇於泰山南四里如圓丘又詔立登封降禪朝

覲之碑名封祀壇曰舞鶴臺登封壇曰萬歲臺降禪壇曰景雲臺今皆頹蕪而碑亦堙沒

張說序頌

皇唐六葉開元神武皇帝再受命致太平

乃封岱宗禪社首　金石紀號天文煥發儒
臣志美立碣祠壇曰厥初生人俶有君臣
其道茫昧其風朴略因時而欻起與運而
紛落泯泯沒沒無聞焉爾後代聖人取法
象立名位衣裳以等之甲兵以堙之於是
禮樂出而書記存矣反其源致敬乎天地
報其本致美乎鬼神則封禪者帝王受天
命告成功之爲也闡襃聖之典訓考列辟
之通術疇若天而不成曷背道而靡失由
此推之封禪之義有三帝王之畧有七七
者何傳不云道德仁義禮智信乎順之稱
聖哲逆之號狂悖三者一位當五行圖籙
之序二時會四海昇平之運三德具欽明
文思之美是謂與天合符名不死矣有一
不足而云封禪人且未許其如天何言舊
史者君莫道於陶唐虞舜臣莫德於皋陶
稷禼三臣降德皆有天下仲尼叙帝王之
書繫周秦之誓明魯祀周公用王禮秦承
伯益接周統孔聖微旨不其効歟然秦定
天下之功高享天禄之日淺天而未忘庭

堅之德也故大命復集于皇家天之賛唐
不惟舊哉其興之也玄靈啓廸黃祇顧懷
應歸運以義舉撫來蘇以利見湯也無放
夏之慙武也無代殷之戰高祖創業四宗
重光德有格天漏泉蒸雲濡露菌蠢滋育
氤氳涵煦若天地之覆載日月之照臨溥
有形而歸景馨無外而宅心百有八年于
兹矣皇帝攘内難而啓新命戴虞宗而纘
舊服宇宙更闢朝庭始位盖羲軒氏之造
皇圖也九族敦序百姓昭明萬邦咸和黎
人於變立土圭以步曆葦銅渾以正天盖
唐虞氏之張帝道也天地四時六官著禮
井田三壤五圻成賦廣九廟以尊祖定六
律以和神盖三代之設王制也武緯之文
經之聖謩之神化之然猶戰戰兢兢日慎
一日納規誨以進德遂忠良以代工講習
乎無爲之書討論乎集賢之殿寵勇爵貫
經明翼乎鵷鸞之列在庭毅乎貔豹之師
居鄙人和旁感神寳咨至乾符坤珍千品
萬類超圖溢牒未始聞記我后以人瑞爲

心不以物瑞爲意王公卿士儼然進曰休哉陛下孝至于天政合乎道前年祈后土人獲天穰間歲祀圜丘日不掩朔感祥以祈聖四事以觀天天人交合其則不遠意者喬丘掃路望翠華之來上帝儲恩俟蒼

璧之禮久矣焉可專讓而廢舊勛群臣固言勤帝知罪至于再至于三帝乃挹之曰欽崇天道術率嘉話恐德不類敢憚于勤其撰巡狩之儀求封禪之故既而禮官不戒而備軍政不謀而輯天姥練日雨師灑道六甲按隊八陣警蹕孟冬仲旬乘輿乃出千旗雲引萬戟林行雇濩燦爛飛熖揚精原野爲之震動草木爲之風生歷郡縣省謡俗問百年舉百祀興墜典葺闕政攸徂之人室家相慶萬方縱觀千里如堵城邑連歡丘陵聚舞其中耆白之老樂過以泣不圖萬里之魂復見乾封之事堯雲往舜日還神華靈鬱爛熳乎穹壤之間是月來至于岱祇祓齋宫滌濯静室凝神玄覽將款太一議夫泰山者聖帝受天官之宫

天孫摠人靈之府自昔立國莫知萬數兗升中而建號惟七十而有五我高宗六之而今七矣非夫尊位盛時明德曠代遼濶難并之甚哉先時將臻夫大封也累封疆於高岡築泰壇於陽趾夫其天壇三襲辰

陛十二咸秩衆靈列坐有次崇牙樹羽管磬鏞鼓宫懸於重壝之内千歲鋑殳鈎戟戣瞿周位於四門之外代國重器傳代絶瑞旅之於中庭玉輦金轂翠旨黄屋夾之於端路庶官百辟羌夷蠻貊褒成之後讓王之客序立於禮神之場髦頭弩牙鐵馬金鏃介冑如雪旗幟如火遠亙於清禁之野於是乎以天正上元法駕徐進屯千乘於平路留群臣於谷口皇帝御六龍陟萬仞獨與一二元老執事之人出天門臨日觀次沆瀣宿巉巖赤霄可接白雲在下庚寅祀高祖於上封以配上帝命衆官於下位以享衆神皇帝冕裘登壇奠獻俯僂叶金奏佾羽舞撞黄鍾歌大吕開閶闔與天語清將信公奉斗布度爕建皇極勤恤蒼

生甦乎未兆禳災乎未萌上下傳節而禮成樂遍福壽同歸而帝賜神策乃燔玉牒於中頂揚柴燎於高天庶忠誠之上達若憑焰而駕煙日轡方旋神心餘眷五色雲起拂馬以隨人萬歲山呼從天而至地越翌日尊睿宗侑地祇而禮社首遂張大樂觀東后國風惟舊無黜幽削爵之誅王澤惟新有眚災大賚之慶不浹日至化洽於人心不崇朝景福遍於天下然後藏金匱於祏室迴玉鑾於上都煌煌乎真聖朝之能事而高代之盛節者也于斯之時華戎殊俗異音同歎曰兵合多兩山峻多雲豈有大舉百萬之師剋期千里之外及行事之日則天無點翳地無纖塵嚴冬變爲韶景寒風鬱爲和氣非至德其孰能動天如此其順者乎昔人云自西自東自南自北無思不服今信知聖人作而萬物覩其心服之之謂矣或曰祭泰祈主先后非禮歟曰是禮也非宜也王者父事天母事地侑神崇孝無嫌可也且天柴瘞外事帝王

主之蒸嘗內事后妃助之是開元正人倫革弊禮起百王之法也故令千載睹末光聆絕韻咀甘實漱芳潤爍玄妙之至精流不已之淑聲臣說作頌告于神明四皇墳而六帝典雖吉甫亦莫能名徒揆彼輿人之詩曰大矣哉維天爲大惟皇則之率我萬國受天之祺子孫百代人神共保綏之云爾而已矣

社首壇在嶽南二里許曰社首山聯屬蒿里前代多禪此宋真宗命王欽若撰壇頌碑

石

封祀壇宋真宗築在嶽南五里許

朝覲壇在州南宋真宗東封群臣覲地州之風雲雷雨壇因其故址陳堯叟撰碑頌今在壇下與天貺殿碑及天齊仁聖帝碑皆待詔尹熙古書書法類聖教序

陰字碑在州之乾封門外迤東三百餘武是爲宋真宗答謝天書述二聖功德序銘曰陰字以字鐫北面從俗稱也或曰金字謂當時以金塗飾也或曰禋祀以精意享祀

言也皆聲相近而義亦通嘗聞真宗東封
駐蹕會真宮故碑作屏製鐫非面當宮南
百餘武俗稱陰字爲是宮今在城內而碑
限于外故人罕知其鐫意云萬曆癸酉按
臺吳從憲築泰陰亭於碑非
御帳坪在嶽之中道即泰封五松之地宋真
宗東封駐蹕于此故名金石上柱寘帳殿
之遺蹟也
菟裘在岳之陰左傳隱公十一年公語公子
翬營菟裘終老即此
紅亭在泰安州境春秋昭公八年大蒐於紅
即此
白騾塚在封禪壇非一里唐玄宗登封泰山
益州進白騾甚偉異上親乘之便於登降
禮畢方下山坳休息有司言騾無疾而殪
上歎異之謚曰白騾將軍命有司具櫕櫝
壘石爲塚
慱城在岳東趾距州治三十里漢之奉高隨
之汶陽唐之乾封同此今名曰舊縣
嬴城在岳東趾距州治東南五十里漢置縣

八三　十四

屬泰山郡唐屬東泰州後省入慱城
謝過城在岳東南趾漢明堂側齊魯會夾谷
後歸謝之地故名岳東南地曰谷里古夾
谷也
龜陰田即齊人歸魯以謝過者
汶陽田在嶽南汶河之上魯成公二年春秋
書取汶陽田八年晉侯使韓穿來言汶
陽之田歸之于齊
聖賢遺蹟
孔子過泰山側有婦人哭於墓者而哀夫子
式而聽之使子路問之曰子之哭也一似
重有憂者曰然昔者吾舅死于虎吾夫又
死焉今吾子又死焉夫子曰何爲不去也
曰無苛政夫子曰小子識之苛政猛於虎
見禮記檀弓
孔子遊於泰山見榮啓期行乎
郕之野鹿裘帶索鼓琴而歌孔子問曰先
生所樂何也對曰吾樂甚多天生萬物惟
人爲貴吾得爲人一樂也男女之別男尊
女卑故以男爲貴吾得爲男矣是二樂也
人生有不見日月不免襁褓者吾既巳行

八三　十五

年九十矣是三樂也貧者士之常也死者人之終也處常得終當何憂哉孔子曰善乎能自寬者也（見列子）

顔淵從孔子上泰山孔子望吳閶門外有繫白馬引顔淵以指之曰若見吳閶門乎顔淵曰見之有若繫練之狀孔子撫其目而止之因與俱下淵髮白齒落遂以病死（見錦綉萬花谷韓詩外傳畧同）今州城西南有高坡曰顔子坡

○曾子敝衣力耕泰山下天雨雪凍甚旬月不得歸思其父母作梁山歌（見曾子孝實）○

孟子生時母夢神人乘雲自泰山來将止于嶧母凝視久之忽片雲墜而寤時閭巷皆見五色雲覆孟氏之居焉（見通志）後人稱孟子有泰山巖巖氣象適符雲兆信矣

伯牙遊於泰山之陰卒逢暴雨止於巖下心悲乃援琴而鼓之初為霖雨之操更造崩山之音曲每奏鍾子輒窮其趣伯牙乃舍琴而歎曰善哉善哉子之聽夫志想象猶吾心也吾於子何逃聲哉（見列子）

八三　十六

延陵季子適齊於其反也其長子死葬於嬴愽之間孔子曰延陵季子吳之習於禮者也往而觀其葬焉其坎深不至於泉其斂以時服既葬而封廣輪揜坎其高可隱也既封左袒右還其封且號者三曰骨肉復歸于土命也若魂氣則無不之也遂行孔子曰延陵季子之於禮也其合矣乎（見禮記）（嬴愽俱屬泰安岱岳東阯孟子葬於齊反於嬴即其地也）

柳下惠墓在州治東南百里至今村人尚多展姓者名曰柳里村

○羊祜城即晉羊祜所封之地距州治東南九十里○

宋

孫復字明復晉州平陽人少舉進士不第退居泰山南麓學春秋著尊王發微魯多學者其尤賢而有道者石介自介而下皆師事之年踰四十家貧不娶李丞相迪将以其弟之女妻之復疑焉介與群弟子進曰公卿不下士久矣今丞相不以先生貧賤而欲託以子是高先生之德義也先生宜

八三　十七

因以成丞相之賢名於是乃許孔給事道輔爲人剛直嚴重不妄與人間後之風就見之介執杖屨侍左右復坐則立升降拜起則扶之及其往謝也亦然魯人旣素高此兩人由是始識師弟子之禮莫不嘆嗟之而廸與道輔亦以此見稱於士大夫其後介爲學官語于朝曰孫先生非隱者也欲仕而未得其方耳慶曆二年樞密副使范仲淹資政學士富弼言其道德經術宜在朝廷召拜校書郎國子監直講嘗召見邇英閣將爲侍講而嫉之者言其講說多異先儒遂止七年徐州人孔直溫以狂謀捕治索其家得詩有復姓名坐貶監虔州商稅徙泗州又徙知長水縣簽署應天府判官公事通判陵州翰林學士趙槩等十餘人上言孫復行爲世法經爲人師不宜棄之遠方乃復爲國子監直講嘉祐二年七月卒于家年六十有六官至殿中丞其在太學時爲大理評事天子臨幸賜緋衣銀魚及聞其卒惻然予其家錢十萬而公

卿大夫太學諸生相與吊哭賻治其喪其治春秋不惑傳註不爲曲說以亂經其言簡易明於諸侯大夫功罪以考時之盛衰而推見王道之治亂得於經之本義爲多方其病時樞密使韓琦言之天子選書吏給紙筆命其門人祖無擇就其家得其書十有五篇錄之藏于秘閣（見歐文忠撰墓志脩）

胡瑗字翼之泰州海陵人與孫明復石守道講學泰山攻苦食淡終夜不寢十年不歸得家問見有平安二字即投之澗中不復展讀今人名其投書處爲投書澗云

許衡字仲平河內人金季兵亂避地徂徠泰山間扁其室曰魯齋初從姚樞竇默遊獲聞程朱之學遂爲名儒元世祖召爲京兆提學累官集賢大學士兼國子祭酒領太史院事累遷中書左丞贈司徒謚文正

列仙遺蹟

漢

泰山老父不知姓氏漢武帝東封見老父於山下道傍頭上白光高數尺怪而問之老

父曰臣年八十五時衰老垂死遇有道者教臣絕穀但服朮飲井水枕神枕枕中有三十二物以二十四當二十四氣以八當八風臣行之轉老爲少日行三百里臣今年百八十矣帝受其方賜以玉帛老父後入山去每十年五年還鄉里僅三百年不復還矣見類林雜志并葛洪神仙傳

八三　十九

稷丘君泰山下道士也髮白再黑齒落更生漢武帝時以道術受嘉賞後罷去帝東封稷丘君擁琴迎拜止帝勿上上必傷足帝上及數里左足指折諱之還爲稷丘君立祠傳讚曰稷丘洞徹脩道靈山鍊形濯質變白還年漢武行幸攜琴來延戒以升陟逆覩未然見列仙傳及集事淵海

安期生在泰山遇李少君入山採藥病困安期生與神樓散一匕而愈

崔文子者泰山人也世好黃老居潛山下後作黃散赤丸賣藥都市自言三百日後民有大疫長吏之文所請救文擁朱旛繫黃散以徇人門飲散者即愈所活者萬計後

去在蜀賣黃散故世寶崔文赤丸黃散云傳讚曰崔子得道術兼秘奧癘氣降喪仁心攸悼朱旛電麾神藥捷到一時獲全永世作効見列仙傳及集事淵海

晉張忠字巨和中山人永嘉之亂隱于泰山清虛服氣飡芝餌石符堅聞其賢徵至長安以野服見堅曰先生獨善之美有餘濟世之功未足故遠屈先生將任以齊尚父忠曰昔因喪亂避地泰山與鳥獸爲侶尚父非敢擬願還餘齒歸岱宗堅以安車送之過華山歎曰我東嶽道士沒於西嶽命也已而化去諡曰安道先生

唐

呂嵒字洞賓宋天聖戊寅三月二十一日書五言絕句于王母池署其後曰回翁題政

八三　二十

和丙申六月十八日復書七言絕句署其後曰回公再書前後書法皆類顏魯公再書二字類遲賢亭刻人莫能識好事者墓其真蹟于會真宮觀其詩則知純陽子三至泰山矣詩見登覽志

張僊不知何許人開元中與李某同至泰山學道乂之李以宗室辭歸仕至大理丞屬安禄山亂携家襄陽尋奉使揚州途覯張子邀李同宿門庭壯麗償從璀璨李視女妓中有持箏者酷似其妻及罷張呼持箏者以林擒繫裙帶上各散去明日李復至門館荒穢無行人跡詢鄰人曰此劉道玄宅已十餘年無居者尋還襄陽索其妻裙帶果得林檎問其故云一夕夢見五六人追云張僊喚擫箏臨别以林檎繫裙上於是知張已得僊矣

元

丘長春不知何許人嘗居泰山南阯長春觀以全真爲教元賜號神仙無爲演道太宗師别號長春子後去之嶧山有仙化遺跡

張志純號天倪子泰安埠上保人六歲能誦五經十二歲入玄門居會眞宮數載道行超群葷名志偉元主改今名賜號崇真保德大師授紫服重建岱岳升元二觀及上岳廟元初王奕斐稿有贈詩云赤松宗

八三　廿一

世遠岳地作神仙註云其人百二十歲三見帝學士徐世隆題其小影曰形雖羸于道則肥性雖介于物則齊具儒墨之體用見天地之端倪杜仁傑曰其學也老莊其志也軒岐郡人王天挺曰氷霜外潔日星内炳又曰山澤之臞道德之腴徐徐于于此世之所謂天倪子者乎化日自頌曰脱下娘生皮袋此際樂然輕快百尺竿頭進步蓬玄洞府去來去來前世宿德醫僧今非道門小才

徐世隆别號復齋不知何許人元翰林學士夙與泰山天倪子游元季喪亂變姓名上下泰山常居岳祠或城隍廟三穉子從學一教習泗水超距一授漢書其一曰王圭授舉子業乂之别去言三子貴賤短脩其後授漢書者目盲賴説書爲衣食習泗者遇濟南灌城之厄以泗解圍以超距脱死致爵賞圭登科膺爵齒三人所至悉如其言圭年八十許時世隆復來見天順間又至泰山惟升元觀一老道士識之其容貌

如兒時所見後不知所終【近關文文山集書世隆尚書東平人詩哭文山蓋宋季之人也歷胡元終始而我國朝人猶及見之異哉】

成興公真人不知何許人仙道成于泰山【見五岳真形圖說】

王從之不知何許人初官翰林後隱泰山跏趺而化人稱其地曰蜺仙巖

海印泰安州人居鄒縣大明禪院幼悟道常夢異僧指示一旦呼弟子謂曰吾幻身非久住世親書偈畢端坐而化三日慈容如生其院上紫霧光明貫於天際邑令見之稱爲眞佛

岱史第九卷靈宇紀

敘曰靈宇者何神明之所宅也紀首岱廟者何望秩之定制也有司奉制命而歲祀焉禮也岱廟上中下凡三而惟下廟最鉅麗在州城內正北盖

歷代勅建望祀之所朱堞金扉龍楹螭殿巍然象魏儼然帝居漢栢唐槐虯蟠雲覆御碑古碣林立森森以斯知其從來遠矣玉帝觀青帝觀后土殿則以居天神地祇也巔麓俱有焉謂天地鍾靈於茲神必依之也碧霞靈應宮則以居天仙玉女碧霞元君也袁滿巔麓而巔以勅建獨閎偉謂其神靈感召安民裕國也孔子人中之泰山魯兩先生一方之師表則其祠於此也固宜其他佛老之宮群靈之府倚巖緣谷比比而是大都肇搆於隋

唐宋元間今其存者不及十半然亦傾頽甚矣惟岳巔諸宮觀當世嚴奉不廢乃絕無翼室以居黃冠黃冠固甚貧率散處麓下覓食則神明香火之謂何即居守安所籍也旋葺旋頽職此之由哉余謂岳巔諸宮觀宜各因

其隙地有司以香稅餘錢搆爲翼室以居黃冠之有戒行者仍籍名於官責以焚脩掃除則宮觀不致旋頹可歲省脩葺之費恤民事神庶幾兩得云

東嶽廟在州城西北隅風俗通曰岱宗廟在博縣西北三十里山虞長守之按岱嶽觀至元碑云嶽廟在嶽之南麓岱嶽升元二觀前當爲漢址唐武則天篡唐時改今地或云宋改今地其後歷代廢興脩葺詳其諸記石廟制堞城高二丈週三里城門有八南關者五而正中曰嶽廟門東偏曰仰高門西偏曰見大門東關者一曰東華門西關者一曰西華門後關者一曰後宰門九門各有樓而角樓亦四東南曰巽樓東北曰艮樓西北曰乾樓西南曰坤樓由岱廟門而上重門爲配天次爲仁安再上爲仁安殿露臺高下聯屬者二殿前兩廡之中爲鍾鼓樓樓之後各爲齋房殿後爲寢宮宮左右爲配寢其規模宏侈儼如王者居配天門左爲三靈祠右爲太尉祠祠前

東廡別殿曰炳靈西曰延禧碑亭三其一當岱嶽配天二門之間其二對峙於鍾鼓樓側三亭皆爲　國朝御製碑建殿前古松數十株蟠結偃蓋非他境所有炳靈殿前則漢栢延禧殿前則唐槐皆特異雖良繪莫能狀銀杏大者圍三仞火空其中陰符經曰火生於樹信夫奇石玲瓏者九其上有古題刻知自遠方來奠獻者碑石林立其可爲書法者張侍制溁書宣和廟記喬冢宰宇篆御祝文廟前有亭曰遙叅亭前爲遙叅門門之前爲御街宋東封警蹕之地而實爲廟之第一門也舊榜曰草叅門門中有臺臺上有亭亭重簷四面十有六角崚嶒綺麗昔凡有事於嶽者先拜於亭而後入廟故曰草叅今有司遇當祝釐於廟罷則儀從由亭門而出猶古之制也亭今列屏鑿方圓各一高六尺許鑒前雕座置元君像四方來詣頂廟者亦先拜焉故又曰遙叅亭云

宋學士宇文粹中重修嶽廟記略

宣和四年九月有司以泰嶽宮廟完成奏
功制詔學士承旨臣宇文粹中記其歲月
臣粹中再拜稽首而言曰臣聞自昔受命
而帝者咸有顯德著在天庭合四海九州
之歡心以爲天地社稷百神之主故有壇
塲圭幣以象其物有宮室祠宇以奠其居
有牲牢酒醴以薦其潔有柷冊號嘏以導
其誠其漠然而意可求僾然而誠可格殆
與人情無以異是以黄帝建萬國而神靈
之封七千虞夏商周文質迭救雖所尚不
同而事神以保民其歸一揆必以岱宗爲
首而神靈烜赫光景震耀載在書史接於
耳目者奕奕相屬也宋受天命建都於汴
東倚神嶽遠不十驛章聖皇帝肇脩封祀
蓋嘗躬欵祠下欽惟神靈饗答之異念唐
開元始封王爵禮加三公一等未足以對
揚休應遂偕五嶽咸陞帝號自是宮廟加
脩薦獻加厚四方萬里士民奔湊奠享祈
報者蓋日益而歲新也皇帝聰明仁孝光
於上下神動天隨德施周溥既已躋斯民

於富壽迺申勅中外凡所以禮神祇崇顯
祀盡志備物畢用其至歲在辛巳迄於壬
寅詔命屢降增治宮宇繚墻外周罘罳分
翼巋然如青都紫極望之者知其爲神靈
所宅凡爲殿寢堂閣門亭庫館樓觀廊廡
合八百一十有三楹財不取於賦調役不
假於追呼而屹然崇成若天造地設靈祇
燕豫福應如響嗚呼直聖德之事也觀是
宮廟土木文采輪奐崇麗則知郡邑之富
庶帷帳熒煌袞冕璀璨則知絲枲之盈溢
八三　廿六
牲牷充庭醪醴日御則知耕牧之登衍簫
鼓填衢歌呼滿道則知風俗之和平神之
聽之迺祇陳於上帝用降鑒錫茲祉福則
社稷之安固曆數之綿遠蓋方興而未艾
也哉

明李賢廟記略

書稱岱宗蓋以東方屬春萬物交代故曰
岱爲群嶽之長故曰宗然而祭之者何也
記曰能出雲爲風雨又曰民所取財用也
三代以前不過爲壇而祭之如周制四坎

壇祭山林丘陵於壇是也秦漢以來有神仙封禪之事於是有祠廟之設古者五嶽視三公謂視其饔餼牢醴之多寡以爲牲器之數也非以三公之爵封之也後世遂封五嶽之神爲王爲帝垂旒端冕儼若人鬼矣洪惟我　聖祖高皇帝聰明睿智卓冠千古即位之初詔示天下有曰嶽鎮海瀆皆高山廣水自天地開闢以至於今英靈之氣萃而爲神豈國家封號之所可加今依古定制去其前代所封名號於東嶽稱曰東嶽泰山之神嗚呼是舉也裁革瀆禮不經之失所謂質諸鬼神而無疑百世以俟聖人而不惑者矣濟南太守陳君銓走書京師告予曰東嶽泰山神廟傾頹上請得　旨重脩巡撫都憲賈公銓與三司官僚合謀經營若按察使王公鉞尤留意焉屬銓綜理其事經始於天順四年八月二十六日落成於五年九月初一日内外煥然一新俾是方之人依而敬之有加於前僉曰不可無紀敢乞爲記刻之用示久

遠予惟泰山出雲膚寸而合不崇朝而雨天下功德固廣大矣要之是方之人沾其惠澤尤多況又取其財用者乎雖曰朝廷祀典所載而是方尤所當敬也今巡撫方面風憲重臣同心協慮重役神廟又得郡守克承委任用體　朝廷之意以表民之所敬真可謂民之父母矣彼慢神虐民者視此於心不亦愧乎

明薛瑄廟記略

東嶽泰山之神故有廟在山之陽　朝廷有大典禮大政務則遣使告焉廟屋既久多圮漏弗治先是守臣嘗奏請脩建而未克底完天順己卯泰安州守以其事達之濟南府因以上請　詔允脩葺於時都憲年公富方議興役而去左副都御史賈公銓繼來乃洎巡按藩臬協議既擇有幹幕職以董其役復俾濟南府知府陳銓月一往以綜理焉銓始至泰安謂脩葺嶽廟固所以祗若　朝命致謹大神然尤當以省民財重民力爲本財匱民勞事亦非可因

詢及守廟者具言數十年所積禮神之物甚富遂遺人持市木之巨細與其他脩屋之不可缺者及既合而匠役皆在官之人而農民不知有役銓既綜理有法不急不徐始事於天順庚辰秋七月辛巳夏五月訖工殿宇周廊門觀繚垣悉皆完治咸願刻石以紀其事山西按察使王允濟南人也以書來求文於瑄余惟東嶽泰山之神爲諸嶽冠聖朝既正其名秩其祀而廟弗治又俾所司以時脩葺而巡撫憲臣洎藩臬得綜理其役如銓者不竭民之財力而克底完新皆可謂祗若朝廷丕顯休命而致謹於人神者矣遂序其事而銘之曰一理宰幹二氣互根清浮無際濁墜斯存柔行剛峙川洪嶽尊惟此泰山造化鍾萃龍嵸太虛磅礴厚地匪魯邦瞻實衆嶽最其蓄罔測其施靡量玄雲寸石甘雨八荒功既載溥厥報宜彰有廟在陽奉命新葺重臣是承守臣是職民不匱勞事底完集殿宇廊觀聳卓縈迴高下中度不騫不卑神

氣欝欝流通在茲昔古山川明祀有體夫何前季封號薦起躋嶽於天紊三公禮逮我　聖世道復古隆斥絕僭誕率由大中嶽鎮海瀆悉正其名惟岱宗神神稱允格迄茲有役咸願石刻述理繼辭以示無極

李欽脩東嶽廟記略

嘉靖丁未冬嶽廟災殿宇廊廡以及賓館齋居門闥樓觀蕩然一空其僅存者後寢三殿與炳靈延禧二宮而已時守臣以狀聞　上震異者久之既俾治有司不戒之辜而遂勅以亟脩之議然歲值累歉未克興事者垂十年餘辛酉秋八月　皇上萬壽爰　命太常緘祝函帛恭詣嶽神虔脩醮典有司布席将事惟時巡撫都御史鎮山朱公承　命主祀大懼簡陋罔馨明禋乃謀諸藩臬廉正展力亟圖而特委濟南府同知翟公濤專董其役盖選能也公乃檄請當道材木瓴甓金石之類以至匠傭役廩皆取給香帛而秋毫不以煩民經始於壬戌春迄癸亥夏廟工告成自殿堂而

下毁者以舉傾者以易圮者以完漫漶者以鮮以潔冊艧塗塈輝光掩映巡撫都御史石洲張公祭告祠下樂覯厥成是日也淑氣洋溢靈光下矚泰嶽明神旣尊且安自是而往陰祐顯相雨暘時若而豐年應災病殄而民氣和以永保我　國家無疆之慶則神之功當與天地並而君子謂翟公之有功於神也其亦偉矣哉

叅政許天贈重脩岱廟記略

泰山之麓故有廟其名曰岱宗廟在嶽之南麓宋政今址其制有堞城爲門者八四角有樓前有殿後有寢兩傍有廡儼如王者居我　朝因勝國舊天順以來屢奉㫖脩葺碑石具在　孝廟親爲記　宸章赫奕萬代瞻仰邇者脩葺止取裁兩院以香稅所積自可充脩廟費毋用壓　明㫖動內帑爲也萬曆甲申廟漸圮於是左叅政屠公請於兩院得可委濟南府通判張世臣董工作之役泰安州吏目蘇天壽佐之余至督視益勤閱乙酉秋八月告成凡

費金九百餘不動民財不勞民力而大工就緒余聞之祀禮也國之大祀必以禮聖人制禮尊五嶽配天其祭以壇不以屋其神設主不以像通諸天下凡司府州縣歲時祭境內山川率由斯道復古制袪民惑也斯廟有先代故事廟及像率無所更易豈　天造草昧偶未之及也抑別深意寓其中者耶弘治間至壓王音若以此爲訓然者愚以是知　聖人敬神導民至意使人有所敬畏啓爲善之心過從惡之念更相告戒以若於治所謂無害於治者　聖人不與民變革也今廟貌巍然神威赫然若有臨之在上然者四方祈福受罪之士女入廟瞻拜肅然起敬罔或不虔則於聖化或可助萬分一哉若佛老家言神若王者操福禍之權握生死之柄爲善惡果報則其不經見故儒者缺之勿論

李欽重脩嶽廟古井記

欽垂老林泉自愧無益於世每月一集鄉民老幼百餘於嶽廟宣揚　聖諭僭爲講

鮮期以化民成俗挽迴魯道之舊民有李進廬士卿者再拜告余曰廟有古井水甚清冽祀事之濯溉餴饎咸賴焉曩以日久灘淤盡為泥土洞取廟外之水以奉祀恐涉不潔吾輩出貲摳而甃之重加淘汰水復清冽如故請翁識其歲月於石余曰是可以觀今日鄉約之意矣善者人心之固有非假於外也私欲蔽之則失其初譬之井焉壅於泥土則泉不能達然清冽之源固在也一淘汰之遂復其舊然則吾民之蔽於私欲而喪失其本心者可無以導之乎鄉約之設固所以去吾民之泥土而達其固有之良心也况泰山五嶽之宗此水得山下正脉將享神明其用貴且重矣吾民生於魯域自古為聖賢鄉人人誠知所以自新一變可至道也若其溺於私欲而自棄其貴且重焉其無靦顏矣乎是用記之以儆於有衆

東嶽上廟在嶽頂磨崖碑前元至元間提點張志純嘗脩焉嘉靖間都御史曾銑重脩

布政使陳儒記

陳儒記曰

泰山為五嶽之尊橫亘齊魯跨引江淮矗突雲霄輝映日月巍乎高哉其天下之奇觀而獨秀者乎我　明天子御極望於山川徧於群神曰用相我國家維茲嶽乃辛丑非虜犯順乃申　勅封疆之臣曰其各壯乃金湯峙乃砦堠用扞衛我國家予一人以寧亦維茲嶽嗟乎嶽之時用大矣哉維時都察院右僉都御史廣陵曾公銑寔承　簡命保釐東土比至時且告饑公約已裕民發棠秩祀而凢為我民徼福者靡不備至是故䟽請于　朝得減京儲數萬石減租亦數萬石間乃語諸藩臬㢂正曰泰山威靈皷動海内矧茲兵戎之調度顛連之賑卹以暨百官之匪須罔弗賴之是其庇我東山者乎聞今廟貌圮壞弗亟圖之其何以祀乃夏五月謀諸監察御史關西楊公　本深僉同緜議曰其動乃官需毋勸力毋　違時乃底績已乃祗若成命移檄

諸司曰若布政使陳儒王鴻漸爾其經理
諸難曰若按察使余鍰爾其糾 御事乃
罔弗旣厥心亦罔弗愼厥事曰知府劉璽
曰同知王景明爾其鳩工僝工曰知州馬
逢伯爾其率作興事乃罔弗奔走惟罔功
是懼於是群工畢興始於壬寅夏五月迄
於癸卯春三月東嶽殿之脩者四楹南向
碧霞坊之建者一亦南向泰嶽坊亦一西
向東官廳之建者六楹西官廳之建者四
楹各南向鍾鼓樓對峙於元君之廟者各
東西向如其制工旣訖而是歲雨暘時若
東方底寧君子謂泰嶽於是乎有神僉乃
請勒石於泰山之顛公以記屬之儒乃拜
手稽首颺言曰嗟乎天降時雨山川出雲
嗜欲將至有開必先言神異也顧玆東嶽
孕秀鍾靈甲於天下則所以奠我民生翊
戴我國家者寧有涯哉

東嶽中廟在嶽之陽王母池之東昔名岱嶽
觀今土名老君堂僅存三清小殿按宋李
諤瑤池記云觀肇於軒黃卽此地也廢址

中有古栢古松十餘株其枝榦如虬如龍
魯覽 國朝高誨記云漢武帝東封時植
蓋卽此也而後園洞中壁間一石碣題漢
栢二字相傳趙子昂書玩之近是古碑凡
三其二刻唐與僞周老氏之徒題記行楷
書俱有古法碑雙石並立覆以束蓋土人
稱鴛鴦碑其奇製也其一刻元至元年間
泰安州禁約今録于後

至元碑刻禁約

泰安州准東嶽提點監脩官牒開稱東嶽
有上中下三廟本州城北岱嶽廟係中廟
唐時武則天將岱嶽廟改作道觀左側西
王母殿宇經毁不存上有巖巖亭迺遇封
禪 帝王歇體之所下有西王母池次有
呂翁洞猶存聖像池上壹石碑云該奉州
官台旨禁約諸人無得於池上下作穢如
違決杖八十當職准此合行出榜曉諭禁
約至元二十九年九月日榜

玉帝觀卽太淸宮在嶽之絶頂蓋古登封臺
昔嘗圯廢成化十九年中使以內帑金資

重建隆慶間侍郎萬恭撤觀於巔北出巔石而表之題曰表泰山之巔萬恭自為之記

侍郎萬恭表泰山之巔碑

隆慶壬申春黃河汎溢輸道梗湮天子憂
皇命恭若曰汝其治水踰夏河成灌輸悉盡天子懌豫命恭若曰汝其東禋於時臣恭以八月禋泰山報成績也余乃歷巉巖踰險絕撫秦碑登日觀已乃陟山巔謁天宮忽緇衣蹁躚目瞪足踐招余言曰是泰山巔石也余異之睨其上室如錮也睨其下砌如砥也而惡知夫泰山之巔而又惡知夫泰山之巔之石余喟然嘆曰夫泰山擅四嶽之尊而茲巔石又擅泰山之尊乃從而屋之又從而夷之又從而踐履之令尊貴不揚發靈異不表見余過也余過也亟命濟倅王之綱撤太清宮徙於後方命之曰第掘地而出巔毋刓方毋毀圓毋劉天成迄泰山之真已矣倅乃撤土巔出之巔石愽十有一尺厚十四尺有奇聳三尺

戴活石馬東愽二尺五寸厚一尺三寸西愽一尺八寸長八尺有五寸夫約泰山而東之巔已奇甚矣又摩頂而戴之石斯上界之絕顱青帝之玄冠也余倚活石覽觀萬里俯仰八荒遠睨則扶桑之日曜其東崑崙之風吹其西近睇則秦碑若正笏叢石如群圭而齊魯諸阜圓者似金直者似木曲者似水銳者似火方者似土枕青揚之絳闕俯元君之幽宮而六極之大觀備矣彼巔石不表見幾千萬年矣今出之始迄泰山之真而全其尊後來覽觀者尚毋刓毋毀毋劉天成務萬世令迄其真而全其尊以毋得罪於泰山之神其緇衣蹁躚意乎緇衣余問何許人何所受而告余默而不答噫我知之矣蓋緇衣受之碧霞碧霞受之太君太君受之上清上清受之元始元始受之寥寘之祖

玉皇廟在嶽之回馬嶺按察司陳察撰記廟前晦許為崖磴高三丈餘磴盡處為昇仙閣

陳察廟記略曰

察自浙臬之晉道經齊魯抵兹山歷險升高雲巖風巒百折千廻行次山腰突見新祠曼碩後有瑞仙巖左十峰嶺右九峰山巉巖奇特祠攄厥勝像設鏐沃冠裳儼如鍾皷有奕其主曰昊天玉皇上帝竊惟山莫名於五嶽而泰尤稱雄蓋自崑崙一脉迢迢馳發至於兹山屹然鉅鎮固萬山第一生處憶自結髪遊觀兩都暨江浙諸省歸棲徧吳嶺十載再起望九嶷過衡陽觀於牂牁越嶲歷蒙段氏墟抵金沙江望銅柱渡河洛驅馳関陝跡徧三蜀閩粤岧嶤崒嵂駭矚不一然未有若兹山屹焉孤高峻極太虛至使天下之人殫力恊誠齋肅襁負駿奔對越者踵武無虛日精神會合焉萬悽愴若或臨之此豈偶然之故哉其必有所以爲之者矣是則斯地也而有斯祠也吾不能辯其可否獨念斯人往往數千里趨攀抵兹厥亦勞止而斯祠適在谽谺崚嶒中有廡有庭有泉有茗勞者少息飢

渴者少慰籍沐風雨者得少爲避愚夫愚婦踧踖匍伏心懐戰兢欲平躁釋蒙昧以開而禱祈水旱疾疫胥此焉依豈天設此以爲福民永命之一助也而可以輕擬議哉

瀋王閣記略

惟泰山五嶽之長群巒之尊雄峙一方高接天漢鍾靈秀之氣鬱造物之英真天下名山之首古今祀典之崇者也其神主成物之始故宇内群生壽夭休祥福徵禨眚出入攸司罔弗欽戴恭惟我
太祖高皇帝用夏變夷章明憲典首重祀禮嶽瀆之禋厥誠罔替累朝以來率由舊典惟　皇建極德茂業熙群辟攸叙風行海内俗化生成嘉靖甲辰秋稔泰安守臣獻嘉禾瑞麥執政率九卿百職表賀淵衷悅俞漢儒有曰和氣致祥斯實由我　聖皇法　祖憲天克誠明祀之感豈非嶽神效靈用徵厥瑞者耶明年乙巳春有僧明清自斯山募緣於潞以回馬嶺玉皇殿一

極歲遠將圮乃增建五楹鐵瓦琉璃莊嚴
銅像廊廡續具復創門閣三楹時值今撫
晋中丞曾石塘先生建牙山左公務適臨
命名曰昇仙閣僧詣予請記予惟兩間之
氣造化曰神感而遂通誕信闔闢著乎隱
顯山載地靈宜莫重於岱嶽之巖巖與神
之穆穆而他莫及焉　聖天子功高德厚
以明厥報天地之誠擬於嶽者將無徃而
弗通以享無窮之祀不亦宜乎

會真宮在州城東南隅舊名奉高宮宋真宗
駐蹕改今額國朝重脩玉皇殿有呂洞賓
詩二首手書石刻并李太白詩四方碑刻
俱古雅可玩

任式記畧

會真宮玉皇殿成當有碑刻以紀其歲月
式齋沐拜手言曰一氣之分而輕清上浮
者謂之天主宰乎其間者謂之帝吾儒曰
昊天上帝彼道家者流尊其名曰昊天玉
皇上帝世之曰宮曰觀皆其奉香火之地
也會真宮在泰山之陽其創建不可考觀

宋祥符間有頌二聖功德碑在宮之南百
步許朝覲碑在宮之南一里許傳者謂真
宗封泰山駐蹕於此金大定間徙奉符縣
爲泰安州故宮居州城之巽隅興替靡常
所存者僅玉皇殿三間壖基卑下　上遣
中使進香帛於方嶽行瞻是祠從衆望弁
以嶽頂昭真祠上聞欲更新之　上可其
奏即下命所司時歲在庚子也於是召公
輸於魯甸招石匠於郢郊採徂徠之松新
甫之栢是斷是度是尋是尺辛丑昭真觀
既作壬寅玉皇殿告厥成巍巍乎浩浩乎
松桷有梴旅楹有閑粉飾藻繪妍麗精華
金碧耀日月之光册青奪乾坤之秀像設
穆穆赫爾厥靈誠以昭我　聖代敬天事
神之意無乎不在也若夫泰山徂徠相映
前後奇花吐而玉座芬芳白雲飛而瑤壇
空靜星冠羽衣舉手以加額者祝　聖天
子於萬壽也黃童白叟羅拜於左右者祈
斯世斯民於平康也嗚呼天不在於高高
而在於咫尺帝不在於冥冥而在吾昭灼

過之者寧不秉虔恭存敬畏以思無負於
對越也耶
后土殿在嶽南麓距州治三里許數松差類
嶽祠亦奇古可愛
青帝觀凡二其一在嶽巔其一在嶽之南麓
肇建俱不知何時宋真宗加青帝懿號曰
廣生帝君在嶽巔者今巡撫都御史李
命官脩葺於萬曆丙戌年冬孟訖工在南
麓者真宗御制御書贊刻今尚存　國朝
弘治正德間脩拓嘉靖間尚書朱衡復加
葺焉帝即漢唐所祀五帝之一按漢書及
宋天文志青帝天神也而東嶽屬焉此廟
祀之所由起也
宋加青帝懿號詔
勅中書門下名嶽配天乃衆山之推長盛
德在木實萬物之資生惟真宰之斯存蓋
靈篇之攸紀青帝真君職司煦育道叶沖
虛贊玄化於高明庇群生於溥率真祠夙
建方志可徵屬巖駕以時巡爰秘封之成
禮式瞻神館冀沐真休祗舉典章載揚懿

美奉蕭鄉而昭薦旌至德於無方用表欽
崇求綏福祉宜尊懿號曰青帝廣生帝君
觀宇特加脩飾故兹詔示想宜知悉
廣生帝君讚　御製御書幷篆額
若夫典治喬嶽表正靈祇司生發於東方
佐聰明於上帝宜乎名冠仙籍德被烝民
饗祀典於蕭鄉纖微稱於金石者也屬以
虔脩封禮恭答神休薦顯號以致誠述斯
文而頌美讚曰節彼岱宗奠兹東土生育
之地靈仙之府爰有高真允司明命至神
不測虔誠斯應茂實克昭儲祥是繄式奉
嘉名用伸精意大中祥符元年十月二十
七日御書院摸勒刻石
御祝文
維大中祥符元年歲次戊申十一月戊午
朔四日辛酉崇文廣武聖明仁孝皇帝謹
遣尚書兵部員外郎邵曄告於青帝廣生
帝君伏以峻功丕顯誕彰陰騭之仁神化
無方實主發生之宇惟高真之攸舘乃喬
嶽之靈區屬以祗奉元符躬陳大報仰繄

景貺充舉上儀式彰昭代之稱以表欽崇
之禮合伸致告用達虔誠謹告
三皇廟祀伏羲神農黃帝在嶽南麓距州
三里許
御祝
弘治十六年歲次癸亥十一月初一日皇
帝遣內官監太監齊玄謹以清酌庶羞之
奠致祭於三皇聖帝曰粵惟三皇建於有
極百草聿嘗藥石是資疾痛痾癢用賴以
瘳神聖功巧萬世永賴籩俎既精虔誠斯
達敬伸祭奠庶其歆格謹告
碧霞靈應宮在嶽絕頂西南下三里許舊名
昭真觀宋真宗東封時所建　國朝增拓
其制改署今額
累朝脩葺不廢近自　世宗朝遣工部郎陳
策齎營施萬金重脩益鉅麗矣隆慶間撫
臺傅希摯按臺眞從憲又加葺焉其神曰
天仙玉女碧霞元君四方謁款祇禳者摩
肩接踵而至諸所捐施金帛珠玉馬羖之
類有司日監守而筦榷之萬曆乙酉按院

韓應庚侍御命官鳩工更新往制其宮故
南向凡五間則欄其東一間題曰東寶庫
欄其西一間題曰西寶庫用以投儲諸所
捐施焉宮之後架殿三間題曰便殿宮之
右架亭一間題曰憩亭凡此皆創刱也宮
之前左翼曰子孫殿三間右翼曰眼光殿
三間其中爲露臺爲甬路而甬路之南大
門三間東鼓樓西鍾樓而門外綽楔凡三
中曰敕建碧霞坊東曰安民坊西曰濟世
坊而碧霞坊之前臨火池之上有闕門焉
八三　四十二
曰金闕凡此皆增飾其舊也繢棟藻櫨霞
駮雲蔚儼然神居非人世所有乃其形勝
袤拱宮東南則五花崖東北迤西則嶽頂
磨崖日觀諸峰蜿蜒峙列三面若屛扆前
若雙闕由宮門西下石磴三丈許南俯懸
崖下視城郭若畦圃自城郭望之則崖峰
森蔽不見宮宇此蓋造化靈區眞天奇云
御祝文
維弘治十六年歲次癸亥正月朔初一日
己巳

皇帝遣御馬監太監苗逵致祭于碧霞元君
曰懿德含弘仁慈廣霈佑蒼生於壽域皷
群品以雍依兹因耿躬偶爽調攝敬祈聖
力来佑康寧特以香帛用伸告祭益彰靈
應福佑家邦謹告

維嘉靖十一年歲次壬辰二月庚辰朔十
三日壬辰　皇太后遣太子太保王田伯
蔣㘵致祭于天仙玉女碧霞元君之神曰
皇帝臨御海宇十有二載　皇儲未建　國
本尚虚百神萬民無不仰望兹特遣官敬
詣祠下祗陳醮禮潔備禋祀仰祈神貺默
運化機俾子孫蕃育早錫　元良寔　宗
社無疆之慶無任懇悃之至謹告

高誨玉女考畧

泰山玉女神顯靈于天下其來尚矣世傳
爲東嶽女蓋謬說也人心崇尚習舛承訛
非特愚夫愚婦之不知雖博雅君子亦未
聞有能考其實者按州志載嶽頂玉女池
馬端臨通考紀池側故有玉女石像泉源
壅濁宋真宗東封先營頓置泉忽湧上升

山其流自廣清泚可鑑味甚甘美王欽若
請浚治之像頗摧折詔易以玉石既成上
與近臣臨觀復礱石爲龕奉置舊所祭焉
唐劉禹錫送東嶽張鍊師詩云久事元君
住紫微而李白遊泰山詩亦云玉女四五
人飄颻下九垓及觀李諤瑶池記謂黄帝
建岱嶽觀嘗遣女七人雲冠羽衣脩奉香
火以迎西崑眞人由是考之則知玉女
必黄帝所遣七女中之脩而得仙者後世
因之祠于山而宋元間龕像建觀尤有徵
迨我朝拓新殿宇靈應益著不然則泰山
喬嶽之上何緣有此據通考唐詩所載寔
之諤記益信

劉定之記畧

泰山絶頂舊有祠祀碧霞元君以其最高
雲氣雨降材木易朽飈風剛勁瓦多飄毀
祠不能久　今副都御史原傑巡撫山東
謁祠見其頽隳謀新之銅梁鐵瓦琉璃甎
甓之堅固册臒青堊藻繪漆飾之輝煥高
廣深邃規制增舊其費取諸官而民不知

自昔登山捐施委諸巫祝妄費不可稽而今紀理之皆有條法云

尹龍記畧

昭真祠在泰山絶頂世傳謂天仙玉女碧霞元君之祠　聖天子御極十有五年命太監陳喜來脩祀事明年詔脩是祠即故址增飾之祠殿爲間者五以奉元君左右廻廊各三間則護從之神居焉神道有門鍾皷有樓恐其凌空壁立易爲風雨所剥蝕故陶土爲甎冶鐵爲瓦務爲堅確黝堊丹漆金碧交輝視昔有加焉其肖像左石右爲銅中以沉香雕龕石座霞帔鳳冠於赫穆清而其所費一皆輸財於神貯之帑藏以充其用而毫芒不取於民自經始以來綱維其事者太監文安邢表僉憲衛輝劉璋下至義士耆宿罔不奔走事事所以重上命敬神明也夫泰山雄鎮東方爲五嶽之尊歴代有封禪之典維我　列聖每遇登極必遣廷臣以祀方岳又時命中貴有事於祠或金帛朋貝以将其誠或冠帔

旌幢以拂其像蓋神之靈旣感人實有以致之嘗觀州志昔有猛虎爲害禱之而去飛蝗爲災禱之而死以至於民之旱澇祈之歴有其驗故遠近衆庶拜瞻之頃靈風颯然知者敦其誠愚者啓其敬忠者堅其志奸者沮其謀善心以之生欲心以之窒吁休矣哉其神之惠乎

徐溥記畧

弘治八年春正月巡撫山東都御史熊公翀言泰山絶頂碧霞靈應宫燬于火宜治事下户部議謂泰岳有生物功凡祠關祀典者不宜不飭且神以靈故四方奔走士女操金帛爲禱祈者歳所積甚夥宜令按察憲臣籍之以爲工費詔可乃以屬僉事陳君寛領其籍内帑賜銀百兩以屬副使　中司出納爲凡用銀以兩計者七千三百有奇爲夫若干千而成熊公乃致書京師請予記予聞泰山之勝稔矣顧職在朝署無使命欲一登而不可得嘗觀泰安州志備載其形勢祠宇知有所謂碧霞者

故閣老劉文安公之記在焉其爲辭富奇偉巉聳與兹山兹景並勝使人讀之真若望扶桑窮日觀飄飄于剛風倒景之外粤自有天地即有山川奇秀所結靈神所聚邦君之所得祀攘而求之宜亦有不可無者矧國家秩祀之所載所以萃人心而延景命於此有資焉是其興廢起弊以貽不墜抑豈非有司者之事哉記成系以詩曰

岱宗之巔歸一宫兮金碧絢出高龍從兮
承乾據坤秀氣鍾兮神名碧霞誰所封兮
雲冠霧裳廟貌隆兮月星光彩冰雪容兮
人世杳絶嗟難逢兮門集五驂隨兩驄兮
小大執事靡弗共兮國家明昌年穀豐兮
五岳效職兹其東兮刻石紀事垂無窮兮

崔文奎記略

太極判動静生陰陽山鎮坤維體静陰也水生天一體動陽也岱岳摩空峰巒拔起去地數千丈絶頂出泉流注石池清泚可鑑盡陽根陰之象泉以玉女名必有所稽地志失載記曰中林川谷丘陵能出雲爲

風雨見怪物皆謂之神岱岳毓神上通乾象降靈下土坤道成女天仙玉女之號意以是與碧霞元君之稱則後世加封之典神廟在兹揖日月之綦擁層巒之秀左則岳頂之峻極右則天門之開朗歷選名勝之所無踰此境之妙意者神或受　皇天后土之命俾權輿造化之機於此不然何威神顯赫如是之大殆不可以易而測也歷代尊奉已久逮我　朝崇重之典尤盛有寶香異品之頒有華冠錦袍之錫歲時遣官致祭以至奔走天下豪傑及士女商賈之類皆齋心戒誓道路閒關歲進香帛者恒以億萬計金鏹緡錢川臻雲委溢于公帑資歲用賑歲饑皆於是乎取給孔子以鬼神能使天下之人齊明盛服以承祭祀其斯之謂與嘉靖甲申都憲王公堯封奉　聖天子明命來撫東藩詣神祠展謁顧瞻祠宇敝壞慨然興歎遂下營繕之令經始於嘉靖乙酉十月己未落成于嘉靖丁亥九月丙子規模壯麗丹漆晃耀突出

煙霞之上巍乎岱岳之間斗柄之南一奇觀也而神亦寧矣夫神寧於上人安於下幽明恊贊和氣熏蒸雨暘時若是以庶草蕃廡百穀用成　朝廷無東顧之憂未必不自王公一念之誠有以感之哉

郭詔銅鼓記畧

予寅長右轄熙臺潘先生政暇嘗登斯山感獻遺之物而懼其殄也乃白諸巡撫大中丞南皐王先生鑄銅鼓四竅其心置橐籥焉以象四時鼓萬物生長收藏又爲之鼂附之瓶以達絪緼之氣其知所謂鼓之舞之以盡神者與猶未也又欲顯諸道德行各識以銘鼓曰元氣鼓萬物春嗟爾岱神乎神　氣再鼓麗朱夏品物亨乃神化孰鼓舞秋乃收物之府神之休　消而息爾鼓爾物歸根元資始　鼂曰大德曰生瓣香維誠人在洪爐左右和平瓶曰不平者情不私者平　神馮人哉人馮神哉吁淵乎微矣可以幽贊於神明矣予故爲之記示後世有考焉已矣

王之綱玉女傳

玉女者天仙神女也黄帝時始見漢明帝時再見焉按玉女考李諤瑶池記云黄帝嘗建岱岳觀遣女七雲冠羽衣焚脩以迓西崑眞人玉女蓋七女中之一其脩而得道者玉女卷云漢明帝時西牛國孫寧府奉符縣善士石守道妻金氏中元七年甲子四月十八日子時生女名玉葉貌端而性頴三歲解人倫七歲輙聞法嘗禮西王母十四歲忽感母教欲入山得曹仙長指入天空山黄花洞脩焉天空蓋泰山洞即石屋處也三年丹就元精發而光顯遂依於泰山焉泰山以此有玉女神山頂故有池名玉女池傍爲玉女石像宋眞宗東封先營至泉水忽瀑清泚可鑑味甘美王欽若請濬之像偶折詔易以玉復甃石爲龕構昭眞祠祀焉尹龍謂世傳天仙玉女碧霞元君之祠始此　國朝成化間拓建改爲宮弘治間更名靈應嘉靖間再更碧霞碧霞宮之名始此　累朝增葺宮制滋濶

而神之靈益顯四方之贍禮者益爭奔走
焉其於
國家多庇護美内史氏綱曰余聞之太史公
學者載籍極博猶考信於六藝詩書雖缺
虞夏之文可知也余于玉女將何以徵焉
八三　四十九
盖天地一氣而已其在天為星辰地為河
嶽明而為人一氣也玉女之化為人人而
復為神也何異哉故觀於考與卷可稽也
若謂玉女為東嶽金虹太乙定父所生而
化身為觀音之在世豈理也哉至其神靈
顯於泰則又其所嘗住修之處而精神往
来譬諸雲霧之在太虛有依依而不能去
者矧泰山位東土秉木德而玉女坤質為
水象池固其所自來耳其依神于此以揚
靈異之休而助生成之德于不窮殆若天
命之者世乃謂玉女親受帝册為女青真
人永鎮泰山以主其祀豈不謬哉豈不謬
哉愚固表而出之俾夫昧者有所據而傳
也為之傳云　巡按御史方遠宜撰泰安州祝文
維神懋權化機駕御陰陽助天育人炳靈

洩光一釀玄功八埏震揚明德俔天昭回
七襄崧高維岳閟宫有侐仙馭式歸維此
棲宅國有禋祀民有珪帛揚靈播和四海
來格茲惟守臣曰薦厥常俎豆莒莫鏞鼓
鏜鏜維神降止鏐鏘琳琅風霆維車雲漢
維裳空歌欽欽燚舉肅肅庇貺斯人式登
百穀求奠邦基扶輿清穆祀禮弗忒維神
率育尚饗

巡撫都御史何起鳴宣諭

萬曆八年予觀風東兗溯泉源登泰山之
八三　五十
巔甚焉俄聞四方以進香來謁元君者輒
號泣如赤子之離父母膝下者然是曷故
哉以誠心所感也人能以此心事親則為
孝以此心事君則為忠以此心待同胞則
為友以此心處朋友則為信以此心教子
孫則為慈以此心一不奪他人之有則為義
以此心不徼非分之獲則為榮存此便得
進香善果存此便得朝山福田脫或不然
心一背馳將明有人非幽有鬼責曾謂泰
山而能私庇爾哉孔子曰獲罪於天無所

禱也言遷罪也孟子曰雖有惡人齋戒沐浴則可以事上帝言遷善也可不畏歟遂命州守袁裕播諭四方香客以正人心云

巡撫都御史李輔祈雨告文

惟神受職昊穹陰握玄化蒸爲雲雨以澤天下蓋祈年而祈靈者曰奔走乎宇內作福而降祥者亦時合於諸夏矧茲東土固神奄宅之區而精爽之所常遊又不啻如枌榆之社也乃今四月不雨驕陽杲杲赤地千里野無豐草致 天子之憂勞歩桑林而露禱輔撫茲東土民將安保日夕惕焉憂心如擣惟省咎於厥躬甘待罪而薦羹惟神矜此元元少續旦夕之命而賜之甘霖俾回枯而起槁則神貺之洋洋等皇仁之浩浩矣輔謹率吏民齋心以叩於神惟神鑒而聽之以彰顯道不勝待命之至

升元觀在嶽之南麓酆都廟西石刻政和尚書省勅牒尚存元張志純重建改曰朝元觀學士徐世隆記

牒勅碑畧

尚書省牒准泰寧軍奏符縣升元觀又云泰寧軍狀據兖州儀曹婁寅亮狀稱契勘兖州奉符縣泰山之下名曰三宮空洞之天載在圖經牒奉勅宜賜升元觀額牒至准勅故牒

徐世隆記畧

朝元者何兩儀資生萬物居泰群臣之賀正也故道家取象名其觀曰朝元古殿摧仆掌教洞明真人屬天倪子嶋工掄材雖將經凶年亦勉力成之其費皆出會真常位岳頂香資及掌教所助淨財夫洞天三十六福地七十二泰山其一也其興與廢必有靈祇司之豈不爲神物所護持者哉

天書觀即乾元觀今榜曰碧霞元君行宮在州城西里許宋大中祥符建史載天書降于泰山西南之麓即其地也

長春觀在州城西北隅女道主發絶父之禪僧寄焉中統碑刻元和子爲女冠嘗守慎作記丘神仙牒刻成吉思皇帝勅旨俱存

記稱祖師謂丘神仙妙真則守慎之賜號也

元和記畧

教非道不立，人非教不脩。凢以道爲宗以神爲教者，莫不剖聵抉瞽，拯況照昏，躋人於長生之域。嗚呼！世或有聞而未悟者，有聞而悟者，是旦暮一遇之幸也。近代幸我祖師設教，七真開天，上智下愚咸使知之，男脩女學悉爲證矣。夫全真之道杳然難言哉，其教也微妙玄通，廣大悉備，在人賢者識其大，不賢者識其小。其要絕貪去欲，返樸還淳，屈巳從人，懋功從德，則爲遊藩之漸。若乃遊心於淡，合氣於漠，不以是非好惡內傷其生，可以探堂奧矣。妙真脩學無間然矣。儻來不爲得，去不爲失，不悅生，不惡死，冲而用之，厥心不震，雖天地晦冥而朗日自照，霰雪交集而陽春自舒，此得性之功也。動與陽同波，靜與陰同德，寢無夢，覺無憂，盡而待也，其生乃全。聽之於心，冲氣爲和，息之以踵，谷神不死，此保命之

效也

龍泉觀又曰斗母宫，在岳之小龍口。嘉靖二十一年德府重建，濟南陳轅記石。

風伯雨師廟在州治東。按天文志，風伯箕星，雨師畢星也。先是廟廢，止遺一石碣。成化丙午旱，雩未雨，或油然雨狀，輒爲風散。知府蔡晟讀其所祭之風頓息，大雨如注，因復立廟。廟圮，知州鄭多易以壇。

高真院在岳之南麓曰金山青帝觀後，俗曰眼光殿。

三官廟有三：其一在岳之中道曰快活三，其一在治西關，其一在治東關。

酆都廟在岳之南麓升元觀東，弘治十四年建。其神爲酆都大帝，其左爲閻王廟。嘉靖壬戌年濟南府同知翟濤重脩，有記。

李欽重脩酆都廟記

岱宗南麓有廟曰酆都，其神爲北陰酆都大帝，配以冥府十王，其東爲曜靈五閻王，而左右十司曹官列焉。嘗稽道經所載，酆都者，陰氣之主，九地之樞機，稽罰罪鬼死

魂之所也十王之中其七曰太山故陸机太山吟有曰萬里亦有亭幽岑集萬鬼蓋萬里去泰山僅數百武耳白樂天詩亦曰東嶽前後魂北邙新舊骨誠如是則酆都之為廟夫豈嶽麓之所可少者哉雖然俗傳收捕追逮出入死生之說固儒者所不道也然昔者吳道子畫地獄變相於成都民咸懼罪市之屠沽魚肉者不集而兒祟之以殿陛列之以余牘肖之以人鬼嚴之以剉燒舂磨之刑使人入則肅然凜然出則悚然將自知去惡以求免刑戮之弗遑也其為神道設教之意顧可漫善於此者哉廟創始於太監李僅時弘治十四年也至今歷歲既久風雨所侵剝棟宇榱桷蓋瓦級磚與夫丹雘藻繪之飾未免傾圮漶漫嘉靖壬戌春濟南二守安陽弘齋翟公濤以兩臺專委來督嶽廟大工既獲底績乃復以檄請為重修酆都之舉兩臺亟為嘉允卜日興事肯費取給於香稅而於農民秋毫無所干擾經始於癸亥秋七月訖

工於冬十月殿宇周廊門觀繚垣悉加完治鬼神之像皆重為涅塑煥然一新廟西登嶽之路復建岱宗坊三楹自此以至嶽頂地方九入又皆立坊以表其名而各揭聯以壯其景金碧煌熣映照山河由是泰山之偉觀愈益增矣郡人士咸願刻石以紀其事余惟天以春生萬物止之以秋聖人法天以政養民肅之以刑故曰父母之於子鞠育而遂字之仁也鞭朴而告戒之亦仁也上之於民也政教以撫綏之仁也刑罰以聳礪之亦仁也岱岳於方為東於時為春與致雲雨發育萬物而北陰酆都之府所司者秋殺之權也公來本以嶽廟為事而其餘力又有及於斯者無乃所以警勸下愚而啟其遷善敏德之機

森羅殿

左為閻王廟在岳南三里萬里社首二山之間有七十五司及三曹對案之神神各塑像俗傳為地獄云

徐世隆記畧

萬里者古挽章之名田橫之客傷橫而作

者也漢李延年分為二曲薤露送王公貴人蒿里送士大夫庶人後世以為人死精䰟歸於蒿里有神主之張華博物志陸机泰山吟皆云人死其䰟拘於蒿里白樂天詩曰東岳前後䰟北切新舊骨樊殿直廟記亦言人生受命於蒿里其卒歸於社首

蒿里祠距岳廟西南三里許社首壇之左自唐至宋香火不絶禮之者入則肅然凜然出則悚然豈非世人如見真鬼神而然耶吳道子畫地獄变相于成都觀者咸懼罪修福而市屠沽魚肉者不集況入比詞其不寒心而駭目者鮮矣

趙相公廟在社首之陽其神見搜神記及宋人元豐記石

三靈侯廟在南天門祀周諫官唐宸葛周武

八三　五十六

又附祠岳廟按通志三人墓在髙苑縣

靈派侯廟在州城西南滦河東涘其神舊名曰滦河將軍後曰通泉侯宋真宗東封拓廟封靈派侯元重建教授王真記

王真記畧

泰山有三溪獨西溪稚秘莫測源来自上方為瀑布直注山趾洄洑龍湫而出髙深委折至郡城之西百拳武匠民飲濯之而呼曰滦滦之東滑地形若穹龜然廟其上曰靈派侯者宋真宗有事泰山駐蹕於此始患水泉涸絶俄而涌溅嘉其神異而封建之也泰安監司嗷撒縣尹孫公民献同謁祠下憫殿像摧壓蓄與修志已而廟壖為水奔齧祝之水復折而西二公耳神之靈既孰而又目覩其驗遂更其廟而新之以崇其祀屬僕為記竊聞之山林州澤有利於人者則秩而祀之唯岱為鎮岳寔發生之所膚寸興雲不崇朝而雨其流澤又能滋於民物復及萬乘功用顯白神而祠之宜矣乃作迎送神之詞俾歌以侑詞曰

我侯兮何在山之麓兮水唯滦山幽兮水鳴具我侯兮形聲侯之游兮委蛇風爲馭兮雲為旗坎坎兮擊鼓水妃兮歌舞侯之樂兮來止徒御雍雍兮赤舃几几我民承事兮既多受祉侯之去兮悠哉忽悕兮陰

霾或來去兮叵測千萬歲兮愈欽靈德

淵濟公廟在岳頂西南白龍池上有司春秋祀焉歲旱雩禱自漢唐已然其淵濟神號祠宇則肇於宋元豐壬戌邑人趙合撰白龍殿記元邑人王天挺撰金帥劉瑀塡池靈異記州倅李簡謝雨文州守路希尹撰感澤記 國朝學正夏靖撰感雨記俱石刻祠中

趙合記

泰岳西南隅有靈泉曰白龍池岸古石峻淵然闃窈大頂巍然而作襟首大峪環然而爲郛郭峩峩而蔚者懸刃秀於上湍湍而鳴者百丈溢於中秋朝夏暮靄呈波面而爲瑞靈草異花羅岸徑以爭香縈流天轉涵漾縈旋乃一方雄勝之地登而涖之者無不嘉而駭焉自漢唐已來至於我宋每歲投金龍王簡御香爲之禱矣蓋龍克雲克雨浹洽萬彙豐成元元者哉近者春夏不雨驕陽頗熾賢宰大夫楊鎔躬率縣吏民虔祈雨于白龍之神幸龍之明德不

越夕而甘雨降應如影響稼穡以之而興縣境自是而蘇焉邑民霍直等白于大夫曰今衆虔感龍之惠願各持寶貨刱龍堂一所以答神休仍選材飭工約而中度覊而不奢經之營之不逾月而歡樂成矣大夫特牒上司敷奏天廷乞賜嘉號虔旌龍之效耳

王天挺記

淵濟公之號始於宋其廟於兵亂間爲金東莒公燕寧所毀不數月而寧卒歲在丙戌元帥萊蕪劉瑀權知泰安州事守天勝以乆旱禱雨於龍池之側時有小白蛇出戲於香爲上劉以爲神龍所變再拜祝之曰三日之内有雨則我將爲神脩廟卜之吉一軍歡呼羅拜經數日無雨劉怒曰神許我雨今既無雨則無神矣命諸隷卒揭西厓之石塡其池池將滿雷雨暴至如傾雹大如雞卵衆惶怖驚走既晴視之其池中所塡之石悉爲湍流衝去皆駭異拜謝服罪即今廟貌劉帥爲創始此事土人往

往有親見之者權府張侯談之甚詳因併爲之記

李簡謝雨文

庚申年二月己亥朔十九日丁巳泰安州州倅李簡謹以剛鬣庶羞之奠再拜稽首祭於淵濟公之神去歲之秋嚴侯不以李簡愚憃不才俾倅此州時方苦旱人畜疾疫已愆種麥之期而土脉焦枯耒耜弗能入重九前一日禱雨於此是日雷震雨作如響如答旱既久非霖雨莫能濟是月望日約太守以下諸僚屬以荒唐不恭之辭輒復致禱是夕雨降淋漓三晝夜東原千里所在霑足既晴耕夫播種徧滿郊埜不失金歲來年之望者神之惠也今春復旱遂於上丁前一日太守弗欒之辰率僚佐致禱於明神所明神閔人之不辜是夕降甘雨二寸許越三日雷雨復大作萬姓欣欣惟神之恩敢不明受其賜謹選吉日躬齋潔奏音聲以獻以樂以謝神其鑒之

路希尹感澤記

天下太平方千里之內生植齒類監郡太守能存亡休戚之天下兵興方千里之內能保黎庶能攘患難能致感通亦在監郡與太守耳凡監郡太守若無文武不畧不清廉肅下不明恵公直則致傷和氣一州生類皆受其害今監郡佳童暨太守路希尹來守是邦兵革之餘井邑丘墟生人幾盡詢問其故不覺涕下況歲乙巳值天久旱民有憂色夏五月望日謹齋戒沐浴躬率屬僚禱于岳麓淵濟公之神屢獲靈應至十八日辛巳大雨飽足既不敢忘又從而歌曰龍之爲神變化屈伸能大能小澤及生民或潛或飛或幽或明雲行雨施品物流形

夏靖記

景泰甲戌春三月徂夏不雨二麥萎悴東作靡興民心将至於流移矣郡守楊公定憫民之憂若己之病遂齋沐備禮延柴道正於四月朔設壇宣祭祈禱惟謹越五日

不雨耆老曰伏麓有淵濟公祠何守茲者遇旱詣禱輒應益秉厥誠偕官僚耆宿拜跣遂塗至祠爇香再拜祝曰惟神血食茲土定與神陰陽表裏懇禱不雨其誰之咎俾之歲歉衣食不足民何以安粢盛不潔神何以享爲神之靈鞭龍致雨失何難哉詞懇誠切恭禱禮畢至暮復達草恭維時玄雲四布雷電交作甘雨如注夜二鼓少止翌日再雨不三日又雨公忻然顧余輩曰此時雨也時者不先不後之謂使得雨也先五日而至麥爲之忌後五日而至麥奚以秀不秀焉實此雨所以爲時也由是萎者以甦悴者以榮物意舒暢民心悅懌以爲有年矣神之澤民如此合報祀焉謹以牲醴大合樂盛報神恩屬余記之余聞有道之世五日一風十日一雨年穀順成物無疵癘民不夭札而太平之象見焉乃者雨不違時二麥復蘇東作可興而有年之望也斯民也遭逢上瑞懽忻鼓舞而不知誰之爲之者良由太守公集誠所感以

致然也公字在止西江忠節裔由科目擢今職并書以爲記云

關王廟其一在高老橋其一在城內營裏街其一在東關大石橋其一在州西南下張集者尤靈異每遇大旱郡人輦之來州禱輒雨

岱史第四冊神字號目錄

岱史第十卷靈宇紀

此卷特録吾夫子殿宇蓋別於神佛寺觀也而魯兩先生祠附焉以存道脉云

孔子至聖殿在嶽巔玉皇頂西稍下可半里許其地相傳爲越觀峰其下爲孔子崖意者韓詩外傳所云孔子登泰山望見吳閶門白馬以示顔子此豈即其地耶嘉靖間尚書朱衡謀拓基於此構建祠宇以奉孔子迄遷任弗果萬曆十有一二年間先任濟南府郝推官大猷創議建正殿三間前爲門一間四圍垣墻俱全專爲崇奉孔子設也又以遷任未及安神奉祀以竟其事今鹽臺侍御譚　檄備岱史稽考勝蹟有司議請重脩前項殿宇奉孔子神主配以顔曾思孟悉如學宮之制春秋行釋菜禮仍於殿之兩偏構道房居黄冠以供掃除云其時撫臺中丞李　按臺侍御毛　悉可其議行藩司覆覈脩舉由是孔子與群賢登臨遺蹟招揭於泰山相爲終始瞻仰者快焉

巡按御史毛在委官安神祝文

維　年　月　日　致祭於

至聖先師孔子曰猗維聖師天縱其生貞元萃其氣光嶽儲其精然嶽莫崇於岱故其儲精也不偶而聖莫崇於聖師故其取精也獨宏麟紱尼山近接介丘而應瑞龍吟洙泗淵源泮水以斐英嘗聞登泰山而小天下迄今貽芳躅而求鴻名之人想見其丰采罔不願聆其英聲恍若群諸弟子凌陟千仞之上手提魁斗揭日月而開群盲又若鼓丘陵之歌盪激天籟鍠鍠然與松風笙鶴而齊鳴又若裁帝王之六籍卷舒雲錦不崇朝而兩化乎八紘蓋岱宗雖峻極得聖師而益嶸崢聖師之神道雖無乎不在而於生平勝覽詎不益朗其神情是用跡夫登臨之地崇祠而奉主時舉釋菜之禮俎豆而粢盛豈惟高山仰止之思興起千百世如一日行見齊魯一變之化不越衽席而漸摩乎斯土斯氓則今茲所爲嚴事尤不勝其悃誠也敬奉　復聖顔子　宗聖曾子　述聖子思子　亞聖孟

子配享左右共妥神明亦謂夫四子之於
聖師猶群嶽之於泰岱而當年之歩武屬
屬幸靈光之相倚晶晶尚　饗
巡按御史毛在訂定常祀祝文
維　年　月　日　致祭於
先師至聖孔子曰維聖天縱惟嶽降神乾
坤叅賛帝王經綸岱宗仰止振衣登臨一
時過化萬古流聲肅瞻廟貌吾道常新消
兹春秋仲敬薦明禋以
復聖顔子　　　宗聖曾子
述聖子思子　　亞聖孟子配尚
饗
查志隆岱巔脩建孔廟議
竊照泰嶽靈區在寰寓最勝而古初遺蹟
惟聖哲尊崇然聖哲中之有孔子猶山阜
中之有泰嶽也豈惟誕育降自嶽神迺其
里居尤爲密邇遐想轍環之日師弟子相
從登高覽勝者屢矣故孟子則云孔子登
泰山而小天下禮記檀弓則云孔子過泰
山側問婦人之哭而嘆苛政猛於虎列子

縣一　四

則云孔子遊於泰山問榮啓期之三樂而
善其能自寛韓詩外傳則云顔子從孔子
上泰山望吳閶門之繫白馬而顔子對以
有如繫練孝實録則云曾子耕泰山下思
其父母而作梁山歌凡此故實斃斃可攄
若孟子生時則其母夢神人乘雲自泰山
來覆於其居而宋儒稱之曰泰山巖巖氣
象其言豈無稽哉由斯以觀則泰山勝蹟
孔子稱首而顔曾孟三賢皆踵其芳躅者
也夫何時世變遷踪跡泯滅惟孔子崖銅
像僅存殘毀者半而顔曾孟杳然無可考
見夫老佛之宫廣袤山谷燦爛册青固無
庸置論即如宋時孫明復石守道兩先生
猶然俎豆泰嶽之麓而聖如孔子賢如顔
如曾如孟生平固其涉歴之地沒後獨無
棲神之所臨風弔古寧不感悽查得嶽頂
玉帝觀之西有空殿三間墻垣俱全其中
絶無神佛塑像盖在二三年前先任濟南
府推官郝大猷創議營構原爲崇奉孔子
設也續緣本宫還任未竟始謀迄今廟宇

縣一　五

空虛漸至頹壞然因其舊貫加以繕脩費旣不多工可刻日相應命官經費處材鳩傭侍其脩理完日於殿內設立孔子神座神主正中南向而東西配以顏曾孟併入子思各神座神主東西相向一如學宮之制春秋丁祭每歲賫香稅官備辦祭品照州縣釋菜菓肴各神座前一卓其特牲則揔供猪一口羊一口本官如期致奠仍於殿傍構道房三間責令本山道士二名常住看守報名在官以便稽查及孔子崖銅像亭宇一併脩整仍於舊址供奉則聖賢遺蹟未與泰岱爲始終而廟貌崇嚴足慰萬世之瞻仰非特斯文之幸實重山靈之光以此紀載簡編不亦輝奕典墳哉 萬曆拾肆年拾月拾日議

魯兩先生祠一名泰山書院在州城東南隅祀宋孫明復石守道其廢興具金學士承旨党懷英及 國朝大學士吳寬撰祠記

懷英記

魯兩先生曰孫明復石守道氏宋祥符天

聖間以仁義忠孝之道發於文章爲諸儒倡當世大儒如文忠歐陽公文正王公皆尊禮之故其沒也歐陽公爲誌其墓蓋比之孟軻韓愈之流其羽翼聖道立朝行已治行終始偉如也初兩先生築室泰山下以爲學館屬大關嶽祠壖基甫迫乃非徙山麓而以舊館爲栢林地歲分施錢爲養士之費學者至今賴之而鄉人指以爲上書院者則其所徙地也大定間嶽祠火越明年有詔營建乃命更新廟學已而諸生相與言曰昔兩先生官學汶上汶學祀之不忘吾儕居其鄉食其德乃可遂已乎於是兩先生諸孫聞其言吏出所有作爲祠堂於大門之左以成學者之意石先生之孫震使其姪翊走京師屬其門婿党懷英書其本末將刻諸石懷英曰兩先生之道垂於後世炳如日星奚患無傳雖然有一言焉方孫先生以春秋之學教於魯石先生蓋師事之時給事孔公道輔聞其名自兗來謁孫先生旣出應客而石先生執杖

履侍其左右升降拜伏皆扶之其往謝也亦然繇是魯人始識師弟子之禮士風爲之一變近世士尚剽竊以從師親友爲耻忠厚之道不著久矣國家尊經養士將使人人爲鄒魯固當師承鴻碩因文以入道德之興而後游兩先生祠下而食其餘庇可以無愧矣

吳寬記

魯兩先生者爲宋泰山先生孫公明復徂徠先生石公守道也祠始建於今泰安州治之西而隣於嶽廟金源時遂爲廟併元改建於嶽麓已而傷爲浮屠氏據入　國朝乃附祠於州學而規制狹隘祀事簡率無以慰魯人之思至是州守前進士德清胡君瑄言於巡撫山東左副都御史無錫盛公謂其事繫風化甚重請於朝事下禮部議從之仍俾有司每歲春仲祀　羊一豕一秩爲常典於是胡君復請於藩臬諸公擇地得於州治之東南以成化二十三年八月建祀焉工未畢盛公以請老去而

眉山吳公來代益重其事趣成之胡君乃以書來請記於石予惟大賢君子所以能使人久而追崇者非區區末學所知顧請之之意堅不可已也惟兩先生在宋盛時泰山來自平陽而寓於魯其學長於春秋著尊王發微簡易公平多得經之本義一時名公賢士高其學行至妻以女或就見之後范文正公富鄭公交薦其賢始授官官止殿中丞徂徠則生於魯者當孫公居泰山之時實師事之其爲人好善嫉惡嘗著怪說中國論及唐鑑以爲世戒而慶曆聖德詩尤爲人所傳誦常以經術教授於鄉後在太學益以師道自居太學自此而興初舉進士甲科官止太子中允蓋兩先生平生見於歐陽文忠公墓誌而國史取以爲傳者其大畧如此按其言論其世信其爲大賢君子卓然出乎流俗而褎然爲一方之望者也故在當時並爲人所尊仰至即其所居山稱之以配其德可謂至矣泰山雖嘗被薦而人亦嫉之不得盡其用

若徂徠之剛直旣沒而禍患作幾不能保其遺骸而庇其妻子盖小人之不相容亦勢之所必至者今去之六百年雖天下知有兩先生而魯爲所寓所產之地道德之風謁然猶存宜人尤尊仰之祠象煥焉而不至卒廢人心之公不能自已如此又歐陽公所謂發先生之光者今則愈久而愈光矣兩先生塋處守臣又推朝廷尊賢之意旣加封護惟謹且二氏幸皆有後而石差蘩復選其人入學充弟子員魯人之思庶幾慰之因併載其事俾刻之祠下云

岱史第十一卷宮室志

敘曰志宮室者何志其宅岱宗之勝而登臨者藉以盤桓也夫自古名亭佳館崇閣危樓必擴山川之勝槩斯擅寰宇之偉觀而勝莫如岱則擴勝莫如岱宮室矣天地其籩簃日月其戶牖烟霞其几席風雨其洒掃不越乎楹檐櫳棿而超然遠凝邈然周覽曠然出人境惟玆獨也豈不稱上界清都哉其間過化亭則宣聖之芳躅泰山書院則孫石名賢之故墟觀海亭挾仙宮則浴日御風之氣槩仰止亭迎暄堂則奉迓朝命而禮當途之冠裳此又宮室中最稱勝者大抵危崖峻嶺之上材木瓴甓轉運最艱即一磚之費十倍平地乃其役夫巇嶇血汗可憐之狀余嘗目擊焉而雲蒸霧鬱日烈風剛於漶圮又最易以故有崇構見稱於古而今僅存其名者余嘗謂岱巔工役勿務華務堅固勿務新創務時葺舊構勿待其大傾頹然後葺之以致耗財動衆而居守又必有專責焉是亦節愛之一事云

觀海亭即日觀亭在嶽頂日觀峰秦鈁樊獻科題石扁曰日觀楊繼立石碑二曰東觀日本西望河源蔡叔應勒石坡曰天下名山第一

挾仙宮在嶽頂觀海亭之西萬恭題扁曰憑虛御風宮後石屏大書曰孔子小天下處嶽頂公署惟此最寬廣達官燕飲恒於斯

過化亭在嶽頂稍西孔子崖呉讓勒石崖曰泰山喬嶽

仰止亭即西公署也在碧霞宮西前後三間俱有翼室前巡撫都御史今工部尚書何起鳴題扁曰仰止云天柱峰玉女池泰斷碑俱在亭之後凡達官止宿恒於斯

東公署在碧霞宮之西其制稍隘於西公署香稅摠巡官憩息之所

乾坤樓在大龍峪下侍郎洪朝選題今名扁侍郎萬恭又扁前楹曰礪山帶河

半山亭在朝陽洞之西南山上

誠意門公署在誠意門之西凡三間傍有翼室

五松亭前後俱三間前廳有翼室亭前秦始皇封松樹五故名又名御帳以宋真宗曾此駐蹕也今其松存者三焉是亭當嶽之中道達官每飯中火於此或於誠意門公署

巖巖亭取義於詩舊在岳麓王母池東成化間參政張盛移建水簾洞左

飛雲閣在岳南阯曰紅門歲久圯廢今案石爲臺上有棟宇下通渠道猶閣之制也方元煥書扁曰梯雲石刻曰蓬玄洞天邢一鳳篆書曰仰止

高山流水亭在晒經石隆慶間都御史萬恭剏建自爲之記

萬恭石壁記

余旣表泰山之巔掠岱麓而南下則憩晒經之石石廣可數畝徧刻梵經皆八分書大如斗不知何代所爲近有好奇者則刻大學聖經於上端以勝之余乃大書曝經石字皆博可六七尺刻深三寸垂不磨以助其勝北聳石巖若斬截而成澗水漫

石而下以懸于空巖若垂萬珠焉余輒大書水簾字深刻之水漸漸淅字上字隱隱匿水中斯泰山之至奇觀也已乃穿澗水而西得石壁高約十五尺廣約四十尺夷出天成下擁石基余東向而立則水簾之泉泠泠出其左而桃柳數十株蔚蔚其若余遂倚石壁爲之亭亭悉以石石柱四直入石基其深尺有咫上覆以石板令永久登泰山者得憩息萬襆焉余嗜鼓琴輒顧從者曰夫是倚岱麓之壁也斯不亦高山乎夫是臨水簾之泉也斯不亦流水乎爲子援琴而絃之邀泰山之神聆廣陵之歌若將巍巍乎志在高山也又洋洋乎志在流水也是謂神品亦謂神觧從者悅遂命之曰高山流水之亭

○更衣亭在岳之紅門道左凡衣冠之士登岳至是易便服以行故名

且止亭在更衣亭西有石刻亭名三大字

迎賓堂在岳祠東齋之南有司宴　王人及大賓客之所

誠明堂在岳廟内之西延禧殿後凡　朝廷遣大臣有事于岳者居之

御香亭在誠明堂後凡　朝廷遣使賫香於岳祠先置於亭擇吉而後奠神垣周石刻名人詩文

泰山書院在岳南凌漢峰下舊爲唐詩人周朴菴後爲孫復石介胡瑗講習之地嘉靖間按察僉事盧問之創三楹妥孫石靈位尚賢存古蹟也邵賢有詩曰千古清風仰孫石獨遺堂址向岩隈

○泰陰亭在州城之南宋真宗登封古蹟也巡按御史吳從憲建亭有記

吳從憲泰陰記畧

余按山東之明年暮春三月循泰岱將有事於登萊因與同事諸司臨拜嶽祠陟登封臺而徃蹟之僅存者惟泰之斷碑與唐之磨崖其他皆湮沒磨滅不可復覩及還州治知州事李逢暘請曰城南有陰字碑者乃宋真宗御書封禪紀文距州半里而近此祥符中東封故蹟也時偕同事徃觀

之碑九五面相合而成砣然如列屏嶂非特其製與他碑逈異而其敬天尊祖謙遜辭讓之意百世之下讀其文字猶令人肅然歛容稽首而莊誦之也然而時移代變昔之金泥玉檢光函萬丈今則盖藏委翳於荒墟蓁莽之區其不爲湮沉磨滅者無幾矣余因是竊有慨焉乃戒有司除地築亭于陰碑之北是秋九月望日從事者均來告成亭九五間砌以石址臨于濠漕重門深迴畫棟高暈碑碾峙前儼如上帝之臨雉堞擁後恍若海市之觀非瞻泰嶽壁立萬仞則勃然仰止之思南盼徂徠直道偃蹇則惕然尚友之志視嚮日荒墟蓁莽之區今則巖巖翼翼廓然大觀非直爲是州奇勝而奎章宸翰輝映今古眞亦有光於泰嶽也矣於是命工人篆其碑之南曰泰陰碑揭其亭曰昭事上帝翌其門曰升中古蹟州之士民樂其有斯亭也夾道樹以槐栢後渠種以芰荷仍取其地之中作爲花塢周以柵欄多植奇花麗草以待四

方賓客之觀覽亭之西拓地半畝築室數間以爲往來憩息庖羞之所由是至斯亭者莫不徘徊竟日而不能去也嗚呼可謂盛矣

環翠亭在萬里壯首二山間登此非眺岱岳餘三面則鞍半徂徠諸山蒼翠環峙故名

翠美亭在岳之西址去州治十里金知州姚建榮建元奉高尹王悟重脩廉訪使徐琰記亭今廢記石移置文廟

徐琰記畧

縣一　十四

天下名山巍然而大岧然而尊者泰山而已泰山勝境窈然而深蔚然而秀者西溪而已溪居岱宗之右麓延袤數十里樹林陰翳磴道崎嶇清泉奇石瑰瑋萬狀行愈遠而山愈奇境愈勝極溪之所窮顛崖百丈懸流下擲望之如垂練天紳泉也天紳之西有巨壑焉一水自天勝巖落爲盤石所散漫瀉於壑之上麓若建瓴然水簾洞也而又芙蓉懸刀飛鴉獅子諸峯削翠其上黑蜈白龍神潭水府潛跡其下雲烟吐

天晦明變滅跳珠濺沫轟雷掣電顧接有所不暇真山水之窟宅大壤之奧區也金大定間泰安太守姚公面水簾而瞰天紳創構一亭樽俎不移而諸景咸會因榜之曰萃美坡詩有云江山雖有餘亭榭着難穩登臨不得要萬象各偃蹇吾不知世間得登臨之要有如此亭者乎

靈液亭在岳頂玉女池北宋建今廢

醴泉亭在天書觀宋時所建

環詠亭在東嶽廟御香亭西周垣畆許四面石刻古今名人詩詠故以命名也其間有韓琦蔡襄范仲淹歐陽脩石曼卿蘇子美林逋諸公題識种放會真宮詩而放刻則堙沒不可見矣惟諸公題識姓名尚在歲久亭廢諸石刻淪於荒穢中萬曆十四年按臺侍御毛　允行後項呈議委濟南府通判桑東陽仍其舊址復構亭宇將韓范歐陽諸公姓名手筆拂拭而維新之先賢數百年遺蹟益重光焉足以昭示將來俾知所仰止云

查志隆表章韓范歐陽諸名賢遺蹟議

照得泰山形勝古今登覽遺蹟種種無庸殫述夫執文尚矣人品急焉惟其人誠賢故其言誠立即片語隻字而姓馥名馨當世想見其丰采後世聞之亦莫不延慕興起何論模彷其文華輒欲刑儀其質行以此磨礪人材維持世道故其遺蹟有足多也竊見岱廟西偏　御香亭之右自古有環詠亭一座其來久遠不知創自何代何年蓋四面垣墻俱石刻先代名賢題詠聯翩手筆而亭宇介於其中瞻顧諸所題詠若環繞焉故因以命名也其間名賢之最著者若韓魏公若范文正公若歐文忠公若蔡端明蘇子美梅聖俞林和靖石曼卿諸公皆先宋人物其手筆尤不容湮沒者柰何近歲亭宇久廢尚幸亭之稱名存於舊志中職按舊志而求故址則彼鄉人士絕無知者轉展諮詢延歷時日今幸得其故址幸四面垣墻石刻依然尚在只廢缺一隅更幸韓范歐蔡諸名賢手筆無恙惟

是塵埃滿壁未易分披汚穢蘊崇不堪舉趾職於兹深慨焉俯仰古今其責在後之君子若不及今爲之表章則四面垣墻旦夕盡廢不止僅廢一隅而已何忍諸名賢數百年遺蹟當　盛世而湮沒豈不有媿於斯文哉况舊貫可仍不由新創而一亭工費爲值幾何合無仍其舊址復構亭宇仍扁曰環詠而四面垣墻題詠見存者拂拭之其一隅已廢缺者即將　國朝名賢題詠補入而繕完之則豈惟更新先宋諸名賢遺蹟而益彰　國朝人文之盛豈惟增光岱嶽相爲終始而於所謂磨礪人材維持世道者未必不藉此興起也職不勝大願　萬曆十四年十一月廿五日議

白雲軒在嶽頂西南稍下鳳凰山之陽有白雲洞焉萬曆十四年巡撫都御史李　以禱雨登岱賞識其勝協謀於巡按御史韓　建坊以表之又爲之亭爲之軒巡按御史毛　繼代共落其成詳見記文中

都御史李戴白雲軒記

今歲夏余祗奉上命填撫東土時苦旱魃爲災未及受代輙禱于泰山之神爲元元乞一旦之命竊私念公羊傳所稱不崇朝而雨天下者泰山之雲也今安得爲雲爲雨即符所禱哉已而見白雲冪冪布護山谷盖自白雲洞中出也因往躡之則在鳳凰山之陽石壁陡絶而下洞高丈許廣亦稱是中有石竅廣二尺深僅尺許而洞之下陡峻深谷又不可測所謂百丈崖者是也洞中石竅四時水常溢注其來無形不知所自夏月則其勢愈盛沛然旁達故相傳爲龍洞其霖又曰雲根兩脉云余於此益信雨天下之言不誣也圖所爲標其勝宜無如斯言者一日以語撫臺譚惺堂侍御則手筆雨天下三字勒石洞門余檄有司樹之坊坊稍北構亭一楹亭稍北構軒三楹而軒之宅勝最奇背負石壁如屏左右如翼獨開一面甚闊曠憑檻俯視大小龍峪如蒼龍噴水而山麓行人摩肩接踵雜遝如蟻近眺則

徂徠山當其左傲來山當其右遠眺則云
云亭亭亭尼丘梁父又環列星羅畢獻奇偉
噫斯天下之大觀也已陟斯洞憩斯軒者
寧無霖雨天下之思乎哉奚但選勝擘秀
云爾有司竭余記之是舉也前按臺韓西
玄侍御與其議今按臺毛文源侍御會其
成其餘有司執事勸之碑陰
萬曆丙戌仲冬吉旦
欽差巡撫山東等處地方提督軍務督理營
田兼管河道都察院右副都御史廩延李
戴書

岱史第十二卷物產志
敘曰曷志乎物產也言物產莫尚乎山而泰
山尤廣生大生之區也禹貢曰岱畎絲枲鉛
松怪石神農經載泰山諸藥石而山海經曰
其上多玉其下多金多水玉道書福地曰泰
山多芝草玉石是皆物產之聞於古昔也譚
者謂古昔山東富饒甲天下利賴於泰山居
多有審然者自今觀之石山鮮茂林剛風罕
宿羽寒窟無群獸危巖深澗詎復有良玉仙
芝惟是藥草緣崖藥石滿谷如天麻青芝赤
石脂紫石英諸靈品絕異他產則求求爲世
人扶顛起死以弘濟壽域其爲寶弗啻金玉
而已夫泰山之興寶藏詎分古今哉古昔用
之有節故恒見其富饒晚近世費出不經上
既橫斂下復侈靡即罄山海之珍難乎其繼
山東富饒之不逮古其以是夫余於茲有深
慨焉
木有秦松在黃峴嶺秦始皇登泰山遇風雨
避於松下遂封爲五大夫五大夫者秦官
名第九爵也唐陸贄作禁中卷松詩云不

羨五株封按史記但云封其樹爲五大夫不聞有五株松之説而贊云爾者何耶又李商隱有五松驛詩云獨下長亭念過秦五松不見見輿薪又李白送人遊桃源亭詩云登封泰山風雨暴作雖五松受職草木有知云云唯舒王詠栢詩云老松先得大夫官乃爲切當今只存其二然非秦時故物疑亦後人續植者老榦拳曲擁腫宛如蒼龍勢欲飛騰范宗吳勒石樹其下曰五大夫松御帳坪稍北路傍古松一株緣崖依峪盤結偃蓋若雲覆然其音謖謖殆退大夫松遠甚方元煥磨崖書其下曰處士松蓋尚其高隱不羨秦封也　有漢栢在泰山之陽登封門之外山南廟在老栢數株相傳漢武帝封禪時所植有唐槐在嶽廟內奇古特異雖良工不能繪它若椿梧梓檜楸槲桑柘榕欒榆栁楊楝雖皆有之顧登封之地無喬林豐樾而取材于工師者或寡焉譚者謂岳多石少土難於滋植風剛日曬易致頹朽是豈山之性哉

抑自古日尋斧斤而今莫爲之栽培耶○果有梨栗棗柹梅杏桃李柰石榴銀杏櫻桃林禽核桃蒲萄羊棗文冠果無花果諸品多植于岳阯園林其在岳者多野生曰山榴獼桃野棠

縣一　二十

○花有牡丹芍藥紫薇凌霄夜合辛夷長春麗春梔子玉簪萱葵臘梅薔薇鷄冠罌粟山丹月季蘭蕙茨菰石竹菊百餘種蔓生於樹曰藤花可蔬鹿葱花別名曰黃花菜珎美稱於天下而土人賤之不以供客

○藥以泰山著圖經者三十有九種曰青芝赤箭景天遠志天門冬千歲藟徐長卿太乙餘糧石龍芮石鍾乳石硫黃白石脂赤石脂白石英紫石英玄石滋石滑石雲母石絡石莨菪龍骨伏翼鮕鰇松肪栢實茯苓丹參茵陳茵芋女萎狼毒連翹蒺藜蘆澤漆瞿麥香附子玄胡索惟天麻獨異于它產但鮮而難致有名在圖經而不以泰山言者四十有九種曰蒼木黃精黃連黃芩玄參蝦參苦參沙參菖蒲知母益母貫衆山查

山藥地黄地榆地丁南星枸杞木蘭防風
荆芥芫花花椒百部百合草烏柴胡牽牛
桔梗藁本芎藭漏蘆鬼箭麥門冬葳靈仙
白鮮皮青木香鬼見愁車前子硝石長石
青礞石金星石銀星石金銀花馬兜鈴王
不留行諸品惟沙參獨良石花可已心疾
傳金瘡撲患湘之可茶狀如蒙山而氣味
亦稍相類此則圖經所未載者
穀有黍稷稻麥菽粟芝麻胡麻巨勝黍黄白
黑三種稷黄黑二種稻紅白二種麥有麰
麰蕎三種菽青黄赤緑黑刀扁諸種粟百
餘種曰九里香花裏黄其最佳者
貨有緣有木綿紬絹葛可為絺有麻縈蜜蠟
茶薄產巖谷間山僧間有之而城市則無也
山人採青桐芽曰女兒茶泉崖陰趾茁如
波穫者曰仙人茶皆清香異南茗黄八芽
岩為茶亦佳松苔尤妙
蔌蒔於畦圃者弗志其野生曰薺茶藜藿蘧
芹枸杞椿楝榕欒芽俱可菹香美並異八
麻樹芽和糜粥亦佳曰枸骨芽曰蔦春土

人甘之
五金出萊蕪之黄山亦有黄白二土石焦二
炭土可堊可埏炭石可薪而焦良於冶頗
為民利故又曰八寶山是為岳東支麓其
西麓曰桃花峪山人昔嘗採白金礦山海
經云其下多金是也又云其上多玉今不
可見士人云岳巔間嘗一炫光彩意者其
玉韞之輝與
鳥多野鴿巢巖穴及岳祠榱題多鳩雀有鸒
鴰鷹鸇鴟鴉鵲惟岳祠無鴉異哉有曰巧婦
爾雅釋桃蟲是也曰山僧聲如念佛曰紅
娘子色如胭脂曰拖紅練拖白練皆以尾
色名有雉鷄山鷄野鷄嶋鷂黄鸝鶺鴒鴳
翠布穀畫眉有翠羽褐衣如畫眉者汝有
鴐鵞鸕鷀鶬鴇野鶩
獸有貛麞貗兎有兩其足者不能走每跳
一二丈許曰跳兎有黄鼠蒼狐白狼在深
山窮谷而登封之地則無也山海經曰有
獸焉其狀如豚而有珠名曰狪狪今未之
見豈山林古今之變而氣化有不同與

魚有班文四五寸許四五月生嶽北溪澗中
過此則無矣
氷凝嶽頂北十里許陰壑中名曰天牢天日
不過之地四時有之不假伐藏

岱史第十三卷香稅志

敘曰昌云乎香稅也四方祈禳之士女捧瓣
香謁款神明因捐施焉而有司籍其稅以助
國也夫槩天下香稅惟岱與楚之太和山也
而太和山不以岳名則嶽之有香稅惟岱也

方其摩肩涉遠接踵攀危縋至輻湊豈特助
國而已與廝賴以食力市肆賴以牟利僧徒
賴以衣鉢即行丐亦賴以須臾無死諸所爲
地方利益甚愽其究也罄所賫金帛珠玉馬
縣一
二十三
羖等物以奉神則有司日筦榷之歲兩會其
成數是皆神靈所感召也豈假於號召科責
乎哉歛而不寄積而能散又非有神輸鬼運
而人世自相贏衍何造化之妙一至此也山
東
皇畿左輔諸凡賦役獨先頻歲凶荒物力且
日困脫令不藉是安所取辦天盖保右
國家而陰以此佐六郡百姓之急耶其初惟
籍諸藩司以贍地方一切公需代田賦所不
給也邇廼轉而入之内帑歲有定額議者謂
方今内帑累巨萬而不可校盍貽此備賑六

郡凶荒推廣靈貺惠澤香火之地神意豈不其然此在求民瘼者所宜講也章程種種具列如左

委官員額　舊例總巡官一員於府佐內行委專一督理香稅上下稽查是其責也分理官凡六員於州縣佐貳官內行委坐定遥叅亭二員一收本省香稅一收外省香稅俱填單給與香客玄武門一員收山後香稅亦給單紅門南天門各一員俱驗單放行頂廟碧霞宫門上一員查放香客出入凡此員額其來久遠不知起自何年近該隆慶五年議革遥叅亭官一員并紅門南天門驗單官二員盡行裁革只存分理官三員一在遥叅亭一在玄武門一在碧霞宫每遇香客衆多之時分理官力不能支議者謂當時裁革太過今宜酌議稍增員額

委官期限　近例每年分作三季上季正月至四月下季自九月至十二月其時香客衆多故總巡官與分理官俱全數委用

中季自五月至八月其時香客不多故只季分理官不委總巡官又每一季完訖則另行別委故總巡官去住不常而分理官亦嘗有奉委未到者此不惟錢糧重大所宜稽查而億萬衆巇嶇厓墊中安可不為之巡行存恤也議者謂總巡官宜有專設俾之常駐

香稅銀例　舊例本省香客每名五分四釐外省香客每名九分四釐俱店戶同香客赴遥叅亭報名納銀領單上嶺近自萬曆八年有外省香客冒充本省報名短少香稅者因改議不分本省外省香客一例香稅銀八分其銀各店戶包封署名包上儲遥叅亭庫內待夏冬二季起解時店戶各認姓名領包傾銷其間有等店戶當報名納銀之日將銅鐵抵換銀兩至起解傾銷之日百計抵補不及有脫逃者有自縊死者凡此皆所目擊宜爲酌處委官收銀間一開包驗實店戶傾錠量行給與耗銀庶其少甦

混施事例　凡香客施捨金銀珠寶玉石首飾并金銀娃娃銅錢及旛蓋袍服紗羅段幣等項俱投在碧霞宫内夏冬一季另委府佐一員前往會同原總巡香税委官登嶺啓門收檢諸所施捨前項物件逐一驗看估計將金銀珠寶玉石首飾并金銀娃娃銅錢等項同前項香税銀一併解赴布政司儲庫以待轉解支用其旛蓋袍服紗羅段幣等項解赴濟南府儲庫支送三司堂上并首領與運司濟南府各佐貳員下

折俸

會計事例　每年香税并混施銀兩多寡不等照數坐派一曰解部卷查嘉靖三十七年爲傳奉事内開泰山頂廟香錢除旛蓋袍服等物照舊該省官員折俸外其餘金銀首飾等項按季類部等因以後節年二季差官起解赴部據近年解部大約春季銀一萬兩有零冬季一萬二三千兩有零一曰存司專供公堂慶賀　表箋扛夫車價公差人役六房文册紙劄寫字書手工

食及　德　魯　衡三藩府各郡王禄糧等項一曰脩城其銀亦儲在布政司以供脩理城垣之費一曰脩廟其銀亦儲在布政司以供岳頂諸廟脩理之費每香税八分内除五釐脩廟一曰公費供香税各委官廩給并跟隨人役工食其銀即於泰安州支給一曰銅錢舊例解禮部近歲部中久不取解俱貯之藩司正所謂錢累巨萬而貫朽云

岱史第十四卷災祥志

叙曰曷志乎災祥也謂泰山氣化攸先其災祥關係天下國家尤大也往昔災祥見於泰山者如大石立起而漢宣踐祚祥雲成闕而光武中興其祥之最著者乎鸑鳥焚巢而飛燕滅漢雄雉犯蹕而武氏易唐其災之最著者乎若論夫災祥之實孰有如宋嘉祐間泰山上瑞麦圖五本我　朝嘉靖間泰山瑞麦一本五穗則其祥可以養生他如御帳流洪死於溺者三百餘戶碧霞宮啓閉死於踐蹋者頃刻六七十人則其災至於戕生是又不啻機禨朕兆所號爲災祥而已夫災祥示人豈不昭昭然祥以符德或以導侈災以告譴或以玉成天意詎有常哉惟獲祥而益勉故享有佳禎遇災而知脩故妖不勝德斯義也豈特聖君賢相所宜講求即膺　命擔一爵者罔不有挽回氣化之責毋以災祥爲漫然無足省云

漢昭帝元鳳三年春正月泰山大石起立高丈五尺有白鳥數千集其旁僵柳復起生

虫食柳葉成紋曰公孫病已立符節令眭弘以爲石陰類下民象當有庶人爲天子者坐妖言伏誅其後宣帝起民間

成帝河平元年泰山桑谷有鸑焚其巢郡人孫通等聞山中群鳥鸑鵲聲往視見巢燃盡墮地中有三鸑鷇燒死樹大四圍巢去地五丈五尺易曰鳥焚其巢旅人先咲後號咷京房易傳曰人主暴虐鳥焚其巢其後趙飛燕姊妹專寵後宮有子者殺之并殺其母帝崩后坐誅此焚巢殺子後號咷之應也一曰王莽貪虐而任社稷之重卒成易姓之禍云

光武皇帝建武元年泰山雲氣成宮闕

章帝元和二年二月辛未幸泰山黃鵠三十經祠壇上東北過于齋宮翱翔升降

晉武帝泰始四年七月泰山崩墜三里京房易傳曰自上下者爲崩泰山之石巔而下厥應聖人受命人君虜是後懷愍二帝俱辱虜庭淪胥於非元帝中興於南此其應也

元帝太康二年六月泰山大水蕩析三百餘家溺死六千餘人時平吳後王濬爲元功而詆劾妄加荀勗爲無謀而並蒙重賞收吳姬五千納之後宮此其應也

成帝咸康八年趙石虎建武八年有石然于泰山八日而滅

宋孝武帝大明元年七月白雀見泰山

東魏宣武帝景明三年八月辛巳泰山崩湧水十七處武定六年四月泰山甘露降

後齊天統初泰山封禪壇玉璧自出夫岱山王者易姓告代之所玉璧所用之幣而自出將有異姓王者用幣之象其後齊亡地入于周及高祖受周禪天下一統焚柴泰山告祠之應也

隋文帝開皇十四年將祀泰山令使者致神像于祠未至數里野火欻起燒像時帝信讒猜忌滕王瓚失志而死功臣多被夷滅其後太子勇被戮

唐高宗永徽二年七月泰山大水　十三年十　月戊子雄雉馴飛泰山齋宮丙夫封

禪所以告成功祀事無重於此者而野鳥馴飛不忌禁衛不祥

宋真宗大中祥符元年五月泰山醴泉出丁丑王母池水變紅紫色按史乾封縣民王用田中有童兒掊土得青錢數十爭取之錢墜石罅因發石湧泉二十四眼味極甘美又枯石河有湧泉二十五眼一眼出層阜之上經宿勢浸盛引數派雙魚躍其中有果實流出似李差小味甚甘制置使王欽若貯水以獻六月庚戌賜百官詔建亭賜額曰靈液六月王欽若至乾封上言泰山醴泉出天書見有靈芝三萬八千二百五十本 夫醴泉芝草固理之所有乃若天書之降吾誰欺欺天乎 十二月泰山玉女白龍王母池醴泉出丁酉賜輔臣新醴泉　六年十月泰山興工有鳥狀烏嘴趾皆赤役夫稍懟即飛鳴作起之聲衆工見其來畚鍤爭進將晡而去日以爲常目爲催工鳥

仁宗嘉祐三年七月泰山上瑞麥圖凡五本

元世宗至元九年九月泰山淫雨河水溢圮
田廬害稼
成宗元貞元年六月泰山大水
武宗至大元年九月泰山大水
仁宗延祐元年三月泰山霜雪三日
文宗天曆元年泰山大水
順帝元統元年泰山淫雨河水溢大饑
至正六年春二月泰山奉符縣大饑地震
七日他縣亦然
皇明成化二十一年春二月三月泰山屢震
遣官祭之
正德十六年春三月岱廟東廊火
嘉靖八年泰山蝗九年十年如之　十六
年六月泰山水漂溺數百人十一月州城
火延燒數十家二十一年泰山蝗不爲災
二十二年泰山夏再稔麥粟有一本三
穗至五穗者知州馬逢伯獻于朝　二十
九年十二月岱廟火正殿門廊俱燬古樹
碑刻亦多毀者　三十年六月泰山大水
御帳衝壞人多溺死　三十二年泰山大

饑民相刼奪行旅不通　三十三年春泰
山大饑餓莩枕籍貧民多取其肉食之
萬曆十四年十月十八日泰山碧霞宮四
方來焚禱者互相踐踏死六十一人今巡
撫都御史李　委濟南府通判桑東陽往
經理收葬

岱史第十五卷登覽志　縣二

敘曰曷志乎登覽也志古今人登覽者之文若歌若詩若序記是也嘗聞丘壺子曰務外遊不如務內觀故列子自以為不知遊而曷山蘇子曰人之所遇役於事者常多遊於物外者常少由斯以談遊何容易偉哉泰山之遊乎躋日觀月觀之高峰可以俯仰宇宙探龍文虎阜之奇石可以磨礪壯懷臨天紳聖水之飛泉可以澡溉精爽尋呂公婁敬之幽洞可以呼吸烟霞豈謂外遊非內觀之助耶○要以弧矢四方之志高人達士之懷古今一也其間遊而能言者暢布於篇章即岩壑秀偉萬狀若綸入冊青然而其寄興高遠飄飄然有不局於山水間者彼豈徒以娛耳目為鮮騁詞翰為富乎玩物適情固內觀者所不廢也宣聖丘陵作歌千載絕唱是用冠諸編簡求耀山靈漢魏而下以迄於今則皆循世次錄焉

縣二　一

詩歌

周

孔子丘陵歌登彼丘陵峛崺其阪仁道在邇求之若遠遂迷不復自嬰屯蹇喟然回顧題彼泰山鬱確其高梁甫回連枳棘充路陟之無緣將伐無柯患滋蔓延惟以永漢涕霣潺湲○曳杖消搖於門歌曰泰山其頹乎梁木其壞乎哲人其萎乎見禮記檀弓子貢聞之曰泰山其頹則吾將安仰梁木其壞哲人其萎則吾將安放夫子殆將病也蓋寢疾七日而沒　右曳杖歌本非為登覽作也然觀此則知吾夫子蓋以泰山自處故併錄之

漢

○張衡四愁詩之一我所思兮在泰山欲往從之梁父艱側身東望涕霑翰美人贈我金錯刀何以報之英瓊瑤路遠莫致倚逍遙何為懷憂心煩勞○

魏

曹植飛龍篇晨遊泰山雲霧窈窕忽逢二童顏色鮮好乘彼白鹿手翳芝草我知真人長跪問道西登玉堂金樓複道授我仙藥神皇所造教我服食還精補腦壽同金石永世難老○驅車篇驅車揮駑馬東到奉

縣二　二

高城神哉彼泰山五岳尊其名隆高貫雲
蜺嵯峨出太清周流二六候閒置一二亭
上有湧醴泉玉石揚華英東北望吳野西
眺觀日精鬼神所繫屬逝者感斯征王者
以歸天效厥元功成歷代無不遵禮記有
品程探策或長短唯德享利貞封者七十
帝軒皇元獨靈飡霞漱沆瀣毛羽被身形
發舉蹈虛廓徑庭升窈冥同壽東父年曠
代永長生○**仙人篇** 仙人攬六著對博泰
山隅湘娥拊琴瑟秦女吹笙竽玉樽盈桂○
酒河伯獻神魚四海一何局九州安所如
韓終與王喬要我於天衢萬里不足步輕
舉凌太虛飛騰踰景雲高風吹我軀迴駕
觀紫微與帝合靈符閶闔正嵯峨雙闕萬
丈餘玉樹扶道生白虎夾門樞驅風游四
缺二　三
海東過王母廬俯觀五嶽間人生如寄居
潛光養羽翼進趨且徐徐不見軒轅氏乘
龍出鼎湖徘徊九天上與爾長相須

晉

陸機**泰山吟** 泰山一何高迢迢造天庭峻極

周以遠層雲鬱冥冥梁父亦有館蒿里亦
有亭幽岑延萬鬼神方集百靈長吟泰山
側慷慨激楚聲

王

凝之妻謝氏**泰山吟** 峨峨東岳高秀極沖
青天巖中間虛宇寂寞幽以玄非工復非
匠雲構發自然器象爾何物遂令我屢遷
逝將宅斯宇可以盡天年

宋

謝靈運**泰山吟** 泰宗秀維岳崔崒刺雲天岞
崿既嶮巇觸石輒遷綿登封瘞崇壇降禪○
藏肅然石閭何晻藹明堂秘靈篇

唐

李白**泰山吟** 四月上泰山石平御道開六龍
過萬壑澗谷隨縈迴馬蹟遶碧峰于今滿
青苔飛流灑絕巘水急松聲哀北眺崿嶂
奇傾崖向東摧洞門閉石扇地底興雲雷
登高望蓬瀛想象金銀臺天門一長嘯萬
里清風來玉女四五人飄颻下九垓含笑
引素手遺我流霞杯稽首再拜之自愧非
仙才曠然小宇宙棄世何悠哉○清曉騎

白鹿直上天門山山際逢羽人方瞳好容
顏捫蘿欲就語却掩青雲關遺我鳥跡書
飄然落巖間其字乃上古讀之了不閑感
此三歎息從師方未還○平明登日觀舉
首開雲關精神四飛揚如出天地間黃河

縣二　四

從西來窈窕入遠山憑崖望八極目盡長
空閑偶然值青童綠髮雙雲鬟嘆我晚學
仙蹉跎凋朱顏躊躇忽不見浩蕩難追攀
○清齋三千日裂素寫道經吟誦有所得
衆神衛我形雲行信長風颯若羽翼生攀○
○崖上日觀伏檻窺東溟海色動遠山天雞
已先鳴銀臺出倒景白浪翻長鯨安得不
死藥高飛向蓬瀛○日觀東北傾兩崖夾
雙石海水落眼前天光摇空碧千峰爭攢
聚萬壑絶凌歷緬彼鶴上仙去無雲中蹟
長松入雲漢遠望不盈尺山花異人間五
月雪中白終當遇安期於此鍊玉液○朝
飲王母池暝投天門關獨抱綠綺琴夜行
青山月山明月露白夜靜松風歇仙人遊
碧峰處處笙歌發寂聽娛清暉玉真連翠

徼想象鸞鳳舞飄颻龍門衣捫天摘匏瓜
恍惚不憶歸舉手弄清淺誤攀織女機明
晨坐相失但見五雲飛○送范山人歸泰
山魯客抱白鶴別余往泰山初行若片雲
杳在青崖間高高至天門日觀近可攀雲

縣二　五

山望不及此去何時還右詩刻石本州會真宫内其碑四方
其字古篆甚古雅可玩
杜甫望岳岱宗夫何如齊魯青未了造化鍾
神秀陰陽割昏曉盪胸生層雲決眥入歸
鳥會當凌絶頂一覽衆山小
○劉禹錫送東岳張鍊師東岳真人張鍊師高○
情雅淡世間稀堪為烈女書青簡久事元
君住紫微金縷機中抛錦字玉清壇上着
霓衣雲衢不用吹簫伴祇擬乘鸞獨自歸
李義府巂州遥叙封禪天齊標巨鎮日觀啓
崇祠岧嶤臨渤澥隱嶙控河沂建岳誠為
長升功諒在兹帝猷符廣運玄言暢文思
飛聲總地絡載化撫乾維瑞策開珍鳳禎
圖薦寶龜東后方四覲西都導六師天駕
移星苑揚旱馭風司沸鼓喧平陸疑蹕靜

通逵汶陽馳月羽蒙陰蹔雷軒翻巖花飄曙
輦峰葉蕩春旗石閭環藻衛金壇映黼帷
三始貽遐貺萬歲受重鑾非質陶恩奬趨
迹奉軒墀觸網淪幽裔秉徽限明時周南
昔已嘆邛西今復悲

蕭楚才奉和展禮岱宗 拂漢星旗轉分霄日
羽明将追會阜蹟更勒岱宗銘林戈咽濟
岸獸皷震河庭葉箭凌寒矯烏兮望曉鷩
已降汾水作仍深迎渭情

○薛克構奉和展禮岱宗 龍圖冠胥六鳳儁指○
云亭緋烟泛濟浦緑字啓河汀晝裳晨應
月文戟曙分星四田巡揖禮三驅道契經
行欣奉萬歲竊抃偶千齡

盧照隣登封大餔歌 日觀仙雲隨鳳輦天門
碧雲照龍衣繁絃綺席方終夜妙舞清歌
歡未歸

吕洞賓書王母池 昔日曾遊此如今九十春
紅塵多少客誰是識予人○再書王母池
昔年留字識曾來事滿華夷遍九垓無賴
蛟虬知我字故留蹤跡不沉埋 右詩刻石本州會真

宫内相傳吕洞賓手筆也玩之近是

宋

范致冲吕公洞 朝遊北海暮瀛洲仙珮何年
到此遊安得相從問冊訣春風同醉岳陽
樓○竹林寺 竹林深處有招提深掩禪關
過客稀簷蔔花開春欲暮泠泠鍾磬白雲
低○日觀峰 岱岳東南第一觀青天高聳
碧嶙峗若教飛上峰頭立應見陽烏浴未
乾

○查道登岱 凌空疊嶂絶凡埃青帝高居絳節○
開捧出海天紅日近迓将蓬島碧霞來石
閭閃爍迎陽洞玉簡光華封禪臺一自祥
符禋祀後太平頂上最崔魏 道仕宋為龍圖學士有孝行見孝順事實

梅聖俞登泰山日觀峰 晨登日觀峰海水黄
金溶浴出車輪光隨天行無蹤正是刺我
目攢集如斂鋒照曜萬物與磨滅萬物凶
草木既無命必開石間松當時一避雨安
得大夫封人而药不遇抱簡誦六龍

王欽若登泰山 四顧無雲道路開黄麾迎從

六龍來三神合祭光千古萬旅傳呼動九
垓幽鳥似通崑閬信真松深隱棟梁材已
知身世非常事曾到天門十二廻
元
王奕和元遺山呈泰山天倪布山張真人江
右書生狂白頭杖藜始得此山遊手摩紅
日登三觀袖拂黃埃看九州○泰山展齋
机魯闢天關左右徹垣列兩班大展明堂
俱翕受黃河東畔少遊山○茂陵封禪壇
祥符天子舊明堂秦漢豐碑宿草荒人世○
○已非壇尚在摩挲老淚濕斜陽○漢栢靈
剝心枯歲月深孫枝已解作龍吟烈風吹
起孤高韻猶作峰頭梁甫音○孫明復石
守道祠堂師生高占二山名千載誰云道
義輕岳府栢林風雨夜琅然猶帶讀書聲
杜仁傑天門銘泰山天門無室宇尚矣布山
張鍊師為之經構累歲乃成可謂破天荒
者也齊人杜仁傑于是乎銘之元氣裂兩
儀具五岳峙真形露惟岱宗儼箕踞仰彌
高屹天柱浩千劫空來去誰為鑿起天處

匪斤斧乃祝詛一竅開達底處十八盤盤
千步躋初吐抱圍樹日車昃惏曦馭六龍
頹犇廻玄踖此徃嚞無數無懷下兵刑措
七十君接鑾輅聖道熄彝倫斁揖讓歇纂
奪屢忽焉闉梗無路象緯森敕訶護朝百
縣二　八
靈由茲户金璀璨朱間布九虎蹲萬夫怖
我欲叩閽者怒關何時坦如故對冕旒獲
控愬豁蒙蔽泄塵霧刮政疵剔民蠹上得
情下安作額血殫帝聰悟崖不磨蒼壁豎
刻我銘期孔固垂萬世正王度
○元遺山登岳泰山天壤間屹如鬱蕭臺厥初○
造化手劈此何雄哉天門一何高天險若
可階積蘇與累塊分明見九垓扶搖九萬
里未可誣齊諧秦皇壇威靈茂陵亦雄才
翠華行不歸石壇滿蒼苔古今一俯仰感
極令人衰奇探忘登頓意愜自遲回夜宿
玉女祠崩奔湧雲雷雞鳴登日觀四望無
氛霾六龍出扶桑翻動青霞堆平生華嵩
遊茲山未忘懷十年望齊魯孤雲拂層崖
青壁落落雲間開眼前有句道不得但覺

胸次高崔嵬徂徠山頭喚李白吾欲從此
觀蓬萊
殷輔【題】李白泰山觀日出圖岱宗欝欝天下
雄謫仙落落人中龍茲山茲人乃相從氣
奪眞宰愁豐隆玉堂一任雲霧封長嘯飛
渡秦皇松夜呼日出滄海東再爲斯世開
鴻濛鈞天帝君深九重醉舞踏碎青芙蓉
天孫玉女爲歛容郡規五岳秋毫同長鯨
一去不復逢乾坤萬里號秋虫當年咳唾
○留絕峰至今樹石生香風我欲追之杳無
○踪不意邂逅會此中屋梁落月依然空
張養浩【登岳】風雲一舉到天關快意平生有
此觀萬古齊州烟九點五更滄海日三竿
向來井處方知隘今後巢居亦覺寬笑拍
洪崖詠新句滿空笙鶴下高寒
徐世隆【紀夢】我夢天倪子同登日觀峰骨彊
清似鶴步健老猶龍方外無官府堂中有
岱宗仙閤真福地杖屨會相從○【送天倪
子還泰山】九十行年髮未華道人風骨飽
烟霞洞天福地三千里神府仙閤第一家

牛膝藥靈斟美醞兎毫盞淨啜芳芽隱居
自愛陶弘景莫作山中宰相誇
元好問【送天倪子歸布山】太白詩筆布山頭
布韈青鞋欠一遊擬欲高人縈藥鏡却嫌
凡骨比丹丘雲間茅屋雞犬靜物外烟霞
風露秋後日天門重登曉觥仙巖下幸遲
留天倪即張志純布山即布金山在泰山西南杜仁傑銘天門序亦稱布山張鍊師或爲天倪棲眞舊地故云
王惲【咏漢栢】蒼栢無城擁漢陵闕宮遺樹欝
峥嶸崔嵬不植明堂礎造化潛通岳頂靈
○萬壑烟霏封傑榦半空風雨撼秋聲白頭
會見東封日秀映鸞旂一色青
張志【題桃花峪】流水來天洞人間一脉通桃
源知不遠浮出落花紅○【泰山喜雨】岱宗
天下秀霖雨遍人間高卧今何在東山似
此山二詩俱刻大峪溪石　縣二　十
李簡【登岳】三峰突兀與天齊天門未到勞攀
躋層層石磴出林杪縈迴百折青雲梯盤
石暫憩舒清眺澗壑風來號萬竅水聲俄
在樹梢頭疑有於菟天外嘯向曉纔登日

觀峰手披雲霧開鴻濛火輪欲上海波赤
金霞翻動蒼龍宮黄河一線幾千里呉越
山川真地底爲數齊州九點青更將伏檻
窺東溟李白不遇安期生安得羽翼飛蓬
瀛○朝觀壇　朝觀當年築此壇旌旗影裏
簇仙班只今惟有青山在日暮孤雲自往
還○酆都峪　石洞荒涼樹影孤州人相語
是酆都古碑猶說韓擒虎爲閻于今尚有
無
○王旭遊竹林寺　石徑俯雲壑竹林開幽境寺
古僧徒稀山深嵐氣冷待遊未終興紅日
忽倒影曳杖披瞑烟長歌下前嶺○西溪
我愛西溪好披雲屢往來一州煙景合三
面畫屏開灘俗無啇隱清時有逸才近巖
多隙地松竹更須栽

縣二　十一

賈魯登泰山　岱宗何崔嵬群山無與比使者
久塵囂望之不勝喜無緣凌絕頂詣詞聊
致謁夫何一殿存千間暴遺圯人言遭刼
火金源亂兵裹感此廢昔年傷今未能理
飛奏入彤庭經營良在邇奈何齊魯饑百

姓滄糠粃神兮頫歆靈穰穰多樂祀行當
復故宮金碧蕩瞻視

岱史第十六卷登覽志

皇明自國初至嘉靖甲寅以前諸名公及文人題咏舊志俱用原題官銜今據所及知者稍正之

宋濂(學士金華人)登岱　岧嶤泰嶽枝蒼穹萬壑千巖一徑通象緯平臨青帝觀靈光長繞碧霞宮凌晨雲幔天涯白子夜晴摇海日紅玉露金莖應咫尺擧頭霄漢思偏雄

方孝孺(學士浙江人)夏月登岱　振衣千仞思悠悠泰岱于今愜勝遊秦漢舊封懸碧落乾坤勝槩點浮漚海明日觀三更曉風動天門九夏秋更上雲端頻極目紫微光電閃吳鈎

曾棨(狀元江西人)茌平早行望岳　我欲登泰山憑高望八極浪跡十二年蹉跎竟難得今晨馬上忽見之屹立東南半空碧想當洪濛時二氣相轇蟠大塊戲黃土莫能識其端圓靈降崕嶨坤后孕峰巒一朝天地劃開闢但見千丈萬丈高巑岏乃知造化神置此奠坤軸巨鼇椀其巔六鼇戴其足愚公不能移長房不能縮天工經營鬼斧鑿削

出千數百峰青立玉自從上古來南風吹不平日月出華彩星宿揚光晶寒崖積冰雪陰壑馳風霆雲霞燄明晦草木發精英上浮金銀氣下潛魑魅形巖巖魯所瞻作鎮朝百靈昆侖以爲父四嶽以爲兄匡廬峩眉乃其子此外培塿皆雲仍齊魯青未了此語何足憑其上萬里天亦借兹山青秦皇漢武巡遊遍玉檢金函重封禪風雨莓苔徃日碑烟雲松栢當時殿由來五嶽秩三公况爾巨鎮山之宗鍾靈毓秀杳莫測磅礴下土專其雄我

皇御天生有聖德廣彰仁化誕布恩澤一擧平安南再擧清漠北車駕時巡過泰山望祭粢壇陳玉帛小臣幸此奉宸遊一見兹山愛山色雖無涓塵補河嶽頗有詞氣塡胸臆他年載筆頌神功刻畫泰山山上石

汪廣洋(丞相高郵人)過泰山偶賦　七十二神州淋漓紫氣浮天依衆山小星拱一峯秋雲翳成龍虎嵐光薄斗牛岱宗與恒嶽千古領東頭

李時勉祭酒 巖巖亭送陳叅政歸山東 岱宗磅礴不可擬，翠色横秋幾千里。峭石巉巖倚天外，孤亭屹立當山趾。亭前芳草沒路岐，古砌荒凉苔鮮滋。幽花拂檻無人採，獨鳥時鳴聽者稀。晨露浴日十峰紫，一杯遥見滄溟水。升元觀裏曉鐘聞，岱嶽祠前白雲起。聖賢大道誰不由，乾坤闔闢同周流。泰山氣象難爲喻，誰遣名亭獨此留。君去薇垣有閑日，隨處登臨訪遺跡。想得凭闌一望餘，懷古清吟興何極。

王偀 登嶽 齊魯名山仰岱宗，峻嶒萬仞玉芙蓉。月明海曠連三島，雲淨天空揷數峰。白石謾留名士冢，蒼松何用大夫封。我來不盡登臨興，更上冊崖第一重。

吳節祭酒安成人 泰山雜詠 金科玉檢瘞重泉，鳳輦霓旌散紫烟。七十二君何處去，空餘特表鎮山巔。右石表 ○海内詩書已盡焚，只將貞石勒功勳。青門黄犬知何處，尚有雕虫學篆文。右李斯篆碑 ○十丈高崖劃碧蒼，前鐫功德後詞章。浯溪亦有中興頌，不及東遊

紀盛唐。右磨崖碑 絶頂方池若鏡空，浮雲於此閟靈蹤。幾廻膚寸成霖去，要與蒼生作歲豊。右雲水池 ○曾與秦皇托舊恩，昂霄聳壑露盤根。可憐二世空塵土，不及寒松有子孫。右大夫松 ○幾度天書降紫清，宋皇曾此駐龍旌。野花啼鳥年年換，猶有人傳御帳坪。右御帳坪

徐有貞武功伯 登泰山 豈厭冊崖步步迎，眼前靈景變陰晴。馬從萬丈松邊駐，人在九重天上行。朝見白雲山半起，夜看紅日海東生。還知戀闕心無遠，直北分明是帝京。

縣二　十四

年富尚書鳳陽人 禱雪 名尊五嶽鎮山東，至聖惟司化育功。一炷信香期感召，頻番三白兆年豊。

李裕按察司 登泰山 歷遍群山夕照催，恍疑身到紫霄回。漢秦封禪俱無迹，唐宋碑銘半是苔。紫氣當時凝御帳，嵐光徹夜映仙臺。英靈豈獨爲霖雨，又與天朝産異材。

周豪僉事 登泰山 重巒疊嶂上摩空，下瞰諸

山夐不同泰華峰頭青藹藹仙人掌上玉芙蓉一凌絶頂知天近五夜滄溟見日紅赫赫靈君人敬仰無端牲帛往來通

張盛參政 初登泰山 岱宗仰望轉崔嵬萬壑千巖氣象多雨過春光横翠黛烟迷曉色露青螺秦王封禪碑還在漢武祈靈事不磨今日我來登眺處蒼天咫尺手堪摩

張文郎中 大夫松 風雨巖前駐六龍青松矗矗得大夫封扶蘇謾有安秦策不及當時半日功

○徐源主事 登岱 宗岱嶽登觀絶頂來汶流雙曲抱徂徠人隨箭括天門度馬别肩輿峴嶺回封禪臺高聳白石磨崖字古鐘蒼苔金輿玉輦誰重過惟見秦王一土坯

喬縉主事 登泰山 東嶽巍巍步亦難籃輿載我上雲端峰排日觀三千丈路繞天門十八盤高礙斗牛登處近青分齊魯望中寬瓣香將敬元君廟願祝皇圖萬億年

司馬亞御史 登泰山 茲遊自負亦奇哉壑霧林霏指顧開萬丈翠屏天上立一輪紅日

望中來尼丘故隴鍾靈氣秦漢豐碑没古苔却憶　君親在西北五雲深處首重回

畢瑜副使貴溪人 明堂懷古 黍離詩自咏東周翠華無因此地遊朝聘不聞來東帛會盟惟識有諸侯聖賢述作光千古王霸興亡付一丘莫向高臺尋舊跡斷碑殘礫不勝愁

○舍身崖 東岳含靈本好生此崖元不是秦坑癡兒獨昧謀身計日負人間不孝名

○無字碑 屹立峯巔類獨夫祖龍爲此欲何圖東南王氣依然在誰道亡秦不是胡

○趙英御史蘭州人 登泰山次司馬韻 絶頂登臨眼欲昏聲高只恐上方聞東瞻滄海襟千里北望瑤京戴五雲秦漢禮儀成故事石孫聲價重斯文吾　皇曾不論封禪萬載令人頌放勳

夏寅副使華亭人 泰山 東方爲岱衆山宗萬域人心仰止同七十二君封禪後數千年事渺茫中鯤遊北海雲長黑鶴驗中宵日已紅弱水蓬萊在何處群仙朽别大明宫

潘禎提學 登泰山 大翼垂雲須九萬天游今

日殆忘還千年誰更觀滄海差脚吾方到
泰山雨過春巖龍自戲松生太古鶴常閑
題詩不盡孤高意起立中峰看世寰　神
仙鶴背也超然泰岳朝騎凌紫烟山壓東
溟盤大地路横北斗到青天手中日月誰
同弄象外風光我得先一笑人間空萬古
太清聊倚興無邊
弼員外郎　登泰山　下蟠滄海上青天太古
誰先探此巔萬嶺蒙羞雲霧裡九州分界
户庭前道高孔子登時見功陋秦皇禪後
鐫獨羨當年李太白坐臨紅　觀雲煙
邵莊主事　登泰山　好風吹我上層霄四望茫
洋景致饒玉牒有文存故事古碑無字認
前朝海東日出中宵見山半雲生下界遥
從此信知天下小擬追宣聖思飄飄
黄景尚書　祠岱宗不果登覧有作　幾代英君
幾度封穿雲也只恁般峰荒唐紀載閒經
史典禮公明仰祖宗天若有門人可到仙
那無蹟客難逢乾坤自是歸真主料得山
靈笑祖龍

王經僉事　登泰山　開闢乾坤峙此山有生何
幸得躋攀登高漸覺星辰近到此方驚宇
宙寛突出孤峰擎日月亘綿萬里發林巒
追思五載東巡日三代君臣共克艱
張岫參政　登泰山　鷄鳴海曙射　神宫石徑
縈紆上廻空回馬嶺前琪樹古水簾洞口
野花紅松擎御帳溶溶月鴈避天門獵獵
風盡日攀蘿登絶頂此身疑在五雲中
潘楷御史陽人　登岳　天門天外逈佇覧萬山微
峭壁從空落烟霞繞座飛路通仙島近心
與世塵違贍有徜徉興酣歌馬上歸
劉丙御史　登泰山　凌空何事獨徘徊欲賦慚
非宋玉才歸路宛從天上下吟䏻争向霧
中開磨崖字古人難讀御帳臺空水自哀
嘯我風霜長跋涉山靈可許再重來
王守仁尚書餘姚人　登岳　曉登泰山道行行入烟
霏陽光散巖壑秋容淡相輝雲梯掛青壁
仰見蛛絲微長風吹海色飄飄送天衣峰
頂動笙樂青童兩相依振衣将往從凌雲
怒高飛揮手若相待冊霞閃餘暉凡軀無

徤翮悵望不能歸○天門何崔嵬下有青雲浮泱漭絶人世逈豁高天秋暝色從地起夜宿天上樓天鷄鳴半夜日出東海頭隱約蓬壺樹縹緲扶桑洲浩歌落青冥遺響入滄流唐虞竊楚漢滅沒如風漚藐矣鶴山仙去秦皇豈墟求金砂費日月頽顔竟難留吾豈在龎古冷然馭涼颸相期廣成子太虛共遨遊枯槁向巖谷黃綺不足儔○穹崖不可極飛步凌烟虹危泉瀉石道空影垂雲松千峰互攢簇掩映青芙蓉高

臺倚巉削傾側臨崆峒失足墮烟霧碎骨顛崖中下愚竟難曉摧折紛相從吾方坐日觀披雲咲天風赤水問軒后蒼梧叫重瞳隱隱落天語閶闔開玲瓏去去勿復道濁世將焉窮○塵網苦羈縻富貴直露草不如騎白鹿東遊入蓬島朝登泰山望洪濤隔縹緲陽輝出海雲來作天門曉遥見碧霞君翩翩起員嶠王女紫鸞笙雙吹入晴昊舉首望不及下拜風浩浩擲我玉虛篇讀之殊未了傍有長眉翁一一能指道

從此煉金砂人間跡如掃○泰山高歐生誠楚人但識廬山高廬山之高猶可計尋丈若夫泰山仰視恍惚吾不知其尚在青天之下其色直出青天上我欲傚擬試作泰山高但恐丘垤之見未能測識高大筆底難具狀扶輿磅礴元氣鍾突兀半遮天地東南衡北恒西有華俯視傴僂誰雌雄人寰茫昧乍隱見雷雨初鮮開鴻濛繡壁丹梯烟霏霧靄海日初湧照耀蒼翠平麓遠抱滄海灣日觀正與扶桑對聽濤聲之

下瀉知百川之東會天門石扇豁然中開幽崖邃谷聚積隱埋中有遯世之流龜潛雌伏飡霞吸秀於其間往往惟譎多仙才上有百丈之飛湍懸空絡石穿雲而直下其源疑自青天來巖頭膚寸出烟霧須臾滂沱遍九垓古來登封七十二主後來相效紛紛如雨玉檢金函無不爲尺今埋沒知何許但見白雲猶復起封中斷碑無字天外日日磨剛風飛塵過眼倏超忽飄蕩豈復留其踪天空翠華遠落日辭千峰魯

郊獲麟岐陽會鳳明堂既毀閟宮興頌宣
尼民杖逍遥一去不復來幽泉鳴咽而含
悲群巒拱揖如相送俯仰宇宙千載相望
嶞山喬岳尚被其光峻極配天無敢頡頏
嗟予瞻眺門墻外何能彷彿窺室堂也來
攀附躡遺跡三千之下不知亦許再拜占
末行吁嗟乎泰山之高其高不可極忽然
回首此身不覺已在東斗傍

○張璿（都御史晉州人）五松 岱岳中途笑揖龍帝無三
世納降從此須恩澤還顛倒不在兒孫却
在松

盧瓊（御史浮梁人）秦松 大夫樹下無遺澤鳴咽泉
頭常怨聲尺土不封乖父子翻將恩典及
無名（鳴咽泉在歸德州秦扶蘇死所）

陳琳（侍御莆田人）同余侍御再登泰山次韻 萬仞
崗頭御帳開秦松漢栢亦奇哉酷憐古蹟
陪儀侶可是山靈許再來○絕頂風高六
月寒危松怪石似龍盤天門縱度來驄馬
御帳當年駕翠鑾碧蘚封中尋漢禪五雲
深處諦秦觀東山莫漫濡毫興霖雨蒼生

望謝安

查煥（山東布政司參政浙江海寧人）季秋望後一日同
藩臬僚友登岱 泰岱高臨萬里看三齊秋
色更漫漫振衣龍峪青雲濕倚劍天門白
日寒東帶黃河連海岸北來紫氣繞長安
自憐突兀平生志恍惚乘風跨紫鸞

秦金（尚書錫山人）登泰山 石磴縈紆十八盤眼中
風景渺無端東瞻日觀蓬瀛近南指天門
宇宙寬長嘯頓醒塵世夢壯懷聊洗腐儒
酸金書玉檢俱陳迹秦漢遺碑莫謾看

○柴奇（通政司崑山人）登岳 朝出登封門起拂衣上塵
肩輿歷巑岏清霜及茲晨極目日觀東海
水浩無垠秦事今已遠壇社空荊榛撫景
增嘆息群山自嶙峋

邊貢（尚書歷城人）登岳 岱宗山秀亘靈屯壁立烟
霄萬古存幽府化機盤地軸上清真氣接
天門霞標日觀青松麗春透龍池碧水溫
薄暮振衣峰頂石蓬萊東眺海雲昏○北
上天門日未斜剛風吹我度谽谺仙人洞
古留冊舄玉女祠高護碧霞深澗千年猶

凍雪隂崖四月始桃花秦封漢禪俱牢落細讀穹碑感歲華○玉皇祠畔一凭闌絶頂風高夏亦寒北去塵沙通瀚海西來天地是長安青雲逈隔三千界白日平臨十八盤似有飛仙度幽壑鳳笙聲裊珮珊珊

○巖嶂崔嵬雲霧弃泰山靈秀古今稱百千萬地豈重有三十八年纔一登貝殿深春來供客松崖落日下樵僧中天夕磬泠泠發知在烟巒第幾層○御帳坪 白日天門近青山御帳空亭虛從眺覽樹古自登封過鳥層空上鳴泉萬壑中翠華春不返惆悵昔人踪○回馬嶺 回馬嶺前春日西澗花巖草鬱萋萋上方鍾落不知處惟見白雲巖畔棲

喬宇尚書太原人 登岳 五岳誰爭長東皇萬物先晦明分日月呼吸變雲烟厚脉中盤地神功上配天雲亭問封禪千古竟茫然○百靈朝拱處空籟聽琅璈地据中原勝天臨下界高雲山雙老眼江海一秋毫欲訪蓬瀛去從誰借六鰲

許逵尚書 登岱 一上青霄路幾重崚巖險壑亂如從靖安齊魯真雄鎮高壓蓬瀛有丈峯

王廷相尚書儀封人 登岳 五岳俱神峻岩嶤泰岱偏半巖田駿馬絶頂俯雲烟一覽小天下

趙鶴提學揚州人 登岳 三更見日躔蓬萊疑咫尺直恐礙飛仙分明蒼秀拔雲開誰鑿當年混沌胎山壓星辰從下看海浮天地自東廻一時岱狩雍容禮千古松高制作材載說皇朝稱祀詔始知神哲奠三才自註云華前代瀆加封號○一上遥岑萬丈蒼天風應爲襲衣裳鷄鳴徃徃看東日人語時時到下方雲暗鍾聲連海樹春浮花氣入山堂四時未歇登遊興翻説崖禽唤客忙

縣二　廿二

査約都御史海寧人 秋暮登岱 龍峪危峰逼天門古殿開月華秋氣爽日觀海潮迴地向皇都迴山迎曲阜來登臨何限意極目鳳凰臺○過御帳坪 宋皇臨御日此地數遊觀花下停雙輦松間拜百官雲常依寶座月自照瑶壇寂寞仙橋路惟餘古木看

許成名（侍郎東昌人）【登岳】曉踏雙峰萬里明嵐光雲氣散高晴遥分東海連空碧俯訝群山與地平池有風花揺玉珮橋留春草坐塵纓秦皇石上堪登嘯千古令人感慨生

李東陽（大學士長沙人）【望岳】偶上奎文閣來觀泰岳峰半空翻碧浪平陸走蒼龍紫氣沾嵐濕青憐發黛濃長亰隨迤邐高樹助蒙茸幢節迎還送戈矛擊更衝烟霞變明晦雲雨驗豐凶混沌天初闢精靈地所鍾分疆書禹貢肇域紀堯封挹淺臨滄澥憑虛揖華嵩行尊宜行丈名重合稱宗外歛神無迹中涵德有容廟嚴王者象植古大夫松北闕身長繫東軺境暫逢崖躋愁日觀谷嘯想風從　聖主齋心切儒臣樂事慵饔飧慙驛廪輿從憫官傭歲旱當憂國民勞恐病農我方顒一笏誰共手雙筇日月蹉跎易溪湖限隔重夸飛輸鳥翼飄泊信萍蹤濯熱思晞髮凌秋憶盪胸酒闌多爽氣凉思晚惺鬆

縣二　廿三

章拯（尚書金華人）【登岳書感】千古明堂空悵望于

今環道頗平夷已迷漢武五車石却笑秦王無字碑日觀登封終不固天書行詐亦何爲監司盡括金錢施流俗争趨玉女祠

○【舍身崖】由來好生地詎有舍身崖一死輕秋葉伊誰倡厲階

李夢陽（提學河南人）【問鄭生登岱】昨汝登東岳何峰是絶峰有無丈人石幾許大夫松海日低波鳥巖雷起窟龍誰言天下小化外亦王封○俯首無齊魯東瞻海似杯斗然一峰上不信萬山開日抱扶桑躍天横碣石來君看秦始後仍有漢王臺○【仰五岳歌之一】我所仰兮在泰山側身東望阻齊關南有龜蒙東肅然仙人贈我緑瓊冊招我東遊扶桑間我欲從之途路艱東　河濟涕潺湲

馬汝驥（侍郎陜西人）【送太華石熊峰東祀】三徵開歲紀百禮洽時禋帝啓玄符日天須翠節展使星揺壁府卿月照天津道出齊封舊書求魯殿新尼丘迴沓靄岱岳對嶙峋碑刻非秦禪柴燔代舜巡金泥和五色玉檢

闕千春嶺陜青龍繞泉臨白鶴馴望洋分
島嶼觀日淨烟塵德已精靈契形須夢寐
親懷歸歌大雅屬望輔洪鈞擬獻嵩高曲
抽毫愧不神

周相僉事松陵人**登岳**兖鎮標神異東方壓岱宗
歲星輝八極玄女降三宮雲氣成雙闕炎
精生赤虹千年森漢栢古道鬱秦松金篋
昭靈秩芝房照碧叢唐碑舊紀曆漢勒幾
登封入嶺天門曉停驂御帳空册霞迎紫
盖孤嶂削芙蓉獨瞰三千界旋攀第一重
○屡樓明日觀聖水樹蓮峯春址盤香火裡
壇納化工乗時揮玉策凥覧擾龍從

葉份提學婺源人**泰山吟**岱山長群岳巨鎮標東
維岩嵬臨渤澥巀嶭控河沂靈區迴洞府
福地啓崇祠石閭何暐靄瑶芬閟葳蕤廣
巡柴望湮周狩明堂藐遐哉七十君版牒
空名垂秦皇無靈氣漢武非仙才封松鬱
中坂植栢滿南陲我來值春月疊嶂開雲
霾天門步寥廓盤道歷逶迤欵謁碧霞君
寒漱玉女池沉吟挹玉簡摩挲向崖碑雲

卧通象緯神遊駕蚪螭朝登日觀峰日出
扶桑枝呼吸變烟霧下界行風雷俯視渺
茫氣焉能辯瀛禪遥思騎黄鶴圓方隨所
之

王裕提學**石表**柴望當年告治平誰知風起
鮑魚腥惟有石表依然在蔓草寒烟夕照
明

張鯤副使鈞州人**登岳**道假三齋出形真五岳先
瑶壇雲樹采貝闕露花寒狩典聞虞日封
碑見漢年登臨重回首紫氣帝鄉偏○瞋
色迴吳楚靈光集鬼神殿虚雲霧出門側
斗牛隣窒鶴來還去仙芝秋復春齋宮夜
不寐吾意欲脩真

張邦教僉事邯鄲人**泰山詠**震維生長地歷代表
殊庥拜禮勤終歲祈求遍九州勢雄神鬼
宅迹勝鳳麟遊八境通喬岳香雲爛欲流
右至泰安州○天王出狩時玉帛萬邦隨柴望
遵虞制恩威協禹規齊君終罷燹季旅竟
奚爲千載存遺址青陽在指麾右周明堂○千
仞排巑岏生疑鳥雀愁蒼茫橫古道縹緲

接飛樓月宵風靂夕猿清草樹秋明時苛
政絶行坐仰尼丘右巖巖淳夫子聞覊人哭處
鄭善夫郎中閩縣人登岳東岳乾坤定黃河一縷
分日排瀛海浪天入薊門雲魯道傷吾志
秦碑自夕曛米堪跡遠目萬里正祲氛
方豪副使開化人登岳三月無風上泰山巖花谷
鳥共盤桓因憐鄭老看山癖赤日烟蘿帶
病攀自註云吾友鄭繼之會以六月来登○日觀峯頭紫霧
開嗒然回首望蓬萊野人自是烟霞骨應
有神仙月下來

縣二　廿六

○楊祜僉事錢塘人登岳兹山何峻極盤礴亘百里
鳥道五丁開雲標三觀起雪磵無冬春煙
嵐互蒼紫星垂崖戶外人度青天裏暘枝
晞日華陰谷飛霞綺仙靈此窟宅幽異詎
能紀○泰山屹巃與天通七十二峯元氣
中下施雲雨澤后土上貫星宿搖紫宮懸
崖古栢落空翠架壑危松度遠虹我來憑
高俯滄海夜坐觀日扶桑東○殊方此日
逢重九絶岳高吹散遠愁漢時泰封空往
事嶽莫黃菊自深秋天清樓閣明三觀野

曠山河辯九州獨是懷親憂國意白雲滄
海共悠悠○岱宗秋盡夜床清萬籟無聲
片月明何事仙人騎白鹿碧霞洞口謾吹
笙○日觀秦峰霞作標扶桑夜見海門潮
樓船方士何年到玉檢金書又寂寥
陳沂參政寧波人登岳飛軒臨絶頂懸磴東岩嶢
谷響松風㨗天空海霧消琳宮環紫極玉
節下青霄路指天門外來迎笙磬遙○一
入登封路乾坤自此分諸峰會元氣亂石
散星文仰面攀青磴回頭看白雲飛梁架

縣二　二十七

○窮壑鳴溜四山聞
朱節御史山陰人登岳塵途日擾擾夢寐惟雲山
兹晨天風涼層雲護仙關我欲往扣之驅
車出人寰登登踰絶壁身在煙霞間澗底
環珮聲輕風送潺湲群峰手可挹儼若趨
仙班大觀盪塵襟敢辭登陟難故山猿鶴
在俗駕何時還
胡纘宗都御史陝西人望岳忽聽笙歌玄鶴群即看
樓殿紫霞文斗邊細露邀新月鳥外孤峰
桂夕曛漢帝金壇歌石碣秦皇玉刻隱苔

紋騎龍李白今何處日觀天門空白雲○
倫倫望岳丹霄上颯颯乘風紫極邊半壁
秦松懸日月當空周觀出雲烟峰期太華
翩躚起影落扶桑裊宛騫更度三溪見雙
鶴忽從青帝接群仙○山下秋日正皜皜
山上秋雨還冥冥夜來巖畔掛星斗曉起
澗底與雷霆陰陽變幻倏忽異天地閶闔
蒼茫靈何當結廬向山住朝朝今對芙蓉
青○登岳春半看山山已青振衣先到五
松亭曉分日月懸苔壁晴列蛟龍擁翠屏
○天啓重門馮北斗雲擎三觀焰東溟秦皇
宋主自行幄絕巘窮崖空斷銘○帝闕紅
雲蓋仙壇白日光千盤驚到頂一曲笑臨
堂倚檻盡秦越磨崖空漢唐恍然坐天上
神思欲飛揚○海天初縱目八極思悠悠
太華彈丸出扶桑勺水浮秦松雲不斷宋
簡玉空留落日猶回首黃河窈窕流○懸
崖隨鳥出絕頂冪雲躋俯仰乾坤小憑陵
星斗低日峰紅焰海玉觀碧冲霓子夜援
琴坐天宮動曉雞○諸峰羅宇下一柱立

寰東石表千叢集天門百折通元宵山有
月落日袖無風孤峭不能寢海雲中夜紅
○突兀青天上翩躚碧海邊風高鷲欲動
雲落鳳初騫歷歷盡齊魯層層入象躔流
霞傳素手醉倚五龍眠
楊志學 尚書長沙人 次胡可泉望岳絳霄迥出天
門上飛瀑高懸日觀邊星斗垂垂臨絕巘
蓬瀛渺渺隔蒼烟雙龍噴沫千巖動孤鶴
凌風萬里騫我亦平生愛丘壑欲從此地
學神仙○天上仙人自不群龍書裊裊太
○玄文秦皇臺上雨初霽漢帝壇西日未曛
鬱鬱古松停鶴馭巖巖峭壁繡苔紋羽童
兩兩垂青髻曉起山頭禮白雲○登岳肅
容瞻岱岳直上最高峰倏忽雲千變蜿蜒
山萬重秦碑金字刻漢檢紫泥封勝跡今
銷歇巖花日日濃○遊竹林寺西天復此
門山半一泉溫雲壁時時動龍珠日日翻
飛揚李白句傾倒孔融尊歸路夕陽好涼
風吹廣原
李學詩 編脩平度州人 登封壇燔柴想象明堂禮沉

壁荒蕪日觀峰壇出白雲猶漢瑞亭盤翠
蓋豈秦松謙冲曠見劉光武聽納何如唐
太宗當宁聖明兼舜禹夔龍自不獻東封
○快活三 人情輕便易世路重艱難不走
巉巖路誰知快活三○大夫松 四海蒼生
憔悴盡五株松樹獨封官仁民愛物秦顛
倒何恠當年共揭竿
楊維聰 固安人狀元 登封臺 封禪當年侈數君升
中曾此事彌文金泥閟久明禋玉石檢棲
餘清晝雲紫氣漫傳宮闕現白毫爭見老○
○翁耘二儀高厚如何報遥望長安旦夕瞻
王謳 主事 登岳 開闢此巖秀形藏吾道尊寘
中迴日月象外自乾坤愚谷通齊路靈光
辯魯門浮生正漂泊擬欲叫天閽○天地
還高下河山自鬱盤燔柴虞狩典沉璧漢
封壇吐納風雲氣虛無殿閣寒斜陽下深
澗翹首望長安○無字碑 岱岳峰頭無字
碑相傳人說是秦時東遊鳳輦空寥落野
草野花春自悲
蔣瑜 御史 登岳 夜到碧霞天芝房帶月眠聽

經來白鶴燒藥起卅煙廣樂雲中度明星
鍾外懸來風欲飄擧三島會群仙
張鐸 御史蘇州人 登岳 曲坂縈迴翠鮮滋瓊宮貝
宇碧岑差長天斜倚峰紋坼寒日遥隨岳
影移香火何年傳漢時風雲終古護秦碑
却驚身在層霄上絕頂翻憐鴈度遲○望
岳 泰岳東來鎮古丘遥從雲際俯方洲寒
沙夕抱璇臺迥積雪春融碧樹浮悵望雲
塵搔短髮凄凉物候動鄉愁銀宮玉宇岑
差見縹緲重登海上樓○
○邵經濟 仁和人知府 登岳 步躡日觀峰峰頭日剛
午睇彼東海東矯矯扶桑樹扶桑拂朝暾
陽烏濯靈羽乾極欻昕春離光奄員宇普
照茲大觀桓曠匪祢睹虞淵一揚休子夜
信探取藉頴餐明霞攬吟吸玄圃
劉淮 御史 登岳 吾昔遊岱宗蹋雲四十里渤
海入覽明日觀下界起步虛摩赤霄回首
極西砦松下逢羽人僊顔欣彼美遺我千
歲苓食之可不死松古尚秦封風雨歷年
紀金篋玉策存誰採得生齒登茲小天下

因風憶行趾

廖道南 學士蒲圻人 望岳 岱宗高龍從群峰凌紫穹日觀影扶桑月嶂烟朦朧飛泉走其下宛然雙白龍上有玉女池銀河瀉長虹玉女散天花萬朶青芙蓉仙人王子喬絳節朝上宮遺我金檢書期我遥相從我欲從之游雲路險且重何當謝塵鞅晞髮咸池東○咸池有僊國乃在帝座旁紫虛懸玉牓絳闕輝琳瑯曲瓊掛綺疏晻靄搖星潢祥烟裊叢林葳蕤花樹香安期與韓衆雙騎冊鳳凰采采金光草和彼紫霞漿朝翔天門闕夕息帝女桑俯視濁世士奔走駒隙光願言凌飛濤遨遊東海洋○咏日觀 元化無停機陽明自周始纖纖殘月沒烱烱曙星起宿霧沉江干朝霞覆壇時羊胛徵東夷鷄首占內史乾象涵真精人文煥新美扶英散葳蕤若華紛旖旎河伯乘玄鯨山祇駕蒼兕潭影鶩蛟螭林光寵蘭芷重輪羨彤雯疊玦瞻黄珥豐蔀匪所宜離烜乃其理赤手扶羲輪冊心貫天紀願爲

雙飛亂乘雲駕千里

王龍 吳郡人 登岱 五嶽視侯秩無如東岱尊六龍開御道三峰掃天門舉手蓬萊近盪胸齊魯吞安期煉玉處惟見五雲屯

陳鳳梧 都御史廬陵人 登岳 剛風吹上最高層寒氣稜稜骨亦清雲起半空方作雨天臨絕頂忽開晴松濤坐聽千巖響金壁行看五夜明自信茲遊真不偶飄飄雙袖羽翰輕

曾銑 都御史揚州人 登岳 石壁連雲紫翠重天工削出玉芙蓉泉流不斷千峰雪嶺道常懸萬丈虹岱岳有靈昌國祚臣何補願年豐登臨自覺塵襟脫九點齊烟一覽中

蔡經 尚書侯官人 登岳 石磴縈迴十八盤天風吹雪晝生寒蒼苔半蝕磨崖字碧草斜侵封禪壇日觀俯臨青海上蓮峰高逼白雲端危亭一覽河山壯便欲抽毫頌治安○五松亭 嶺畔行宮御帳開翠華金輦此曾來五松自擬沉恩澤二世誰知並草萊惟有白雲閑聚散秪留青嶂尚崔嵬雄圖索寞空惆悵古木鳴禽聲正哀

岳倫主事宣府人登岳千盤泰山頂盤盤度流雲
越觀迥吳會泰觀羅星文鐘聲散虛谷松
栢留夕曛蓬萊近可望紫氣接氤氲
聶靜給事中登岳絕岳孤城外山行聽曉鐘
空崖留漢碣古道列秦松石磴銀河轉瑶
臺瑞靄重未須愁落日猶上最高峰
周玹楊志學胡纘宗聯句周給事中應城人泰山行
臺一天涼雨四筵清五華庭樹山風動曉
晴石崖泰岱千巖月欲上徂徠萬壑松初
鳴可泉歌憐白苧花前嫋舞愛霓裳竹下
輕五華長書踈簾淹客坐紫簫玄鶴下瑶
京石崖○斜風細雨坐槐庭疊嶂層巒戶
不扃可泉花下壺觴催畫鼓燈前歌舞啓
雲屏五華中丞天馬來西極司寇秋鵬起
北溟石崖却羨金閨香案吏五雲瑣闥望
中青可泉○涼日清尊寫素心金風緑樹
動高吟石崖踈簾縹緲過青烏古殿輝煌
映碧岑五華當壓泰峰晴靄靄隔溪漢栢
鬱森森同袍不厭同肯賞可泉萬里雲霄
羨盍簪五華

胡經少卿廬陵人登岳乾坤開此土東岱峙鴻濛
已訝三台近真堪四岳宗霽天雲漠漠旭
日海融融萬象清塵想飄然一寄蹤
張究祭酒江陰人舍身崖舍身崖崖深萬丈真禍
階人間兒女痴且愚往往投葬生前骸父
母提携豈不愛忍心割置三年懷白日羽
翰既茫昧四方緑業空爾乖哀愚勸石方
恩道讐俗迴聽知有教民彝天理本自然
胡不爲臣死忠子死孝○登日觀峰日觀
臨雲表扶桑曒影初山川留勝迹感慨獨
愁予玉笈秦王秘金箱漢武書百年封禪
地功德欲何如
潘墳都御史淮安人登岳蕩蕩資生德悠悠報本心
風雲通盻蠁日月快登臨顥氣浮宸極靈
氛下石林翩翩雙鶴駕飛上碧雲岑
潘珍婺源人南天門和陳石峰重門萬仞倚
天開直上平虛亦快哉雲隔塵寰看不見
出門一笑下天來
蕭璆僉事江西人泰松鬱鬱崖上松愛護自神理
虬軫駕天門翠盖無暑雨揚志玄冥端那

復羡金紫顧蒙大夫號千古負深恥

胡伸 **泰松** 五松直矗矗凌霄漢千載猶蒙秦帝恩草木喜瞻龍馭過儒生翻自抱深寃

龍瓊 江東人 **泰松** 二世空為萬國圖咸陽宮闕已荒蕪當年駐蹕東封處惟見蒼髯五大夫

白世卿 僉事陜西人 **登岳** 著屐登高地詩入得共遊五更常見日三伏早生秋雨向山腰起泉當石眼流岳靈通變化萬里走神州

○姚奎 太僕丞常熟人 **泰山雪後** 曉天紅日放高晴小坐山輿踏雪行凍樹裹花春有迹寒溪結玉水無聲煙銷絕頂群峰露風度虛巖萬籟生老衲雲深知我過數聲清磬出松迎○

○**五松歌** 黒龍潭中蛇毋出霜鱗剝落腥雲濕毵毵長髯十兩針挺挺直骨三千尺神靈呵護元氣鍾驅霆戰雨揺蒼空堅剛節操振今古濫爵肯受秦王封波濤滿地陰風起萬籟颼颼成律呂材堪柱國苦弗試蕭然遺棄空山裏青青顔色無秋冬吞氷吐雪經磨礱工師一日如相逢終當獻

入蓬萊宮○蒙恬大将扶蘇子萬里策勳封不與却将官爵授五松祖龍顛倒乃如此咸陽一火二世亡五松留得摩穹蒼眞宗六龍昔巡幸亦名御帳揚休光猗歟松兮遇知已傷哉處世多奇士負才抗節竟沉淪不及寒松反多矣我來幾度坐清影緑陰滿地蒼煙冷撫摩長顧發哀歌空山落日愁奈何

○章忱 太僕丞會稽人 **登岳** 聘彼岱岳尊屹屹奠九州空光碧天合倒景黄河流朋從肆登陟振珮凌清秋仰視九霄曠俯覽八極周宣尼有遺迹悵望心悠悠○

張鵬 御史沁陽人 **登岳用杜甫韻** 斜陽俯崦嵫登臨日未了徘徊遍諸峰吟賞達昏曉仙巖訪芝童高舉逐飛鳥勝遊難再來紅顔非少小

周卿 **登岳** 回薄千峰簇逶迤萬壑連靈圖標地紀雄勝控封躔露浥三芝秀光凝八石鮮迎書悲宋事封樹憶秦年冒險探遺跡捫崖讀古鐫時巡方曠絶登禪幾相沿監

明万历道藏刻本影印

俯飛虹落鬐含倒景偏奇觀大無限便擬
謁真仙
鄭大同太僕卿 登泰山 五嶽此為勝萬年靈
足徵夢魂吾久到道岸聖先登齊魯空千
里星辰僅一層皇朝崇大禮漢時不須稱
楊撫知府餘姚人 登泰山 名山天下有得似岱宗
無深谷函星斗中天啓畫圖幾廻千氣象
一覽盡寰區追訪虞周事樵人笑我迂
梅守德提學副使宣城人 登岱嶽 喬嶽平生勞夢想
天門今日遂攀躋層巒逈出青霄上曲逕○
○回看白日低雲氣東連蓬海外煙光西與
太華齊却慚作賦非能事盡日淹留思欲
迷○曉氣氤氳開洞府巖光噴薄出雲根
參差紺宇臨丹壑紫翠煙蘿掛石門滄海
波濤浮日月朝昏風雨別乾坤行行漸覺
塵寰小五嶽應推此獨尊○玉皇顛上倚
危闌萬頃煙霞入壯觀仙樂似聞霓羽奏
天風時拂斗牛寒九霄雲護秦壇古千載
苔封漢碣殘歲莫登臨多感慨不堪回首
望長安

賓明廉使 登岳 登登泰岳山乾坤聘只尺杖
屨隨雲雷星斗礙冠幘一領塵氛消清風
生兩腋再顧心神舒川源滿肝膈更服堂
倚空歌馬殿射碧雩雩南天門兀兀金身
石山輿下高樹皷吹導前戟昏黑扳絕巘
神祠聳天脊光靈怖此心奚翅仰烜赫歆
饗集萬方山海貯金帛一榻桃山阿松泉
和絲華夜半東決眥海底訝日赤
許應元副使錢塘人 岱宗 岱宗肅肅標東紀絕頂
虛傳不死庭碑憶漢封三觀逈樹留秦岱○
○五松青陽池日浴深能見陰洞雲流乍可
聽此日風煙聊振袂休將峴首嘆沉冥○
岱宗夫何如岩嶤出雲表登茲俯蒙繹吾
欲觀魯道闕里窈且崇昔人已陣草尚想
吳門盻今知天下小○ 同蔡行人登蒿里
環翠亭 省騎青林駐登臺翠甸新雲山存
吏隱詞藻待王人花日初傳午蘭標欲麗
春憐君竹溪興竟夕對清真○ 重過泰山
山城曾試吏十載更登危丘壑心期在年
光鬢髮衰物情聊對酒習性尚躭詩自是

一聲叟支離侶昔時○泰山別諸門人朝
出乾封門言游泮河水朱陽麗朸暉征雲
一何馶顧瞻緬夙昔風景復相似魯山猶
在望吾行自玆始

范瑟編脩歷城人登岳雲河漠漠棲巖畔風影冷
冷十八盤王女泉飛山亦潤芙蓉峰絕暑
猶寒百年塵世三春夢萬里乾坤一咲看
驀倚石闌星斗近不知身在白雲端

馬驎知州陝西人登岳峻嶒泰岳回天地此日登
臨慷慨長萬壑風聲喧草木滿山雲氣濕
○衣裳秦封漢時形盤踞魯齊丘勢渺茫○
一逕漸通天上界欲從何處問青皇

黃省曾吳人懷岱齊魯闢東岱遥空青未休長
安元帶眼吳會舊含睇去待山雞報孤看
海日流稷丘君若在吾得擁琴遊

蔡汝楠侍郎德清人同許泰安登蒿里環翠亭蒿
里亭元勝風花春載柔還陪仙吏躅得共
白雲遊仗劍蓮華淨傳杯竹葉浮如何蒿
洪宅星座俯芝丘○泰山書院古栢影接
馨香近聲搖戶牖清空中白雲餘海上古

龍精小憩依春翠高棲憶鳳鳴晚來雲稍
起神動岳崢嶸

高誨通判合肥人登岳翠削芙蓉萬朵開瑞烟繚
繞護仙臺瑤池宴罷金虬去明月屏空紫
鳳來雨霽歸雲棲樹杪夜深出日見蓬萊
向時未到天門上九點齊州秖浪猜○踏
碎芙蓉萬壑秋無端造物與心游斗聯西
北天樞近海坼東南地軸浮凉影月窺雲
外搧寒聲風滿鴈邊樓胸中塵土都消却
一枕清泉不斷流○石梯萬折凌大表層
○疊峰巒青未了巉巖飛瀑半空落冷濺氷○
花結林杪南天回首眼界闊烟霧沉沉寰
宇小興高漸覺風生腋岳頂迴旋看秦石
俯凭日觀望蓬萊曉浴金烏海波赤舉頭
西北神京在五色晴雲時靉靆青天可捫
星可摘沆瀣淋漓濕東壁欽呼玉帝呈琅
玕山高風露羅衣寒渺渺天空下笙鶴平
收宇宙胸中寬桃花峪口路深邃怪石嶙
峋懸若墜五松鬱蒼吐紫烟欲訪仙人在
何處金泥玉檢埋秋草七十二編斷遺橐

寒鴉啼上野棠枝涼月娟娟山石老
李炯然郎中 舍身崖 舍身崖下深難測每怪
輕生世上人我亦有身偏自重舍時除是
爲君親
成周主事無錫人 登岳 崔巍泰岳首稱宗睥睨乾
坤一顧空吞吐煙雲迷下界盪摩日月淬
高峰秦碑無字名空在唐刻磨崖辭自封
逐客窮攀傷往事不勝癯骨受剛風
周津御史慈谿人 明堂 成周天下八百年東巡朝
會明堂前遺址依然蓋輌力到今登眺留

縣二　卌九

真傳
鄭芸御史 登岳 未了紅塵事聊辭白玉關披
雲從月闕跨鶴下人間世味淡如水夢魂
多在山留連慰龍峪何日再躋攀
湯紹恩 登岳 曉霽天門放遠矚岱靈有約幸
無違山雲擁道迎仙蓋海日開嵐上繡衣
萬里輿圖收泰時九霄象緯拱神扉追思
千古登封蹟暮靄荒臺擁翠微
傅鎮御史 登泰山 泰殿倚秋山高開紫翠閶
星軺迎日下仙掌躡雲攀巖立天低宇晴

披曜照寰省方慚受簡恭代禮神還
李綸僉事 登絶頂 雨霽登臨興轉生群山數
點發新青風迴華表摇空漢日擁瑶宮逼
太宜韓瑞尚存虞舜澤傳燈獨有魯宣經
乾坤俯仰知何際萬里浮槎一使星
王廷幹行人涇縣人 登岳 泰岳逼中天登臨萬象
懸臺觀滄海日殿拂紫微烟山水名誰並
乾坤勝獨專岩堯何可極揺筆白雲連○
絶頂試登攀風烟縹緲間舜巡留社稷禹
鑿舊河山月宇天門道芝房青海灣英靈
窮八極此地隔塵寰
劉燾尚書直隸滄州人 二月登山阻雪 過眼鶯花
春未殘再隨驄馬步山磐雲浮碧殿爐烟
細雪滿蒼崖樹色寒泰嶺應憐行路險漢
宮疑似降仙難日觀峰上瞻東海空憶飛
霞駕彩鸞
王汝孝編備東平人 登泰山 伏曉步層峰吟眸望
轉通懸崖啣日斷石磴拂雲聾齊魯千年
秀乾坤一指中禪封昔此地登眺意無窮
郭鎣洪洞人 登泰山 峰巒壁立翠雲屯太極

初分此嶽存欝欝古松蟠御帳層層石磴
接天門山桃野杏花爭發曲澗方泉水正
温泰漢登封遺往蹟歸來天色欲黄昏
經彦采（寺副全州人）登岳岱宗積翠欝岧嶤春日
登臨上碧霄耳畔側聞天語近峰頭平對
玉宸朝漫憐弄玉驂鸞鳳會見乘槎犯斗
杓安得憑虛凌八極盡將民瘼達神尭
仲言求（知州寶應人）登岳層巖高閣敞晴暉十載
重臨夢不違玉女獻花開雪釀仙翁留訣
進霞衣青霄此日瞻三象碧巘何年築一
扉遊賞方殷烟月上風林遥送暮鐘微○
玉皇閣危閣倚層霄山河入望遥天横闢
塞鴈日抱海門潮霧露開朱旆雲霞度碧
簫自然幽賞契不用社僧招
林應麟（府同知僊居人）遊石屋仙即雅興好幽尋共
訪仙閶入碧林繡壁忽開冊地穴靈泉疑
泄洞天深上方雲磴空中轉下界烟花望
裡陰媿我支離久漂泊始從塵世識初心
浦應麟（編脩無錫人）遊岱嶽秀色千峰合靈源萬
籟潺魚彊開曠野禹服奠高山星漢當頭

近煙雲滿目班悠然小天下遺跡若爲攀
杜泰（進士長清人）登岳寰海雄蟠獨此山金莖瑶
草秘封壇崑崙西望烟雲渺滄海東連宇
宙寛
谷繼宗（進士歷城人）元日登泰山南麓試筆仙壇
栢酒新誰於草莽識詞臣南山先祝千年
壽北斗長瞻萬里春雪抱翠屏鷹自化雲
坡冊燮鹿多馴王喬紛作吹笙侶不敢乘
鸞謁紫宸
劉爾牧（進士東平人）登岳青帝真源迥霞芬鬱律
齊谷風吹海樹晴日邑山霙金闕雲邊出
玉繩象外低誰言坤極小禹貢盡雕題
陶欽皐（御史彭澤人）登泰山南州秀色結衡廬泰
岳孤雄更不虛此日仙靈來劒珮中天樓
觀下庭除青霞獨擁秦松幛絳節雙懸玉
帝居石室秖今迷往路侍臣何地訪冊書
○遥遥仙使伴村春處處天風灑石淙澗
底揔無黄犢飲峰頭長有白雲封誰憐詞
客歌春樹慢聽山僧散午鍾飯對胡麻聊
自餉轉來瑶草定相逢

袁袠提學僉事蘇州人夢游泰山歌　我聞泰岱五嶽
之所宗，巍乎高哉拔起摩蒼穹。天門日月
相避隱，勢壓九服何其雄。扶桑碣石眇在
下，安論鳧繹連龜蒙。宵夢憑陵騎六龍，足
躡列缺驅冷風。捫參歷井上日觀，飄飄直
謁元君宫。白榆赤桂夾御道，中有頮如桃
花膚瑩玉雪，緑髮皓齒十五雙。金童手持
靈訣授我讀，科斗竒字殊難通。凡胎俗骨
不可換，覺來相失滄溟東。朝逢海上青鳥
使，邀我遠遊登岱宗。開緘長跪讀數過，星

縣二　四十二

文雲篆恍與夢寐同。尚平婚嫁未畢累，長
卿卧病還書空。何當白日生羽翼，飛上泰
岱絶頂第一之高峰。
查秉直即中海寧人夏月雨霽登岱　朱明過雨静
嵐氛，嶽色霏微共夕曛。倚杖坐看林下澗，
披衣猶拂洞中雲。獅峰瀑布當空瀉，龍峪
泉聲夾岸聞。謾説新晴供晚眺，九農應是
喜欣欣。
唐禹按察使海寧人登岱　玉檢藏册室，瑤臺插上方。
攀崖入龍峪，穿徑繞羊腸。石險形疑墜，泉

流勢欲翔。采明登日觀，彷彿見扶桑。
徐紳御史建德人登泰山　曾聞天上玉皇宫，絳節
星壇向此逢。半夜日光摇海色，四時香霧
捲天風。金函玉檢通群帝，五嶽三山第一
峰。回首下方城郭在，不知雲氣幾重重。
吳遵御史海寧人登岳　泰嶽峻嶒倚碧霄，陰崖白
晝自風濤。西懸鳥道天門迥，東指扶桑日
觀高。秦樹尚依清蹕路，漢壇虚拱玉宸朝。
長安此去應千里，北斗城深睇望勞。
吳伯朋尚書義烏人登岳　泰岳由來一洞天，振衣

縣二　四十三

清曉上危巔。千年齊魯登臨外，萬里江河
咫尺間。漢畤秦封餘蔓草，蒼松翠柏自雲
烟。凌空頓有飛揚意，漫酌流霞喚謫仙。○
又次吳初泉韻　蓬玄峭壁插丹霄，龍口飛
泉噴白濤。天入扶桑滄海濶，地臨汶濟碧
霞高。纔登越觀思鄉國，又戀長安望帝
朝。滿眼乾坤俱甲馬，不堪南北正疲勞。○
絶巘渾疑在絳霄，潺湲流水帶松濤。千巖
雨過天光净，三觀風寒日色高。讀盡碑崖
憐異代，書無封禪感清朝。春山啼鳥斜

陽外歸路崎嶇未覺勞
方正脩主事昌城人登岳　岳麓俯凝眺幻宇盡塵埃因憶羨門子層霄瞰九垓○陶侃夢八翼側身飛雲門碧霞差亦近稽首問天孫○日月懸雙彈乾坤一大荒最高峰頂上端拱王於皇

沈應龍都御史烏程人登泰山　五嶽岱稱宗雄峙齊魯界屹然障東維中原地氣會殊方傾仰止有懷竟茫昧秉鉞酬夙期巡歷振行旆明禋陟危巔精神原夙戒有禱應即隨神功信廣大亢曠降時雨彤雲布霧靄河淤餉道湮甘泉發清瀨祇承　天子命寔惟神攸賴禮成撫清景六合真可隘山空絕塵囂悠然聞天籟飛僊招我遊乘鸞忽長邁授我祕玄訣飧霞吸沆瀣日觀俯滄瀛紅光吐輪蓋吳越望中迷黃河曲如帶臨風拾瑶芝坐石吟松檜秦封與漢畤殘碑荒草外弔古復憂時撫膺增感慨北虜猶陸梁倭夷又顛沛稽首問崧靈何如獲康泰

曾鈞都御史鍾陵人泰山紀遊　名山東峙獨崔嵬千丈靈光接上台金削芙蓉迎日出玉爲樓閣倚天開鑪煙風暖浮秦樹石檢年深鎖漢臺一覽乾坤空萬刼落霞飛彩入吟杯

雍焯御史臨兆人登泰山　千里齊城仰岱宗青山盤礴秀穹崇峰高日觀瞰滄海岳擅天齊亘域中百代登封傳盛事萬方香火戴玄功清朝一覽靈巖上雲淨風消曠宇空○從來聞說此山高一上崔嵬眼界豪龍峪顧瞻出萬仞天門咫尺摩層霄升中有表傳秦漢梁望無人頌以陶覽跨諸峰睇空廓雲霞茫渺海天遙

何廷鈺御史邵武人登岳　萬仞驚看絕巘高一人登此百人勞宿願已疇民力竭賞心羸得一揮毫○探奇此地步丹梯酌罷閒看處處題獨憶宣尼登眺後無言悟教古今誰

馬三才御史仁和人登岳　層巒萬仞開新霽乘暇登臨逸興徧山出雲重飛鳥外林深春盡落花前天門迢遞丹霄路海日蒼茫碧樹煙十二齊疆門處覓麥苗盈隴水盈川○

覽勝春遊萬里來僊宫縹緲入雲隈秦松披拂仍餘蔭漢帝登封空故臺石壁有輝騷客賦岱宗無補使臣才冊衰白髮頻回首惆悵峰頭各一廻○玉女池玉女何年去名猶在水濱雲疑畫眉客月似洗粧人風外聽鸞珮天邊憶鳳輪不逢仙子降空拂鏡中塵

段碩言燕人御史 續夢登 登十八盤忽訝空中行輪雲今日跡魂夢昔年情松拱一天翠草生萬壑青此聯乃庚子夢中句也 山靈不我棄應許定斯盟

姜良翰參政金華人 游泰嶽篇 泰嶽突屹中天起盤礴神州數千里鳥道聯綿六六灣龍樓偃卷三千址隱隱隆隆宿霧中錦屏飛瀑編羅綺絕壁高攀白玉榆懸崖俯瞰青螺齒更有奇觀日觀東扶桑縹緲烟波通晴霞蕩漾赤碼碯曉日震耀青芙蓉蓬壺點點逼瑶席溟渤僅擬浮杯筒凌空不覺星辰遠直躋閶闔追鴻濛忽然驚雷起山巒電走星馳振林谷須臾日沒宇宙傾萬頃

風濤鬼神哭雲迷路險不可登一步一廻愁折軸泰嶽何岧嶤亭亭阻且遥秦皇宫闕烟雲迥漢武旌旗草木彫英雄一去豪華盡殘碑斷簡空寥寥我來近自崑崙北欲向三山訪南極無端失脚墜皇州欲歸不歸長太息亦有青城累石居胡麻飯冷冊鑪熄南郡茗荒諸葛廬東山草蔓安公闕青壁瀉銀河山深長薜蘿偶從征旆登天關瓊仙玉女許經過未能擺脫歸猿鎖且隨舞袖歌春和山河大地終然幻世事

縣二 四十六

悠悠何計了行植芝田十萬畦應須不負商山老

查秉彝順天府尹海寧人 登岱 巖巖高捧紫宸開青帝星辰入望迴芳躅獨標宣聖楔瑶函空秘漢封臺天運非極千山拱雲擁黃河一線來最是生平葵藿志夜深日觀倚徘徊

孟洋大理寺卿信陽人 九日登泰山 泰嶽風高不可當登臨況復是重陽杯傾下映滄溟色帽又平依北斗傍魯甸風雲流野日薊門鴻雁入煙霜雄圖盛節俱陳跡城郭蕭蕭暮

八荒

羅洪先 吉水人 狀元 贈中丞朱鎮山巡撫山東 青春瓊樹麗彤庭玉斧登臺髩未星日近泰山多曉色風行東海少塵寘得年不用移齊栗老牧還聞須曾駰鎮撫正資清淨理片言肯向蓋公聽

徐文通 泰康人 參議 詠岱宗 紫氣騰空護漢都山川沓靄入看無乾坤忽合東溟注日月還臨北極扶秋色歸鴻瀋客髮清樽過雨對蓬壺凭高莫問前朝事帝子不回空大夫

○王世貞 吳郡人 侍郎 登岱 紺宇虛無岱色遙岧嶤飛磴界蒼烟峰迴嶂壑紛相拱石坼松蘿裊自懸過雨雙龍爭玉峽擘雲孤鶴挂青天平生故有崢嶸意識亦應從太始前○翹首精神欲奮揚幾從開闔見陰陽千崖忽敞中原日六月長飛使者霜在昔鈞天青帝坐即今封地白雲鄉還應五嶽都游徧乞取安期火棗嘗○奔崖瀑落擁晴雷策石驅龍輦道開匹練天縈吳觀出金泥日射漢封回河流挾雨俄千帶海色搖空

僅一杯莫向封壇論王氣秖應塵世有仙才○尚憶秦松帝蹕留至今風雨未全收天門倒瀉銀河水日觀翻懸碧海流欲轉千盤迷積氣誰從九點辯齊州人間處處褰帷轍矯首蒼茫迥自愁○幞衣吾欲卧天門中夜憑攔起自論半割乾坤懸對抱低垂星斗亂堪捫狂呼六博仙人箸渴問三漿玉女盆爲道崑崙更奇絕還從博望訪河源○壁立芙蓉萬古看削成松檜隱高盤中峰翠壓徂徠色絕頂青收碣石寒○梁甫吟成還自和茂陵書就欲誰干依徽尚有吳閶在欲向秋風問羽翰

李萬 歸德人 副使 叨從登岱 使者東登太乙壇雲從霹靂漢衣冠九霄風動豺狐遠六月霜飛草樹寒日觀俯看人世隘天門北望帝廷寬省方獨有匡時畧准擬 皇圖與泰安

王遴 北平人 尚書 到玉皇頂 每嘆苦塵喧無由脫塵網絕頂遂攀躋始知天地廣○日觀峰邊漾湧金烏岧嶤破幽壤顛將五夜觀天下

同瞻仰○漢封臺岱宗自古今武帝空赫
赫鑾輿西入關苔蘚臺中碧○玉女池生
托黃帝室道匹昊天妹靈泉瀉方池恍忽
鳴玉珮○秦斷碣霸業如流水雄圖似去
雲誰知煨燼後淪落復斯文○仙人橋絕
澗架危橋不見仙人度海上幾時迴空使
昔人慕○捨身崖開闢始天地人生孰不
死所惜不在身崖下多豺螘○白雲洞造
化鍾靈竅兹洞深幾許不見青鸞留但見
白雲去○十八盤少負青雲想今上青雲
○梯一入天門重裏回首青雲低○五大夫松
帝子去不還大夫空自立日暮北風吹時
向沙丘泣
李攀龍按察使歷城人懷泰山域內名山有岱宗側
身東望一相從河流曉挂天門樹海色秋
高日觀峰金篋何人探漢策白雲千載護
秦封何來信宿藤蘿外秋底西風萬壑鍾
○瞻殿太史正南登太山明堂天子昔登
壇御道風流擁漢官海色迴臨三觀動春
陰不散五松寒白雲忽向封中出玉牒誰

縣二　四十九

從篋裏看此日滿朝求禪草相如早晚入
長安○上宮春色自何年阿閣神房幾洞
天晝裏定攜三秀草懷中曾擬四愁篇射
牛漢蹟今猶在繫馬吳門似杳然七十二
家論祀典還朝可奏聖人前○和魏使君
扶侍游太山中天詄蕩敞天門上帝樓臺
拱帝孫五馬並臨吳觀重諸峰獨讓丈人
尊秦松忽借蒼顏駐海日遙銜紫氣屯可
道黃河看似帶須知西北是崑崙
○李先芳少卿濮州人岱宗十八盤高擁帝都徂徠
○梁甫衆爭扶神女來遊明月嶂仙人對博
泰山隅天雞喚日浮三島海鶴巢松遍五
株欲草相如封禪跡漢家壇觀久荒蕪○
岱宗絕頂玉皇祠雲起天門杖屨遲漢時
秦封行處是石閭瑤草至今疑日銜三觀
金銀闕天瀉明河玉女池曉向虛空探海
嶼扶桑真見水中移
王紹元御史金溪人登岱岳蓬宮珠闕鬱嵯峨門
倚青天掛碧蘿鎖斷半山環日月望窮千
里帶工河秦壇玉氣崇幽渺漢緯金書射

太和　昭代聖王皆舜禹寄無封事入山
阿
孫應奎（左布政餘姚人）〔循岱廟視工〕拾級登登上泰
岑萬峰羅地白雲深調琴澗落天河水積
翠臺分月樹陰蓮海縱觀同物與中台成
位兩間心更賓日馭開長夜獨倚高明望
孔林
魏良貴（按察使新建人）〔告岱即事〕杖策高尋玉女峰
披雲始見碧霞宮山含雨意嵐光動日射
天門紫氣重絶壁虛疑在漢蹟斷碑何處
覓秦封憑高舉手運六合宣父遺踪在眼
中

楊宗氣（按察使陝西人）〔登泰嶽〕巍巍泰嶽鎮齊東此
日登臨天地空西盡函關雲樹直東來海
渤曉霞紅秦碑盡無淩霄上曾殿參差在
眼中時有幽人騎白鹿乘風便欲駕青驄
裴紳（提學副使蒲州人）〔登泰嶽〕三十六盤何崄巇晚
來登眺自忘疲眼看山頂疑無路身在雲
端不自知嬴氏五松寧故物唐人千仞有
磨碑古今興廢只常事金簡上函亦太奇

王教（副使華亭人）〔登泰山〕泰山之高何奇哉三十
六盤路縈迴金烏半夜海底浴碧桃千樹
池邊栽秦松漢柏供御帳金簡玉笈餘經
臺瓣香春仲肅拜禮和風晴日天門開
年
朝宗（副使甯州人）〔登泰山〕岱宗奇峭倚天東冊
府封題禮數崇齊魯地偏形獨勝古今時
異仰皆同荒臺人指秦皇碣幽壑松蟠宋
帝宮幾欲尋源渾未識凭高萬里御長風
查秉鉞（評事海寧人）謁岱泰嶽巖巖夙有名獨看
今日祐神京泗流漕濟時聯艫領袖云亭
近作帡霖雨崇朝單帝澤扶桑曉日溥

天明誰將兩腋成雙翅飛上峰頭入太清
俞憲（參議無錫人）泰山頂上作迥絶使人懼古今
稱岱宗溝塗分汶水丘垤俯群峰晴蓋時
沾雨風雲屢盪胷乾坤歸壯麗臺殿入春
容惜顧青齊小迴看鄒魯重荒碑秦代蹟
廢畤漢人蹤仰止訓初服登臨逼晚鐘幸
逢　恭巳日無復議東封
趙勳（僉事番禺人）〔登日觀〕月明道士靈巖來夜半
重登封禪臺銀漢中天看斗北金波浮影

報暘田火山年見焚東海曦馭俄驚耀上
台萬里末光呈瑞氣赤霞紅漲望中開
曹金（侍郎祥符人）登岱雨後朝暉靜嶽壇百年臨
眺屬春殘初經帝帳方壺曉漸入天門宇
宙寬雙引管簫通玉闕偏尋封禪倚雲磐
瑤臺古寺清尊晚看竹吟風興未闌○霜
節凌煙坐晝徽倫然恍與世相違數聲清
磬飄何處幾片閑雲照客衣玉女池連春
草動僊人鶴傍彩霞飛疊巘惟許山僧住
一任鶯花對落暉

○項守禮（知府奉化人）登嶽簫洞更衣入紫霄風吹
御帳起松濤羊腸鳥背盤盤曲龍口天門
節節高過化樓前懷往哲登封臺上慨先
朝何當拋卻塵寰慮乘興重來不憚勞
朱應奎（知府丹徒人）登泰山我昔曾過泰岳前未
暇登眺即言還豈獨山靈笑我俗勝事汩
孤亦悵然今日重來須縱目攬衣直上山
之巔不妨舉手近天日但教穩步渡雲烟
天仙地迥碧霞繞日觀臺高紫氣聯隱隱
尤可辯岡嶺茫茫何處覓桑田身跡恍如

塵世外光景疑爲混沌先更欲憑虛何所
往人生即此是登仙
陳中（知府汾陽人）遊泰山宿碧霞宮公館遊覽乘
閑過岱宗躋攀曲蹬幾千重未從絕頂眺
清興已聽群山度晚鐘寒夜暫將丹竈訪
洞門詎許白雲封悠然借宿石床月肯數
華陽第二峰
劉璽（按察使唐縣人）岱嶽登望嘗聞東嶽峻今上最
高峰吳楚蒼茫外燕齊指顧中罡風時振
袂灝氣忽橫空不道塵寰迥翻疑僊界通

○王貴（運同知清江人）登泰山絕壑布裏筆輿輕險絕
能消半日程漢柏秦松空往跡孔登孟語
此經行沿厓忽見逃亡屋躡蹬慚聞怨懟
聲惟有七十二泉在頗言常潤汲　王明
呂顒（登州知府陝西寧州人）遥參亭（舊名草參老親參政分守時改云）
參亭人共挹易草以遥名豈爲投香紀還
肅謁禮誠碧簷春日麗金楝曉雲輕瞻拜
緣分牧臨風重感情○祖殿暫憩趨庭憶
往日登覽廿年前宿雨青岩媚光風白鳥
翩橋危雲共度壁迥日相聯羽蓋聊爲問

赤城列廣仙

曹大同（署丞通州人）登岱嶽 宗嶽磴盤高造天翻從下界見雲煙登封漢蹕餘風景表記秦碑空歲年絳節香飄龍虎馭玄壇寒切斗牛纏微茫八表浮元氣較似身遊太古前

周怡（司業宛陵人）登泰山絶頂 山頭上下界殊分大地瓔瑶雲浪文崖壁蒼苔古蝌蚪松蘿紫氣日氤氲九州星埜盡雙目萬里封疆只片雲到此方知天地大超然身在列仙群

桑紹良（經魁濮州人）登泰 岱岳曾聞天與齊振衣今始遂攀躋白雲護洞龍初蟄黄葉園山鳥正啼玄女宫深連别嶼玉皇祠迥接層梯正慚落魄淹塵壒石室清幽欲暫栖乘風直上絶高巔回首層霄四望懸密樹霜中凋欲盡群山天際斷仍連半生勝覽元非偶萬仞平臨儼若僊舉目虚驚紅日近長安猶在暮雲邊

蘇本（前府經歷濮州人）登泰 岱岳嶙峋揷太空摳衣柱杖入雲中正松樹老龍鱗古三觀峰高

鳥道通勢逼星垣傾宇宙青分齊魯失龜蒙只緣捧日丹霄上早望扶桑碧海東

桑正衍（舉人濮州人）登泰 攀雲上石盤澗壑聳可觀漢字經沉水秦松帝拜官海光籠曉日嵐色護層巒隨意凭虚眺乾坤眇一丸

蘇濂（華昌府近判濮州人）登泰山二首 嶙峋岱嶽邇蓬瀛紫翠芙蓉削太虚秦漢侈心餘時壘青徐平野到堦除勺水扶桑明子夜五雲絶頂見宸居探囊但有遊觀賦吮筆曾無封禪書

縣二　五十四

山梯斜日俯高春石澗春泉響碧淙巡狩翠華松自拱明禋遺跡玉常封掃雲客坐前峯月曷雨僧歸下界鍾遊子潆期今稍適飛仙環珮倘相逢

殷盤（中秋濟南人）日觀峯東望扶桑國茫茫海水沄波濤搖紫氣島嶼亂紅雲河漢星猶燦乾坤畫已分大觀天盡處碣石獨焉群

徐琳（運同華亭人）登岱 崎嶇登岱岳長嘯思悠悠帶與河流細杯同海色浮爐烟秦樹裊石檢漢臺秋那得塵緣盡常隨白鹿遊

朱明時華亭人 登岱
岱嶽登臨第一峯山靈秀出嶽芙容古碑猶有秦皇跡御輦曾來漢帝蹤屈曲天門晴霧靄崔嵬日觀端烟濃自祈隔得相如技敢謂才堪草禪封

岱史第十七卷登覽志

皇明嘉靖甲寅以後迄今諸名公及人人題詠仍舊志例以世次序

李春芳大學士揚州興化人 夏日登岱喜雨霽披豁煩襟度碧空忽逢青帝駕長虹彩烟半捲亂灣霧霽色全開龍峪風今古壯懷少照裏乾坤生意黍苗中岱宗自是饒 皇祐時雨時暘總化功

高拱大學士新鄭人 登岱岱宗神嶽勢嶸峥東鎮齊封百二城雲捲洞門持欲潤日華暘谷曉偏明虞廷首望仍今古尼父崇登著姓名我欲御風凌絕頂手提星斗運璣衡

高儀大學士錢塘人 登岱諸嶽崚嶒一岱宗天門迢遞芙蓉御坪有路仍迴馬石表無文悵祖龍星斗平懸玉帝觀乾坤不老丈人峰夜闌紅日升滄海咫尺蓬瀛第幾重

吳嶽尚書汶上人 登泰山嶔崟疊嶂逼蒼穹深谷迴巖烟霧通掛壁寒泉飛澗白拂雲秋樹入霜紅秦松歎石龍鱗古漢碣沉苔鳥篆空絕頂振衣思太始偶看朝日見鴻濛雲磴斜懸碧磵迴松枝低拂紫巖開人穿

鳥道烟巒迥路轉羊腸風蹔裒地接太清
瞻斗極眼隨旭日望蓬萊曠遊一晤浮生
夢好謝糾紛卧石苔　遊青帝觀洞門梵
宇秋雲細青帝離宮煙樹齊虛谷人聲飄
翠壁寒空鴈影落丹梯窮探仙跡荒壇隱
深入禪林野逕迷清賞不違幽興遠欲尋
石室伴僧栖

劉自強 尚書扶溝人 登泰山茫茫蒼海半山褰天
壁躋攀步步艱坰覺風雲生足下却疑身
世出人間鬢顏看鏡驚將老廊廟懸情未
許閑暫息塵蹤隨謝屐蓬瀛洞裏探仙關

朱衡 尚書豫章人 登岱懸磴盤梯天路長高空雲
霧濕衣裳金銀宮闕知隣近鳥自嚶嚶花
自香　玉虛宮殿元孤秀夜半探奇獨自
行玄鶴遙聞秉月度白雲近見與沙平

縣三　二

馬森 尚書福建人 登岱五嶽由來獨岱宗層巒雜
樹翠交濃盤迴石磴天門道縹緲烟霞日
觀峯巨鎮已標存舜典斷碑何事數秦封
登臨不盡高山意尼父當年有故蹤　宿
岱頂道房碧霞宮伴小幽居雲外山低若

太虛玉女池中泉最潔丈人峰上雪偏踈
坐看浮靄渾成幻睡覺清真更寂如夜半
四空無色界月明正好入階除

尹臺 尚書永清人 東平道中望岳巨嶽盤東土高
穹礙列星鴻濛標地紀峻極抗天庭輯瑞
虞巡肇刋山亘戴經靈仙遺跣迹巖戶莫
長扃　神功稽古牒七十二君王曠矣茲
山禪荒哉往代章烟迷秦時遠雲出漢封
長借問當年物言餘松栢蒼　大野園春
氣群峰香靄　芙蓉開曉日秀色若可餐
夜月流金殿朝花法壁壇雲驂誰共駕矯
首一悲歎　結髮懷幽尚名山思徧尋久
傳梁甫曲還憶泰山吟縈欲丘中好安期
海上心九州多狹徑此地可投簪　長風
吹羽腋吾欲上天門躧屨丈人石睎衣玉
女盆乾坤睨闔闢日月翫朝昏歸訪巢居
子深情未可論　岱宗千里色魯甸接滕
齊海日扶桑近天風若木低東皇衣任把
北斗杓堪提舉手招仙侶碧霞聽曉雞
神嶽巖巖立上方仙宮赫赫照東皇泰松

縣三　三

漢栢盤天地玉簡金函紀帝王一柱擎空
龍躑躅三峰倒海鳳飛揚舉頭髣髴雲霄
工梟窕春雲捧建章
楊巍尚書海豐人　赴南都登東嶽駐馬登東嶽憑
高辨四濵始知人世小不斷此山青樓閣
秋孫出川原書香寅將尋孫復隱忽忘有
嚴程　梁父名仍在登封事不磨逢人尋
古蹟覽勝欲狂歌匹練吳門近豐碑漢代
多還能舒老眼萬里見滄波
○張佳胤尚書銅梁人　登岱張衡曾賦四愁詩東望○
相從及此時翠壁千盤隨杖轉冊梯一線
自天垂瑤函偶拾神人字絳節高居玉女
祠囊裏按圖分五嶽真形徽被地靈窺
青空寒露滴芙蓉拄頰天門倚岱宗潢章
相傳司馬筆秦官猶寄大夫松參差三觀
疲雙目巖業千巖籍短筇方內名山探欲
遍晚年始遇丈人峰　天雞聽罷曙將分
匑倚峰頭接十文髣髴白知山下水升騰
紅放海東雲烟霄身擁三千丈封禪書侍
七十君恠底衣裾常五色由來嶽氣已氤

氳　日月霎從岱頂懸每依帝座挽青烟
秦碑突兀青天上仙島微茫大海前寓目
好看吳苑馬頫身郍辨汶田山中縱失褰
城駕猶勝風塵在市廛
陳經邦尚書莆田人　偶憩白龍池百丈寒潭浸碧
縣三
峰玉龍於此閟靈蹤即今齊魯青無幾何
四
日嚧雲慰萬農　登岱寰中嶽鎮儿尤尊
今古巖巖魯望存半領晴陰分氣色雙峰
日月互朝昏瑤池自昔來王母金闕何年
下帝孫聞道探齡曾有筴願將萬禩授黃
○軒　縹緲天門冠萬峰攀躋彌覺鞏微重○
山懸碧落無孫鳥壁抱寒濤有五松春月
夂匿虞代狩書雲猶起漢時封神房阿閣
深何處欲向安期一問蹤　攬勝凌高嶽
勢窮乾坤俯仰一鴻濛齊州點點晴煌外
魯阜微微落照中千里黃流縈不盡三山
銀闕湧還空登臨未解宣尼意自許沂雩
舞詠同　杖策高登叩帝閽振衣長嘯盪
人寰眼搖決漭三千界身在崑崙第一山
桑海幾人經變換蓬壺諸聖自飛還朱顏

白髮須史事回首浮名好是閒　偕張焦
二郡倅遊石經峪未盡探幽興相携復此
行勒經誰氏手秉燭故人情夕嶂林霏合
春泉石潄鳴高山與流水怳忽聽遺聲
陸光祖尚書平湖人　請告東歸春日登岱拂袖清
縣三　五
朝賦遠遊岱宗物色動具鈎春風花鳥朝
陽洞曉日烟霞王母樓御帳當年經帝輦
明堂勝蹟想王猷探奇吊古情何限匹練
鄉闗興獨悠
諸大綬狀元山陰人　登泰碧霞宮上最高峰泰漢
封臺草莽深落日荒荒留返照飛雲片片
過輕陰因嗟萬世無窮計疑是秋風未悔
心獨去平臺渾廓落一聲清磬出雲林
熙熙春意萬方同憶我來瞻青帝宮野色
帶烟時變化山光無雨亦洪濛東南白練
迷天外西北紅雲入望中却往五松留晚
翠秪應翺翔照石屏空
王弘誨侍郎海南人　岱宗吟我尋青帝問真源至
人邀我登天門天門高高在何許乃在咸
池之陽岱宗之阯石蹬懸紆十八盤雲根

磅礴九百里厥初渾沌誰為鑿二儀中分
列五嶽帝遣太皥奠此方巖巖巨鎮雄寥
廓洞天福地倚崔嵬層巒萬疊芙蓉開黃
河如帶渤海一杯半夜見曉日中嶺與雲
雷齊州九點蒼茫若可辨吳閶匹練指稽
空而驚猜噫吁嚱泰山之高其不可極也
如此使人登之飄飄乎若御冷風而超塵
埃意昔登封七十二氏厥有虞周其名最
著秦漢以還此義微金泥玉檢紛茲瘞只
今作者知何地樹亦不能為之留碑亦不
能為之記惟有巖前倏忽變幻之白雲領
略興衰千古意悠悠往事難具陳振衣聊
此朝群真遥見玉女池前香馥郁仙人洞
裏氣氤氳霓旌絳節交繽紛云是玉青大
帝碧霞元君使人對此搖精魂齋宮祝釐
縣三　六
祠官秩禮嬴女吹簫馮夷擊鼓靈芝來兮
錫予祉望而不見兮逍遥容與傍有青鳥
使授予黃庭經覽之殊未了倏忽還空冥
躊躕勝覽意何巳袂掌塵蹤未停軌何當
睎髮長茲遊回頭看謝朗然予　登岱石

磴册梯入紫宮寰中五嶽最稱雄登封七
十傳前古浩刼三千接閬空松老尚含秦
代雨桃深擬有晋人風尋幽直到蓬莱頂
勝覽乾坤興未窮　嶽頂高居上帝尊東
南王氣俯中原白雲繚繞千峰合翠石崚
嶒萬壑奔宵湧金烏未海市暮穿瑶鶴過
雲門談天未道鄒生誕九萬扶摇信可論
人間信自有册丘汗漫聊從此地遊玉檢
金函空寂寞琪花瑶草自春秋射牛不用
儒生議望馬堪徒聖蹟求一自大觀歸老
眼尋常指點遍齊州　詠丈人峰高標獨
立向天門氣象巖巖仰止存五嶽曾聞岱
宗長諸峯應是丈人孫　詠日觀峯五夜
峰前曙色浮曈曈先出海東頭誰將赤手
扶羲馭早向人間照九州　詠玉皇頂縹
縣三　七
緲册梯入九重玉皇於此秘靈蹤尋真直
上朝元殿身在蓬莱第一峰　詠呂公洞
青蛇拂袖氣横秋玄洞留題可自由莫道
紅塵人少識松邉隱約見華州　詠大夫松
二世山河已改移五枝猶冐受封時昂藏

應愧虗名汚貽咲商巖四紫芝　詠桃花
峪流水晴懸碧澗霓桃花春似武陵溪東
方自擬隨王母縱少漁郎路不迷
張位侍郎豫章人　捨身崖歌有序余登捨身崖夜
夢神人謂愚民捨身可憫命余止之已告
有司爲禁諭矣復作詩一首詞取近俗易
曉将以救千萬年無辜生靈也詩曰人生
實難胡樂死子欲報親親念子養老送終
若無托大是不孝滅天理或有無聊祈後
身更望蓮花佛會人富貴多憂樂是苦見
身清净便登真萬仭身輕一鳥落骨肉爲
泥魂渺漠女愧成名清風屋男非喪魄天
禄閣東嶽蒼蒼德好生誰哉作俑誣神明
乘雲托世轉相狂千秋萬祀坑愚民我今
作歌勸來者神人夢授語非假泰山鴻毛
宜自思珍重此身莫輕捨　抵嶽遇雨杳
靄寒雲暗碧岑松蘿岩翠增深山靈欲
試登臨興朝雨聊堅去住心　登嶽萬仭
册梯隱薜蘿層霄仰止欝嵯峨長松鶴唳
烟雲古上洞龍藏風雨多金馬陸沉無不

可彩鸞消息竟如何嵐光變幻殊今昔從
倚流駒逝急梭　過大龍峪浮雲萬里結
秋陰飛瀑千尋度遠林每怯登臨風雨驟
芙蓉匣裏作龍吟　登岱宗有述道人風
抱烟霞骨萬累消除只愛山赤緌長拘真
縣三　八
浪迹丹丘一到便開頹秦封漢禪古碑在
秋草春袍仙境開五嶽平生從此始斷苓
甘老白雲間　宿岱頂曉晴天風一夜淨
烟霏星斗簷楹爍紫薇千仞振衣空六合
群峰羅列親朝輝　登日觀峰烟霧茫茫
○海色冥扶桑一線破葱青重淵瑞射禺夷○
宅八極春先太乙庭瑤島浮蒼逕莫辨金
輪輾碧迅難停不因高處曾開眼甘與紅
塵夢未醒　過瀑經石剮石岩前蹲虎豹
鳴泉澗底隱龍蛇世間多少清幽境常被
紅塵對面遮
何源侍郎江西人　五言古風高出千盤嶺危攀萬
丈梯睠瞻無極上彷彿與天齊祇見蒼茫
濶平臨法象低半山雙鳥翼是處幾松枝
巖業芙蓉削巑岏虎豹馳水簾龍臥穩瑤

圃鶴歸遲宮闕參差逈星辰遠近垂白雲
隨地起紫氣夕陽迷複道天門險層崖鐵
石歌未秋涼薦爽不夜月流輝身世遊無
際山川應有知高堅師魯道壁立仰鄒儀
虞祀先從岱秦封漫有碑登臨多感慨吾
縣三　九
自振吾衣　登日觀峰觀海凌寒恣登眺
迎曙坐岩嶤霞彩絢以爛陽精紅欲燒扶
桑輪乍轉天際海初潮不定金波沸還看
鏡影搖萬方將起濵此處已先照未許羲
和馭徒憐夸父勞周天行度疾當午大明
○朝況屬陽方長所逢泰始交微臣何以祝○
海日效芻蕘
于慎行侍郎東阿人　登岱終古名山奠大東每從
雲漢望穹崇千峰明滅天高下萬壑晴陰
氣鬱葱星土盤回元化轉仙閭繚繞百神
通真遊五岳還應徧首躡煙蘿上碧空
玉闕朱樓萬仞端六龍輦道倚巑岏懸崖
翠磴雲中轉疊嶂紅泉樹杪看海色曨曈
三觀曉秋聲蕭瑟五松寒天門只尺君應
見比似人間路更難　忽出塵寰賦壯遊

試從九點辨神州浮雲直上千峰色落日
長懸萬里秋紫塞東臨滄海斷黄河北滚
大荒流秦封漢禪成丘土留與人間不盡
愁　倚杖高臨萬玉峰氤氲陸海散芙蓉
寒聲半落天中雨暝色低催澗底鍾金檢
誰探秦帝策白雲猶起漢時封君看十二
候王地能出神宫第幾重　絶頂秋高上
帝宫茫茫一氣俯寰中地盤河濟三州盡
天入秦吴萬里空玉闕光連星斗上册峰
影落海門東亦知真宰多相籍許倚烟霄
兩翮雄　萬仞瑶壇冷夕曛斗邊三十六
天分仙人洞府懸雙闕玉女神房切玉雲
遊客自成梁父嘆詞臣不草茂陵文東皇
舊握群生紀海國山河翊聖君　三峰東
望亦雄哉海色遥看萬里開三島春波涵
日月五城仙氣壮樓臺洒邊影吸金銀動
枤底雲飛紫翠來烟水茫茫徐福去至今
不見報書迴　上宫夜色冷漫漫月轉層
霄十二欄大地河山銀作海中天樓閣玉
為壇虚無靈境簫聲斷縹緲秋光練影寒

仙掌芙蓉看欲近轉從北斗識長安　日
觀峰歌岱嶽峰頭一片石天見杳杳遥空
碧我來夜掃石上雲未明看見十日日出
海東幾千里茫茫不辨雲與水天鷄啁喔
海上啼東方霞氣半邊紫忽然激灔玻璃
翻一泓捧出赤玉盤長繩斜挽不得上半
時方到扶桑巔扶桑枝葉成五色海水明
滅一線白日東雲氣如連山目中欲識鮫
人國平明日高海水乾滿天翕赩紅氣團
三山金闕流安在六鰲背骨秋霜果憶昔
秦帝東封年欲浮海水遊靈仙驅石作橋
不可涉金支翠羽空西旋幾時得見海中
出日三千丈脱屣妻子如浮烟相前未生信
豪士側帽大叫石上眠我亦欲取巨石填
東海揮弋且止羲和鞭六龍不停日如矢
仰天嗚嗚酒熱耳　曝經石朝下天門闕
夕憇曝經石此石自何年斜倚萬仞壁疊
嶂灑飛流匹練十餘尺水底玉篆分了然
成鳥踪其文乃上古讀之茫不識誰恭雪
竇樺永示金仙迹渌池低寶樹宛見祥河

出元坐聽潮音洗耳心方寂
詹仰庇 少卿安溪人 夏月同寮友登岱携手薰風
跨紫鸞丈人峰上振雲輸煙消日觀千山
曉人在天門六月寒禪臺高閑不掃磨崖
碑古蝕誰看獨憐尼父遺蹤在手摘芳茗
薦杏壇　雨霽會飲挾仙宮凌霄披翠八
窓開冠蓋疑從天上來座遶山光搖劍戟
雨餘霽色動樓臺還將石溜調歌管更摘
峰霞入酒杯壯觀生平今更幾坐升海日
共徘徊
李傑 翰林學士 九日登泰山過遊普照寺有
懷半林殘日映崔嵬上有孫公舊講臺 孫明復先生存日講學於此 竹帛銷沉書院
廢跛鐘鏜豁梵宮開酒傾秋露浮盃滿曲
送春聲入座來清景留人歸路晚碧雲紅
巢擁山隈
張元忭 狀元山陰人 觀日星河耿耿霽高秋日觀
峰頭送遠眸曙色未分青嶂出海雲初動
赤光浮俄看明鏡離三島即擬紅輪遍九
州疇昔登臨餘悵望奇觀不負此來遊

重登泰山三年兩度遊東嶽此度來遊景
愈奇序屬清秋消瘴霧人於絕頂指華夷
扶桑日上雞初唱絳闕風高鳥不居俯仰
混茫渾一笑只今悟却未分時
張一桂 翰林諭德祥符人 縣三 登泰山 十二 五嶽今登第一
區齋心先為禮肩吾書從漢世傳司馬松
自泰時作大夫疊嶂峻嶒分日月片雲咫
尺躡蓬壺行行莫訝停車立問有山陰泣
婦無　岱嶽稱雄昔所聞振衣萬仞若為
群浮塵逈隔三千界故老猶傳七十君地
軸東來連繹繹天門南眺失云云秦松漢
時皆陳迹幾度蒼峰鎖暮曛　翠壁丹崖
不厭遊炎蒸伏暑即清秋援琴且為歌三
樂對酒無勞賦四愁冉冉雲侵衣袂濕瞳
曈日射海天流吾　皇又却東封事年少
桐如自白頭　縹緲烟霞滿逕中泠然鍾
磬度瑶空東皇自宰青陽地玉女高居絳
節宮苔蝕斷碑餘鳥跡身依元氣破洪濛
逍遙贖有家莊興何事乘虛一御風
賈三近 都御史嶧陽人 冬日登嶽游目高寒處群山

擁岱宗登封迷漢草閱歷有秦松萬壑烟
嵐合諸天紫翠重肩輿明月下上界已聞
鍾
胡汝桂少卿、金鄉人石表歌天門崔巍雲縹緲翠
巘疊峰爭玄巧千崖萬壑駭人目竟日看
縣三　十三
山山未了夜半攀手摩星辰高歌日觀看
日曉山巔獨有一柱石渾渾潔素插天表
藏鋒斂鍔若太樸震摧風雷不傾倒傍人
妄說秦時碑熟視空空益窅窅到此胷中
一字無翻見磨刻盡潦草至人從來貌若
愚安得縈瀠一清掃今古登臨多少人信
惟孔子天下小太乙留此洩玄機拄杖乾
坤永不老　途中夢雪紀之白雪來玄覭
靈恩不用猜知天分玉液為我洗塵埃徑
滑瑶添砌嶽尊瓊作臺春雷忽變化霖雨
潤蒼苔　登山喜雪靈山瑞雪鬱盤旋送
我瑶池幾洞天玉宇光涵紫霧合瓊樓色
迥太清連空傳閬苑十洲界不羨崑崙萬
里仙臺向乾坤成造化春融齊魯慶豐年
大夫松懸崖絕頂見孤蹤直幹凌霄翠影

重千古清風宗岱嶽獨憐一旦受秦封
宿山漫題石磴崚嶒半接天巍巍廟拜碧
霞仙白虹掛巘晴飛雨紫氣籠峰曉帶烟
拄杖崑崙日月下槎臨滄海斗牛邊清霄
絕頂閑來往夜半鴻濛象帝先
陸樹德都御史、松江人泰山偶作一咲俯諸山來疑
縹緲閒雲霞草吐布霄漢近躋攀滄海杯
堪酌黃河帶與環登高漸未賦空自貌窺
班
賈夢龍光祿卿、嶧陽人日觀峰觀日出日觀峰頭立
明霞散綺紅千山氷雪界萬國水雲中倒
影烏翻海升霄珠麗空肩輿催客起賴有
上方鐘
屠羲英太常卿、宛陵人登泰山鄒魯相承幾百年泰
山滄海自依然登臨誰是真男子一脉於
今論後先　五十餘年塵土夢為誰馳逐
縣三　十四
為誰還醒來太華觀滄海獨抱冊輪宇宙
間
余孟麟榜眼、祁門人登岱海氣高寒嶽色寒天門
西望接長安瑶梯盡向烟中掛靈蹤堪從

石上飡誰道傳聲非漢時尚餘封樹是秦
官夌風欲跨蒼龍去花落星壇露未乾
六傳飛揚十二城釆風兼作釆真行當蹔
日月窺瓊籙入夜琅璈禮玉清虎澗亂泉
為雨瀉鯨樓怪石作鍾鳴登封壇古神君
在慣有吹笙待鶴迎　名山漫憶昔年逢
此日遥憐驄馬從飛盖影揺紅海日題詩
字襍白雲封懸知雅意尋經石別有深情
寄勑松咫尺相聞不相接憑軒時一望高
峰

○徐貞明尚寶少卿江西人　登嶽塵迹年來倦自覊脱○
身幽討意全怡騰光父老棲空谷乗鹿真
人驂紫芝稍覔徽蹤知漢時都無一字是
秦碑中宵浴日慳今賞萬里同雲總是竒
縣三　十五
秦松歷刼遺蹤半已蕪青松何自尚堪
娛蹕枝斜映千巖遠秀色高懸萬壑孫巳
向天門雄特立亦徒御帳俯前驅歲寒不
改貞心在世上浮名説大夫

盛唐御史嘉采人　登泰山歸途遇雪紀詠峻極巍
巍仰岱宗翠華浮繞絶塵蹤眼前近覺乾

坤窄海外遥觀日月通雲鎖水簾龍噴沫
雪封御帳馬廻驂觀風便了登臨興顧祝
山靈永鎮功

李戴山東巡撫都御史廪延人　初至遇旱躬赴泰山祈
禱憂民無計意懸懸為叩山靈陟嶽巔風
送雷聲揺棟宇雲蒸雨色満山川紛紛萬
壑垂飛練隱隱千峰鎖翠烟安得甘霖徧
九有農家到處慶豐年　登日觀峯日高
萬里逈無塵循借滄溟日日新人把册心
常浴洗通天徹地一紅輪　題獨立大夫
○周朝喬木幾遭逢御帳從來羨五松惟有○
道傍獨立者挺然端為避秦封　觀曝經
石山崖誰闢晒經臺字跡分明一鏡開天
挂水簾若有意時時飛洒洗塵埃石北有
水簾洞　玩聽泉枕誰人題作聽泉枕我道
還為説法臺因前有石經　上古老僧骨巳
朽空留陳跡任相猜　觀萬公題壁辟立
石屏向日明小亭危坐午風清彈琴人去
知何日尚有高山流水聲

馮善御史汝寧人　登泰岱嵓嵬泰嶽日華邊長夏登

臨瑞色鮮萬里寒濤來瀚海千岩清韻落
飛泉衣沾白石青雲繞劍掛蒼松彩霧聯
豈謂蓬萊無可到此身棲處覺參天　泰
山山勢巑巑岏絕頂新晴向晚看北闕回
瞻雲靄靄中原遥望路漫漫金壇日映千
縣三　十六
崖曙石室風生五月寒攀壁憑虛無盡處
峰頭倒掛夕陽殘
吳定御史鄞下人　觀風祭岱颯颯秋風動封臺振
履聲人山蒼亂點天水遠同明冊日當窓
捧白雲望眼生石書讀不盡千古一含情
黃師顏御史閩人　遊黃花洞逕入黃華薜荔深杖
屨間關此共臨千嶂雨餘增黛色萬松風
度足絃音烟浮絳節晝偏靜雲護玄蓬晴
亦陰涼薄那堪載銀管軥輈鳥語似催吟
譚耀御史嶺南人　玉皇頂未借扶搖翅何緣入碧
空披裘寒六月倚劍落虹瓊宇看彌近金
泥柱自壬臺山如可訪便欲駕天風日觀峯共
道峰奇絕陽烏子夜看迴翔翻玉樹蕩漾
浴金盤響頻秦驅石光搖漢禪壇葵心殊
未盡竚待揭塵寰　丈人峰屹立中峰後

層巒遜獨尊摩挲忘歲月俯仰自乾坤鶴
輦運雲拂蘿裳帶月捫金剛消歇盡此老
至今存　王李二憲副邀飲挾僊宮躡屐
憑虛處開尊對晚風天門飛舄近滄海酒
懷工烟雨一簫外雲霞萬態中遊仙各解
縣三　十七
意莫惜再扶笻
張一鯤御史蜀人　登泰山泰嶽諸峰竟戴巔只今
攀躡堅危毛麗連燕薊雲根遠影入虛空
玉柱高下視無倫同孔覽東升有紀重虞
褒大觀不枉人間世纔到層巔氣已豪
日觀峰岱宗峻極見東瀛漏滴纔稀日已
生烏影遠隨雲影盪水光時與日光平霞
成五色滄溟曉浪湧千尋伏怪驚叁父若
還知下問為言欲遂可騎鯨
韓世龍侍郎吳人　登岱岱嶽高騫碧漢頭千盤歷
盡勝全收天臨觀桂層雲上海湧曦輪萬
象浮秦越睥睨今宇宙雲亭封禪古春秋
吳門匹鍊金莖掌忽漫迴翔倚玉虯
高應芳御史江西人　登嶽嚴嚴泰嶽倚穹蒼此日
登臨瞪八荒雲蓋亭亭飛下界曙光閃閃

射東洋承乾順德亘千古出震祗靈首萬
方尺土東封陋秦漢柴燔重書隆虞唐
宣尼登眺是何年絶壁遺蹤望儼然縱目
迥觀天下小凝神欲到太初前二儀清濁
乾坤定三極光明日月懸氣象巖巖誰得
似祥雲重覆嶧山巔
荀穎御史四川人　登岱客路逢名嶽登臨是履端
書晴寰宇小夜永斗牛寒苔護碑銘字雲
横封禪壇應憐奇絶處可得幾迴看
孫孟豸御史昌邑人　登泰幾年懷泰岱此日始停
驂古樹高凌漢奇峰直揷空徘徊尋孔跡
指點咲秦封獨立絶巔上乾坤一覽中
鄧棟副使　登岱東嶽巖巖勢揷天初登便覺
歷雲烟芙蓉瘦削樓臺聳琬琰蒼茫霧靄
妍七磴似經黃帝輦五松猶憶始皇年何 縣三 十八
須直上天門路只此塵心已爽然
鄒善提學安福人　登泰山遥望泰山岑崒嵂未易
陟高高入雲中雲路安可極觸暑奮必登
振衣起蓐食寧未念崎嶇懷此各且亟石徑
隱翠微窈窕通復塞亂松幾何年眷昏蒼太

古色須更步天門徘徊日觀側豈繫畫書
徐悠然臨九域瀰瀰洞雲平俯瞰者憑軾
頻語會諸生萬仞在自力　秋日登泰山
參差石磴鬱召嵩笙鶴雲中坐見招飛瀑
浸衣疑帶雨攢峰聳翠欲凌霄漢壇秦樹
今榛棘御帳明堂久寂寥馭氣乘風還有
待清遊原自勝逍遥　又日觀峰振衣絶
頂趂秋清日觀峰頭待曉晴曙色未分千
嶂合陽光忽動萬方明之罘東接秦碑聳
伊落南臨漢畤平試問岩頭觀化侶幾能
此地小蓬瀛
顧大典副使吳江人　登岱岩嶤宗嶽俯名區萬壑
千崖鳥道紆禹甸河山歸指顧天門宮殿
接虛無書傳漢畤兩司馬樹列秦松五大
夫呼吸直疑通帝座翩翩鶴駕入雲孤 縣三 十九
高盤隱隱欲凌空躡磴攀蘿興未窮翠奄
御坪烟不散寒留仙掌雪初融齊封九點
誰能辨嶽峙中原此最雄四月登臨猶挾
纊霸威偏傍使君驄　層巒擁黛簇芙蓉
屐振遙玄第一峰曙色漸開滄海日靈文

常護白雲封青童玉女無由見瑤草琪花可易逢蚕晚向平婚嫁畢烟霞重問舊遊蹤　憑高何處斷人腸匹練吳門是故鄉倏忽烟嵐窮變幻浮沉身世托微茫翻擬碧落闡一奏更向璇臺禮玉皇安得雲陰起膚寸崇朝霖雨遍郊荒

王俸副使嘉禾人　步嶺衙宇觀察韻翠壁巍巍奠巨區為尋名勝路偏紆天開複道旋還合澗落珠花有乍無石上振衣偕羽客林間看奕侶樵夫卻疑子晉前身是猶記吹簫夜月孫　巖巖高峙接晴空竟日攀懸路不窮雲散紫霄山色艷潮生碧海日光融仰看漸覺天根近俯瞰偏驚地勢雄自有蒼松橫閣道何妨遊客繫歸驄　長空聳翠像芙蓉故設靈旂護太峰絕頂三更晴靄射半腰斜日白雲封栅幪六合天應近縹緲群真路欲逢四顧山河作帶礪且乘玄鶴躡仙蹤、　岧嶤曲曲似羊腸直上天門望帝鄉百道鶯花添色相五雲烟樹覺微茫仰空只見峰頭月吊古猶悲異代皇

極目瘡痍無限意願施法雨濟窮荒　陪譚侍御登頂步前韻名山岑律鎮寰區萬丈摩崖紫翠紆奇島遠聽僊侶在清泉靜聽俗囂無吹簫漫憶秦嬴女劇賦空嗟犇大夫何幸再登消伏暑松深鶴唳月明孫

絕三　二十

之泰岱巍巍半插空憑虛登眺興何窮天門萬仞晴光靄日觀三更曙色融花底鳥啼流澗碧松陰龍臥嶂峰旌層巒疊巘看無盡懶向與人問去驄　攀躋石磴轉從容不數巫山十二峰萬壑烟深迷漢畤五松雲散見秦封翻身世界看應小翹首天妃始幸逢古洞陰陰春寂寂白雲深處盡仙蹤　蕭森六月冷襟腸繚繞山河輦帝鄉雲斂碧空光浩蕩波澄滄海夜微茫仙丘何必尋三島身世飄然入上皇法從叨陪心賞足更逢甘澤起遐荒

徐中行布政吳興人　登岱浩蕩天門日月開削成丹壁擁崔嵬河宗泰嶽翻西遠山拱神京自北迴黯淡春陰收碣石霏微佳氣接蓬萊更聞玉女三漿在願上君王萬壽杯

東嶽崒嵂迥不群中峯瑞靄更氤氳天門雪盡河流合日觀春晴海色分風起秦松常似雨氣蒸漢檢欲成雲千秋霸跡終銷歇猶說相如封禪文

許天贈叅政古縣人 題無字碑巨石來經十八盤離宮複道滿千山不因封禪窮民力漢祖緣何更入關

縣三 廿一

郜賢提學宜興人 遊普照寺招提隱隱倚崔嵬紺宇周環般若臺斜石短筇山徑曲石橋流水寺門開浮屠證果真成幻儒道淵源有自來千載清風仰孫石獨遺堂址向巖隈

揚繰都御史順天人 登泰山絕頂振衣獨步泰山頭萬古襟懷一豁眸玉女池前雲不斷白鶴洞下雨初收羽書西北邊聲急飛輓東白民力愁莫說當年封禪事蒼生誤盡至今尤

王道行都御史太原人 登岱徙倚宗封最上頭蕭條萬里見高秋升中玉字光群望眼底毫芒視九州秀結靈區神鬼宅光搖曉日海天浮憶從尼父登臨後誰與山川續勝遊

金節郎中南海人 日觀峰海上扶桑湧日來人從岱嶽一登臺金輪光射天門曉玉女虛凌碧洞開雲掩芙蓉迷漢樹碑餘石室長秦苔吾曹自抱傾葵志遥向峰頭漫盼睞

望奏碑刻石當年表岱宗千秋誰誦始王功阿房築就閶闔竭封禪書成杼軸空惟見此碑懸玉洞何從滄海覓玄蓬登臨莫是閒遊詠今古興亡感慨中

登泰嶽何來天半插芙蓉峻極千年表岱宗卷幔山腰碧洞渺振衣岡上白雲封秦碑漫憶遺蹤漢疇萬跨亦自雄我向宣尼勤仰止凌摩直擬祝融峰

仙人橋長虹一線隔凡埃魯是憑虛羽化來王子峰頭雲欲盡僊人駕上日初迴碧霞洞裏聞笙鶴玉檢碑前問島萊便欲逃名探真訣風塵猶逐萬緣催

縣三 廿二

朱朋求主事虞人 登岱有感勝遊正屬朱明候嶺上還飄白雪奇擬入廣寒看世界恍浮銀漢俯馮夷玉堂原待三元客瑤島多應五嶽居我欲均調回象字水山一咲可逢

時
陳慶太常卿吉水人登泰山夙昔高山仰今為岱嶽
遊星分齊魯界地鎮滄溟流三月仙華曉
九天玉節留廻看躋立處直在泰峰頭
劉孝參政忭人登岱十月高風吹綵旛王喬要我
步天閶雲開龍口澄三界星列橋頭羈九
原苔石空函方外字岩松猶帶御前恩人
生若欲凌空郭自古軒皇有至論　大夫
松老幹磴盤盤曾御鳳闕宮經霜千載秀
凌霄百朝看森聳材堪棟扶踈影更寒旁
觀衣紫客歷歷弁芳難　巖巖亭千仞排
巉嵒坐疑鳥雀愁蒼茫橫古道縹緲接飛
樓月霽風塵夕猿清草樹秋明時苛政絶
行坐仰尼丘　秦時梁父東巡地青鸞翊
翠華露盤索蔓草丹竈委涎蝸曉日追風
騎秋空汎海槎深幽詢往迹石表半沉沙
磨崖碑磨崖高百尺功德此剗銘典誥
文全古莓苔字半青可能光日月應不畏
雷霆一代中興頌悠悠付巨靈
劉應時副使洪洞人題飛雲閣岱宗晴望欝嵯峨

縣三　二十三

曉日籃輿陟薛蘿誰鑿紅門通碧落倒聽
青石瀉銀河路當廻馬添愁怯天入跳龍
轉笑歌欲向神霄禮仁聖試尋飛閣暫蹉
跎　題日觀峯日觀峯頭觀日出五更三點
發嫣紅人間未覺窻天曙嶺上遥連海氣
通雲霧變遷明作滅水光蕩漾色還空須
臾萬象皆春色獨立長歌酣遠風　題太
平頂絶頂風光迥不羣捫蘿飛度萬重雲
乾坤俯仰胸襟闊岩壑陰晴氣象分滄海
一杯揺演漾青齊九點落繽紛更憐遲日
江山麗長向清時扶聖君　題南天門齋
戒含香叩帝閽仙風吹我上天門岩間星
斗看欲墜地底雷霆時一奔杖屨帶過青
鳥影衣裳侵入緑雲屯即看紫氣臨閶闔
金殿當頭捧至尊　題御帳坪迢遞行來
御帳坪春風吹醒大夫松秦家封爵成何
事宋代遊畋總是空老樹自堅千歲節青
山不改萬年容偶來福地尋幽事玉籙金
書不再逢　題無字碑誰碣石表雲霓
道是秦王封禪碑本是忌言存古跡翻嫌

縣三　二十四

無字到今疑接天雨露苔常濕近日璣衡
影不移七十二君俱泯滅浪傳寶藏使人
悲　題仙人橋夾石雙懸萬仞淵千鈞一
髮引青天見愁弱水無舟渡道是崑崙有
棧連輕舉擬將鳧作舄高飛思與鶴聯翩
　須直造金銀闕秘受軒轅太史篇　題
玉女泉茫茫何處問三漿乞得東林石髓
嘗吸露可能清俗骨飧霞原足飽詩腸峣
仙岩上卿雲爛楊老園邊藥種長靈覘果
然膚寸合願爲霖雨遍要荒　題水簾銅
天紳岩下靈源遠萃美亭前玉液長素練
界開青帝座珠簾散掛白雲鄉冷冷白奏
孤桐曲凜凜還非六月霜撫景頓教清興
發臨流幾泛紫霞觴　題王母池西母誰
迎到此巔軒皇親遣碧霞仙攜來星宿湖
中水瀉作蓬玄洞口泉白鶴尚棲梳洗側
飛鸞自舞玉環前平生臆有雲霄意便欲
乘槎上九天　題高老橋高老橋頭且駐
騄青藜閒掛白雲菴平生能著幾兩險
路方知快活三日千星虹懸問道雪殘煙

樹點晴嵐秖林喜遇真僧迓茗葉松花伴
笑談　題十八盤登登直上三千丈曲曲
重迴十八盤陰磴雪凝那免滑石門風急
太生寒舉前曳踵應防面附翼攀鱗可掛
冠俛守尚留黃現側奮身已在白雲端
題磨崖碑山石崚嶒詎可磨當年極力欲
如何金泥盡付莓苔落玉檢還虧斷蘚多
漢禪秦封沾草露唐文晉字逝川波我來
登覽尋遺跡獨步巔崖感慨歌　題捨身
崖臨深必戰詩垂鑒知險能危易有銘何
故輒投千仞壁自看不及一毛輕身亡親
病終何補骨碎魂冤誰與明傳與痴兒應
念此舍生還負害仁名　題文人峯又人
石上望羣仙吳越周秦指顧閒過去青牛
追不及飛來白鶴杳難攀東皇細削芙蓉
闕玉女深居虎豹關咫尺蓬萊天路隔尋
仙不遇只空還人題小龍口萬壑千岩赴
一門蟠龍噴沫此騰奔摇空瀑布疑拖練
帶雨驚波似覆盆玉竇雲深迷月窟仙岩
雷動撼天根坐來忽覺魂飛越日暮歸期

縣三　二十五

明万历道藏刻本影印

不收論　題傲來山獨秀西南數傲來天門洞宇鎮蒿萊竹林曲抱青峯出月嶂高懸碧澗開石壁峪中雲散去仙人掌上鶴飛迴登臨不盡平生興對景慚無作賦

李伯春（知府松江人）題秦大夫松丞相無端憶黃犬坐令四皓擅清風先生千古雲霄意未必秦庭肯受封

張延庭（知府濱州人）秋日登泰嶽過水簾洞丹楓霜點一天秋百里登臨媿遠遊泉掛簾櫳雙澗響雲磨蒼翠半山浮凌虛擬有神仙侶飛鐙猶看道路修過化已經千古跡餘師在我定歸求　宿絕頂山房前韻風動簷聲鐵馬秋探奇肯惓此遨遊驚心丹鐙諸天迥回首白雲萬里浮倚險斷碑文已滅近人新月斧堪修平生未解懷山夢試叩天閽許一求過天門飛步天門道翛然羽翰生雲牙低岫出嵐黛遠山橫聖仰先登跡松留獨立名達觀應不負萬古一含情

程拱辰（主事莆田人）玉女歌英英白雲端神女駕

紫鸞素姿淨峪天池水扶桑日閃玉容丹朝餐明霞暮吸露芙蓉製服電爲冠我聞黃帝女修真生羽翰載傳漢玉華石屋煉金丸西向瑶池禮王母鳴璫雜珮聲珊珊白月飛挾曹仙去空留丹竈鎮蒼巒黃花

古洞真人跡女指纖纖印苔石更有一片雨花床牛年指作蒲團席銀燈懸十傍爍若七星爽爐烟繞岩郎裊裊吐霧碧天花不捲水珠簾甘泉迸出白玉液乍聞萬壑松籟鳴疑是經聲喧嘖嘖曾頌李白句飄颻下九垓載聞宋真主東來紫觀開寶磬嚴落天空外玉簫吹集鳳凰臺卿雲絢爛挾輿下朱旛五采駕上來巍巍岱宗尊東土赫赫元君何神哉維山有神增靈異寰區千古仰崔嵬我也平生懷仰止今日東山着屐齒十八危盤石參差萬丈雲梯空中視乘風上天門振衣躡星紀僊樂雲中迎身如霄漢裡金蓮頂上紫氣騰稽首風前薦香茝素手授我硃砂杯須臾餌以白石髓揖予更上日觀峰天鷄初唱朱曦起

西望崑崙雪花明玉池直接天河水夜夢
石函玉虗篇傍有羽衣親點指從此覔郄
紫芝依碧霞人世浮名一掃如風靡
王廷卿主事荆門人　登泰山幾年夢想岱宗遊今
喜登臨最上頭雲淨日從霞外出峰高人
在碧空浮仙巖列嶂青無了簾水飛崖翠
欲流四望豈誠天下小柢緣古阜有尼丘
○寄愁來巍巇嵺嵺過鴈風十年丘壑趣
一笑俗緣空洞口留雲宿溪流與月通石
床眠自穩魂夢覺秋虫
○陶允宜行人會稽人　泰山絕頂泰岱峰高捧玉皇○
秦碑漢碣兩蒼蒼空中鷄犬通真境海底
魚龍送太陽雲氣低封千嶂色兩花平散
一天香登臨至此無堪老五嶽三山事未
強　天門百轉石崎嶇絕頂先登氣乍舒
日月腰懸雙寶鏡星霞掌布一盤珠東西
指顧分秦越咫尺光華入帝都何必金泥
開玉檢仙人冲舉未全虛　碧霞元君諸
天何地聚群靈泰嶽山高即上清聞說死
生齊夢幻恠來賞罰太分明空中擁護金

光相夜半傳呼絳節轂自是神人同愛國
歲輸百萬佐昇平　明有監司暗有神人
天禍福兩相因若為終古乾坤宰翻覆當
時婦女身巖比普陀栖大士殿同南嶽拱
夫人朝朝多少冠裳者仰止高山挹下塵
縣三　廿八
張程主事安福人　明堂天王出狩時玉帛萬邦隨
柴望遵虞制恩威協禹規齊君能罷毀秦
旅竟奚為千載存遺址青陽在指麾
姜鏡行人會稽人　碧霞宮紀勝誰開梵宇碧雲岑
雲去雲來山半陰石溜暗穿瓔玉砌天花
○時散蕊珠林隨緣好釋區中念選勝真同○
物外尋最是樂臺看咫尺霞光遥映帝城
金　水簾洞賦懷探奇入暮倦言歸陟席
怡泉坐翠微白水逶從千嶠轉青天化作
五龍飛高懸苔壁常飄練倒捲巖風或濺
衣何用別尋蓬島去源頭活處即吾機
吳同春郎中固始人　過桃花峪桃樹千重帶水涯
靈巖百折傍山斜秋高瑶圃日為實兩過
天門浪作花方朔頻須貽漢主漁郎何處
覔仙家我來不及春風晚杖屨翩翩度彩

霞溪未冬登岱岳東皇樓閣自天開絳節
高懸白玉臺兩向仙人峰外過雲從玉女
峽邊來孤標捧日三千丈閣道凌空十八
回靈異已看人世隔赤城何處訪蓬萊
蓬玄絕頂瞰洪濛五岳名推岱岳雄玉嶺
縣三　廿九
鶴飛青帝觀天門人叩紫微宮星連閶闔
三元合海抱乾坤四望空何事雞鳴從疊
嶂扶桑枝上日初紅　八荒迢遞望中妝
片右低看晝夜浮漢時金童秋色冷泰松
御帳兩敧愁星纏半繞雲巖出海水平懸
日觀流仙骨莫憐舟竈遠乘風直欲度滄
洲天仙閶靈府近如何絕壁捫蘿試一過
不信海濱拖白練忽驚杖底墮黃河雲飛
玉井香風細花冷瑶壇露氣多誰向青華
傳秘訣古今天地揔悲歌游綦經峪覓脫
尋幽在徑通肩輿面面受天風深岩貝葉
經霜白絕壁曇雲花映日紅百道泉巖飛樹
杪千尋翠色落雲中擾琹欲鼓高山調不
見鍾期與轉窮
朱湘 郎中金華人 登泰山攀雲躡磴扣天閽絕頂

摩空星可捫俯視千山衆法從卑看八極
隘乾坤龍紋虎阜封苔蘚漢栢秦松長子
孫今古登臨誰是主斷碑荒碣自黃昏
張體乾 郎中真定人 泰山巔紀遊地天交處此山分墓
馮高明愧不文玉檢金泥成感慨嵐光噓氣自
絪緼攀崖便欲觀紅日躡磴行看合雲迓我
邀仙探聖跡豈期千仞會同群
李填 副使解州人 登泰山小視塵寰共步虛一亭高敞
岱宗初遥攀紫極扶桑近擁丹霞太液餘兩
歇還生神府潤天低常傍歲星居登臨盡借山
靈力興滿乾坤任卷舒一泰山萬丈插層空驄
馬憑虛欲御風日觀依稀朝絳節雲林彷彿
接瓊宮清吏上帝甘霖沛次第西臺玉趾
中往事空垂封禪史新遊應自古今雄
彭夢祖 朗中淮南人 登泰山星幢寶纛鎖烟空縹
縣三　三十
緲飛梯萬轉通天閣練光為白馬峰高嵐
氣作蒼龍銀河歆迸仙人掌册竈猶藏玉
女宮毋聖代不求封禪草相如詞賦咲徒
工不空濛紺殿俯長天萬里中原亦緲然
日出東山翻入濟夜涼北斗歆沉燕松陰

猶落秦時雨玉筴長封漢帝年好借西風
爲羽翰徧妝五嶽杖頭懸河巨靈十古勢
嵯峨萬點神燈恍不離曠野秋陰連瓠子
虛岩爽氣落黃河三更日抱天門起百疊
泉飛下界多七十二君無覓處依稀旌蓋
霧中過一岱嶽盤亘大海東珠光怪底搖
天紅雲炯常護碧霞頂龍虎欲眠青帝宮
繞足星斗太歷歷盪衣香氣何濛濛有無
仙人隔弱水况乃西池查靄中

○李學道（知府浙東人）謁玄官　上壼天景最嘉崖
生芝草石生花雲關玉殿瞻青帝香繞珠
宮擁碧霞眼底風塵俱罔象寥中日月自
仙家我來欲把玄機叩靜對蒼穹思轉遐○

（李任守令任御史以鄭氣著名當其守青州南拜命之日夢泰山之神遣官迎之授以職銜其後竟死青州異哉）

縣三　三十一

馮大受（舉人松江人）登岱二首木帝青陽闕仙人
白玉壇徘徊空八極睥睨雙丸澹靄迷
秦望層嵐生晝變同游多謝朓秀色總堪
餐　直上中峰頂方知泰岱尊崗巒闢地
軸星斗挂天門孤嶂秦皇碣深池玉女盆

仙人雲外度白鶴自翩翩　泰山絕巔逢
鍾明府曙色朦朧帝女壇雄風吹客布袍
寒五雲忽覩雙鳧下千里同將疋馬看白
石青芝隨地采高山流水向誰彈封中紫
氣常來往賈勇先登足大觀　曝經臺路
轉峰迴別有天平鋪石鏡落霞前芙蓉插
翠層崖峙薜荔飛寒瀑布懸拂座雲生科
斗字吹簫風度鳳皇儔恍然吾欲遺塵世
日醉桃花不記年

○劉宗岱（副使歷城人）登泰山石磴天門闢太空躋
攀夜到碧霞宮崖碑洞府標靈異雨脉雲
根肇化工六月泉飛嵐氣冷三更日浴海
濤紅可憐秦漢遺封在玉檢金泥竟未窮○

潘子雨（歷城人少卿）同陶心齋登泰山岱宗天下
稱形勝携客躋攀雲霧中玉檢金泥傳歷
代秦碑漢碣照蒼穹陰崖時積千秋雪晴
晝雷生萬壑風興到不辭絕頂處乾坤一
覽兩眸空

劉隅（都御史東阿人）登岱絕頂日觀峰頭煙霧霏天
風冽冽振吾衣仰捫星斗明且近東望蓬

明万历道藏刻本影印

萊似復非豐石緘金何代客群山積翠下
方徹安得羽翰凌風去從此飛遊四岳歸

趙邦彥（舉人東阿人）　登岱岱岳峰頭俯鳫群鳳幢
玉殿禮元君疊崖疊嶂低秋日漢石唐碑
令夕曛烟霧下迷千室雨臺廊晴澹九霄

縣三　三十二

雲五松風起寒濤急鳴咽秦嶽不忍聞
岩嶂縈迴鳥路藏金牀玉几閟靈光神功
片石生雲雨元氣群峰合混茫九點禹州
渾一色萬年玄澤走諸方安期煉藥餘冊
洞烟對蒼蒼澹夕陽　金泥玉策靈章秘
巨岳仙閭奠魯疆三觀雲峰天矗矗六龍
輦道樹蒼蒼崩崖積雪千年白陰洞桃花
四月香薄暮飛觴凌絕頂蓬萊五色晃東
洋　巖岫天迴紫翠紛蓬瀛東瞰碧氤氳
霞宮日麗千巖樹鳳沼波涵五色雲秦越
河山盃底盡乾坤靈秀杖邊分玉童不見
烟空渺徒倚松亭睇紫氛

朱維京（主事萬安人）　登岱日觀峰頭叩　帝閽上
方樓閣隔塵寰暫辭載筆西清署直上題
名壯斗間十二齊州歸指顧三千天界盡

追攀高山自昔同懷仰不嘆相從梁甫艱
突兀真看切太清將因仙侶得登瀛百
千萬劫推雄鎮七十二君祇浪名山靄為
雲迷楚望松濤帶雨作秦聲還朝莫詠無
新草不擬乾封侈聖明　封禪當年事若

縣三　三十三

何秦壇漢時欝嵳峨向來二客尋仙處曾
是千官擁蹕過日色浮金揺白馬天空如
帶走黃河振衣直躡天門上夜摘星辰浩
浩歌　巖光噴薄遙天下萬里扶桑曉氣
來縹渺群仙疑海上參差三觀倚雲開華
嵩並峙難為侶河漢中流見一杯玉檢金
科渾幻跡漢皇當日問蓬萊

于慎思（庠生東阿人）　望岳吟十日行陂陀顧山總
不快一朝望岐嶒忽然豁眼界明滅微茫
或可覩斬斬青嵐照終古神秀獨鍾造化
奇遠射蓬瀛迎齊魯桑田未為海衣冠禮
樂長不收龜嶧諸峰未足尊中天突有一
峰在七十二主未封前靈秘乾坤知幾年
泰皇玉檢徒為爾漢帝金泥亦罔然漢封
猶有者出處碑斷秦人留玉笏三光未老

留宗高元氣茫茫收不去峯巒兮岩嶤上
有松斜兮蘿結鹿駭兮猿趫安期羨門不
可以倘見吾將乘蟜驂豹求籛偓與王喬
日觀峰頭衆小山夜半赤輪映澥蛟莫言
日月隱明光且見陰陽割昏曉未須奔走
禱名岳一望壺吾顏已破拄杖穿雲會有
時凌風觀瀑歡無那　岱岳游引平生海
岱客乃夢嵩華遊積蘇累塊不入眼十年
蹭蹬仍東州塵寰偪側不受羈時時倒景
凌清秋入言岱宗鄉土物可與元化銷百
憂因之高丘望遠海海風四至飆風颸天
門高高望不及但見奇峰峭壁千態萬狀
使我應接無停休登月殿開雲樓下視雲
霧翻蟠虬辨馬峰頭認定練側身猿狖仍
哀愁地五岳天三台造物辦此何椎哉若
縣三　三十四
士此一至汗漫未可恢齊諧君不見華山
傾圯恒霍羞海岱惟有東諸侯東人望岳
如望毋膚寸興雲副所求書生泥滓憶清
汲未斷塵緣恭別何泰山慶士高風在且
向東峰騎薜蘿

戴相堯（履歷見前）登岱嶽兩日躋攀眺勝賞會
凌絕頂興尤狂周天列宿高低轉下界形
雲遠近光碭石峰頭留皓月蓬萊海底見
初陽嗟予陟岵仍多病却望衡廬憶故鄉
黃一桂（府判閩人）登岳驅馳王事陟名宗歷覽危
崖奇異鍾天向空中開殿閣人於寰外見
玄蓬龍渠吐沫懸千丈鳥道盤烟曲萬重
仙子羽成憑鶴化白雲流水訪遺踪
郭恬（推官閩人）臺委實泰山香稅去年曾上蓬萊
閣今日還登封禪臺滄海已知重譯獻岱
宗聞說六飛來萬方香幣供仙后一代龍
章發聖懷自愧微臣兼稅事雲霄徒倚望
三台
袁稽（知州懷遠人）登岱岳謾成天門遙上鳳凰巔
萬丈冊梯紫氣連東極長留王女勝登封
縣三　三十五
猶紀漢秦年尊開曙色滄溟近杖倚磨崖
日月懸更向層崖尋聖跡攀躋應在世人
前
楊文禕（同知固安人）登岱海宇誰云濶都來四望
中峰巒咸拱北日月早窺東下土疇能並

中天此最雄宣尼元獨步萬古仰高風
顧文耀東吳人　登泰岱宗峻極逼瑤京萬里
風雲杖底生漢時至今浮王氣秦松猶自
靄春融朝天客仰天門迴捧日心懸日觀
明掌上河山皆帶礪磨崖還頌泰階平
蘇眉山閩人　玉皇頂玉皇高閣擁丹丘鶴壁
岐嶒瞰百州彷彿紫微星斗逼應知身在
五雲頭　日觀峰曙色峰前五夜開扶桑
推出火輪來紅光直射滄溟外倏忽文明
遍九垓　丈人峰氣象巖巖此最尊群峰
兩兩列兒孫古今幾度滄桑變惟有乾坤
此老存　桃花洞雲霄雲岑玉洞新桃花
紅勝武陵春仙槎直泛蓬壺裏何事漁郎
復問津
阮自華舉人安慶人　登泰岳朝回青帝老山前歷
落繁星綴繡簷封色錦浮司馬頌海光紅
起祖龍船松亭巖壑神堪畫石峽天門秀
可憐枉自浮槎尋八月已教襟帶入重玄
張新　登泰丹梯縹緲上天關大地山
河指掌間欲傍星辰捫帝座直愁雲霧失

人寰泥金瘞玉終誰白白石清泉杳自閑
匹練吳門何處是凌風好便拂衣還
陳申　宿泰山公館晚遊乘間過岱宗
躋攀曲磴幾千重未從絕頂眺清興已盼
群山度曉鍾寒夜暫將丹竈訪紫門詎許
縣三　三十六
白雲封悠然借宿石床月肯數華陽第二
峰
光廬舉人歷城人　登泰倚杖凌空俯大方振衣千
仞獨徬徨海門吞吐風雲色天界週迴日
月光魯定齊桓俱寂寞秦封漢禪入微茫
乾坤縱我探奇客瑤草拾來獻聖王
周天球吳郡人　望岳鬱葱日夕氣佳哉岳上
橫飛綵翠來薄海千山趨下趾中天三觀
衣層臺財牛何處修封跡司馬當年單禪
才歉問五松巖壁上秦時風雨宜相催
登岳六龍開道九霞傍飛磴盤盤躡景光
中陜直愁風引去下方微見鶴迴翔雲埋
培塿群峰小天坼河流一線長巖際倒身
低落日安知匹練是吾鄉
余維王學正樂安人　登岱為學真如陟泰山一毫

怠忽直躋攀護從石磴層層上自入天門
蕩蕩閶觀日三更原有本棲雲萬壑摠無
關直趨孔子登臨處道眼應知隘八寰
孫時 秣陵人 登泰山崇朝常說泰山雲如削
芙蓉迥出群疊嶂迴陰藏巨壑長河浮練
縣三　三十七
落晴霽烟霞不改登封色金石猶存異代
文此日乍臨多遠矚獨將杯酒戀斜曛
陳宣　登泰乾坤五岳峙形勝首稱東
巖業形梯秀巑岏翠壁崇蒼茫看碣石獨
立擬崆峒下界雲烟杳中原日月同山靈
曾駐帳地險幾回驄雪下先冬白日觀未
曉紅逍遥青帝殿精爽碧霞宮棟宇聯星
斗神光閃電虹嚴名馳化外柴望肅升中
感應千方一呼號萬里通貢輸如國課覆
載比玄功漢策相如麗秦碑李斯工仙人
疑可見玉女日相逢元化無離合山川隨
始終我生衰鬢短流落壯心雄寄寓聊題
咏低垂寫赤衷
冀相 漳州人 桃花洞步入桃源路天台跡似
茫曾來伴劉阮不是問津郎　白雲洞危

石巉巖裏白雲向此生　兩三姑女在閑讀
子雲經
吳相 人 泰山晚照寒晚隨驄馬斜陽
度両峰碧茫空眼界奇　絕到胷中日月東
西照烟霞遠近籠靈輝　粧異景人　世此難
逢
鄭材 安肅人 登泰山泰岱崚嶒尊五岳乾坤
氣象此悠悠星辰近對雲霄出日月遥看
渤海浮磴道盤紆千嶂斷飛泉瀑布萬谿
流平生豪俠登臨意長嘯拂衣天上頭
縣三　三十八
宋存德 秣陵人 登岱幾年踪跡混塵寰誰意
名山此日攀鳥道逶迤青嶂外羣峰杳眇
白雲間恍疑天際聞雞犬忽訝長空震羽
翰况是勝遊偕妙侶可無佳句紀層巒
吳道 浙人 登泰三十六盤何險巇曉來登眺
自忘疲眼看山頂疑無路身在雲端不自
知嬴氏五松寧故物唐人千仞有磨碑古
今興廢只常事金簡玉函亦大奇
盧濬 天台人 登泰山天放晴光快我遊攀崖
直跨碧雲頭烟塵消盡江山矚腸腑收回

宇宙秋追覓鳳麟思孔孟平臨霄漢憶皇
州何人更訝來遊晚一笑千年願已酧
孫璋海寧人登泰山玉柱崢嶸接上蒼攬衣
登眺思茫茫兩輪日月雙峰近一統山河
萬里長絶漢有君皆入貢窮荒無地不歸
王于今莫奏東封疏聖治雍熙邁漢唐
王楝訓導泰州人登岳登岳到巔奇又奇碧霞宫
闕紫雲棲千尋絶地遐如舉咫尺膽天近
欲窺見大幾人稱道眼禮玄何限乞神禧
遥思東魯毓靈秀應有才賢鳴盛時
朱覺民學正高郵人登泰山淮海生平仰泰山何
緣咫尺得躋攀仲尼遺跡將䌫武石洞玄
修許叩關磴磴漸超雲霧外巖巖待立雪
霜間山靈試與評高下明鏡無臺更出寰
朱洪濟學正陽教人祈雨炎蒸如燬值徂陽大地
嘉禾䑋欿傷萬姓愛煌心殄瘁一誠感格
雨淋浪豐亨預慶篝車滿頌述咸稱主牧
良功德由來應食報徵書首辟佐巖廊
王化訓導六安人祈雨旱魃爲祲虐燄狂焦禾爍
石衆皇皇郡侯愬效桑林禱河伯洪施雨

澤滂望慰三農興頌美忠輸九秋慶豐穰
朝
天課績應稱最顯擢高名注
帝傍
汪坦經歷登岱十載遨遊鬢欲星朅來長挹
岱峯青氤氳樓閣憑真宰噓吸風雷朝萬
靈人間得失誰爲主天上神仙我自名貪
石餐霞非妙乘寂寥還復悟無生
郭汝林永豐人登岳天留岱岳開東土壯志
登臨日正晴漢祀秦封俱莽跡峭崖幽壑
獨關情樓臺晨氣滄溟抱古木龍文日月
衡探賞未窮吾借榻翠微今夜一星明
查志隆前僉歷見三登泰山紀行泰岱峯前一
駐驂天門御帳簇晴嵐悲秋忽漫逢重九
歷險應知快活三十八盤中還汗血萬重
雲際任歌酣大觀許吾宣尼後長嘯歸與
也自堪
時隆慶壬申年被遠蒙恩昭雪東歸過此
十五年來復此遊山光如昨思悠悠丈人
峰桂乾坤老玉女泉涵日月流三伏寒崖

猶挾纊九霄霽色欲沾裘忽看雲雨連燕
冀
聖主應紓旱魃憂時萬曆丙戌起官東夏月行役過此遇雨
冬孟登登最上頭謁如春暖爽如秋月輪
正向瑤池滿日觀翻從碧海浮龍峪三辰
縣三　四十
風不動亂湾萬壑霧全收乾坤一覽歸圖
籍可是山靈爲予酬時萬曆丙戌冬月奉臺檄脩岱史訪勝過此
鄒德溥翰林院編脩江西安福人登岱二首泰嶽岩嶤
逼斗垣人間不道有崑崙雙峰日月環天
界半榻風雷薄帝閽北指雲光瞻紫極東
来海色入清尊秦車漢蹕今何處嘆息空
山片石存萬疊層巒拱岱宗蒼崖峭壁削
芙蓉山光杳靄吳門馬海氣霏微越觀峰
清角猶疑聞帝籟赤丸何處覓仙蹤振衣
獨倚青霄立片片輕雲落五松
光廬舉人山東歷城縣登岱吟同鄒太史賦生平自
抱神仙骨喜入深山采薇蕨泰山五岳推
其尊故人招遊出帝闕相將攬勝山之後
奔峭斷崖錯如繡鳥道盤旋千仞餘危巔
上有玉皇居日觀振衣白雲落天門長嘯

清風度清風細兮天籟聲白雲斷兮海日
生分野中峰齊魯纔晴空下界雷雨暗残
照荒荒翠嶂前琪花歷歷以相然河流如
練掛秦樹霞散為綺明鄭圃七十二家封
禪君空留片碣滋苔紋吾欲尋真訪大道
縣三　四十一
直窺方嶠恣幽討阿誰煉藥古洞開五色
烟光燭上台半畝磐石勒科斗臨經似出
蒼頡手願乞仙人一粒丹如是我聞心地
寬采采蕨薇最可茹不作神仙不忍去菟
裘老矣絶塵埃曰歸塵缶轉堪哀泰山道
中同鄒太史賦學士千旋出帝都来過東
岱挾狂夫自憐芳草常為客都喜瑤山不
負吾老戊花陰隨去馬江樓月色照呼盧
憑君雙劍如秋水肯把生平意氣孤
蘇濬濮州人舉人登岱二首平生湖海原空闊覽
勝今登第一山夾道濃薰楓葉赤垂巖倒
湬菊花斑九州禹貢微茫外千里堯封指
顧間星斗瞻依真咫尺夜深環珮響珊珊
○西風吹送登山屐餹携攀躋興轉濃爪
葛周親丈人石浮沉秦爵大夫松幽泉細

迸中天月盧谷遥傳上界鍾沐兩盤雲翠
如削秋來天地老芙蓉
蘇潢 濮州人 審理 瞻岱二首 桂杖來天上下看雲
氣浮乘風謁泰岱觀日渺滄洲採藥迷仙
路尋經斷水夕曛桂林杪遥興不堪留
來拾金光草旋登玉女池逢僧談古跡
穿徑探幽奇斷碣摳秦字摩崖讀漢詩還
軒以一望雙觀鬱參差
劉勑 歷城人 舉人 登岱 岱岳峰頭玉樹秋拂衣長
嘯思悠悠眼空宇宙三千界勢壯山河百
二州人到天門星斗近鷄鳴日觀海雲浮
當年禪草今還在秦漢如何成古丘
張岐 松江人 登岱二律 半空削出青芙蓉直上
煙霄幾萬重漢時尚傳天子栢秦封已敗
大夫松才非草禪慙司馬世際昇平笑祖
龍本為祝釐曾汗漫冊裹常繞碧霞峰
振衣千仞絶塵氛野色蒼茫倚暮曛日觀
有峰來海市古碑無字逼星文頓空屐底
三千界誰識編中七二君兩袖翩翩渾欲
舉不知身世出浮雲

縣三　四十二

龔勉 無錫人 浙江參政 偕湯比部覺軒同登太山因
賦登岱歌以紀勝 我遊登太山三月春欲
暮萬里來長風當空捲雲霧須臾霧盡見
山色蒼翠粲天天與天逼層層石磴躡雲
升萬壑千崖轉奇特御道縈迴六龍蒼峭
壁飛泉挂瀑布遥看一塢桃花紅却疑又
入桃源路大夫松何落落無字碑何巍巍
秦皇漢帝今安在唯有此松與碑無傾頹
巑岏惟石滿山立磨崖字久蒼苔浥靈蹤
秘跡不可窮深巖時有蛟龍蟄振衣再陟
最高峯大地山河一望中眼空不啻小天
下獨超太古窺洪濛東向蓬瀛但咫尺西
顧崑崙近可躋赤城王屋眉睫間烟霞繚
繞登山屐勝遊至此何快哉排空大叫天
門開雲端玉女兩兩下直上金銀臺顧我
自媿塵凡質稽首群仙謝非及唯願授簪
學向平遍遊名山棲少室登岱雜詠
石經峪 翠屏圍石壑誰把金經書歲久字
多滅經旨只如如　迴馬嶺 御道六龍過
壁絶千馬迴登封世已遠山逕滿蒼苔

縣三　四十三

大夫松長松倚絕巘蒼翠欲摩空豈受秦
皇命自有白雲封　御帳峭壁迴參天四
顧若列帳曾留帝子棲翠華可想望
天門遠陟青雲梯一振凌風极長嘯入天
門玉女遥相接　玉女池山池水碧澄可
照美容面玉女時往来彩雲飛片片
白雲洞石洞棲白雲玉檢封漢武漢武父
寂寞白雲自千古無字碑椎圖巳消歇山
頂遺空碑金書不可見日夜天風吹
日觀峯夜宿日觀峯起看扶桑日海底騰
明珠蛟龍驚出窟　孔子崖尼父昔登臨
玄覽超無上我来得瞻依頓覺心神曠
張懋忠肥鄉人　登岱二首天門雙控鬱葱
葱竹杖西来禮大空削玉幾時留漢策探
碑千載識秦功晴光近指扶桑日紫氣遥
連碣石風七十二家今寂寞水簾不盡野
花紅　雙龍百折漱清湍夾道蒼蒼第幾
盤明月平臨三觀合白雲不動五松寒長
栝寶色香扶起幽谷玄芝鹿踏残方外道
人流水性為探名岳著書看

鄒德溥翰林院編脩江西安福人　同光顧吾遊泰山道中
感念舊遊賦此當年結夏南山寺與君意
氣凌天地蒲團坐破千峯雲雲光片片落
人世今日逢君清源頭攜手重為泰岱遊
泰顛未陟心已壯飄然如在青霄上居行
山立不可猿吞吐風雲百岱奇乾坤假我
以康樂高朋勝槩兩遺之何時從君三山
島共躡仙蹤拾瑶草
丈人峯獨立丈人峯直覺天下小仰視有
高冥俯矚無孤鳥
日觀峯我凌千仞崗縱目乾坤外長風吹
海色泠然襲衣帶
玉女山青天垂絕壁下有幽人居趺跏坐
白雲澄然萬籟虛　白雲洞此洞足幽棲
臥笻聊一舍竚看吐白雲霢霂雨天下
石經峪誰将貝葉經勒此盤石上梵字有
無間亦足悟法藏　桃花峪峭壁凌穹蒼
冽泉貫其趾不知天地間清絕更誰似
無字碑絕巘植空碑古人如有意由来最
上乘原不立文字

大夫松爾本抱勁節秦官何及之乘風發
長嘯如羨商巖芝
泰山道中有作中原古道草萋萋萬里游
軺汶水西喜有青山供野興且呼明月共
巖棲空江星斗懸蒼壁野戍風雲暗緑谿
七十二君封禪在可能策杖問金泥

俞琳教授江西信豐人登岱歷徧危峯謁帝孫碧霞
殿近紫微垣天行日月雙相照地列嵩華
獨此尊瑶草琪花成色相霓旌電蓋擁精
魂試從金闕凌風立九點神州盡可捫
混元閣為覓三陽觀停車更一朝松陰稜
白日石徑倚青霄
宸翰暉山谷仙函鎖泬寥談玄真有契況
屬故人招
喻均新建人松江知府暮春一日同李長卿侍御登
泰山四首宇宙名山顧不遠還從仙客試
春衣天迴大海雲千疊花滿中原錦一團
秦觀雀鬼人已遠吳門縹緲事還非千岩
鐘磬尊前合不遺雙鈴下翠微
齊魯千峰望裏東開濁河清濟日縈迴居然

形勝雄諸嶽久矣英靈動九垓翠壁舊諳
虞帝狩白雲曾伴漢皇来　聖朝謙讓東
封事莫問相如作頌才
昧爽徘徊日觀東漸看曉色入溟濛祥雲
不導羲和馭濁霧翻迷海若宫巨壑魚龍
眠自穩諸山金碧坐成空遥憐萬里扶桑
影尚避霜臺御史驄　步轉山腰日欲
晡還從官閣醉醍醐簷前氣候分寒燠郭
裡人煙定有無鳥道千盤垂脫險鳩鈴雙
郤未須扶山翁笑指亭亭幹曾是秦時五
大夫
陳萬言御史南海人題日觀萬户星辰未曙天瑞
光先照觀峰前應知此去扶桑近願借仙
槎到日邊　小天門值雨武帝登封舊有
臺靈湫時見白龍迴天風倒捲簾泉水猶

有遊人冒雨來　齊望雲外山河拱岱
宗鄉関何處翠重重憑高極自堪惆悵認
錯羅浮浴日峰
無字碑鞭石曾聞自海東晶瑩今徹碧霞
宫摩娑汝未經題刻猶勝磨崖恥頌功

岱宗登拜古来二月登巡地異代登封事
有無玉檢秘藏芳草合翠華臨幸慶雲孤
天邊冊楫尋仙侶馬首喬松號大夫今日
守臣惟秩祀青山尊俎百神趨
夢憶名山已數年偶隨猿鶴共聯翩攀懸
石磴疑無路轉出雲林別有天滄海炯波
圖畫裏齊州形勝酒盃前尋真未悟長生
訣欲向峰頭禮玉仙

呂坤山東叅政洛陽人　毒草歌有序　萬曆戊子春山
東飢盖二年旱後也莱根樹皮剥掘殆盡
又食及野草幸無毒不問苦辛生熟面黑
者如鐵黃者如土殍者横野不復收余行部
日見道間青草三種花且实矣蔚然獨
存問之對曰此猫兒眼芫花鬼臼也有大
毒使入喉舌即死幸甚往有食之者吐瀉
縣三　四十七
懊憹終日夜裂肝腸竟不死其艱堪視死
甚焉何敢食余收涙而代之歌
椰頭盡榆皮少豈是學神農個個嘗百草
但教飢餓緩一刻那論苦辛喫不得嗟嗟
毒草天胡生此既不延我生又不速我死

速死豈不難長飢何以堪
靳庄行長清六月幾禾黍大家小家愁無
兩草根桃盡木知冬又見探雛啖野鼠泌
中稚子哭欲絶阿八卧路不能語三年長
餓一息在那復餘情念兒女破屋一叟擣
榆皮我問擣之欲何為土性多沉糠性浮
榆末和之可為糜極知強活能幾時暫於
腸胃勉撑持妻子填溝老我存死者長樂
生者飢慟哭無轂但有淚瘦骨令人摧心
脾道傍一廟有神坐黃金為身受香火

白南金永年人　登泰山峽口長風放曉晴捫
蘿屹立壯心驚囂塵平隔天門迥葱鬱還
将日觀生鴈影高秋来朔漠松花一夜到
蓬瀛凌虛忽憶千年事漢策秦封總浪名

徐守仁經歷祁門人　登岱巍巍東岳接蒼穹誰闢
紅門磴道通腰筍漫經黃峴嶺攀蘿直上
碧霞宫尭天舜日瞻依近魯阜齊州指顧
推千仞磨崖都覽徧還登絶頂頌神功
再登兩度探奇謁岱宗山增靈秀擁芙蓉
穿雲曽出天門路望海還凌日觀峰碑上

明万历道藏刻本影印

苔痕侵漢篆岩前松盖偃秦封三千世界
微茫外直北明光是九重
姚自復吳縣人登岱岩嵬泰嶽喜攀躋十八
盤開石作梯草禪尚傳司馬賦砮封巳汶
祖龍題振衣直上天樞近倚劍雄看斗柄
低翹首吳門何處是千雲匹練望中迷 縣三 四十八
周道南諸生吳郡人登岱宇宙名山屬岱宗至今
猶自說秦封低雲欵度千峰鳥噴雪爭回
萬壑龍日觀可能通
帝座天門應許躡僊踪故鄉極目知誰是匹
練那堪帶下春
姚應士鄞縣人登岱奇觀天下狂客與登豪
環帶群流細擎天一柱高彈丸爭是日秋
葉競為舠山麓青天雨楓林白晝濤孤城
卷石聳魏闕片雲掏無字秦碑幻封禪漢
史嗷水簾飛瀑布龍峪躍神鼇峴嶺黃梅
熟懸崖黛桃碧霞深隱處玉女煉丹膏
五華泉浴面八彩鳳御旄粧鏡當空照梳
雲四野慆芙蓉開緑髮星斗燦宮袍環珮
鳴千澗笙簧奏萬嶒僊橋三碣石御仗半

隳輦夫松凝雪色聖道配天褒崖文神鬼
護盤路鳥猿號石印金剛字波搖日觀嶸
山河百二境法界萬千曹登臨一長嘯名
利符鴻毛
胡希舜副使原武人登岱岳乾坤無際此登臨獨 縣三
立清秋思不禁海水東來三島近天門北 四十九
望五雲深看山玉女烟中度對雨蒼龍澗
底吟七十二君何處覓空聞冊簡瘞黃金
詹仰庇侍郎安溪人登泰山二首出城巳愛數高
峰上嶺雙眸翠萬重澗道亂鳴崖下瀑山
僧遥撞客來鍾迴巖天盖傾東海恠壁風
濤韻古松勝絶只欣酬夙約神仙何處更
相逢
漢檢秦封空復聞銅梁金篭祀元君坐觀
萬象終無極下瞰千峰揔不分酒外殘更
滄海日封中終夜石樓雲拂衣未遂烟霧
癖聊爾登山出世氛
陳文燭大理寺卿沔陽人泰山四首阿閣神房見羽
翎僊山吾父佩貞形吳門匹練天門白海
上飛濤掌上青開闢自來分日月煙雲吹

處落辰星張衡東望緣何事豈謂茲山好
勒銘
日觀孤峯逈絶群御香亭畝氣氤氳松巖
以帶秦時雨壇影頻飛漢檢雲玄石洞中
尋玉女碧霞宮內訪元君昨年曾過臨邛
里尚憶相如草禪文
霏霏涼雨送山鍾樹杪俄驚掛白龍帝闕
依微看壯極
聖朝禋祀必東封千秋玉液終當遇一望
層雲已蕩胷李杜高篇今自在那能杖屐
得相逢
指顧名山夕照前中原平楚正蒼然黃河
曲抱三义澗滄海寒生六月天地辟齊州
煙九點臺瞻魯國道千年安期亦有神樓
散可得從吾肘後懸

縣三　五十

岱史第十八卷登覽志　肆
唐丁春澤日觀峰賦日之升也浴海而麗天
嶽之峻也切漢而臨遐登高者以致九霄
之上愛景者欲在萬人之先其所惟一其
仞惟千伊風靈之有載彼日觀之存焉夫
其夜刻未終曙色猶昧彼窮高之極遠此
有進而無退朿辨昏明斯分覆載屢聞鳴
鴈猶陰沉而不覩忽聽晨雞即曈曨而可
愛於是漸出暘谷將離地維巖巒既秀草
樹生枝姿氣則赫人皆仰之其望也如燭
其照也無私昔者帝王御宇立極垂統封
禪及此成功　巡狩應其春仲莫不登茲
絶頂燭遐大明思照煦之義窮造化之精
以為日象一人之德巍是三公之名信王
侯之設險俾蠻狄之來平方今一德無為
三光有象動植昭泰神祇肸蠁千嵒瑞色
思効社以疑升萬壑春雲欲入封而空上
客有才乏羽儀心思騫翥每精聚螢之志
難窮望日之處引領終夕含情連曙如照
燭之有期故躊躇而不去亂曰日有觀兮

縣四　一

絕代獨立登之望兮無遠不及何大陽之至精莫不專於出入

又賦泰嶽東南峰開一室旁接天路低臨曉日陰靈玉兔動霄漢之微明曉報天雞越氣埃之迥出初其瞋色葱籠懸崖倚空獨出清虛之外遥分蒼莽之中隱霧猶白經天漸紅披草樹以燈亂耀波濤而血融及夫林嶺寒消煙雲色變星河寥落以初没峰巒邐迤而徐見火動山頂輪移水面穿晴隙以飛鏡歷幽窸而走電至若門宇蕭條霜空泬寥涼開曙景暖入殘霄揚晶彩以艷艷散芒角而飄飄露灑交疑風牽影搖望極天涯生從地表夫弱木之歷歷出陰之杳杳萬壑收瞋千巖送曉消古砌之晴雪動寒庭之宿鳥遥空冷滑傷寸晷之難留碧嶂岧嶤望輪光而漸小凌霄色麗騰空影敘氣亂山燒光分水花石壁孤危覺靈槎之津狹炎輝咫尺信長安之路賒既而皆焜燿以徐來乏圓靈之不礙蒙水氣以珠暗露松陰而璧碎霞色妝錦天

風斂黛披雲際之斜昊豁天門而俯對依稀乍吐咸生齊魯之間過嶺遍明照及草芽之内由是遠挂寥落高辯絕瞋萬象焜煌而畢照六龍夫矯以無窮安得足躡聲峭手扶青冥陳白晝之若短願陽烏之暫停

宋洪邁容齋隨筆應劭漢官儀載建武封禪事每稱天子為國家其敘山勢峭險登陟勞困之狀極工予喜誦之其畧云是朝上山騎行往往道峻峭下騎步牽馬乍步乍騎且相半至中觀留馬仰望天關如從谷底仰觀抗峰其為高也如視浮雲其峻也石壁窅窱如無道徑遥望其人端如行杇兀或為白石或如雪久之白者移過樹乃知是人也殊不可上四布僵卧石上亦賴齋酒脯處處有泉水復勉強相將行到天關自謂已至也問道中人言尚十餘里其道旁山脅仰視巖石松樹鬱鬱蒼蒼若在雲中俛視谿谷碌碌不可見丈尺直上七里賴其羊腸逶迤名曰環道往往絙索可

得而登也兩從者扶掖前人相牽後人見前人履底前人見後人頂如畫重累人初上此道行十餘步一休稍疲咽脅焦五六步一休牒牒遽頓地不避燥濕前有燥地目視而兩脚不逋又云封畢詔百官以次下國家隨後明日太醫令問起居國家云昨上下山欲行追前人欲休則後人所蹈道峻危險國家不勞又云東山名曰日觀雞一鳴時見日欲出三丈所秦觀者望見長安吳觀者望見會稽周觀者望見嵩山○

○凡記文之工悉如此而未嘗見稱於昔賢秦吳周三觀亦無曾用之者今應劭書脫畧惟劉昭補注東漢志僅有之亦非全篇也

邵伯溫聞見録客云昔罷走曹與一二友祠岱岳因登絕頂行四十里宿野人之廬翦有藥竈地多鬼燹前天麻玄參之類將五鼓初各仗策而東僅一二里至太平頂叢木中有真宗東封壇遺址擁褐而坐以伺日出久之星斗漸稀東望如平地天際已明

其下則暗又久之明處有山數峰如卧牛車蓋之狀星斗盡不見其下尚暗初意日當自明處出又久之自大暗中日輪湧出正紅色騰起數十丈半至明處却半有光全至明處却全看光其下亦尚暗日漸高漸縣四變色度五鼓三四點也四經真廟帳宿之地石上方柱窠甚多又經龍口泉大石有鑄如龍吻其口水自中出又經天門十八盤峰尤秀聳比眺青齊諸山可指數信天下偉觀也

○龔慶守錢伯言遊覽記宣和己亥九月二十四日面奉玉音至奉符催視岳祠後一月伯言至自兗明日具香燭以告上旨已而罷醮于會真宮獨登瑞雲亭早飯于行館遂同令寇庠丞呂光問祠官曹欽承萊蕪令韓僖道士蘇彥弼謁岱岳觀留連池上復自金母洞過青帝觀觀文僖丞相遺刻遂遊白龍潭奠御苑玉芽於水中愛其泉石之勝迺相與策杖散步還過雞龍峰始復肩輿躬走社首山視禪壇訪遺迹晚入

乾元觀小飯翠陰亭而歸
元杜仁傑撰東平張宣慰登泰山記畧皇帝
中統元載擢用宿儒宣撫十道公首與其
選公治河東有異政考為天下最宇上親
召勞以巵酒至以字呼朝野榮之越四年
縣四　五
上復命公為東平宣慰使嘗曰曲阜寔夫
子之庭泰山為中原神岳皆在境下所當
親祀以至元重九前三日辦嚴以行由沂
州門出時天宇晦冥翌日至林廟拜三聖
墓雨氣猶未艾信宿抵岳祠明旦登西華
門雲則載陰載暘雨則間作間止咫尺三
觀在墨瀫漿間刹那千百其變公謂所親
曰登頂之約蓋不敢定苟晴矣乃行否則
恐勞而人既而五鼓將作陰為之解馭三
唱未終星為之芒錯于是州刺史張汝霖
秦符令張佺司戶王天挺及從者三百指
具肩輿輦公而上巳而過黄峴飲於護駕
泉次御帳少憩去天門循不翅十五里路
漸隘林樹四合就其罅望之天光凝碧如
紺珠薄暮至絕頂由東以望見山影黯黑

偃卧無際頃觀李斯碑僅得數字其餘漫
不可識下自登封壇皆歷代磨崖亦復剥
裂惟唐明皇御製紀泰山銘其字大如桃
深幾寸泥金錯落猶有存者日沒少頃寒
氣已逼人如仲冬時從者燎薪圍坐以待
旦參甬中公起步自玉女池登日觀峰六
合寒闇肅然無纖滓待蒸黍時東方曨曨
乍離乍合移晷日露其半恍然如入無量
金色界中凡在行者莫不嘆詫及迴又得
西影直抵昧谷若與崑崙爭雄長公輒奮
髯驚叫曰吾此行凡三見岱宗面目吾願
足矣噫予自壬辰北渡三十餘年凡九來
未嘗覩此奇事雖欲勿紀得乎古者有天
人之辯謂人無所不至惟天不容偽真知言
哉公純誠人也蓋無往而不協無動而不
縣四　六
言無禱而不應是行之異乃一節耳雖然
天下之事固有邂逅相合者多矣昔衛旱
伐邢師興而雨或者謂適與雨會則非也
此特純歸之天烏在所謂由人乎哉至於
揮劍成河變晝為夜或有此理如韓吏部

開衡山之雲蘇端明借海藏之春皆我輩之餘事安用詫為因公此來書諸石以示來者奉高王禎書刻延禧殿前

皇明李裕登泰山記成化乙酉春同年御史李景賢來按山東是歲三月朔同自濟南往謁闕里回抵泰州公館夜酌景賢曰喜茲和煦明當同登泰山一覽奇勝可乎余諾之明晨起與景賢聯騎出州城北望輕煙薄靄橫帶山腰適叅政龔拱宸副使莊尚源邂逅而至遂與偕往北行二里過白鶴泉泉出石罅洽潗鼎沸久旱則滲漉距西百餘步曰梳洗樓不知剏於何時惟存故址從西折北二里有王母池泉甘而冽瀵沸瀠灝不竭不溢鄉人取水禜雨頗驗又北五十餘步曰呂巖有呂仙石像宋時

縣四　七

建樓閣堙圯獨荒基破礎存今圍以石垣其中深杯茂草森布蒙密曄曄猗猗頗有佳致至山麓時日出扶桑雲霞絢綵目前羣峰錯立遠近畢態景物之奇似快心意自山麓抵迴馬嶺十餘里羣峰對峙巖壁

崢嶸勢相噬齧中夾溪流轉騰激冽觸崖石激堆琦其聲澎湃潟潟洸洸縈迂數里入汶又有巨石大者如輪小者如甕硉矹磈礧偃臥路徑難以數計策馬單行崎嶇至嶺下是嶺岌嶪陡絶車騎不可前馳余四人神思覺疲僕從亦有倦色少憩石上飲茗易肩輿穿深林踰大石行可四里陡崖劃削中夾石徑阨陀險阻有石磴可躋復行二里許即宋真宗東封帳宿處曰御幛其地夷衍嘉木樸樕繁陰布地前即深淵樊蓄膏渟水光映天巉石錯雜如斷齶有小魚色青黑浮遊水面臨溪觀之時羅道士敵茶餅余試以餅餌之翕然聚已而尚源投以小石悉潛去復三里餘至黃現山秦時有松五株始皇登山封五大夫枯沒後人續植者百有餘聳老幹拳曲擁腫宛若蒼龍勢欲飛騰余四人休憩其下嗟賞奇態又行二百餘步曰百丈崖崖石如屋可容十餘人臨瞰道傍紫蔓青蘿拖綴蒙絡傍有石洞谽谺而黑莫測深廣人亦慴

愳不敢窺又經石壁峪至十八盤兩峰對挿峭峭如壁其間累石為徑盤繞至南天門幾五里遠望如梯懸倚山畔此最險絶易小橋盤道而上入天門東行數里謁昭真觀易冠服薦祀紫霞元君問道士云不知創始每歲春月四方謁者踵至心弗虔立致奇報余聞而驗之數矣已卽祠後觀磨崖碑是碑唐玄宗紀泰山銘字大如掌歲久風雨多剥蝕其字距東十數步觀始呈封泰山制李斯所篆其石埋植土中高五尺形制似方非方四面廣狹不等余刮磨垢蝕而細觀之總二十二行行各十二字多不可識又西行數步上太平頂此泰山最高處上有盤石方丈廉隅尚整犖邑光潤可愛余四人坐石上少頃拱宸尚源足疲怯還昭真觀余與景賢褰裳徑往頂上俛瞰羣峰攢簇伏地若培塿獨神霄兩峰嶸嶙特起佳花異草含丹吐白者駢羅列布於岩谷靈禽怪獸啾鳴嘯號之聲雜沓盈耳最為泰山奇勝又有三峰曰日觀吴觀

周觀余與景賢因縱目四顧渺然無極而嵩華恒霍諸山以及江漢河濟諸水皆可指數誠天下諸山莫踰其高時日正午風清氣爽徘徊既久頓覺神思飄灑迥隔塵寰而不知身踞青霄上也復從頂東下數十步有玉女泉水清甘美道士時汲瀹茗又東行二十步曰龍口泉大石有鑄如龍喙其口水自中出其流潺潺有聲滾然複從險徑南行四十步懸崖淚峍下臨絶壑古木蒙蔽余俯身覘之毛髮竪聳有怪石形如大匱虛倚崖畔風至搖撼問道士云此謂捨身崖人修道從茲捨身入僊境余與景賢深惻道士惑世者戕人之生遂命州官塞路徑絶往來崖之西有五峰嶙峋巉簇其狀若蓮名蓮花峰自西山小山折旋而東層巒疊出泉湧石上奔瀉數十丈縷縷如簾名水簾泉其鷄龍諸峰桃花諸峪多有靈跡奇勝獨嶺嶠龍從岩嵾嵽嵲荆蓁交迷路徑不可到時日過未余與景賢往觀會二公同飲各賦詩二首書于觀

之東壁從天門盤舊道而下至半嶺正夕
陽西照回視山色玲瓏水光蕩漾樵翁牧
子隱隱樹林間恍若畫圖中人物欲兼餘
興往徂徠尋竹溪六逸堂故基石守道隱
居日已暮矣嗟夫余少時嘗讀孟氏書孔
子登泰山而小天下公羊傳泰山之雲不
崇朝而雨徧天下觀子美望岳詩造化鍾
神秀陰陽割昏曉盪胸生層雲決眥入歸
鳥之句想像泰山之高峻巒峰之雄秀草
木之奇妍仙蹤靈跡之怪異古今賢人達
士登覽之題味何能得登兹山窮探廣索
親覽奇勝徒勞諸夢想者十餘年矣昔程
明道紉聞泰華奇秀在鄠縣未得遊覽及
登第請為是縣主簿以償其素願又自記
其始末今余無庸於時幸叨總憲是邦且
縣四　十
喜　聖德廣被地方居民咸蒙覆露之庇
更喜諸公皆同朝舊寮乘兹休暇得覽奇
勝以償夙昔之願何其幸歟是亦張弛之
道豈其荒耽而忘返者足比哉此記與喬宇記録目
何鏜古今名山記最佳

喬宇尚書　遊泰山記正德五年燕齊大旱運
河滯阻天子爰舉祈方之典命戶部侍郎
臣宇於五月十四日往東方祭告嶽鎮暨
于東海予夙願泰山一登又懼此行以昭
假明神周救百姓而徃苟祀而無雨則又
不可登矣因齋心而前過德州即沛然下
雨過平原禹城泰安州濟南之境雨皆達
旦農夫歡踴予亦展顏謂可以償其願矣
二十九日沐浴更明衣省牲演禮于季夏
朔鷄鳴後致祭于東嶽廟畢祭時雷電合
作予又懼曰秦漢以前登封泰山者七十
二家實為靈墟著于簡冊雖始皇以虎狼
之威千騎萬乘以從上中阪遇暴風雨不
得上封今且雷電矣登而雨作疲夫羸馬
不得登矣但願自謂秉誠肅恭嶽豈無鑒
縣四　十一
耶竟與胡張二君同登時陰霾蔽空行五
里余至紅門以入則雲漸開即遂由石陂
西北行二十里過嶺二曰回馬黃峴又五
里至御帳觀始皇所休樹五大夫松神根
古幹高皆二丈許自御帳而上皆石磴飯訖

上小大龍口又盤曲十五里至南天門又三里至絶頂凡五十盤而上晴晦開闔氣候萬態不可云狀謁檮于碧霞元君稍上是為東嶽廟磨崖碑在焉碑高二丈廣一丈五尺其文乃唐玄宗御製泰山銘其書隷其立之年為天寶遂題名于上又上為極高處有玉皇殿殿南為始皇封禪碑即除道至士顛覧秦頌功德碑碑髙二丈許其文秘石奩內殿中有宋真宗石匣內藏玉檢十六成化間曾入御覧驗為祀泰山后土文也再東為日觀峰有小碑亦刻名焉數步許為望海石是為越觀可望會稽石在頂巋然蹲踞愛而登之為題望海石三大字又轉登仙人橋五花嶺是時天日光麗碧漢萬里豁然四望胸愜意廣見濟南城東北華不注山如小屋建于水上俯觀白雲英英緲緲自山腰而出冐于下方北望京師南瞰淮徐西顧燕趙東眺海上以至于空峒冊穴太平太蒙之際誠天下之奇觀也飯于道院又題名篆詩于小石

碑徘徊至晚方回遇崖石可愛者輒留書下山至州城則已報更矣

羅洪先（狀元吉水人）題孔子登臨處

孟子曰孔子登東山而小魯登泰山而小天下故觀於海者難為水遊於聖人之門者難為言觀水有術必觀其瀾日月有明容光必照焉流水之為物也不盈科不行君子之志於道也不成章不達此言聖人之所以為大學聖人者必貴有常不可作輟孔子雖至聖必自十五志學始十年而立又十年而不惑斯達矣故曰君子之道辟如登高必自卑未有不道中庸而能極高明者也他日述有若之言曰生民有孔子泰山之於丘垤也而願學乃在乎必有事常必有事其患弗至成章乎大中丞鎮山朱君保釐東土庶務未遑首標聖躅索題千里因探千古學脉廣所欲言并勒表側質之來者

縣四　十二

李學詩（翰林編備平廣州人）登岱宗記畧

嗟乎山一也未登仰之彌高既登則高者復下既下則下者復高峰巒殊而烟霞異非山之變

登者自變之耳山固自若也世之馳騁於
浮雲富貴之途者而性天遂變曾不能知
泰山之視浮雲顧以浮雲為泰山之變其
與未登初見泰山者一也予之惺然頃悟
不為浮雲所眩而真得大觀於泰山者非

今日既登之力乎
尚絅參議　遊泰山記畧成化丙午春藩臬將
廵行郡邑余與少參蠡吾王君世用憲僉
淇水劉君廷珪天台潘君若應昌約日偕行
乃以正月丁卯發濟南余與世用向夕宿
靈巖寺戊辰抵泰安州己巳廷珪應昌皆
來庚午黎明詣草參亭拜東岳祠遂肩輿
出城北行五里及泰山之麓由紅門路過
高老橋傍有水簾洞洞左為巖巖亭少憩
經馬棚崖四馬嶺路漸陡峻再行至黃峴
嶺東下徑路平坦俗謂之快活三延轉而
上及御帳盖宋真宗駐蹕之所蜿蜒而上
歷十八盤至南天門東北行二里及昭真
宮謁碧霞元君由宮後稍北有東岳神祠
祠陰刻唐開元磨崖碑遂上登封臺有玉

帝殿前建石表高丈餘或云秦之無字碑
復轉東南至日觀峰舍身崖在峯之下西
望則有月觀秦觀諸峰北望則有獅鵶鶻
鴿二崖若西南之丈人峯東南之徂徠山
尤其秀挹其青鸞鳳飛二嶺馬蹄桃花二
峪與東西二神霄山大小二懸石蜺仙巖
明月嶂龜陰埠楊老園皆在指顧間而下
瞰汶泮二河如拖練耳人云秋氣晴肅可
以見海余與世用廷珪應昌酌於昭真宮
之別室再酌於巖巖亭酒力微醺夕陽欲
墜神思飛爽飄然跨滄溟凌宇宙之氣槩
也山下有呂巖洞王母池白鶴泉則以薄晚
不能及其他峰崖林壑幽邃之地佳景尚
多不能悉記辛未出城之西門禮玉女殿
即宋天書觀遂至蒿里山探魁仙洞令道

士執燭以往陰氣侵人不可深入時廷珪
有事於東兗余有事於青萊應昌將校士
於他郡獨世用分治泰安乃布席張樂為
予三人者餞別歡飲竟夕而罷夫登覽古
今樂事也泰山天下奇觀也四人同遊藩

臬和德也不可不記勝地不常盛筵難再
繼此而復来遊者亦將以興慨慕追歲月
云耳是碑在巖巖亭嘉靖九年棠陵子題其旁曰万豪由泰山絕頂迴觀尚火叅遊記山川如故英烈何存快哉傷哉後十五年方子之友見之則又如方子之非悲尚子也

葉份按察司提學僉事題石刻觀海二字昔顏柳以
善書鳴唐至今稱之必曰顏筋柳骨然魯
公以忠烈顯公權以止諫著炳琅宇宙豈
徒以其書邪心齋張公曩為御史守關武
皇北狩抗疏回鑾風采凝然匹休往哲平
生究心字學尤善大書當其濡毫伸紙氣
定神閒得心應手端嚴遒勁蓋有出于顏
柳筋骨之外者然世方以茂節高勳曰公
大受而游情翰墨公固以為藝成而下矣
頃者公書觀海二大字鐫諸泰山之崖其
縣四　十五
字畫之妙如吾前所云噫字心畫也公宏
中肆外惟變所適充所至焉海岱爭崇深
可也然亦有巖巖氣象而難於為水者邪
右稱心齋人品氣節固宜但過許書法優於顏柳則謬矣賞鑒家當自知之

姚奎通判遊石屋記泰山東數里許有石屋世

傳碧霞元君煉真之所予公暇欲往觀焉
從者曰徑隘不可與適易服帽貂以帛帶
結腰短策芒鞋命道士劉教弘為前導行
二四里無復蹊徑披蒙茸攀巉巖傴僂而
上愈進愈險下瞰巔崖驚汗浹背又三里
盤旋轉一岡而石屋在望矣有羽士四人
矍然而迓予青松絕壑間前牽後擁迺獲
濟焉瞠目縱眺上有削鐵奇峰千朶前有
曠地可半畝入其中窈然而深朗然而虛
明石竇涓涓凝結玉柱大十圍高丈餘晶
瑩可鑒崖有元君手印玉指宛然後有石
床則元君偃息處左偏一竅透絕頂頂有
石楼可坐三四人氷滑不能升躋攀数磴
而下力疲卧石床毛骨洒洒旁有聖水池
清列而茸不盈不涸下有石曰牛心甚奇
恠又下有洗鶴灣深不可測一鶴鳴于上以
與人聲相應和寔真仙境界與塵寰迥絕
人之遊泰山者毋以道左日窮為畫於斯
罕到孰知石屋之多奇迺爾哉石屋於予
惜乎遇之晚也嗟夫世之豪傑士固有終

身未之遇者遇矣而既奚病焉（道左日窮以下全用）

杭之石屋志文

李鎔（正泰安州學）姚别駕總巡泰山記泰山絕頂有神祠曰天仙玉女碧霞元君岱岳毓神上通乾象英靈玉應理或然也遠近持瓣香徼福於神者肩摩轂擊歲常數千萬人至則羅拜歡呼競以財獻動以數萬計臺憲藩臬俸廩餼幣凡百經用或於茲焉取給而征斂不及於民凋瘵之餘賴以蘇息益國裕民關繫於此詎可主之非人耶

嘉靖乙酉撫按藩司精選州縣廉能官分掌厥務時東昌别駕雪漁姚先生膺總巡之選先生曰利權俗吏事也吾人視之當如鶴毎豈容毫縷自汚乃集百執事籲神誓戒俾竭乃心綜理徵寄覬覦者不得逞其奸寸錙縷絲罔或遺漏始于是冬壬胄踰年季春之十日計收金銀錢幣畜產約三萬緡珠玉袍旛弗與也視往歲加增三之一籍上藩司以備歲用先生廉恕立法嚴而不苛御下峻而尚簡待士恭而能愛

總巡餘半載饔餼一取於家東昌俸金數驛取之以贍貧士其官給廩錢則易芻豆俾飼官馬損已利物常情所不堪先生不以為難也泰山之巔層巒百餘丈俗號舍身崖有為匹婦之諒者輒大於神自投以殞流俗以為壯烈先生嚴禁諭遣之快活三路平而隘下有深崖險甚夜行失足而傷亡者屢矣先生捐俸植木欄自是全活者衆臺臬諸司委以訟牒斷决如流附城為客邸者數百家前此嘗科斂之先生曰蝸涎自潤顧欲漁獵之耶吾不忍也鄉老鄒瑀輩將鐫石以振勵後人屬僕以記先生海虞人名奎學博辭昌嘗未數月著泰山紀行累數千言泰安名士李文瀚馬載道高民悅諸賢相與倡和顧僕謭陋曷彰厥美擊泰岳以寫韶英有遺音者矣勉書以貽之（嘉靖五年）

高誨（通判）遊泰山記泰山在州治北高四萬餘尺延袤幾二百里名峰七十有二其巔屼列巘森然而傑秀者弗可勝紀古為東

鎮天下之山莫高焉予往歲計偕上春官
取道登謁時甚寒倉卒以未獲盡觀奇勝
為恨嘉靖壬午冬予由青城轉東萊司馬
臺檄督岱宗事癸未春三月六日肩輿出
自北城門踰小橋二里道左右亂石碁布
近麓有廟祀池館惧壯麗左有老栢數株
相傳漢武帝東封時所植也又二里至紅
門蹬道燕飛雲閣道傍為更衣亭樂扁曰
宗岳循溪產天麻黃精諸藥土人負筐采
之又五里至高老橋有漢壽亭侯祠祠前
桃李始華稍前為水簾洞泉自天紳巖出
飛流垂練聽之泠泠然下有小石橋通泉
于溪左為巖巖亭登之畢見景物又四里
至馬棚崖稍前為回馬嶺山石漸峻且奇
林木亦幽邃溪崖有椒有梅杏櫻桃山居

縣四　十八

者資以為利又五里至黃峴嶺西行折東
北上而復下又西行折東北則下而復上
雖屈曲下上率坦易凡三以里計亦三遊
人疲于峻陟至是舒快名曰快活三云其
西巖有竹繁茂又五里至御帳宋真宗駐

蹕之所五松高數丈秦皇避雨其下封大
夫云竹林僧獻松花餅啖之香美復進甌
茶問之曰東巖所產味亦清苦又五里至
大小龍口兩山懸削水從石峽噴瀉上有
古松偃仰若蟠虬然又五里至十八盤崖間
楸槲野棠山榴獼桃或花或實石磴齒齒
倚空仰視似有不可至者乃傴僂攀援以
上盤盡至峽口高處石門題曰南天門有
三靈廟又東北二里為元君祠左側石方
池曰玉女泉一勺聖水甘寒清冽汲以烹
茗味可比浮槎龍泉又東北至岳神銘祠
後有唐磨崖碑二一為開元記泰山之一
為乾封朝覲頌側多古人題詠蘚蝕不可
讀又北土至絶頂有玉帝祠祠前石表丈
餘一名秦王無字碑又東南行至日觀峰

縣四　十九

人云鷄鳴時見日山有石函方丈許人云
成化間雨水衝决得玉檢以獻命中使瘞
舊所即此峰之西巍然而突出者秦觀峰
也稍南而獨見者越觀峰也峰之下壁立
萬仞者舍身崖也崖之右則試心石仙人

橋也延竚四望滄溟東拆河流天傾而汶
水湯湯秪環一綫西南萬山伏地殆如米
撮惟徂徠尼父僅露脊可指耳近顧諸峯
若丈人若田鴈若蓮化若明月若東西神
霄雲炯相盪勢若争雄其不能以一峯名
而附之以見者如拱加揖凜然有夔夔聽
命之狀真奇觀也予始至瘦石嶙峋剛風
怒嘷溪谷崖松宜雪宜月其尤足聽聞者
樵斧之聲與崆峒應答既而鳥鳴花麗萬
谷皆春泉香可啜蔬美可饌山容于是乎
忻忻然而人亦得以樂之至於溪雲出沒
而陰晴變化于立談之頃此又造物者之
翕張而莫知其所以然也夫山之景象奇
于冬麗于春而遊人或拘于時止于暫予
以公事久于斯而之順于下上則夫山之
情狀景之變態古人遊豫登眺之迹靡不
襲其芳而踵之兹遊也可不謂獨勝乎書
以紀歲月　是作最勝

黃鰲僉事九日登岱記嘉靖乙巳夏予以防
秋董戎德州九月朔聞侍御南渠黃公東

巡既遍由沂而北歷天齊以至泰安予迎
而侍之適未至而重陽且屆期焉剌史仲
言來曰九日登高舊事也請追之予然而
告之曰九日天之勝也為一矢一阜皆足
以記時令泰山地之勝也自古封而禪之
縣四　二十
凡得以躡其巔者皆足以豳壯遊予閩產
也乃逢是曰而獲登之願不勝與於是改
制登山之輿詰且爰登而剌史從焉窮其
所至山中古今所傳前人之述備矣惟是
曰也天朗氣清金風載爽坐玉皇之頂撫
沒字之碑則見聯絡岳鎮翼我止皇圖黃
河控秦吳之盛崆崧嵩戎夏之觀廓如也
既而日忽忽其將暮景翳翳以偕入百靈
萬籟之號作焉吾馮而寓猶之心曠神怡
景物皆融灝氣同流若有以揖太乙而忝
之焉者不敢以荒也退而就館舍且復躡
日觀峯則見心房之野昧爽朏明黑雲驅
而上浮黃雲擁而下升朦朧掩靄之間忽
有點若朱丹若火蹈破重霧而耀紅光奇
觀也須臾而半出雲間則天明景蔵弓直

歸矣歸而下歷水簾洞聞其東有石經焉王右軍所筆但山峻峪深不可以行其乃息肩與攀緣而上杖屨而下則見盤石若礪大書蒼拙體莊而神思飛逸歷千萬載爛然與天文上下日相昭回鬼神呵護之

縣四　廿一

功哉間有為顛石落而破壞者有為水浸溜而就平者豈造化亦有所忌也與世傳真草小書與此大相逈別或疑其未必出諸右軍云既而西訪竹林禪刹無以觀也惟有所由之峪則恍若山陰蘭亭之狀泉落百丈之崖若拖練而下篤齋湯子題曰瀑布淵深白龍之池雩則取水迎而禱之子題曰霖原細流屈曲而出可以浮觴夾流獨石可以盤坐溪山掩映嵐光洸瀁可以題詠又出而磐石橫亘粹若白壁方之經石為小聞有前人之作求之弗得則天又且暮而歸惆悵然有未盡之懷也吾徒春元劉一桂者知其處且携匠搨之以獻乃元礿天曆間辟世之士之所作也噫乎南人獲遊上國最晚信宿盡得天地古今

之勝豈非遇爾刺史君曰九日登泰山閱諸編帙未之前覩也可以無紀乎遂記之又為之詞曰泰山兮崔嵬九日兮淒清登絕頂兮蘢葱乘天風兮震鸞雜兮珮兮陸離飲菊酒兮酩酊追遺踪兮不可見問太空兮冥冥

洪朝選侍郎同安人　乾樞坤維說或問於予曰何以題泰山為乾之樞坤之維也予曰有說矣史記封禪書云謂之齊以天齊也言齊居天地之中如人身有臍然其胷腹肢體高下長短一於是取則焉漢書言天下之安猶泰山而四維之也解之者曰維猶繫也獨言泰山者泰山至安者也加之以維則愈安矣予謂今世之言泰山居東為東鎮自瀛海之內言之爾若以四海九州

縣四　廿二

中夏夷狄瀛海內外視之則中也今泰山在濟南封內固云齊境矣取義於乾樞非耶名之坤維安也或曰以樞維名泰山指山言耳推之人心有可說者乎予曰人之心之中猶泰山之中也人之心之安猶泰

山之安也世世顧不之察耳今夫仁者天地生物之心而人受中以生之理也而戕賊之者至於害人害物禮義廉耻者人之四維也而喪失之者至於不顧惟利之趨此予之所甚憫也予觀登茲山者肩摩踵接其來也為避禍而求福其蓋亦求之吾心之泰山乎一或反而求之則所以存其仁守其禮義廉耻者將不出戶而得泰山矣何安如之耶予既答或者因鐫其說於石以示來登山者云

世貞侍郎太倉　游太山記余自戊午己未間有事於太山者三而其稍可紀者第二游也其初游為正月晦自清源謁臺返與海道宋丈太武偕夜浴於使院三鼓起啓堂之北扉而望若曳匹練者自山趾上至

縣四　廿三

絕頂又似聚螢數百斛囊中光熠燿不定問之乃以茲時士女禮元君燈魚貫而上者也其頌祝亦隱隱可聽云以黎明入山即陰晦浮雲出沒冥際十步外不辨物第覺輿人之前趾高而余前僂而已即絕頂

亦無所覩見且寒甚宋丈迫欲返遂憩鄷都宮趣觴舉者數而後膚不栗也其悔之至六月朔偕御史段君按部太安段君約以三日登而諸道從者衆度不任輿馬余乃與叅議徐君丈逼請以二日先段君許之至夕而大雨其次日雨止出太安可二里所即入山時禾麥甫熟黃綠間錯如繡拂拂作餅餌香樹林濃陰暈之意甚適而至無掌故可詢者自是皆詰曲透迤而上峰勢巀嶭若相迎而傍多溪澗泉流磥磷間作悲鳴與笳吹相應久之至迴馬嶺乃卻肩輿改從腰節又四里抵御障巖一曰御帳宋永定陵東封止仗衛處其前為巨澗澗底白石砥平如玉色而巖陡上廟其巔頗寬嘉樹蔭之好鳥喈喈可愛又行可三里抵黃峴黃峴者不知其所繇名有松二即所謂五大夫者也以厄於石不能茂而稍具虬虺狀當是二三百餘年物亡何為百丈崖崖凹深如屋傍有石洞槎口而下黑其窕叵測已度石磴峪為十八盤應

砌所謂兩從者扶掖前人相牽後人見前人履底前人見後人頂如畫重累者非此地也耶而今道葺飭治且有昇者所謂五六步一休喋喋遠損地不避燥濕前有燥地目視而兩脚不適且辛免矣自是為十八盤者三而穿中實曰天門既上罡風逢逢然吹帽欲墮道士衣羽奏樂而迎出沒雲氣中亦一奇觀也行可里許為元君祠元君者不知其所由始或曰即華山玉女也天下之祝釐祈福者趣焉祠宇頗瑰偉而歲所入香緡以萬計用供縣官匪須其右為御史所棲後一石三尺許刻李斯篆二行一石池縱廣及深俱二尺許亦曰玉女洗頭盆也自是左折而上里許曰嶽帝祠陋不能勝杳矣其後峭壁造天左為開元帝紀太山銘唐隸徑可二寸而巍勢若飛動惜其下三尺許為搨碑者冬月搆火蝕之遂不全右為蘇頲東封頌字形頗秀媚尚可辨而損於閩人林焯忠孝廉節四大字又有顏魯公題名損於方元煥詩固

縣四　廿四

不若苔土埋翳之尚可洗而有也自是益北上數百武為絕頂曰玉皇祠祠之前有石柱丌而色黃理亦細可丈許所謂秦皇無字碑也其石非山所有或曰中有碑石冒之按李太宰裕記云石埋植土中似方非方而廣狹不等細觀之總不二行行各十二字多不可識今殊不然然李公以為在開元銘東十數步則非此在明矣恨曩時不於其地一訪搨使先跡泯泯也復折而東稍下百步復上百步石室冠之高如玉皇祠中有黷色石蓋方丈瑩潤可鑑云漢武帝所藏金泥玉檢地也傳云白雲起封中者是已其前地稍闢即所稱日觀秦觀越觀諸峰者蓋五鼓而起觀日出則為日觀西望而見秦則為秦觀南望而見越則為越觀耳其後人所指某峰某峰皆妄也時霧氣重不可久憩又亡所覩見如春時快快而下適徐君至呼酒談詩甚樂三鼓而寢約以五鼓起觀日出然其寤皆以耳甚醒則高舂矣意恍恍不自得強邀徐君

縣四　廿五

扶杖而尋昨所游時天初霽日益弄色其東南盡目力微白而晃漾者以為海耶豈北而西隱隱一抹蒼碧若長城之堞者則意以為太行恒嵩之類耳至稍遠而瀰渰濟泗千流壘帶迤而諸山皆若培塿獨徂

徠稍尊居然一御几矇眺久之因與徐君語傳所稱吳門白馬固未敢信即小天下豈欺我哉俄而諸山各出白雲一縷若蒙中起稍上大如席凡數百道則狂馳而遇輒合其起無盡其狂馳而遇亦如之頃刻

遂徧成白玉地而仰視則空青瑩然上下異色呼酒與徐君酌自以為生平之創目所謂野馬絪縕信也俄而報段君至從行者叅政張丈希舉副使李君高僉事王君遴張君師价因置酒於其署稜席玉皇祠

縣四　廿六

南栢樹下記云漢武所種千株大者十五六圍今不能十之一而小疑即其孫枝也酒小間散步至舍身崖其缺處可三尺而下臨杳靄數千仞張丈足縮不敢前而王君席間慷慨談兵事乃亦縮弗前張丈顧

而曰君扼腕而談兵毋敢抗者乃亦弗前耶余笑曰此自兵法諸君弗察耳夫無進生而有退生此王君所以弗前也王君亦大笑乃别段君約以次日緣毒山諸勝乃下五鼓復大雨雨連日夕不休余始與徐

君同舍而張丈王君舍圮漏乃移就余而舍中水亦將二尺因布長几置枕簟其上小吏裸而行酒叉所劇談六合內外張丈叉時時以雅謔雜之凡四日雨始小息夜卧倦甚王君苦吟若寒蟬叉時時提余耳

告以所得句余不勝嫩強起顧視天碧淨如浣而大星百餘巨於杯歷歷簷角始可仰而摘也質明復大雨州供業已盡乃行辭段君與諸君偕發時寒甚衣絹素至五重不解亦有乞道士木綿褎者下天門雨

縣四　廿七

止日出每十八盤竟輒去一衣至御障巖衣去且盡時巉巖傍飛瀑爭下凡二十餘丈濤飜雪濆若鬬龍吐蟄玉鱗四飛珠沫群噴余興發不可遏跣立磐石流泉中呼酒數大白輒釂長歌振林樾諸君皆壯之有和

明万历道藏刻本影印

者有就取飲者移時而報段君至相與之酆都宮為小宴別其明年之四月朔以行部道出萊蕪會家大人有邉事南定乃乞靈於大嶽以間登焉将五鼓杖策日觀峰頂之東方色微辨而顧余及從者衣洞赤已覩石室及諸碑碣盡赤乃見一線赤從東黯䵝中起顧山之背則猶昏然鷄盖三喔也又頃之日輪徐上雲君電師金支翠旂彷彿廬從於是諸峰城郭盡現而山之觀與世同矣余三登而始畢其勝然目境耳其峰之為田鴈為鷄籠為蓮花為明月為丈人為獨秀為東西神霄崕之為百丈為馬棚為鶉鴿峪之為石經為桃花為馬蹄石之為牛心為龍口為試劔為龍紋虎阜峒之為呂公為白雲為遥觀泉之為白鶴為水簾為白龍諸用惟儒備者固未一二探也夫以封禪告成之主凡七十二而結繩者半之天地之人文鬱而後世之慱識者不能舉其畧辭之不可以已也如此哉去余茲役十有七年矣而所經睹若

夙夕會至自太和有所撰述因併記之其後三游各有詩詩為七言律凡十首

王世懋太倉人太常少卿 東游記萬曆丁丑秋閏八月壬子朝於京師歸竝故道返於閭井中間忽念生平之游缺焉於懷者三而

縣四　廿八

茲行可一舉盡也泰岱為五嶽宗客歲登太華巔顧獨於岱宗一屐齒是悵將為青帝所誚繹褐且二十年不識闕里暨林作何状其若任二之義何又故人李于鱗物化八載鷄酒之酹弗躬喬玄當令阿腨腹痛矣今不假傳一行病夫業且歸卧輳不北矣恐遂為終身悔乃自奮曰即病必往而會同事中亦有先我行者傳車至德州問道於州之守耿君耿君曰從茲入平原竝禹城齊河而南之長清此走泰山道也是稍東當故道不能迂百里余曰以行李累東諸侯柰何曰等費耳且以蘇孔道便浙之叅政者曰舒嶺之叅議者曰陳兩公者先公一日行矣余喜而從之于鱗家歴下而齊河去歴西十里而近業欲拜于鱗

墓不可令兩墓使者知乃詐為麤服間行
而先一力聞之于鱗于駒駒報曰先人墓
在長清道中毋煩間行也余益喜過望遂
發齊河稍折而東幾迷失道會候者至云
墓近矣請小憇民家以待駒駒至即與偕

縣四　廿九

行墓所僅一尺土丘中耳無周垣封樹非
得駒不能識也問之云将卜遷別葬耳佇
立凄然具酒殽設拜焚所為文及詩而泣
而別日晡抵長清聞舒陳兩公尚留靈巖
寺亟以一力先約之共游亡何陳公以刺○
來迎乃趣復前侵夜抵崓山鋪宿夜大風
寒晨起躡霜而趨舒公刺迎者亦來知兩
君子能為我留甚幸入山可三里許始為
馳道陵壑中斷石梁跨之甚雄遥望諸山
圜列鱗次天設屏障梵宇浮圖湧出翠微
間真天下奥區也入門禮大士畢即往舒
陳二公所口占一詩謝其見遲二公已設
素食相留矣飯畢具軟輿二僧導而前凡
山所名勝處卒一至焉靈巖下垂一石人
立而向者朗公石也石沼渟泓亭而覆之

涓涓出於佛足復匯為外沼而漫流山麓
間已忽伏而不見者　泉也別院曰達
摩旁湧起一鐵金塗之高可四尺潤殺其
一背僂面拘天為紋縷作水田状者鐵袈
裟也已稍間歷而上里一亭而止度其上
不可登仰視絶頂下有平壤草木蔭映絳
宇出焉有廬其傍者一僧一行居之時上
下取水如是者五寒暑矣意其人脩頭陀
行者恨不一見瞻眺久之而下時舒公小
劇頃泉亭相待予與陳公迤邐下從之返○
舍視僧房竹蒼翠數百竿山以東所無也
小憇復出講堂前樹宋碑數通讀之步入
香積厨見復沼一泉盎而不溢其旁漉漉
細流環之問之僧云又一脈也厨之後復
有來鶴二泉盎如厨泉而細大都茲山以

縣四　三十

泉勝其泉或盎或流或伏或見或交或斷
僧亦不能盡名也寺當天下四名刹像搆
宏麗閣三重峙其前浮屠七級標其右余
與陳公攄閣巔而望焉浮圖不盡四級而
止其山四圍故不能遠眺也下浮圖而南

為會般洞洞上緣傾崖罔甃以石而成二石門内揵不可入似為開山僧埋骨地云於是山之勝幾盡獨所謂通明巖者未之見僧云出山二里外傍去不數武可望而窺也余兄元美嘗為余言靈巖是泰山背最幽絶處游泰山不靈巖不成游也閤山僧余兄所題處得碑二碑皆手書詩皆十二韻凡經再游而得者去今二十年矣是夜飯畢各就寢余因得排律一首韻如家兄數晨起書石付山僧而去次日與舒陳二公魚貫而行午餔後抵泰安州州守迎問登山期余輩以晨發告而東嶽神廟乃在城中得以其隙往謁焉廟制宏敞城其四周前為門者三中為饗殿後為寢宮儼然帝居也穹碑古栢森嚴布列前除怪石碁置視其題刻皆宋元間人浮海來献者予與兩公拜畢循覽四顧而下則州守已張具別館矣雖饌皆素品而設樂為禮甚都力強之陪乃坐余甚愧其厚為坐久之起更衣見頂山如在檐楄間可俯而窺也

縣四　三十一

凡山以夜色視則卑皆兩公所未試者聞余言以為奇漏下二鼓而散次早戒行舒公以服藥請後從予與陳公兩肩輿先發至更衣亭始屏騶從易軟輿而上是日氣朗風恬游意甚愜見兩山腋抱骨削流泉下注㵎壑時為灖灖聲仰視中峰雲氣瀰漫其上始覺泰岱為高顧輿夫力疲下就一壞趄馬望汶水如帶諸山培塿獨徂徠當其前如大賓無少降意予與陳公歎賞其雄已復就輿歷高老橋而上左一石墳起細泉漫流其上而出逶迤墮石澗則所謂水簾也石卑而泉涸不能奇已又折而前見所謂馬棚崖者屏立道右稍當奇觀歷磴久之地忽平衍可三里許土人名之曰快活三余昔游華山備歷艱阻亡論此山平處即大嶠嶇不能當華十之三因戲題一絶云曾為太華峰頭客是處堪名快活三非謾語也又前為迴馬嶺蓋自此始不可騎云行久之抵玉皇閣石闌當其前兹山一隘也從閣折而西盤紆直上三天

門出焉其下兩崖削立樹木蒙茸泉如建
瓴下巨石怒橕瀉作潺潺聲穿隙而墮坐
石弄泉仰視御帳崖真爲勝絕處御帳崖
者宋真宗駐蹕地也今爲憩客亭傍植二
松鐫石其下謂秦所封五大夫云松故丘
隴間常木耳爲之失笑飯畢更上見三天
門縹緲雲霧間雙闕天峙兩峽束之十八
盤鱗鱗萬梯穿天喘汗數易仰視峽口忽
遠忽近殆神仙徑也且輿且步至天門則
蕩然平壤矣爲市而廬者可三十家盡廬
則碧霞元君宮焉前爲焚楮地廣畝許火
日夜不息金鋪朱戶楔棹儼立天闕福地
似非偶然予與陳公小憩公署即具吉服
瞻拜焚施而退考道書元君即華山玉女
也不知金支翠旗中能識舊游玉井客否
相與逕舒公久之不至乃拉陳公縱游諸
峰巔巖隮羅立鐫題百出至不暇酬接其
最稱鉅麗者爲磨崖碑唐玄宗八分書東
封頌也崖之半爲蘇許公書隱隱尚可辨
已爲俗子書四大字蓋之矣稍上而北絕

縣四 三十二

頂峙焉石湧起爲小阜屋其陰而垣之前
跨高標秦皇帝無字碑也碑形廣厚四匀
上爲幢蓋余斷謂非蓋既封而標識其巔
耳獨其石膩白而堅非山所產不解何力
致之乃知驅石事故當不誣覽竟復步而
南眺所謂日月吳秦諸觀捨身石梁諸崖
與古封禪臺宋東封玉簡流出處皆巡歷
指點所至徘徊盡興南望汶水遠從萊蕪
至徂徠障之北來諸流併入蠖屋蛇騰西
流無際羣峰蹲伏拱列青烟數點時爲聚
落目力所至乃過徂徠南境兹山僅當門
戶一巒非復向時相賓態矣西顧日色黯
黮雲靄時翳遠水爍落映日如星細視久
之始別爲水最後望極天處一圓光耿耿
欲墮非先所見幻態衆譁視之星也蓋晨
星先日而下居恒不辨見之耳上下稍劇
余與陳公據石而坐見山陰萬壑隈坳中
陡起一山梵宮翠色隱隱旁抱周廬意其
奧壤可游也問之羽人曰尼僧所托故無
他奇遂已於時纖飈不起烟若春和竟逕

縣四 三十三

舒公不至遂就峰之别館憩焉則日已崦
嵫亟呼陳公憑垣而望熒熒半規漸没虞
淵亡異尋常見也獨已没再吐若瑪瑙盤
絳紗蒙之真從水底見其浮沉故是人間
一大奇觀耳時舒公正禮元君畢余二人
望肩輿冉冉而至至則陳公為主將入坐
陰風四起手足忽在層冰間亟起易衣呼
酒敵之已乃徇舒公詫諸勝游舒笑曰郎
讓二君顧兹山第一奇不俟先之矣叩之
則李斯斷碣舒公署中物也為之撫掌酒
罷散去約以鷄鳴登日觀峰望日初出未
晨余先二公往則屏障酒果俱從頂之二
公至了不辨色雖居室中剛風從背入厲
甚亟蔽以屏陳公擁毯而坐猶戰慄不能
當乃呼大白連浮之身稍得住已而霞光
縣四　三十四
漸起才可辨色見一大赤丸半露雲海間
亡異沒時再見者已復不見良久始復出
則已為陰雲所翳無他奇矣余面署中書
紀游姓名紙上將勒之石袖腕僵不能出
須火乃成書高寒真下界乃爾書罷往舒

公所觀李斯小篆若石函巖壁間尚餘數
行可讀矣護神物也其旁為玉女池碑紀
之亦一勝云舒公將續昨游予二人復從
之徧歷諸勝處乃復就別館張具余為主
人猶素食以二公有事科醮也飯罷二公
往焚香余無事謂可亟下先之曲阜也天
忽作霧撲面如絮下至御帳崖則舒公兩
以傔人力挽蓋舒為石經峪主人也余不
得已停石經峪待之峪去道傍不半里石
可坐數百人上勒八分書皆佛經俗傳王
右軍書非也書不能唐定宋人筆耳石之
上崖高三四尺許泉奔瀉直下侍郎萬公
大書水簾二字鐫深寸許泉嵌入字中殊
有勝態萬公又為石亭臨泉旁亭之左磨
崖高二丈公鐫記其上頗當下方絕勝處
縣四　三十五
余坐亭中臨流獨酌久之二公乃至張樂
小室中天已向暮坐盡一鼓而下燈火夾
道迤邐入城漏下二刻矣頗患以供億累
州民一切謝遣之擬以明晨間道走曲阜
陳公欲往寧陽有所會約余二人停曲阜

以待次早遂行並徂徠而南未百里曲阜之候騎悉集侵暮渡洙泗令尹來迎孔氏世官也入城覩閭井蕭條甚而供億不廢余甚愧之晨起與舒公具吉服伏謁闕里廟制巨麗甲於天下瞻仰遺像讃述功德婆娑杏壇追存聖澤下撫庭柯皆合抱千雲材也獨所謂手植檜者大不能抱枯幹無枝縷紋左向色理甚古讀其碑始知再榮異代生里猶存為之吐舌子不語恠胡此變相無殊三氏耶漢碑皆列植儀門外都不甚剥蝕形製奇古行天下所見太學石鼓文及是耳覽竟磬折而去可百武至顔廟制視闕里而事事殺肅拜而出門之右甃一大井為亭焉俾名其里曰陋巷此當有據然不可考矣過衍聖公門公尚卧未起乃復與舒公出北城謁孔林林距城五里而近馳道如弦檜栢夾道周甚僃林東西設兩觀門甫入門闐笳吹聲驛報陳公至矣余與舒公逆之門即與俱入墓所候陳公更衣共拜亭及饗殿但蕪壞不

治余謂此衍聖公責也何必待官家循殿後行子貢所植楷在焉大倍他植枯而不蝕直古木也稍北而西曰子思墓又北曰伯魚墓稍折而西北庭除漸廣則夫子墓也旁扁一廬云子貢築室處夫子墓特高

縣四　三十六

廣拜畢余登其上草木蒙茸多不可識已復出拜二墓循覽壇內果無荆棘斯之謂異矣其地平衍無大原隰山皆纍纍遠綴嶧山南列翠屏似為之案余不能名其鍾秀也出林望東南一隰殿設碧瓦周文公祀焉復往瞻拜聞其地為魯靈光殿址云故知今城不能當魯舊也出周廟遂從東城入憇公署頃之衍聖公來自言病狀予與兩公答拜具必贄公為具款焉告以將之鄒別去是夜抵鄒明過嶧山旁意忽之且倦游矣猶不能忘懷至臨城范大澈鴻臚偶會余告以勝游范曰曾登嶧山乎余曰未也范憮然謂余君奈何釋此奇觀其石皆嵌空玲瓏第稍難陟耳余為悵悵不能已抵家久之將操管紀勝會故滕倅呂

君相過道泰山事且恨公不能游山北隈
坳間石大奇勝非山陽比問其地正余所
指尼寺也因歎茲游得假傳車乘閒晝之
隙扶病登拜頗愜生平願然猶有遺憾若
此因併識之以告後之游者

劉宗岱（副使歷城人）（縣四）處士松跋（二十七）余自嘉靖己酉
夏始來登泰山見秦始皇所封五大夫松
者聳而立又里許見一松偃蹇如蓋曰處
士松乃近日方兩江氏題以其不與秦封
云嗚呼距秦迄今幾千百歲人但知有大
夫松不知有處士松豈物之顯晦有時歟
暨隆慶戊辰春余再來登泰山歲月曾幾
何向所見五大夫松者已亡其三獨處士
松尚依然無恙豈物之榮枯有數歟抑養
素者終吉怙寵者多敗固物之自取然歟
今安陽翟公又改處士松為獨立大夫疑
若曾受秦封者嗚呼五大夫松之存亡不
足惜余獨惜夫處士松何不幸而多斯名
也噫

吳同春（郎中固始人）登泰山記　余嘗兩過東省未

及登岱嶽萬曆癸未十月有晉陽之　命
二親在里欲過而覲省計程東出縮西出
四百里以余里居豫東南適于東省以越
月二日發京師八日至德州計程東出長
西出二百里泰山當東出余咲曰余里人
率自京西出今以長者二百減縮者二百
猶縮二百里也吾何弗登岱嶽同年吳子
得時按東省舊寅李友卿適守濟南比自
京各抵以書至德州子得使來至平原友
卿使亦來余偕沈生東北沈生者慈谿人
館于余以十日佰灣堆灣堆至泰安七十
里至頂又四十里自山前往土人曰自此
至桃花峪四十里至頂四十里自山後往
山後多佳山前往亦山前返故遊人罕至
余曰即徹縮山前吾且從山後矣十一日（縣四）（二十八）
晨興二十里至店臺東南趨桃花上下山
坂者十數至桃花則泰安貳守所督諸役
至飯已四力役以山輿來輿皆葦而無輪
息則人坐于地自是兩旁皆山人行峪中
復從東北行數里至姜倪寨絳山導吾左

傲山翼吾右雲臺石棚如拱如揖招余而前唯中車坪與吾輿相背而馳路傍峪曲折逶迤如劍如螺初猶記一二久則不復置胸臆又數里由摩耳石至鐵佛寺酒數行至海眼沈生投石水中聲殷不絕五里至恩鄉嶺又十餘里至桂師庵萬松連云與踞岩半且行且飲下觀虎穴題岱西佳處于岩由之風嶺經雲臺巷路益峻絕巔不能上從以岀又十里達頂盖路四十里而余嘗岀者半頂前為元君祠右為公署

貫守逆余署前守嘗為余屬者天瞋且雪不及謁元君署後觀玉女池與貫守共摹秦篆碑讀馬碑嵌岩中止存三十字宋劉跋嘗謂搨得二百念二字今且缺石之半細矚右旁彷彿猶見字形劉謂周圍悉有刻字又謂四旁廣狹不等信然酒竟出立岩端上下四維混茫一色白雲如絮往往攬人鬢眉墮衣袖中而四方挾香楮至者呼顲鍧轟震動岩谷山上下諸館舍懸燈張市送逆往來繁若元夕辭貫守就寢以

五鼓觀日貫守戒執事者四鼓謁元君四鼓貫守陳牲醴以四諸生來余為文謁元君已同沈生由祠西折北上至日觀峯貫守與四諸生從至則雲溶溶作障余曰将不得觀日出乎貫守曰姑俟之已東方色白手他方雲亦漸薄余凝神東矚而光在東南則日欲出巽也頃之雲若席捲而上橫拖一帶如長城其下光芒閃爍精熒熒遠射間雜薄靄如隔疎簾天南北光彩萬丈若虹峯端忽戴緋流紫入冠服色相如

坐夕照則日已出海矣問道士海所在指日下晶光一縷余視之僅若一電旋即沒矣日初出若金漸且漸白始大如輪漸高漸縮初遠見海水近不辨几席既而諸峯盡露而海上瞋色漸起反不知幾千萬里曩吾于先生觀日峯寫盡妙余嘗為圖展玩今其境徼異于先生值天朗氣清而此則多浮雲為祟耳貫守曰此而不飲如東海何共踞望海石大觴醉謂貫守曰海上三神山或不岀吾所觀外安得有神八者

挾泰山而起之使我坐臨日窟瞰其出入不令無端浮雲橫我眉睫耶已下探試心石皿觀宋封臺石函丈許或曰寶藏庫以瘞　書五簡云南下至舍生岩岩危石萬仭余俯而下視賈守使數人拉余衣且恐

縣四　四十

之余咲曰無庸吾固不欲舍此也又東南折石蟜起負岩作海日奇觀大書鐫之又其下則東天門矣右折登仙人橋橋二石互立懸權絕壁西上至平頂峯賈守設筵以歌兒侑觴余欲亟觀諸峯賈守且欲竟傳奇一齣三起始辭賈守而余自往諸峯賈守復令歌兒從由秦觀峯登玉皇祠蓋岱宗絕頂矣前為秦無字碑碑高數丈色黃白間雜紅紫或曰秦之石表踞頂南視問道垂垂下至山麓汶水縈繞郡南梁父蒙嶧雲亭尼丘咸作培塿唯徂徠鞍牛為山趾所掩不露頂顱東則大陵蜿蜒由長城故趾達海西則靈岩鰲山至于大行若華不注長白諸嶺橫拖歷城左右環拱于北真所謂蓬玄與區天空絕境也頂傍為

秦封臺曩以玉皇祠覆嶽頂南昌萬公移置頂北故頂石森露余即石傍題元嶽穹巔四字由頂西里許登丈人峯又里許登石馬山據馬三躍輙恨不前道士曰此下東北則堯觀臺下有玉女洞即昔玉女脩

縣四　四十一

真所也遠不至由頂左折觀廣生殿元君寢宮又西南折登孔子崖即孔子小天下處一銅像置斗室泰山祠宇輝耀而孔子廟爾爾輙為嘆息旋經東嶽祠觀唐磨崖碑碑為玄宗八分書字五寸筆法遒勁可愛其下小洞名桃花泉其灣畢諸泉出祠東上崖間多古書鐫毀過半殊可惜以四鼓祠元君未及覽復至祠環視金碧璀璨足稱靈府五華崖自右環拱即所謂周觀峯也辭神南下西折數百步至白雲洞洞臨縣岩洞北為鳳凰山又西北折二里登越觀峯旁拱嶽頂左瞰白雲其下為西天門山以西諸峯歷歷可數酒數舉歌聲合作聲徹雲中由一天門南下環道三十六所謂上下十八盤也路陡絕復從以步但

以兩人掖五里至大龍口又五里至小龍口奇石環列松篁交翠坐少頃過御帳坪又下為朝陽洞賈守使人将子得意持搖至飯半山亭三里為二天門觀大夫松松二踞道左一合抱不能一不及合抱謂秦封五大夫即此然耶否耶又其下俗呼快活三觧者曰呼山之誤改鐫快活山于岩余謂此平處三里其下又復嶔崎俗呼為是由黄現嶺十里至回馬嶺北為玉帝觀前為昇仙閣又五里為歇馬棚崖削數仞上有墨書三晝風雨不磨人以為仙又五里為水簾洞水自懸巖倒射望之若簾云水簾五十步東折五里為石經峪雪甚余習聞經峪之勝衝雪往平石半畝上鐫金剛經字徑尺許掃雪漫讀點畫皆玉流水

縣四　四十二

高山争奇競秀别為一境又十里由高老橋至紅門所謂一天門始出山峪漏下數刻矣自一天門至是巍閣邃宇古篆大書彷猶記一二又亦不復置胸臆道路磥砢崎嶇莫能名狀直下四十里而余㞃行者

亦半也巳火光人喧漸逼車下則賈守命巨燎逆山下復右折至岱嶽觀尋漢武所植栢僅存數株龍鱗剥落殆盡東至王母池兩崖峙起水聲淙淙度木橋觀呂公洞由登封門入禮嶽祠祠壯麗宏偉直擬帝

居諸古今碑刻燦燦嵏嵏僅經目耳三鼓至館舍就寢明日出城南觀陰字碑與賈守别三嶽子曰余登泰嶽諸觀未嘗不感嘆移時吳昔余宦遊所越余宦遊時所嘗往秦則前歲所周歷嘗登太華絶頂周亦去歲過汝坐嵩巔而望長河故處也余三十餘年足跡幾半天下而三嶽登三嶽率在仲冬則遇亦奇矣登太華同子原登嵩高同鄭公允升今子愿在吳鄭公在周余于二觀尤三致意云

縣四　四十三

鍾宇淳（松江人　黎蒲）泰山紀遊

不佞生東南菰蘆中長而蒯劍上國慕子長氏壯遊欲償向子平五岳之願頓磬折風塵未能也癸未出春明買舟抵清源決策游自岱宗始云取間道直抵山麓時桃柳芳妍雉麥朝鴝

殊媚行色行百里許諸山蜿蜒横亘英英
懸馬頭所謂齊魯青未了者空翠欲滴已
而遠眉横黛出增漢問之知為岱岳也遊
輿益脉脉動迺道旁多童叟婦襆采柔
荑滿筐云貧無食者取和麥麵啖之爲之
憮然民力竭矣且旱久愁無麥祈澍霈甚
急私念大山雲出不膚寸不崇朝霖雨天
下山靈何靳此一片雲也近州数里有山
如覆盂為古仙洞深黑叵測適二童子束
炬至從傴僂行數武稍寬行可俯仰迺折
而境益逼交蚰行無置足處腥風逆鼻不
可近亟從故道出至州治午餉出北城門
踰小橋二里許道左右俱亂石齒齒馬足
杈不前近麓有廟泚館甚飭古柏陰陰相
傳漢武帝東封植也有野致又二里至紅
門跨道為飛雲閣從傍至更衣亭易筍
輿逶迤五里至高老橋有祠祠漢壽亭侯
時桃著花穠艷若綺疑為武陵桃源不知
洞口流出胡麻幾許前為水簾洞云泉源
自天紳巖來當雨後泉流飛射噴漱如萬

斛明珠狀時久旱泉脉甚微不得睹為一
快有小石橋通泉於溪左為巖巖有亭宜
眺又四里至馬棚崖稍前為迴馬嶺至此
山益峻且奇馬却行矣五里至黄峴嶺東
西下上者再迴旋而行為里者三然地頗
縣四　四十四
夷人名為快活三余咲謂當名折旋谷矣
又五里至御幛一名御仗真宗駐驆處有
松二秦時封五大夫此即其二糺虬偃蹇
鱗鬣風雨欲飛去然可百歲物或後人所
植抑其孫枝邪移視久之賦五松秦封不
鮮是恩私御幛空傳駐驆時輦道蒼苔人
去遠年年風雨自孫枝又折而前曰百丈
崖崖垂嵌如石屋可容数十胡床吹洞簫
薜蘿蒙絡如挂老衲旁有石洞谽谺深廣
如古仙洞亦一奇也又五里至大小兩龍
峪石鑢如龍嗟其口水自中出有古松亭
亭如葆車名處士松或好事者若為避秦
然余謂此君蒼顏素髮剥落傲睨冰雪厖
石間無論不辱秦即處士于君何有哉上
朝陽洞度十八盤罷然劬所謂後人見前人

踵前人見後人頂者至三天門又十八盤
達碧霞元君宮已熒熒燈火北斗平臨矣
乃假宿公署時罡風震撼巖谷夜就寢若
大海翻濤天河倒瀉疑從張騫槎問津
牛女又泠然如列子御風行也鷄三喔起

縣四　四十五

披衣就日觀觀日出值雲霧皇隔大海漫
漫不能如昌黎開雲衡岳從黯靄中睹飛
霞百丈湧大金輪浴浸扶桑矣厥明見石
題東觀日出西見河源爲之神王已復折
而下禮碧霞君時乞靈著以千百計有州

倅受香紙歲以數萬供縣官匪頒攜榼小
酌而別宮右側有玉女泉爲亭冠之相傳
即玉女洗頭盆泉清洌沁人脾骨口占鴻
濛一竅何泠泠吐飲灝氣通仙靈金莖儷
掌溉何許我來頃使塵慮屏又右石三尺
許爲李斯斷碑自是秦以前物折而東北
至嶽神祠祠後有磨崖碑爲開元帝紀泰
山銘其竒峻唐隸徑可如掌雖剥皴不完
而雄勢飛動可念石爲蘇頲東封頌庶幾
伯仲聖教序又顏魯公題名惜皆爲近代

俗子劖毀云北上數百武尋古登封壇遺
所謂白雲起封中者又上則玉皇宮在焉
此泰山絕頂青蓮云呼吸通帝座非此不
足以當之真翩翩便欲令人排帝閽捧日
月矣宮前石如圭者秦無字碑者或曰中

有碑石函之良然折而東下百步石方丈
云成化間曾於此得玉檢以獻御覽後復
命中使瘞舊所因思渠十二君千騎萬乘
雜遝空際皆淪於荒煙野草不可辨如太
虛過鳥古今何者不朽因爲題無字碑遺

碑自千尺漠漠秦雲白雄風三十六二世
俱塵跡邪如峰頭一片石欷歔久之西則
秦觀峰巍然獨峙又有周觀吳觀越觀皆
以其自見境得名一曰月觀取月朏庚方義
近是則向吳觀望疋練吾鄉者徒野馬絪

縣四　四十六

縕耳吳門之馬然乎哉宮後一峰名丈人
峰落落有壁立萬仞意下挾仙宮尼父石
像在焉肅拜瞻禮崖石鐫孔子小天下處
上摩皇蒼下瞰無際不覺爽然自失也誦
子美陰陽割昏曉蕩胸層雲決眥飛鳥句

更奇絕矣因占揷天秀出青芙蓉側身危
父一相從星使槎迴銀漢遍詞頭題徧白
雲封已欲取道玉女修真處忽数堞千穿
雲中來迫視之錢孝廉德卿萃山人幼君
馮孝廉咸甫目逆而咲復至玉皇宮浮大
白無筭三君各詫其遊之奇已出其奚囊
所得詩凡若干首咸甫賦太山絕頂逢余
詩更以長篇索和若旗鼓對壘余者余爲
放歌和之大都如項王戰章邯鉅鹿時也
已欲更賦太山高余曰此自吾曹坐井觀
耳安知不有凌空倒影之飛僊芥六合而
蟻垤太山者乎其不爲海若咲者幾希相
與抵掌而止又東北望黃華洞即王女修
真處俗以環洞多黃花故曲逕窅渺彷彿
見石室不類人間誠棲真境也咸甫幼君

縣四　四十七

從吏欲振衣游以鳥道迂迴不宜輿德卿
腹便非濟勝具不果已折而至捨身崖余
側足臨崖觀之三羽衣急引裾以恐有天
風吹墮人德卿大驚詫叫號余咲曰韓子
登華頂泣不能下此何人哉顧見石題曰

愛身崖先是有蚩氓誕惑捨身以自戕
者故爲憐而諭之余曰捨本無捨何況愛
緣非捨非愛作如是觀三羽衣不能答導
至試心石偃蹇視良久仙人橋遠出栝蒼
南明石梁下復至夜宿處小酌罷二君前
行至石經峪踞石以待余至捫蘿行見古
梅数株疎影橫斜酷似西湖林和靖先生
放鶴處穿梅而度石寬廣可容数百人類
虎丘生公徑可三倍之舊名曝經石不知
何時刻八分書金剛經字大如斗後好事
者復刻聖經以覈其勝大是奇觀石盡處
有亭亭其上亭之旁有石曰聽泉拕又左
則泉聲瀰瀰自巖腹直瀉而下如濆玉拖
練下分爲池池渟瑩可鑑眉髮亭後有山
題高山流水下爲記萬兩溪筆讀之殊伉
爽三君復浮白無筭三君頗安所得琴欲
一皷之令衆山皆響遨山之神與七十二
君聽鈞天之樂余歌山水有清音何必絲
與竹三君囅然咲咸甫賦曝經臺余因賦
石經峪我來恣奇觀流水瀉石上濯纓見

古字隱隱衆星朗象蹄半從鳥跡分貝葉
時聞落葉響看火不作祖龍刼龍藏中開
探象岡桃石聽泉足娛悅高山流水忽獨
往雕鏤無迺亦華想點頭悟石意懽悅余
謂兹遊日觀諸峯奇絕人人能道乃石經
縣四　四十八
峪無心得之而三君不期之會又大奇也
造物忌多取游可已夫時三君游興猶劇
歘就榻旁一室甚敞且細雨瀑沓痕矣歘
從徂徠尋竹溪六逸故趾石守道讀書堂
南望云云亭北游靈巖已夕陽在山矣或
歘留次旬窮七十二峯之勝或以遊從此
始耳清泉白石冉盟他日天游子曰高山
仰止心竊嚮往之矣余走昌平有白馬山
其高可二十里白雲堪把往往自掌中飛
出白榆歷歷可捫戱栝無與佰仲山人自
以執與漢大余登太山高四十里蓋兩白
馬云然仙靈窟宅福地洞天何可勝道而
獨岱為之宗何以故豈以帝出乎震而為
萬物受生之始耶滔至徂徠諸山近若憑
几遠而太行華不注崆峒諸山若隱若見

衆山培塿如拱如揖兒孫蹲伏如群龍趨
入紫薇者不可名狀總領諸峯以朝上真
且黃河一抹汶泗衣帶而渲渤在肘腋間
與灝靈相吞吐斯亦奇矣至於為峰為洞
為泉之奇天麻黃精椒桂桃杏梅栢巖松
縣四　四十九
崖竹宜雪宜月其昏曉烟霏霧靄變幻萬
千又細瑣不足道矣夫也者載營魄如一
漚起滅大海中譬之蟬方抱葉吟而其中
已蛻矣時而非游所見無非山無非非山
者其斯為採真之遊如必戀戀於一丘一
壑即凌弱水日坐崑崙巔吾其為山游乎
惡覩所謂小天下者哉萬曆歲尚章協
洽清龢月哉生明

王衡太倉人　重九後二日登泰山記蓋余僻
在丘壑而生東吳菰蘆中苦無所得山山
之大者莫如岳海內稱岳者凡五而其肆
皆隅布近者亦不下數千里非書生所暇
遊適泰山差不遠於河濟庶幾以便省父
母得一瞻眺乎而非所敢必也今年丙戌
九月之八日且比上舟次濟寧余祖母將

有事於泰山余奉以行而後喜可知也周
生如春亦從行行之日宿建寧竟夜風彭
彭吹雨擊席門明旦而雨脚闇如故尋鬖
鬖及之意謂未已也日入已而雲欲流午
且日出矣諸山嵐羣各獻狀而黃泌籍是
不及馬鞍信子美所謂沾濕好者耶憑輿
人指點泰山者數而皆不似正東天半壁
若更有青於天者疑其然也以語同游同
游皆咲之已而雲爭出峽角則果泰山也
始相駭以為奇余買一驢跨之左右視惟
恐失山而山亦以日暮更娟潔若荅予賞
者又一宿而後抵州易腰蓿行十里而抵
山足之紅門自紅門至小天門以上左皆
澗道道深廣大小石磊磊奔而承泉側若
聽者頫若漱者若揭者若與爭道者多異
縣四　五十
態而五色樹雜綴之樹則桃杏楓梨松栗
之屬草則薛蘿赤箭天麻黃精之屬不選
而美泰山蓋骨山布肉而施繪者獨賴此
耳又數里爲高老橋平橋際崖澗間頗勝
又過短橋者一而得水簾洞左崖聳立數

十仞而兩大石腰相加如垂簾以下水會
水正涸滴涓涓然因作春水時想縱不敢
望匡廬定足當其支子耳自洞而轉數里
爲馬棚崖言崖深嵌可覆馬者也又數里
而爲回馬嶺則從行者且去馬而徒矣尋
至黃峴嶺嶺凡數四轉益峻而外望廓然
傲來向北泰山肩及此遂俯首爲之輿彌
高之嘆自是而下下上上者凡三以里計
者亦三曰快活三由回馬至黃峴輿者前
距高而余僂就之余頂踵與輿入頂踵相
擊跉踔甚至此稍寬坦而樹與蹬更奇吾
始得納手於袖掉頭吟嘯而有之蓋真一
快事耳稍前而憇於玉皇閣是爲山半余
修茶而獻老親老親亦色喜掌手上下視
者久之决眥而得南天門隱隱如紅星沫
縣四　五十一
耳尋破蒼翠而出至御帳宋未定陵所駐
蹕處傍有松即秦封五大夫之二其三已
失之雖稍夭矯然以為數千年物吾不敢
知過御帳則盡走斗崖削壁中矣無何而
上小天門群削截辟卑相附高相摩四周

無所不際而左壑碨礨受水蕩皆作雲母綠玉色山面鈌泱瀚當其前余兩人大呌絕倒而會有以酒餉者急行之風蓬蓬來搏杯兇覆余即覆酒酹之而行更上為小龍峪大龍峪以至十八盤磴齒齒倚空絕峽夾之西峽口各有松數十株翠相掩里人名為對松固一奇又怪自峪以上所有盡松無他樹青青者松栢獨耳果然盤畫而天門見山一削鐵耳中劈而為徑穿而為門雖曰人力然亦似天闢之以待游者自門逶迤數里為元君祠祠甚壯與老親作禮畢更衣於公署公署後為玉女洗頭池澄碧泓然斷石碑存李斯篆二行自是左折而上曰嶽帝祠祠後石壁刻開元帝銘甚遒美其旁亦多雅刻且易圭矣得數字於殘剥之餘剔磨而欷噓者久之又上為玉女寢宮愚民至貌像裹服卧撲被中其可咲至此更循而上則絕頂矣居其頂宜無所不見而乃構玉皇祠祠前石表長丈餘云即秦皇無字碑蓋亦莫知其如何走

而四顧泰安城當襟僅衣結耳諸山揖拱無慮數千或如攢戟者如覆敦者要皆能為之趾而不能為腓獨徂徠在前若可憑其他間指一二聳特者問道士道士不能識悵悵而下東至日觀峰峰後為望海樓

縣四　五十二

所謂秦觀周觀吳觀皆在焉視余所由逕天絲掛杳靄間而澗中樹石繡相錯若褒寳聚其灣環而動者汶水耶黃河耶頎放目而之東南竟不得海影道士謂霧氣壅之此或然耳又轉而至舍身崖一巨石巃然出余足能躡石外二分而目不敢營視偶從旁睨視崖底無不俯據地者稍西下而為仙人橋兩壁中斷石梁度之蓋所得波嶺潑複之奇最多道士指所謂獨秀君子蓮花諸峰余但唯唯而望東天門更陡絕道士詫余以為絕勝南天門而無楷梯僅為鼪鼯雉兎之窟巢良可惜也橋西一道人懸鶉衲戴棕櫚帽客至不起安知其非可與言者以難諸客施之金錢而免之由是而歸則月且纖纖白矣予與周生拉

道士造東嶽祠而止焉月華星芒不知其帶霧與否但覺其近而親人滿空界浮藍蕩白神外淫不自持且寒甚膚粟則歸視老親寢已而就道士宿焉道士貧茅屋廣不踰丈井竈半之無已則縮足卧山空多聞又午夜為士女上山唄誦淫淫然睫不交而漏絶矣急蹴周生披衣視天井星匿不見意甚惡業且起矣則杖策至日觀峰石時嚙足齒冷相嗑而會州使者以酒炭遲我余喜而三舉觴良久暗中作微紅見上下雲盡黑而中不接者徑寸則甚幸之俄而紺又俄而赤而紫吐歙漸及半天施雲作霞爛熳且覆人面諸山頭稍辨如撮米化為丹砂極天際有金花浮起者三道士曰此日抱海躍也將出矣俄遂出色如鎔金大如鉦日之下覺有一林漾漾白者真似海正跳咲而日已入雲隊中金支翠旗歙然收矣不滿志而歸復迂道登玉皇閣奠晝所未見而道士鄙朴每每對面失之從閣後望山之比林篠葱蒨處曰石屋

縣四 五十三

意必有奇而老親以途遠且不可輿遂奉以歸僅繞而西視所謂丈人峰者平平耳遂下觀白雲洞洞巉岩多竅道士言每陰天雲從竅出如線頃而蓊蓊滿山四馳而縷結為一即雨媒也甚以不得見為恨余因謂周生余與若晨好晴而至此且好雨矣人心之無厭如此出别道士而下十八盤盤磴直輿余者又四人莫可縱横則倒懸而下之手足心盡汗出日瞪瞪視人股頎周生御兩人蛇行如猿平其樂之請至山半而易馬仰視則已失天門矣甚懊恨於是以目注之山自山半至快活三失天門者屢而復得者亦屢每見即呼周生共揮手作別意依依然下至水簾洞穿流泉樹樾而東上觀石經峪峪為石壇方十餘畝石膚瑩然鐫八分書金剛經字徑尺甚偉雖強半為水所蝕然與其如前二碑損于傖父之手無若受水舂也泉自上流來灖灖鳴萬侍郎就崖間題曰水簾又劇石壁而書其所作高山流水記頗恰似又下

縣四 五十四

數里而山之巔窮凌漢寨聳額以捧山如
弗勝而徂徠蒿里諸巒岫若列矣自是歸
而無眠與食不言泰山也輿數程輙下返
而頋泰山者數數也以為盡泰山矣於卑
陽泰山志急披讀之始知昨所游者僅僅
里中兒女子祝釐故事纔及壹皇已耳山
之曲房深樹盖十未得一而吾所見金色
日亦殺以後先景其得鷄鳴時者絶不然
余于是而又爽然失也雖然亦可以雄生
平觀矣藉使假我半月陰翳且屛盡而山
之上差有饘粥寢處以安老親則亦不草
草至此又使我袖置泰山志而吾友諸壯
少年拴扙超距不避墟莽按圖而搜之其
所見當多而今皆失之意吾其不良於游
耶抑山靈秘其巧不輕示人也吾少好游
縣四　五十五
所游者為姑蘇武林洞庭宜興諸山諸山
之奇遞相代而亦遞釋其舊向者兩洞庭
猶芥蔕吾胷中而今又釋之矣不知竟吾
之生可以代泰山者安在吾姑詳識而淺
述之以風後之繼予游者

于慎行禮部侍郎東阿人登泰山記蓋予家於岱山之下
嘗再從子充游乃其時適在暮秋若三四
月五方士女登祠元君以數十萬夜望山
上篝燈如聚螢萬斛左右上下蟻旋魚貫
呌譟殷賑𡁏沸雷鳴彌山振谷謹滑容足
之地以上而其時水泉多枯木葉或脫故
山之奇麗珍瑰未露其十一二露又為人
衆所掩意五六月之間水木方盛必有瓌
異之觀而往往以憚暑不能出即出又無
與偕徒側身東望思焉粤歲辛巳六月予
卧病穀城山中朱廷尉可大倚舟廣川過
而訪予相與盤桓雲翠東流之間望泰山
雲氣如在衣袖於是決策同往以其月十
有九日發東流泉上行山水之間二日而
至泰山下主人肅入館舍明旦昧爽衣冠
謁岳祠祠在郡城坎方負岳而宮埒鈞天
之居出登封門三里許至於岳麓有雙觀
焉謂之一天門下車乘籃輿以上磴道鱗
鱗谽谺逶迤仰見峰勢嵬嶷嵬岏如垂天
之雲峻不容屐以為決不可至行數里至

田馬嶺玉帝之觀在焉其峰曰瑞仙巖觀
之前爲昇仙閣憑閣望群峰叉在足下而
峰首則又有峻者磴道並手絶詰曲傴側
而上樹四人以爲竿而中貫一輿前人之
趾後後人之顛後人之趾在予背上其後
縣四 五十六
二人如之應劭所謂如畫重累人矣自此
以上汗流喘息目不暇他顧而其兩旁册
壁翠厓彦崿嶒崪雲霞萬色陰晴異態岩
傍飛瀑爭下濤翻雪噴流轂淙淙乍大乍
細若縣綆鳴環下而迎客而水簾洞之泉
從山上瀰漫下流注於絶壑以入碨礧忽
然而沒有時復出石梁木杠互相撐柱間
以其耳目與之接唯恐失之而不敢縱觀
然後知此山之奇向者未其一二也又數
里遇黃峴嶺西行折東北上而復下又西
行折東北則下而復上又前數里御帳坪
者秦人所從蔽風雨也當岳半道負中峰
而處左右諸峰兩面環拱石泓數畝泉流
其上灑而下注厥聲砰礚宋真宗駐蹕遺
阯有亭亭前松樹二秦所封五大夫也生

石隙中不甚高大而幹皮龍鱗類數百年
物其決不爲秦時松可曉而地則中阪無
疑意好事者即其地樹之從者曰松有五
雷雨潦其三非也五大夫者秦之爵級松
何必五假而封七大夫松又將七耶從者
縣四 五十七
不對又上則峰厓益險壁立插天其石皆
磊砢相承或圓或方或墮或長巉巖崒嵂
不可名狀而其垠堮之間色相種種望之
迷瞀其册而紺者爲殿爲屋兩岩之間一
隙碧而如帶者爲天光翠而如髮者爲松
蒼白如繪者爲岩萬仞懸而如鳥巢者爲
羽人之居而俯視則谿谷碌碌不可見丈
尺又數里爲大小龍口龍口者石硤飛泉
如龍吐也小龍口之旁爲斗母觀自此以
上凡嵌嵓之間爲仙靈神鬼之居者羅而
列於左右蓋所謂神房洞天百靈之府也
又數里爲十八盤古謂之環道望天門如
一隻矢括在其端上盤如緣壁矣因謝輿
拾級而上跙躍三百渾汗如雨出天門之
上左折而至碧霞宮者所以祠泰山元君

也負玉皇頂而立抱五花峰於前日觀在其左丈人在其右規制挨於岳宮而金碧煜熻觀闕暉麗顧反過之其西為使館玉女之池在焉池膏渟黛蓄肅有靈氣其旁岩上有李斯篆僅十餘字予與可大就館更衣謁元君於壇羽人贊祝出而臨五花岡巒糾紛含谿懷谷雲樹宮宇俯在目底下視郡城盎蒀菴靄汶洸如線環之數周川原迴合縈青繚白提封百萬不盈一矚由宮左折而上為青帝宮其後峭壁數十仞唐玄宗泰山銘鐫焉又北上數百武為玉皇宮宮在泰山絕頂古之封壇秦皇帝在焉碑石青白高二丈而無文蓋歲久夷滅或曰秦所以表泰山其下有石函玉書於理不誣繞玉皇宮之後倚闌而顧俯見四面群山蜷蛇蜿蟺如盤龍走蛇遠七十二峰之下其支脉首尾歷歷可指數以至於海而桃花明月石屋諸洞在岳之背列仙所紀金床玉几之勝者將覩焉記曰天孫岱岳周回三千里以今觀之儆唫乎三

州之半矣又折而東可一里許漢之封壇在焉石方丈許碧而瑩賦屋覆其上白雲臙膃處也又東為日觀以且觀日不往而南登舍身臺舍身臺者一峰斗出其上平處可數尺而下臨千丈以三石撐抵慱尺有咫謂之仙橋過橋而席於臺日光西沉霞色在壁風吹冠衣觳如裂石於是相對大觴望見西南有千家之聚橫以大堤黯黑無際諦視之雲也蓋雲如烟火下慱上銳平地視雲見其端此見其杪頃之月出羽人吹笙和以歌音極酣而返山氣慄慄枕席皆濕不可以寐出立壇上月光熒熒星斗可拂俯視萬壑烟雲一氣茫茫正白銀海玉波不可辨識道家所謂三宮空洞之天也往聞人言山以夜半觀日出訪之羽人五六月間平明乃出五更可往也於是坐而至五更秉燭披衆以登顧見山中雲氣從澗壑吐出如一縷烟稍上而大東西聚散車馳馬奔倏然往來頃刻滅沒於是可大大呼以為平生未有從者盡讙東方

作矣回而東望有山數峰如卧牛車蓋之狀而又漸沒赤霞半天先色嫮麗間以碧綠熠燿五色直射衣袂頃之平地湧出赤盤狀如蓮花蕩漾波面而燁熇不可名狀以為日耶已又一赤盤大倍於先所見側立其上若兩長繩左右汲挽食頃乃定羽人告日昇矣蓋先所見如蓮花者乃海中日影非日也日且高舂赤霞與影皆沒而下微見一綫白滉瀁明滅羽人曰海也又頃之日左黑氣隱隱一抹如運山長城可大示予此真六鰲所戴矣羽人曰雲也可大一噱走望海石上取酒浮白醉而熟寐從者咸慄且呼予脫而心壯之田立登仙臺西望丈人越觀二峰近在目睫因顧可大往予與子充登岳倚越觀望君今吾陟丈人峰可瞰太行呼子充也會疲不能往策杖而下氣益舒展顧見道旁石益奇絕水木益勝每行數里則求嘉樹流泉或峰坳片石拊膺而坐舉觴屬可大曰此非伯牙避兩岩乎夫高山流水於子何殊矣

由　　而下憇於岩岩亭折而入經臺者在道左里許石壇斜倚山曲方廣數畝鐫心經一卷字大如斗作古篆丈壇北有壁瀑布從山上來懸壁而下流於經壇瀰漫過之從水上視篆書一一可讀壁上鐫數大字以水為羃往予再遊蓋未嘗至以僻不當道為人衆所蔽故過經臺而下出一天門左折而得岱岳觀漢武帝所種柏慶也又東里許得王母池池大盈畝懸流注之倍經臺之瀑已而兩至登車出山涉泉而行天暝時炬車中聞水聲在足下者數里而至逆旅明日大雨主人請遊三陽觀告邊而行至百丈峰下望山上瀑布數道如從天下蓋在山之西南非舊所見矣山人曰予覽古圖經脈地勢所由高下蓋北紀諸山負地絡之陰並太行王屋東踰常山至醫巫閭而止南紀諸山負地絡之陽連桐柏熊耳入於[illegible]越江淮河濟由是東下如建瓴矣岱宗立海上西向而揖群山汶洸沂泗出其支麓旋之如帶以入於海

縣四　六十

盖若負扆云徃河流燕齊間由岱之北挾濟入海今徙徐方顧又出岱岳南挾淮入海斯地道所變遷也予登山巔比望九河故迹蒼茫與天際矣六月二十四日記

吕坤山東參政洛陽人觀日觧日觀峰在泰巔之東

縣四　六十一

百武相傳鷄鳴時日初覆於嵎夷升於扶桑黄光玓瓅紫氣氤氳滄溟暎千里之波丹霞鋪半天之錦鎔金初出幾何遽神奇若彼哉因語田水部竹奚馬竹山曰余盖游蘭亭矣所謂曲水者㝵令人羞前有假蘭亭脩渠引水稍為右軍雪耻不則千古一贋謏耳嗟夫名下多虚萬事盡然志郡邑者皆八景者皆神奇皆誑也天地不為駭異聖人無所駭異而創見者駭異之總之透系燕石耳余恐後之登臨者為傳聞所誑也以蹈余悔作觀日觧

迴車巖在丈人峯西數十步游黄花洞發足處也洞路艱危余題此以告來者

黄花洞在日觀峯後十五里土人云元君修真故地也其洞髙可拂冠廣不能容一几石隙滴水昳如雨簷可供十人之炊

洞前廣数丈上有神宇兩楹茅屋幾盖三二老尼居之傍洞諸崖新松環翠幾千株稍稱奇此外無奇矣自丈人峯東址下陂陵五六里僅可車至亂石溝獨足盤則懸崖峻嵯大石崚嶒足令圭陽動色隆慶間有墜車傷数人者車中人僅以救免且此地無宿無食烟火纔通下晡往便不能返嘗有暮人偶值雨雪騶從皆縮頸蹲谷間半無完衣有凍餓死者兩君余不在治賓鏡新磨斯天下奇觀也余覽傳記而夢寐思之無由見萬曆丁亥叨守東藩且為岱嶽司香使喜不自任既至三登三宿焉比曉輙雲霧忽翳起甚恨之此中人云觀日有三遇正月無雨海暈不升一遇暮秋氣爽新霽無塵二遇仲冬雪後曉絶雲烟三

縣四　六十二

遇茲三遇者歲無数日焉小人樵人也每晴明則蚤作今老矣實嘗見云余喜曰何狀曰公見落日乎曰見曰公既視之矣又何狀焉余舍然曰傳欺我哉已而曰樵人何知樵人肉眼耳樵人何知歆信宿以待

而風氣又蒸蒸作障矣乃還是歲九月也越十一月余復以後車至岱下再登焉時大雲新晴山風刺骨輿人至五鼓皆僵噤不司起強起之相將至峰下初海底發紅光漸漸起意必有異狀目不瞬凝視之火焉日出若鏡蓋大於午日而不射目赤如落日而不帶霞則樵人所不及狀云是行也余感寒数日幾不起乃知好事者謬為神奇以詫人後人知不如所聞而耻見詫復謬為夸張以詫後人也夫旭日人人見之矣去欲道山中人自能道之昔王麟洲公歷覽岱宗岩谷都徧獨此洞足不及焉歸而為恨為我寄聲麟洲老無足恨也

吴同春 按察司副使固始人 續遊泰山記 余自癸未冬遊岱今七年矣諸名勝載前記中不具

縣四　六十三

論記昔所未遊與遊而未及詳者已丑六月廿日泰安既竣事欲補續前遊有故人李子舟者泰安人也相别亦十餘年矣曩約遊岱及余至岱而子舟宦于趙至是相見愴然悲流光易逝而慶重逢之不偶也

以日午出登封門十餘里至普照寺又里餘過胡文定公投書澗澗出凌漢峯又五里至三陽庵窪崛巖半徑頗險又境亦甚幽勝禅洞下有泉不竭亦不甚巨又其上為玄帝廟玉皇閣閣傍一庵諸黃冠脩煉于此二黃冠頗不俗亦不甚解無何子舟至共啜豆葉粥子舟與黃冠窮叐對非所所問余咲曰渠誠未窮其際耶抑大道不輕授耶因論吾儒亦自有脩養第人弗覺耳孔子謂仁者壽曾子謂德潤身心廣體胖孟子謂其生色也粹然見于面盎于背此真脩養也棄吾本有而向人乞餘咳舍人所共知其見却半夜閉門傳道陽明先生所謂抛却自家無盡藏沿門持鉢效貧兒者也與子舟共一咲以日晡由庵東北十餘里趨高老橋上下山巔無慮数四路皆傍岩此遊人所罕至傲徠山壁立西南時向時背黃冠指點天紳泉仙人影所在甚辨西北一山峩然如蓮瓣近若咫尺而遠不可至則九女寨也由高老橋至石經峪

與子丹趺望觀晉杏已而携手窮泉之源北
行里許石滑不任足而泉自亂石中泠泠
出巨細相間時雜以笙簧音林木深茂鳥鵲
喧呼令人會心多余昔年所未覩子丹又
叙說曩同事刺刺不休而余僅記憶其半

慨嘆者久之已夜色侵衣遂由石經峪趨
頂至御帳坪然炬觀題壁蓋余與諸公寄
題絕巘飛流大書也月明水轂共助佳勝
二鼓至新石盤創自藩參呂叔簡往春月
禱祠者衆舊盤一不能容往往擠墮崖谷中
叔簡闢火池以西諸峪準舊石盤爲新石
盤而往来稱便與人謂舊盤路稍平而余
固欲由新盤往至舘舍三鼓矣與子冊就
寢五鼓起觀日與余昔年所見無異不具
述其諸所經臨有如昨日何異一夢面飯
舘舍復讀秦篆碑與劉䟦所記稍不劵合
苦三面簇壁不能盡辨令数力士出諸壁
乃知僅存劉所云云之半劉謂正面七行
今止存右畔三行而其三面欲就巖安置
各加鑿刻俱非當時之舊矣滌洗搨摹字

形隱隱莫辨第得石之真面目與無字碑
瑩澤無異外視粗頑而其理若此天下事
類此者多矣已令数力士復簇于壁恐数
千年物又損壞自余也子冊足倦余遍觀
五華岩之勝坐岩心下瞰諸洞㸃如在几

席日午由孔子崖右約八里至亂石溝又
里餘至獨足盤見野鶴千餘回翔山巔是
所謂鶴山也又数里至黄華洞即玉女修真
處余昔年所跂望而未至者洞在岳頂東
北踞鶴山之半路險女視三陽数倍而其
幽勝亦数倍三陽泉瀉虬吻視三陽爲倍
而其大亦倍三陽獨居此者止老尼数人
祠宇香燈不及三陽三分一以故人跡亦
罕至余非取道于此亦未必至此也與子
丹趺坐究子丹十餘年所得子丹蓋充然
若有得者具爲余述大指率依于禪謂屢
與諸名公談無不裁答余喟然謂子冊曰
此非片時所能悉舉世依禪而吾獨非禪
吾何亦依禪而近忽非禪依禪者俄頃奏
功而吾以無功易禪即子丹能信余言耶

子丹第思二帝三王以至孔孟其時未有禪也不禪不足以入道帝王孔孟皆道外人耶吾昔慕禪如饑渴飲食乃近忽非禪豈愈乂而反不入耶人能實為禪而未嘗實學孔孟故學孔孟無功而謂不足以入道誠以為禪之心為孔孟其入道顧不近且易耶子謂禪能空子曰空空如也吾儒何嘗專實但空而能實子謂禪能定大學曰定而後能靜吾儒何嘗專動但靜而能動彼佛氏之所云空定皆後之聰明恠異者勸吾儒以文飾之而謂佛捷徑頓悟如此而佛藏數萬卷固十九此類也佛果西方聖人哉即陽明先生謂由讀佛書而後悟亦偶感觸而因悟全體如見擔夫爭道觀公孫大娘舞劍而悟筆法非筆法且擔夫與公孫大娘而不觀其爭道舞劍必不能悟筆法也此其說甚長子丹固不以余言為非而亦未嘗快然以余言為是子丹視余癯又復教余養生術固不與前黃冠之說同而亦未嘗不與余前所云脩養之

說異遂與子丹別而余由洞左折十五里經小牛心石大牛心石至雙鳳嶺嶺在兩山間直上五里而兩山回翔若鳳問山人無名余大書雙鳳嶺于崖嶺東一山高嶺數百仞泰山左介丘右石閭此即所謂介丘者也坐山半望周明堂及山以東諸峯巒亦如在几席北下十五里回環山麓者無慮數十路皆傍岩則艾峪也至是路稍平穿林絕壑又十五里宿佛峪寺即所謂谷山寺也寺在深山中路不險夊而境則幽勝有大壑雨過則飛瀑作霽晴則諸泉亦泠泠出石罅間二緇衣鳴鐘出迎余以為麗剎也至則廢殿二間傍屋數間皆覆以茅半為風捲去覔僧榻無有以二几聯而就寢蓋其僧之貧遠過三陽黃冠而近亦踰黃華洞諸尼矣又明日五里出峪則泰安達省城東路矣由南北高庄度玉皇嶺塢東口抵省自頂而下由泰山北路亦遊人所罕至云

陳文燭大理寺卿沔陽人　遊泰山記萬曆戊寅余以

山東左叅政督漕事冉過濟寧約濮州李伯承同遊而伯承病不果來舍舟而陸九月朔日至泰安州岳廟在城中穹碑古嶌蒼松翠栢非人間物庭多怪石皆宋元人題字禮拜畢出登封門至岳麓登一天門飛雲閣絫石為臺下通渠道磊磊鱗鱗有泉作淙淙㲄仰望岳勢雲氣瀰漫諸山培塿獨徂徠當前耳過斗母殿至高老橋有漢壽亭侯祠前則水簾洞也水自數千仞注於絶壑如盤龍走虵倏然而没倏然而出玉虹垂地銀漢落天令人衣帶俱濕又数十歩則石經峪也石可坐數百人金剛經八分書字大如斗泉分為池渟瑩可鑑毛髪少司馬萬公恭扁為高山流水而記之真三絶云過巖巖亭至馬棚崖有墨三字風雨不㓕世傳呂洞賔書玉皇廟在瑞仙岩余稍憇馬至迴馬嶺不可輿矣嶺凡三四轉至黄現嶺盍峻難行魚貫而前行者頂足連絡所歷崎嶇忽平衍三里許名快活三登二天門又数里至御帳坪秦人

蔽風雨者也有宋真宗駐蹕遺趾兩崖疊嶂草木滋蔓有五松亭秦始皇封大夫是也今存其二非秦時物後人植之耳豈風四来松韻泠泠作老龍吟勢欲飛去呼酒賞之路稍北有一古松盤結偃蓋過大夫松有題為處士者魯仲連似之賦詩吊焉

縣四

六十八

過朝陽洞有二行宮大小龍峪石峽衆水飛泉若龍噴乾坤樓在峪旁少司冦洪公朝選題且云言天下之安者猶泰山而四維之維者繫也人心獨無繫乎禮義廉耻安身之四維也取諸泰山其説脊心焉由峪行數里至十八盤羊腸曲徑仰視峽口天光凝碧如紺珠真神房洞天百靈之府也盤盡力疲登三天門望白雲洞縹緲彌各若不崇朝雨天下者門内平壤為市廬者數十家泰山天門舊無室宇造自張練師耳宿仰止亭次日謁碧霞祠元君石像舊在玉女池而宋易以玉李謁瑾池記黄帝遣玉女羽衣黄冠脩而仙者也或云東嶽配東嶽女誤矣四方捐金珠馬羖者嵗

無虛日有玉女池李斯篆秦始皇功德文十餘字可辨耳西北里許爲東廟廟制不及祠有磨崖碑乃泰山銘唐太宗八分書遒勁可愛其右蘇頲東封頌顏魯公題名書法類晉俱爲人鑱毀又轉而北青帝宮制與廟等有秦始皇無字碑或言有石函藏金簡玉書古今莫則其石色黃白光瑩異常非玆山所有登太平絶頂古封禪壇

縣四　六十九

高皇帝御製碑在焉黃河如帶淄澠濟泗諸水若還繞爲大行華不注空同諸山皆凡衆物西登丈人峯有壁立萬仞之態下峽仙宮謁孔子像至小天下處上磨雲漢下俯溟渤惟孔子足當之耳曾謂泰山不如林放乎泰山之于丘垤類也聖人出乎其類是尊泰山者莫如孔孟郡吏置酒羽士酌余大醉生平大觀仍宿仰止亭日入蒙汜夜半月明越觀秦觀吳觀宛如圖畫至四鼓羽士請觀日出登日觀峯大風忽起寒甚羽士解衣衣焉上下蒼茫渾如白玉圓靈方輿莫可辨也忽朱光三蕩東海而

陽靈漸吐萬景維新七十二峯蒼翠畢露宇宙之大至是哉登望海樓至舍身岩四顧而羽士時牽余裾由平頂崖歸太清之宮讀萬公表嶺碑嘆曰壯哉丈乎擅四岳之尊者泰山也擅泰山之尊者巔石也從而屋廬之踐蹂之焉得尊表着厥頂山靈吐氣大明世界矣封禪之主七十二有遺恨焉循故道下山至州將且思遊孔林夫洙泗與山脉相連近聖人之居若此其甚也上律大時下襲水土熟非泰山之靈哉觀孔子而泰山等天地矣

大明萬曆三十五年歲次丁未上元吉日

縣四　七十

正一嗣教凝誠志道闡玄弘教大真人掌

天下道教事張國祥奉

旨校梓